Econometrics

计量经济学

（第5版）

孙敬水◎主编　　马淑琴◎副主编

清華大學出版社
北京

内 容 简 介

本书较为系统地阐述了计量经济学的主要理论、方法、最新进展以及计量经济软件(EViews11.0)的实际应用,以继承性、前沿性、应用性为主要特色。全书共分 11 章：前 3 章阐述回归分析的基本内容及其应用问题,这是整个计量经济学的基础；第 4 章至第 7 章介绍异方差性、自相关性、多重共线性、特殊变量等计量经济问题及其解决方法,这是本书的主要内容；第 8 章和第 10 章阐述滞后变量模型和联立方程模型,这是本书的重点内容之一；第 9 章和第 11 章重点阐述时间序列分析和面板数据模型,这部分内容是计量经济学研究的热点问题和最新进展。本书特别强调应用计量经济软件解决实际经济问题,具有较强的可操作性。

本书可作为高等院校经济学、管理学本科生、研究生的教材或教学参考书,也可作为在经济、管理、金融、统计等领域从事定量分析的工作人员和研究人员的参考书。

图书在版编目(CIP)数据

计量经济学/孙敬水主编. —5 版. —北京：清华大学出版社,2022.4(2025.1 重印)
ISBN 978-7-302-60258-3

Ⅰ. ①计… Ⅱ. ①孙… Ⅲ. ①计量经济学 Ⅳ. ①F224.0

中国版本图书馆 CIP 数据核字(2022)第 036270 号

责任编辑：梁云慈
封面设计：李召霞
责任校对：宋玉莲
责任印制：宋 林

出版发行：清华大学出版社
网 址：https://www.tup.com.cn，https://www.wqxuetang.com
地 址：北京清华大学学研大厦 A 座 **邮 编**：100084
社 总 机：010-83470000 **邮 购**：010-62786544
投稿与读者服务：010-62776969，c-service@tup.tsinghua.edu.cn
质量反馈：010-62772015，zhiliang@tup.tsinghua.edu.cn
印 装 者：涿州市般润文化传播有限公司
经 销：全国新华书店
开 本：185mm×260mm **印 张**：27.75 **字 数**：640 千字
版 次：2004 年 9 月第 1 版 2022 年 4 月第 5 版 **印 次**：2025 年 1 月第 4 次印刷
定 价：69.00 元

产品编号：095192-01

第5版前言

计量经济学是经济学理论体系的一个重要组成部分。在现代经济学的教学与研究体系中，计量经济学已经成为与微观经济学、宏观经济学并列的三大核心课程之一，成为经济学各分支学科最重要的方法论基础。在现代世界一流大学的经济学课程设置中，计量经济学已成为经济学及相关专业学生必修的最具权威的课程之一。

一批国外著名的计量经济学教材和我国学者自己编写的适应国内高校经济类学科的教材，促进了计量经济学教材建设。本教材自第1版至第4版相继出版以来，受到广大读者的欢迎，成为许多高校经济类学科以及管理类学科的授课教材或主要参考书。第2版和第3版教材先后被评为浙江省"十一五"重点教材和浙江省普通高校"十二五"优秀教材。第4版教材出版发行至今已经印刷了9次，越来越多的师生和读者认可本教材所呈现的计量经济学内容体系。经过几年的使用，许多师生和读者通过各种方式对教材提出了宝贵的意见和建议，编者受益匪浅。为此，编者决定在吸收广大读者和师生提出的宝贵意见和建议的基础上，充分借鉴国内外同类教材的优点，对第4版教材进行补充、修订与完善。

第5版教材在保留第4版教材基本结构的基础上，着重对以下几个方面的内容进行修改。

第一，对教材第4章"4.2 异方差性的影响"一节进行了修改与完善，有助于读者更好地理解这部分内容。在"异方差性的检验"一节中，增加了哈维(Harvey)检验，删除了在应用中很少使用的帕克(Park)检验，对布罗斯-帕甘-戈弗雷(Breusch-Pagan-Godfrey)检验与戈里瑟(Glejser)检验部分内容进行了修改与完善。对"异方差性的解决方法"一节中的"加权最小二乘法"部分进行修订，增加了"可行的广义最小二乘法(FGLS)"，在实际应用中，为消除异方差性提供了更多的可行方法，修改与补充了相应的例题与案例分析。

第二，对教材第5章"5.2 自相关性的影响"一节进行了修改与完善，删除了"5.4.4 广义最小二乘法与广义差分法的关系"，这部分内容主要涉及比较烦琐的数学推导。对第8章案例分析进行了修订与更新，利用经验加权法、阿尔蒙多项式估计法估计有限分布滞后模型，利用工具变量法估计自回归模型，并解决了模型的自相关性问题，使得模型估计结果更具说服力。

第三，将第7章"虚拟变量与随机解释变量"修改为"特殊变量"，修改与补充了内生变量的相关内容，如内生变量含义、内生变量产生的原因、豪斯曼检验和案例分析等。第9章时间序列分析补充了格兰杰因果关系检验在实际应用中需要注意的问题，增加了向量自回归模型的特点、优点与不足之处，修改与完善了案例分析等相关内容。在第11章"11.2 面板数据模型设定检验"一节增加了双变量(多变量)面板数据模型参数估计方法，利用最新EViews软件更新了例题与案例分析。

第四，第5版教材删除一些相似习题，增加了与教材补充内容相关的习题，补充与修改了部分例题与案例分析。教材中所有的例题与案例分析，凡涉及实际应用与计算部分，均统一使用最新的计量经济软件EViews11.0进行更新，有助于读者加强对所学知识的理解，巩固和提高学习效果，有助于读者利用EViews软件分析与解决现实经济问题。

本书配有教学课件、例题与案例分析 EViews 数据文件、习题及 EViews 数据文件、习题解答、计量经济学模拟试卷及参考答案、计量经济软件 EViews11.0 等教辅资源,供授课教师使用。书中每章后还附有线上补充练习题(客观题),供读者自练自测。

本教材的主要特色是融计量经济学的理论、方法与应用为一体,即理论、方法与建模应用相结合,充分体现了继承性、前沿性与应用性的特色。本教材中的案例分析大多数是国内外的经典实例和作者在实践中运用的实例,并基于最新的计量经济软件 EViews11.0 介绍实际应用,具有较强的可操作性。

本教材的修订工作由孙敬水教授完成。在第5版出版之际,感谢采用本教材第1版至第4版作为授课教材或主要参考书的所有师生和读者的信任,感谢对本教材提出宝贵建议的师生和读者,感谢本教材修订时所参考的所有论著的作者,感谢清华大学出版社责任编辑梁云慈老师为本教材出版付出的辛勤劳动。编写教材是一件费时而又单调的工作,尽管我们有不断进取、力求编写出一本精品教材的良好愿望,但由于作者水平有限,书中不妥之处甚至错误在所难免,欢迎广大读者、师生和同行专家批评指正,并提出宝贵的意见和建议。

编　者

2022年1月

前　言

计量经济学是在经济理论的指导下，根据实际观测的统计数据，运用数学和统计学的方法，借助计算机技术从事经济关系与经济活动数量规律的研究，并以建立和应用计量经济模型为核心的一门经济学科。计量经济学经过70多年的发展，已经成为一门独立的应用经济学科。正如诺贝尔经济学奖获得者、著名经济学家克莱因所说：计量经济学已在经济学科中居最重要地位，“在大多数大学和学院中，计量经济学的讲授已成为经济学课程中具有权威的一部分”。我国计量经济学的应用与发展虽然只有20多年的历史，但其发展速度和影响却是惊人的。1998年7月教育部高等学校经济学科教学指导委员会确定计量经济学为高等学校经济学门类各专业的八门核心课程之一。将计量经济学列入经济学各专业核心课程，是我国经济学学科教学走向现代化和科学化的重要标志，对于提高我国经济学人才培养质量和研究水平均具有重要意义。

随着我国经济的蓬勃发展，计量经济学应用领域日渐拓展。希望掌握和应用这一工具的大专院校经济学和管理学专业的学生、经济研究工作者及经济管理工作者越来越多。然而，大多数计量经济学著作都涉及较为复杂的数学和统计学知识，使不具备这些基础知识的求学者望而生畏；少数计量经济学著作虽不涉及高深的数学和统计学专门知识，但往往体系不够完整，使求学者难观其概貌。我们在多年的教学中体会到，尽管目前我国的计量经济学教材种类比较多，但适用于非统计学及数量经济专业的经济学类本科教学的教材还比较少。一般认为，我国非统计学及数量经济专业的经济类本科学生的数学基础不强，学习计量经济学的主要目的在于应用计量经济学的理论和方法，因此重点介绍计量经济学各种方法的基本思想及其具体应用就显得非常必要。目前的计量经济学教材大多数都要求学生具备一定的数学基础，学生在学习计量经济学时，总感觉是在学习一门数学课。为消除学生这种印象，考虑到经济类专业学生的特点及其学习计量经济学的目的，我们在总结多年的教学经验的基础上，编写了这本计量经济学教材，这也是编者多年的愿望。

应用一般数学和统计学知识阐释计量经济学的原理与方法，虽在某些方面有损严密，但其优点是显而易见的。这不仅为仅具一般数学和统计学基础知识的人学习和掌握这一学科提供了方便和可能，而且由于这种阐释方式对经济现象描绘的直观性，使读者更容易理解计量经济方法的内涵及计量经济模型所表达的客观经济现象的内在规律性。本书应用不超过初等统计学及一般大学代数的基本知识，论述计量经济学的理论与方法，试图使具备这些基础知识的读者，在不必补习高等统计学和专门数学知识的条件下，能够顺利阅读与理解，企盼这一愿望能够实现。计量经济学虽有其独特的理论与方法，但研究的对象是客观经济现象，研究的目的是揭示经济现象的内在规律，其经济学内在本质毋庸置疑。本书在论及各种计量经济方法时，对其思路、假设、工作步骤及结果的经济含义均给予了充分的解释与说明，希冀读者能理解特定方法所反映和揭示的经济内涵。

本教材按照50～70课内学时、课内外学时之比为1∶2设计其内容体系。以微积分、线性代数、概率论与数理统计、微观经济学、宏观经济学和经济统计学为先修课程，试图通过课程教学，使学生达到：

(1) 了解现代经济学的特征,了解经济数量分析课程在经济学课程体系中的地位,了解经济数量分析在经济学科的发展和实际经济工作中的作用;

(2) 掌握基本的经典计量经济学理论与方法,并对计量经济学理论与方法的扩展和新发展有概念性了解;

(3) 能够建立并应用简单的计量经济模型,对现实经济现象中的数量关系进行实际分析;

(4) 具有进一步学习与应用计量经济学理论、方法与模型的基础和能力。

作为经济类各专业都要求开设的核心课程,用有限的课时使学生既掌握计量经济学的基本理论与方法,又具备用计量经济学知识处理经济问题的初步能力,还需要认真加以研究。本书正是从这样的目的出发,在总结多年教学经验的基础上,借鉴了国内外其他教材的优点,形成本书特色。

第一,实用性。本书一个显著特点是融理论方法与应用为一体,即方法与应用的结合。计量经济学分为理论计量经济学与应用计量经济学,而已有的为数不多的计量经济学教程(主要是国外的)基本上都属于理论计量经济学,以计量经济学的理论与方法为主要内容,强调方法的数学基础,侧重于模型方法的数学证明与推导;应用计量经济学则以计量经济学的理论与方法的应用为主要内容,强调应用模型的经济学和经济统计学基础,侧重于建立与应用模型过程中实际问题的处理。而本书在数学描述方面适当淡化,以讲清楚方法思路为目标,在方法的提出背景、应用过程中容易出现的问题的处理等方面适当加强,再辅之以简单的应用实例,试图使读者在阅读后能够正确地加以应用。

从实际出发,密切联系我国国情。我们在编写过程中,力求比较系统地介绍计量经济学的基本原理及方法,注重突出计量经济学的应用,以适应我国现行高等院校经济类各专业的实际情况。具体表现在:

(1) 以浅显、简明和直观的方式向读者介绍计量经济学,将数学推导和证明压缩到较低限度,尽可能地运用计算机软件 EViews 去教学,以提高学生学习的兴趣。为了将计量经济学的应用与计算机有效地结合起来,使学生学习计量经济学的同时,就能够使用计算机处理现实中的经济问题,本书与方便实用的 Windows 界面的计算机软件 EViews 紧密结合,每一章都介绍了用 EViews 实现本章内容的案例分析,并要求学生用 EViews 完成各章习题,具有较强的实用性。

(2) 重点介绍数学模型、计算结果的统计与经济意义。

(3) 注重内容安排的科学性和先进性。

第二,继承性。本核心课程教材的编著本着继承的原则,认真总结和吸收国内外同类教材的精华,力争博采众长,具有一定的继承性。

第三,前瞻性。本教材在编著过程中将坚持改革、发展的原则,教材内容既有一定的稳定性,又有一定的超前性,充分体现计量经济学的发展趋势。具体表现在构造变化的 F 检验、分布滞后模型、经济变量的单位根检验和协整性分析、格兰杰因果关系检验、向量自回归(VAR)模型等内容。我们还提供了计量经济学的许多新方法和发展方向,以便教师和学生做出自己的选择。

本书较为系统地介绍计量经济学的基本理论、方法、最新进展以及计量经济学软件 EViews。全书共分 11 章,第 1 章介绍计量经济学的基本问题;第 2 章和第 3 章介绍回归分析的基本内容及其应用问题，这是整个计量经济学的基础；第 4 章至第 7 章分别介绍建立单一计量经济模型时产生的异方差性、自相关性、多重共线性、虚拟变量、模型设定误差及随机解释变量等计量经济问题及其解决方法，这是全书的重点；第 8 章至第 9 章介绍分布滞后模型和时间序列分析，这部分内容是当代计量经济学研究的热点之一；第 10 章介绍联立方程模型；第 11 章介绍计量经济模型的具体应用。在详细介绍线性回归模型的数学过程的基础上，各章的重点不是理论方法的数学推导，而是实际应用中出现的实际问题的处理，特别强调应用计量经济学软件 EViews 解决实际问题，并尽可能与中国的模型实际相结合。

本书可作为大学经济学、管理学专业本科和研究生的教材或教学参考书，也可作为计量经济学爱好者的学习用书，它将使读者对这门学科的理论与方法有一个较为系统的了解。本科生可学习第 1 章至第 6 章、第 10 章、第 11 章，其余部分可作为研究生教材。

本书由浙江工商大学经济学院教授、博士生导师孙敬水任主编，浙江工商大学经济学院教授、硕士生导师马淑琴任副主编。本书写作的具体分工如下：第 1 章、第 2 章由马淑琴执笔；第 3 章至第 7 章、第 10 章由孙敬水执笔；第 8 章由郑肖锋执笔；第 9 章由郑肖锋和吴为英执笔；第 11 章和附录由吴为英执笔。孙敬水教授提出了本书的写作大纲，并对各章作了通读、修改和定稿。

本书的编写，得到了陆立军教授、赵英军教授、钟慧中教授、杨文进教授、张宗和教授、赵连阁教授以及其他一些同事的支持与帮助，浙江工商大学经济学院研究生孙金秀和曹彦芹做了认真的校对工作，在此向他们表示深深的谢意。在编写过程中，我们也参考了国内外一些教材，在此向这些教材的作者表示衷心的感谢。在编写、审稿和出版过程中，清华大学出版社、科学出版社南方教材策划中心杭州开元书局给予大力支持，在此编者一并致谢！

由于编者自身水平有限，本书定有不妥甚至错误之处，恳请读者及专家提出批评建议和宝贵意见，若有可能，我们将在再版时认真修改。

编　者

2004 年 5 月

目　录

第1章 导论

本章学习的目的

(1)了解计量经济学的起源和发展；(2)了解计量经济学的学科性质与内容体系，掌握计量经济学的基本概念；(3)掌握计量经济模型的研究步骤。

计量经济学是用定量的方法研究经济活动规律及其应用的科学，是经济学与统计学、数学相结合的产物。计量经济学作为经济学的一个分支学科，经过80多年，尤其是近40年的发展，形成了广泛的内容体系。随着一些发达国家对计量经济学的成功应用以及计算机的广泛普及使用，大量复杂的计量经济模型得以建立和应用，使这门学科得到了快速发展。

为了让初学者顺利进入计量经济学这个新的学科领域，本章先对这门学科的历史沿革、专用名词和基本概念作简要介绍。本章主要阐述计量经济学的基本问题，通过本章的学习，可以知道什么是计量经济学，明确计量经济学研究的对象及其与相关学科的关系，了解计量经济学的基本概念与内容体系、计量经济学的研究步骤。

1.1 计量经济学概述

计量经济学(econometrics)这个词是1926年由挪威经济学家与统计学家、1969年第一届诺贝尔经济学奖获得者弗里希 (R. Frisch)按照生物计量学(biometrics)一词的结构仿造出来的。弗里希是计量经济学的主要开拓者和奠基人。计量经济学的本意是指“经济度量”，以揭示经济活动中客观存在的数量关系为主要内容，研究经济现象和经济关系的计量方法。Econometrics 中文译名有两种：计量经济学与经济计量学。“经济计量学”是由英文“econometrics”直译得到的，它强调该学科的主要内容是经济计量的方法，是估计、检验和应用计量经济模型。“计量经济学”则强调它是一门经济学科，强调它的经济学内涵与外延，故本书以此为名。但实际上，翻开两类不同名称的出版物，就会发现其内容并无区别。但也有学者认为，计量经济学与经济计量学这两种不同的表述反映了计量经济学有两个主要的研究内容：一是计量经济学方法的理论研究，称为理论计量经济学；二是将这些理论广泛应用于实际的经济活动中，称为应用计量经济学。本书介于两者之间，偏重于应用计量经济学。

1.1.1 计量经济学的产生与发展

经济学与自然科学的一个最大不同之处就是无法建立实验室,无法创造出其他因素不变的理想环境。自然科学中的变量常遵循函数关系,但对于经济问题却没有函数关系可言,只能建立统计模型。尽管这样,随着计量经济学的产生,人们借助数学、统计学知识分析和预测经济问题。虽然只有几十年的时间,却超过了经济学数百年积累起来的文字分析水平。

计量经济学的发展可分为三个时期:20世纪20—40年代;20世纪50—70年代;20世纪80年代至今。

1. 20世纪20—40年代

计量经济学起源于对经济问题的定量研究,是社会经济发展到一定阶段的客观需要。正是人们从数量方面探寻经济活动规律的不懈努力,才促进了这门学科的形成与发展。人们很早就在探索用定量的方法研究经济现象。早在17世纪英国经济学家、统计学家威廉·配第(W. Petty)在《政治算术》一书中就运用统计方法研究社会经济问题。以后的相当一段时期,经济学家们力图运用数学方法研究经济活动,用数学语言和公式去表达经济范畴和经济规律。19世纪欧洲主要国家先后进入资本主义社会,工业化大生产的出现,经济活动规模不断扩大,需要人们对经济问题作更精确深入的分析、解释与判断。这是计量经济学诞生的社会基础。到20世纪初,数学、统计学理论日趋完善为计量经济学的创立奠定了理论基础。

计量经济研究的基本工具——最小二乘法最早由德国数学家高斯(C. F. Gauss)于1794年首次提出,1821年提出正态分布理论,1829年提供了最小二乘法优于其他方法的证明。1886年英国统计学家加尔顿(F. Galton)提出“回归”和“相关”概念。1896年皮尔逊(K. Pearson)提出相关系数计算公式。1908年戈塞特(W. S. Gosset)提出t检验、小样本理论,被认为是推断统计学的里程碑。20世纪20年代英国统计学家费歇尔(I. Fisher)提出抽样分布理论,美籍波兰学者奈曼(J. D. Neyman)提出假设检验理论。至此,数理统计的理论框架基本形成。这时,人们自然想到要用这些知识解释、分析、研究经济问题,从而诞生了计量经济学。“计量经济学”(econometrics)一词首先由挪威经济学家弗里希(R. Frisch)仿照生物计量学(biometrics)一词于1926年提出。美国经济学家穆尔(H. L. Moore)在其1929年出版的《综合经济学》一书中运用计量经济模型描述了经济周期、工资率变化与商品需求等经济现象的数量关系。这为计量经济学作为一门独立学科的诞生奠定了基础。1930年由弗里希、丁伯根(J. Tinbergen)和费歇尔(I. Fisher)等人发起在美国成立了国际计量经济学会。这个学会当时的宗旨是“为了促进经济理论在与统计学和数学的结合中发展”。从1933年起,该学会出版了会刊——《计量经济学》(*Econometrica*)杂志,标志着计量经济学作为一个独立的学科正式诞生。目前它仍是计量经济学界最权威的杂志。弗里希在发刊词中所阐明的关于计量经济学的定义,至今仍被大多数学者所接受。

计量经济学正式创立之后,发展十分迅速。首先是爆发于1929—1933年的世界性经济大萧条使计量经济学从一开始就成为一个十分活跃的领域。为走出大萧条的困境,许多政府部门广泛应用计量经济学的理论与方法进行市场研究、经济预测、政策分析等;不少企业应用计量经济学的理论与方法对个别产品的供给、需求、价格等进行经济分析。正是在这样的背景下，1934 年，弗里希出版了其经典著作《运用完全回归体系的统计合流分析》，将计量经济分析技术向前推进了一大步；1935 年，丁伯根建立了第一个计量经济学应用模型——用于分析荷兰经济的宏观经济模型，开创了计量经济学从以研究微观经济模型为主转向建立宏观经济模型的新阶段；1936 年，凯恩斯(J. M. Keynes)出版了《就业、利息和货币通论》一书，提出了国民收入的需求决定理论，为联立方程计量经济模型的建立提供了理论依据；哈罗德(R. F. Harrod)、罗宾逊(J. Robinson)、萨缪尔森(P. A. Samuelson)、克莱因(L. Klein)等对凯恩斯理论的继承和发展，极大地推动了宏观计量经济学理论、方法与应用的发展。

20 世纪 30 年代计量经济学研究对象主要是个别生产者、消费者、家庭、厂商等，基本上属于微观分析范畴。第二次世界大战后，计算机的发展与应用对计量经济学的研究起到了巨大的推动作用。从 40 年代起，计量经济学研究从微观经济领域逐步扩大至宏观经济领域，处理总量数据，如国民消费、国民收入、投资等。但模型基本上属于单一方程形式。此后，伴随着社会经济发展对计量经济分析需求的不断增加、经济理论的不断发展、数据可得性的不断改善、计算机技术和计量分析软件的广泛应用，计量经济学一直保持快速发展的态势。

2. 20 世纪 50—70 年代

计量经济学研究经历了从简单到复杂，从单一方程模型到联立方程模型的变化过程。1950 年以库普曼(T. C. Koopman)发表论文《动态经济模型的统计推断》《线性联立经济关系的估计》等为标志，计量经济学理论进入联立方程模型时代。进入 20 世纪 50 年代，人们开始用联立方程模型描述一个国家整体的宏观经济活动。比较著名的是克莱因的美国经济波动模型(1921—1941 年，1950 年)和美国宏观经济模型(1928—1950 年，1955 年)，后者包括 20 个方程。联立方程模型的应用是计量经济学发展的第二个里程碑。

20 世纪 70 年代是联立方程模型发展最辉煌的时期。进入 70 年代西方国家致力于更大规模的宏观经济模型研究。从建立国内宏观经济模型发展到建立国际的大型计量经济模型，研究国际经济波动的影响，国际经济发展战略可能引起的各种后果，以及制定、评价长期的经济政策。最著名的联立方程模型是联合国的“连接计划”(Link Project)。这一时期最有代表性的学者是美国经济学家克莱因教授，他于 1980 年获得诺贝尔经济学奖。

3. 20 世纪 80 年代至今

20 世纪 70 年代以前的建模技术是以“经济时间序列是平稳的”这一前提设计的，而战后多数国家的宏观经济变量均呈非平稳特征。这些问题的存在会直接影响计量经济模型参数估计的准确性，所以在利用联立方程模型对非平稳经济变量进行预测时常常失效。从 20 世纪 70 年代开始，宏观经济变量的非平稳性问题以及虚假回归问题越来越引起学者的注意。

格兰杰-纽博尔德(Granger-Newbold)于 1974 年首先提出虚假回归问题，引起了计量经济学界的关注。博克斯-詹金斯(Box-Jenkins)1970 年出版《时间序列分析：预测与控制》一书，为在经济领域应用时间序列模型奠定了理论基础。时间序列模型是一种全新的方法，它是依靠经济变量本身的外推机制建立模型。由于时间序列模型妥善地解决了变量的非平稳性问题，人们发现耗费许多财力、人力建立的计量经济模型有时竟不如一个简单的时间序列模型预测能力好。于是计量经济工作者面临三个亟待解决的问题：(1)如何检验经济变量的非平稳性；(2)把时间序列模型引入经济计量分析领域；(3)进一步修改传统的计量经济模型。

迪克-福勒(Dickey-Fuller)1979年首先提出检验时间序列非平稳性(单位根)的DF检验法,之后又提出ADF检验法。菲利普斯-泊松(Phillips-Perron) 1988年提出PP检验法。这是一种非参数检验方法。萨根(D. Sargan)1964年提出误差修正模型概念(最初用于研究进货量、存储问题)。亨德里-安德森(Hendry-Anderson,1977)和戴维森(R. Davidson,1978)的论文进一步完善了这种模型,并尝试运用这种模型解决非平稳变量的建模问题。亨德里(D. Hendry)还提出动态回归理论。1980年西姆斯(C. Sims)提出向量自回归模型(VAR),这是一种用一组内生变量作动态结构估计的联立方程模型。这种模型的特点是不以经济理论为基础,然而预测能力强。这种模型是对联立方程模型的一次革命。以上成果为协整理论的提出奠定了基础。

1987年恩格尔-格兰杰(Engle-Granger)在论文《协整与误差修正,描述、估计与检验》中正式提出协整概念。这是计量经济学发展的第三个里程碑,从而把计量经济学理论的研究又推向一个新阶段。格兰杰定理证明若干个一阶非平稳变量间若存在协整关系,那么这些变量一定存在误差修正模型表达式,反之亦成立。1988—1992年约翰森(Johansen)连续发表了四篇关于建立向量误差修正模型(VEC)的文章,进一步丰富了协整理论。

经过近40年的发展,计量经济学在研究对象、分析技术、数据利用、应用领域等多个方面均有了丰富的内涵。在研究对象方面,不仅包括单方程模型、线性模型、小型市场模型、静态模型、均衡模型等,还包括联立方程模型、非线性模型、大型宏观经济模型、动态模型、非均衡模型等；在分析技术方面,不仅包括回归分析、参数模型分析,还包括时间序列分析、非参数模型分析、离散变量与受限变量模型等专门技术；在数据利用方面,不仅包括对时间序列数据、截面数据的应用,还包括对面板数据的应用；在应用领域方面,不仅包括宏观经济、经济增长、经济管理等,还包括微观经济、就业和收入分配、企业经营等,而且发展形成了针对不同应用领域的专门计量经济学,如宏观计量经济学、微观计量经济学、金融市场计量经济学、空间计量经济学等。

计量经济学在一定程度上反映了社会化大生产对各种经济因素和经济活动进行数量分析的客观要求。经济学从定性研究向定量分析的发展,是经济学向更加精密、更加科学发展的表现。正如马克思指出的,一种科学只有在成功地运用了数学以后,才算达到了完善的地步。计量经济学中的各种计量经济方法和技术,多数是从数学和统计学中引进的,这些方法技术为研究中国经济问题提供了参考与借鉴。

1.1.2 计量经济学的学科性质

1. 什么是计量经济学

计量经济学的奠基人弗里希1933年在《计量经济学》杂志创刊号中写下了一段话：“用数学方法探讨经济学可以从好几个方面着手,但任何一个方面都不能和计量经济学混为一谈。计量经济学与经济统计学绝非一码事；它也不同于我们所说的一般经济理论，尽管经济理论大部分具有一定的数量特征；计量经济学也不应被视为数学应用于经济学的同义语。经验表明，统计学、经济理论和数学这三者对于真正了解现代经济生活的数量关系来说，都是必要的，但本身并非是充分条件。三者结合起来，就是力量，这种结合便构成了计量经济学。”我们不妨把这种结合称为定量化的经济学或经济学的定量化。

美国现代经济词典认为，计量经济学是用数学语言来表达经济理论，以便通过统计方法来论述这些理论的一门经济学分支。萨缪尔森、科普曼斯、斯通等三位著名经济学家在1954年计量经济学家评审委员会的报告中认为，“计量经济学可定义为，根据理论和观测的事实，运用合适的推理方法，对实际经济现象进行的数量分析”。

尽管对计量经济学定义的表述并不相同，但是可以看出，计量经济学不是对经济的一般度量，它与经济学、统计学、数学有着密切的关系。可见，计量经济学是经济学、数学和统计学相结合的一门综合性学科。具体地说，计量经济学就是在经济理论的指导下，根据实际观测的统计数据，运用数学和统计学的方法，借助于计算机技术从事经济关系与经济活动数量规律的研究，并以建立和应用计量经济模型为核心的一门经济学科。必须指出的是，这些计量经济模型是具有随机性特征的。

在这个定义中，强调以下几点：第一，计量经济学是经济学的一个分支学科，是一门应用经济学科，它是以经济现象为研究对象的；第二，计量经济学目的在于揭示经济关系与经济活动的数量规律；第三，计量经济学是经济理论、统计学、数学三者的综合；第四，计量经济学核心内容是建立和应用具有随机特征的计量经济模型。

翻开任何一本计量经济学教材，呈现在读者面前的是大量的符号和复杂的公式。但是，我们必须十分清楚，计量经济学是经济学的一个分支，是一门经济学科。计量经济学一开始就是起源于对经济问题的定量研究的需要。它研究的是如何用一整套有效的理论、方法、体系去研究经济关系，描述经济行为。

根据弗里希对计量经济学所下的定义，计量经济学是数学、统计学、经济理论这三者的有效结合，其实质是定量化的经济学，或者说是经济学的定量化。如何将经济概念定量化呢？途径之一就是科学地引入数学、统计学的方法，并使之与经济理论有效结合，形成一体，即进行计量经济研究。因此，计量经济学研究的对象是经济关系，要解决的是经济问题，它是一门经济科学。虽然，在许多计量经济学教科书中都会写道，“模型参数估计方法是计量经济学的核心内容”，但是，离开方法提出的经济背景、方法本身的经济学解释、方法应用的经济学对象，这些所谓的方法都将是一堆无用的符号。因此，作为一名初学者，在计量经济学的学习过程中，切忌埋头于一堆符号和公式之中不能自拔。无论模型的设定、参数的估计还是模型的检验，一切都应建立在对经济理论以及所研究经济现象的透彻认识的基础上，只有这样才能把握计量经济学的脉络，才能学以致用。

2. 计量经济学与其他相关学科的关系

计量经济学是经济理论、统计学、数学的结合，是经济学、统计学、数学的交叉学科。它与相关学科的关系如图 1.1.1 所示。

图 1.1.1 表明计量经济学是数理经济学、经济统计学和数理统计学的交集，而数理经济学是经济学与数学的交集，数理统计学是数学和统计学的交集，经济统计学是经济学与统计学的交集。显然，每一交集都形成了一门特定的学科，有其独立的研究对象或特点，这些特定学科彼此不能混淆或替代。

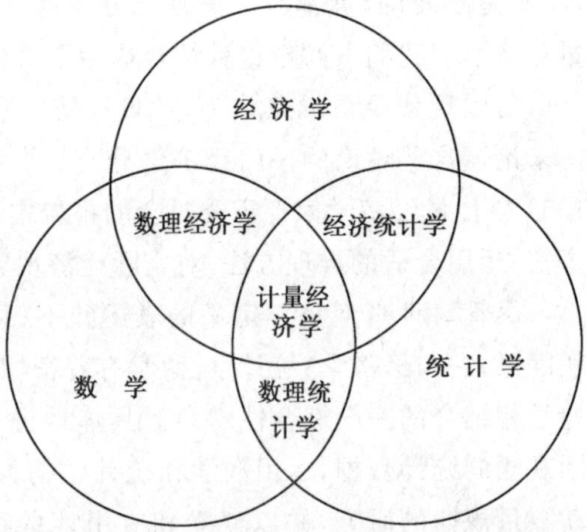

图 1.1.1　计量经济学与相关学科的关系

经济学着重于经济现象的定性研究，而计量经济学着重于定量方面的研究。虽然数理经济学也是着重于研究经济的定量方面，但是它不注重经济变量关系的随机特征，它是用数学形式表达经济理论，并不关心经济理论的可测性，且模型所反映的经济变量之间的关系是确定的。而计量经济学的主要特征在于利用由数理经济学提出的数学方程及实际数据来验证经济理论，模型所反映的经济变量间的关系是非确定性的、随机的相关关系。数理经济学为计量经济学提供建模依据。计量经济学对经济学的应用主要体现在以下几个方面：第一，计量经济模型的选择和确定，包括对变量和经济模型的选择，需要经济学理论提供依据和思路；第二，计量经济分析中对经济模型的修改和调整，如改变函数形式、增减变量等，需要有经济理论的指导；第三，计量经济分析结果的解读和应用也需要经济理论的指导。

经济学与统计学结合形成了经济统计学。经济统计所关心的是描述性的统计量，着重于收集、整理并以图表的形式表达数据，并不利用所收集的数据来验证经济理论。而计量经济学则利用经济统计所提供的数据来估计经济变量之间的数量关系并加以验证。

数理统计学为各种类型数据的收集、整理与分析提供切实可靠的数学方法，是计量经济学建立计量经济模型的主要工具。但是数理统计学在研究变量之间的关系时，要求各种变量必须服从某种规律，即服从某种分布。在现实经济生活中，各经济变量很难完全满足这一假定，但又必须研究经济变量之间的关系，所以计量经济学必须在数理统计方法技术的基础上，开发出特有的分析方法技术。计量经济学与数理统计学是有严格区别的。数理统计学作为一门数学学科，它可以应用于经济领域，也可以应用于其他领域，如社会学和自然科学等。但它与经济理论、经济统计学结合而形成的计量经济学，则主要限于经济领域。计量经济学对统计学的应用，至少有两个重要方面：一是计量经济分析所采用的数据的收集与处理、参数的估计等，需要使用统计学的方法和技术来完成；二是参数估计值、模型的预测结果的可靠性，需要使用统计方法加以分析、判断。

计量经济学对数学的应用也是多方面的：首先，对非线性函数进行线性转化的方法和技巧，是数学在计量经济学中的应用；其次，任何的参数估计归根结底都是数学运算，较复杂的参数估计方法或者较复杂的模型的参数估计，更需要有相当的数学知识和数学运算能力；最后，在计量经济理论和方法的研究方面，需要用到许多的数学知识和原理。

因此，计量经济学是经济理论、统计学和数学三者的综合。计量经济模型建立的过程，是综合应用经济理论、统计学、数学方法的过程。如上面所述，理论模型的设定、样本数据的收集是直接以经济理论为依据，建立在对所研究经济现象的透彻认识基础上的，而模型参数的估计和模型有效性的检验则是统计学和数学方法在具体经济研究中的具体应用。没有理论模型和样本数据，统计学和数学方法将没有发挥作用的“对象”和“原料”；反过来，没有统计学和数学所提供的方法，原料将无法成为“产品”。因此，计量经济学广泛涉及了经济学、统计学、数学这三门学科的理论、原则和方法，缺一不可。

为了说明上述内容，我们以商品市场需求的研究为例。研究某一商品市场需求 Q，经济理论中假定商品需求量取决于自身价格 P、替代商品的价格 P_r 和消费者的收入 Y，这就完全肯定了需求量只由三个因素决定，关系非常明确。数理经济学用线性需求函数形式表示商品需求关系：

$$Q=b_0+b_1P+b_2P_r+b_3Y \tag{1.1.1}$$

式中 $b_i(i=0,1,2,3)$ 为需求函数中待定参数，表示在其他变量不变时，自变量每变化一个单位引起需求量变化的数值。

式(1.1.1)表明，方程右边只有三个因素影响需求量 Q 变化，除此之外，没有其他因素影响需求量。然而在实际的经济生活中绝非如此，消费者的偏好、所处地理位置，甚至天气等偶然因素，对需求量都会产生影响。虽说不是主要的，但也必须加以考虑。为此，计量经济学构建如下模型：

$$Q=b_0+b_1P+b_2P_r+b_3Y+u \tag{1.1.2}$$

在模型(1.1.2)中，u 是一个随机变量，它用来反映数理经济学模型中未考虑的非主要因素的影响，从而将数理经济学所描述的确定性关系转化为计量经济学中的不确定性关系。经济统计学研究的内容主要有两个方面：一是指标的设计问题，即用什么指标来反映商品需求量，如何测量消费者的收入水平等；二是各指标是如何变化的。经济统计学重点不在于测度变量之间的具体关系。虽然数理统计学可以用来研究这些变量之间的具体数量关系，但是它事先对模型中的随机误差项 u 做出严格的假定(这些假定将在第 2 章和第 3 章具体说明)。在现实世界中，数理统计所做的假定是很难满足的，为了揭示需求量、价格、消费者收入水平等变量之间的关系，计量经济学必须研究数理统计之外的一些模型技术与方法问题。

1.1.3 计量经济学的内容体系

计量经济学在经济学科中占有重要地位，已形成了庞大的内容体系，一般按研究内容、范围的不同分为不同层次或各种专门的计量经济学。

1. 经典计量经济学与非经典计量经济学

经典计量经济学与非经典计量经济学的划分可从计量经济学的发展时期及其理论方法上的特征来把握。经典计量经济学一般指 20 世纪 70 年代以前发展起来的计量经济学，在理论方法上具有以下几个方面的共同特征：第一，在模型类型上，采用随机模型；第二，在模型导向上，以经济理论为导向；第三，在模型结构上，采用线性或可化为线性的模型，反映变量之间的因果关系；第四，在数据类型上，采用时间序列数据或截面数据；第五，在估计方法上,采用最小二乘法或极大似然法。非经典计量经济学一般指20世纪70年代以后发展起来的计量经济学,也称现代计量经济学。与经典计量经济学理论方法上的几个方面的特征相对应,非经典计量经济学包括模型类型非经典计量经济学问题、模型导向非经典计量经济学问题、模型结构非经典计量经济学问题、数据类型非经典计量经济学问题、估计方法非经典计量经济学问题等方面的内容。

2. 理论计量经济学和应用计量经济学

计量经济学的内容可以概括为两个方面:一是它的方法论;二是它的实际应用。由此构成了计量经济学的两大部分,即理论计量经济学和应用计量经济学。理论计量经济学主要研究计量经济学的理论与方法,包括计量经济模型的数学理论基础、计量经济模型普遍应用的参数估计方法和模型检验方法,也包括特殊模型的参数估计和检验方法,侧重于理论与方法的证明和推导,需要较多地依赖数学和统计学的方法与技术,目的在于为应用计量经济学提供方法论。应用计量经济学主要运用理论计量经济学所提供的理论与方法研究特定领域的具体经济活动的数量关系,以建立与应用计量经济模型为主要内容,侧重于实际经济问题。例如生产函数、消费函数、投资函数、供求函数、劳动就业问题,等等。应用计量经济学研究的是具体的经济现象和经济关系,研究它们在数量上的联系及其变动的规律性。

3. 宏观计量经济学和微观计量经济学

宏观计量经济学与微观计量经济学的划分对应于宏观经济学与微观经济学的划分。宏观计量经济学主要利用计量经济学的理论与方法,建立宏观计量经济模型,分析宏观经济变量之间的数量关系。例如,通过消费函数、投资函数、国民收入恒等式建立简单宏观计量经济模型,研究国内生产总值、居民消费、投资、政府支出之间的关系。自计量经济学创立以来,宏观计量经济学一直是其主要研究领域,除经典宏观计量经济模型理论、方法以外,单位根检验、协整理论、动态计量经济学等非经典计量经济学理论、方法也是宏观计量经济学的主要研究内容。微观计量经济学是在2000年的诺贝尔经济学奖公报中才正式提出的一个新概念,公报中将微观计量经济学的内容集中于对个人、家庭和企业的经济行为进行经验分析,主要包括面板数据模型的理论方法、离散选择模型的理论方法、选择性样本模型的理论方法,这些理论方法都属于非经典计量经济学的范畴。

4. 广义计量经济学和狭义计量经济学

从学科角度,可以将计量经济学划分为广义计量经济学与狭义计量经济学。广义计量经济学是利用经济理论、数学和统计学定量研究经济现象的数量经济方法的统称,内容包括回归分析、时间序列分析、投入产出分析等,甚至数理经济学的内容也包括其中。西方国家许多以“Econometrics”为名的书中,往往包括了如此广泛的内容。尽管这些方法都是经济理论、统计学与数学方法的结合,但方法之间还是有区别的。

狭义计量经济学就是我们通常定义的计量经济学,主要研究经济变量之间的因果关系,采用的数学方法主要是回归分析基础上发展起来的计量经济学方法。这也是本书的主要内容。本书将要介绍的内容以经典计量经济学、宏观计量经济学、狭义计量经济学为主,是理论计量经济学与应用计量经济学的结合。

1.1.4 计量经济学在经济学科中的地位

一般认为,1969 年诺贝尔经济学奖的设立,标志着经济学已成为一门科学。而在经济学不断科学化的过程中,计量经济学起到了特殊的作用。

这里需要考察一下现代经济学,主要是现代西方经济学的特征。现代西方经济学有许多特征,可以从不同的角度去归纳,从方法论的角度讲,主要有以下三个方面:一是越来越多地从方法论的角度去阐述和定义经济学,认为"经济学是一种思考社会问题的方法","经济学的主要贡献是它的分析框架","经济学是一套用以观察无限丰富和多变的世界的工具",认为经济学是其他社会科学的基础,类似于物理学在自然科学中的地位。二是愈来愈重视研究方法的科学性,重实证分析,轻规范分析。认为"规范的方法显然是不科学的","经济学,对于规范的问题只能保持沉默","科学知识的占有尚不具备解决规范问题的能力,如果将价值判断引入经济理论,这种理论就不可能成为客观的科学"。这些认识显然过于偏激,甚至存在谬误。在我们看来,经济学不能完全排斥规范分析,不能完全否定价值判断。但这些观点反映出西方经济学把自己定义为一门实证的社会科学的事实。三是数学的广泛应用已成为一个普遍趋势。经济学作为一门科学,如果从亚当·斯密 1776 年的《国富论》算起,也只有 200 多年的时间,经济学研究的数学化和定量化则是经济学科学化的重要标志。当然,数学仅仅是一种工具,而不是经济学理论本身,但正是这种工具,推动了经济学理论的发展。微分学与边际理论、优化方法与最优配置理论、数理统计学与经济学的实证化就是例证。翻开任何一本经济学教科书或任何一份经济刊物,无不用数学语言阐述经济理论,用定量的方法描述、讨论人们关心的经济现实问题。许多世界一流大学的经济系在其教学计划的培养目标中,都对学生应用数学工具的能力提出明确要求。例如,多伦多大学认为,"现代经济学理论的一个显著特点是数学的广泛应用,学生必须学会用数学工具描述和发展经济学理论";斯坦福大学认为,"教学计划的目标之一是教会学生将数学作为经济分析的一个基本工具,用数学去思考和描述经济问题和政策"。

计量经济学从创立之日起,就显示了较强的生命力,经过 20 世纪四五十年代的大发展及 60 年代的扩展,已经在经济学科中占据重要的地位。事实上,在诺贝尔经济学奖获得者中,有一半以上是与计量经济研究有关的学者或经济学家。如比较著名的有:丁伯根、里昂惕夫、克莱因、斯通、哈维默、麦克法登、恩格尔、格兰杰等。正如著名计量经济学家、诺贝尔经济学奖获得者克莱因所说,"计量经济学已经在经济学科中居于最重要的地位","在大多数大学和学院中,计量经济学的讲授已经成为经济学课程表中最有权威的一部分"。目前,计量经济学成为经济学专业学生必须学习的核心课程,而且从初级、中级到高级。以上这些特征,决定了计量经济学在经济学中的重要地位。

1.2 计量经济学的基本概念

任何一门独立学科都有自己的专用术语和基本概念,计量经济学也不例外。由计量经济学的定义可知,它的基本特征是用统计学与数学方法研究客观经济系统中的经济变量关系。由此,必然涉及经济数据、变量、模型等基本概念。这些名词虽然在其他学科中也时有出现,但在计量经济学中都有专门解释。为了有利于今后的学习,我们先对计量经济学中的几个基本概念进行简要介绍。

1.2.1 计量经济模型中的变量

一个计量经济模型有多种构成因素,其中许多因素在不同的时间和空间有不同的状态,会取不同的数值,这类因素称为经济变量。所谓经济变量就是用来描述经济因素数量水平的指标,如模型(1.1.2)中的Q、P、P_r、Y都是经济变量。

在计量经济学中,不同的经济变量有专门的称谓,并有相应的特定内涵。经济变量按其自身特点及其计量经济模型参数估计的需要,可以分为若干不同的类型。

1. 解释变量和被解释变量

从变量的因果关系看,经济变量可分为解释变量和被解释变量。解释变量也称自变量,是用来解释作为研究对象的变量(即因变量)为什么变动、如何变动的变量。它对因变量的变动作出解释,表现为方程所描述的因果关系中的"因"。例如模型(1.1.2)中的P、P_r、Y。被解释变量也称因变量,是作为研究对象的变量。它的变动是由解释变量作出解释的,表现为方程所描述的因果关系中的"果"。例如模型(1.1.2)中的商品需求量Q。解释变量是说明因变量变动原因的变量,即因变量的影响因素。

2. 内生变量和外生变量

从变量的性质看,可以把变量分为内生变量和外生变量。如果一个解释变量与随机误差项相关,则称其为内生变量。内生变量是由模型系统内部因素所决定的变量,一般表现为具有一定概率分布的随机变量。如果一个解释变量既不是随机变量,也不是内生变量,则称其为外生变量。其数值由模型系统之外其他因素所决定的变量,不受模型内部因素的影响,表现为非随机变量,在模型求解之前就已经确定,是给定的、已知的,不受模型中任何变量的影响,但影响模型中的内生变量。例如模型(1.1.2)中的P、P_r、Y。在计量经济模型中,外生变量数值的变化能够影响内生变量的变化,而内生变量却不能反过来影响外生变量。

3. 滞后变量与前定变量

在经济分析中,某些变量不仅受当期其他内生变量和外生变量的影响,还受前期(过去时期)一些内生变量和外生变量的影响。所谓滞后变量,是指过去时期的、对当前因变量产生影响的变量。滞后变量可分为滞后解释变量与滞后因变量两类。例如,在消费函数模型中,影响消费支出的主要因素,除了本期收入外,还取决于前期收入。滞后变量显然在模型求解之前是确定的量,因此,通常将外生变量和滞后变量合称为前定变量,意即在求解以前已经确定或需要确定的变量。

4. 虚拟变量

在计量经济研究中经常发现,某些定性因素对所研究的经济变量有明显的影响,需要把它们引入计量经济模型中。这时常用虚拟变量去表示这类定性因素的"非此即彼"的状态。在计量经济学中,我们把反映定性因素(或属性)变化,取值为1或0的人工变量称为虚拟变量,这将在特殊变量一章中专门讨论。由于虚拟变量是对研究对象的定性影响因素的描述(如战争、自然灾害、政治因素、政策变动等定性事实,人的性别、职务、职称、学历等定性特征),而定性因素的影响经常存在,因此虚拟变量是计量经济模型中一种常见的变量类型。虚拟变量一般取 0 或 1,通常以 1 表示某种状态发生,以 0 表示该种状态不发生。这样的虚拟变量也可以作为估计模型参数的数据使用。例如,在农业生产函数研究中,若设置虚拟变量表示气候环境对农业生产的影响,那么,相对于灾年,该变量取 1,相对于正常年份,该变量取 0。

1.2.2 计量经济模型中应用的数据

数据是估计计量经济模型参数的基本依据。计量经济模型中应用的数据是通过对经济变量的观察和统计得到的。数据的质量对计量经济研究的有效性有着举足轻重的影响。数据的收集与整理,则是计量经济模型建立过程中最费时费力的一项工作。要保证整个计量经济研究的有效性,必须重视数据问题。计量经济模型中应用的数据主要有以下几类。

1. 时间序列数据

时间序列数据(time series data)是同一统计指标、同一统计单位(或空间)按时间顺序记录形成的数据列。时间序列数据也称为时序数据或动态序列数据,它描述的是同一统计单位(或空间)的某一指标水平在时间纵向上变化的情况。数据是按照一定的时间间隔收集的,如每日(股票)、每周(货币供给)、每月(失业率、消费价格指数)、每季(GDP)、每年(政府预算)等。时间序列数据可以是时期数据,也可以是时点数据。例如,某省 1950—2003 年各年末的人口是由 54 个时点数组成的时间序列数据,而各年的粮食产量则是由时期数组成的时间序列数据。时点数据中的每一个数据必须是同范围、同一间隔时点上的统计数据。时期数据中的每一个数据必须是同范围、同一时期长度上的统计数据。

2. 截面数据

截面数据(cross sectional data)是同一统计指标,同一时间(时期或时点)按不同统计单位(或空间)记录形成的数据列。例如,同一时间不同家庭的收入和消费支出,某一年全国各省份的国内生产总值,国家统计局人口普查数据等。

时间序列数据与截面数据比较,其区别在于组成数据的排列标准不同,时间序列数据是按时间顺序排列,截面数据是按统计单位(或空间)排列。因此,截面数据不要求统计对象及其范围相同,但要求统计的时间相同。也就是说,必须是同一时间截面上的数据。与时间序列数据一样,截面数据的统计口径和计算方法也应当是可比的。例如,为了研究某一行业各企业产出与投入的关系,我们需要关于同一时间截面上各企业的产出 Y 和劳动投入 L、资本投入 K 的截面数据。这些数据的统计对象和范围显然各不相同,因为是不同企业的数据。但是,关于产出 Y 和投入 L、K 的解释、统计口径和计算方法仍然要求相同,不同企业的 Y、L、K 在统计上要求可比。

无论是时间序列数据还是截面数据,因为它们是以数据列的形式出现,因此特别要强调数据中各数据之间的可比性。这种可比性包括五个方面:(1)指标统计的空间可比(针对时间序列数据);(2)指标统计的时间可比(同一时点或同一时期);(3)指标统计的口径可比;(4)指标统计的方法可比;(5)指标统计的内容可比。

3. 面板数据

面板数据(panel data),也称混合数据,是指结合了时间序列数据和截面数据特征的数据,即在时间序列的每个时间点上取多个截面,在这些截面上同时选取样本观测值所构成的样本数据,反映了时间和空间两个维度的信息。面板数据既有时间序列数据又有截面数据。面板数据的最大特点是数据量较多,能够比较全面地反映相关经济问题,如横向和纵向的特征与规律,可以同时进行多种类型的计量经济分析,并将横向和纵向的规律进行比较印证等。因此,面板数据在计量经济研究中有较大的应用价值。例如在居民收支调查中收集的对各个固定调查户在不同时期的调查数据,又如全国各省份不同年份的经济发展状况的统计数据,这些都是面板数据。对于同一时间不同调查户的数据来说,这是截面数据;对于同一调查户不同时间的数据来说,这又是时间序列数据。

数据的真实可靠性是决定计量经济学研究的有效性和价值的重要因素。由于社会经济活动无法用控制实验的方法进行,历史数据受种种因素(如统计工作开展的时间、统计人员的水平和责任心、统计方法和数据加工处理方法的变化等)的影响往往残缺不全或存在一定的偏差,采集真实可靠、数量充足的经济数据并不是一件容易的事情。这一点在进行计量经济研究时必须加以注意,因为不同的计量经济模型、不同的研究对数据有不同的要求。

计量经济学研究对经济数据的要求随着研究方法和目标的不同而不同,因此收集到的经济数据往往不能直接使用,必须先进行加工处理。虽然对经济数据的加工处理是有意义的和必要的,但毕竟具有一定的主观性,可能导致人为的偏差或其他问题。例如,对时间序列数据的季节调整和平滑处理,可能引起自相关性问题。因此,对经济数据的加工处理必须注意经济意义,避免影响整个研究的有效性。

1.2.3 参数及其估计准则

在计量经济模型中,每一个特定方程的解释变量(包含内生变量和外生变量)的系数称为变量参数,即模型中表示变量之间关系的常系数。它将各种变量连接在模型中,具体说明解释变量对因变量的影响程度。因为每一解释变量的参数都有特定的经济含义,故将它们称为经济参数。不同的解释变量的参数经济含义各不相同,有的表示边际值,有的表示弹性,等等,但在特定情况下,某些外生解释变量的参数也可以根据政策法规或经验人为确定。

计量经济模型中的参数一般是未知的,需要根据样本信息去加以估计。由于抽样波动的存在,加之估计方法及所确定的估计式不一定那么完备,所得到的参数估计值与总体参数的真实值并不一致,这就要求得到的参数估计值应尽可能地接近总体参数的真实值。不过,在理论计量经济学中并不侧重于研究参数估计值本身,而是主要论述所导出的参数估计式是否符合一定的准则。通常选择参数估计式时应参照无偏性、最小方差性、一致性等准则。

1.2.4 计量经济模型

模型是对现实的描述与模拟。建立模型的目的在于对真实现象进行解释、预测和控制。在科学研究中使用着各种各样的模型。不同的学科、领域所使用的模型的形式与结构也不尽相同。对现实的各种不同的描述和模拟方法，就构成了各种不同的模型，例如，语义模型(也称逻辑模型)、物理模型、几何模型、数学模型和计算机模拟模型等。语义模型是用语言来描述现实，例如，对供给不足下的生产活动，我们可以用“产出量是由资本、劳动、技术等投入要素决定的，在一般情况下，随着各种投入要素的增加，产出量也随之增加，但要素的边际产出是递减的”来描述。物理模型是用简化的实物来描述现实，例如，一栋楼房的模型，一架飞机的模型。几何模型是用图形来描述现实，例如，一个零部件的加工图。计算机模拟模型是随着计算机技术而发展起来的一种描述现实的方法，在经济研究中有广泛的应用，例如人工神经元网络技术就是一种计算机模拟技术。数学模型是用数学语言描述现实，也是一种重要的模型方法，由于它能够揭示现实活动中的数量关系，所以具有特殊重要性。

经济模型是指对经济现象或过程的一种数学模拟，即经济现象的表示或模仿，如投入产出模型、最优化模型等。每一种经济假说都可以看作一个经济模型。根据所采用数学方法的不同，对经济活动揭示的程度不同，构成各类不同的经济数学模型。在这里，我们着重区分数理经济模型和计量经济模型。数理经济模型揭示经济活动中各个因素之间的理论关系，用确定性的数学方程加以描述。计量经济模型揭示经济活动中各个因素之间的定量关系，是用随机性的数学方程加以描述的。

1. *计量经济模型的形式及其构成要素*

什么是计量经济模型？简单地说，计量经济模型是为了研究分析某个系统中经济变量之间的数量关系而采用的随机代数模型，是以数学形式对客观经济现象所作的描述和概括。计量经济学方法及其应用，都是围绕建立、估计、检验和运用计量经济模型这一核心进行的。人们可以通过各种各样的模型来揭示和阐明自然现象和社会经济现象的本质与发展规律。例如，产出是由资本、劳动、技术等投入要素决定的。在一般情况下，随着各种投入要素的增加，产出量也随之增加，但要素的边际产出是递减的。对于生产活动中的这种变量关系，可以用如下随机数学方程来描述：

$$Y_t = AL_t^{\alpha} K_t^{\beta} \mathrm{e}^{u_t} \tag{1.2.1}$$

或者：

$$\ln Y_t = \ln A + \alpha \ln L_t + \beta \ln K_t + u_t \tag{1.2.2}$$

式中：Y_t 代表产出，A 表示技术水平，K_t 表示资本投入，L_t 表示劳动投入，u_t 为随机误差项，α、β 为待定参数。式(1.2.2)就是一个计量经济模型的理论形式。

计量经济模型有多种形式，根据研究的对象和内容不同，计量经济模型有微观计量经济模型和宏观计量经济模型。微观计量经济模型主要描述微观主体经济活动中的变量之间的关系，如生产函数模型、需求函数模型等。宏观计量经济模型则研究宏观经济活动中主要变量间的相互依存关系，如发达市场经济国家模型、发展中国家模型、中央计划经济国家模型等。根据表现形式不同，计量经济模型有些是单一方程模型，如式(1.2.2)生产函数模型；有些是联立方程模型，例如克莱因战争间模型包括 3 个随机方程、3 个恒等式，共有 6 个方程：

(1) 消费函数：$\mathrm{CS}_t = \alpha_0 + \alpha_1 P_t + \alpha_2 P_{t-1} + \alpha_3 (W_{1t} + W_{2t}) + u_{1t}$ (1.2.3)

(2) 投资函数：$I_t = \beta_0 + \beta_1 P_t + \beta_2 P_{t-1} + \beta_3 K_{t-1} + u_{2t}$ (1.2.4)

(3) 工资函数：$W_{1t}=\gamma_0+\gamma_1(Y_t+T_t-W_{2t})+\gamma_2(Y_{t-1}+T_{t-1}-W_{2t-1})+\gamma_3 t+u_{3t}$ (1.2.5)

(4) 国民收入：$Y_t=CS_t+I_t+G_t-T_t$ (1.2.6)

(5) 利润：$P_t=Y_t-W_{1t}-W_{2t}$ (1.2.7)

(6) 资本存量：$K_t=I_t+K_{t-1}$ (1.2.8)

式中：CS_t 为私人消费，I_t 为净投资，W_{1t} 为私人部门工资，Y_t 为国民收入(税后)，P_t 为利润，K_t 为资本存量，T_t 为税收，W_{2t} 为公共部门工资，G_t 为政府非工资支出，t 为时间，代表技术进步。

一个计量经济模型由哪些部分构成？从式(1.2.2)至式(1.2.5)可以看出，一个计量经济模型由四个部分构成，即变量、参数、随机误差项和方程式。

计量经济模型的一般表达式为

$$Y=f(X,b,u) \tag{1.2.9}$$

模型(1.2.9)中包含因变量或被解释变量 Y、自变量或解释变量 X、参数 b 和随机误差项 u 及方程的形式 $f(\cdot)$ 等五个要素。Y、X、b、u 也可以是向量形式。

随机误差项 u 是一个随机变量，用于表示模型中尚未包含的影响因素对因变量的影响，其具体内容将在第2章中介绍。

参数 b 是模型中表示变量之间数量关系的常系数，它将各种经济变量连接在计量经济模型之中，具体说明解释变量对因变量的影响程度。在未经实际资料估计之前，参数是未知的。对模型参数进行有效的估计是计量经济学研究的主要内容之一。

方程的形式 $f(\cdot)$ 就是将计量经济模型的变量、参数和随机误差项联系在一起的数学表达式，如线性形式和非线性形式、单一方程模型形式和联立方程模型形式。

式(1.2.2)至式(1.2.5)是计量经济模型的理论形式，是对经济变量关系的理论描述。如果以中国1978—2015年间总产出(用国内生产总值GDP度量，单位为亿元)，劳动投入(用从业人员度量，单位为万人)，以及资本投入(用资本形成总额度量，单位为亿元)的数据为样本，可以得到如下回归结果(见第3章例3.4.1)：

$$\ln\hat{Y}=-7.6309+0.9167\ln L+0.8430\ln K \tag{1.2.10}$$

这就是实证的计量经济模型。这一模型揭示了这个特定问题中资本、劳动与产出量之间的定量关系。根据式(1.2.10)，我们可以知道：斜率系数0.9167表示产出对劳动投入的弹性，即在资本投入保持不变的条件下，劳动投入每提高一个百分点，产出将平均提高0.9167%。类似地，在劳动投入保持不变的条件下，资本投入每提高一个百分点，产出将平均提高0.8430%。如果将两个弹性系数相加，我们将得到一个重要的经济参数——规模报酬参数。如果两个弹性系数之和为1，则称规模报酬不变；如果两个弹性系数之和大于1，则称规模报酬递增；如果两个弹性系数之和小于1，则称规模报酬递减。在本例中，两个弹性系数之和为1.7597，表明中国经济增长的特征是规模报酬递增。

同样，利用美国在两次世界大战之间，即1920—1941年的年度数据为样本，估计理论模型(1.2.3)～(1.2.5)可以得到如下回归结果(见第10章案例分析2：克莱因战争间模型)：

$$\widehat{CS}_t=16.4769+0.0680P_t+0.1804P_{t-1}+0.8056(W_{1t}+W_{2t}) \tag{1.2.11}$$

$$\hat{I}_t = 15.3105 + 0.3114P_t + 0.4775P_{t-1} - 0.1353K_{t-1} \tag{1.2.12}$$

$$\hat{W}_{1t} = 1.4393 + 0.4729(Y_t + T_t - W_{2t}) + 0.1049(Y_{t-1} + T_{t-1} - W_{2t-1}) + 0.3058t \tag{1.2.13}$$

式(1.2.11)表明：工资每增加1美元，消费将平均增加0.81美元；现期利润的边际消费倾向为0.068，而前期利润的边际消费倾向为0.180 4。由此可知现期工资收入是影响消费的一个重要因素。以同样的方式，也可以对投资函数和工资函数进行经济分析。

计量经济分析就是通过这样的计量经济模型来实现的，计量经济研究的核心内容也就是要获得式(1.2.10)至式(1.2.13)这样的计量经济模型。

2. 计量经济模型的特点

与其他经济模型相比，计量经济模型有如下特点：

(1) 经验性。即计量经济模型是对各种经济变量之间的关系在经济理论的指导下进行试验估算，使经济理论具有经验内容，对经济行为进行经验观察，使经济分析具有经验基础。

(2) 随机性。即计量经济模型所反映的经济活动(或经济现象)是随机的，同时把随机误差(包括观察误差、修改误差、估算误差或计算误差等)作为其必要的因素。

(3) 动态性。即计量经济模型具有较长的时间跨度。具体地说，它是一种动态的外推模型，含有不同时期的经济变量。它把过去的经济行为和现在的经济行为联系起来，并对根据现在的经济行为推断分析(预测)未来时期的经济行为起到了桥梁的作用。

建立或选择适当的计量经济模型，对于计量经济学研究具有十分重要的意义。因为模型选择的好坏，在很大程度上决定了分析结果的质量和价值，而且对分析工作的难度也有很大的影响。建立或选择计量经济模型，总体上应该从实际问题出发，以相关经济理论为基础。因为不同的模型适合不同的研究目的和需要，时间序列模型比较适合于作短期预测；单方程模型可以进行长期规律的研究；对于经济结构的分析，特别是动态分析，联立方程模型比较有效。而且，模型的种类和规模应根据研究的经济问题的要求确定。对于要求比较低的计量经济学研究，就应选择比较简单的时间序列模型或单方程模型。而且变量的个数不需要太多、函数的形式不需要太复杂，因为方程个数越多、变量个数越多、方程形式越复杂，模型就越复杂，研究分析的难度就越大，并且研究分析的效果也不一定好。

1.3 建立与应用计量经济模型的主要步骤

计量经济学是以问题为导向、以模型为核心的，因此利用计量经济学的理论、方法研究现实经济问题也是围绕模型展开的，一般包括五个步骤：理论模型的设定、样本数据的收集、模型参数的估计、模型的检验、模型的应用。

1.3.1 理论模型的设定

计量经济学方法，就是定量分析经济现象中各因素之间数量关系的方法。因此，首先根据经济理论分析所研究的经济现象，找出经济现象间的因果关系及相互间的联系，把问题作为因变量(或被解释变量)、影响问题的主要因素作为自变量(或解释变量)、非主要因素归入随机误差项。变量数量不要求太多,只选取有重要影响的变量。例如,一种商品的需求量受到多种因素的影响,商品自身价格、消费者收入水平、替代商品价格等;投资取决于利率;消费取决于收入;产出取决于要素投入量;等等。其次,按照它们之间的行为关系,选择适当的数学形式描述这些变量之间的关系,一般用一组数学上彼此独立、互不矛盾、完整有解的方程组表示。

设定一个合理的计量经济模型,应当注意以下几个方面:

1. 要有科学的理论依据

设定模型之前必须对所研究的经济现象的相互关系作出科学的理论分析,尽可能使模型真实地反映经济现象实际的依存关系。对国外的计量经济模型,特别要注意结合中国的实际加以分析,不能简单地生搬硬套。

2. 模型要选择适当的数学形式

模型的数学形式可以是单一方程,也可以是联立方程,每一个方程可以表现为线性形式也可以表现为非线性形式。这要根据研究的目的、所研究的经济问题的复杂程度以及对数据资料的掌握情况来决定。

模型函数形式的设定,首先,可以直接采用经济学已有的函数形式。例如,对生产问题的研究可直接利用生产函数方程 $Y_t=AL_t^{\alpha}K_t^{\beta}e^{u_t}$,对消费问题的研究可直接利用消费函数方程 $C_t=a_0+a_1Y_t+u_t$;其次,可以根据实践经验或已有研究经验设定。例如,经验表明某特定消费品的年销售量主要受人口数量的影响,如果销售量的增长速度与人口增长速度大致相等,则可将该特定消费品的年销售量与人口数量的关系设定为一元线性函数形式;最后,也可以根据样本观察数据反映出来的变量之间的关系设定。例如,可先利用变量的样本观察数据绘制被解释变量与解释变量之间关系的散点图,根据散点图反映出来的被解释变量与解释变量之间的关系,设定模型的函数形式。对于其他事先无法确定模型函数形式的情况,可采用各种可能的函数形式进行模拟,选择模拟结果最好的函数形式。在实际建立模型的过程中,应根据所研究现象相互关系的性质,通过对实际统计资料的试验和分析,经过反复比较,选择尽可能合理的模型。

3. 方程中的变量要具有可观测性

因为只有可观测的变量才可能取得实际的统计数据,才可能对模型中的参数作出适当的估计。没有样本观察数据的支持,就得不到模型的参数估计值,进一步的研究也将无法展开。

设定模型是计量经济研究的关键步骤,建立模型既是一门科学,也是一门艺术。好的模型,要依靠丰富的专业知识和适当的方法,更要依靠对建模实践的不断总结。

1.3.2 样本数据的收集

建立理论模型之后,应该根据模型中变量的含义、口径,收集并整理样本数据。计量经济研究中常用的数据有:时间序列数据、截面数据和面板数据。例如式(1.2.10)估计所使用的中国1978—2015年间总产出、劳动投入、资本投入的数据,式(1.2.11)至式(1.2.13)估计所使用的美国在两次世界大战之间,即1920—1941年的年度数据都属于时间序列数据。

数据是建立计量经济模型的基本原料，样本数据质量直接关系到模型的质量。

样本数据质量的好坏与样本数据的完整性、准确性、可比性和一致性有密切关系。所谓完整性是指经济数据作为系统状态和其外部环境的数量描述必须是完整的。样本数据百分之百的完整无缺是难以达到的，但对于少数遗失数据，可以采用科学方法人为地补充，以达到相对完整。所谓数据的准确性，一是它必须准确反映研究对象的状态，二是它必须是模型中所要求的数据。数据的可比性问题就是通常所说的数据统计口径必须是一致的。所谓一致性是指样本数据的来源与被估计母体应属于同一个母体。

1.3.3 模型参数的估计

模型参数的估计是计量经济模型的核心。在建立理论模型并收集整理了符合模型要求的样本数据后，就可以选择适当的方法估计模型，得到模型参数的估计量。参数是计量经济模型中表现经济变量相互依存程度的因素，通常参数在模型中是一个相对稳定的量。在利用计量经济模型研究的经济现象的总体中，参数一般来说是未知的。由于随机误差项的存在，我们不可能精确地去计算参数的数值。我们能够获得的往往只是所研究总体的若干样本的观测值，如何通过样本观测数据正确地估计总体模型的参数，这是计量经济模型的核心内容。经过实际估计所得出的参数数值称为参数的估计值，用一定的方法获得参数估计过程的公式，称为参数的估计式，只要将变量的样本观测值直接代入估计式，即可得到参数的估计值。模型参数的估计过程是一个纯技术的过程，包括对模型进行识别（就联立方程模型而言）、变量之间的相互关系的研究、估计方法的选择、计算机软件的使用等方面。

估计模型中参数的方法有很多种。对于单一方程模型，常用的方法有普通最小二乘法、极大似然估计法、广义最小二乘法、工具变量法等。对于联立方程模型，常用的方法有间接最小二乘法、二阶段最小二乘法和三阶段最小二乘法等。对这些方法我们将在以后的章节中具体介绍。

1.3.4 模型的检验

当模型中的参数被估计以后，应当说就初步完成了建模的过程，但是这样的模型还不能直接加以应用。首先，这是因为我们在设定模型时，对所研究的经济现象的规律性可能认识并不充分，所依据的经济理论对研究对象也许还不能作出正确的解释和说明，或者虽然经济理论是正确的，但可能我们对问题的认识只是从某些局部出发，或者只是考察了某些特殊的样本，以局部去说明全局的变化规律，可能会导致偏差。其次，我们用以估计参数的统计数据或其他信息可能并不十分可靠，或者是较多地采用了经济突变时期的数据，不能真实代表所研究的经济关系，也可能由于样本容量太小，所估计的参数只是抽样的某种偶然结果。此外，我们所建立的模型，所用的方法、统计数据，还可能违反计量经济模型的基本假定，这时也会得出不合适的结论。

因此，在得到模型参数的估计量后，可以说一个计量经济模型已经初步建立起来了。但是，它能否客观地揭示所研究的经济现象中诸因素之间的关系，能否付诸应用，还需要通过检验才能决定。比如在得到了估计式（1.2.10）、式（1.2.11）至式（1.2.13）后，还要按照一系列标准评价其可靠性和精度,只有模型通过了检验,才可以付诸应用,即用于经济预测、结构分析或政策评价等。如果不能通过检验,则必须重新修正模型。

模型的检验就是对估计的模型参数进行检验。所谓检验就是对参数估计值加以评定,确定它们在理论上是否有意义,在统计上是否显著,只有通过检验的模型才能用于实际,所以模型检验也是重要的一环。

对计量经济模型的检验,主要从以下几方面进行:

1. 经济意义检验

经济意义检验(经济合理性检验)是对模型参数估计值的符号、大小、相互关系在经济意义上的合理性所做的检验,主要是将模型参数的估计值与事先设定的模型参数取值范围进行比较,看其是否与预期值(或理论值)相符。例如,对于简单的消费函数模型 $C_t = a_0 + a_1 Y_t + u_t$,其中 Y_t 为居民的收入,C_t 为居民的消费支出,a_1 为边际消费倾向,且 $0 < a_1 < 1$,经济合理性检验就是对求得的参数估计值 $\hat{a}_1$ 的正负号及其大小进行判断,如果 $0 < \hat{a}_1 < 1$,则其经济意义合理,否则参数估计值就没有意义。模型中的变量和参数都有特定的经济意义,经济理论通常对这些变量以及参数的符号和取值范围作出了理论说明。如果所估计的模型与经济理论相符,说明我们所观测的事实证实了这种理论;如果所估计的模型与经济理论不相符,应设法从模型设定、估计方法、统计数据等方面找出不相符的原因,并采取必要的修正措施,否则参数估计值视为不可靠。例如,式(1.2.10)中 $\ln L$、$\ln K$ 前的参数分别表示的是劳动和资本的产出弹性。因此,它们都应该为正,否则模型在经济意义上不合理。

只有当模型中的参数估计量通过经济意义的检验,方可进行下一步检验。模型参数估计量的经济意义检验是一项最基本的检验,经济意义不合理,不管其他方面的质量多么高,模型也是没有实际价值的。

2. 统计推断检验

模型的参数是用变量的观测值估计的,为了检验参数估计值是否为抽样的偶然结果,需要运用数理统计中的统计推断方法,对模型及参数的统计可靠性作出说明。统计推断检验就是利用数理统计学中的统计推断方法对模型参数估计结果的可靠性进行的检验。统计推断检验通过计算一系列统计量以及对这些统计量的分析,从不同侧面论证模型变量选择、函数形式确定、参数估计的科学性和可靠性。通常最广泛应用的统计推断检验准则有拟合优度检验、单个变量的显著性检验和整个回归模型的显著性检验等,分别采用 R^2、t、F 作为检验统计量。统计推断检验有时也称为一级检验。

通过样本决定系数,可以测度解释变量对被解释变量变动的解释能力,从而推断模型函数形式的正确性;通过计算 F 值,可以估计解释变量的参数同时为零的可能性大小,进而推断解释变量的选择在总体上是否正确;通过计算 t 值,可以测定每一解释变量参数估计值分别为零的可能性大小,从而确定每一个解释变量选择的正确性。如果决定系数的值接近于1、F 值与 t 值均大于一定显著水平的临界值,则模型统计推断检验可以通过,否则,应该对模型进行修正。

3. 计量经济检验

计量经济检验是针对计量经济模型的基本假设展开的。因为计量经济模型是建立在若干基本假设的前提之下的,不满足基本假设的模型,会使通常的计量经济方法失去效用,使参数估计量的性质得不到保证,使模型失去应用价值。计量经济检验,是从参数估计的条件上证明所建立的模型是否成立。目的在于判断所采用的计量经济方法是否令人满意，计量经济方法的假设条件是否得到满足，从而确定统计检验的可靠性。计量经济检验一般包括异方差性检验、自相关性检验、多重共线性检验等。

计量经济模型的参数估计方法有多种，每一种方法的应用都有相当严格的假设条件。当某一方法应用的条件得到满足时，应用该方法估计的模型参数才具有无偏性、有效性和一致性的特征。否则，参数估计值就有可能提供虚假信息，并不代表真实参数。计量经济检验的主要内容，在于判定随机误差项是否存在异方差性、自相关性，解释变量是否为随机变量或内生变量，解释变量之间是否存在多重共线性。凡经过检验证明这些问题不存在，则表明模型参数估计的基本条件得到满足，参数估计值是可信的。如果经检验发现随机误差项存在异方差性、自相关性问题，解释变量中存在随机变量或内生变量，解释变量之间线性相关程度高，则表明模型参数估计的基本条件不具备，需要应用一定的方法对原模型进行修正。计量经济检验有时也称为二级检验。

4. 模型预测检验

模型预测检验主要检验模型参数估计量的稳定性以及相对样本容量变化时的灵敏度，以确定所建立的模型是否可以用于样本观测值以外的范围，即模型的所谓超样本特性检验。它主要包括以下两个方面的检验：(1)换一组样本数据重新估计模型参数，将新得到的参数估计值与原来的参数估计值进行比较，检验二者之间差异的显著性。(2)将所建立的模型用于样本以外的实际预测，将得到的预测值与实际值进行比较，检验二者之间差异的显著性。

模型的稳定性检验，是通过分析样本容量变化对模型参数估计值的影响，判断模型稳定性的高低。具体做法是，将原来估计模型参数的样本数据增加(或减少)1～2个观测数据，对模型参数进行重新估计，将新估计的模型与原估计的模型进行对比。如果参数的符号未发生变化、数值的大小也未发生大的改变，则表明原估计的模型比较稳定，可靠性较高。如果参数(部分或全部)的符号发生了改变、数值的大小差异也较大，则表明原估计的模型不稳定，可靠性较低。模型不稳定往往与变量选择、函数形式选择不恰当紧密相关，对于不稳定的模型不能应用，应当找出产生原因，对原来的模型加以修正。预测检验是将估计了参数的模型用于实际经济活动的预测，然后将模型预测的结果与经济运行的实际对比，以此检验模型的有效性。具体做法是将样本范围内和实际已经发生的样本范围外的解释变量的观测值代入模型，计算出被解释变量的理论值，再将计算出的被解释变量的理论值与实际发生值进行比较。如果理论值与实际值差异较小，就表明模型对实际经济系统的代表功能较强，应用价值较大；如果理论值与实际值差异较大，则说明模型不能有效模拟实际经济系统的运行规律，应用价值较小，应予以舍弃。预测检验包括拟合值检验、内插检验、外推检验等。

1.3.5 模型的应用

经过检验的模型，一般认为是对客观经济活动的一个较好的模拟，是比较可靠的，可以应用于经济分析。计量经济模型的应用大体可以概括为四个方面：结构分析、经济预测、政策评价、检验与发展经济理论。

1. 结构分析

经济学中的结构分析就是利用已经建立的模型对经济变量之间的相互关系作出分析，主要分析经济变量或结构参数的变化对整个经济系统的影响。比如，分析当其他条件不变时，模型体系中的解释变量发生一定的变动，对被解释变量的影响程度。结构分析不同于人们通常所说的，诸如产业结构、产品结构、消费结构、投资结构中的结构分析，它研究的是当一个变量或几个变量发生变化时，对其他变量乃至整个经济系统产生什么样的影响。常用的经济结构分析方法有乘数分析、弹性分析与比较静力分析等。

乘数是经济学中一个重要概念，是某一变量变动一个单位时引起另一变量变动程度的度量。它直接度量经济系统中变量之间的相互影响，经常被用来研究外生变量的变化对内生变量的影响，对于实现经济系统的调控有重要作用。乘数也可以从计量经济模型中很方便地求得。例如，在研究某地区商品需求时，最终建立的商品需求函数模型为 $\hat{Q}=58.62-12.65P+6.23P_r+2.35Y$，运用这个模型所做的结构分析是：一般商品需求理论认为，商品的需求量与其价格反方向变化，与替代商品的价格同向变化，与消费者的收入水平同向变化。估计的商品需求函数模型中各参数正负号恰好说明了这一点。也就是说，此模型验证了上述理论。商品需求量与各变量的具体数量关系体现于模型中各变量的回归系数。我们可以说在其他因素不变的情况下，该商品的价格每提高一个单位，则商品的平均需求量将减少 12.65 个单位；替代商品的价格每增加一个单位，则该商品的平均需求量将增加 6.23 个单位；消费者的收入水平每提高一单位，则该商品的平均需求量将增加 2.35 个单位。

弹性也是经济学中一个比较重要的概念，是某一变量的相对变化引起另一变量的相对变化的度量，即变量的变化率之比。在经济研究中，除了需要研究经济系统中变量绝对量之间的关系，还要掌握变量的相对变化所带来的相互影响，即弹性分析，以掌握经济活动的数量规律。例如，对于 C-D 生产函数 $Y_t=AL_t^{\alpha}K_t^{\beta}\mathrm{e}^{u_t}$，或 $\ln Y_t=\ln A+\alpha\ln L_t+\beta\ln K_t+u_t$，如果以中国 1978—2015 年国内生产总值、劳动投入、资本投入的数据为样本，就可以得到中国 C-D 生产函数的估计式：$\ln\hat{Y}=-7.6309+0.9167\ln L+0.8430\ln K$。斜率系数 0.916 7 为产出对劳动投入的弹性，表示劳动投入每提高 1%时，产出将提高 0.916 7%。类似地，斜率系数 0.843 为产出对资本投入的弹性，表示资本投入每提高 1%，产出将提高 0.843%。

比较静力分析，是比较经济系统的不同平衡位置之间的联系，探索经济系统从一个平衡点到另一个平衡点时变量的变化，研究系统中某个变量或参数的变化对另外变量或参数的影响。显然，弹性分析和乘数分析都是比较静力分析的形式。计量经济模型为比较静力分析提供了一个基础，没有定量描述变量之间关系的、包含变量和参数的计量经济模型，比较静力分析将无从着手。

2. 经济预测

经济预测就是运用已建立起来的计量经济模型对被解释变量的未来值作出预测或推算。这种预测可以是提供被解释变量未来的一个可能取值，即点预测；也可以是提供被解释变量未来取值的一个可能范围，即区间预测。经济预测可以是对被解释变量在未来时期状态的动态预测，也可以是对被解释变量在不同空间状况的空间预测。

3. 政策评价

政策评价是将经济目标作为被解释变量，将经济政策作为解释变量，利用计量经济模型对各种可供选择的经济政策方案的实施后果进行模拟测算,从中选择较好的政策方案。政策的优劣对经济发展有较大影响,在多种可供选择的政策中择其优者加以实施,是经济管理者的重要任务。计量经济模型的一大应用就是政策评价,政策评价也称为政策分析或政策模拟。所谓政策评价,就是利用估计好的计量经济模型在许多不同政策方案之间进行选择。计量经济模型用于政策评价,主要有三种方法:

(1) 工具-目标法。给定经济目标,即给定被解释变量的取值,通过对模型求解,确定解释变量的取值,即确定具体的经济政策方案。

(2) 政策模拟。将各种不同的政策方案代入模型,计算各自的目标值,通过对目标值的比较决定经济政策方案的取舍。

(3) 最优控制方法。将计量经济模型与最优化方法结合起来,选择使目标达到最优的政策或政策组合。

例如,设被解释变量为 y,是经济目标变量,解释变量为 x,是可控变量。利用模型评价政策效果时,可从三个角度进行:

第一,提供备选方案。给定可控变量 x 的各种组合方案,依据模型,求出 y 的各种可能结果。比较各种结果的优劣,决定取舍,为决策提供备选方案。如给定商品的不同价格 x,根据模型计算出各种可能的销售量 y。

第二,灵敏度分析。若选定了两个基准方案,并假定可控变量为 x_0(为简化符号,假定只有一个可控变量),由模型计算出的目标变量值为 y_0。要分析的问题是:当可控变量受到某种冲击时,基准方案会发生什么变化。

第三,给定目标变量 y 的预期值,即希望达到的效果,利用模型,求出可控变量 x 的值。

从宏观经济领域到微观经济领域均存在政策评价的问题。经济政策具有不可试验性。当然,有时在采取某项政策前,在局部范围内先进行试验,然后推行,但即使如此,在局部可行的,在全局并不一定可行。这就使政策评价显得尤其重要。经济数学模型可以起到"经济运行实验室"的作用。尤其是计量经济模型,揭示了经济系统中变量之间的相互联系,将经济目标作为被解释变量,经济政策作为解释变量,可以很方便地评价各种不同的政策对目标的影响。

4. 检验和发展经济理论

检验经济理论,就是按照经济理论设定理论模型,利用实际经济数据对模型进行参数估计和检验,得出经济理论是否与客观经济事实相符的结论。发展经济理论,就是针对某一经济活动设定各种可能的模型,利用实际经济数据对各种模型进行参数估计和检验,从中发现与实际经济数据拟合最好的模型。

实践是检验真理的唯一标准。任何经济学理论,只有当它成功地解释了过去,才能为人们所接受。计量经济模型提供了一种检验经济理论的方法。从建立计量经济模型的步骤中不难发现,一个成功的模型,必须很好地拟合样本数据,而样本数据则是已经发生的经济活动的客观再现,所以在模型中表现出来的经济活动的数量关系,则是经济活动所遵循的经济规律,即理论的客观再现。于是,就提出了计量经济模型的两方面功能:一是按照某种经济理论(可以是已有的理论,也可以是构建的新观念)去建立模型,然后用实际的样本数据去估计模型,如果得到的结果能够验证建模所依据的经济理论,表示模型很好地拟合了经济社会中变量间的关系,经济社会活动从统计上看遵循这一经济规律,表明已有的经济理论在此情形下是有效的，或者为所发展的新理论假说提供了实证依据。如果不能得到验证，表示利用此样本不能检验该假说是否有效，或者表明这种理论是错误的。这就是检验理论。二是用表现已经发生的经济活动的样本数据去拟合各种模型，拟合最好的模型所表现出来的数量关系，则是经济活动所遵循的经济规律，即理论。这就是发现和发展理论。计量经济模型为检验和发展经济理论提供了一种行之有效的方法，其实证作用已得到越来越多的学者和实际工作者的认同。事实上，现代许多重要的经济思想或经济理论，都是经过计量经济模型的实证研究，才被广泛接受的。

每一步的具体问题的研究，尤其是模型估计、模型检验和应用是本书研究的重点。以上五个步骤如图 1.3.1 所示。

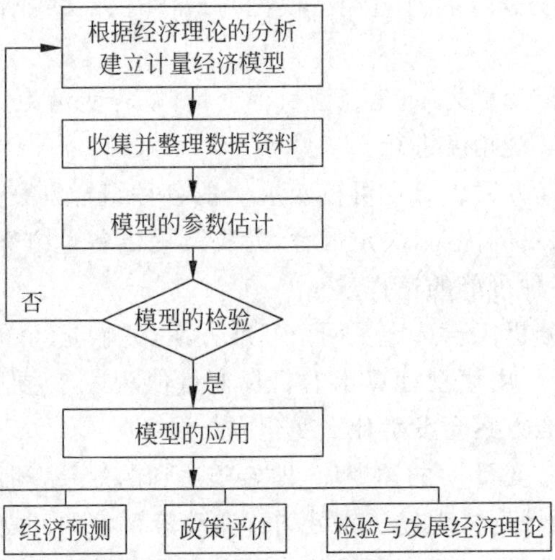

图 1.3.1　建立与应用计量经济模型的主要步骤

经过上述各个环节的不断修正和完善，一个符合需要的计量经济模型就建立起来了，就可以将该模型应用于预定的研究目的。计量经济学就是上述各个环节的系统的理论、原则和方法。

即测即练 1.1

即测即练 1.2

习　题

(1) 什么是计量经济学？它与经济学、统计学和数学的关系是怎样的？

(2) 计量经济模型一般由哪些要素组成？

(3) 计量经济学中应用的数据是怎样进行分类的？试分别举出时间序列数据、截面数据和面板数据实例。

(4) 建立计量经济模型的主要步骤有哪些？计量经济模型主要应用在哪几个方面？结

合一个具体经济实例加以说明。

(5) 计量经济模型的检验包括几个方面？其具体含义是什么？

(6) 以下设定的计量经济模型是否合理？为什么？

① $\mathrm{GDP}=a+\sum_{i=1}^{3}b_i\cdot\mathrm{GDP}_i+u$，其中，$\mathrm{GDP}_i(i=1,2,3)$是第一产业、第二产业、第三产业增加值，$u$为随机误差项。

② $S=a+b\cdot R+u$，其中，S、R分别为农村居民储蓄存款和城镇居民可支配收入总额，u为随机误差项。

③ 财政收入$=f$(财政支出)$+u$，u为随机误差项。

④ $Q=f(L,K,X_1,X_2,u)$，其中，Q是煤炭产量，L、K分别是煤炭行业职工人数和固定资产原值，X_1、X_2分别是发电量和钢铁产量，u为随机误差项。

(7) 指出下列模型中的错误，并说明理由。

① $\hat{C}=180+1.2Y$，其中，C、Y分别是城镇居民消费支出和可支配收入。

② $\ln\hat{Y}=1.15+1.62\ln K-0.28\ln L$，其中，$Y$、$K$、$L$分别是工业总产值、工业生产固定资产价值和职工人数。

第2章 一元线性回归模型

本章学习的目的

(1)掌握一元线性回归模型的基本假定；(2)掌握普通最小二乘法(OLS)的基本原理，能够应用OLS估计一元线性回归模型的参数并检验其有效性；(3)掌握一元线性回归模型的点预测和区间预测；(4)掌握EViews软件操作方法，能够应用EViews软件解决一元线性回归分析的实际问题。

计量经济学在对经济现象建立经济计量模型时，大量地运用回归分析这一统计方法，回归分析是计量经济学的方法论基础。本章和下一章将通过一元线性回归模型、多元线性回归模型来阐述回归分析的基本思想。

2.1 一元线性回归模型的基本假定

社会经济活动可以用某些经济变量表示，例如，居民消费支出、固定资产投资额、货币供给量、物价指数、利率、国内生产总值等。在生产、分配、交换和消费过程中，各种生产要素、产品、收入等，无论是以实物形态出现，还是以货币形态表示，最终总要表现为一定的数量关系。对经济问题的研究，不仅要分析该问题的基本性质，也需要对经济变量之间的数量关系进行具体分析，常用的分析方法有回归分析、相关分析、方差分析等方法，这些分析方法各有特点，其中应用最广泛的是回归分析方法。

2.1.1 一元线性回归模型

客观事物相互依存，且具有存在和发展的内在规律性。对于数量性质的事物，其规律性可以用数学公式或数学模型来描述。事物规律性不是直观的，而是通过一定的现象来表现。因此，人们需要有认识事物规律的各种科学方法。

事物规律性的表象可以分为两类：一类是随机现象；一类是非随机现象。在相同条件下，对随机现象进行重复观测(或重复试验)，每次结果未必相同；对非随机现象进行重复观测(或重复试验)，其结果总是确定的。

对于数量性质的事物，表达随机现象的数量称之为随机变量，表达非随机现象的数量称之为确定性变量或非随机变量。由于有随机变量和非随机变量之分，从而描述事物规律性的数学模型也就有函数关系和相关关系。

各种经济变量之间的关系，可以划分为两类：一类是完全确定的函数关系；另一类是非确定性的相关关系。在经济分析中，一个变量的变化常常受其他多个经济变量的影响。为描述这些变量之间的关系，研究这些变量之间的变化规律，通常要建立计量经济模型，研究模型参数，进而利用计量经济模型进行预测。

如果一个变量 y 的取值可以通过另一个变量 x 或另一组变量$(x_1,x_2,\cdots,x_k)$以某种形式唯一地确定，则 y 与这个 x 之间或 y 与这组$(x_1,x_2,\cdots,x_k)$之间的关系就是函数关系。用代数式表示就是

$$y=f(x)$$

或者

$$y=f(x_1,x_2,\cdots,x_k)$$

其中，最简单的形式为一元线性函数关系

$$y=b_0+b_1x$$

例如，当某种商品单价 p 固定不变，这种商品的销售收入 y 与销售量 x 之间的关系为一元线性关系，即 $y=px$。如果用 x、y 构成的直角坐标图来表示，此式所表示的函数关系为一条经过坐标原点的直线。所有可能的点都在这条直线上。

经济变量之间的另一类关系，为不完全确定的相关关系。例如，在经济分析中，投入与产出之间的关系，商品需求与价格之间的关系等都是不完全确定的相关关系。如果一个变量 y 的取值受另一个变量 x 或另一组变量$(x_1,x_2,\cdots,x_k)$的影响，但给定这一个 x 或一组$(x_1,x_2,\cdots,x_k)$值的时候，y 的取值并不是唯一确定的，则变量 y 与这一个 x 或一组$(x_1,x_2,\cdots,x_k)$之间的关系为相关关系。用代数式表示就是

$$y=f(x,u)$$

或者

$$y=f(x_1,x_2,\cdots,x_k,u)$$

其中，u 为随机误差项。对于一组不同的观测值(x_t,y_t)或$(x_{1t},x_{2t},\cdots,x_{kt},y_t)$，$t=1,2,\cdots,n$，它们都落在对应于上述相关关系的代数式上

$$y_t=f(x_t,u_t)\qquad(t=1,2,\cdots,n)$$

或者

$$y_t=f(x_{1t},x_{2t},\cdots,x_{kt},u_t)\quad(t=1,2,\cdots,n)$$

最简单的形式为一元线性回归模型

$$y_t=b_0+b_1x_t+u_t \tag{2.1.1}$$

式(2.1.1)所表示的关系式，称为一元线性总体回归模型。“一元”是指只有一个自变量 x_t，这个自变量 x_t 可以解释引起因变量 y_t 变化的部分原因(因果关系中作为原因的变量)。因此，x_t 称为解释变量(explanatory variable，或自变量 independent variable)，y_t 称为被解释变量(explained variable，或因变量 dependent variable)，即因果关系中作为结果的变量，b_0、b_1 为回归参数，这两个量通常是未知的，需要估计。其中 b_0 称作常数项(截距项)，参数 b_1 称作回归系数，确定了解释变量 x_t 影响被解释变量 y_t 的基本关系，不确定的部分由变量 u_t 表示。u_t 称为随机误差项或随机扰动项，它包含了除解释变量 x_t 之外的各种对被解释变量 y_t 影响的因素总和。随机误差项是随机变量，其值是观察不到的，可以取正值，也可以

取负值。t 表示序数,当 t 表示时间序数时,x_t 和 y_t 称为时间序列数据;当 t 表示非时间序数时,x_t 和 y_t 称为截面数据。u_t 则包括了除 x_t 以外的影响 y_t 变化的众多微小因素。u_t 的变化是不可控的。上述模型可以分为两部分:$b_0+b_1x_t$ 是非随机部分;u_t 是随机部分。

社会经济现象中的变量关系,大量地表现为相关关系。例如,家庭消费支出 y 与家庭收入 x 之间的关系,就不是完全确定的。虽然每个家庭的收入 x 必然会影响并且制约着这个家庭的消费支出 y,但是消费支出 y 还要受到其他多种因素的影响。例如,家庭人口、消费习惯、存款利率、物价水平变化趋势等。收入相同的家庭,其消费支出也可能完全不同,即使对于同一个家庭在每月收入相同的条件下,每月的消费支出也不会完全相同。这种消费与收入之间的关系就属于相关关系,回归分析就是研究这类变量间的依存关系。

"线性"一词有两重含义。它一方面指被解释变量 y 与解释变量 x 之间为线性关系,即

$$\frac{\partial y_t}{\partial x_t}=b_1, \quad \frac{\partial^2 y_t}{\partial x_t^2}=0$$

另一方面指因变量 y 与参数 b_0、b_1 之间为线性关系,即

$$\frac{\partial y_t}{\partial b_0}=1, \quad \frac{\partial^2 y_t}{\partial b_0^2}=0, \quad \frac{\partial y_t}{\partial b_1}=x, \quad \frac{\partial^2 y_t}{\partial b_1^2}=0$$

在数学分析中,"线性"一般指 y 与 x 为线性关系。在计量经济学中,更重视被解释变量 y 与参数 b_0、b_1 之间的线性关系。只要 y 与 b_0、b_1 之间满足线性关系,即使 y 与 x 不是线性关系,也可以通过线性变换,使变换后的被解释变量与解释变量之间的关系实现线性化。

2.1.2 随机误差项的性质

与数学中的函数关系相比,式(2.1.1)的显著特点是多了随机误差项 u。随机误差项 u 包含了丰富的内容。在计量经济学中,无论是一元线性回归模型、多元线性回归模型以及其他单方程模型,还是联立方程模型,都含有随机误差项。产生误差项的原因主要有以下几方面:

1. 模型中被忽略掉的影响因素造成的误差

在一般情况下,每一个经济变量通常要受到多种因素的影响。但是为了简化分析,突出主要矛盾,在构造回归模型时,通常只选取最重要的解释变量与被解释变量构成回归模型,将次要的影响因素忽略掉。这些被忽略的影响因素对被解释变量 y 的影响就归入了误差项 u 中。以家庭消费支出问题为例,家庭消费支出 y 除了受家庭收入 x 的影响之外,可能还会受家庭人口、消费习惯、存款利率、物价水平等多种因素影响。在构造回归模型时,对于有些影响因素或者没有认识到而被遗漏了,或者认识到了而不可观测被省略了,等等。这些被遗漏或被省略的影响因素都归并在随机误差项 u 中。

2. 模型关系设定不准确造成的误差

对于同一组观测值,若拟合的数学模型形式不同,则相应的随机误差项也不相同。显然当模型形式欠妥时,会直接对随机误差项带来影响。在一般情况下,解释变量与被解释变量之间的关系是比较复杂的非线性关系。在构造模型时,为了简化模型,用线性模型代替了非线性关系,或者用简单的非线性模型代替了复杂的非线性关系,造成了模型关系不

准确的误差。在很多情况下，由于人们对经济规律的认识与客观经济规律不完全一致，也会造成模型关系不准确的误差。

3. 变量的测量误差

测量误差是在搜集和整理变量数据过程中形成的，也称观测误差。例如，有一匹长度一定的布，用同一把尺子丈量 10 次，可能会得出 10 种结果。产生不同的结果是在丈量过程中形成的，故测量值与真实值之间的误差称为测量误差。由于测量工具的精确度和测量方法不准确的问题，使得观察值与真实值不完全一致，造成测量误差。因此，在进行统计观测时，测量误差是不可避免的，常用 u 代表测量误差。

4. 变量的内在随机性

对以上三种误差，总可以通过改变模型形式、改进测量设备和技术来减小相应的误差。但是经济变量本身受很多随机因素影响（比如自然灾害、经济危机等），不具有确定性和重复性，由于某些变量所固有的内在随机性，也会对被解释变量产生随机性影响。同时，经济活动都是人参与的，人的经济行为的变化也会对随机误差项产生影响。例如，一个消费者受广告宣传或谣传的影响，就有可能改变对某种商品的需求，这些都属于人们的随机行为。

总之，误差项的存在是计量经济模型的特点，是计量经济模型与数学中完全确定的函数关系的主要区别。计量经济学中遇到的各种困难问题几乎都是由于误差项 u 的存在造成的。计量经济学中的多种估计、检验、预测等分析方法，也是针对不同性质的误差项 u 引入的。

2.1.3 一元线性回归模型的基本假定

对于线性回归模型，模型估计的任务是用回归分析的方法估计模型(2.1.1)的参数。最常用的估计方法是普通最小二乘法。为保证参数估计量具有良好的性质，通常对模型提出若干基本假设。如果模型满足这些基本假设，则普通最小二乘法就是一种适用的估计方法；如果模型不满足这些基本假设，则普通最小二乘法就不再适用，而要用其他方法来估计模型。

设一元线性回归模型为

$$y_t = b_0 + b_1 x_t + u_t$$

估计线性回归模型中参数的方法有多种，各种估计方法都是以对模型的某些统计假定为前提的。因为只有具备这些假定条件，所作出的估计才具有较好的统计性质。一元线性回归模型的基本假定有两个方面：一是关于变量和模型的假定；二是关于随机误差项 u_t 统计分布的假定。

对变量和模型首先是假定在一元线性回归模型里，在重复抽样中解释变量 x_t 是一组固定的值，也就是说假定解释变量 x_t 是非随机的，或者虽然解释变量 x_t 是随机的，但与误差项 u_t 是相互独立的。其次是假定模型中的解释变量 x_t 无测量误差。此外还要假定模型对变量和函数形式的设定是正确的，即不存在设定误差。

总体随机误差项 u_t 通常无法直接观测。为了使对模型的估计具有较好的统计性质，计量经济研究中对 u_t 的分布作如下基本假定：

假设1 零均值假定。即在给定 x_t 的条件下,随机误差项 u_t 的数学期望(均值)为零,即

$$E(u_t)=0 \tag{2.1.2}$$

由于存在随机扰动因素,y_t 在其均值 $E(y_t)$ 上下波动,如果模型设定正确,y_t 相对于均值 $E(y_t)$ 的正偏差和负偏差都存在,故此随机误差项 u_t 可正可负,发生的概率大致相同。平均地看,这些随机误差项有相互抵消的趋势。假设1表示经典的回归模型 $y_t=b_0+b_1x_t+u_t$ 为线性模型,即有 $E(y_t)=b_0+b_1x_t$。

假设2 同方差性假定。即随机误差项 u_t 的方差与 t 无关,为一个常数 σ^2,即

$$\mathrm{var}(u_t)=E[u_t-E(u_t)]^2=E(u_t^2)=\sigma^2 \tag{2.1.3}$$

假设2表示无论解释变量 x_t 随 t 如何变化,误差项 u_t 的方差不会发生变化,即误差项 u_t 相对于各自均值(零均值)的分散程度是相同的。通常随机误差项 u_t 的方差小,表示它所对应的观察值 y_t 的可靠程度高,应给予重视的程度高。相反,误差项 u_t 的方差大,表示它所对应的观察值 y_t 的可靠程度低,应给予重视的程度低。满足同方差性假设,将使检验和预测简化。

同时也不难证明,被解释变量 y_t 与随机误差项 u_t 具有相同的方差 σ^2,这是因为

$$\mathrm{var}(y_t)=E[y_t-E(y_t)]^2=E[(b_0+b_1x_t+u_t)-(b_0+b_1x_t)]^2=E(u_t^2)=\sigma^2$$

所以

$$\mathrm{var}(y_t)=\sigma^2 \tag{2.1.4}$$

因此,该假定同时表明,被解释变量 y_t 可能取值的分散程度也是相同的。

假设3 无自相关性假定。即不同的误差项 u_t 和 $u_s(t\neq s)$ 相互独立,即

$$\begin{aligned}\mathrm{cov}(u_t,u_s)&=E[u_t-E(u_t)][u_s-E(u_s)]\\&=E(u_tu_s)=E(u_t)E(u_s)=0\end{aligned} \tag{2.1.5}$$

这个假定表明,产生干扰的因素是完全随机的、相互独立的、互不相关的。不难证明,被解释变量 y_t 和 y_s 也是相互独立的,即

$$\mathrm{cov}(y_t,y_s)=E[y_t-E(y_t)][y_s-E(y_s)]=E(u_tu_s)=0 \tag{2.1.6}$$

假设4 解释变量 x_t 与随机误差项 u_t 不相关假定。即

$$\mathrm{cov}(x_t,u_t)=E[x_t-E(x_t)][u_t-E(u_t)]=0 \tag{2.1.7}$$

这一假定表明解释变量 x_t 与随机误差项 u_t 相互独立、互不相关,模型中的解释变量 x_t 和随机误差项 u_t 对被解释变量 y_t 的影响是相互独立的。如果 x_t 为非随机变量,则假设4自动满足。

假设5 正态性假定。即假定误差项 u_t 服从均值为零、方差为 σ^2 的正态分布,即

$$u_t\sim N(0,\sigma^2) \tag{2.1.8}$$

假设5表示被解释变量 y_t 服从均值为 $b_0+b_1x_t$、方差为 σ^2 的正态分布,即

$$y_t\sim N(b_0+b_1x_t,\sigma^2) \tag{2.1.9}$$

如果只利用最小二乘法进行参数估计,不需要误差项 u_t 服从正态分布这个假设条件。但是,如果要进行假设检验和预测,就必须知道总体 y_t 的分布情况。如果 x_t 为非随机变量,总体 y_t 与误差项 u_t 服从相同的分布,y_t 与 u_t 之间仅有均值 $E(y_t)$ 的差别。

上述五项假设可以简洁地表述为:x_t 为非随机变量,u_t 为独立的随机变量,且

$u_t \sim N(0,\sigma^2)$。或者：x_t 为非随机变量，u_t 为独立的随机变量，且 $y_t \sim N(b_0+b_1x_t,\sigma^2)$。

如果样本容量足够大，根据中心极限定理中的李雅普诺夫(Liapunov)定理，只要这些影响因素是随机的和相互独立的，并且具有有限的数学期望和方差，那么，误差项 u_t 近似服从正态分布。即在大样本条件下这个假设自动成立。对于小样本问题，这个假设不成立，就无法进行检验和预测。

以上这些对随机误差项 u_t 分布的假设是德国数学家高斯最早提出的，也称为高斯假设或古典假设。满足以上古典假设的线性回归模型，也称为古典线性回归模型。

2.2　一元线性回归模型的估计

一元线性回归模型是最简单的计量经济模型。在模型中只有一个解释变量，其参数估计方法也是最简单的。通过最简单模型的参数估计，可以比较清楚地理解参数估计方法的原理。

对于一元线性总体回归模型

$$y_t = b_0 + b_1x_t + u_t \tag{2.2.1}$$

两边取均值得总体回归方程

$$E(y_t) = b_0 + b_1x_t \tag{2.2.2}$$

式(2.2.2)说明，在解释变量 x_t 已知的情况下，由于随机项 u_t 的影响，被解释变量 y_t 出现一些变异，一般与 x_t 不在一条直线上，如果考虑 y_t 所有可能值，其平均值 $E(y_t)$ 与 x_t 在一条直线上。称式(2.2.2)为总体回归方程(或总体回归直线)。这里参数 b_0、b_1 是未知的，实际上，总体回归模型是无法求得的，它只是在理论上存在。因为在实践中，想要得到总体各单位的全部资料往往是比较困难的，所能获得的往往是总体的一部分观测资料，即样本数据。这就提出一个问题，如何作一条直线，使它成为总体回归直线式(2.2.2)的最好估计呢？自然我们会想到给样本观测值配一条直线，使它作为样本观测值的最好拟合直线，这条直线我们称为样本回归直线。

如何找到这样一条样本回归直线(或样本回归方程)

$$\hat{y}_t = \hat{b}_0 + \hat{b}_1x_t \tag{2.2.3}$$

其中 $\hat{b}_0$、$\hat{b}_1$ 是总体参数 b_0、b_1 的估计量，使得这条直线尽可能靠近所有的点？这个问题在几何学中等价于寻找一条拟合散点的直线。

当我们收集了有关$(x_t,y_t)(t=1,2,\cdots,n)$的 n 组观测数据后，将它们描述在坐标图上，就是图中的散点。对于这些散点，我们希望用一条回归直线 $\hat{y}_t=\hat{b}_0+\hat{b}_1x_t$ 来描述它们的变动规律，即 y_t 随着 x_t 变动的规律。那么，在什么情况下，这条回归直线 $\hat{y}_t=\hat{b}_0+\hat{b}_1x_t$ 能最有效地代表这些点的变动规律呢？显然，应该对所有观测点而言，使所有残差 $e_t=y_t-\hat{y}_t$ 的总量 $\sum e_t^2$ $\left(\text{为方便起见，用} \sum \text{表示 } t=1,2,3,\cdots,n \text{ 求和，即} \sum\limits_{t=1}^{n}\text{，下同}\right)$ 达到最小(图 2.2.1)，这就是普通最小二乘法。

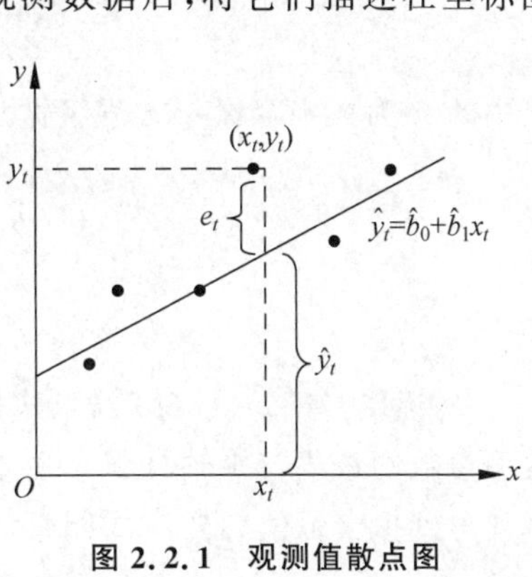

图 2.2.1　观测值散点图

2.2.1 普通最小二乘法(OLS)

对线性回归模型参数的估计方法有多种，常用的有最小二乘法和极大似然估计法，其中最简便、有效的是最小二乘法。

我们的目的是确定总体回归模型 $y_t=b_0+b_1x_t+u_t$，可是只能获得来自总体的样本，要用样本所建立的样本回归模型尽可能地去“接近”估计总体回归模型。我们可以从不同的角度确定建立样本回归模型的准则。例如，用产生该样本概率最大的原则确定样本回归模型，称为极大似然准则；用使估计的残差平方和最小的原则确定样本回归模型，称为最小二乘准则。在这里我们只介绍在古典假定条件下的最小二乘准则，也称为普通最小二乘估计，简记为 OLS 估计(ordinary least squares estimators)。

为了使样本回归模型尽可能“接近”总体回归模型，对于每一个特定的样本来说，就是要使样本回归方程 $\hat{y}_t=\hat{b}_0+\hat{b}_1x_t$ 的拟合值 $\hat{y}_t$ 与观测值 y_t 的误差 $e_t=y_t-\hat{y}_t$(称为回归残差)尽量地小，或者说残差项 e_t 越小越好。由于 e_t 有正有负，简单代数和 $\sum e_t$ 会相互抵消，为使数学上便于处理，采用残差平方和 $\sum e_t^2$ 最小的准则，也就是最小二乘准则：

$$\min\sum e_t^2=\min\sum(y_t-\hat{y}_t)^2=\min\sum(y_t-\hat{b}_0-\hat{b}_1x_t)^2$$

根据微积分中求极值的原理，要使 $\sum e_t^2$ 达到最小，待定系数 $\hat{b}_0,\hat{b}_1$ 应满足：

$$\begin{cases}\dfrac{\partial(\sum e_t^2)}{\partial\hat{b}_0}=\sum 2e_t\cdot(-1)=-2\sum(y_t-\hat{b}_0-\hat{b}_1x_t)=0\\[2ex]\dfrac{\partial(\sum e_t^2)}{\partial\hat{b}_1}=\sum 2e_t(-x_t)=-2\sum(y_t-\hat{b}_0-\hat{b}_1x_t)x_t=0\end{cases}$$

或者：

$$\begin{cases}\sum e_t=0\\ \sum e_tx_t=0\end{cases}$$

从而得到如下方程组：

$$\begin{cases}\sum y_t=n\hat{b}_0+\hat{b}_1\sum x_t & (2.2.4)\\ \sum x_ty_t=\hat{b}_0\sum x_t+\hat{b}_1\sum x_t^2 & (2.2.5)\end{cases}$$

其中的 n 为样本容量。方程组称为正规方程组。根据克莱姆法则解正规方程组得

$$\begin{cases}\hat{b}_1=\dfrac{\sum(x_t-\bar{x})(y_t-\bar{y})}{\sum(x_t-\bar{x})^2} & (2.2.6)\\[2ex] \hat{b}_0=\bar{y}-\hat{b}_1\bar{x} & (2.2.7)\end{cases}$$

“^”读作“冒”。式(2.2.6)、式(2.2.7)是根据最小二乘准则推导出来的，称为线性回归模型参数的最小二乘估计量。由这些估计式，可直接用样本观测值求得参数的点估计值。由此得到拟合最优的样本回归直线(或样本回归方程)：

$$\hat{y}_t=\hat{b}_0+\hat{b}_1x_t$$

由残差 $e_t = y_t - \hat{y}_t$ 可得样本回归模型：

$$y_t = \hat{b}_0 + \hat{b}_1 x_t + e_t \tag{2.2.8}$$

将式(2.2.1)即 $y_t = b_0 + b_1 x_t + u_t$ 与式(2.2.8)比较，可以看出式(2.2.8)中的 $\hat{b}_0$、$\hat{b}_1$ 是式(2.2.1)中的 b_0、b_1 的估计量，式(2.2.8)中残差项 e_t 可以看作式(2.2.1)中误差项 u_t 的估计量，e_t 是 u_t 在样本中的反映，是可以观察的。

参数 b_1 的最小二乘估计量 $\hat{b}_1$ 的计算除了式(2.2.6)外，还可以从中演绎出其他几种形式，如将式(2.2.6)中的“$\sum$”展开有

$$\hat{b}_1 = \frac{\sum x_t y_t - n\bar{x} \cdot \bar{y}}{\sum x_t^2 - n\bar{x}^2} \tag{2.2.9}$$

将式(2.2.6)中的“$\sum$”展开后分子分母同除以 n 有

$$\hat{b}_1 = \frac{\overline{xy} - \bar{x} \cdot \bar{y}}{\overline{x^2} - \bar{x}^2} \tag{2.2.10}$$

将式(2.2.6)中的“$\sum$”展开后分子分母同乘以 n 有

$$\hat{b}_1 = \frac{n\sum x_t y_t - \sum x_t \sum y_t}{n\sum x_t^2 - \left(\sum x_t\right)^2} \tag{2.2.11}$$

读者在做练习时，可以根据题目所给的已知条件，灵活地采用 $\hat{b}_1$ 的各种计算公式。这里需要明确两个概念——估计量和估计值。估计量指以公式表示的参数的估计，是随机变量，其随机性源于被解释变量，因为估计量是被解释变量的线性表达式，而被解释变量是随机变量。估计值指把样本数据代入参数估计公式得到的参数估计的具体数值，是确定的数字。

例 2.2.1　某地区居民家庭可支配收入 x_t 与家庭消费支出 y_t 的资料如表 2.2.1 所示（单位：百元）。

表 2.2.1　某地区居民家庭可支配收入与消费支出资料

	x_t	y_t	$x_t-\bar{x}$	$y_t-\bar{y}$	$(x_t-\bar{x})\cdot(y_t-\bar{y})$	$(x_t-\bar{x})^2$	$(y_t-\bar{y})^2$	$\hat{y}_t$
	(1)	(2)	(3)	(4)	(5)=(3)×(4)	(6)	(7)	(8)
1	60	58	−135	−84.8	11 448	18 225	7 191.04	69.71
2	90	85	−105	−57.8	6 069	11 025	3 340.84	85.95
3	120	102	−75	−40.8	3 060	5 625	1 664.64	102.19
4	150	124	−45	−18.8	846	2 025	353.44	118.44
5	180	146	−15	3.2	−48	225	10.24	134.68
6	210	159	15	16.2	243	225	262.44	150.92
7	240	168	45	25.2	1 134	2 025	635.04	167.16
8	270	181	75	38.2	2 865	5 625	1 459.24	183.41
9	300	194	105	51.2	5 376	11 025	2 621.44	199.65
10	330	211	135	68.2	9 207	18 225	4 651.24	215.89
合计	1 950	1 428	0	0.0	40 200	74 250	22 189.60	1 428.00
平均	195	142.8	0	0.0	4 020	7 425	2 218.96	142.8

要求：(1)建立居民家庭消费支出 y_t 对家庭可支配收入 x_t 的样本回归方程；(2)指出居民可支配收入每增加100元时，家庭消费支出增加多少。

由表2.2.1中样本数据，可计算出

$$\hat{b}_1=\frac{\sum(x_t-\bar{x})(y_t-\bar{y})}{\sum(x_t-\bar{x})^2}=\frac{40\,200}{74\,250}=0.541\,4$$

$$\hat{b}_0=\bar{y}-\hat{b}_1\bar{x}=142.8-0.541\,4\times195=37.227$$

所以，样本回归方程为

$$\hat{y}_t=37.227+0.541\,4x_t$$

由此得边际消费倾向为0.541 4，因此居民可支配收入每增加100元时，家庭消费支出将增加54.14元。

综合上述内容，回归分析的实质就集中到了四个关系式上。

总体回归模型：$y_t=b_0+b_1x_t+u_t$，它代表了总体变量间的真实关系。

总体回归直线(方程)：$E(y_t)=b_0+b_1x_t$，它代表了总体变量间的依存规律。

样本回归模型：$y_t=\hat{b}_0+\hat{b}_1x_t+e_t$，它代表了样本显示的变量关系。

样本回归直线(方程)：$\hat{y}_t=\hat{b}_0+\hat{b}_1x_t$，它代表了样本显示的变量依存规律。

总体回归模型和总体回归直线是依据总体的全部观测资料建立起来的，样本回归模型和样本回归直线是依据样本观测资料建立起来的。在回归分析实践中，由于要获得总体的全部观测资料往往是不可能的，所以一般是根据样本数据建立样本回归模型(或样本回归方程)，用样本回归模型(或样本回归方程)作为总体回归模型(或总体回归方程)的估计式并以此描述总体变量间的依存规律和实际关系。

总体回归模型与样本回归模型的主要区别是：

(1) 描述的对象不同，总体回归模型描述总体中变量 y 与 x 的相互关系，而样本回归模型描述所观测的样本中变量 y 与 x 的相互关系。

(2) 建立模型的依据不同，总体回归模型是依据总体全部观测资料建立的，样本回归模型是依据样本观测资料建立的。

总体回归模型与样本回归模型的联系是：样本回归模型是总体回归模型的一个估计式，之所以建立样本回归模型，目的是用来估计总体回归模型。

“回归”一词来源于生物学。在遗传现象中，后代的遗传特征与前代的特征有关系。回归一词最先由加尔顿(F. Galton)提出。加尔顿发现，虽然有一个趋势，父母高，子女也高，父母矮，子女也矮，但给定父母的身高，子女辈的平均身高却趋向于或者“回归”到全体人口的平均身高。或者说，尽管父母双亲都异常高或异常矮，而子女的身高则有走向人口总体平均身高的趋势。加尔顿的这一结论被他的朋友皮尔逊(K. Pearson)证实。皮尔逊收集了1 000多个家庭成员的身高记录，发现对于一个父亲高的群体，儿辈的平均身高低于他们父辈的身高，而对于一个父亲矮的群体，儿辈的平均身高则高于其父辈的身高。这样就把高的和矮的儿辈一同“回归”到所有男子的平均身高，用加尔顿的话说，这是“回归到中等”。人们把这种现象称为“回归”。

在数理统计学中，“回归”通常指散点分布在一条直线(或曲线)附近，并且越靠近该直线(或曲线)，点的分布越密集的情况。回归分析是研究一个变量关于另一个(或一些)变量的依存关系的计量方法和理论。其目的在于通过后者的已知或设定值，去估计和预测前者(总体)的均值。

在总体回归模型和样本回归模型中，被解释变量都用同一个变量 y_t 表示。这是由于样本回归模型中的 y_t 本身是总体 y 中的一个子集，样本属于总体。在 $t=1,2,\cdots,n$ 的范围内，总体回归模型中的被解释变量 y_t 和样本回归模型中的被解释变量 y_t 是同一个变量。区别仅在于，总体回归模型中的 t 不限于 $1,2,\cdots,n$。当 $t\geqslant n+1$，总体回归模型仍然成立。由于样本容量只有 n，所以当 $t\geqslant n+1$ 时，正是要由样本推测总体的情况。

值得注意的是，不仅总体和样本都是随机变量，而且抽样过程本身也具有随机性。样本的随机性是由抽样的随机性决定的。在多次重复抽样过程中，每次抽样得到的样本都不相同。根据这些不同的样本分别推测总体状况，得到的结论也不会完全相同。

那么，是否能用样本估计值，如 $\hat{b}_0$、$\hat{b}_1$ 来反映总体参数 b_0、b_1 呢？这样的估计值具有什么样的统计特征呢？下面将讨论最小二乘估计量的性质。

2.2.2　最小二乘估计量的性质

当估计出模型参数后，需要考虑参数估计值的精度，即是否能代表总体参数的真值。一般说来，由于抽样波动的存在，以及所选估计方法的不同，会使估计的参数与总体参数的真值有差异，因此，考察参数估计量的统计性质就成了衡量估计量好坏的主要准则。

一个用于考察总体的估计量，可从如下几个方面考察其优劣性：

(1) 线性，即它是否是另一个随机变量的线性函数；

(2) 无偏性，即它的均值或期望是否等于总体的真实值；

(3) 有效性，即它是否在所有的线性无偏估计量中具有最小方差；

(4) 渐近无偏性，即样本容量趋于无穷大时，它的均值序列趋于总体的真值；

(5) 一致性，即样本容量趋于无穷大时，它是否依概率收敛于总体的真值；

(6) 渐近有效性，即样本容量趋于无穷大时，它在所有的一致估计量中具有最小的渐近方差。

这里，前三个准则称作估计量的小样本性质，因为一旦某估计量具有该类性质，它是不以样本的大小而改变的。拥有这类性质的估计量称为最佳线性无偏估计量(BLUE：best linear unbiased estimators)。当然，在小样本情形下，有时很难找到最佳线性无偏估计量，这时，就需要考察样本容量增大时估计量的渐近性质。后三个准则称为估计量的大样本性质或渐近性质。如果小样本情况下不能满足估计的准则，则应该扩大样本容量，考察参数估计量的大样本性质。

为什么在数理统计学中广泛使用最小二乘法呢？这是因为用最小二乘法得到的参数估计量，具有线性、无偏性和有效性(或最小方差性)三种最重要的统计性质。

1. 线性

所谓线性，是指参数估计量 $\hat{b}_0$ 和 $\hat{b}_1$ 分别为观测值 y_t 和随机误差项 u_t 的线性函数或线性组合。

证明如下：

$$\hat{b}_1=\frac{\sum(x_t-\bar{x})(y_t-\bar{y})}{\sum(x_t-\bar{x})^2}=\sum\frac{x_t-\bar{x}}{\sum(x_t-\bar{x})^2}(y_t-\bar{y})$$

$$=\sum k_t(y_t-\bar{y}) \qquad (2.2.12)$$

其中：$k_t=\dfrac{x_t-\bar{x}}{\sum(x_t-\bar{x})^2}$。容易得出

$$\sum k_t=0;\ \sum k_t x_t=1;\ \sum k_t^2=\frac{1}{\sum(x_t-\bar{x})^2} \qquad (2.2.13)$$

证明：$\sum k_t=\dfrac{\sum(x_t-\bar{x})}{\sum(x_t-\bar{x})^2}=\dfrac{\sum x_t-n\bar{x}}{\sum(x_t-\bar{x})^2}=0$

$$\sum k_t x_t=\sum\frac{(x_t-\bar{x})}{\sum(x_t-\bar{x})^2}x_t=\sum\frac{x_t-\bar{x}}{\sum(x_t-\bar{x})^2}(x_t-\bar{x}+\bar{x})$$

$$=\frac{\sum(x_t-\bar{x})^2+\sum(x_t-\bar{x})\bar{x}}{\sum(x_t-\bar{x})^2}$$

$$=1\ \left[\text{因为}\sum(x_t-\bar{x})\bar{x}=\bar{x}\sum(x_t-\bar{x})=0\right]$$

$$\sum k_t^2=\sum\left[\frac{(x_t-\bar{x})}{\sum(x_t-\bar{x})^2}\right]^2=\frac{\sum(x_t-\bar{x})^2}{\left[\sum(x_t-\bar{x})^2\right]^2}=\frac{1}{\sum(x_t-\bar{x})^2}$$

由式(2.2.12)得：$\hat{b}_1=\sum k_t(y_t-\bar{y})=\sum k_t y_t-\bar{y}\sum k_t=\sum k_t y_t$，即

$$\hat{b}_1=\sum k_t y_t \qquad (2.2.14)$$

可见，$\hat{b}_1$ 是 y_t 的线性函数。因为：$\hat{b}_0=\bar{y}-\hat{b}_1\bar{x}=\bar{y}-(\sum k_t y_t)\bar{x}=\sum\left(\frac{1}{n}-\bar{x}k_t\right)y_t$

所以有

$$\hat{b}_0=\sum\left(\frac{1}{n}-\bar{x}k_t\right)y_t \qquad (2.2.15)$$

其中：$n,\bar{x},k_t$ 均为固定常数，所以 $\hat{b}_0$ 也是 y_t 的线性函数。因为 y_t 是随机变量，所以参数估计量 $\hat{b}_0$ 和 $\hat{b}_1$ 也是随机变量。

2. 无偏性

无偏性是指参数估计量 $\hat{b}_0$ 和 $\hat{b}_1$ 的均值(期望值)分别等于总体参数值 b_0 和 b_1，即

$$E(\hat{b}_1)=b_1,\quad E(\hat{b}_0)=b_0 \qquad (2.2.16)$$

因为

$$\hat{b}_1=\sum k_t y_t=\sum k_t(b_0+b_1x_t+u_t)$$

$$=b_0\sum k_t+b_1\sum k_t x_t+\sum k_t u_t=b_1+\sum k_t u_t$$

即

$$\hat{b}_1=b_1+\sum k_t u_t \qquad (2.2.17)$$

由此可知，$\hat{b}_1$ 是随机项 u_t 的线性组合。同理可得$\hat{b}_0=b_0+\sum\left(\frac{1}{n}-\bar{x}k_t\right)u_t$，$\hat{b}_0$ 也是 u_t 的线性组合。

$\Rightarrow\quad E(\hat{b}_1)=E(b_1)+\sum k_tE(u_t)=b_1$；$E(\hat{b}_0)=b_0+\sum\left(\frac{1}{n}-\bar{x}k_t\right)E(u_t)=b_0$

所以有

$$E(\hat{b}_1)=b_1,\quad E(\hat{b}_0)=b_0$$

3. 有效性

参数估计的有效性(或最小方差性、最优性)是指在所有的线性、无偏估计量中，最小二乘估计量 $\hat{b}_0$ 和 $\hat{b}_1$ 的方差最小。

为了说明最小方差性，我们先导出参数估计式 $\hat{b}_0$ 和 $\hat{b}_1$ 的方差公式。由前所述已知 $D(y_t)=\sigma^2$，且 y_t 相互独立。

由于$\hat{b}_1=\sum k_ty_t$，$D(\hat{b}_1)=D\left(\sum k_ty_t\right)=\sum k_t^2D(y_t)=\sigma^2\sum k_t^2=\dfrac{\sigma^2}{\sum(x_t-\bar{x})^2}$

所以有

$$D(\hat{b}_1)=\sigma^2\sum k_t^2=\frac{\sigma^2}{\sum(x_t-\bar{x})^2}\tag{2.2.18}$$

由于$\hat{b}_0=\sum\left(\frac{1}{n}-\bar{x}k_t\right)y_t$，

$$\begin{aligned}D(\hat{b}_0)&=D\left[\sum\left(\frac{1}{n}-\bar{x}k_t\right)y_t\right]=\sum\left(\frac{1}{n}-\bar{x}k_t\right)^2D(y_t)\\&=\sigma^2\left(\frac{1}{n}-2\,\frac{1}{n}\bar{x}\sum k_t+\bar{x}^2\sum k_t^2\right)\\&=\sigma^2\left(\frac{1}{n}+\frac{\bar{x}^2}{\sum(x_t-\bar{x})^2}\right)=\frac{\sigma^2\sum x_t^2}{n\sum(x_t-\bar{x})^2}\end{aligned}$$

所以有

$$D(\hat{b}_0)=\frac{\sigma^2\sum x_t^2}{n\sum(x_t-\bar{x})^2}\tag{2.2.19}$$

下面推证最小方差性。

假设 $b_1^*=\sum c_ty_t$ 是 b_1 的另一个线性无偏估计量，$c_t\neq k_t(t=1,2,\cdots,n)$，$E(b_1^*)=b_1$，$E(b_1^*)=\sum c_tE(y_t)=\sum c_t(b_0+b_1x_t)=b_0\sum c_t+b_1\sum c_tx_t$，由无偏性可得 $b_0\sum c_t+b_1\sum c_tx_t=b_1$，比较等式两边可得：$\sum c_t=0$，$\sum c_tx_t=1$，而且有

$$\begin{aligned}\sum k_t(c_t-k_t)&=\sum k_tc_t-\sum k_t^2=\sum\frac{(x_t-\bar{x})}{\sum(x_t-\bar{x})^2}c_t-\frac{1}{\sum(x_t-\bar{x})^2}\\&=\left(\sum c_tx_t-\bar{x}\sum c_t-1\right)\frac{1}{\sum(x_t-\bar{x})^2}=(1-0-1)\frac{1}{\sum(x_t-\bar{x})^2}=0\end{aligned}$$

所以

$$
\begin{aligned}
D(b_1^*) &= D\left(\sum c_t y_t\right) = \sigma^2 \sum c_t^2 = \sigma^2 \sum (k_t + c_t - k_t)^2 \\
&= \sigma^2 \sum [k_t^2 + (c_t - k_t)^2 - 2k_t(c_t - k_t)] = \sigma^2 \sum k_t^2 + \sigma^2 \sum (c_t - k_t)^2 \\
&\geqslant \sigma^2 \sum k_t^2 = \frac{\sigma^2}{\sum (x_t - \bar{x})^2} = D(\hat{b}_1)
\end{aligned}
$$

从而有

$$
D(b_1^*) \geqslant D(\hat{b}_1) \tag{2.2.20}
$$

而且只有当 $c_t = k_t (t=1,2,\cdots,n)$ 时等式才成立。同理可证:

$$
D(b_0^*) \geqslant D(\hat{b}_0) \tag{2.2.21}
$$

既是无偏的,同时又具有最小方差的估计量,称为最佳无偏估计量。由以上的分析可以看出,在古典假定条件下,OLS 估计量 $\hat{b}_0$ 和 $\hat{b}_1$ 是参数 b_0 和 b_1 的最佳线性无偏估计量,这一结论就是著名的高斯-马尔可夫(Gauss-Markov)定理。正是由于在总体参数的各种无偏估计中,最小二乘估计具有最小方差的特性,才使最小二乘法在数理统计学中和计量经济学中获得了最广泛的应用。

2.2.3 回归参数的区间估计

以上用最小二乘法推导出总体回归模型中参数 b_0、b_1 的估计量 $\hat{b}_0$、$\hat{b}_1$ 的计算公式(2.2.6)和公式(2.2.7)。这种估计仅仅给出一个数值,没有给出总体参数以某种概率所处的区间,即没有给出精确度,这样的估计称为点估计。参数真实值 b_1 可能比 $\hat{b}_1$ 小,也可能比 $\hat{b}_1$ 大,b_1 很可能在 $\hat{b}_1$ 左右的一个区间范围内。因此,需要对总体参数以某种概率作出区间估计。点估计是否正确反映总体参数,需要通过假设检验来作出判断。

1. 参数估计量 $\hat{b}_0$ 和 $\hat{b}_1$ 的分布

用样本数据通过 OLS 法估计的参数 $\hat{b}_0$ 和 $\hat{b}_1$ 都是随抽样而变化的随机变量,所估计的 $\hat{b}_0$ 和 $\hat{b}_1$ 可视为对总体回归函数参数 b_0 和 b_1 的点估计。由于存在抽样波动,不同的样本会得出不同的点估计值,可见点估计值并不等于真实参数值。我们还需要通过估计的 $\hat{b}_0$ 和 $\hat{b}_1$ 去对真实值 b_0 和 b_1 作进一步的说明和推断,这就要求明确 $\hat{b}_0$ 和 $\hat{b}_1$ 的具体分布性质。

前面已经指出,在古典假定条件下,$u_t \sim N(0,\sigma^2)$,$y_t \sim N(b_0 + b_1 x_t, \sigma^2)$,而 $\hat{b}_0$ 和 $\hat{b}_1$ 均是 y_t 的线性函数,所以即使是在小样本情况下,$\hat{b}_0$ 和 $\hat{b}_1$ 也服从正态分布。在大样本情况下,即使 y_t 不服从正态分布,$\hat{b}_0$ 和 $\hat{b}_1$ 也会趋于正态分布。由于 $\hat{b}_0$ 和 $\hat{b}_1$ 都是 b_0 和 b_1 无偏估计,由式(2.2.18)和式(2.2.19)已知 $\hat{b}_0$ 和 $\hat{b}_1$ 的方差,所以 $\hat{b}_0$ 和 $\hat{b}_1$ 的分布可以表示为

$$
\hat{b}_0 \sim N(b_0, D(\hat{b}_0)) \tag{2.2.22}
$$

$$\hat{b}_1 \sim N(b_1, D(\hat{b}_1)) \tag{2.2.23}$$

其中 $\hat{b}_0$ 和 $\hat{b}_1$ 的标准差分别为

$$\sigma(\hat{b}_0) = \sqrt{D(\hat{b}_0)} = \sqrt{\frac{\sigma^2 \sum x_t^2}{n \sum (x_t - \bar{x})^2}} \tag{2.2.24}$$

$$\sigma(\hat{b}_1) = \sqrt{D(\hat{b}_1)} = \sqrt{\frac{\sigma^2}{\sum (x_t - \bar{x})^2}} \tag{2.2.25}$$

若将 $\hat{b}_0$ 和 $\hat{b}_1$ 作标准化变换，则有

$$\frac{\hat{b}_0 - b_0}{\sigma(\hat{b}_0)} \sim N(0,1) \tag{2.2.26}$$

$$\frac{\hat{b}_1 - b_1}{\sigma(\hat{b}_1)} \sim N(0,1) \tag{2.2.27}$$

2. 随机误差项方差的估计

在 $\hat{b}_0$ 和 $\hat{b}_1$ 的方差和标准差计算公式中，除了 u_t 的方差 σ^2 以外，其余均是样本观测值，所以计算参数估计的方差和标准差的关键是知道 σ^2 的数值。然而 σ^2 作为总体随机误差项 u_t 的方差是未知的，也需要通过样本去估计。我们只能从 u_t 的估计量——残差 e_t 出发，对总体方差 σ^2 进行估计。可以证明，总体方差 σ^2 的无偏估计量 $\hat{\sigma}^2$ 为

$$\hat{\sigma}^2 = \frac{\sum e_t^2}{n-2} \tag{2.2.28}$$

即 $E(\hat{\sigma}^2) = \sigma^2$。

证明如下：由 $y_t = b_0 + b_1 x_t + u_t$，$\hat{y} = \hat{b}_0 + \hat{b}_1 x_t$ 可得

$$y_t - \bar{y} = (b_0 + b_1 x_t + u_t) - (b_0 + b_1 \bar{x} + \bar{u}) = (u_t - \bar{u}) + b_1 (x_t - \bar{x})$$

由 $\hat{y}_t = \hat{b}_0 + \hat{b}_1 x_t$ 及正规方程 $\bar{y} = \hat{b}_0 + \hat{b}_1 \bar{x}$ 可得：$\hat{y}_t - \bar{y} = \hat{b}_1 (x_t - \bar{x})$

且残差为 $e_t = y_t - \hat{y}_t = (y_t - \bar{y}) - (\hat{y}_t - \bar{y}) = (u_t - \bar{u}) - (\hat{b}_1 - b_1)(x_t - \bar{x})$

对 n 个样本求 e_t 的平方和

$$\begin{aligned}\sum e_t^2 &= \sum [(u_t - \bar{u}) - (\hat{b}_1 - b_1)(x_t - \bar{x})]^2 \\ &= \sum (u_t - \bar{u})^2 + (\hat{b}_1 - b_1)^2 \sum (x_t - \bar{x})^2 - 2(\hat{b}_1 - b_1) \sum (u_t - \bar{u})(x_t - \bar{x})\end{aligned}$$

取 $\sum e_t^2$ 的数学期望

$$\begin{aligned}E\left(\sum e_t^2\right) = & E\left[\sum (u_t - \bar{u})^2\right] + E\left[(\hat{b}_1 - b_1)^2 \sum (x_t - \bar{x})^2\right] \\ & - 2E\left[(\hat{b}_1 - b_1) \sum (u_t - \bar{u})(x_t - \bar{x})\right]\end{aligned}$$

由于

$$\begin{aligned}\sum (u_t - \bar{u})^2 &= \sum (u_t^2 + \bar{u}^2 - 2\bar{u} u_t) = \sum u_t^2 + n\bar{u}^2 - 2\bar{u} \sum u_t \\ &= \sum u_t^2 - n\bar{u}^2 = \sum u_t^2 - \frac{1}{n}\left(\sum u_t\right)^2 = \sum u_t^2 - \frac{1}{n}\left(\sum u_t^2 + 2\sum_{t \neq s} u_t u_s\right)\end{aligned}$$

所以

$$E\left[\sum(u_t-\bar{u})^2\right]=\sum E(u_t^2)-\frac{1}{n}\sum E(u_t^2)-2\sum_{t\neq s}E(u_tu_s)$$

$$=n\sigma^2-\frac{1}{n}n\sigma^2=(n-1)\sigma^2$$

$$E\left[(\hat{b}_1-b_1)^2\sum(x_t-\bar{x})^2\right]=\frac{\sigma^2}{\sum(x_t-\bar{x})^2}\sum(x_t-\bar{x})^2=\sigma^2$$

由于 $\hat{b}_1=b_1+\sum k_tu_t$,所以$\hat{b}_1-b_1=\sum k_tu_t$

$$(\hat{b}_1-b_1)\sum(u_t-\bar{u})(x_t-\bar{x})=\sum k_tu_t\left[\sum(u_t-\bar{u})(x_t-\bar{x})\right]=\sum k_tu_t\left[\sum u_t(x_t-\bar{x})\right]$$

$$=\sum\frac{(x_t-\bar{x})}{\sum(x_t-\bar{x})^2}u_t\sum u_t(x_t-\bar{x})=\frac{\left[\sum u_t(x_t-\bar{x})\right]^2}{\sum(x_t-\bar{x})^2}$$

$$=\frac{\sum u_t^2(x_t-\bar{x})^2+2\sum_{t\neq s}u_tu_s(x_t-\bar{x})(x_s-\bar{x})}{\sum(x_t-\bar{x})^2}$$

所以 $E\left[(\hat{b}_1-b_1)\sum(u_t-\bar{u})(x_t-\bar{x})\right]=\sigma^2$,故有

$$E\left(\sum e_t^2\right)=(n-1)\sigma^2+\sigma^2-2\sigma^2=(n-2)\sigma^2$$

若记 $\hat{\sigma}^2=\dfrac{\sum e_t^2}{n-2}$,则有

$$E(\hat{\sigma}^2)=\sigma^2$$

这表明 $\hat{\sigma}^2$ 是 σ^2 的无偏估计量。为了计算方便,也可以采用如下计算形式:

$$\hat{\sigma}^2=\frac{\sum(y_t-\bar{y})^2-\hat{b}_1\sum(x_t-\bar{x})(y_t-\bar{y})}{n-2}\tag{2.2.29}$$

推导如下

由 e_t 的定义及 $\hat{b}_0$ 的计算公式,有 $y_t=\hat{b}_0+\hat{b}_1x_t+e_t$,$\bar{y}=\hat{b}_0+\hat{b}_1\bar{x}$,因而

$$y_t-\bar{y}=\hat{b}_1(x_t-\bar{x})+e_t,\quad e_t=(y_t-\bar{y})-\hat{b}_1(x_t-\bar{x})$$

$$\sum e_t^2=\sum[(y_t-\bar{y})-\hat{b}_1(x_t-\bar{x})]^2$$

$$=\sum(y_t-\bar{y})^2-2\hat{b}_1\sum(x_t-\bar{x})(y_t-\bar{y})+\hat{b}_1^2\sum(x_t-\bar{x})^2$$

$$=\sum(y_t-\bar{y})^2-\hat{b}_1\left[2\sum(x_t-\bar{x})(y_t-\bar{y})-\hat{b}_1\sum(x_t-\bar{x})^2\right]$$

将$\hat{b}_1=\dfrac{\sum(x_t-\bar{x})(y_t-\bar{y})}{\sum(x_t-\bar{x})^2}$代入括号中,得

$$\sum e_t^2=\sum(y_t-\bar{y})^2-\hat{b}_1\left[2\sum(x_t-\bar{x})(y_t-\bar{y})-\frac{\sum(x_t-\bar{x})(y_t-\bar{y})}{\sum(x_t-\bar{x})^2}\sum(x_t-\bar{x})^2\right]$$

$$=\sum(y_t-\bar{y})^2-\hat{b}_1\sum(x_t-\bar{x})(y_t-\bar{y})$$

因此有

$$\hat{\sigma}^2=\frac{\sum e_t^2}{n-2}=\frac{\sum(y_t-\bar{y})^2-\hat{b}_1\sum(x_t-\bar{x})(y_t-\bar{y})}{n-2}$$

随机误差项方差的估计量 $\hat{\sigma}^2$ 的平方根 $\sqrt{\hat{\sigma}^2}=\sqrt{\frac{\sum e_t^2}{n-2}}$ 称为估计标准误差，记为 S. E，即

$$\text{S. E}=\hat{\sigma}=\sqrt{\frac{\sum e_t^2}{n-2}}=\sqrt{\frac{\sum(y_t-\bar{y})^2-\hat{b}_1\sum(x_t-\bar{x})(y_t-\bar{y})}{n-2}} \tag{2.2.30}$$

估计标准误差是根据样本资料计算的，用来反映被解释变量的观测值 y_t 与估计值 $\hat{y}_t$ 的平均误差程度的指标。$\hat{\sigma}$ 越大，则回归直线精度越低；$\hat{\sigma}$ 越小，则回归直线精度越高，代表性越好。当 $\hat{\sigma}=0$ 时，表示所有的样本点都落在回归直线上，解释变量与被解释变量之间表现为函数关系。

用无偏估计量 $\hat{\sigma}^2$ 代替 σ^2，可计算参数估计量 $\hat{b}_0$、$\hat{b}_1$ 的标准误差

$$s(\hat{b}_0)=\sqrt{\frac{\hat{\sigma}^2\sum x_t^2}{n\sum(x_t-\bar{x})^2}} \tag{2.2.31}$$

$$s(\hat{b}_1)=\sqrt{\frac{\hat{\sigma}^2}{\sum(x_t-\bar{x})^2}} \tag{2.2.32}$$

参数估计量 $\hat{b}_0$、$\hat{b}_1$ 的标准误差 $s(\hat{b}_0)$、$s(\hat{b}_1)$ 越小，则估计值 $\hat{b}_0$、$\hat{b}_1$ 与真实值 b_0、b_1 的误差就越小。

当样本为大样本($n\geqslant30$)时，用估计的标准误差作 $\hat{b}_0$ 和 $\hat{b}_1$ 标准化变换可视为标准正态变量

$$\frac{\hat{b}_0-b_0}{s(\hat{b}_0)}\sim N(0,1)；\ \frac{\hat{b}_1-b_1}{s(\hat{b}_1)}\sim N(0,1)$$

当样本为小样本时，回归系数估计值 $\hat{b}_1$ 的标准化变换值 $\frac{\hat{b}_1-b_1}{s(\hat{b}_1)}$ 并不遵循正态分布，而是服从自由度为($n-2$)的 t 分布，可以证明

$$t=\frac{\hat{b}_1-b_1}{s(\hat{b}_1)}\sim t(n-2) \tag{2.2.33}$$

3. 回归系数的区间估计

用 OLS 法得到的模型参数的估计值，尽管在重复抽样中可以预计它的期望会等于参数的真值，即 $E(\hat{b}_1)=b_1$，但是还不能说明所得参数点估计值的可靠性。参数真实值 b_1 可能比 $\hat{b}_1$ 小，也可能比 $\hat{b}_1$ 大，b_1 很可能在 $\hat{b}_1$ 附近的一个区间范围内。b_1 的上下限是多少？为此，我们要设法找到可能包含参数真实值的一个范围，并且确定这个范围包含参数真实值的可靠程度。这就需要对参数进行区间估计。

参数的区间估计，就是求参数的置信区间，即在给定显著性水平 α 之下，对参数的取值

范围作出估计,参数的真实值落入这一区间的概率为 $1-\alpha$。

为了确定 $\hat{b}_1$ 对真实 b_1"靠近"的程度,可预先选择一个概率 $\alpha(0<\alpha<1)$,并设法找出一个正数,以使随机区间 $(\hat{b}_1-\delta,\hat{b}_1+\delta)$ 包含真实 b_1 的概率为 $1-\alpha$。用符号表示为

$$P(\hat{b}_1-\delta \leqslant b_1 \leqslant \hat{b}_1+\delta)=1-\alpha \tag{2.2.34}$$

如果存在这样的区间,就称为 b_1 的置信区间,其中 $1-\alpha$ 称为置信系数或置信概率,α 称为显著性水平,$\hat{b}_1-\delta$ 和 $\hat{b}_1+\delta$ 分别称为下置信限和上置信限,2δ 为置信区间的长度。置信区间越小,对回归系数的估计精度就越高,反之则相反。

式(2.2.34)就是计量经济模型参数 b_1 的区间估计式,类似地也可导出 b_0 的区间估计式,其意义是在重复抽样之下,此区间将有 $100(1-\alpha)\%$ 是包含参数真实值的。显然构造参数的置信区间需要先确定估计式的抽样分布。

由于 $t=\dfrac{\hat{b}_1-b_1}{s(\hat{b}_1)}\sim t(n-2)$,所以对于给定的显著性水平 α,查自由度为 $(n-2)$ 的 t 分布表,得临界值 $t_{\alpha/2}(n-2)$,有

$$P(|t|\leqslant t_{\alpha/2}(n-2))=1-\alpha,\text{即 } P(-t_{\alpha/2}(n-2)\leqslant t\leqslant t_{\alpha/2}(n-2))=1-\alpha$$

将 $t=\dfrac{\hat{b}_1-b_1}{s(\hat{b}_1)}$ 代入得

$$P(\hat{b}_1-t_{\alpha/2}(n-2)s(\hat{b}_1)\leqslant b_1 \leqslant \hat{b}_1+t_{\alpha/2}(n-2)s(\hat{b}_1))=1-\alpha \tag{2.2.35}$$

因此,我们有 $100(1-\alpha)\%$ 把握(比如,$\alpha=0.05$,则我们有 95% 的把握)说,b_1 在区间

$$[\hat{b}_1-t_{\alpha/2}(n-2)\cdot s(\hat{b}_1),\hat{b}_1+t_{\alpha/2}(n-2)\cdot s(\hat{b}_1)] \tag{2.2.36}$$

内,此范围称为 b_1 的置信区间,其中 $1-\alpha$ 称为置信水平或置信概率,α 称为显著性水平,$\hat{b}_1-t_{\alpha/2}(n-2)\cdot s(\hat{b}_1)$ 和 $\hat{b}_1+t_{\alpha/2}(n-2)\cdot s(\hat{b}_1)$ 分别称为 b_1 的下置信限和上置信限。

回归系数 b_1 的 $100(1-\alpha)\%$ 置信区间也可表示为

$$b_1=\hat{b}_1\pm t_{\alpha/2}(n-2)\cdot s(\hat{b}_1) \tag{2.2.37}$$

显然,置信区间越小,对回归系数的估计精度就越高。从式(2.2.37)可以看出,置信区间的长度为 $2t_{\alpha/2}(n-2)\cdot s(\hat{b}_1)$,在 α 给定的情况下,$t_{\alpha/2}(n-2)$ 为常数,所以置信区间的长度主要取决于回归系数的标准误差 $s(\hat{b}_1)$,$s(\hat{b}_1)$ 越小,则估计值 $\hat{b}_1$ 与真值 b_1 越接近。而且在一定概率 $(1-\alpha)$ 下,$\hat{b}_1$ 与 b_1 的绝对误差充其量不会超过 $t_{\alpha/2}(n-2)\cdot s(\hat{b}_1)$,即 $|b_1-\hat{b}_1|\leqslant t_{\alpha/2}(n-2)\cdot s(\hat{b}_1)$。

由于置信区间在一定程度上给出了样本参数估计值与总体参数真值的接近程度,因此,置信区间越小越好。如何才能缩小置信区间?从式(2.2.37)不难看出:

(1) 增大样本容量 n。n 越大,可以使得样本参数估计量的标准差减小;同时,在同样的显著性水平下,n 越大,t 分布表中的临界值越小。

(2) 提高模型的拟合优度。因为样本参数估计量的标准差与残差平方和呈正比,模型的拟合优度越高,残差平方和越小。

同理,对参数 b_0 置信区间也有类似的结果

$$b_0 = \hat{b}_0 \pm t_{\alpha/2}(n-2) \cdot s(\hat{b}_0) \tag{2.2.38}$$

例如，根据本章表 2.2.1 有关数据，用 OLS 法对总体回归模型参数作出的点估计值分别为：$\hat{b}_0 = 37.227$，$\hat{b}_1 = 0.5414$，并计算出

$$\hat{\sigma}^2 = \frac{\sum e_t^2}{n-2} = \frac{424.75}{10-2} = 53.0938,\quad \text{S.E.} = 7.28655$$

即估计标准误差为 7.286 55(百元)，它表示家庭消费支出估计值与观测值之间的平均误差为 7.286 55(百元)。

$$s(\hat{b}_1) = \sqrt{\frac{\hat{\sigma}^2}{\sum (x_t - \bar{x})^2}} = \sqrt{\frac{53.0938}{74250}} = 0.0267$$

$$s(\hat{b}_0) = \sqrt{\frac{\hat{\sigma}^2 \sum x_t^2}{n \sum (x_t - \bar{x})^2}} = \sqrt{\frac{53.0938 \times 454500}{10 \times 74250}} = 5.7008$$

因随机样本为小样本，而且 σ^2 未知，查 t 分布表得 $t_{\alpha/2}(n-2) = t_{0.025}(8) = 2.306$

所以，b_1 的 95%置信区间为

$$\hat{b}_1 \pm t_{\alpha/2}(n-2)s(\hat{b}_1) = 0.5414 \pm 2.306 \times 0.0267 = 0.5414 \pm 0.0616$$

即 b_1 的 95%置信区间为[0.479 8,0.603 0]。即以 95%的概率保证，居民的边际消费倾向 b_1 在 0.479 8 与 0.603 之间。同理，可算出 b_0 的 95%置信区间为[24.081,50.373]。

例 2.2.2　设回归方程为

$$\hat{y}_t = 6.70 + 0.58x_t$$

且 $\sum (x_t - \bar{x})^2 = 64$，$\sum (x_t - \bar{x})(y_t - \bar{y}) = 37$，$\sum (y_t - \bar{y})^2 = 44$，$n = 10$，求 b_1 的 95%置信区间。

解：$$\hat{\sigma}^2 = \frac{\sum (y_t - \bar{y})^2 - \hat{b}_1 \sum (x_t - \bar{x})(y_t - \bar{y})}{n-2} = \frac{44 - 0.58 \times 37}{10-2} = 2.82$$

$$s(\hat{b}_1) = \sqrt{\frac{\hat{\sigma}^2}{\sum (x_t - \bar{x})^2}} = \sqrt{\frac{2.82}{64}} = 0.21$$

所以 b_1 的 95%置信区间为

$$\hat{b}_1 \pm t_{0.025}(10-2) \cdot s(\hat{b}_1) = 0.58 \pm 2.306 \times 0.21$$

即[0.10,1.06]。也就是说，有 95%的把握说 b_1 在区间[0.10,1.06]之内。

2.3　一元线性回归模型的检验

对于经典的线性回归模型，利用样本观测数据求出参数的最小二乘估计值，建立样本回归模型之后，还需要进行检验。模型估计式的检验，就是利用一定的定性与定量标准，对模型的函数形式、变量选择、参数估计的正确性进行评估。只有经过检验证明是正确的线性回归模型估计式，才能用于经济分析。

2.3.1 模型估计式检验的必要性

1. 模型中解释变量选择的正确性需要证明

线性回归模型中解释变量的选择,一般是研究者依据某些经济理论的说明或经济活动实践经验进行确定的。这一解释变量的选择方法看似客观,但实际上仍带有一定的主观随意性。由于经济理论只能提供一个分析问题的框架,或者只对规范的问题提供原则性的结论,不可能对每一个具体的研究对象做出详细的规定。至于经济活动实践经验,其作用更多的是提供参照,而不是一种具体的依据,更不能随便加以移植与推广。鉴于此,对于具体的研究对象,模型中究竟应当包含哪些解释变量、应当包含多少个解释变量,最终还得由研究者进行综合分析、判断加以决定。在这种情况下,解释变量的选择就会存在偏差。而解释变量的选择对模型设定的正确性影响较大,必须对此做出评价。

2. 模型函数形式的正确性需要验证

与解释变量选择的情形相类似,线性回归模型函数形式的选择,一般也是依据经济理论和实际经验加以确定的。但在实际的研究工作中,经济理论仍然只能提供指导原则,而实际经验又不能直接套用,变量之间具体的函数形式最终还得由研究者自己决定。由于研究者对研究对象内在规律的认识与把握、数学抽象能力等原因,模型函数形式的确定也有可能出现偏差。例如,变量 y 与 x 存在数量依存关系,并且有它们的 n 对样本观测数据,要利用一个函数式来表达这种关系,便面临多种可能的情况

$$y_t = b_0 + b_1 x_t + u_t;\ y_t = b_0 + b_1 x_t + b_2 x_t^2 + u_t;\ y_t = b_0 x_t^{b_1} e^{u_t};\ \cdots$$

在真实总体关系的具体形式未知的条件下,上面的不同函数形式都有可能被用于描绘 y 与 x 的依存关系。但事实上能正确描绘它们之间数量依存关系的函数形式只是其中的某一种,研究者不能保证恰到好处地选中这一函数形式。函数形式决定经济变量之间数量依存关系的内在本质,对其选择的正确性必须加以检验。

3. 模型估计的可靠性需要评价

线性回归模型的估计式来源于样本,而不是直接来源于真实总体。用样本估计式推断真实总体关系,本身就会存在一定的误差。加之模型函数形式的确定、变量的选择均存在发生偏差的风险,以及样本观测数据可能存在的缺陷,必然造成模型估计式对经济变量之间内在数量依存关系的偏离。当偏离的程度较小时,模型估计式的可靠程度就较高。反之,模型估计式的可靠性下降。同时,如果模型函数形式设定不正确或解释变量选择出现大的失误,还会造成模型估计式的不稳定,甚至失效。因此,对模型估计式的可靠性和稳定性进行检验和评价便显得较为重要。

2.3.2 模型参数估计值的经济意义检验

模型参数估计值的经济意义检验,是对模型参数估计值在理论上能否成立进行判别。经济意义检验又称为符号检验,依据模型参数估计值的符号(正号或负号)及取值的大小,评判其是否符合经济理论的规定或社会经济实践的常规。如果模型参数估计值符号和大小符合经济理论的规定或经济实践的常规,表明它在理论上有依据或在实践中能够被验

证，可以成立。如果模型参数估计值符号和大小不符合经济理论的规定或违背经济实践的常规，表明它缺乏理论依据和实践证明，不能成立。没有理论依据又不被经济活动实践证明的模型参数估计值，在一般情况下是不正确的，不应被接受。

例如，t 时期某商品的需求量 Q_t 与其价格 P_t、替代品价格 P_{rt}、消费者收入水平 Y_t 之间存在以下线性依存关系：

$$Q_t = b_0 + b_1 P_t + b_2 P_{rt} + b_3 Y_t + u_t$$

若这一真实总体关系式满足经典线性回归模型的基本假定，可用相关变量的 n 个样本观测数据，求出参数 b_0、b_1、b_2、b_3 的最小二乘估计值 $\hat{b}_0$、$\hat{b}_1$、$\hat{b}_2$、$\hat{b}_3$，并建立模型的样本估计式

$$\hat{Q}_t = \hat{b}_0 + \hat{b}_1 P_t + \hat{b}_2 P_{rt} + \hat{b}_3 Y_t$$

在估计式中，$\hat{b}_1$ 应为负值，因为该商品价格提高，商品需求量减少，价格下降需求量会相应增加，$\hat{Q}$ 与 P_t 呈反方向变动；$\hat{b}_2$ 应为正值，因为替代品价格上升会使替代商品需求量下降，而促使被替代品需求量上升，$\hat{Q}_t$ 与 P_{rt} 呈同方向变动；$\hat{b}_3$ 应为正值，因为居民收入增加会使购买力增强，对该商品的需求量增加，$\hat{Q}_t$ 与 Y_t 呈同方向变动。至于参数估计值的大小，虽然不能从直观上判定其精确程度，但仍然有一些理论与经验的参照可对比。在本例中，如果该商品为生活必需品，$\hat{b}_1$、$\hat{b}_2$ 与 $\hat{b}_3$ 的取值（绝对值）就应该比较小；如果该商品为奢侈品，参数估计值的取值（绝对值）就应该比较大。

线性回归模型的估计式在理论上是否成立，是判别模型估计式正确或错误的前提，在理论上不成立的模型估计式是错误的，不能被接受。因此，对模型估计式的检验，首先应进行参数估计值的经济意义检验。经济意义检验不合格的估计式应当放弃，参数估计值的经济意义合理的模型估计式才有必要进行其他方面的检验。

2.3.3　回归参数的显著性检验

假设检验是统计推断的一个主要内容，它的基本任务是根据样本所提供的信息，对未知总体分布的某些方面的假设作出合理的判断。

1. 假设检验的基本原理

所谓假设检验，顾名思义，就是先假设再检验。比方在求方程 $x^2-2x+1=0$ 的根时，由直观猜测，可作假设：$x=1$，它究竟是不是该方程的（近似）根（在给定的精度内），可以将 $x=1$ 代入该方程中来检验（判断）“假设”的真伪。

假设检验的基本思路是首先对总体参数值提出假设，然后再利用样本提供的信息去验证先前提出的假设是否成立。如果样本数据不能够充分证明和支持假设的成立，则在一定的概率条件下，应拒绝该假设；相反，如果样本数据不能够充分证明和支持假设是不成立的，则不能推翻假设成立的合理性和真实性。上述假设检验推断过程的依据是小概率原理，即发生概率很小的事件，在一次实验中是几乎不可能发生的。通常概率要多大才能算得上是小概率呢？假设检验把这个小概率称为显著性水平 α，其取值的大小与能否做出正确判断有着相当大的关系。然而，α 的取值并没有固定的标准，只能根据实际需要来确定。一般来说，α 取 0.05，对于一些比较严格的情况，它可以取 0.01 或者更小。α 越小，所作出

的拒绝原假设判断的说服力就越强。

假设检验的基本思想：在某种原假设成立的条件下，利用适当的统计量和给定的显著性水平，构造一个小概率事件，可以认为小概率事件在一次观察中基本不会发生，如果该事件竟然发生了，就认为原假设不真，从而拒绝原假设，接受备择假设。

假设检验的程序是，先根据实际问题的要求提出一个论断，称为统计假设，记为 H_0；然后根据样本的有关信息，对 H_0 的真伪进行判断，作出拒绝 H_0 或接受 H_0 的决策。

假设检验的基本思想是概率性质的反证法。为了检验原假设 H_0 是否正确，先假定这个假设是正确的，看由此能推出什么结果。如果导致一个不合理的结果，则表明"假设 H_0 为正确"是错误的，即原假设 H_0 不正确，因此要拒绝原假设 H_0。如果没有导致一个不合理现象的出现，则不能认为原假设 H_0 不正确，因此不能拒绝原假设 H_0。

概率性质的反证法的根据是小概率事件原理。该原理认为"小概率事件在一次试验中几乎是不可能发生的"。在原假设 H_0 下构造一个事件，这个事件在"原假设 H_0 是正确"的条件下是一个小概率事件。随机抽取一组容量为 n 的样本观测值进行该事件的试验，如果该事件发生了，说明"原假设 H_0 是正确的"这个命题是错误的，因为不应该出现的小概率事件出现了，因而应该拒绝原假设 H_0。反之，如果该小概率事件没有出现，就没有理由拒绝原假设 H_0，应该接受原假设。

综上所述，假设检验大致有如下的步骤：

(1) 根据实际问题的要求，提出原假设 H_0 和备择假设 H_1。

(2) 根据 H_0 的内容，选取适当的检验统计量，并能确定出检验统计量的分布。

(3) 根据样本观测值计算出检验统计量的值。

(4) 在给定的显著性水平 $\alpha(0<\alpha<1)$ 下，查所选检验统计量服从的分布表，确定临界值。

(5) 确定拒绝域并作出拒绝还是接受 H_0 的统计判断。

2. t 检验

设定原假设为 $H_0: b_1=b_1^*$，备择假设为 $H_1: b_1 \neq b_1^*$，σ^2 已知，或者样本容量足够大($n \geqslant 30$)时，利用

$$Z=\frac{\hat{b}_1-b_1}{\sigma(\hat{b}_1)} \sim N(0,1)$$

给定显著性水平 α(通常选择 $\alpha=0.05$)，由正态分布表查出 Z 的临界值为 $Z_{\alpha/2}$($\alpha=0.05, Z_{0.025}=1.96$)。计算统计量 Z 并与临界值 $Z_{\alpha/2}$ 进行比较，如果 $-Z_{\alpha/2} \leqslant Z \leqslant Z_{\alpha/2}$，即 Z 落入接受区域，就接受 $H_0: b_1=b_1^*$；如果 $Z \leqslant -Z_{\alpha/2}$ 或 $Z>Z_{\alpha/2}$，即落入接受区域以外的临界区域，就拒绝 H_0 而接受 H_1，即认为 $b_1 \neq b_1^*$。这种利用正态分布进行的显著性检验，称为 Z 检验。

当 σ^2 未知，且样本容量较小时，只能用 $\hat{\sigma}^2=\frac{\sum e_t^2}{n-2}$ 代替 σ^2，利用

$$t=\frac{\hat{b}_1-b_1}{s(\hat{b}_1)} \sim t(n-2)$$

给定显著性水平 α，由 t 分布表查出自由度为 $n-2$，对应概率为 $\alpha/2$ 的临界值 $t_{\alpha/2}(n-2)$。计算统计量 t 并与临界值 $t_{\alpha/2}(n-2)$ 进行比较，如果 $-t_{\alpha/2}\leqslant t\leqslant t_{\alpha/2}$，就接受 $H_0: b_1=b_1^*$；如果 $t<-t_{\alpha/2}, t>t_{\alpha/2}$，就拒绝 H_0 而接受 H_1，即认为 $b_1\neq b_1^*$。像这样利用 t 分布进行的显著性检验，称为 t 检验（见图 2.3.1）。

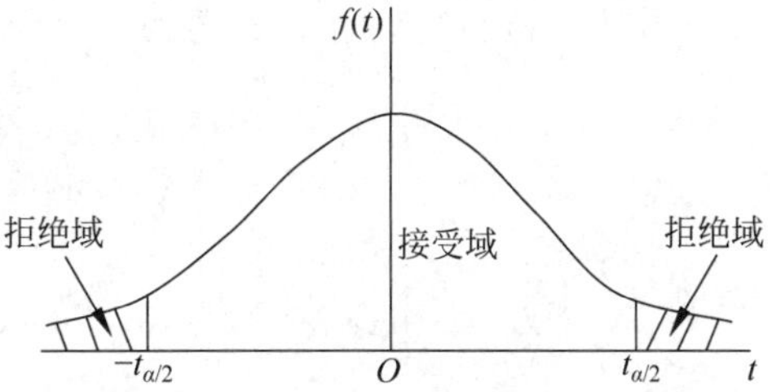

图 2.3.1　阴影部分为 t 检验的否定区域

对于一元线性回归模型而言，通常最关心的问题是：x_t 是否可以解释 y_t 的变化，即解释变量对被解释变量是否有显著影响？具体检验步骤如下：

第一步，提出原假设。

$$\text{原假设：}H_0: b_1=0\text{，备择假设：}H_1: b_1\neq 0$$

第二步，构造检验统计量。在 H_0 成立时，有

$$t=\frac{\hat{b}_1-b_1}{s(\hat{b}_1)}=\frac{\hat{b}_1}{s(\hat{b}_1)}\sim t(n-2) \tag{2.3.1}$$

第三步，比较判断。对给定的显著性水平 α，查自由度为 $n-2$ 的 t 分布表，得临界值 $t_{\alpha/2}(n-2)$，如果 $-t_{\alpha/2}\leqslant t\leqslant t_{\alpha/2}$，就接受 H_0，可以认为 H_0 成立的概率很大，即解释变量对因变量没有显著影响；当 $|t|>t_{\alpha/2}$ 时，就拒绝 H_0，而接受 H_1，可以认为 H_0 成立的概率很小，即解释变量对因变量有显著影响，表明回归模型中因变量与自变量之间确实存在线性关系。

对于参数 b_0 的显著性检验，我们可以用类似的方法进行。

在实际应用中，显著性水平 α 通常取 0.05，在 t 分布表中我们可以看到，当 $n-2\geqslant 13$ 时，临界值 $t_{\alpha/2}(n-2)$ 大体保持在 2 附近，而且非常接近于 2。由此我们得到一个十分简便的检验方法：若 t 的绝对值远大于 2，则在 0.05 的显著性水平下，可以认为回归系数显著的不为零。

例如，由表 2.2.1 样本数据已估计出样本回归方程为 $\hat{y}_t=37.227+0.5414x_t$，当原假设为 $H_0: b_1=0$ 时，取 $\alpha=0.05$，查 t 分布表得 $t_{\alpha/2}(n-2)=t_{0.025}(8)=2.306$。因为

$$t=\frac{\hat{b}_1}{s(\hat{b}_1)}=\frac{0.5414}{0.0267}=20.2772>t_{0.025}(8)=2.306$$

所以拒绝 H_0 的假设，而接受 H_1，也就是经过统计检验可以认为 b_1 明显不等于 0，也就是说家庭可支配收入 x_t 对消费支出 y_t 存在显著影响。

对于一元线性回归模型而言，t 检验就是 F 检验，只用其中一个检验就可以了，这将在下一章节给出证明。

3. *p 值判别法*

在前面阐述的统计假设检验的基本原理中，是通过比较 t 统计量与临界值的大小来判断拒绝还是接受原假设的。查找临界值的一个等价判别方法就是 p 值判别法。EViews 软件提供了这种判别方法。

当计算出 $t(\hat{b}_1)$ 之后，将其作为临界值，计算该检验的相应显著性水平，这就是对应的

概率值。

定义：检验统计量的 p 值为 $p=P(|t|>t(\hat{b}_1))$，称检验统计量的 p 值为统计值的显著性概率或双侧概率。据此，可以用概率 p 值，与显著性水平 α 比较，判断规则为

若 $p<\alpha$，则拒绝 H_0，而接受 $H_1: b_1 \neq 0$；若 $p \geqslant \alpha$，则接受 $H_0: b_1=0$。

p 值判别法如图 2.3.2 所示。

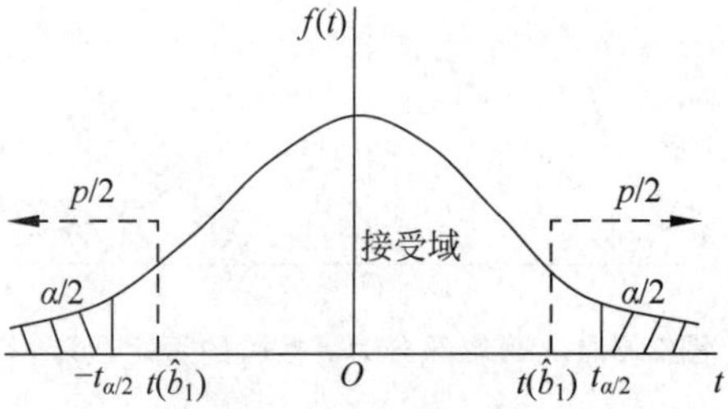

图 2.3.2 p 值判别法

上述是双边假设检验。也可以进行单边假设检验。一种单边假设检验为

$$H_0: b_1 \leqslant 0 \quad H_1: b_1 > 0$$

其检验统计量仍为 $t(\hat{b}_1)$。同样可以通过临界值或 p 值作出检验判断。判断规则为

若 $t(\hat{b}_1)>t_\alpha(n-2)$，则拒绝 H_0，否则不能拒绝 H_0。

若 $p<\alpha$，则拒绝 H_0，否则不能拒绝 H_0。其中：$p=P(t>t(\hat{b}_1))$。

同样可以进行另一种单边检验：

$$H_0: b_1 \geqslant 0 \quad H_1: b_1 < 0$$

判断规则为

若 $t(\hat{b}_1)<-t_\alpha(n-2)$，则拒绝 H_0，否则不能拒绝 H_0。

若 $p<\alpha$，则拒绝 H_0，否则不能拒绝 H_0。其中：$p=P(t<-t(\hat{b}_1))$。

2.3.4 拟合优度与相关系数检验

样本回归直线是对样本数据的一种拟合，对于同一组样本数据，使用不同的方法去估计回归直线的参数，可以拟合出不同的回归直线。从散点图上看，所有的样本观测值都恰好在回归直线上的情况是极少见的，回归直线与样本观测值总是存在或正或负的偏离。样本回归直线与样本观测数据之间的拟合程度，称为样本回归直线的拟合优度。如果所有的样本观测值都落在回归直线上，则称为完全拟合。在计量经济学中，拟合优度是在总变差分解的基础上确定样本决定系数或可决系数去度量的。

1. 总变差的分解

为了说明样本决定系数的意义，首先让我们来考察一下被解释变量的总变差的组成情况。回顾前面已经讨论过的样本回归函数

$$y_t=\hat{b}_0+\hat{b}_1 x_t+e_t=\hat{y}_t+e_t$$

如果以平均值 $\bar{y}$ 为基准，说明 y_t 和 $\hat{y}_t$ 对 $\bar{y}$ 的偏离程度，如图 2.3.3 所示。

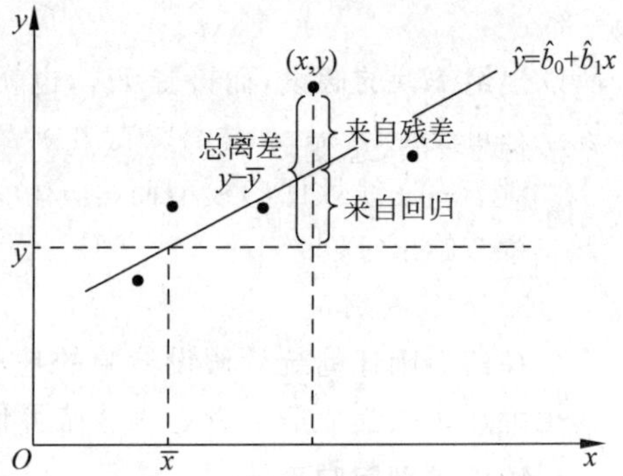

图 2.3.3 因变量离差的分解

$y_t=\hat{y}_t+e_t$ 可用离差形式表示

$$y_t-\bar{y}=\hat{y}_t-\bar{y}+e_t$$

对于全部观测值求平方和，有

$$\sum(y_t-\bar{y})^2=\sum(\hat{y}_t-\bar{y}+e_t)^2=\sum(\hat{y}_t-\bar{y})^2+\sum e_t^2+2\sum e_t(\hat{y}_t-\bar{y})$$

由于

$$\sum e_t(\hat{y}_t-\bar{y})=\sum e_t(\hat{b}_0+\hat{b}_1x_t-\bar{y})=\sum e_t(\hat{b}_0-\bar{y})+\hat{b}_1\sum e_tx_t$$

由正规方程

$$\sum e_t=0,\quad \sum e_tx_t=0$$

得到

$$\sum e_t(\hat{y}_t-\bar{y})=0$$

所以有

$$\sum(y_t-\bar{y})^2=\sum(\hat{y}_t-\bar{y})^2+\sum e_t^2 \tag{2.3.2}$$

式(2.3.2)中 $\sum(y_t-\bar{y})^2$ 是被解释变量的观测值与其均值的离差平方和，称为总变差或总离差平方和，它反映样本观测值总离差的大小，用 TSS(total sum of squares)表示。

$$\mathrm{TSS}=\sum(y_t-\bar{y})^2 \tag{2.3.3}$$

$\sum(\hat{y}_t-\bar{y})^2$ 是因变量 y_t 的估计值与其均值的离差平方和，也就是由解释变量所解释的那部分变差，或称回归平方和、回归变差、解释变差，即 y_t 的变化中可以用回归模型来解释的部分，它反映由模型中解释变量所解释的那部分离差的大小，用 ESS(explained sum of squares)表示。

$$\mathrm{ESS}=\sum(\hat{y}_t-\bar{y})^2=\hat{b}_1^2\sum(x_t-\bar{x})^2 \tag{2.3.4}$$

$\sum e_t^2=\sum(y_t-\hat{y}_t)^2$ 是因变量的观测值与估计值之差的平方和，是不能由解释变量所解释的那部分变差，称为剩余平方和、剩余变差或未解释的变差。它反映样本观测值与估计值偏离的大小，也是模型中解释变量未解释的那部分离差的大小，用 RSS(residual sum of squares)表示。

$$\mathrm{RSS}=\sum e_t^2 \tag{2.3.5}$$

这样式(2.3.2)可写为

$$\mathrm{TSS}=\mathrm{ESS}+\mathrm{RSS}$$

TSS 的分解式表明，y_t 的变化由两部分组成，一部分是模型中解释变量引起的变化，另一部分是模型之外其他因素引起的变化。

2. 样本决定系数

不难看出，总变差中解释变差所占比例越大，则 $\sum e_t^2$ 就越小，各观测值聚集在回归直线周围的紧密程度越大，说明直线与观测值的拟合程度越好。如果将 TSS＝ESS＋RSS 两边同除以 TSS，得到

$$1=\frac{\mathrm{ESS}}{\mathrm{TSS}}+\frac{\mathrm{RSS}}{\mathrm{TSS}},\quad \text{或者 } 1=\frac{\sum(\hat{y}_t-\bar{y})^2}{\sum(y_t-\bar{y})^2}+\frac{\sum e_t^2}{\sum(y_t-\bar{y})^2}$$

我们定义回归平方和 $\sum(\hat{y}_t-\bar{y})^2$ 在总变差 $\sum(y_t-\bar{y})^2$ 中所占的比重为样本决定系数(也称可决系数或判定系数)，用 R^2 表示，即

$$R^2=\frac{\text{ESS}}{\text{TSS}}=\frac{\sum(\hat{y}_t-\bar{y})^2}{\sum(y_t-\bar{y})^2} \tag{2.3.6}$$

或者

$$R^2=1-\frac{\text{RSS}}{\text{TSS}}=1-\frac{\sum e_t^2}{\sum(y_t-\bar{y})^2} \tag{2.3.7}$$

决定系数 R^2 计量了 y 的总变差中可以归因于 x 和 y 之间关系的比例,或者说 y 的变动中可以由 x 的变动来解释的比例,它是回归直线对各观测点拟合紧密程度的测度。决定系数 R^2 说明了样本回归直线的解释能力。

决定系数是对模型拟合优度的综合度量,决定系数 R^2 越大,$\sum e_t^2$ 越小,当 $R^2\to 1$ 时,$\sum e_t^2\to 0$,说明在 y 的总变差中由回归直线或回归模型作出了解释的部分所占的比重越大,模型拟合优度越高。决定系数 R^2 越小,说明在 y 的总变差中,由模型解释的部分占的比重越小,而未被模型作出解释的部分越大,则模型对样本的拟合程度越差。决定系数 R^2 不仅反映了模型拟合程度的优劣,而且有直观的经济含义:它定量地描述了因变量的变化中可以用解释变量的变化来说明的部分,即模型的可解释程度。它是回归直线对各观测点拟合紧密程度的测度。

我们有:(1)$0\leqslant R^2\leqslant 1$;(2)$R^2=1$,$\sum e_t^2=0$,完全拟合;(3)$R^2=0$,$x$ 与 y 完全不存在线性关系。

R^2 值越大,拟合优度越好。但是 R^2 值究竟要多大呢?回归分析中使用时间序列数据还是截面数据有不同的标准。对时间序列数据而言,R^2 的值在 0.8、0.9 以上是常见的,而在截面数据的情况下,R^2 的值在 0.4、0.5 也不能算低。

在实际计算决定系数时,为了避免逐个计算 $\hat{y}_t$ 的数值,下面求决定系数 R^2 的简洁计算式。

由于

$$\hat{y}_t-\bar{y}=(\hat{b}_0+\hat{b}_1x_t)-(\hat{b}_0+\hat{b}_1\bar{x})=\hat{b}_1(x_t-\bar{x})$$

所以

$$\text{ESS}=\sum(\hat{y}_t-\bar{y})^2=\hat{b}_1^2\sum(x_t-\bar{x})^2$$

故有

$$R^2=\frac{\sum(\hat{y}_t-\bar{y})^2}{\sum(y_t-\bar{y})^2}=\frac{\hat{b}_1^2\sum(x_t-\bar{x})^2}{\sum(y_t-\bar{y})^2} \tag{2.3.8}$$

对照 $\hat{b}_1$ 的计算公式,R^2 的计算公式可以演化出很多其他形式,读者要灵活应用。

例如,对表 2.2.1 样本所作的回归分析的 OLS 估计的结果 $\hat{y}_t=37.227+0.541\,4x_t$,计算可得

$$R^2=\frac{\hat{b}_1^2\sum(x_t-\bar{x})^2}{\sum(y_t-\bar{y})^2}=\frac{0.541\,4^2\times 74\,250}{22\,189.6}=0.980\,8$$

这说明样本回归直线的解释能力为 98.08%,即消费支出 y_t 的总变差中,由解释变量可支

配收入 x_t 解释的部分占 98.08%，模型的拟合优度较高。

由于 $\mathrm{RSS}=\sum e_t^2=\mathrm{TSS}-\mathrm{ESS}, \mathrm{ESS}=\hat{b}_1^2\sum(x_t-\bar{x})^2=\hat{b}_1\sum(x_t-\bar{x})(y_t-\bar{y})$，所以有

$$\sum e_t^2=\sum(y_t-\bar{y})^2-\hat{b}_1\sum(x_t-\bar{x})(y_t-\bar{y})$$

这与前面推导的结果完全相同。因此有

$$\hat{\sigma}^2=\frac{\sum e_t^2}{n-2}=\frac{\sum(y_t-\bar{y})^2-\hat{b}_1\sum(x_t-\bar{x})(y_t-\bar{y})}{n-2}$$

所以

$$\mathrm{S.E.}=\hat{\sigma}=\sqrt{\frac{\sum(y_t-\bar{y})^2-\hat{b}_1\sum(x_t-\bar{x})(y_t-\bar{y})}{n-2}}$$

3. 相关系数检验

相关分析是研究变量间相互关系的最基本方法。从相关分析中引出的相关系数是回归分析的一个基本统计量。掌握它有助于对经济问题和计量经济模型的分析与理解。

(1) 变量相关的定义和分类。相关指两个或两个以上变量间相互关系的程度或强度。相关关系按涉及变量的数量、相关的程度、相关的性质不同分为不同的类型。

按相关的强度分为 4 类。一是完全相关。指两个变量之间存在函数关系。如圆的周长 $L=2\pi r$。当半径 r 确定时，周长 L 的值就唯一确定了，不存在随机误差。二是高度相关(或强相关)。变量间近似存在函数关系。从散点图上看，观测点密集在一条直线(或曲线)周围。三是弱相关。变量间有关系但不明显。四是零相关。变量间不存在任何关系。

按变量个数，相关可分为两类。一是简单相关(或单相关)。简单相关指两个变量之间的相关关系。简单相关按形式又可分为线性相关和非线性相关。当变量相关关系散点图上的点接近一条直线时，称为线性相关；当变量相关关系散点图上的点接近于一条曲线时，称为非线性相关。简单相关按符号又可分为正相关、负相关和零相关。两个变量趋于在同一个方向变化时，即同增或同减，称为变量之间存在正相关；当两个变量趋于在相反方向变化时，即当一个变量增加，另一个变量减少时，称为变量之间存在负相关；当两个变量的变化相互没有关系时，称为二者不相关或零相关。二是复相关(或多元相关)。复相关指三个或三个以上变量之间的相关关系。其中包括多重相关和偏相关。

因非线性相关可以转化为线性相关处理，而复相关又可看作简单相关基础上的拓展，所以下面重点介绍简单线性相关。

(2) 线性相关的度量。变量之间线性相关的程度，常用相关系数去度量。两个变量 x 和 y 的总体相关系数为

$$\rho=\frac{\mathrm{cov}(x,y)}{\sqrt{\mathrm{var}(x)\mathrm{var}(y)}} \tag{2.3.9}$$

其中：$\mathrm{cov}(x,y)$是变量 x 和 y 的协方差；$\mathrm{var}(x)$和 $\mathrm{var}(y)$分别是变量 x 和 y 的方差。总体相关系数的取值范围为 $-1\leqslant\rho\leqslant 1$。

如果 $\rho=0$，表示总体 x 与 y 不相关(如果变量 x 和 y 在统计上独立，则相关系数为 0，但 $\rho=0$ 并不说明两个变量之间一定独立。这是因为，相关系数仅适用于变量之间的线性

关系,而变量之间可能存在非线性关系)。如果 $\rho \neq 0$,表示总体 x 与 y 在一定程度上相关;$\rho > 0$,正相关;$\rho < 0$,负相关。ρ 的绝对值越接近于1,相关性越强,反之,相关性越弱。如果 $\rho = \pm 1$,表示总体 x 与 y 完全正相关或完全负相关。

由于总体相关系数无法从有限样本得到,因此总体相关系数 ρ 无法算出,人们只能通过样本相关系数反映变量的总体之间的相关程度。如果给出变量 x 和 y 的一组样本 $(x_t, y_t), t=1,2,\cdots,n$,则样本相关系数为

$$r_{xy} = \frac{\sum (x_t - \bar{x})(y_t - \bar{y})}{\sqrt{\sum (x_t - \bar{x})^2 \sum (y_t - \bar{y})^2}} \tag{2.3.10}$$

其中 $\bar{x}, \bar{y}$ 分别为 x 和 y 的样本均值。

多个变量之间的线性相关程度,可以用复相关系数和偏相关系数去度量。

(3) 相关分析与回归分析、决定系数与相关系数的关系。虽然相关分析不如回归分析应用那么广泛,但是仍有独特之处。通常把相关分析作为回归分析的补充分析方法。相关分析与回归分析既有联系又有区别。

两者之间的区别表现在以下几个方面:

第一,回归分析强调因果关系,相关分析不关心因果关系。回归分析强调用解释变量 x 的变化,来说明被解释变量 y 变化的原因,而不是相反。

相关分析所研究的两个变量是对等关系,只分析变量之间的相关程度,并且用相关系数表示相关程度。这些相关系数是无量纲(即无单位)的数值。相关分析不关心因果关系。如果所研究的问题中只有两个变量 x 和 y,则二者的地位是可以互易的,一般情况下,认为这两个变量互相影响。

第二,对两个变量 x 与 y 而言,在相关分析中,$r_{xy} = r_{yx}$,但在回归分析中,$\hat{y}_t = \hat{b}_0 + \hat{b}_1 x_t$ 与 $\hat{x}_t = \hat{a}_0 + \hat{a}_1 y_t$ 却是两个完全不同的回归方程。

第三,回归分析对资料的要求是:被解释变量 y 是随机变量,解释变量 x 是非随机变量。x 对 y 的影响反映在参数 b_1 中,或反映在参数估计值 $\hat{b}_1$ 中。因此,b_1 或 $\hat{b}_1$ 都有量纲(即单位)。相关分析对资料的要求是:两个变量都是随机变量。

两者之间的联系:第一,相关分析是回归分析的基础和前提。一般地,首先进行相关分析,如果相关分析表明变量之间确实存在较密切的相关性,则进一步进行回归分析,否则,即使进行了回归分析,也是没有实际意义的。第二,回归分析是相关分析的深入和继续。相关分析仅仅表明变量之间是否存在较密切的相关性,这对于变量间关系的分析是不够的,只有进一步进行回归分析,拟合回归方程,才能深入而具体地描述变量间实际存在的关系。第三,相关分析与回归分析的有关指标之间存在内在联系,下面将给出具体的数学表达式。

在数值上,样本决定系数 R^2 是样本相关系数 r_{xy} 的平方,利用这种关系可以进行有关指标间的相互推算。下面给出 $r_{xy} = \pm\sqrt{R^2}$ 的推导。将 $\hat{b}_1 = \dfrac{\sum (x_t - \bar{x})(y_t - \bar{y})}{\sum (x_t - \bar{x})^2}$ 代入 ESS= $\sum (\hat{y}_t - \bar{y})^2 = \hat{b}_1^2 \sum (x_t - \bar{x})^2$ 得 ESS= $\hat{b}_1^2 \sum (x_t - \bar{x})^2 = \hat{b}_1 \cdot \sum (x_t - \bar{x})(y_t - \bar{y})$,

$R^2=\frac{\text{ESS}}{\text{TSS}}=\hat{b}_1\cdot\frac{\sum(x_t-\bar{x})(y_t-\bar{y})}{\sum(y_t-\bar{y})^2}=\frac{\left[\sum(x_t-\bar{x})(y_t-\bar{y})\right]^2}{\sum(x_t-\bar{x})^2\sum(y_t-\bar{y})^2}=r_{\text{xy}}^2$，因此有 $R^2=r_{\text{xy}}^2$，或者

$$r_{\text{xy}}=\pm\sqrt{R^2} \tag{2.3.11}$$

对于样本相关系数，我们有 $-1\leqslant r_{\text{xy}}\leqslant 1$；$r_{\text{xy}}=1$ 时，完全正相关；$r_{\text{xy}}=-1$ 时，完全负相关；$r_{\text{xy}}=0$ 时，无线性关系。

在概念上，决定系数与相关系数有很明显的差异。首先，从意义上讲，决定系数 R^2 是就模型而言，说明模型中解释变量对因变量变差的解释程度，是对回归直线拟合优度的度量；而相关系数是就两个变量而言，是对两个变量线性依存程度的度量。其次，决定系数 R^2 所度量的是有一定因果的关系，是在回归分析基础上说明 x 对 y 的变差的解释比率，并不说明 y 对 x 的解释比率；而相关系数(简记为 r)是对称的，不包含 x 和 y 的因果关系。而且，决定系数 R^2 具有非负性，取值 $0\leqslant R^2\leqslant 1$，相关系数可正可负，取值范围为 $-1\leqslant r\leqslant 1$，其符号取决于 $\sum(x_t-\bar{x})(y_t-\bar{y})$ 的符号。

在计量经济学中，主要研究回归模型的估计、检验和应用，所以从实际应用看，决定系数 R^2 比相关系数更有意义。

(4) 相关系数的显著性检验。判断由式(2.3.10)计算得到的样本相关系数在统计上是否显著，即总体 y 与 x 是否存在显著的线性相关，必须进行相关系数的显著性检验，简称相关检验。

一般说来，相关系数 r 可以反映 x 与 y 之间的线性相关程度。r 的绝对值越接近于 1，x 与 y 之间的线性关系就越密切。但相关系数通常是根据样本数据得到的，因而带有一定的随机性，且样本越少其随机性越大。因此，我们有必要根据样本相关系数 r 对总体相关系数 ρ 进行检验。

检验相关系数的显著性有两种常用方法。

① 使用相关系数临界值表。设定原假设和备择假设分别是

$$H_0:\rho=0 \quad H_1:\rho\neq 0$$

用样本观测值计算相关系数 r，给定样本容量 n、显著性水平 α 和自由度 $f=n-2$，查相关系数表，得临界值 $r_\alpha(n-2)$。检验规则是

若 $|r|\leqslant r_\alpha(n-2)$，则接受原假设，认为两个变量之间不存在显著的线性相关关系；

若 $|r|>r_\alpha(n-2)$，则拒绝原假设，认为两个变量之间存在显著的线性相关关系。

对于表 2.2.1 样本数据做检验，设显著水平 $\alpha=0.05$，由回归分析结果可得，$R^2=0.980\,8$，所以，$|r|=0.990\,4$。

对于 $\alpha=0.05$、自由度 $n-2=10-2=8$，查相关系数表得 $r_{0.05}(8)=0.631\,9$，由于 $|r|=0.990\,4>r_{0.05}(8)=0.6319$，$r>0$，说明家庭消费支出随着家庭可支配收入的增加而提高，则二者之间存在显著的正相关。

② t 检验。设定原假设和备择假设分别为

$$H_0:\rho=0 \quad H_1:\rho\neq 0$$

在 H_0 成立条件下，统计量

$$t=\frac{r-\rho}{s(r)}=\frac{r-\rho}{\sqrt{(1-r^2)/(n-2)}}=\frac{r\sqrt{n-2}}{\sqrt{1-r^2}}\sim t(n-2) \qquad (2.3.12)$$

服从自由度为$(n-2)$的 t 分布。用样本计算 t 统计量的值,给定显著性水平 α 和自由度 $f=n-2$,查 t 分布表,得临界值 $t_{\alpha/2}(n-2)$。若$|t|\leqslant t_{\alpha/2}(n-2)$,则接受原假设,认为两个变量之间不存在显著的线性相关关系;若$|t|>t_{\alpha/2}(n-2)$,则拒绝原假设,认为两个变量之间存在显著的线性相关关系。

2.3.5 正态性检验

统计检验过程是建立在假设随机误差 u_t 服从正态分布的基础之上的。既然我们不能直接地观察真实的误差项 u_t,那么,如何证实 u_t 确实服从正态分布呢?我们有 u_t 的近似值——残差 e_t,因此,可通过 e_t 来获悉 u_t 的正态性。

一种常用的正态性检验是 Jarqe-Bera(雅克-贝拉)检验,简称 JB 检验,在许多统计软件中也都包括这种检验方法。它是依据 OLS 残差,对大样本的一种检验方法(或称为渐近检验)。首先计算偏度系数 S(对概率密度函数对称性的度量)

$$S=\frac{\sum(x_t-\bar{x})^3}{n\sigma_{\mathrm{x}}^3} \qquad (2.3.13)$$

及峰度系数 K(对概率密度函数的"胖瘦"的度量)

$$K=\frac{\sum(x_t-\bar{x})^4}{n\sigma_{\mathrm{x}}^4} \qquad (2.3.14)$$

对于正态分布变量,偏度为零,峰度为3。Jarqe 和 Bera 建立了如下检验统计量——JB 统计量

$$\mathrm{JB}=\frac{n}{6}\left[S^2+\frac{(K-3)^2}{4}\right] \qquad (2.3.15)$$

其中,n 为样本容量,S 为偏度,K 为峰度。

可以证明,在正态性假定下,式(2.3.15)给出的 JB 统计量渐进地服从自由度为2的 χ^2 分布,用符号表示为

$$\mathrm{JB}\sim\chi^2(2)$$

从式(2.3.15)可以看出,如果变量服从正态分布,则 S 为零,K 为3,因而 JB 统计量的值为零。但是如果变量不是正态变量,则 JB 统计量将为一个逐渐增大值。在某一显著性水平 α 下,根据式(2.3.15)计算的 JB 值超过临界值 χ_α^2,则将拒绝正态分布的零假设;但如果没有超过临界值 χ_α^2,则不能拒绝零假设。

在例2.2.1中,由居民家庭可支配收入 x_t 与家庭消费支出 y_t 的资料统计表2.2.1,利用 EViews 软件,在数组 x、y 窗口,点击 Descriptive Stats/Common Sample,出现表2.3.1描述统计结果。

表 2.3.1 描述统计结果

	X	Y
Mean	195.0000	142.8000
Median	195.0000	152.5000
Maximum	330.0000	211.0000
Minimum	60.00000	58.00000
Std. Dev.	90.82951	49.65391
Skewness	7.54E-17	-0.334845
Kurtosis	1.775758	1.967508
Jarque-Bera	0.624487	0.631052
Probability	0.731803	0.729405
Sum	1950.000	1428.000
Sum Sq. Dev.	74250.00	22189.60
Observations	10	10

我们得到例 2.2.1 中的偏度系数为 $S=-0.334\,845$，峰度系数为 $K=1.967\,508$，JB 统计量的值为 JB=0.631 052，对于显著性水平 $\alpha=0.05$，$\chi_{\alpha}^{2}(2)=5.991\,47$，因此有 $\text{JB}=0.631\,052<\chi_{\alpha}^{2}(2)=5.991\,47$，这表明计算得到的 JB 统计量不是统计显著的。因此，我们不能拒绝零假设，即家庭消费支出回归的残差服从正态分布。当然，这个结论并不是很准确，因为样本容量太小了。

总之，在实际中，在古典回归模型假定下，用上述方法对正态性进行检验是很重要的。因为假设检验的过程在很大程度上依赖于正态性这个假定，尤其是在样本容量很小的情况下。

2.4　一元线性回归模型的预测

2.4.1　回归结果的报告形式与分析

1. 回归结果提供的格式

回归模型经过估计、检验之后，得到了一系列统计量，在以后的计量经济分析中还可能得到一些说明模型特性的有用的统计量，为了更清晰、简明地表现这些统计量，通常将这些统计量加以整理，并用一定的标准格式去报告回归分析的结果，以便于分析应用。

例如，对于表 2.2.1 中随机样本，用 OLS 所作的回归分析结果得到

$\hat{b}_0=37.227$，　$\hat{b}_1=0.541\,4$，　S.E.$=7.286\,55$，　$s(\hat{b}_0)=5.700\,8$，　$s(\hat{b}_1)=0.026\,7$，

$t(\hat{b}_0)=6.530\,1$，　$t(\hat{b}_1)=20.277\,2$，　$R^2=0.980\,8$，　df$=8$

其中，$\hat{b}$、$s(\hat{b})$、$t(\hat{b})$ 三者之间有如下关系：$t(\hat{b})=\hat{b}/s(\hat{b})$。在计量经济研究中，通常按以下标准格式表述以上各项统计量。

$$
\begin{aligned}
&\hat{y}_t=37.227\,0+0.541\,4x_t\\
&s=(5.700\,8)\ (0.026\,7)\\
&t=(6.530\,1)\ (20.297\,9)\\
&R^2=0.980\,8\qquad \text{S.E.}=7.286\,55\qquad \text{df}=8
\end{aligned}
$$

列在回归方程下方第一排圆括号内的数字是对应参数估计的标准误差，第二排圆括号内的数字分别是在对应参数等于 0 的原假设下，所计算的 t 统计量。按这种格式报告回归分析的计算结果，一是比较规范简洁，二是可以较容易地看出所估计的回归系数是否显著。所以在运用计量经济模型进行经济分析时，这种报告方式被广泛采用。

2. 回归结果的分析

回归结果的分析主要包括以下内容：

(1) 回归系数估计值的说明。首先是说明回归系数的符号是否正确，回归系数值的大小是否恰当，是否符合经济理论和常识。如例 2.2.1 中，$\hat{b}_1=0.541\,4>0$，说明居民家庭消费支出与收入同向变化，$\hat{b}_0=37.227>0$，表明收入为 0 时的消费，即自发消费。参数估计值均符合经济理论要求。其次是说明系数估计值的含义，如例 2.2.1 中斜率系数为 0.541 4，即边际消费倾向，表明消费者收入水平每提高 100 元，消费支出将增加 54.14 元，截距项为

37.227(百元),其含义是收入为0时的消费水平。

(2) 拟合优度。例2.2.1中$\hat{\sigma}$=S.E.=7.286 55(百元),表明居民消费支出的估计值与观测值的平均误差为7.286 55(百元),S.E.越小,拟合优度越好。$R^2=0.980\ 8$,表明拟合优度较高,解释变量对被解释变量的解释能力为98.08%,即收入对消费的解释能力为98.08%,回归直线拟合观测点较为理想。

(3) 回归系数的显著性,回归方程的显著性。例2.2.1中斜率系数的t值为20.297 9,表明该系数显著地不等于0,收入对消费有显著影响。回归方程的显著性检验将在下章中进行论述。

(4) 根据DW检验值说明随机误差项是否存在自相关性。这将在以后的章节中介绍。

2.4.2 回归预测

预测是对不知道的或尚未发生的数据和事件所作的估计。由于在经济活动中,谁能对未知事件或尚未发生的事件作出准确估计,谁就能够掌握主动权,并在经济活动中受益,所以,预测在经济活动中具有重要作用。

样本数据可以划分为时间序列数据和截面数据两类。在时间序列问题中,对于过去的被解释变量进行估计的目的,通常是对已经发生的但是未知的、缺损的数据进行估计、补充,或者对模型的预测能力进行检验;对于将来数据的估计目的是预测。对于截面数据的估计,通常为了推测未知数据。由于在大多数情况下,对被解释变量进行估计的目的,是推测尚未发生的事件,所以各种对未知事件的估计统称为预测。

预测是计量经济模型的主要用途之一。对于一元线性回归模型来说,预测就是利用所估计的样本回归方程$\hat{y}_t=\hat{b}_0+\hat{b}_1x_t$,用解释变量预测期的已知值或预测值$x_{\mathrm{f}}$,对预测期或样本以外的因变量数值作出定量的估计。

预测是回归分析应用的一个重要方面。预测可以分为点预测和区间预测两种。

所谓点预测,就是给定$x=x_{\mathrm{f}}$时,利用样本回归方程$\hat{y}_t=\hat{b}_0+\hat{b}_1x_t$,求出相应的样本拟合值$\hat{y}_{\mathrm{f}}$,以此作为因变量实际值$y_{\mathrm{f}}$和其均值$E(y_{\mathrm{f}})$的估计值。

由于抽样波动的影响,以及随机项u_t的零均值假定与实际不完全相符,因此,点预测值$\hat{y}_{\mathrm{f}}$与因变量实际值y_{f}和其均值$E(y_{\mathrm{f}})$的估计值存在误差。我们希望在一定概率下把握这个误差的范围,从而确定y_{f}和$E(y_{\mathrm{f}})$可能取值的波动范围,这就是区间预测。

1. 点预测

假定总体回归模型和总体回归方程

$$y_t=b_0+b_1x_t+u_t$$

$$E(y_t)=b_0+b_1x_t\ (t=1,2,\cdots,n)$$

以及相应的经典假设条件,对于样本范围$t=1,2,\cdots,n$之外的某个时期仍然成立,如果解释变量已知为$x=x_{\mathrm{f}}$,那么,这个时期的被解释变量y_{f}和其均值$E(y_{\mathrm{f}})$应该分别为

$$y_{\mathrm{f}}=b_0+b_1x_{\mathrm{f}}+u_{\mathrm{f}}$$

$$E(y_{\mathrm{f}})=b_0+b_1x_{\mathrm{f}}$$

样本回归方程$\hat{y}_t=\hat{b}_0+\hat{b}_1x_t$,在解释变量$x=x_{\mathrm{f}}$时的拟合值为

$$\hat{y}_{\mathrm{f}}=\hat{b}_0+\hat{b}_1x_{\mathrm{f}} \tag{2.4.1}$$

对式(2.4.1)两边取期望,则有

$$E(\hat{y}_f)=E(\hat{b}_0+\hat{b}_1x_f)=b_0+b_1x_f=E(y_f)$$

此式表示,在解释变量 $x=x_f$ 时,由样本回归方程计算的预测值 $\hat{y}_f$ 是 y_f 均值 $E(y_f)$ 的无偏估计,因此,$\hat{y}_f$ 可以作为 $E(y_f)$置信区间的中心。

值得注意的是,$E(\hat{y}_f)=E(\hat{b}_0+\hat{b}_1x_f)=b_0+b_1x_f=y_f-u_f$,即 $E(\hat{y}_f)\neq y_f$。可见,$\hat{y}_f$ 不是 y_f 的无偏估计值。但 $E(\hat{y}_f-y_f)=0$,即在多次观察中,$\hat{y}_f$ 可能大于、小于 y_f,但两者之差$(\hat{y}_f-y_f)$的平均值趋向于零。在这个意义上,用 $\hat{y}_f$ 来估计 y_f,并且用 $\hat{y}_f$ 作为 y_f 的预测区间中心是合理的。

例如,对于我们用表2.2.1样本估计的计量经济模型

$$\hat{y}_t=37.2270+0.5414x_t$$

如果预计在预测期家庭可支配收入为 $x_f=370$(百元),利用所估计的模型可计算出预测期家庭消费支出的平均值为

$$\hat{y}_f=37.227+0.5414\times 370=237.5\ (百元)$$

这样计算出的 $\hat{y}_f$ 是对 y_f 平均值的点预测。因为 $\hat{b}_0$ 和 $\hat{b}_1$ 均服从正态分布,作为线性函数的 $\hat{y}_f$ 也服从正态分布。然而,由于抽样波动的存在,根据样本回归方程预测的 $\hat{y}_f$,并不等同于预测期 y_f 的平均值 $E(y_f)$的真实值,所以还有必要对 $E(y_f)$的置信区间作区间预测。

2. 区间预测

对于任一给定样本,预测值 $\hat{y}_f$ 只能作为 y_f 的估计值,作为 $E(y_f)$的无偏估计量,不可能真实等于 y_f 和 $E(y_f)$,也就是说两者之间存在误差,这个误差称为预测误差,区间预测就是从估计这个误差开始的,为了估计这个误差,需要求出 $\hat{y}_f$ 的抽样分布,在遵循最小二乘基本假定的条件下,我们可以推证 $\hat{y}_f$ 服从正态分布。下面我们分别讨论 $\hat{y}_f$ 对 y_f 和 $E(y_f)$ 的误差及其概率分布,进而进行区间预测。

(1) 总体均值 $E(y_f)$的预测区间。为了得到 $E(y_f)$的预测区间,应首先求出 $E(y_f)$与它的无偏估计值 $\hat{y}_f$ 的偏差的方差。因为 $E(\hat{y}_f)=E(y_f)$,所以有

$$\begin{aligned}\operatorname{var}(\hat{y}_f-E(y_f))&=E[\hat{y}_f-E(y_f)-E(\hat{y}_f-E(y_f))]^2=E(\hat{y}_f-E(y_f))^2\\&=E[(\hat{b}_0+\hat{b}_1x_f)-(b_0+b_1x_f)]^2=E[(\hat{b}_0-b_0)+(\hat{b}_1-b_1)x_f]^2\\&=E[(\hat{b}_0-b_0)^2]+x_f^2E[(\hat{b}_1-b_1)^2]+2x_fE[(\hat{b}_0-b_0)(\hat{b}_1-b_1)]\end{aligned}$$

上式右端第一项为

$$E[(\hat{b}_0-b_0)^2]=E[(\hat{b}_0-E(\hat{b}_0))^2]=\operatorname{var}(\hat{b}_0)=\frac{\sigma^2\sum x_t^2}{n\sum(x_t-\bar{x})^2}$$

上式右端第二项为

$$x_f^2E[(\hat{b}_1-b_1)^2]=x_f^2E[(\hat{b}_1-E(\hat{b}_1))^2]=x_f^2\operatorname{var}(\hat{b}_1)=\frac{x_f^2\sigma^2}{\sum(x_t-\bar{x})^2}$$

下面计算上式右端第三项

由于$\hat{b}_1=b_1+\sum k_tu_t$,$\hat{b}_0=b_0+\sum\left(\frac{1}{n}-\bar{x}k_t\right)u_t$,所以$\hat{b}_1-b_1=\sum k_tu_t$,$\hat{b}_0-b_0=$

$\sum\left(\frac{1}{n}-\bar{x}k_t\right)u_t$，因此，上式右端第三项为

$$
\begin{aligned}
2x_{\mathrm{f}}E[(\hat{b}_0-b_0)(\hat{b}_1-b_1)] &= 2x_{\mathrm{f}}E\left[\sum\left(\frac{1}{n}-\bar{x}k_t\right)u_t\sum k_tu_t\right]=2x_{\mathrm{f}}E\left[\sum_{t,s}\left(\frac{1}{n}-\bar{x}k_t\right)u_tk_su_s\right] \\
&= 2x_{\mathrm{f}}E\left[\sum_{t=s}\left(\frac{1}{n}-\bar{x}k_t\right)k_tu_t^2\right]+2x_{\mathrm{f}}E\left[\sum_{t\neq s}\left(\frac{1}{n}-\bar{x}k_t\right)u_tk_su_s\right] \\
&= 2x_{\mathrm{f}}\sum\left(\frac{1}{n}-\bar{x}k_t\right)k_tE(u_t^2)+2x_{\mathrm{f}}\sum_{t\neq s}\left(\frac{1}{n}-\bar{x}k_t\right)k_sE(u_tu_s) \\
&= 2x_{\mathrm{f}}\sigma^2\sum\left(\frac{1}{n}-\bar{x}k_t\right)k_t=2x_{\mathrm{f}}\sigma^2\left(\frac{1}{n}\sum k_t-\bar{x}\sum k_t^2\right) \\
&= 2x_{\mathrm{f}}\sigma^2\left(0-\bar{x}\frac{1}{\sum(x_t-\bar{x})^2}\right)=-\frac{2x_{\mathrm{f}}\sigma^2\bar{x}}{\sum(x_t-\bar{x})^2}
\end{aligned}
$$

从而有

$$
\begin{aligned}
\operatorname{var}(\hat{y}_{\mathrm{f}}-E(y_{\mathrm{f}})) &= \frac{\sigma^2\sum x_t^2}{n\sum(x_t-\bar{x})^2}+\frac{x_{\mathrm{f}}^2\sigma^2}{\sum(x_t-\bar{x})^2}-\frac{2x_{\mathrm{f}}\sigma^2\bar{x}}{\sum(x_t-\bar{x})^2} \\
&= \sigma^2\left[\frac{1}{n}+\frac{(x_{\mathrm{f}}-\bar{x})^2}{\sum(x_t-\bar{x})^2}\right]
\end{aligned}
$$

由 $\hat{y}_{\mathrm{f}}-E(y_{\mathrm{f}})$ 的期望和方差可知

$$
\hat{y}_{\mathrm{f}}-E(y_{\mathrm{f}})\sim N\left(0,\sigma^2\left[\frac{1}{n}+\frac{(x_{\mathrm{f}}-\bar{x})^2}{\sum(x_t-\bar{x})^2}\right]\right) \tag{2.4.2}
$$

将其标准化，则有

$$
\frac{\hat{y}_{\mathrm{f}}-E(y_{\mathrm{f}})}{\sigma\sqrt{\frac{1}{n}+\frac{(x_{\mathrm{f}}-\bar{x})^2}{\sum(x_t-\bar{x})^2}}}\sim N(0,1) \tag{2.4.3}
$$

由于 σ^2 未知，一般用 $\hat{\sigma}^2=\frac{\sum e_t^2}{n-2}$ 代替，根据抽样分布理论，可知

$$
t=\frac{\hat{y}_{\mathrm{f}}-E(y_{\mathrm{f}})}{\hat{\sigma}\sqrt{\frac{1}{n}+\frac{(x_{\mathrm{f}}-\bar{x})^2}{\sum(x_t-\bar{x})^2}}}\sim t(n-2) \tag{2.4.4}
$$

那么，给定显著性水平 α，由 t 分布表查得临界值 $t_{\alpha/2}(n-2)$，则有

$$
P(|t|\leqslant t_{\alpha/2}(n-2))=1-\alpha
$$

由此得置信度为 $(1-\alpha)$ 的 $E(y_{\mathrm{f}})$ 的预测区间为

$$
\begin{aligned}
&\hat{y}_{\mathrm{f}}-t_{\alpha/2}(n-2)\cdot\hat{\sigma}\sqrt{\frac{1}{n}+\frac{(x_{\mathrm{f}}-\bar{x})^2}{\sum(x_t-\bar{x})^2}} \\
&\leqslant E(y_{\mathrm{f}})\leqslant\hat{y}_{\mathrm{f}}+t_{\alpha/2}(n-2)\cdot\hat{\sigma}\sqrt{\frac{1}{n}+\frac{(x_{\mathrm{f}}-\bar{x})^2}{\sum(x_t-\bar{x})^2}}
\end{aligned} \tag{2.4.5}
$$

或表示为

$$E(y_f)=\hat{y}_f \pm t_{\alpha/2}(n-2)\cdot \hat{\sigma}\sqrt{\frac{1}{n}+\frac{(x_f-\bar{x})^2}{\sum(x_t-\bar{x})^2}} \tag{2.4.6}$$

例如,当给定 $\alpha=0.05$ 时,对于例 2.2.1 所估计的模型: $\hat{y}_t=37.227+0.5414x_t$,查 t 分布表得 $t_{0.025}(8)=2.306$。当预计 $x_f=370$(百元)时,可得预测期消费支出平均值为

$$E(y_f)=237.5\pm 2.306\times 7.2865\times\sqrt{\frac{1}{10}+\frac{(370-195)^2}{74250}}=237.5\pm 12.0289$$

也就是说,当预测期可支配收入为 $x_f=370$(百元)时,家庭消费支出的平均值置信度为95%的预测区间为[225.1981,249.5289](百元)。

(2) y_f 的预测区间。为了得到 y_f 的预测区间,应首先求出 y_f 与 $\hat{y}_f$ 的偏差的方差。由于 $E(\hat{y}_f-y_f)=0$,y_f 与 $\hat{y}_f$ 不相关(因为 y_t 之间不相关,而 $\hat{b}_0$、$\hat{b}_1$ 是 y_t 的线性组合,$\hat{y}_f=\hat{b}_0+\hat{b}_1x_f$,$x_f$ 为非随机变量,所以 y_f 与 $\hat{y}_f$ 不相关),并且 $\mathrm{var}(y_f)=\mathrm{var}(b_0+b_1x_f+u_f)=\mathrm{var}(u_f)=\sigma^2$,$\mathrm{var}(\hat{y}_f)=E[\hat{y}_f-E(\hat{y}_f)]^2=E[\hat{y}_f-E(y_f)]^2=\mathrm{var}(\hat{y}_f-E(y_f))$,于是有

$$\mathrm{var}(\hat{y}_f)=\sigma^2\left[\frac{1}{n}+\frac{(x_f-\bar{x})^2}{\sum(x_t-\bar{x})^2}\right]$$

所以

$$\begin{aligned}\mathrm{var}(y_f-\hat{y}_f)&=\mathrm{var}(y_f)+\mathrm{var}(\hat{y}_f)=\sigma^2+\sigma^2\left[\frac{1}{n}+\frac{(x_f-\bar{x})^2}{\sum(x_t-\bar{x})^2}\right]\\&=\sigma^2\left[1+\frac{1}{n}+\frac{(x_f-\bar{x})^2}{\sum(x_t-\bar{x})^2}\right]\end{aligned}$$

由 $\hat{y}_f-y_f$ 的期望和方差可知

$$\hat{y}_f-y_f\sim N\left(0,\sigma^2\left[1+\frac{1}{n}+\frac{(x_f-\bar{x})^2}{\sum(x_t-\bar{x})^2}\right]\right) \tag{2.4.7}$$

将其标准化,则有

$$\frac{\hat{y}_f-y_f}{\sigma\sqrt{1+\frac{1}{n}+\frac{(x_f-\bar{x})^2}{\sum(x_t-\bar{x})^2}}}\sim N(0,1) \tag{2.4.8}$$

由于 σ^2 未知,一般用 $\hat{\sigma}^2=\frac{\sum e_t^2}{n-2}$ 代替,根据抽样分布理论,可知

$$t=\frac{\hat{y}_f-y_f}{\hat{\sigma}\sqrt{1+\frac{1}{n}+\frac{(x_f-\bar{x})^2}{\sum(x_t-\bar{x})^2}}}\sim t(n-2) \tag{2.4.9}$$

给定显著性水平 α,由 t 分布表查得临界值 $t_{\alpha/2}(n-2)$,则有

$$P(|t|\leqslant t_{\alpha/2}(n-2))=1-\alpha$$

由此得置信度为$(1-\alpha)$的 y_f 的预测区间为

$$\hat{y}_{\mathrm{f}}-t_{\alpha/2}(n-2)\cdot\hat{\sigma}\sqrt{1+\frac{1}{n}+\frac{(x_{\mathrm{f}}-\bar{x})^2}{\sum(x_t-\bar{x})^2}}$$

$$\leqslant y_{\mathrm{f}}\leqslant\hat{y}_{\mathrm{f}}+t_{\alpha/2}(n-2)\cdot\hat{\sigma}\sqrt{1+\frac{1}{n}+\frac{(x_{\mathrm{f}}-\bar{x})^2}{\sum(x_t-\bar{x})^2}}\tag{2.4.10}$$

或者表示为

$$y_{\mathrm{f}}=\hat{y}_{\mathrm{f}}\pm t_{\alpha/2}(n-2)\cdot\hat{\sigma}\sqrt{1+\frac{1}{n}+\frac{(x_{\mathrm{f}}-\bar{x})^2}{\sum(x_t-\bar{x})^2}}\tag{2.4.11}$$

这一置信区间的宽度从样本均值 $\bar{x}$ 处向两边对称地增加，如图 2.4.1 所示。

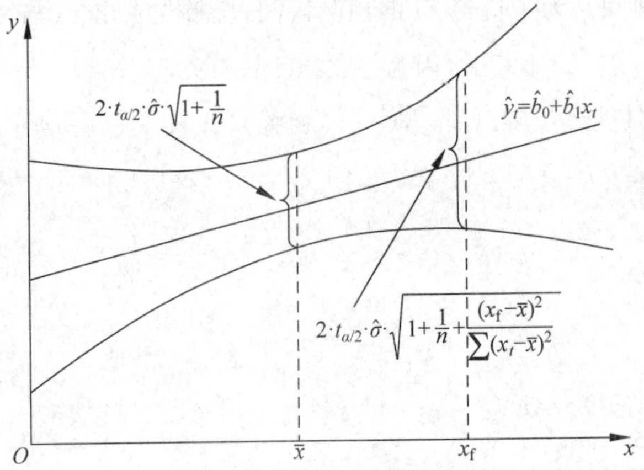

图 2.4.1　置信度为(1−α)的 y_{f} 的预测区间的宽度

例如，当给定 $\alpha=0.05$ 时，对于例 2.2.1 所估计的模型 $\hat{y}_t=37.227+0.541\,4x_t$，查 t 分布表得：$t_{0.025}(8)=2.306$。当预计 $x_{\mathrm{f}}=370$(百元)时，可得预测期消费支出为

$$y_{\mathrm{f}}=237.5\pm2.306\times7.286\,5\times\sqrt{1+\frac{1}{10}+\frac{(370-195)^2}{74\,250}}=237.5\pm20.663\,9$$

也就是说，当预测期可支配收入为 $x_{\mathrm{f}}=370$(百元)时，家庭消费支出的平均值置信度为 95% 的预测区间为[216.836 1,258.163 9](百元)。

2.4.3　影响预测区间大小的因素

由式(2.4.5)和式(2.4.10)可以看出，影响预测区间大小的因素有四个：

(1) 随机误差项 u_t 的方差或标准差 S.E=$\hat{\sigma}$ 的大小。这是随机影响因素，由总体决定。$\hat{\sigma}$ 越小，预测精度越高。

(2) 样本容量 n 的大小。当 n 变大，$E(y_{\mathrm{f}})$ 和 y_{f} 的置信区间将减小。当 n 趋向于无穷大，分母 $\sum(x_t-\bar{x})^2$ 也趋向于无穷大，而分子 $(x_{\mathrm{f}}-\bar{x})^2$ 有限，因此 $E(y_{\mathrm{f}})$ 的置信区间将与样本回归线重合，y_{f} 的预测区间也将变得最窄，预测误差将达到最小值。样本容量越大，预测越准确，预测精度越高。

(3) $\sum(x_t-\bar{x})^2$ 的大小。$\sum(x_t-\bar{x})^2$ 的数值越大，表示抽样取值的范围越大。从大范围获得的样本，能够更准确地反映总体，因此预测误差减小。$\sum(x_t-\bar{x})^2$ 越大，预测精度越高。

(4) $(x_f-\bar{x})^2$ 的大小。预测点 x_f 离平均值 $\bar{x}$ 越远，预测所依据的信息越不充分，预测误差越大。因为预测的信息来自于样本，接近样本中心$(\bar{x},\bar{y})$点信息充分。这个特点表明回归分析不适于作长期预测，否则预测误差会变大。

除了由预测点 x_f 偏离 $\bar{x}$ 使$(x_f-\bar{x})^2$ 变大造成的误差变大的原因以外，还有一种由于适用的数学模型不同造成的误差。用线性关系反映非线性总体，误差会明显变大，大大超过式(2.4.5)和式(2.4.10)确定的误差。这种情况称为外推的危险性。

要减少这种外推带来的预测误差明显变大的危险，应该从尽可能大的范围选取样本，并且注意样本观察值是否表现出非线性关系，是否还有其他影响因素。通过修改回归模型，使其更好地反映真实总体。

2.5　案例分析

改革开放以来，我国经济持续增长，人民生活水平显著提高，城镇居民人均可支配收入从 1978 年 343.4 元，增加到 2015 年的 31 790.3 元，城镇居民人均消费性支出从 1978 年的 311.16 元，增加到 2015 年的 21 392.4 元，如表 2.5.1 所示。

表 2.5.1　1978—2015 年城镇居民人均可支配收入与人均消费性支出　　单位：元

年份	人均可支配收入 PI	人均消费性支出 PC	年份	人均可支配收入 PI	人均消费性支出 PC
1978	343.4	311.16	1997	5 160.3	4 185.64
1979	405.0	361.80	1998	5 425.1	4 331.61
1980	477.6	412.44	1999	5 854.0	4 615.91
1981	500.4	456.84	2000	6 280.0	4 998.00
1982	535.3	471.00	2001	6 895.6	5 309.01
1983	564.6	505.92	2002	7 702.8	6 029.88
1984	652.1	559.44	2003	8 472.2	6 510.94
1985	739.1	673.20	2004	9 421.6	7 182.10
1986	900.1	798.96	2005	10 493.0	7 942.90
1987	1 002.1	884.40	2006	11 759.5	8 696.60
1988	1 180.2	1 103.98	2007	13 785.8	9 997.50
1989	1 373.9	1 210.95	2008	15 780.8	11 242.90
1990	1 510.2	1 278.89	2009	17 174.7	12 264.60
1991	1 700.6	1 453.81	2010	19 109.4	13 471.50
1992	2 026.6	1 671.73	2011	21 809.8	15 160.90
1993	2 577.4	2 110.81	2012	24 564.7	16 674.30
1994	3 496.2	2 851.34	2013	26 955.1	18 487.50
1995	4 283.0	3 537.57	2014	29 381.0	19 968.10
1996	4 838.9	3 919.47	2015	31 790.3	21 392.40

根据表2.5.1提供的数据,试建立我国城镇居民人均消费性支出PC与人均可支配收入PI之间的回归模型,并进行显著性检验。给定显著性水平$\alpha=0.05$,2016年城镇居民人均可支配收入$PI_{2016}=33\,616$元,试对2016年城镇居民人均消费性支出PC_{2016}进行点预测与区间预测。

为了研究我国城镇居民人均消费性支出PC与人均可支配收入PI之间的关系,由经济理论分析已知,收入是影响消费的主要因素。我国城镇居民人均消费性支出PC与人均可支配收入PI之间存在密切的关系,人均支出随人均可支配收入的增加而增加。散点图如图2.5.1所示。

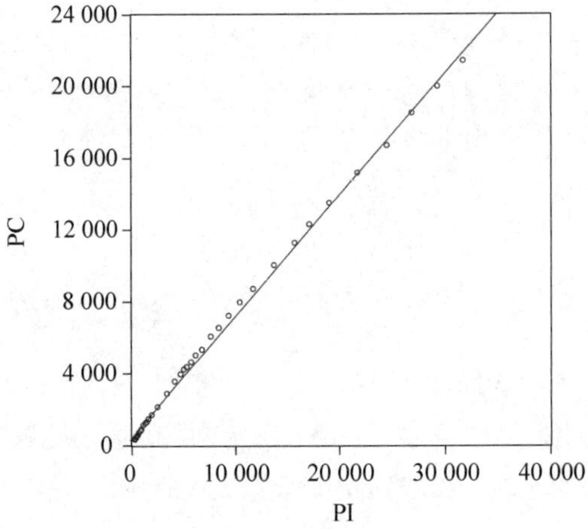

图2.5.1　人均消费性支出PC与人均可支配收入PI散点图

从PI与PC的散点图可以看出,人均消费性支出PC与人均可支配收入PI之间存在线性关系。因此建立的一元线性回归模型为

$$PC_t=b_0+b_1PI_t+u_t$$

变量采用年度数据,样本期为1978—2015年。这里b_1为边际消费倾向,表示人均可支配收入每增加100元时,人均消费性支出所增加的数量。u_t为随机误差项,表示除了人均可支配收入之外,影响人均消费性支出的其他次要的、随机的因素。

假设模型中随机误差项u_t满足古典假定,运用OLS方法估计模型的参数,利用计量经济学软件EViews11.0进行计算,其操作过程如下。

2.5.1　创建工作文件

工作文件是用户使用EViews软件处理数据时存储在内存中的信息,包括在操作过程中输入和建立的全部命名对象。工作文件如同工作桌面一样,上面放置了许多进行处理的东西(如序列、数组、方程、图形等)。像结束工作时需要清理桌面一样,允许将工作文件保存到U盘或硬盘上,如果不对工作文件进行保存,工作文件中的任何东西,将在关闭机器时丢失。

用户第一次使用EViews11.0通常从创建工作文件开始。只有建立工作文件或调入原有工作文件,EViews才允许用户进行下一步的数据处理。建立工作文件的方法如下。

1. 菜单方式

首先启动 EViews11.0，用鼠标单击 File，出现下拉菜单，单击 New/Workfile，打开 Workfile Create 窗口(图 2.5.2)。

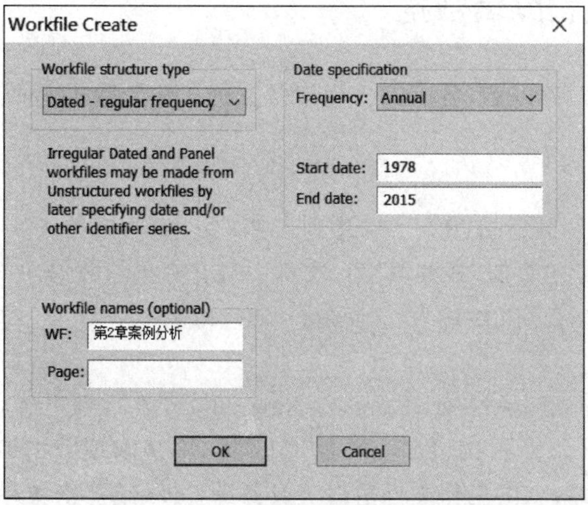

图 2.5.2　Workfile Create 窗口

其次，在 Workfile structure type 选项中，选择 Dated-regular frequency。接着选择数据类型和起止日期：时间序列提供起止日期(年、半年、季度、月度、周、日)，非时间序列提供最大观察个数。本例中在 Start data 里键入 1978，在 End data 里键入 2015(可以在 Workfile names 选项填写文件名)。单击"OK"键后屏幕出现 Workfile 工作框(图 2.5.3)。

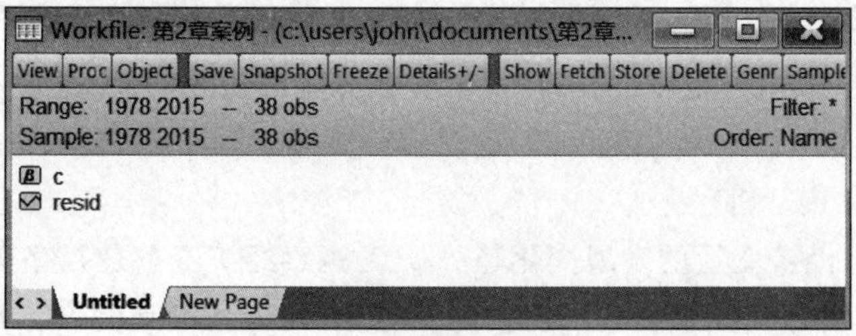

图 2.5.3　Workfile 工作框

工作文件窗口是 EViews 的子窗口。它也有标题栏、控制按钮等。如 View：观察按钮；Proc：过程按钮；Save：保存工作文件；Sample：设置观察值的样本区间；Genr：利用已有的序列生成新的序列；Fetch：从 U 盘或移动硬盘上读取对象；Store：存储对象；Delete：删除对象等。

工作文件一开始其中就包含了两个对象：一个是系数向量 c(保存估计系数用)，另一个残差序列 resid(观测值与拟合值之差)。

2. 命令方式

在命令窗口也可以直接输入建立工作文件的命令 CREATE，命令格式为

CREATE　　数据频率　　起始期　　终止期

其中，数据频率类型分别为 A(年)、Q(季)、M(月)、U(非时间序列数据)。输入 EViews 命

令时,命令字与命令参数(不区分大小写字母)之间只能用空格分隔。如本例可键入命令

CREATE A 1978 2015

2.5.2 输入和编辑数据

建立或调入工作文件以后,可以输入和编辑数据。输入数据有两种基本方法: data 命令方式和鼠标图形界面方式。

1. data 命令方式

命令格式: data <序列名 1> <序列名 2> … <序列名 n>

功能: 输入新变量的数据,或编辑工作文件中现有变量的数据。

在本例中,可在光标处直接输入: Data PI PC

2. 菜单方式

在主菜单上点击 Object\New object,在 New Object 对话框里选 Group 并在 Name for Object 上定义变量名(如变量 PI、PC),单击"OK"键,屏幕出现数据编辑框。数据输入后,可以关闭数据输入窗口,点击工作文件窗口工具条的 Save 或点击菜单栏的 File\Save 将数据存盘。

2.5.3 图形分析

在估计计量经济模型之前,借助图形分析可以直观地观察经济变量的变动规律和相关关系,以便合理地确定模型的数学形式。图形分析中最常使用的是趋势图和相关图。

1. 菜单方式

在数组窗口工具条上 Views 的下拉式菜单中选择 Graph(图形)。

2. 命令方式

趋势图: plot PI PC

功能: (1)分析经济变量的发展变化趋势; (2)观察经济变量是否存在异常值。

图 2.5.4 给出了表 2.5.1 中人均消费性支出 PC 与人均可支配收入 PI 的趋势图。

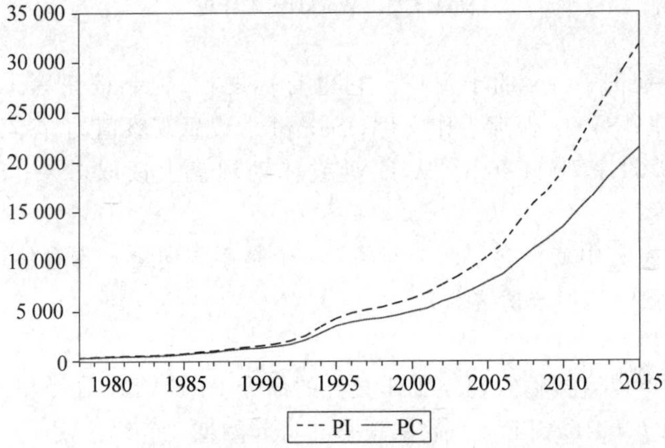

图 2.5.4 人均消费性支出 PC 与人均可支配收入 PI

相关图(或散点图)：scat　PI　PC

功能：(1)观察经济变量之间的相关程度；(2)观察经济变量之间的相关类型，即是线性相关，还是曲线相关，曲线相关时，大致是哪种类型的曲线。

散点图为设定模型的函数形式提供了参考。从 PI 与 PC 的散点图 2.5.1 可以看出，人均消费性支出与人均可支配收入之间存在线性关系。散点图为设定理论模型提供了参考依据。双击图形区域中任意处，进入图形编辑状态(略)。

2.5.4　估计模型中的未知参数

1. 菜单方式

在主页上选 Quick 菜单，单击 Estimate Equation 项，屏幕出现估计对话框，如图 2.5.5 所示。在 Equation specification 中填入：PC　C　PI(C 为 EViews 固定的截距项)，在 Estimation settings 中选 LS 估计，然后单击"确定"键，得到表 2.5.2 回归结果。

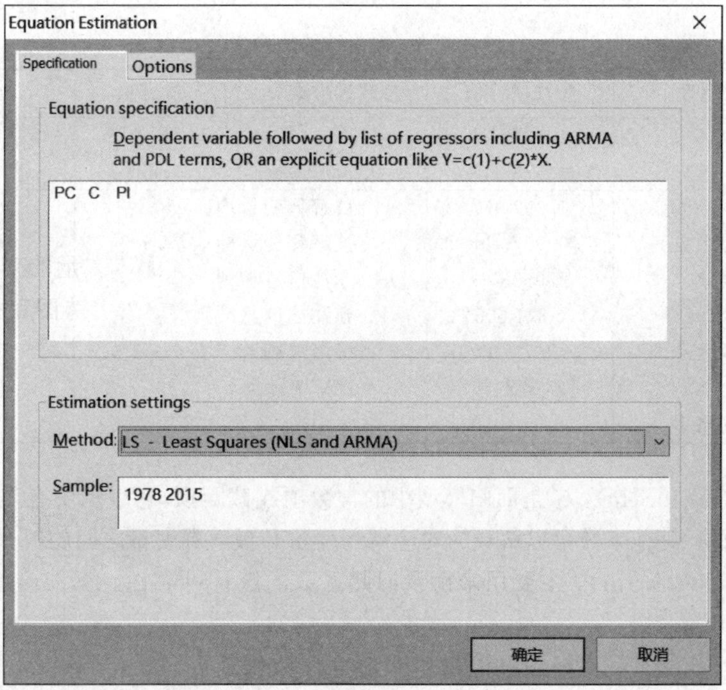

图 2.5.5　估计方程设定窗口

2. 命令方式

EViews 命令窗口中直接输入命令：LS　PC　C　PI，按回车键，即出现表 2.5.2 所示的回归结果。

说明：方程窗口的上半部分为参数估计结果，其中第 1 列为解释变量名(包括常数项)，第 2 列为相应的参数估计值，第 3 列为参数的标准误差，第 4 列为 t 统计量值，第 5 列为 t 检验的双侧概率值 p，即 $P(|t|>t(\hat{b}))=p$。

表 2.5.2　回归结果

Dependent Variable: PC
Method: Least Squares
Date: 09/14/21　Time: 09:53
Sample: 1978 2015
Included observations: 38

Variable	Coefficient	Std. Error	t-Statistic	Prob.
C	401.7616	61.27107	6.557118	0.0000
PI	0.676943	0.005092	132.9391	0.0000

R-squared	0.997967	Mean dependent var	5869.368
Adjusted R-squared	0.997911	S.D. dependent var	6124.780
S.E. of regression	279.9606	Akaike info criterion	14.15837
Sum squared resid	2821605.	Schwarz criterion	14.24456
Log likelihood	-267.0090	Hannan-Quinn criter.	14.18904
F-statistic	17672.79	Durbin-Watson stat	0.145539
Prob(F-statistic)	0.000000		

方程窗口的下半部分主要是一些统计检验值，其中各项输出结果的含义见表2.5.3。以下是对这些输出结果的解释说明。

表 2.5.3　输出结果的含义

常数和解释变量	参数估计值	参数标准误差	t 统计量	双侧概率
C	401.761 6	61.271 07	6.557 118	0.000 0
PI	0.676 943	0.005 092	132.939 1	0.000 0
决定系数	0.997 967	被解释变量均值		5 869.368
调整的决定系数	0.997 911	被解释变量标准差		6 124.780
回归标准误差	279.960 6	赤池信息准则		14.158 37
残差平方和	2 821 605	施瓦兹信息准则		14.244 56
对数似然函数	−267.009 0	汉南准则		14.189 04
F 统计量	17 672.79	DW 统计量		0.145 539
F 统计量的概率	0.000 000			

回归系数(Coefficient)：C 是回归模型中的常数项或截距项，它表示所有其他解释变量取零时的基础水平。其他参数可以解释为对应解释变量和被解释变量之间的斜率关系。

标准误差(Std. Error)：主要用来衡量回归系数的统计可靠性。标准误差越大，回归系数估计值越不可靠。

t 统计量(t-Statistic)：在假设检验中用来检验系数是否为零(即该变量是否不存在于回归模型中)，它等于回归系数与其标准误差之比。

双侧概率(Prob)：此列显示了在 t 分布中取得前一列的 t 统计量的概率，即 $P(|t|>t(\hat{b}))=p$。通过这一信息可以方便地分辨出是拒绝还是接受回归系数真值为零的假设。正常情况下，概率低于0.05即可认为对应回归系数显著不为零。

样本决定系数(R-squared)：R^2 衡量的是样本回归直线与样本观测数据之间的拟合程度，是被解释变量能够被解释变量所解释的部分。$R^2=1$ 说明回归直线完全拟合，$R^2=0$ 则表示被解释变量与解释变量之间不存在任何线性关系。调整的决定系数(Adjusted R-squared)与 R^2 相当接近，小于 R^2。

回归标准误差(S. E. of regression)：这是一个对预测误差大小的总体度量。它与被解释变量的单位相同。它度量被解释变量的观测值与其拟合值之间的平均误差程度。

残差平方和(Sum squared resid)：顾名思义，它是残差的平方和，也是衡量残差大小的指标之一。

对数似然估计值(Log likelihood)：对数似然函数的估计值(假定误差服从正态分布)。可以通过观察方程的约束式和非约束式的对数似然估计值的差异来进行似然比检验。

DW 统计量(Durbin-Watson stat)：这是对序列相关性进行检验的统计量。详细讨论见第 5 章。

赤池信息准则(Akaike info criterion)：赤池信息准则即 AIC，它对方程中的滞后项数选择提供指导。在特定条件下，可以通过选择使 AIC 达到最小值的方式来选择最优滞后分布的长度。AIC 的值越小越好。施瓦兹准则(Schwarz criterion)、汉南准则(Hannan-Quinn criter.)与 AIC 类似，它们具有基本相同的解释。

F 统计量(F-Statistic)：这是对回归模型中的所有系数均为 0(除了常数项)的假设检验。如果 F 统计量超过了临界值，那么至少有一个回归系数不为 0。根据 F 统计量下一行给出的概率也可以方便地进行这项检验：如果概率值小于 0.05，则说明至少有一个解释变量的回归系数不为零。

表 2.5.3 回归结果的标准格式如下：

$$\widehat{\mathrm{PC}}_t = 401.761\,6 + 0.676\,9\mathrm{PI}_t$$

$$s = \quad (61.271\,1) \quad (0.005\,1)$$

$$t = \quad (6.557\,1) \quad (132.939\,1)$$

$$R^2 = 0.998\,0,\quad \bar{R}^2 = 0.997\,9,\quad \mathrm{S.E} = 279.960\,6,\quad F = 17\,672.79,\quad \mathrm{DW} = 0.145\,5$$

2.5.5　模型的检验

1. 经济意义检验

经济意义检验就是根据经济理论判断估计参数的正负符号是否合理、大小是否适当。对本题，$\hat{b}_1 = 0.676\,9$ 符合经济理论中绝对收入假说，边际消费倾向在 0 与 1 之间，表明我国城镇居民人均可支配收入每增加 100 元，人均消费性支出平均增加 67.69 元。

2. 估计标准误差评价

估计标准误差是根据样本资料计算的，用来反映被解释变量的观测值 y_t 与估计值 $\hat{y}_t$ 之间的平均误差程度的指标。$\hat{\sigma}$=S.E. 越大，则回归直线精度越低；S.E. 越小，则回归直线精度越高，代表性越好。当 S.E.＝0 时，表示所有的样本点都落在回归直线上，解释变量与被解释变量之间表现为函数关系。

就本题而言，S.E.＝279.96，即估计标准误差为 279.96 元，它代表我国城镇居民人均消费性支出估计值与观测值之间的平均误差为 279.96 元。

3. 拟合优度检验

拟合优度是指样本回归直线与样本观测数据之间的拟合程度，用样本决定系数的大小来表示。决定系数用来描述解释变量对被解释变量的解释能力。

就本题而言，$R^2 = 0.998$，这说明样本回归直线的解释能力为 99.8%，它代表我国城镇居民人均消费性支出 PC_t 的总变差中,由解释变量城镇居民人均可支配收入 PI_t 解释的部分占 99.8%,或者说,我国城镇居民人均消费性支出变动的 99.8%可由样本回归直线作出解释,模型的拟合优度较高。

4. 参数显著性检验

对于 b_1,对应的 t 统计量为 132.939 1。给定 $\alpha=0.05$,查 t 分布表,在自由度为 $n-2=36$ 时,得临界值 $t_{0.025}(36)=2.04$,因为 $t=132.939\,1>t_{0.025}(36)=2.03$,所以拒绝 $H_0:b_1=0$,表明城镇居民人均可支配收入对人均消费性支出有显著影响。

2.5.6 预测

在估计出的 Equation 框里选择 Forecast 项,EViews 自动计算出样本估计期内的被解释变量的拟合值,拟合变量记为 PCF,其拟合值与观测值的对比图形见图 2.5.6。单击方程窗口中的 View\Actual,Fitted,Resid\Table 按钮,可以得到拟合值和残差的有关结果。

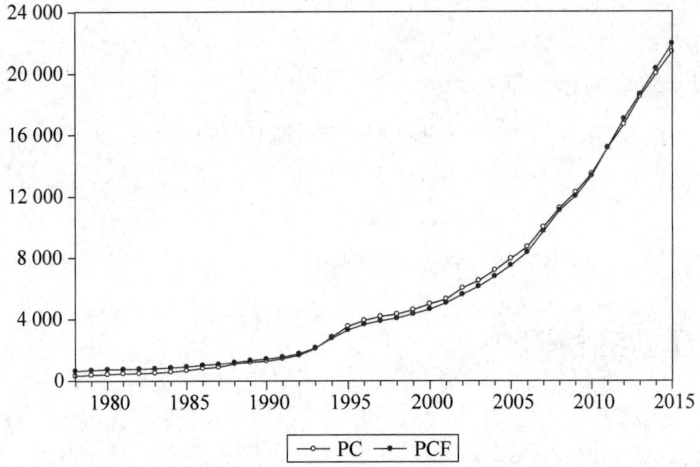

图 2.5.6　拟合值与观测值

点预测:下面预测 2016 年我国城镇居民人均消费性支出。在输入数据之前应将 Range 从 1978—2015 扩展为 1978—2016。即单击工作文件框中的 Proc/Structure/Resize Current Page,将 1978—2015 改为 1978—2016,然后编辑变量 PI。将 $PI_f=PI_{2016}=33\,616$ 输入变量 PI 中,在前面 Equation 对话框里选 Forecast,将时间 Forecast sample 定义在 1978—2016,这时 EViews 自动计算出 $\widehat{PC}_f=\widehat{PC}_{2016}=23\,157.89$ 元。

区间预测:在 PI、PC 的数据框里单击 View,选 Descriptive Stats 里的 Common Sample,EViews 便计算出有关 PI 和 PC 的描述统计结果,见表 2.5.4。

根据表 2.5.4 可得到如下结果

$$\sum(PI_t-\overline{PI})^2=\sigma_{PI}^2\cdot(n-1)=(9\,038.499)^2\times37=3.02\times10^9$$

$$(PI_f-\overline{PI})^2=(33\,616-8\,076.905)^2=6.52\times10^8$$

给定显著性水平 $\alpha=0.05$,查表得 $t_{0.025}(36)=2.03$,由于

$$PC_f = \widehat{PC}_f \pm t_{\alpha/2}(n-2) \cdot \hat{\sigma}\sqrt{1+\frac{1}{n}+\frac{(PI_f-\overline{PI})^2}{\sum(PI_t-\overline{PI})^2}}, \quad \hat{\sigma}=279.96$$

可得 PC_{2016} 的预测区间为

$$23\,157.89 \pm 2.03 \times 279.96 \times \sqrt{1+\frac{1}{38}+\frac{6.52\times10^8}{3.02\times10^9}} = 23\,157.89 \pm 631.133\,2$$

即 2016 年我国城镇居民人均消费性支出 PC_{2016} 的 95%预测区间为

$$(22\,526.76, 23\,789.02)$$

利用 EViews 软件可以自动计算 PC_f 预测的标准差 $s(\widehat{PC}_f)$

$$s(\widehat{PC}_f) = \hat{\sigma}\sqrt{1+\frac{1}{n}+\frac{(PI_f-\overline{PI})^2}{\sum(PI_t-\overline{PI})^2}}$$

打开估计方程窗口，单击 Forecast，弹出 Forecast（预测）对话框（如图 2.5.7 所示），在 Forecast name 中输入预测序列的名字 pcf，在 S. E.（optional）中输入保存预测值标准差的序列名字 pcfse，单击“OK”键，即可得到所需结果。

表 2.5.4　描述统计结果

	PI	PC
Mean	8076.905	5869.368
Median	4999.600	4052.555
Maximum	31790.30	21392.40
Minimum	343.4000	311.1600
Std. Dev.	9038.499	6124.780
Skewness	1.247630	1.130406
Kurtosis	3.440808	3.171670
Jarque-Bera	10.16600	8.139507
Probability	0.006201	0.017082
Sum	306922.4	223036.0
Sum Sq. Dev.	3.02E+09	1.39E+09
Observations	38	38

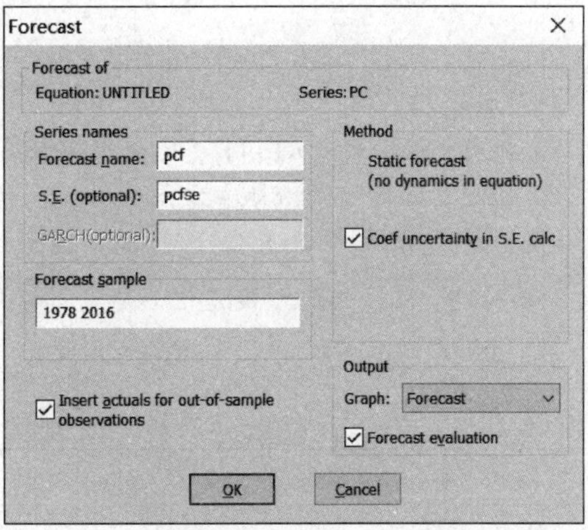

图 2.5.7　Forecast 对话框

在工作文件窗口，打开 pcf 序列，即得到我国 2016 年城镇居民人均消费性支出的预测值为 23 157.89 元。打开 pcfse 序列，2016 年数据就是 $\widehat{PC}_f$ 的标准差 $s(\widehat{PC}_f)=312.014\,6$，在 5%的显著性水平下，$t_{0.025}(36)=2.03$，于是 $\widehat{PC}_f$ 单点值的 95%的预测区间为

$$(\widehat{PC}_f - t_{0.025}(36)\times s(\widehat{PC}_f), \widehat{PC}_f + t_{0.025}(36)\times s(\widehat{PC}_f))$$

$$(23\,157.89 - 2.03 \times 312.014\,6, 23\,157.89 + 2.03 \times 312.014\,6) = (22\,524.5, 23\,791.28)$$

即 2016 年我国城镇居民人均消费性支出的 95%的预测区间为：(22 524.5,23 791.28)。

即测即练 2.1　　即测即练 2.2　　即测即练 2.3

习 题

(1) 回答下列问题:

① 经典假设条件的内容是什么?为什么要对回归模型设定经典假设条件?

② 总体回归模型与样本回归模型之间有哪些区别与联系?

③ 什么是随机误差项?影响随机误差项的主要因素有哪些?它和残差之间的区别是什么?

(2) 最小二乘估计量有哪些特性?高斯-马尔可夫定理的内容是什么?

(3) 决定系数 R^2 说明了什么?它与相关系数有何区别与联系?

(4) 为什么要进行显著性检验?请说明显著性检验的过程。

(5) 相关分析与回归分析有何区别与联系?

(6) 影响预测精度的主要原因是什么?

(7) 假设A先生估计的消费函数(用模型 $C_t=b_0+b_1y_t+u_t$ 表示,其中,C 表示消费支出,y 表示收入)为

$$\hat{C}_t=15+0.81y_t$$
$$t=(3.1)\quad(18.7)$$
$$R^2=0.98\quad n=19$$

请回答下列问题:

① 利用 t 值检验假设:H_0: $b_1=0$(取显著水平 $\alpha=0.05$);

② 确定参数估计量的标准方差;

③ 构造 b_1 的95%的置信区间,这个区间包括零吗?

(8) 证明:线性回归之残差估计量 e 与相应的样本值 x 不相关,即 $\sum e_t x_t=0$。

(9) 有10户家庭的收入(x,百元)与消费(y,百元)的资料如表1。

表1 家庭的收入与消费的资料

收入(x)	20	30	33	40	15	13	26	38	35	43
消费(y)	7	9	8	11	5	4	8	10	9	10

要求:①建立消费(y)对收入(x)的回归直线;②说明回归直线的代表性及解释能力;③给定显著性水平 $\alpha=0.05$,检验参数的显著性;④在95%的置信度下,预测当 $x=45$(百元)时,消费(y)的可能区间。

(10) 假设某国的货币供给量(y)与国民收入(x)的历史数据如表2所示。

表2 货币供给量(y)与国民收入(x)数据

年份	1985	1986	1987	1988	1989	1990	1991	1992	1993	1994	1995	1996
货币供给量	2.0	2.5	3.2	3.6	3.3	4.0	4.2	4.6	4.8	5.0	5.2	5.8
国民收入	5.0	5.5	6.0	7.0	7.2	7.7	8.4	9.0	9.7	10.0	11.2	12.4

请回答以下问题:①做出散点图,然后估计货币供给量 y 对国民收入 x 的回归方程,并把回归直线画在散点图上。②如何解释回归系数的含义?③如果希望1997年国民收入达

到 15.0，那么应该把货币供应量定在什么水平上？

(11) 我国 1978—2015 年的财政收入 y 和国内生产总值 x 的数据资料如表 3 所示。

表 3　我国 1978—2015 年财政收入和国内生产总值数据　　单位：亿元

年份	财政收入 y	国内生产总值 x	年份	财政收入 y	国内生产总值 x
1978	1 132.26	3 678.7	1997	8 651.14	79 715.0
1979	1 146.38	4 100.5	1998	9 875.95	85 195.5
1980	1 159.93	4 587.6	1999	11 444.08	90 564.4
1981	1 175.79	4 935.8	2000	13 395.23	100 280.1
1982	1 212.33	5 373.4	2001	16 386.04	110 863.1
1983	1 366.95	6 020.9	2002	18 903.64	121 717.4
1984	1 642.86	7 278.5	2003	21 715.25	137 422.0
1985	2 004.82	9 098.9	2004	26 396.47	161 840.2
1986	2 122.01	10 376.2	2005	31 649.29	187 318.9
1987	2 199.35	12 174.6	2006	38 760.20	219 438.5
1988	2 357.24	15 180.4	2007	51 321.78	270 232.3
1989	2 664.90	17 179.7	2008	61 330.35	319 515.5
1990	2 937.10	18 872.9	2009	68 518.30	349 081.4
1991	3 149.48	22 005.6	2010	83 101.51	413 030.3
1992	3 483.37	27 194.5	2011	103 874.43	489 300.6
1993	4 348.95	35 673.2	2012	117 253.52	540 367.4
1994	5 218.10	48 637.5	2013	129 209.64	595 244.4
1995	6 242.20	61 339.9	2014	140 370.03	643 974.0
1996	7 407.99	71 813.6	2015	152 269.23	689 052.1

试根据资料完成下列问题：

① 建立财政收入对国内生产总值的一元线性回归方程，并解释回归系数的经济意义；

② 求置信度为 95%的回归系数的置信区间；

③ 对所建立的回归方程进行检验(包括经济意义检验、估计标准误差评价、拟合优度检验、参数的显著性检验)；

④ 若 2016 年国内生产总值为 744 127 亿元，求 2016 年财政收入预测值及预测区间($\alpha=0.05$)。

第3章

多元线性回归模型

本章学习的目的

(1)掌握多元线性回归模型的基本假设;(2)掌握模型参数的最小二乘估计以及模型的统计检验;(3)能够应用多元回归模型进行经济预测;(4)能够应用 EViews 软件解决多元线性回归分析的实际问题。

在上一章中,讨论了一元线性回归模型。现实经济现象是错综复杂的,每一个变量都要受到其他多个变量的影响。以对家庭消费支出的影响为例,除了家庭人均收入这一影响因素之外,物价水平、收入分配状况、利率、消费者偏好、家庭财产、消费信贷等多种因素都会影响家庭消费支出。如果被解释变量的变化原因可以由一个主要解释变量加以说明,其他解释变量的影响可以忽略,就可以用一元回归模型表示。如果其他解释变量对被解释变量的影响不能忽略,就要用多元回归模型表示。因此,有必要将一个解释变量的情形推广到多个解释变量,利用多元回归方法进行经济分析。

3.1 多元线性回归模型的估计

3.1.1 多元线性回归模型及其矩阵表示

线性回归分析主要研究经济变量之间的线性因果关系。因果关系中作为原因的变量称为解释变量,作为结果的变量称为被解释变量。例如,研究一个国家的经济增长,被解释变量是这个国家的 GDP 或人均 GDP,解释变量是劳动投入量、资本投入量、技术水平等。研究需求规律时,被解释变量是需求量,解释变量是价格、消费者收入等。在简单线性回归模型中,总体回归模型被设定为一元线性形式。如果这种设定是恰当的,那么根据样本数据得到的回归直线是对样本数据的较好拟合,一般情况下,决定系数应该较大,随机误差项也符合模型的基本假定。相反,如果在模型设定时忽略了影响因变量的某些主要因素,则拟合效果较差。此时,决定系数往往偏低,并可能出现随机误差项违背模型基本假定的情况。因此,在进行模型设定时,应对所研究的经济问题进行深入分析,依据经济理论和实践经验对模型进行简化抽象,确定模型中应该包括哪些解释变量以及模型函数的具体形式。

例如,在需求分析中,商品价格是影响需求量的主要因素,如果根据实践经验和样本特征,判断出其他因素的影响微不足道,则可设定一元线性回归模型 $Q_t = a + bP_t + u_t$,其中,

Q_t 表示需求量，P_t 表示商品价格，a、b 为参数。但是，如果根据理论分析和先验经验，认为需求量除了受商品价格影响外，还受其他因素的影响，那么在模型设定时就应引入这些因素。例如，如果消费者收入 I_t 也是影响需求量的重要因素，则回归模型可设定为 $Q_t=a+bP_t+cI_t+u_t$，其中 a、b、c 为参数，u_t 为随机误差项。

又如，在生产理论中，著名的柯布-道格拉斯(Cobb-Douglas)生产函数描述了产出量与投入要素之间的关系，其函数形式为

$$Y_t=AL_t^{\alpha}K_t^{\beta}e^{u_t}$$

其中 Y_t 表示产出量，L_t、K_t 分别表示劳动和资本投入，α、β 为参数。因变量 Y_t 与解释变量 L_t、K_t 之间的关系是非线性的，利用对数变换可将其转化为如下回归模型：

$$\ln Y_t=\ln A+\alpha\ln L_t+\beta\ln K_t+u_t$$

在计量经济学中，将含有两个以上解释变量的回归模型叫作多元回归模型，相应地，在此基础上进行的回归分析称为多元回归分析。如果总体回归函数描述了一个因变量与多个解释变量之间的线性关系，由此而设定的回归模型就称为多元线性回归模型。前面所建立的回归模型就是两个二元线性回归模型的例子。

一般地，如果因变量 y 与解释变量 $x_1,x_2,\cdots,x_k$ 之间服从如下关系：

$$y=b_0+b_1x_1+b_2x_2+\cdots+b_kx_k+u \tag{3.1.1}$$

则对因变量 y 及解释变量 $x_1,x_2,\cdots,x_k$ 作 n 次观测后，所得 n 组观测样本($y_t,x_{1t},x_{2t},\cdots,x_{kt}$)($t=1,2,\cdots,n$)将满足如下关系：

$$y_t=b_0+b_1x_{1t}+b_2x_{2t}+\cdots+b_kx_{kt}+u_t \tag{3.1.2}$$

这就是多元线性回归模型的一般形式。($y_t,x_{1t},x_{2t},\cdots,x_{kt}$)($t=1,2,\cdots,n$)为第 t 次观测样本；b_j($j=0,1,2,\cdots,k$)为模型参数；u_t 为随机误差项。

多元线性回归模型与简单线性回归模型基本类似，只不过解释变量由一个增加到两个以上，其回归系数的经济意义与简单线性回归中的回归系数有所区别。由于多个解释变量会同时对因变量 y_t 的变动发挥作用，因此，如果我们要考察其中某个解释变量对 y_t 的影响，就必须使其他解释变量保持不变来进行分析。模型中的回归系数 b_j($j=1,2,\cdots,k$)表示在其他解释变量不变的条件下，第 j 个解释变量变动一个单位对因变量均值的影响。多元线性回归模型中这样的回归系数，称为偏回归系数。偏回归系数反映了当模型中的其他变量不变时，其中一个解释变量变动对因变量均值的影响。

由式(3.1.2)，可得 y_t 的期望函数

$$E(y_t)=b_0+b_1x_{1t}+b_2x_{2t}+\cdots+b_kx_{kt} \tag{3.1.3}$$

它是解释变量的多元线性函数，称为多元线性总体回归方程。在总体回归方程中，各参数是未知的，我们进行回归分析的主要目的之一就是要利用样本观测值对之进行估计。假定通过适当的方法可估计出未知参数的值，用参数估计值替换总体回归函数的未知参数，就得到多元线性样本回归方程

$$\hat{y}_t=\hat{b}_0+\hat{b}_1x_{1t}+\hat{b}_2x_{2t}+\cdots+\hat{b}_kx_{kt} \tag{3.1.4}$$

它是总体回归方程的估计，其中 $\hat{b}_j$($j=0,1,2,\cdots,k$)是对总体回归参数 b_j 的估计。

由样本回归方程得到的因变量估计值 $\hat{y}_t$ 与实际观测值 y_t 之间通常存在偏差，这一偏差就是残差 $e_t=y_t-\hat{y}_t$。这样，与式(3.1.2)相对应，多元线性样本回归模型为

$$y_t = \hat{y}_t + e_t = \hat{b}_0 + \hat{b}_1 x_{1t} + \hat{b}_2 x_{2t} + \cdots + \hat{b}_k x_{kt} + e_t \tag{3.1.5}$$

与简单线性回归分析一样,多元线性回归分析要解决的主要问题仍然是根据观测样本估计模型中的各个参数,对估计的参数及回归方程进行统计检验,利用回归模型进行预测和经济分析。只不过多元线性回归模型包含多个解释变量,相应的分析过程和计算要复杂一些。为了行文及分析简便,我们利用矩阵表示法和简单的矩阵运算。

将 n 次观测样本所遵从的 n 个随机方程式(3.1.2)写成方程组的形式

$$\begin{cases} y_1 = b_0 + b_1 x_{11} + b_2 x_{21} + \cdots + b_k x_{k1} + u_1 \\ y_2 = b_0 + b_1 x_{12} + b_2 x_{22} + \cdots + b_k x_{k2} + u_2 \\ \cdots \\ y_n = b_0 + b_1 x_{1n} + b_2 x_{2n} + \cdots + b_k x_{kn} + u_n \end{cases}$$

利用矩阵运算,可表示为

$$\begin{pmatrix} y_1 \\ y_2 \\ \vdots \\ y_n \end{pmatrix} = \begin{pmatrix} 1 & x_{11} & x_{21} & \cdots & x_{k1} \\ 1 & x_{12} & x_{22} & \cdots & x_{k2} \\ \vdots & \vdots & \vdots & & \vdots \\ 1 & x_{1n} & x_{2n} & \cdots & x_{kn} \end{pmatrix} \begin{pmatrix} b_0 \\ b_1 \\ \vdots \\ b_k \end{pmatrix} + \begin{pmatrix} u_1 \\ u_2 \\ \vdots \\ u_n \end{pmatrix} \tag{3.1.6}$$

记 $\boldsymbol{Y} = \begin{pmatrix} y_1 \\ y_2 \\ \vdots \\ y_n \end{pmatrix}$ 为被解释变量的观测值向量;$\boldsymbol{X} = \begin{pmatrix} 1 & x_{11} & x_{21} & \cdots & x_{k1} \\ 1 & x_{12} & x_{22} & \cdots & x_{k2} \\ \vdots & \vdots & \vdots & & \vdots \\ 1 & x_{1n} & x_{2n} & \cdots & x_{kn} \end{pmatrix}$ 为解释变量的观测值矩阵;$\boldsymbol{B} = \begin{pmatrix} b_0 \\ b_1 \\ \vdots \\ b_k \end{pmatrix}$ 为总体回归参数向量;$\boldsymbol{U} = \begin{pmatrix} u_1 \\ u_2 \\ \vdots \\ u_n \end{pmatrix}$ 为随机误差项向量。

则多元线性回归模型利用矩阵表示如下:

$$\boldsymbol{Y} = \boldsymbol{XB} + \boldsymbol{U} \tag{3.1.7}$$

它代表了总体变量间的真实关系。

类似地,多元线性回归方程利用矩阵表示如下:

$$E(\boldsymbol{Y}) = \boldsymbol{XB} \tag{3.1.8}$$

它代表了总体变量间的依存规律。

多元线性样本回归模型利用矩阵表示如下:

$$\boldsymbol{Y} = \boldsymbol{X}\hat{\boldsymbol{B}} + \boldsymbol{e} \tag{3.1.9}$$

它代表了样本显示的变量关系。

多元线性样本回归方程利用矩阵表示如下:

$$\hat{\boldsymbol{Y}} = \boldsymbol{X}\hat{\boldsymbol{B}} \tag{3.1.10}$$

其中,$\hat{\boldsymbol{B}} = \begin{pmatrix} \hat{b}_0 \\ \hat{b}_1 \\ \vdots \\ \hat{b}_k \end{pmatrix}$,$\boldsymbol{e} = \begin{pmatrix} e_1 \\ e_2 \\ \vdots \\ e_n \end{pmatrix}$。它们分别为回归系数估计值向量和残差向量。式(3.1.10)代表

了样本显示的变量依存规律。

3.1.2　多元线性回归模型的基本假定

在回归分析中，为了寻找有效的参数估计方法和对模型进行统计检验，常常需要对模型中的随机误差项和解释变量作一些假定。与一元线性回归模型的基本假定类似，多元线性回归模型的基本假定也包括对解释变量的假定、对随机误差项的假定、对模型设定的假定等几个方面。多元线性回归模型的基本假定条件如下。

假设1　随机误差项的期望为零，即 $E(u_t)=0$。

假设2　不同的随机误差项之间相互独立，即

$$\text{cov}(u_t,u_s)=E[(u_t-E(u_t))(u_s-E(u_s))]=E(u_t u_s)=0 \quad (t\neq s,t,s=1,2,\cdots,n)$$

可以证明，被解释变量也是相互独立的。

假设3　随机误差项的方差与 t 无关，为一个常数，即 $\text{var}(u_t)=\sigma^2(t=1,2,\cdots,n)$。即同方差性假设。

可以证明，被解释变量 y_t 的方差与 t 无关，与随机误差项有相同的方差。

假设4　随机误差项与解释变量不相关，即 $\text{cov}(x_{jt},u_t)=0$。通常假定 $x_{jt}(j=1,2,\cdots,k;\ t=1,2,\cdots,n)$ 为非随机变量，这个假设条件自动成立。

假设5　随机误差项 u_t 为服从正态分布的随机变量，即 $u_t\sim N(0,\sigma^2)$。可以推断被解释变量 y_t 也服从正态分布。

假设6　解释变量之间不存在多重共线性，即假定各解释变量之间不存在线性相关关系，或者说各解释变量的观测值之间线性无关。这样假定的目的在于避免 $x_1,x_2,\cdots,x_k$ 中某一个解释变量被其他解释变量线性表达，使得 $x_1,x_2,\cdots,x_k$ 之间线性无关，相互独立，从而对参数 $b_0,b_1,b_2,\cdots,b_k$ 的估计取得唯一的结果。如果违背这一假定，则参数估计值 $\hat{b}_0,\hat{b}_1,\hat{b}_2,\cdots,\hat{b}_k$ 将不是唯一的。

以上六个假设条件称为多元线性回归模型的经典假设条件。模型的假设条件使用矩阵形式表示更方便、更简洁。

假设1用矩阵形式表示

$$E(\boldsymbol{U})=\boldsymbol{0} \tag{3.1.11}$$

假设2、3用矩阵形式表示就是随机误差项的方差-协方差矩阵形如

$$E(\boldsymbol{U}\boldsymbol{U}')=\begin{pmatrix} \text{var}(u_1) & \text{cov}(u_1,u_2) & \cdots & \text{cov}(u_1,u_n) \\ \text{cov}(u_2,u_1) & \text{var}(u_2) & \cdots & \text{cov}(u_2,u_n) \\ \vdots & \vdots & & \vdots \\ \text{cov}(u_n,u_1) & \text{cov}(u_n,u_2) & \cdots & \text{var}(u_n) \end{pmatrix}=\begin{pmatrix} \sigma^2 & 0 & \cdots & 0 \\ 0 & \sigma^2 & \cdots & 0 \\ \vdots & \vdots & & \vdots \\ 0 & 0 & \cdots & \sigma^2 \end{pmatrix}=\sigma^2\boldsymbol{I}_n \tag{3.1.12}$$

假设4可以表示为矩阵 $\boldsymbol{X}$ 的所有元素均为非随机元素，即 $\boldsymbol{X}$ 为确定的矩阵。用矩阵表示为：$E(\boldsymbol{X}'\boldsymbol{U})=\boldsymbol{0}$。

假设5可以表示为随机误差项向量 $\boldsymbol{U}$ 服从多元正态分布，即 $\boldsymbol{U} \sim N(\boldsymbol{0}, \sigma^2 \boldsymbol{I}_n)$。这种方式表示包括了假设1、假设2、假设3和假设5。

假设6表示各解释变量之间不存在多重共线性。在此条件下，解释变量观测值矩阵 $\boldsymbol{X}$ 列满秩：$\text{rank}(\boldsymbol{X}) = k+1$，此时，方阵 $\boldsymbol{X}'\boldsymbol{X}$ 满秩 $\text{rank}(\boldsymbol{X}'\boldsymbol{X}) = k+1$，从而 $\boldsymbol{X}'\boldsymbol{X}$ 可逆，$(\boldsymbol{X}'\boldsymbol{X})^{-1}$ 存在。

3.1.3 多元线性回归模型的估计

1. 参数的最小二乘估计

根据样本观测值估计未知参数，应按照某种优良性准则进行估计。为了使样本回归模型尽可能接近总体回归模型，对于每个特定的样本来说，就是要使样本回归方程的拟合值与实际观测值的误差，即残差越小越好。由于残差有正有负，简单的代数和会相互抵消，为了便于数学上的处理，与简单线性回归模型的估计方法一样，我们使用残差平方和最小准则即最小二乘法估计模型的回归参数。

设 $(y_t, x_{1t}, x_{2t}, \cdots, x_{kt})$ 为第 t 次观测样本 $(t=1,2,\cdots,n)$，为使残差

$$e_t = y_t - \hat{y}_t = y_t - (\hat{b}_0 + \hat{b}_1 x_{1t} + \hat{b}_2 x_{2t} + \cdots + \hat{b}_k x_{kt})$$

平方和

$$\sum e_t^2 = \sum (y_t - \hat{y}_t)^2 = \sum [y_t - (\hat{b}_0 + \hat{b}_1 x_{1t} + \hat{b}_2 x_{2t} + \cdots + \hat{b}_k x_{kt})]^2$$

达到最小，根据极值原理有如下条件：

$$\frac{\partial\left(\sum e_t^2\right)}{\partial \hat{b}_j} = 0 \quad (j = 0,1,2,\cdots,k) \tag{3.1.13}$$

即

$$\begin{cases} \sum 2e_t(-1) = -2\sum [y_t - (\hat{b}_0 + \hat{b}_1 x_{1t} + \hat{b}_2 x_{2t} + \cdots + \hat{b}_k x_{kt})] = 0 \\ \sum 2e_t(-x_{1t}) = -2\sum x_{1t}[y_t - (\hat{b}_0 + \hat{b}_1 x_{1t} + \hat{b}_2 x_{2t} + \cdots + \hat{b}_k x_{kt})] = 0 \\ \sum 2e_t(-x_{2t}) = -2\sum x_{2t}[y_t - (\hat{b}_0 + \hat{b}_1 x_{1t} + \hat{b}_2 x_{2t} + \cdots + \hat{b}_k x_{kt})] = 0 \\ \cdots \\ \sum 2e_t(-x_{kt}) = -2\sum x_{kt}[y_t - (\hat{b}_0 + \hat{b}_1 x_{1t} + \hat{b}_2 x_{2t} + \cdots + \hat{b}_k x_{kt})] = 0 \end{cases}$$

上述 $(k+1)$ 个方程称为正规方程。用矩阵表示就是

$$\begin{pmatrix} \sum e_t \\ \sum x_{1t} e_t \\ \vdots \\ \sum x_{kt} e_t \end{pmatrix} = \begin{pmatrix} 1 & 1 & \cdots & 1 \\ x_{11} & x_{12} & \cdots & x_{1n} \\ \vdots & \vdots & & \vdots \\ x_{k1} & x_{k2} & \cdots & x_{kn} \end{pmatrix} \begin{pmatrix} e_1 \\ e_2 \\ \vdots \\ e_n \end{pmatrix} = \boldsymbol{X}'\boldsymbol{e} = 0 \tag{3.1.14}$$

样本回归模型 $\boldsymbol{Y} = \boldsymbol{X}\hat{\boldsymbol{B}} + \boldsymbol{e}$ 两边同乘样本观测值矩阵 $\boldsymbol{X}$ 的转置 $\boldsymbol{X}'$，有

$$\boldsymbol{X}'\boldsymbol{Y} = \boldsymbol{X}'\boldsymbol{X}\hat{\boldsymbol{B}} + \boldsymbol{X}'\boldsymbol{e}$$

将极值条件式(3.1.14)代入，得到正规方程组

$$\boldsymbol{X}'\boldsymbol{Y}=\boldsymbol{X}'\boldsymbol{X}\hat{\boldsymbol{B}} \tag{3.1.15}$$

由古典假定条件 6 知$(\boldsymbol{X}'\boldsymbol{X})^{-1}$存在，用$(\boldsymbol{X}'\boldsymbol{X})^{-1}$左乘上述方程两端，得到参数向量 $\boldsymbol{B}$ 的最小二乘估计为

$$\hat{\boldsymbol{B}}=(\boldsymbol{X}'\boldsymbol{X})^{-1}\boldsymbol{X}'\boldsymbol{Y} \tag{3.1.16}$$

特别地，对于一元线性回归模型 $y_t=b_0+b_1x_t+u_t$，若给定解释变量 x_t 和被解释变量 y_t 的 n 对样本观测值$(x_1,y_1),(x_2,y_2),\cdots,(x_n,y_n)$，有

$$\boldsymbol{X}'\boldsymbol{X}=\begin{pmatrix}1 & 1 & \cdots & 1\\ x_1 & x_2 & \cdots & x_n\end{pmatrix}\begin{pmatrix}1 & x_1\\ 1 & x_2\\ \vdots & \vdots\\ 1 & x_n\end{pmatrix}=\begin{pmatrix}n & \sum x_t\\ \sum x_t & \sum x_t^2\end{pmatrix},$$

$$\boldsymbol{X}'\boldsymbol{Y}=\begin{pmatrix}1 & 1 & \cdots & 1\\ x_1 & x_2 & \cdots & x_n\end{pmatrix}\begin{pmatrix}y_1\\ y_2\\ \vdots\\ y_n\end{pmatrix}=\begin{pmatrix}\sum y_t\\ \sum x_t y_t\end{pmatrix}$$

从而由 $\boldsymbol{X}'\boldsymbol{X}\hat{\boldsymbol{B}}=\boldsymbol{X}'\boldsymbol{Y}$ 可得 $\boldsymbol{B}=(b_0,b_1)'$ 的普通最小二乘估计量 $\hat{\boldsymbol{B}}=(\hat{b}_0,\hat{b}_1)'$ 的正规方程组为

$$\begin{pmatrix}n & \sum x_t\\ \sum x_t & \sum x_t^2\end{pmatrix}\begin{pmatrix}\hat{b}_0\\ \hat{b}_1\end{pmatrix}=\begin{pmatrix}\sum y_t\\ \sum x_t y_t\end{pmatrix}$$

这就是我们在统计学中十分熟悉的估计一元线性回归参数的正规方程组

$$\begin{cases}n\hat{b}_0+\hat{b}_1\sum x_t=\sum y_t\\ \hat{b}_0\sum x_t+\hat{b}_1\sum x_t^2=\sum x_t y_t\end{cases}$$

再由 $\hat{\boldsymbol{B}}=(\boldsymbol{X}'\boldsymbol{X})^{-1}\boldsymbol{X}'\boldsymbol{Y}$，我们可得到 $\hat{\boldsymbol{B}}=(\hat{b}_0,\hat{b}_1)'$ 的值为

$$\begin{pmatrix}\hat{b}_0\\ \hat{b}_1\end{pmatrix}=\begin{pmatrix}n & \sum x_t\\ \sum x_t & \sum x_t^2\end{pmatrix}^{-1}\begin{pmatrix}\sum y_t\\ \sum x_t y_t\end{pmatrix}=\begin{bmatrix}\bar{y}-\hat{b}_1\bar{x}\\ \dfrac{\sum(x_t-\bar{x})(y_t-\bar{y})}{\sum(x_t-\bar{x})^2}\end{bmatrix}$$

由此可以得出 y_t 对 x_t 的样本回归方程为 $\hat{y}_t=\hat{b}_0+\hat{b}_1x_t$。

例 3.1.1　研究发现家庭书刊消费水平受家庭人均收入及户主受教育年数的影响。现对某地区的家庭进行抽样调查，得到样本数据如表 3.1.1 所示，其中 y 表示家庭书刊消费水平(元/年)，x 表示家庭人均收入(元/月)，T 表示户主受教育年数。以下估计家庭书刊消费水平同家庭人均收入、户主受教育年数之间的二元线性回归模型。设回归模型为

$$y_t=b_0+b_1x_t+b_2T_t+u_t\quad(t=1,2,\cdots,n)$$

表 3.1.1　某地区家庭书刊消费水平及影响因素的调查数据表

家庭书刊消费 y	家庭人均收入 x	户主受教育年数 T
450.0	1 027.2	8
507.7	1 045.2	9
613.9	1 225.8	12
563.4	1 312.2	9
501.5	1 316.4	7
781.5	1 442.4	15
541.8	1 641.0	9
611.1	1 768.8	10
1 222.1	1 981.2	18
793.2	1 998.6	14
660.8	2 196.0	10
792.7	2 105.4	12
580.8	2 147.4	8
612.7	2 154.0	10
890.8	2 231.4	14
1 121.0	2 611.8	18
1 094.2	3 143.4	16
1 253.0	3 624.6	20

因变量观测值向量和解释变量观测值矩阵分别为

$$\boldsymbol{Y}=\begin{pmatrix}450\\507.7\\\vdots\\1\,094.2\\1\,253\end{pmatrix},\quad \boldsymbol{X}=\begin{pmatrix}1 & 1\,027.2 & 8\\1 & 1\,045.2 & 9\\\vdots & \vdots & \vdots\\1 & 3\,143.4 & 16\\1 & 3\,624.6 & 20\end{pmatrix}$$

估计参数所需的有关矩阵分别为

$$\boldsymbol{X}'\boldsymbol{X}=\begin{pmatrix}18 & 34\,972.8 & 219\\34\,972.8 & 76\,252\,056 & 458\,076\\219 & 458\,076 & 2\,929\end{pmatrix}$$

$$(\boldsymbol{X}'\boldsymbol{X})^{-1}=\begin{pmatrix}0.661\,273 & -0.000\,1 & -0.033\,24\\-0.000\,1 & 2.33E-07 & -2.87E-05\\-0.033\,24 & -2.87E-05 & 0.007\,315\end{pmatrix},\quad \boldsymbol{X}'\boldsymbol{Y}=\begin{pmatrix}13\,592.2\\28\,832\,356\\182\,039.7\end{pmatrix}$$

从而参数估计向量(最小二乘估计量)为

$$\hat{\boldsymbol{B}}=(\boldsymbol{X}'\boldsymbol{X})^{-1}\boldsymbol{X}'\boldsymbol{Y}=$$

$$\begin{pmatrix}0.661\,273 & -0.000\,1 & -0.033\,24\\-0.000\,1 & 2.33E-07 & -2.87E-05\\-0.033\,24 & -2.87E-05 & 0.007\,315\end{pmatrix}\begin{pmatrix}13\,592.2\\28\,832\,356\\182\,039.7\end{pmatrix}=\begin{pmatrix}-50.016\,38\\0.086\,45\\52.370\,31\end{pmatrix}$$

因而样本回归方程为

$$\hat{y}=-50.016\,4+0.086\,5x+52.370\,3T$$

借助于计量经济软件 EViews 对表 3.1.1 进行回归分析，具体步骤为

(1) 建立工作文件。启动 EViews11.0，用鼠标单击 File，出现下拉菜单，单击 New/Workfile，打开 Workfile create 窗口，在 Workfile structure type 选项中，选择 Unstructured/Undated，在对话框 Observations 中输入 18(样本容量为 18)，单击"OK"按钮，出现工作文件窗口。

(2) 输入样本数据。建立工作文件以后，可以输入样本数据。直接在命令窗口输入命令

DATA　y　x　T

(3) 建立回归方程。输入样本数据后，在命令窗口输入命令

LS　y　c　x　T

得到表 3.1.2 回归结果。

表 3.1.2　回归结果

Dependent Variable: Y				
Method: Least Squares				
Date: 09/14/21　Time: 10:02				
Sample: 1 18				
Included observations: 18				
Variable	Coefficient	Std. Error	t-Statistic	Prob.
C	-50.01638	49.46026	-1.011244	0.3279
X	0.086450	0.029363	2.944186	0.0101
T	52.37031	5.202167	10.06702	0.0000
R-squared	0.951235	Mean dependent var		755.1222
Adjusted R-squared	0.944732	S.D. dependent var		258.7206
S.E. of regression	60.82273	Akaike info criterion		11.20482
Sum squared resid	55491.07	Schwarz criterion		11.35321
Log likelihood	-97.84334	Hannan-Quinn criter.		11.22528
F-statistic	146.2974	Durbin-Watson stat		2.605783
Prob(F-statistic)	0.000000			

对应的回归方程为

$$\hat{y} = -50.0164 + 0.0865x + 52.3703T$$
$$t = (-1.0112) \quad (2.9442) \quad (10.0670)$$
$$R^2 = 0.9512, \bar{R}^2 = 0.9447, F = 146.2974$$

表 3.1.2 所显示的回归分析结果与前面的计算结果是一致的。在方程窗口单击 Resids 和 View\Actual，Fitted，Residual\Actual，Fitted，Residual Table 可显示模型拟合情况。

2. 最小二乘估计量的性质

与一元线性回归模型类似，多元线性回归模型用最小二乘法得到的参数估计量也具有线性、无偏性、最小方差性。

(1) 线性。即参数估计量 $\hat{\boldsymbol{B}}$ 既是因变量观测值 $\boldsymbol{Y}$ 的线性组合，也是随机误差项 $\boldsymbol{U}$ 的线性组合。

$$\begin{aligned}\hat{\boldsymbol{B}} &= (\boldsymbol{X}'\boldsymbol{X})^{-1}\boldsymbol{X}'\boldsymbol{Y} = (\boldsymbol{X}'\boldsymbol{X})^{-1}\boldsymbol{X}'(\boldsymbol{XB}+\boldsymbol{U}) \\ &= (\boldsymbol{X}'\boldsymbol{X})^{-1}\boldsymbol{X}'\boldsymbol{XB} + (\boldsymbol{X}'\boldsymbol{X})^{-1}\boldsymbol{X}'\boldsymbol{U} = \boldsymbol{B} + (\boldsymbol{X}'\boldsymbol{X})^{-1}\boldsymbol{X}'\boldsymbol{U}\end{aligned} \tag{3.1.17}$$

由此证明了参数估计量具有线性特性。它不仅是因变量观测值 $\boldsymbol{Y}$ 的线性组合，也是 $\boldsymbol{U}$ 的线性组合。

(2) 无偏性。参数估计量 $\hat{\boldsymbol{B}}$ 的均值等于总体参数,即

$$E(\hat{\boldsymbol{B}})=E(\boldsymbol{B}+(\boldsymbol{X}'\boldsymbol{X})^{-1}\boldsymbol{X}'\boldsymbol{U})=E(\boldsymbol{B})+(\boldsymbol{X}'\boldsymbol{X})^{-1}\boldsymbol{X}'E(\boldsymbol{U})=\boldsymbol{B} \quad (3.1.18)$$

(3) 最小方差性。参数向量 $\boldsymbol{B}$ 的最小二乘估计 $\hat{\boldsymbol{B}}$ 是 $\boldsymbol{B}$ 的所有线性无偏估计量中方差最小的估计量。

证明:设 $\boldsymbol{B}^*$ 是 $\boldsymbol{B}$ 的任意线性无偏估计,如果协方差矩阵之差

$$E[(\boldsymbol{B}^*-\boldsymbol{B})(\boldsymbol{B}^*-\boldsymbol{B})']-E[(\hat{\boldsymbol{B}}-\boldsymbol{B})(\hat{\boldsymbol{B}}-\boldsymbol{B})'] \quad (3.1.19)$$

为半正定矩阵,则称最小二乘估计 $\hat{\boldsymbol{B}}$ 是 $\boldsymbol{B}$ 的最小方差线性无偏估计。

由于 $\boldsymbol{B}^*$ 是 $\boldsymbol{B}$ 的线性无偏估计,故记 $\boldsymbol{B}^*=\boldsymbol{AY}$,由无偏性可知

$$E(\boldsymbol{B}^*)=E(\boldsymbol{AY})=E[\boldsymbol{A}(\boldsymbol{XB}+\boldsymbol{U})]=\boldsymbol{AXB}=\boldsymbol{B}$$

从而有 $\boldsymbol{AX}=\boldsymbol{I}$。因此有

$$\boldsymbol{B}^*-\boldsymbol{B}=\boldsymbol{AY}-\boldsymbol{B}=\boldsymbol{A}(\boldsymbol{XB}+\boldsymbol{U})-\boldsymbol{B}=\boldsymbol{AU}$$

$$E[(\boldsymbol{B}^*-\boldsymbol{B})(\boldsymbol{B}^*-\boldsymbol{B})']=E[(\boldsymbol{AU})(\boldsymbol{AU})']=E(\boldsymbol{AUU}'\boldsymbol{A}')=\boldsymbol{A}(\sigma^2\boldsymbol{I})\boldsymbol{A}'=\sigma^2\boldsymbol{AA}'$$

对于最小二乘估计 $\hat{\boldsymbol{B}}$,由于

$$\hat{\boldsymbol{B}}=\boldsymbol{B}+(\boldsymbol{X}'\boldsymbol{X})^{-1}\boldsymbol{X}'\boldsymbol{U}$$

因此

$$\hat{\boldsymbol{B}}-\boldsymbol{B}=(\boldsymbol{X}'\boldsymbol{X})^{-1}\boldsymbol{X}'\boldsymbol{U}$$

由于

$$(\hat{\boldsymbol{B}}-\boldsymbol{B})(\hat{\boldsymbol{B}}-\boldsymbol{B})'=[(\boldsymbol{X}'\boldsymbol{X})^{-1}\boldsymbol{X}'\boldsymbol{U}][(\boldsymbol{X}'\boldsymbol{X})^{-1}\boldsymbol{X}'\boldsymbol{U}]'=[(\boldsymbol{X}'\boldsymbol{X})^{-1}\boldsymbol{X}'\boldsymbol{U}][\boldsymbol{U}'\boldsymbol{X}(\boldsymbol{X}'\boldsymbol{X})^{-1}]$$

所以

$$E[(\hat{\boldsymbol{B}}-\boldsymbol{B})(\hat{\boldsymbol{B}}-\boldsymbol{B})']=(\boldsymbol{X}'\boldsymbol{X})^{-1}\boldsymbol{X}'\boldsymbol{X}(\boldsymbol{X}'\boldsymbol{X})^{-1}\sigma^2=(\boldsymbol{X}'\boldsymbol{X})^{-1}\sigma^2$$

$$E[(\boldsymbol{B}^*-\boldsymbol{B})(\boldsymbol{B}^*-\boldsymbol{B})']-E[(\hat{\boldsymbol{B}}-\boldsymbol{B})(\hat{\boldsymbol{B}}-\boldsymbol{B})']=\sigma^2[\boldsymbol{AA}'-(\boldsymbol{X}'\boldsymbol{X})^{-1}]$$

由于

$$\begin{aligned}&[\boldsymbol{A}-(\boldsymbol{X}'\boldsymbol{X})^{-1}\boldsymbol{X}'][\boldsymbol{A}-(\boldsymbol{X}'\boldsymbol{X})^{-1}\boldsymbol{X}']'\\&=\boldsymbol{AA}'-(\boldsymbol{X}'\boldsymbol{X})^{-1}\boldsymbol{X}'\boldsymbol{A}'-\boldsymbol{AX}(\boldsymbol{X}'\boldsymbol{X})^{-1}+(\boldsymbol{X}'\boldsymbol{X})^{-1}\boldsymbol{X}'\boldsymbol{X}(\boldsymbol{X}'\boldsymbol{X})^{-1}\\&=\boldsymbol{AA}'-(\boldsymbol{X}'\boldsymbol{X})^{-1}\text{(这一步利用 }\boldsymbol{AX}=\boldsymbol{I}\text{)}\end{aligned}$$

由线性代数可知,对于非奇异矩阵 $\boldsymbol{C}$,$\boldsymbol{CC}'$ 为半正定矩阵。[①] 将$[\boldsymbol{A}-(\boldsymbol{X}'\boldsymbol{X})^{-1}\boldsymbol{X}']$看成 $\boldsymbol{C}$,可知 $\boldsymbol{AA}'-(\boldsymbol{X}'\boldsymbol{X})^{-1}$ 为半正定矩阵。所以 $\hat{\boldsymbol{B}}$ 是 $\boldsymbol{B}$ 的最小方差线性无偏估计。

(4) 参数的最小二乘估计量 $\hat{\boldsymbol{B}}$ 服从正态分布

$$\hat{\boldsymbol{B}}\sim N[\boldsymbol{B},\sigma^2(\boldsymbol{X}'\boldsymbol{X})^{-1}] \quad (3.1.20)$$

由于

$$\hat{\boldsymbol{B}}=\boldsymbol{B}+(\boldsymbol{X}'\boldsymbol{X})^{-1}\boldsymbol{X}'\boldsymbol{U},E(\hat{\boldsymbol{B}})=\boldsymbol{B},\boldsymbol{U}\sim N(\boldsymbol{0},\sigma^2\boldsymbol{I}_n)$$

因此 $\hat{\boldsymbol{B}}$ 服从多元正态分布。

由性质 3 的推导过程可知

① 设 $\boldsymbol{X}$ 为非零向量,$\boldsymbol{A}$ 为对称矩阵,若 $\boldsymbol{X}'\boldsymbol{AX}>0$,则称 $\boldsymbol{A}$ 为正定矩阵;若 $\boldsymbol{X}'\boldsymbol{AX}\geqslant 0$,则称 $\boldsymbol{A}$ 为半正定矩阵。$\boldsymbol{A}$ 为正定矩阵的充要条件是:存在非奇异矩阵 $\boldsymbol{C}$,使 $\boldsymbol{A}=\boldsymbol{C}'\boldsymbol{C}$。

$$E[(\hat{\boldsymbol{B}}-\boldsymbol{B})(\hat{\boldsymbol{B}}-\boldsymbol{B})']=(\boldsymbol{X}'\boldsymbol{X})^{-1}\sigma^2$$

所以

$$\hat{\boldsymbol{B}} \sim N[\boldsymbol{B},\sigma^2(\boldsymbol{X}'\boldsymbol{X})^{-1}]$$

记 $\boldsymbol{C}=(\boldsymbol{X}'\boldsymbol{X})^{-1}$ 的第 j 个主对角元素为 c_{jj}，则

$$\hat{b}_j \sim N(b_j,\sigma^2 c_{jj}) \tag{3.1.21}$$

3.1.4 随机误差项方差的估计

参数估计量的方差或标准差是衡量参数估计量偏离真实参数的重要指标，据此可以推断参数估计量的可靠性。但在参数估计量方差的表达式(3.1.21)中，随机误差项的方差 σ^2 是未知的，参数估计量方差实际上无法计算。为此，就需要对 σ^2 进行估计。

若记

$$\hat{\sigma}^2=\frac{\sum e_t^2}{n-k-1} \tag{3.1.22}$$

则 $\hat{\sigma}^2$ 是随机误差项方差 σ^2 的无偏估计。即

$$E(\hat{\sigma}^2)=E\left(\frac{\sum e_t^2}{n-k-1}\right)=\sigma^2 \tag{3.1.23}$$

证明：由残差向量的定义及参数的最小二乘估计式，有

$$\boldsymbol{e}=\boldsymbol{Y}-\hat{\boldsymbol{Y}}=\boldsymbol{Y}-\boldsymbol{X}\hat{\boldsymbol{B}}=\boldsymbol{Y}-\boldsymbol{X}(\boldsymbol{X}'\boldsymbol{X})^{-1}\boldsymbol{X}'\boldsymbol{Y}=[\boldsymbol{I}_n-\boldsymbol{X}(\boldsymbol{X}'\boldsymbol{X})^{-1}\boldsymbol{X}']\boldsymbol{Y}$$

记

$$\boldsymbol{P}=\boldsymbol{I}_n-\boldsymbol{X}(\boldsymbol{X}'\boldsymbol{X})^{-1}\boldsymbol{X}'$$

则

$$\boldsymbol{e}=\boldsymbol{P}\boldsymbol{Y}$$

进一步推导，残差向量 $\boldsymbol{e}$ 还可表示为

$$\boldsymbol{e}=[\boldsymbol{I}_n-\boldsymbol{X}(\boldsymbol{X}'\boldsymbol{X})^{-1}\boldsymbol{X}']\boldsymbol{Y}=[\boldsymbol{I}_n-\boldsymbol{X}(\boldsymbol{X}'\boldsymbol{X})^{-1}\boldsymbol{X}'](\boldsymbol{X}\boldsymbol{B}+\boldsymbol{U})=\boldsymbol{P}\boldsymbol{U}$$

容易验证，$\boldsymbol{P}$ 为对称等幂矩阵，即 $\boldsymbol{P}=\boldsymbol{P}',\boldsymbol{P}^2=\boldsymbol{P}\cdot\boldsymbol{P}=\boldsymbol{P}$

从而可得残差向量的协方差矩阵为

$$\begin{aligned}\mathrm{var}(\boldsymbol{e})&=E(\boldsymbol{e}\boldsymbol{e}')=E[\boldsymbol{P}\boldsymbol{U}(\boldsymbol{P}\boldsymbol{U})']=E[\boldsymbol{P}(\boldsymbol{U}\boldsymbol{U}')\boldsymbol{P}']\\&=\boldsymbol{P}E(\boldsymbol{U}\boldsymbol{U}')\boldsymbol{P}'=\boldsymbol{P}(\sigma^2\boldsymbol{I}_n)\boldsymbol{P}'=\boldsymbol{P}\boldsymbol{P}'\sigma^2=\boldsymbol{P}\sigma^2\end{aligned}$$

利用矩阵迹的性质，有

$$\sum e_t^2=\boldsymbol{e}'\boldsymbol{e}=\mathrm{tr}(\boldsymbol{e}\boldsymbol{e}')$$

$$\begin{aligned}E\left(\sum e_t^2\right)&=E(\boldsymbol{e}'\boldsymbol{e})=E[\mathrm{tr}(\boldsymbol{e}\boldsymbol{e}')]=\mathrm{tr}[E(\boldsymbol{e}\boldsymbol{e}')]=\mathrm{tr}[\boldsymbol{P}\sigma^2]\\&=\sigma^2\mathrm{tr}[\boldsymbol{I}_n-\boldsymbol{X}(\boldsymbol{X}'\boldsymbol{X})^{-1}\boldsymbol{X}']=\sigma^2[\mathrm{tr}\boldsymbol{I}_n-\mathrm{tr}\boldsymbol{X}(\boldsymbol{X}'\boldsymbol{X})^{-1}\boldsymbol{X}']\\&=\sigma^2[n-\mathrm{tr}(\boldsymbol{I}_{k+1})]=[n-(k+1)]\sigma^2\end{aligned}$$

所以 $E\left(\sum e_t^2\right)=(n-k-1)\sigma^2$，因此，$E\left(\frac{\sum e_t^2}{n-k-1}\right)=\sigma^2$。

一般地,称 $\hat{\sigma}^2$ 为残差的方差,$\hat{\sigma}$ 为估计标准误差,或回归方程的标准误差,即根据样本资料计算的,用来反映被解释变量的观测值与估计值的平均误差程度的指标。$\hat{\sigma}$ 越大,回归直线的精度越低;$\hat{\sigma}$ 越小,回归直线的精度越高。当 $\hat{\sigma}=0$ 时,表示所有样本点都落在回归直线上。

参数估计量 $\hat{b}_j(j=1,2,\cdots,k)$ 的标准差 $s(\hat{b}_j)$ 可以借助 $\hat{\sigma}$ 来估计,从而得到参数估计量 $\hat{b}_j(j=1,2,\cdots,k)$ 的样本标准差估计式

$$s(\hat{b}_j)=\sqrt{\hat{\sigma}^2 c_{jj}} \quad (j=1,2,\cdots,k) \tag{3.1.24}$$

例 3.1.2 对例 3.1.1 中回归模型的误差项方差 σ^2 进行估计。

根据例 3.1.1 中的样本观测数据和参数估计,可得随机误差项方差 σ^2 的无偏估计为

$$\hat{\sigma}^2=\frac{\sum e_t^2}{n-k-1}=\frac{55\ 491.07}{18-3}=3\ 699.405,\hat{\sigma}=60.822\ 7$$

$\hat{\sigma}=60.822\ 73$ 表示家庭书刊实际消费水平与估计值之间的平均误差程度为 60.82 元/年。

3.1.5 极大似然估计法

除了普通最小二乘法(OLS)外,极大似然估计法(maximum likelihood method,ML)也是计量经济学中重要的估计方法。极大似然估计法的应用虽然没有普通最小二乘法广泛,但它是一个具有更强理论性质的点估计方法,适用于大样本条件下参数的估计,它们在大样本条件下显示了优良的性质。对于一些特殊类型的计量经济模型,如我们后面将介绍的 Logit 和 Probit 模型,最小二乘法不再适用,极大似然法成为首选的估计方法。

极大似然估计法的出发点是已知被观测现象的分布,但不知道其参数。极大似然法用得到观测值(样本)最高概率的那些参数的值来估计该分布的参数,从而提供了一种用于估计刻画一个分布的一组参数的方法。

1. 极大似然原理

极大似然法的思路:设 $f(y,\theta)$ 是随机变量 Y 的密度函数,其中 θ 是该分布的未知参数,若有一随机样本 $Y_1,Y_2,\cdots,Y_n$,则 θ 的极大似然估计值是具有产生该观测样本的最高概率的那个 θ 值,或者换句话说,θ 的极大似然估计值是使密度函数 $f(y,\theta)$ 达到最大的 θ 值。

由于总体有离散型和连续型两种分布,离散型分布通过分布律来构造似然函数,而连续型分布通过概率密度函数来构造似然函数,因此二者有区别,下面分别讨论。

(1) 离散型随机变量极大似然原理。若总体为离散型分布,其分布律为 $P(Y=y)=p(y,\boldsymbol{\theta})$,分布律的形式已知。其中,$\boldsymbol{\theta}=(\theta_1,\theta_2,\cdots,\theta_k)'$ 是待估参数向量。

设 $Y_1,Y_2,\cdots,Y_n$ 表示总体 Y 的一个随机样本,它们独立同分布。$y_1,y_2,\cdots,y_n$ 是相应于随机样本 $Y_1,Y_2,\cdots,Y_n$ 的一组观测值,容易求得从样本 $Y_1,Y_2,\cdots,Y_n$ 取到观测值 $y_1,y_2,\cdots,y_n$ 的概率,即事件 $\{Y_1=y_1,Y_2=y_2,\cdots,Y_n=y_n\}$ 发生的概率,这个概率为

$$L(\boldsymbol{\theta})=L(y_1,y_2,\cdots,y_n;\boldsymbol{\theta})=\prod_{i=1}^{n}p(y_i,\boldsymbol{\theta}) \tag{3.1.25}$$

这一概率随 $\boldsymbol{\theta}$ 的取值而变化,它是 $\boldsymbol{\theta}$ 的函数,$L(\boldsymbol{\theta})$ 称为样本的似然函数。

极大似然估计法就是在$\boldsymbol{\theta}$取值的可能范围内挑选使似然函数$L(y_1,y_2,\cdots,y_n;\boldsymbol{\theta})$达到最大的参数值$\hat{\boldsymbol{\theta}}$作为参数$\boldsymbol{\theta}$的估计值，即求$\hat{\boldsymbol{\theta}}$，使得

$$L(y_1,y_2,\cdots,y_n;\hat{\boldsymbol{\theta}})=\max_{\boldsymbol{\theta}} L(y_1,y_2,\cdots,y_n;\boldsymbol{\theta}) \tag{3.1.26}$$

一般通过微分的方法求得$\hat{\boldsymbol{\theta}}$，即，令$\dfrac{\partial L(\boldsymbol{\theta})}{\partial \boldsymbol{\theta}}=\mathbf{0}$得到，有时候也可通过迭代法来求$\hat{\boldsymbol{\theta}}$，具体的计算方法根据随机变量的分布来确定。这样得到的$\hat{\boldsymbol{\theta}}$称为参数$\boldsymbol{\theta}$的极大似然估计值，而相应的统计量通常记为$\hat{\boldsymbol{\theta}}_{\mathrm{ML}}$，称为参数$\boldsymbol{\theta}$的极大似然估计量。

(2) 连续型随机变量极大似然原理。若总体Y为连续型分布，其概率密度函数为$f(y,\boldsymbol{\theta})$，密度函数的形式已知。其中，$\boldsymbol{\theta}=(\theta_1,\theta_2,\cdots,\theta_k)'$是待估参数向量。

设$Y_1,Y_2,\cdots,Y_n$表示总体Y的一个随机样本，它们独立同分布。$y_1,y_2,\cdots,y_n$是相应于样本$Y_1,Y_2,\cdots,Y_n$的一组观测值，则$Y_1,Y_2,\cdots,Y_n$的联合概率密度为

$$\prod_{i=1}^{n} f(y_i,\boldsymbol{\theta})$$

与离散型的情况一样，我们取$\boldsymbol{\theta}$的估计值$\hat{\boldsymbol{\theta}}$使$\prod\limits_{i=1}^{n} f(y_i,\boldsymbol{\theta})$取到极大值，并记作

$$L(\boldsymbol{\theta})=L(y_1,y_2,\cdots,y_n;\boldsymbol{\theta})=\prod_{i=1}^{n} f(y_i,\boldsymbol{\theta}) \tag{3.1.27}$$

这里$L(\boldsymbol{\theta})$称为样本的似然函数。若

$$L(y_1,y_2,\cdots,y_n;\hat{\boldsymbol{\theta}})=\max_{\boldsymbol{\theta}} L(y_1,y_2,\cdots,y_n;\boldsymbol{\theta}) \tag{3.1.28}$$

则称$\hat{\boldsymbol{\theta}}$为$\boldsymbol{\theta}$的极大似然估计量，记为$\hat{\boldsymbol{\theta}}_{\mathrm{ML}}$。

通常情况下，$L(\boldsymbol{\theta})$关于$\boldsymbol{\theta}$可微，这时$\boldsymbol{\theta}$可从方程

$$\frac{\partial L(\boldsymbol{\theta})}{\partial \boldsymbol{\theta}}=\mathbf{0} \tag{3.1.29}$$

解得。因为$L(\boldsymbol{\theta})$与$\ln L(\boldsymbol{\theta})$在同一点处取到极值，所以在实际应用中，通常不是求似然函数本身的极大值，而是求其自然对数的极大值。因为对数似然函数$\ln L(\boldsymbol{\theta})$可以把乘积形式转化为和的形式，从而为简化运算提供了方便。$\boldsymbol{\theta}$的极大似然估计值$\hat{\boldsymbol{\theta}}$通常从方程

$$\frac{\partial \ln L(\boldsymbol{\theta})}{\partial \boldsymbol{\theta}}=\mathbf{0} \tag{3.1.30}$$

解得，一般情况下从方程式(3.1.30)求解比较方便，式中$\ln L(\boldsymbol{\theta})$称为对数似然函数。

2. 极大似然估计量的性质

极大似然估计的优势在于它们的大样本性质(渐近性质)。为介绍这些渐近性质，我们用$\hat{\boldsymbol{\theta}}_{\mathrm{ML}}$表示参数向量$\boldsymbol{\theta}$的极大似然估计量，$\boldsymbol{\theta}_0$表示参数向量的真值。

如果极大似然函数被正确设定，可以证明，在弱正则条件下，极大似然估计量$\hat{\boldsymbol{\theta}}_{\mathrm{ML}}$具有以下渐近性质。

(1) 一致性：$\hat{\boldsymbol{\theta}}_{\mathrm{ML}}$是$\boldsymbol{\theta}$的一致估计量，即$P(\lim\hat{\boldsymbol{\theta}}_{\mathrm{ML}})=\boldsymbol{\theta}_0$。

(2) 渐近有效性：$\hat{\boldsymbol{\theta}}_{\mathrm{ML}}$是渐近有效的且达到所有一致估计量的下界，即在所有一致渐近

正态估计量中具有最小方差。

(3) 渐近正态性：$\hat{\boldsymbol{\theta}}_{\mathrm{ML}} \sim N(\boldsymbol{\theta}_0, V(\boldsymbol{\theta}_0))$，即$\hat{\boldsymbol{\theta}}_{\mathrm{ML}}$渐近地服从正态分布，其中$V$是渐近协方差矩阵。

3. 线性回归模型的极大似然估计

线性回归模型是计量经济学应用最为广泛的模型，因此，讨论线性回归模型的极大似然估计是非常必要的。下面我们在随机误差项服从正态分布的假设下分别讨论一元线性回归模型和多元线性回归模型的极大似然估计。

(1) 一元线性回归模型的极大似然估计

设一元线性回归模型为$y_t = b_0 + b_1 x_t + u_t$，其中$u_t$满足基本假定。由于$y_t$服从以$\mu = E(y_t) = b_0 + b_1 x_t$为均值，以$\mathrm{var}(y_t) = \sigma^2$为方差的正态分布，所以它的密度函数为

$$f(y_t) = \frac{1}{\sqrt{2\pi}\sigma} \mathrm{e}^{-\frac{(y_t-\mu)^2}{2\sigma^2}} = \frac{1}{\sqrt{2\pi}\sigma} \mathrm{e}^{-\frac{(y_t-b_0-b_1x_t)^2}{2\sigma^2}} \tag{3.1.31}$$

相应的似然函数为

$$L = L(b_0, b_1, \sigma^2 / y_1, y_2, \cdots, y_n) = \prod_{t=1}^{n} f(y_t) = \left(\frac{1}{\sqrt{2\pi}\sigma}\right)^n \mathrm{e}^{-\frac{1}{2\sigma^2}\sum\limits_{t=1}^{n}(y_t-b_0-b_1x_t)^2} \tag{3.1.32}$$

对数似然函数为

$$\ln L = -\frac{n}{2}\ln(2\pi) - \frac{n}{2}\ln\sigma^2 - \frac{1}{2\sigma^2}\sum_{t=1}^{n}(y_t - b_0 - b_1 x_t)^2 \tag{3.1.33}$$

参数b_0、b_1、σ^2的极大似然估计值$\hat{b}_0$、$\hat{b}_1$、$\hat{\sigma}^2$应满足必要条件

$$\begin{cases} \dfrac{\partial \ln L}{\partial \hat{b}_0} = \dfrac{1}{\hat{\sigma}^2}\sum(y_t - \hat{b}_0 - \hat{b}_1 x_t) = 0 \\ \dfrac{\partial \ln L}{\partial \hat{b}_1} = \dfrac{1}{\hat{\sigma}^2}\sum(y_t - \hat{b}_0 - \hat{b}_1 x_t)x_t = 0 \\ \dfrac{\partial \ln L}{\partial \hat{\sigma}^2} = -\dfrac{n}{2\hat{\sigma}^2} + \dfrac{1}{2\hat{\sigma}^4}\sum(y_t - \hat{b}_0 - \hat{b}_1 x_t)^2 = 0 \end{cases} \tag{3.1.34}$$

由式(3.1.34)可求出b_0、b_1、σ^2的极大似然估计值

$$\begin{cases} \hat{b}_0 = \bar{y} - \hat{b}_1 \bar{x} \\ \hat{b}_1 = \dfrac{\sum(x_t - \bar{x})(y_t - \bar{y})}{\sum(x_t - \bar{x})^2} \\ \hat{\sigma}^2 = \dfrac{1}{n}\sum(y_t - \hat{b}_0 - \hat{b}_1 x_t)^2 = \dfrac{1}{n}\sum e_t^2 \end{cases} \tag{3.1.35}$$

可见，b_0，b_1的极大似然估计值$\hat{b}_0$，$\hat{b}_1$与最小二乘估计量一样，都是线性无偏估计量。而$\hat{\sigma}^2$是σ^2的有偏估计量，但却是一致估计量。因为：$\hat{\sigma}^2 = \frac{1}{n}\sum e_t^2 = \frac{n-2}{n} \cdot \frac{1}{n-2}\sum e_t^2$，所以：$E(\hat{\sigma}^2) = \frac{n-2}{n} E\left(\frac{1}{n-2}\sum e_t^2\right) = \frac{n-2}{n}\sigma^2$，从而有：$P\lim\limits_{n\to\infty} E(\hat{\sigma}^2) = \sigma^2$。

(2) 多元线性回归模型的极大似然估计

设多元线性回归模型为 $\boldsymbol{Y}=\boldsymbol{XB}+\boldsymbol{U}$，随机误差项和解释变量满足古典假定，$\boldsymbol{U}\sim N(0,\sigma^2\boldsymbol{I}_n)$，$\boldsymbol{Y}\sim N(\boldsymbol{XB},\sigma^2\boldsymbol{I}_n)$，其样本观测值的联合密度函数可以表示为

$$f(\boldsymbol{Y})=(2\pi\sigma^2)^{-\frac{n}{2}}\mathrm{e}^{-\frac{(\boldsymbol{Y}-\boldsymbol{XB})'(\boldsymbol{Y}-\boldsymbol{XB})}{2\sigma^2}} \tag{3.1.36}$$

相应的似然函数为

$$\boldsymbol{L}=\boldsymbol{L}(\boldsymbol{B},\sigma^2/\boldsymbol{Y},\boldsymbol{X})=(2\pi\sigma^2)^{-\frac{n}{2}}\mathrm{e}^{-\frac{(\boldsymbol{Y}-\boldsymbol{XB})'(\boldsymbol{Y}-\boldsymbol{XB})}{2\sigma^2}} \tag{3.1.37}$$

对数似然函数为

$$\ln\boldsymbol{L}=-\frac{n}{2}\ln(2\pi)-\frac{n}{2}\ln\sigma^2-\frac{1}{2\sigma^2}(\boldsymbol{Y}-\boldsymbol{XB})'(\boldsymbol{Y}-\boldsymbol{XB}) \tag{3.1.38}$$

参数 $\boldsymbol{B}$，σ^2 的极大似然估计值 $\hat{\boldsymbol{B}}$，$\hat{\sigma}^2$ 应满足必要条件

$$\frac{\partial\ln\boldsymbol{L}}{\partial\hat{\boldsymbol{B}}}=-\frac{1}{2\hat{\sigma}^2}(-2\boldsymbol{X}'\boldsymbol{Y}+2\boldsymbol{X}'\boldsymbol{X}\hat{\boldsymbol{B}})=0 \tag{3.1.39}$$

$$\frac{\partial\ln\boldsymbol{L}}{\partial\hat{\sigma}^2}=-\frac{n}{2\hat{\sigma}^2}+\frac{1}{2\hat{\sigma}^4}\boldsymbol{e}'\boldsymbol{e}=0 \tag{3.1.40}$$

解方程(3.1.39)得

$$\hat{\boldsymbol{B}}=(\boldsymbol{X}'\boldsymbol{X})^{-1}\boldsymbol{X}'\boldsymbol{Y} \tag{3.1.41}$$

解方程(3.1.40)得

$$\hat{\sigma}^2=\frac{1}{n}\boldsymbol{e}'\boldsymbol{e} \tag{3.1.42}$$

其中：$\boldsymbol{e}=\boldsymbol{Y}-\boldsymbol{X}\hat{\boldsymbol{B}}$。显然，参数 $\boldsymbol{B}$ 的极大似然估计量 $\hat{\boldsymbol{B}}$ 与最小二乘估计量相同，而极大似然估计量 $\hat{\sigma}^2$ 是 σ^2 的有偏估计量，却是一致估计量。

可见，对于线性回归模型，用极大似然估计法得到的系数估计值与用最小二乘估计法得到的结果完全相同。

3.2　多元线性回归模型的检验

对模型的检验，包括对模型的经济意义检验、统计推断检验、计量经济检验。经济意义检验就是依据经济理论来判断估计参数的正负号是否合理、大小是否适当。经济意义检验是第一位的，如果模型不能通过经济意义检验，则必须寻找原因，修正模型或重新估计模型。如果通过了经济意义检验，则进行下一步的统计推断检验。统计推断检验就是根据统计学理论，确定参数估计值的统计可靠性。统计推断检验主要包括：拟合优度检验、回归模型的总体显著性检验(F 检验)、回归系数的显著性检验(t 检验)。

3.2.1　拟合优度检验

如果所有的观测值都落在回归直线上，称为完全拟合，这种情况是少见的。一般情况下，总会出现正负残差，围绕在回归直线周围。通过对这些残差的分析，有助于衡量回归直

线拟合样本点的程度。

拟合优度是指样本回归直线与观测值之间的拟合程度。拟合优度检验就是检验样本回归直线对样本数据拟合的精确程度。拟合优度检验是模型统计检验的主要内容之一,其检验方法是通过构造表征拟合优度的统计量,对模型的拟合效果作出评价。在简单线性回归模型中,我们用决定系数 R^2 衡量估计模型对观测值的拟合程度。在多元线性回归模型中,我们也需要讨论所估计的模型对观测值的拟合程度。

1. 多重决定系数

为了说明多元线性回归模型对观测值的拟合情况,可以考察在 y 的总变差中能由解释变量所解释的那部分变差的比重,即回归平方和与总离差平方和的比值,这一比值称为多重决定系数,亦用 R^2 表示。

类似于简单回归模型,多元线性回归有如下总变差分解式:

$$\sum(y_t-\bar{y})^2=\sum(y_t-\hat{y}_t)^2+\sum(\hat{y}_t-\bar{y})^2$$

其实 $\sum(y_t-\bar{y})^2=\sum[(y_t-\hat{y}_t)+(\hat{y}_t-\bar{y})]^2=\sum e_t^2+2\sum e_t(\hat{y}_t-\bar{y})+\sum(\hat{y}_t-\bar{y})^2$,由于 $\sum e_t(\hat{y}_t-\bar{y})=\hat{b}_0\sum e_t+\hat{b}_1\sum e_t x_{1t}+\cdots+\hat{b}_k\sum e_t x_{kt}-\bar{y}\sum e_t=0$,所以有

$$\sum(y_t-\bar{y})^2=\sum e_t^2+\sum(\hat{y}_t-\bar{y})^2$$

记 $\text{TSS}=\sum(y_t-\bar{y})^2$,$\text{RSS}=\sum(y_t-\hat{y}_t)^2$,$\text{ESS}=\sum(\hat{y}_t-\bar{y})^2$,则有

$$\text{TSS}=\text{RSS}+\text{ESS} \tag{3.2.1}$$

总离差平方和=残差平方和+ 回归平方和

自由度:$(n-1)=(n-k-1)+k$

自由度是数理统计中的一个概念。统计量的自由度,是指统计量可自由变化的样本观测值的个数。它等于样本观测值个数减去对观测值的约束条件个数。例如,样本均值 $\bar{x}=\frac{1}{n}\sum x_t$ 的自由度为 n,而样本方差 $S^2=\frac{1}{n-1}\sum(x_t-\bar{x})^2$ 的自由度为 $(n-1)$,因为其中使用了样本均值,线性关系式 $\bar{x}=\frac{1}{n}\sum x_t$ 对样本观测值形成一个约束条件。

式(3.2.1)中,总离差平方和 TSS 反映了因变量观测值总的变异程度;回归平方和 ESS 反映了因变量回归估计值总的变异程度,它是因变量观测值总变差中由解释变量解释的那部分变差,因而也称为解释变差;残差平方和 RSS 是总变差中未被解释变量解释的那部分变差。显然,回归平方和 ESS 越大,残差平方和 RSS 就越小,从而因变量观测值总变差中能由解释变量解释的那部分变差就越大,模型对观测数据的拟合程度就越高。因此我们定义多重决定系数或决定系数为解释变差占总变差的比重,用来表示解释变量对被解释变量的解释程度,即在 y 的总离差平方和中,解释变量 $x_1,x_2,\cdots,x_k$ 联合解释的百分比。

$$R^2=\frac{\text{ESS}}{\text{TSS}} \tag{3.2.2}$$

或者表示为

$$R^2=\frac{\text{TSS}-\text{RSS}}{\text{TSS}}=1-\frac{\text{RSS}}{\text{TSS}}=1-\frac{\sum e_t^2}{\sum(y_t-\bar{y})^2} \tag{3.2.3}$$

它是介于0到1的一个数。R^2 越大,模型对数据的拟合程度就越好,解释变量对被解释变量的解释能力越强。当 $R^2=1$ 时,被解释变量的变化100%由回归直线解释,所有观测点都落在回归直线上。当 $R^2=0$ 时,解释变量与被解释变量之间没有任何线性关系。

2. 修正的决定系数

在应用过程中人们发现,随着模型中解释变量的增多,多重决定系数 R^2 的值往往会变大,从而增加了模型的解释功能,这一事实已从理论上得到证实。这就使人们产生一个错觉:要使模型拟合得好,就必须增加解释变量。但是,在样本容量一定的情况下,增加解释变量将使待估参数的个数增加,从而损失自由度,而且在实际应用中,有时所增加的解释变量并非必要。有些解释变量对被解释变量的影响很小,增加这些解释变量对减小残差平方和没有多大作用。但是由估计式 $\hat{\sigma}^2=\dfrac{\sum e_t^2}{n-k-1}$ 可以知道,引入的解释变量数目越多,k 越大。由于 $\sum e_t^2$ 减小不明显,那么 σ^2 的无偏估计值 $\hat{\sigma}^2$ 将增大。$\hat{\sigma}^2$ 增大无论对推测总体参数 $\boldsymbol{B}$ 的置信区间,还是对预测区间的估计,都意味着精确度降低。因此不重要的解释变量不应该引入。不应该根据决定系数 R^2 是否增大来决定是否引入某个解释变量。所以,在比较因变量相同而解释变量个数不同的两个模型的拟合程度时,不能简单地对比多重决定系数。为此,人们引入了修正的样本决定系数 $\bar{R}^2$,其计算公式为

$$\bar{R}^2=1-\frac{\sum e_t^2/(n-k-1)}{\sum(y_t-\bar{y})^2/(n-1)} \tag{3.2.4}$$

其中,$(n-k-1)$ 为 $\sum e_t^2$ 的自由度,$(n-1)$ 为 $\sum(y_t-\bar{y})^2$ 的自由度。k 为解释变量个数。容易看出,修正的决定系数具备原指标的特征,还与解释变量个数有关。在其他条件不变的情况下,k 越大,$\bar{R}^2$ 越小。因此,该指标综合了精度和变量个数两个因素。$\bar{R}^2$ 不随自变量个数增加而增加,用来判别拟合优度比 R^2 更有效。当增加一个对因变量有较大影响的解释变量时,残差平方和 $\sum e_t^2$ 减小比 $(n-k-1)$ 减小更显著,修正的决定系数 $\bar{R}^2$ 会增加。如果增加一个对被解释变量没有多大影响的解释变量,残差平方和 $\sum e_t^2$ 减小没有 $(n-k-1)$ 减小明显,$\bar{R}^2$ 会减小,表明不应该引入这个不重要的解释变量。

引入修正的样本决定系数 $\bar{R}^2$ 的作用:

(1) 用自由度调整后,可以消除拟合优度评价中解释变量多少对决定系数计算的影响;

(2) 对于包含的解释变量个数不同的模型,可以用调整后的决定系数直接比较它们的拟合优度的高低,但不能用未调整的决定系数来比较。

修正的决定系数与未经修正的决定系数之间有如下关系:

$$\bar{R}^2=1-\frac{n-1}{n-k-1}\cdot(1-R^2) \tag{3.2.5}$$

或者

$$R^2=1-\frac{n-k-1}{n-1}\cdot(1-\bar{R}^2) \tag{3.2.6}$$

修正的决定系数与未经修正的决定系数之间的关系也可表示为

$$\bar{R}^2=R^2-\frac{k}{n-k-1}(1-R^2) \tag{3.2.7}$$

由式(3.2.7)可以看出,$\bar{R}^2 < R^2$,即修正的决定系数不大于未经修正的决定系数。这意味着随着解释变量的增加,$\bar{R}^2$ 将越来越小于 R^2。如果 n 很大,则 $\bar{R}^2$ 与 R^2 相差很小。

可见,修正的决定系数 $\bar{R}^2$ 比一般的决定系数 R^2 更准确地反映了解释变量对被解释变量的影响程度。因此,在一般情况下,修正的决定系数 $\bar{R}^2$ 比一般的决定系数 R^2 应用更广泛。

需要说明的是,在实际应用中,我们往往希望所建模型的 $\bar{R}^2$ 或 R^2 越大越好。但应注意,决定系数只是对模型拟合优度的度量,$\bar{R}^2$ 和 R^2 越大,只说明列入模型中的解释变量对因变量整体影响程度越大,并非说明模型中各个解释变量对因变量的影响程度显著。在回归分析中,不仅要模型的拟合度高,而且还要得到总体回归系数的可靠估计量。因此,在选择模型时,不能单纯地凭决定系数的高低断定模型的优劣,有时为了通盘考虑模型的可靠度及其经济意义可以适当降低对决定系数的要求。

借助于计量经济软件 EViews 对表 3.1.1 中的样本回归方程作拟合优度检验:决定系数 $R^2=0.951\,2$;修正的决定系数 $\bar{R}^2=0.944\,7$。可见 R^2 和 $\bar{R}^2$ 都大于 0.9,说明模型对数据的拟合程度较好。$\bar{R}^2=0.944\,7$ 说明家庭人均收入与户主受教育年数对家庭书刊消费的解释能力为 94.47%,只有 5.53%的其他因素影响。如果只包含 1 个变量 x,则 $\bar{R}^2=0.589$,而增加 T 后,$\bar{R}^2=0.944\,7$,说明 T 对 Y 有重要影响。

3.2.2 赤池信息准则和施瓦兹准则

为了比较所含解释变量个数不同的多元回归模型的拟合优度,常用的标准还有赤池信息准则(Akaike information criterion,AIC)和施瓦兹准则(Schwarz criterion,SC),其定义分别为

$$\text{AIC}=\ln\frac{\sum e_t^2}{n}+\frac{2(k+1)}{n} \tag{3.2.8}$$

$$\text{SC}=\ln\frac{\sum e_t^2}{n}+\frac{k+1}{n}\ln n \tag{3.2.9}$$

这两个准则均要求仅当所增加的解释变量能够减少 AIC 或 SC 值时才能在原模型中增加该解释变量。显然,与调整的决定系数相似,如果增加的解释变量没有解释能力,则对残差平方和的减少没有多大帮助,却增加待估参数的个数,这时可能导致 AIC 和 SC 的值增加。

在例 3.1.1 中,EViews 软件的估计结果显示 AIC 与 SC 的值分别为 11.20 和 11.35,分别小于只包含一个解释变量比如家庭人均收入时的相应值 13.14 和 13.24,从这一点看,可以说户主受教育年数可以作为解释变量包括在模型中。

3.2.3 回归模型的总体显著性检验:*F* 检验

回归模型的总体显著性检验,旨在对模型中被解释变量与解释变量之间的线性关系在总体上是否显著成立作出推断。

从上面的拟合优度检验中可以看出,拟合优度越高,解释变量对被解释变量的解释能

力就越大，可以推断模型总体线性关系成立，反之就不成立。但这只是一个模糊的推测，不能给出一个在统计上严格的结论。这就需要对回归模型的总体显著性进行检验。回归模型的总体显著性检验，就是检验全部解释变量对被解释变量的共同影响是否显著。

检验模型中被解释变量与解释变量之间的线性关系在总体上是否显著成立，即是检验方程

$$y_t = b_0 + b_1 x_{1t} + b_2 x_{2t} + \cdots + b_k x_{kt} + u_t$$

中参数是否显著不为 0。按照假设检验的原理与程序，提出原假设与备择假设为

$$H_0: b_1 = b_2 = \cdots = b_k = 0, \quad H_1: b_j (j = 1, 2, \cdots, k) \text{ 不全为零}$$

由于 y_t 服从正态分布，根据数理统计学中的定义，y_t 的一组样本的平方和服从 χ^2 分布。所以有

$$\mathrm{ESS} = \sum (\hat{y}_t - \bar{y})^2 / \sigma^2 \sim \chi^2(k); \ \mathrm{RSS} = \sum (y_t - \hat{y}_t)^2 / \sigma^2 \sim \chi^2(n - k - 1)$$

即回归平方和、残差平方和分别服从自由度为 k 和 $(n-k-1)$ 的 χ^2 分布。将自由度考虑进去进行方差分析，有如下方差分析表(表 3.2.1)。

表 3.2.1　方差分析表

变差来源	平方和	自由度	方　差
源于回归	ESS	k	ESS/k
源于残差	RSS	$n-k-1$	RSS/$(n-k-1)$
总变差	TSS	$n-1$	

根据数理统计学中关于 F 统计量的定义可知，在 H_0 成立的条件下，统计量

$$F = \frac{\mathrm{ESS}/k}{\mathrm{RSS}/(n - k - 1)} \tag{3.2.10}$$

服从第一自由度为 k 和第二自由度为 $(n-k-1)$ 的 F 分布。

F 检验的具体步骤为：

(1) 给定显著性水平 α，在 F 分布表中查出第一自由度为 k 和第二自由度为 $(n-k-1)$ 的临界值 $F_\alpha(k, n-k-1)$；

(2) 将样本观测值代入式(3.2.10)计算统计量 F 值；

(3) 然后将 F 值与临界值 $F_\alpha(k, n-k-1)$ 比较，若 $F > F_\alpha(k, n-k-1)$，则拒绝原假设 H_0，说明回归方程显著，解释变量对被解释变量的共同影响是显著的；若 $F < F_\alpha(k, n-k-1)$，则接受原假设 H_0，说明回归方程不显著。如图 3.2.1 所示。一般用 F 统计量的 p 值进行回归方程显著性比较。

借助于计量经济软件 EViews 对表 3.1.1 中的回归方程显著性作 F 检验。

F 统计量的值 $F = 146.2974$，$n = 18$，$n - k - 1 = 18 - 2 - 1 = 15$，在 5% 的显著性水平下，查自由度为(2,15)的 F 分布表，得临界值 $F_{0.05}(2,15) = 3.68$，因为 $F = 146.2974 > F_{0.05}(2,15) = 3.68$，故模型总体是显著的。即家庭人均收入与户主受教育年数对家庭书刊消费水平的共同影响是相当显著的。

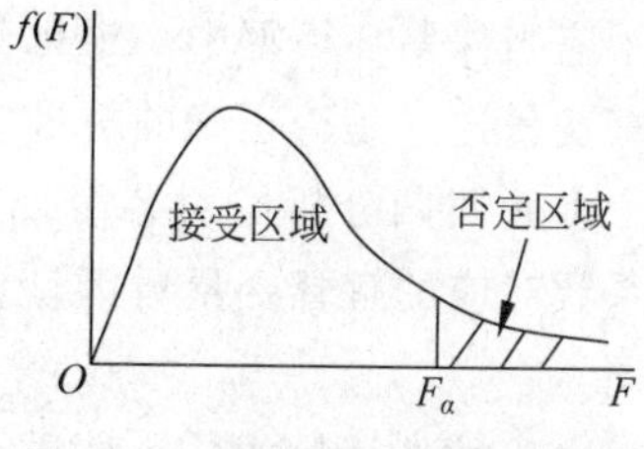

图 3.2.1　阴影部分为 F 检验的否定区域

下面讨论 F 检验与拟合优度检验的区别与联系。F 检验与拟合优度检验都是把总变差 TSS 分解为回归平方和 ESS 与残差平方和 RSS,并在此基础上构造统计量进行的检验,区别在于前者有精确的分布,而后者没有。一般来说,模型对观测值的拟合程度越高,模型总体线性关系的显著性就越强。F 统计量与决定系数 R^2 和修正的决定系数 $\bar{R}^2$ 之间有如下关系:

$$F=\frac{\text{ESS}/k}{\text{RSS}/(n-k-1)}=\frac{n-k-1}{k}\cdot\frac{\text{ESS}}{\text{TSS}-\text{ESS}}$$

$$=\frac{n-k-1}{k}\cdot\frac{\text{ESS}/\text{TSS}}{1-\text{ESS}/\text{TSS}}=\frac{n-k-1}{k}\cdot\frac{R^2}{1-R^2}$$

因此有:$R^2=1\Rightarrow F=\infty$,$R^2=0\Rightarrow F=0$,$R^2\uparrow\Rightarrow F\uparrow$。由上式可以得到

$$R^2=\frac{k\cdot F}{(n-k-1)+k\cdot F} \tag{3.2.11}$$

将 $R^2=1-\frac{n-k-1}{n-1}\cdot(1-\bar{R}^2)$代入上式得

$$\bar{R}^2=1-\frac{n-1}{(n-k-1)+k\cdot F} \tag{3.2.12}$$

可以看出,伴随着决定系数 R^2 和修正的决定系数 $\bar{R}^2$ 的增加,F 统计量的值将不断增加;反过来也如此。这说明两者之间具有一致性。但是,决定系数和修正的决定系数只能提供一个模糊的推测,它们的值要达到多大才算模型通过了检验,并没有确定的界限。而 F 检验则不同,它可以在给定显著性水平下,给出统计意义上严格的结论。

3.2.4 回归参数的显著性检验:t 检验

如果模型通过了 F 检验,则表明模型中所有解释变量对被解释变量的“总体影响”是显著的,但这并不意味着模型中的每一个解释变量对因变量都有显著影响,或者说并不是每个解释变量的单独影响都是显著的。经过 F 显著性检验后,解释变量对被解释变量影响的显著性情况,以二元线性回归模型为例,还有几种可能:$b_1\neq 0, b_2\neq 0$;$b_1=0, b_2\neq 0$;$b_1\neq 0, b_2=0$。到底哪个 x 对 y 的影响是显著的,哪个是不显著的,或者两者都是显著的,还要对 b_1 和 b_2 进行逐个检验,以确定对应的 x 是否对 y 有显著的影响,这就是单个回归系数的显著性检验,即 t 检验。只有那些参数不为零的变量才应当保留在模型中,而参数为零的变量应当排除在模型之外。很显然,如果解释变量的参数为零,它与被解释变量便不存在依存关系,对被解释变量也没有什么影响,自然对被解释变量的变动也不具备解释功能,所以不应当保留在模型中。根据这一思路,可以将参数为零的可能性大小,作为模型估计式解释变量选择是否正确的标准。

多元回归分析中对各个回归系数的检验,目的在于检验当其他解释变量不变时,该回归系数对应的解释变量对因变量是否有显著影响。检验方法与简单线性回归的检验基本相同。

由参数估计量的分布性质可知,回归系数的估计量服从如下正态分布:

$$\hat{b}_j\sim N(b_j, \text{var}(\hat{b}_j))$$

因此其标准化随机变量服从标准正态分布：

$$Z=\frac{\hat{b}_j-b_j}{\sqrt{\mathrm{var}(\hat{b}_j)}}\sim N(0,1)$$

但由于 $\mathrm{var}(\hat{b}_j)=\sigma^2c_{jj}$，而 σ^2 未知，故 $\mathrm{var}(\hat{b}_j)=\sigma^2c_{jj}$ 也未知。用 σ^2 的无偏估计量 $\hat{\sigma}^2$ 代替 σ^2，构造统计量：$t=\frac{\hat{b}_j-b_j}{s(\hat{b}_j)}=\frac{\hat{b}_j-b_j}{\hat{\sigma}\sqrt{c_{jj}}}$，可以证明，该统计量服从自由度为 $(n-k-1)$ 的 t 分布，即

$$t=\frac{\hat{b}_j-b_j}{s(\hat{b}_j)}\sim t(n-k-1) \tag{3.2.13}$$

下面用 t 统计量进行回归参数的显著性检验。具体过程如下。

(1) 提出假设：$H_0:b_j=0$，$H_1:b_j\neq 0$ $(j=1,2,\cdots,k)$。

(2) 根据样本观测值，计算 t 统计量的值

$$t=\frac{\hat{b}_j}{s(\hat{b}_j)} \tag{3.2.14}$$

在 H_0 成立的条件下

$$t=\frac{\hat{b}_j-b_j}{s(\hat{b}_j)}=\frac{\hat{b}_j}{\hat{\sigma}\sqrt{c_{jj}}}\sim t(n-k-1)$$

(3) 比较判断：给定显著性水平 α，查自由度为 $(n-k-1)$ 的 t 分布表，得临界值 $t_{\alpha/2}(n-k-1)$。若 $|t|\geqslant t_{\alpha/2}(n-k-1)$，则拒绝 $H_0:b_j=0$，接受 $H_1:b_j\neq 0$，说明在其他解释变量不变的情况下，解释变量 x_j 对因变量 y 的影响是显著的。若 $|t|<t_{\alpha/2}(n-k-1)$，则接受 H_0，说明在其他解释变量不变的情况下，解释变量 x_j 对因变量 y 的影响不显著。

顺便指出，从 t 分布表可以看出，在给定显著性水平 $\alpha=0.05$ 的情况下，当自由度大于10时，临界值 $t_{\alpha/2}$ 基本上接近2。因此，在对回归分析结果进行评判时，大致可以作出这样的判断，当 $|t|$ 的统计值超过2时，我们可以在显著性水平0.05下拒绝原假设 H_0，认为相应解释变量的影响是显著的，此时犯错误的概率不超过0.05。如果 $|t|$ 的统计值远大于2，则犯错误的概率更小。

借助于计量经济软件 EViews 对表3.1.1中的样本回归方程的系数作显著性检验：

计算 t 统计量的值：$t_1=\frac{\hat{b}_1}{s(\hat{b}_1)}=2.944\,2$；$t_2=\frac{\hat{b}_2}{s(\hat{b}_2)}=10.067\,0$

在原假设 $H_0:b_j=0,(j=1,2)$ 成立的条件下，t 统计量服从自由度为 $n-3=15$ 的 t 分布，在5%的显著性水平下，查表得临界值 $t_{0.025}(15)=2.131$。因为 t_1、t_2 均大于临界值 $t_{0.025}(15)=2.131$，故在5%的显著性水平下，b_1 和 b_2 是显著不为零的。表明家庭人均收入和户主受教育年数是影响家庭书刊消费水平的主要因素。

至此，我们已全面分析了例3.1.1所提出的问题。现将例3.1.1的回归分析结果整理如下：

$\hat{y}=-50.016\,4+0.086\,5x+52.370\,3T$

$s = (49.4603) \quad (0.0294) \quad (5.2022)$

$t = (-1.0112) \quad (2.9442) \quad (10.0670)$

$R^2 = 0.9512$，$\bar{R}^2 = 0.9447$，$F = 146.2974$，$S.E = 60.8227$，$DW = 2.6058$

需要指出的是，在一元线性回归中，由于解释变量只有一个，不存在解释变量联合影响的整体检验问题，也就不需要进行 F 检验。事实上，在一元情形下，F 检验与 t 检验是一致的，它们之间存在如下关系：

$$F = \frac{ESS/1}{RSS/(n-2)} = \frac{\sum(\hat{y}_t - \bar{y})^2}{\sum e_t^2/(n-2)} = \frac{\sum[(\hat{b}_0 + \hat{b}_1 x_t) - (\hat{b}_0 + \hat{b}_1 \bar{x})]^2}{\sum e_t^2/(n-2)}$$

$$= \frac{\sum \hat{b}_1^2 (x_t - \bar{x})^2}{\sum e_t^2/(n-2)} = \frac{\hat{b}_1^2 \sum (x_t - \bar{x})^2}{\sum e_t^2/(n-2)} = \frac{\hat{b}_1^2 \sum (x_t - \bar{x})^2}{\hat{\sigma}^2} = \left[\frac{\hat{b}_1}{s(\hat{b}_1)}\right]^2 = t^2$$

$$F = t^2 \tag{3.2.15}$$

即 F 统计量等于 t 统计量的平方。给定显著性水平 α，查 $F_\alpha(1, n-2)$ 与 $t_{\alpha/2}(n-2)$，临界值之间也存在这种平方关系。也就是说，在一元情形下，对参数 b_1 的显著性检验(t 检验)与对回归模型总体显著性检验(F 检验)是等价的。

但是，在多元线性回归模型中，F 检验与 t 检验是不同的。

(1) 检验对象不同：t 检验为 $H_0: b_j = 0, H_1: b_j \neq 0 \ (j = 1, 2, \cdots, k)$；

F 检验为 $H_0: b_1 = b_2 = \cdots = b_k = 0$，$H_1: b_j (j = 1, 2, \cdots, k)$ 不全为零。

(2) 当对参数 $b_1, b_2, \cdots, b_k$ 检验显著时，F 检验一定是显著的。

(3) 但当 F 检验显著时，并不意味着对每一个回归系数的 t 检验一定都是显著的。

对于一个多元线性回归模型，在经过参数估计和模型检验后，应对回归分析结果作出分析判断。倘若某个解释变量对因变量的影响不显著，则应在模型中剔除该解释变量，此时多元线性回归模型应重新建立，寻求新模型参数的估计并对新模型进行假设检验，直到获得较为满意的模型为止。

当然，判断一个回归模型是否正确，应首先考察模型是否具有合理的经济意义，其次才是统计检验。为了少走弯路，在模型设定时应先对所研究问题进行全面的经济背景分析，选择适当的解释变量。一般情况下，对一个问题需要假定多种模型进行分析，从中选择最好的一个。但是如何选择，则需要把定性的经济分析和定量的统计检验结合起来考虑。

样本回归模型经过检验有效后，就可以付诸应用，最基本的应用就是用它来进行经济预测。

3.2.5 参数置信区间

参数的假设检验用来判别所考察的解释变量对被解释变量是否有显著的线性影响，但并没有回答在一次抽样中，所估计的参数值离参数的真实值有多“近”。这需要进一步通过对参数的置信区间的估计来考察。

在变量的显著性检验中已知

$$t=\frac{\hat{b}_j-b_j}{s(\hat{b}_j)}\sim t(n-k-1)$$

因此，在 $1-\alpha$ 的置信度下，b_j 的置信区间是

$$(\hat{b}_j-t_{\alpha/2}(n-k-1)\times s(\hat{b}_j),\hat{b}_j+t_{\alpha/2}(n-k-1)\times s(\hat{b}_j)) \tag{3.2.16}$$

在实际应用中，我们希望置信度越高越好，置信区间越小越好。

在例 3.1.1 中，$t_{0.025}(15)=2.131$，$\hat{b}_0=-50.0164$，$\hat{b}_1=0.0865$，$\hat{b}_2=52.3703$，$s(\hat{b}_0)=49.4603$，$s(\hat{b}_1)=0.0294$，$s(\hat{b}_2)=5.2022$，由此，可以计算出 b_0、b_1、b_2 的 95%的置信区间分别为(−155.416 2,55.383 4)、(0.023 9,0.149 0)和(41.284 5,63.456 1)。

3.3　多元线性回归模型的预测

所谓预测，是指在给定解释变量的值 $\boldsymbol{X}_{\mathrm{f}}=(1,x_{1\mathrm{f}},x_{2\mathrm{f}},\cdots,x_{k\mathrm{f}})$ 的情况下，对因变量 y 的相应值 y_{f} 和 $E(y_{\mathrm{f}})$ 作出估计。所作的估计可分为点估计与区间估计，从而预测有点预测与区间预测两种。

3.3.1　点预测

点预测就是根据给定解释变量的值，预测相应的被解释变量的一个可能值。设多元线性回归模型为

$$y_t=b_0+b_1x_{1t}+b_2x_{2t}+\cdots+b_kx_{kt}+u_t$$

则样本以外解释变量的值 $\boldsymbol{X}_{\mathrm{f}}=(1,x_{1\mathrm{f}},x_{2\mathrm{f}},\cdots,x_{k\mathrm{f}})$，$y$ 单点值 y_{f} 和均值 $E(y_{\mathrm{f}})$ 分别为

$$y_{\mathrm{f}}=\boldsymbol{X}_{\mathrm{f}}\boldsymbol{B}+u_{\mathrm{f}}=b_0+b_1x_{1\mathrm{f}}+b_2x_{2\mathrm{f}}+\cdots+b_kx_{k\mathrm{f}}+u_{\mathrm{f}} \tag{3.3.1}$$

$$E(y_{\mathrm{f}})=\boldsymbol{X}_{\mathrm{f}}\boldsymbol{B}=b_0+b_1x_{1\mathrm{f}}+b_2x_{2\mathrm{f}}+\cdots+b_kx_{k\mathrm{f}} \tag{3.3.2}$$

若根据观测样本已经估计出参数向量 $\hat{\boldsymbol{B}}$，且模型通过检验，并得到样本回归方程

$$\hat{y}_t=\hat{b}_0+\hat{b}_1x_{1t}+\hat{b}_2x_{2t}+\cdots+\hat{b}_kx_{kt} \tag{3.3.3}$$

则样本以外解释变量的值 $\boldsymbol{X}_{\mathrm{f}}=(1,x_{1\mathrm{f}},x_{2\mathrm{f}},\cdots,x_{k\mathrm{f}})$，$y_{\mathrm{f}}$ 的拟合值为

$$\hat{y}_{\mathrm{f}}=\boldsymbol{X}_{\mathrm{f}}\hat{\boldsymbol{B}}=\hat{b}_0+\hat{b}_1x_{1\mathrm{f}}+\hat{b}_2x_{2\mathrm{f}}+\cdots+\hat{b}_kx_{k\mathrm{f}} \tag{3.3.4}$$

对式(3.3.4)两边取期望得

$$E(\hat{y}_{\mathrm{f}})=E(\hat{b}_0+\hat{b}_1x_{1\mathrm{f}}+\hat{b}_2x_{2\mathrm{f}}+\cdots+\hat{b}_kx_{k\mathrm{f}})=E(y_{\mathrm{f}}) \tag{3.3.5}$$

说明 $\hat{y}_{\mathrm{f}}$ 是 $E(y_{\mathrm{f}})$ 无偏估计，从而可以用 $\hat{y}_{\mathrm{f}}$ 作为 y_{f} 和 $E(y_{\mathrm{f}})$ 的预测值。

3.3.2　区间预测

1. $E(y_{\mathrm{f}})$ 的区间预测

在点预测中，预测值是根据样本回归方程计算出来的，它是被解释变量观测值的一个估计量，预测值与观测值是有误差的，这种误差有多大呢？点预测无法提供相关信息。此外，既然是用预测值估计实际值，则必定存在一个估计的可信度问题，即这种估计的把握度

有多大?点预测也无法提供这方面的信息,而区间预测能够克服这方面的不足。区间预测就是在一定的置信度下,根据给定的解释变量的值,预测相应的被解释变量取值的一个可能范围,即提供被解释变量的一个置信区间。

$E(y_f)$的区间预测是以 $\hat{y}_f$ 的概率分布为基础的。为了得到 $E(y_f)$的区间预测,首先要得到 $\hat{y}_f$ 的方差

$$\begin{aligned}\operatorname{var}(\hat{y}_f) &= E[\hat{y}_f - E(\hat{y}_f)]^2 = E[\boldsymbol{X}_f\hat{\boldsymbol{B}} - E(\boldsymbol{X}_f\hat{\boldsymbol{B}})]^2 \\ &= E[(\boldsymbol{X}_f\hat{\boldsymbol{B}} - \boldsymbol{X}_f\boldsymbol{B})^2] = E[\boldsymbol{X}_f(\hat{\boldsymbol{B}} - \boldsymbol{B})\boldsymbol{X}_f(\hat{\boldsymbol{B}} - \boldsymbol{B})]\end{aligned}$$

其中,$\boldsymbol{X}_f(\hat{\boldsymbol{B}}-\boldsymbol{B})$为标量,因此

$$\boldsymbol{X}_f(\hat{\boldsymbol{B}} - \boldsymbol{B}) = [\boldsymbol{X}_f(\hat{\boldsymbol{B}} - \boldsymbol{B})]' = (\hat{\boldsymbol{B}} - \boldsymbol{B})'\boldsymbol{X}'_f$$

代入上式得

$$\begin{aligned}\operatorname{var}(\hat{y}_f) &= E[\boldsymbol{X}_f(\hat{\boldsymbol{B}} - \boldsymbol{B})\boldsymbol{X}_f(\hat{\boldsymbol{B}} - \boldsymbol{B})] = \boldsymbol{X}_f E[(\hat{\boldsymbol{B}} - \boldsymbol{B})(\hat{\boldsymbol{B}} - \boldsymbol{B})']\boldsymbol{X}'_f \\ &= \boldsymbol{X}_f \operatorname{var}(\hat{\boldsymbol{B}})\boldsymbol{X}'_f = \sigma^2\boldsymbol{X}_f(\boldsymbol{X}'\boldsymbol{X})^{-1}\boldsymbol{X}'_f \end{aligned} \tag{3.3.6}$$

因此,$\hat{y}_f$ 服从均值为 $E(\hat{y}_f)=E(y_f)=\boldsymbol{X}_f\boldsymbol{B}$,方差为 $\sigma^2\boldsymbol{X}_f(\boldsymbol{X}'\boldsymbol{X})^{-1}\boldsymbol{X}'_f$的正态分布

$$\hat{y}_f \sim N[\boldsymbol{X}_f\boldsymbol{B}, \sigma^2\boldsymbol{X}_f(\boldsymbol{X}'\boldsymbol{X})\boldsymbol{X}'_f] \tag{3.3.7}$$

或者

$$\hat{y}_f - E(y_f) \sim N[0, \sigma^2\boldsymbol{X}_f(\boldsymbol{X}'\boldsymbol{X})\boldsymbol{X}'_f]$$

用 $\hat{\sigma}^2$ 代替 σ^2,构造如下统计量

$$t = \frac{\hat{y}_f - E(y_f)}{\hat{\sigma} \cdot \sqrt{\boldsymbol{X}_f(\boldsymbol{X}'\boldsymbol{X})^{-1}\boldsymbol{X}'_f}} \tag{3.3.8}$$

则该统计量 t 服从自由度为$(n-k-1)$的 t 分布。

给定显著性水平 α,查自由度为$(n-k-1)$的 t 分布表,可得临界值 $t_{\alpha/2}(n-k-1)$。则 $E(y_f)$的置信度为 $1-\alpha$ 的预测区间为

$$\hat{y}_f - t_{\alpha/2} \cdot \hat{\sigma} \cdot \sqrt{\boldsymbol{X}_f(\boldsymbol{X}'\boldsymbol{X})^{-1}\boldsymbol{X}'_f} \leqslant E(y_f) \leqslant \hat{y}_f + t_{\alpha/2} \cdot \hat{\sigma} \cdot \sqrt{\boldsymbol{X}_f(\boldsymbol{X}'\boldsymbol{X})^{-1}\boldsymbol{X}'_f} \tag{3.3.9}$$

2. y_f 的区间预测

由于 $E(y_f-\hat{y}_f)=0$,

$$\operatorname{var}(y_f - \hat{y}_f) = \operatorname{var}(y_f) + \operatorname{var}(\hat{y}_f) = \sigma^2 + \sigma^2\boldsymbol{X}_f(\boldsymbol{X}'\boldsymbol{X})^{-1}\boldsymbol{X}'_f = \sigma^2[1 + \boldsymbol{X}_f(\boldsymbol{X}'\boldsymbol{X})^{-1}\boldsymbol{X}'_f]$$

所以 $y_f-\hat{y}_f$ 服从均值为 0,方差为 $\sigma^2[1+\boldsymbol{X}_f(\boldsymbol{X}'\boldsymbol{X})^{-1}\boldsymbol{X}'_f]$的正态分布,即

$$y_f - \hat{y}_f \sim N(0, \sigma^2[1 + \boldsymbol{X}_f(\boldsymbol{X}'\boldsymbol{X})\boldsymbol{X}'_f]) \tag{3.3.10}$$

用 $\hat{\sigma}^2$ 代替 σ^2,构造如下统计量:

$$t = \frac{y_f - \hat{y}_f}{s(\hat{y}_f)} \tag{3.3.11}$$

则该统计量 t 服从自由度为$(n-k-1)$的 t 分布。其中,$s(\hat{y}_f)=\hat{\sigma}\cdot\sqrt{1+\boldsymbol{X}_f(\boldsymbol{X}'\boldsymbol{X})^{-1}\boldsymbol{X}'_f}$为预测值 $\hat{y}_f$ 的标准差。

给定显著性水平 α,查自由度为$(n-k-1)$的 t 分布表,可得临界值 $t_{\alpha/2}(n-k-1)$。则 y_f 的置信度为 $1-\alpha$ 的预测区间为

$$\hat{y}_f - t_{\alpha/2}(n-k-1)\cdot s(\hat{y}_f) \leqslant y_f \leqslant \hat{y}_f + t_{\alpha/2}(n-k-1)\cdot s(\hat{y}_f) \qquad (3.3.12)$$

最后，我们以表格的形式列出 y_f 及 $E(y_f)$ 的预测公式(见表 3.3.1)。

表 3.3.1　y_f 及 $E(y_f)$ 的预测公式

预测量	点预测	区间预测
$E(y_f)$	$\hat{y}_f$	$\hat{y}_f - t_{\alpha/2}\cdot\hat{\sigma}\cdot\sqrt{\boldsymbol{X}_f(\boldsymbol{X}'\boldsymbol{X})^{-1}\boldsymbol{X}_f'} \leqslant E(y_f) \leqslant \hat{y}_f + t_{\alpha/2}\cdot\hat{\sigma}\cdot\sqrt{\boldsymbol{X}_f(\boldsymbol{X}'\boldsymbol{X})^{-1}\boldsymbol{X}_f'}$
y_f	$\hat{y}_f$	$\hat{y}_f - t_{\alpha/2}\cdot s(\hat{y}_f) \leqslant y_f \leqslant \hat{y}_f + t_{\alpha/2}\cdot s(\hat{y}_f)$

例 3.3.1　点预测与区间预测。在例 3.1.1 中，如果已知某家庭人均收入为 $x=1943$ 元，户主受教育年数为 $T=12$ 年，即已知 $\boldsymbol{X}_f=(1\quad 1943\quad 12)$，则该家庭书刊消费水平为

$$\begin{aligned}\hat{y}_f &= -50.0164 + 0.08645x + 52.37031T \\ &= -50.0164 + 0.08645\times 1943 + 52.37031\times 12 = 746.40\end{aligned}$$

由于 $t_{\alpha/2}(n-k-1)=t_{0.025}(15)=2.131$，$\hat{\sigma}=60.82273$，

$$(\boldsymbol{X}'\boldsymbol{X})^{-1}=\begin{pmatrix} 0.661273 & -0.0001 & -0.03324 \\ -0.0001 & 2.33E-07 & -2.87E-05 \\ -0.03324 & -2.87E-05 & 0.007315 \end{pmatrix}$$，因此有

$$\boldsymbol{X}_f(\boldsymbol{X}'\boldsymbol{X})^{-1}\boldsymbol{X}_f' = (1\quad 1943\quad 12)\begin{pmatrix} 0.661273 & -0.0001 & -0.03324 \\ -0.0001 & 2.33E-07 & -2.87E-05 \\ -0.03324 & -2.87E-05 & 0.007315 \end{pmatrix}\begin{pmatrix} 1 \\ 1943 \\ 12 \end{pmatrix} = 0.055759$$

所以当 $x=1943$，$T=12$ 时，y_f 即家庭书刊消费水平的 95%的预测区间为

$$\hat{y}_f - t_{\alpha/2}(n-k-1)\cdot s(\hat{y}_f) \leqslant y_f \leqslant \hat{y}_f + t_{\alpha/2}(n-k-1)\cdot s(\hat{y}_f)$$

$$(746.40 \pm 2.131\times 60.82273\times\sqrt{1+0.055759}) = (613.22, 879.58)$$

EViews11.0 软件操作过程如下。

(1) 扩大工作文件范围。在当前工作文件窗口的 Proc 功能下选择 Structure/Resize Current Page，或双击工作文件工具条下面的 Range，在弹出的对话框中，将样本范围由原来的 18 修改为 19，点击“OK”键，弹出提示框，单击“Yes”键。

(2) 输入预测区间的解释变量观测值。分别输入 X 和 T 的第 19 组样本值 1943 和 12。

(3) 点预测和区间预测。点击 OLS 估计输出结果上方的菜单 Forecast，会出现图 3.3.1 所示对话框。

在 Forecast name 中输入预测序列的名字 yf，在 S. E. (optional) 中输入保存预测值标准差的序列名字 yfse，在 Forecast sample 中，将“1 18”改为“1 19”，单击“OK”键，即可得到所需结果。打开 yf 序列，第 19 个预测值对应的就是该地区的点预测值 746.399 6。

打开 yfse 序列，第 19 个数据就是 $\hat{y}_f$ 的标准差 $s(\hat{y}_f)=62.49545$，在 5%的显著性水平下，自由度为 18−2−1=15 的 t 分布的临界值为 $t_{0.025}(15)=2.131$，于是 y_f 单点值的 95%的预测区间为

$$(\hat{y}_f - t_{0.025}(15)\times s(\hat{y}_f), \hat{y}_f + t_{0.025}(15)\times s(\hat{y}_f))$$

$$(746.3996 - 2.131\times 62.49545, 746.3996 + 2.131\times 62.49545) = (613.2218, 879.5774)$$

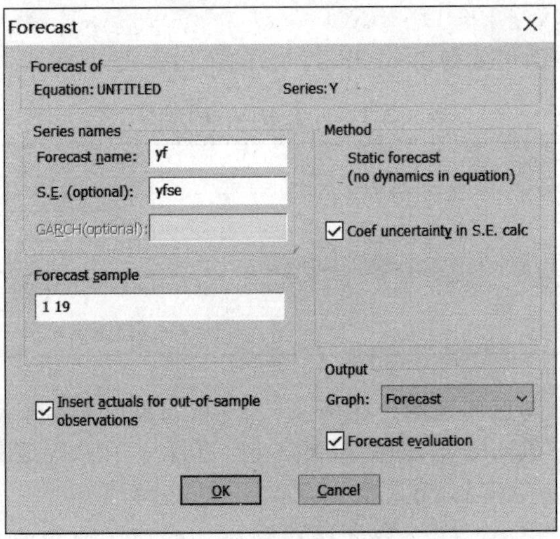

图 3.3.1 **Forecast 对话框**

因此,家庭书刊消费水平的 95%的预测区间为(613.22,879.58)。

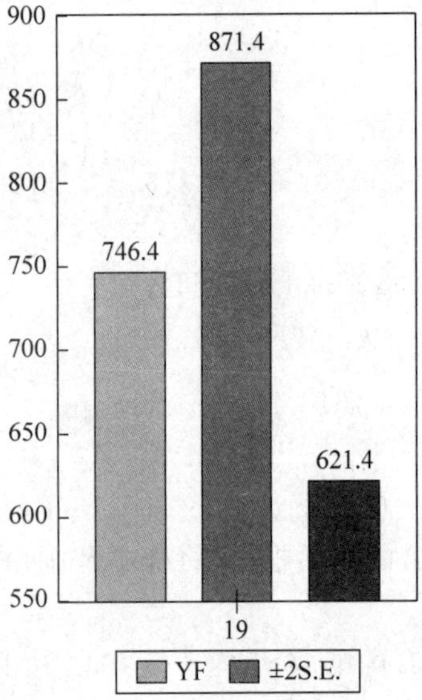

图 3.3.2 样本外点预测与区间预测图

当样本容量为大样本时,$t_\alpha(n-k-1)\approx 2$,于是 y_f 单点值的 95%的预测区间为

$$(y_f-2\times s(\hat{y}_f),y_f+2\times s(\hat{y}_f))$$

利用 EViews 软件可得如下近似预测。打开估计方程窗口,点击 Forecast,弹出预测对话框,预测样本由"1 19"修改为"19　19",点击"OK"键将显示预测结果,见图 3.3.2。由此得第 19 个家庭书刊消费水平点预测值为 871.4,置信度 95%的区间预测为(621.4,871.4)元。

3. 预测评价

预测是建模的主要目的之一,预测效果的好坏也是评判模型优劣的标准之一。对于已经建立的模型,可以直接预测各样本的拟合值,菜单命令是对方程对象操作 Procs/Forecast,EViews 会产生一个新对话框,可以生成名为原自变量名加 f 的一个新序列,也可以自己命名。通过观测值和预测值的对比,可以评价模型的预测功能。EViews 软件提供了一系列对模型的评价指标,可以对模型预测精度进行度量。

常用的判断模型拟合效果的检验统计量是:平均绝对误差(MAE)、平均相对误差(MPE)、均方根误差(RMSE)和 Theil 不等系数(Theil IC)。其计算公式为

$$\text{平均绝对误差: MAE}=\frac{1}{n}\sum_{t=1}^{n}|\hat{y}_t-y_t| \tag{3.3.13}$$

$$\text{均方根误差: RMSE}=\sqrt{\frac{1}{n}\sum_{t=1}^{n}(\hat{y}_t-y_t)^2} \tag{3.3.14}$$

平均绝对误差(MAE)和均方根误差(RMSE)这两个指标取决于因变量的绝对数值，通常更直接查看相对指标。

$$\text{平均相对误差：MPE}=\frac{1}{n}\sum_{t=1}^{n}\left|\frac{\hat{y}_t-y_t}{y_t}\right| \tag{3.3.15}$$

一般认为，如果平均相对误差(MPE)的值低于 10，则认为预测精度较高。

$$\text{Theil 不等系数：Theil IC}=\frac{\sqrt{\frac{1}{n}\sum_{t=1}^{n}(\hat{y}_t-y_t)^2}}{\sqrt{\frac{1}{n}\sum_{t=1}^{n}\hat{y}_t^2}+\sqrt{\frac{1}{n}\sum_{t=1}^{n}y_t^2}} \tag{3.3.16}$$

Theil 不等系数(Theil IC)总是介于 0 和 1 之间，数值越小表明拟合值和观测值间的差异越小，预测精度越高。

在例 3.1.1 中，在方程窗口，单击 Forecast，可以得到如图 3.3.3 预测图。图中实线表示因变量的预测值，上下两条虚线给出的是近似 95%的置信区间。图右边的附表提供了一系列预测评价指标。从图 3.3.3 看，回归的平均相对误差 MPE 为 5.389，Theil 不等系数为 0.035，说明回归预测精度相当高，预测值十分接近观测值。

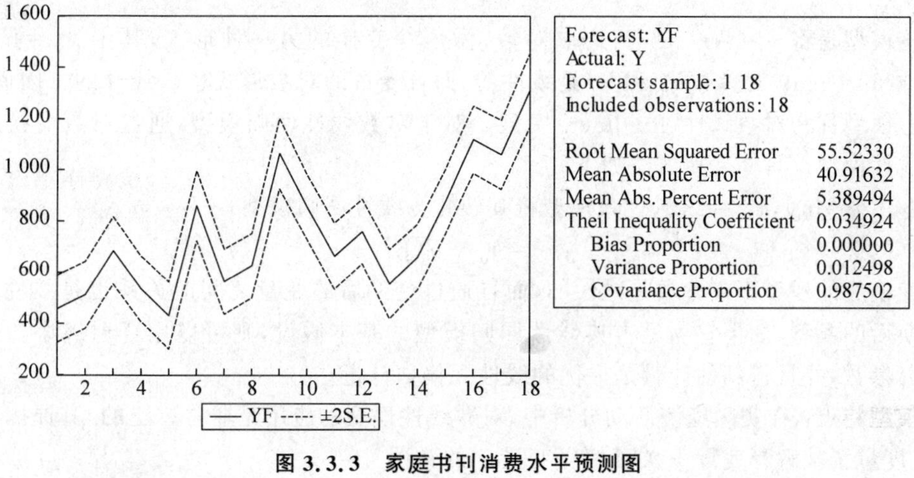

图 3.3.3　家庭书刊消费水平预测图

3.4　非线性回归模型

在现实的社会经济活动中，经济变量之间的数量依存关系类型复杂，形式纷繁。有的表现为线性依存关系，更为普通的则表现为非线性依存关系。即便是较为简单的线性依存关系，在具体形式上也往往表现出与典型计量经济模型不同的特点。分析和研究实际经济变量之间客观存在的具有代表性的特殊类型的数量依存关系，将有利于拓展计量经济学理论与方法的应用。

前面讨论的线性回归模型 $y_t=b_0+b_1x_{1t}+b_2x_{2t}+\cdots+b_kx_{kt}+u_t$，其结构具有两个特点：

(1) 被解释变量 y 是解释变量的线性函数，即解释变量线性模型；

(2) 被解释变量 y 也是参数的线性函数,即参数线性模型。

但是在现实经济问题的研究中,经济变量之间的关系往往不可能符合上述的参数线性和变量线性的特点。变量之间大多数是非线性关系,即模型为非线性回归模型。统计学上的"非线性"概念有两种,一是相对于解释变量非线性,二是相对于参数非线性。前一类可以通过变量变换转化为线性回归模型;后一类可采用高斯-牛顿迭代法进行估计。

3.4.1 可线性化模型

在非线性回归模型中,有一些模型经过适当的变量变换就可以转化成线性回归模型,从而将非线性回归模型的参数估计问题转化成线性回归模型的参数估计,称这类模型为可线性化模型。在计量经济分析中经常使用的可线性化模型有对数线性模型、半对数线性模型、倒数线性模型、多项式线性模型、成长曲线模型等。所有这些模型的一个重要的特征是相对于参数是线性的,但变量却不一定是线性的。

1. 对数模型

模型形式

$$\ln y = b_0 + b_1 \ln x + u \tag{3.4.1}$$

该模型是将 $y = Ax^{b_1}e^u$ 两边取对数,做恒等变换的另一种形式,其中 $b_0 = \ln A$。在式(3.4.1)中,$\ln y$ 对参数 b_0 和 b_1 是线性的,而且变量的对数形式也是线性的。因此,我们将以上模型称为对数线性(log-liner)模型。对于对数线性回归模型,通过对数变换可以转化为线性模型。具体变换方法如下。

令 $y^* = \ln y, x^* = \ln x$,代入模型将其转化为线性回归模型

$$y^* = b_0 + b_1 x^* + u \tag{3.4.2}$$

变换后的模型不仅参数是线性的,而且通过变换后的变量之间的关系也是线性的。对于变换后的模型,如果它满足古典线性回归模型的基本假设,则可以用普通最小二乘法来估计其参数,并且得到估计量是最优的线性无偏估计量。

模型特点:在实际经济活动分析中,对数线性模型的应用是非常广泛的,其原因在于参数 b_1 度量了被解释变量 y 关于解释变量 x 的弹性

$$b_1 = \frac{d(\ln y)}{d(\ln x)} = \frac{dy/y}{dx/x} \tag{3.4.3}$$

b_1 表示解释变量 x 变动1%,被解释变量 y 将变动 b_1%。如果模型中 y 代表商品的需求量,x 代表商品本身的价格,则 b_1 就是需求价格弹性;如果 x 代表替代商品价格,则 b_1 就是需求交叉弹性;如果 x 代表消费者收入水平,则 b_1 就是需求收入弹性。由于弹性是经济分析中的一个十分重要的指标,如果所研究的经济关系可以用对数线性模型描述,则估计模型之后就可以直接利用系数进行弹性分析。因此,对数线性模型是人们经常采用的一类非线性回归模型。

模型适用对象:对观测值取对数,将取对数后的观测值($\ln x, \ln y$)描成散点图,如果近似为一条直线,则适合用对数线性模型来描述 x 与 y 之间的变量关系。

前面我们介绍了两个变量的对数线性回归模型,这很容易推广到模型中存在多个解释变量的情形。例如,在生产函数的分析中,经常采用以下的柯布—道格拉斯生产函数形式:

$$Y_t = AL_t^{\alpha}K_t^{\beta}e^{u_t}$$

式中：Y_t 代表产出，A 表示技术水平，K_t 表示资本投入，L_t 表示劳动投入，u_t 为随机误差项，A、α、β 为待定参数。对于这样的非线性模型，可以通过对数变换，使之线性化。对上式两边取对数得到如下模型：

$$\ln Y_t = \ln A + \alpha \ln L_t + \beta \ln K_t + u_t$$

再令：$Y_t^* = \ln Y_t$，$L_t^* = \ln L_t$，$A^* = \ln A$，$K_t^* = \ln K_t$，得到线性模型

$$Y_t^* = A^* + \alpha L_t^* + \beta K_t^* + u$$

模型中的 α、β 分别为劳动、资本的产出弹性

$$\alpha = \frac{d(\ln Y_t)}{d(\ln L_t)} = \frac{dY_t/Y_t}{dL_t/L_t};\ \beta = \frac{d(\ln Y_t)}{d(\ln K_t)} = \frac{dY_t/Y_t}{dK_t/K_t}$$

例 3.4.1　根据表 3.4.1 给出的中国 1978—2015 年国内生产总值 Y（单位：亿元），劳动投入 L（单位：万人），以及资本投入 K（用资本形成总额度量，单位：亿元），试建立我国的柯布-道格拉斯生产函数。

表 3.4.1　1978—2015 年中国国内生产总值、劳动投入与资本投入数据

年份	国内生产总值 Y	劳动投入 L	资本投入 K	年份	国内生产总值 Y	劳动投入 L	资本投入 K
1978	3 678.7	40 152.0	1 412.7	1997	79 715.0	28 966.2	69 820.0
1979	4 100.5	41 024.0	1 519.9	1998	85 195.5	70 637.0	30 396.6
1980	4 587.6	42 361.0	1 623.1	1999	90 564.4	71 394.0	31 665.6
1981	4 935.8	43 725.0	1 662.8	2000	100 280.1	72 085.0	34 526.1
1982	5 373.4	45 295.0	1 759.6	2001	110 863.1	72 797.0	40 378.9
1983	6 020.9	46 436.0	1 968.3	2002	121 717.4	73 280.0	45 129.8
1984	7 278.5	48 197.0	2 560.2	2003	137 422.0	73 736.0	55 836.7
1985	9 098.9	49 873.0	3 629.6	2004	161 840.2	74 264.0	69 420.5
1986	10 376.2	51 282.0	4 001.9	2005	187 318.9	74 647.0	77 533.6
1987	12 174.6	52 783.0	4 644.7	2006	219 438.5	74 978.0	89 823.4
1988	15 180.4	54 334.0	6 511.9	2007	270 232.3	75 321.0	112 046.8
1989	17 179.7	55 329.0	6 555.3	2008	319 515.5	75 564.0	138 242.8
1990	18 872.9	64 749.0	6 060.3	2009	349 081.4	75 828.0	162 117.9
1991	22 005.6	65 491.0	7 892.5	2010	413 030.3	76 105.0	196 653.1
1992	27 194.5	10 833.6	66 152.0	2011	489 300.6	76 420.0	233 327.2
1993	35 673.2	66 808.0	15 782.9	2012	540 367.4	76 704.0	255 240.0
1994	48 637.5	67 455.0	19 916.3	2013	595 244.4	76 977.0	282 073.0
1995	61 339.9	68 065.0	24 342.5	2014	643 974.0	77 253.0	302 717.5
1996	71 813.6	68 950.0	27 556.6	2015	689 052.1	77 451.0	312 835.7

利用 EViews 软件解题如下：首先建立工作文件，其次输入样本数据 Y、L、K，最后，在 EViews 软件的命令窗口，依次键入：

```
GENR  lnY=LOG(Y)
GENR  lnL=LOG(L)
```

GENR　lnK＝LOG(K)

LS　lnY　C　lnL　lnK　AR(1)　AR(2)

在方程窗口中单击"Estimate\Options"按钮，在ARMA\Method选择框选择GLS(广义最小二乘法)，得到回归结果如表3.4.2所示(上述命令中加入AR项是为了消除自相关性，第5章中将详细论述)。

表3.4.2　回归结果

Dependent Variable: LNY
Method: ARMA Generalized Least Squares (BFGS)
Date: 09/14/21 Time: 10:16
Sample: 1978 2015
Included observations: 38
Convergence achieved after 9 iterations
Coefficient covariance computed using outer product of gradients
d.f. adjustment for standard errors & covariance

Variable	Coefficient	Std. Error	t-Statistic	Prob.
C	-7.630901	2.400224	-3.179246	0.0032
LNL	0.916691	0.240985	3.803938	0.0006
LNK	0.842974	0.030221	27.89331	0.0000
AR(1)	1.055799	0.169430	6.231461	0.0000
AR(2)	-0.322499	0.180156	-1.790111	0.0826

R-squared	0.999329	Mean dependent var	10.91540
Adjusted R-squared	0.999248	S.D. dependent var	1.670130
S.E. of regression	0.045805	Akaike info criterion	-3.174305
Sum squared resid	0.069237	Schwarz criterion	-2.958833
Log likelihood	65.31179	Hannan-Quinn criter.	-3.097642
F-statistic	12289.35	Durbin-Watson stat	1.955224
Prob(F-statistic)	0.000000		

由此建立的我国柯布-道格拉斯生产函数为

$$\ln\hat{Y}=-7.6309+0.9167\ln L+0.8430\ln K$$
$$t=\quad(-3.1792)\qquad(3.8039)\qquad(27.8933)$$
$$R^2=0.9993,\quad \bar{R}^2=0.9992,\quad F=12289.35,\quad \mathrm{DW}=1.9552$$

对回归方程解释如下：回归系数0.9167表示产出对劳动投入的弹性，也就是说，在资本投入保持不变的条件下，劳动投入每提高一个百分点，产出将平均提高0.9167%。类似地，在劳动投入保持不变的条件下，资本投入每提高一个百分点，产出将平均提高0.8430%。如果将两个弹性系数相加，我们将得到一个重要的经济参数——规模报酬参数，它反映了产出对要素投入的比例变动。如果两个弹性系数之和为1，则称规模报酬不变；如果两个弹性系数之和大于1，则称规模报酬递增；如果两个弹性系数之和小于1，则称规模报酬递减。在本例中，两个弹性系数之和为1.7597，表明中国经济增长的特征是规模报酬递增的。

修正的样本决定系数$\bar{R}^2=0.9992$，表明劳动投入和资本投入对产出的解释能力为99.92%，很高的解释程度表明模型很好地拟合了样本数据。根据表3.4.2回归结果中的t、F统计量可知，两个回归参数都是显著的，即劳动投入和资本投入对产出的影响是相当显著的，整个回归模型也是相当显著的。

2. 半对数模型

在对经济变量的变动规律研究中，测定其增长率或衰减率是一个重要方面，如人口增长率、劳动力增长率、货币供给量增长率、GDP增长率、进出口贸易增长率等是大家十分关注的指标。在回归分析中，我们可以用半对数模型来测度这些增长率。

模型形式

$$y=b_0+b_1\ln x+u \tag{3.4.4}$$

$$\ln y=b_0+b_1x+u \tag{3.4.5}$$

由于模型中只有某一侧的变量为对数形式，所以称为半对数模型，显然，经简单的变量变换也可以将其转化成线性回归模型。

模型特点：半对数模型中的回归系数也有很直观的含义。对于模型 $y=b_0+b_1\ln x+u$，有

$$b_1=\frac{\mathrm{d}y}{\mathrm{d}(\ln x)}=\frac{\mathrm{d}y}{\mathrm{d}x/x} \tag{3.4.6}$$

表示 x 每变动 1%时，y 将变动的绝对量，即变动 b_1%个单位。

对于模型 $\ln y=b_0+b_1x+u$，有

$$b_1=\frac{\mathrm{d}(\ln y)}{\mathrm{d}x}=\frac{\mathrm{d}y/y}{\mathrm{d}x} \tag{3.4.7}$$

它表示 x 每变动 1 个单位时，y 将变动的百分比，即变动 $100b_1$%。特别地，若 x 为时间变量(年份)，则系数 b_1 衡量了 y 的年均增长速度。正因为如此，半对数模型又称为增长模型，通常我们用这类模型来测度变量的增长率。

模型适用范围：当 x 变动一个相对量时，y 以一个固定的绝对量随之变动，可用式(3.4.4)来描述；当 x 变动一个绝对量时，y 以一个固定的相对量随之变动，可用式(3.4.5)来描述。例如，以 Y 代表 GDP，t 为时间趋势变量，可以通过估计下面的半对数模型

$$\ln Y_t=b_0+b_1t+u_t$$

得到 GDP 的年增长率的估计值，这里 b_1 表示 GDP 的增长率。

3. 倒数模型

在社会经济生活中，某些经济变量与其他经济变量的倒数存在数量依存关系。如工资变化率与失业率、平均固定成本与产量等经济变量之间，就存在这种类型的依存关系。

我们把形如

$$y=b_0+b_1\frac{1}{x}+u\text{；}\ \frac{1}{y}=b_0+b_1\frac{1}{x}+u \tag{3.4.8}$$

的模型称为倒数模型。

设 $x^*=\dfrac{1}{x}$，$y^*=\dfrac{1}{y}$，即进行变量的倒数变换，就可以将其转化成线性回归模型。

倒数变换模型有一个明显的特征：随着 x 的无限扩大，y 将趋于极限值 b_0(或 $1/b_0$)，即有一个渐近下限或上限。有些经济现象(如平均固定成本曲线、商品的成长曲线、恩格尔曲线、菲利普斯曲线等)有类似的变动规律，可以用倒数模型进行描述。

例 3.4.2　某硫酸厂生产的硫酸透明度一直达不到优质要求，经分析透明度低与硫酸中金属杂质的含量有关。影响透明度的主要金属杂质是铁、钙、铅、镁等。通过正交试验的方法发现铁是影响硫酸透明度的最主要原因。测量了 47 组样本值，数据见表 3.4.3。试建立硫酸透明度(y)与铁杂质含量(x)的回归模型。

表 3.4.3 硫酸透明度(y)与铁杂质含量(x)数据

序数	y	x	序数	y	x
1	190	31	25	50	60
2	190	32	26	41	60
3	180	34	27	52	61
4	140	35	28	34	63
5	150	36	29	40	64
6	120	37	30	25	65
7	110	39	31	30	69
8	81	40	32	20	74
9	100	42	33	40	74
10	80	42	34	25	76
11	110	43	35	30	79
12	80	43	36	25	85
13	68	48	37	16	87
14	80	49	38	16	89
15	50	50	39	20	99
16	70	52	40	20	76
17	50	52	41	20	100
18	60	53	42	20	100
19	44	54	43	15	110
20	54	54	44	15	110
21	48	56	45	27	122
22	50	56	46	20	154
23	56	58	47	20	210
24	52	58			

根据表 3.4.3,可得硫酸透明度(y)与铁杂质含量(x)的散点图如图 3.4.1 所示,可以建立非线性回归模型。

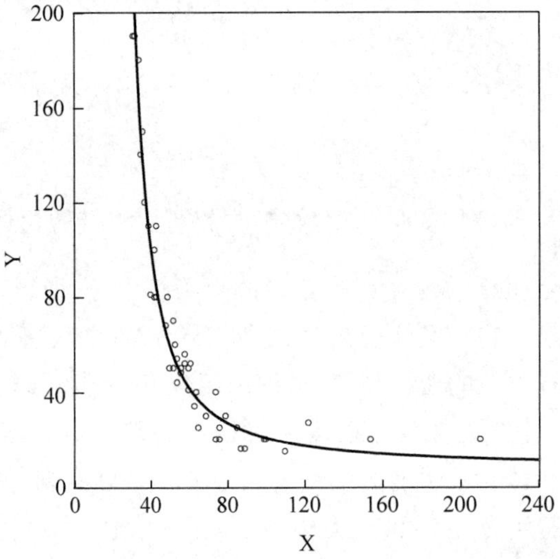

图 3.4.1 硫酸透明度(y)与铁杂质含量(x)散点图及拟合的指数曲线

根据表3.4.3提供的数据及模型$\frac{1}{y}=b_0+b_1\frac{1}{x}+u$，运用OLS法进行回归分析，得到倒数模型的估计式为

$$\frac{1}{\hat{y}}=0.0693-2.3721\left(\frac{1}{x}\right)$$

$$t=(18.5710)\quad(-11.9498)$$

$$R^2=0.7604\qquad \bar{R}^2=0.7551\qquad F=142.7975$$

实际上，建立指数模型函数，拟合效果会更好。在命令窗口键入

```
LS  log(y)  c  1/x
```

得到指数模型的估计式为

$$\ln\hat{y}=1.9937+104.5195\left(\frac{1}{x}\right)$$

$$t=(21.9682)\quad(21.6422)$$

$$R^2=0.9123\quad \bar{R}^2=0.9104\quad F=468.3845$$

散点图与拟合的指数曲线，如图3.4.1所示。

4. 多项式模型

多项式回归模型在生产与成本函数分析中被广泛地使用。多项式回归模型可表示为

$$y=b_0+b_1x+b_2x^2+\cdots+b_kx^k+u \tag{3.4.9}$$

设$x_t=x^t(t=1,2,\cdots,k)$，则

$$y=b_0+b_1x_1+b_2x_2+\cdots+b_kx_k+u \tag{3.4.10}$$

模型转化成多元线性回归模型。

例3.4.3　假设某企业在15年中每年的产量X(件)和总成本Y(元)的统计资料如表3.4.4所示，试估计该企业的总成本函数模型。

表3.4.4　总产量与总成本统计资料

年份	总成本Y	产量X
1	10 000	100
2	28 600	300
3	19 500	200
4	32 900	400
5	52 400	600
6	42 400	500
7	62 900	700
8	86 300	900
9	74 100	800
10	100 000	1000
11	133 900	1 200
12	115 700	1 100
13	154 800	1 300
14	178 700	1 400
15	203 100	1 500

根据边际成本的U形曲线理论，总成本函数可以用产量的三次多项式近似表示，即

$$Y = b_0 + b_1 X + b_2 X^2 + b_3 X^3 + u$$

它是关于产量 X 的三次多项式，利用 EViews 软件，其回归结果如表 3.4.5 所示。

表 3.4.5 回归结果

Dependent Variable: Y
Method: Least Squares
Date: 09/14/21 Time: 10:19
Sample: 1 15
Included observations: 15

Variable	Coefficient	Std. Error	t-Statistic	Prob.
C	2434.652	1368.921	1.778519	0.1029
X	85.70278	7.170616	11.95194	0.0000
X^2	-0.028405	0.010242	-2.773303	0.0181
X^3	4.05E-05	4.22E-06	9.593420	0.0000

R-squared	0.999778	Mean dependent var	86353.33
Adjusted R-squared	0.999717	S.D. dependent var	60016.44
S.E. of regression	1009.303	Akaike info criterion	16.89509
Sum squared resid	11205609	Schwarz criterion	17.08390
Log likelihood	-122.7131	Hannan-Quinn criter.	16.89307
F-statistic	16497.11	Durbin-Watson stat	2.275841
Prob(F-statistic)	0.000000		

得到总成本函数的估计式为

$$\hat{Y} = 2\,434.652 + 85.703X - 0.028X^2 + 4.05 \times 10^{-5} X^3$$

$$t = (1.778\,5) \quad (11.951\,9) \; (-2.773\,3) \quad (9.593\,4)$$

$$\bar{R}^2 = 0.999\,7 \quad \mathrm{DW} = 2.275\,8 \quad F = 16\,497.11$$

对总成本函数求导数，得到边际成本函数的估计式为

$$\frac{\mathrm{d}\hat{Y}}{\mathrm{d}X} = 85.703 - 0.056X + 1.215 \times 10^{-4} X^2$$

平均成本函数

$$\hat{Y}/X = 2\,434.652/X + 85.703 - 0.028X + 4.05 \times 10^{-5} X^2$$

这就是平均成本的U形曲线。

5. 成长曲线模型

成长曲线又称增长曲线，最早应用于生物学领域，后移植用于研究经济问题。成长曲线模型对经济活动的过程及经济变量的变化规律具有很强的描绘功能。成长曲线模型依其特点，主要包括逻辑成长曲线模型与龚伯兹成长曲线模型。

(1) 逻辑成长曲线模型。逻辑(logistic)成长曲线模型因其函数图形如S形，又被称为S曲线模型。其一般表达式为

$$y_t = \frac{K}{1 + \mathrm{e}^{f(t)}} \tag{3.4.11}$$

其中，$f(t) = a_0 + a_1 t + a_2 t^2 + \cdots + a_k t^k$。

逻辑成长曲线模型经过在应用过程中逐渐简化，目前的主要表达式变为

$$y_t = \frac{K}{1 + b_0 \mathrm{e}^{-b_1 t}} \tag{3.4.12}$$

其函数图形为图 3.4.2。

从式(3.4.12)及图 3.4.2 可以发现逻辑成长曲线有两个特点。一是 y 的最小值为零、最大值(极限值)为 K,当 $t\rightarrow-\infty$时,$y\rightarrow 0$;当 $t\rightarrow+\infty$时,y 趋近于极限值 K。二是逻辑成长曲线有一个拐点 A,在 A 点之前,y 的增长速度越来越快;在 A 点之后,y 的增长速度越来越慢,逐渐趋近于零。在实际的社会经济活动中,很多经济现象的发展过程,如某些产业的发展过程、新技术的推广过程、新产品的销售过程、某些耐用消费品的存量积累过程等,都遵循逻辑成长曲线的特点,都可以用逻辑成长曲线模型进行描绘。鉴于此,逻辑成长曲线模型是一种在经济计量分析中具有广泛用途的重要模型。

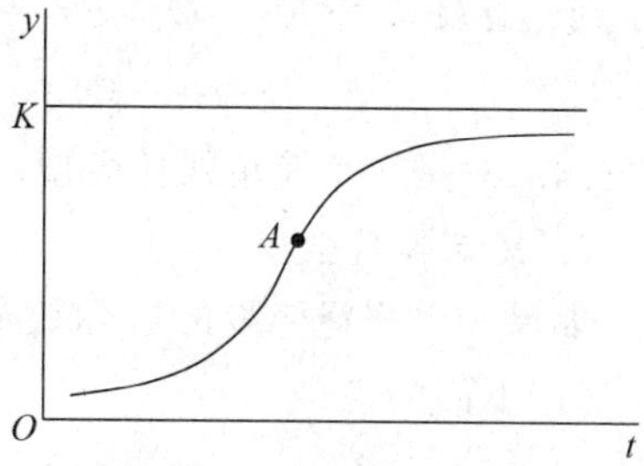

图 3.4.2　逻辑成长曲线

在式(3.4.12)中,K、b_0、b_1 是待估计的参数。因该模型不是线性模型,一般线性模型的估计方法已不适用。对该模型的参数估计,需要将逻辑成长曲线模型线性化,再用线性模型的估计方法进行参数估计。对于式(3.4.12),两边同时取倒数,得

$$\frac{1}{y_t}=\frac{1}{K}(1+b_0\mathrm{e}^{-b_1 t}) \tag{3.4.13}$$

如果 K 为已知(或给定),式(3.4.13)便可写成

$$\ln\left(\frac{1}{y_t}-\frac{1}{K}\right)=\ln\left(\frac{b_0}{K}\right)-b_1 t \tag{3.4.14}$$

记 $\ln\left(\frac{1}{y_t}-\frac{1}{K}\right)=Q_t$,$\ln\left(\frac{b_0}{K}\right)=b_0^*$,$-b_1=b_1^*$,则表达式(3.4.14)可表示为

$$Q_t=b_0^*+b_1^*\cdot t \tag{3.4.15}$$

式(3.4.15)是一个简单线性模型,可以方便地对其参数进行估计。

应用线性化估计法的关键是确定 K 的值。在很多场合,K 的取值可以依据理论或经验事先确定或进行推算。如新技术的推广率最高为 100%,消费品的最大需求量可以根据人口及消费水平确定,单位耕地面积农产品产量的极限值可以根据光能转换效率进行计算等。对 K 值的确定还可以选择不同的水平进行模拟和试验,通过不同水平的 K 值对模型参数估计的影响分析,最后确定 K 值的合理水平。

(2) 龚珀兹成长曲线模型。龚珀兹(Gompertz)成长曲线模型的表达式为

$$y_t=\mathrm{e}^{K+b_0 b_1^t} \tag{3.4.16}$$

在式(3.4.16)中,K、b_0、b_1 为模型待定参数。与逻辑成长曲线模型相类似,y 的下限值趋近于零,y 的上限值趋近于K,且两种模型的函数图形相似,只是拐点位置不同。龚珀兹成长曲线模型可以描绘很多经济变量的发展过程,用途较广。

对龚珀兹成长曲线模型的参数,可以用线性化方法估计。对式(3.4.16)两边同时取自然对数,得

$$\ln y_t=K+b_0 b_1^t$$

上式两边同时减去 K 再取自然对数,又得

$$\ln(\ln y_t-K)=\ln b_0+t\cdot\ln b_1 \tag{3.4.17}$$

令：$\ln(\ln y_t - K) = Q_t$，$\ln b_0 = b_0^*$，$\ln b_1 = b_1^*$，则表达式(3.4.17)可表示为

$$Q_t = b_0^* + b_1^* \cdot t \tag{3.4.18}$$

式(3.4.18)是一个简单线性模型，可以方便地对其参数进行估计。

6. 交互作用模型

如果一个解释变量的边际效应依赖于另一个解释变量，我们就说存在交互作用。例如，对于下面的模型

$$y = b_0 + b_1 x_1 + b_2 x_2 + b_3 x_1 x_2 + u$$

其中的 x_1、x_2 就表示交互作用项。

举例说明：在分析学生的考试成绩时，一般而言，他(她)过去的学习基础和课堂出勤率对最后考试结果有正向的影响。同时还存在过去的学习基础和课堂出勤率之间的交互作用，比如，原来的基础就很好，出勤率对考试成绩的影响就更大。因此，可以设定如下模型：

$$S = b_0 + b_1 P + b_2 A + b_3 P \cdot A + u$$

其中 S 表示考试成绩，P 表示过去的学习基础，A 表示课堂出勤率。

根据该模型，出勤率对考试成绩的边际效应为

$$\frac{\partial S}{\partial A} = b_2 + b_3 P, b_2 > 0, b_3 > 0$$

显然，边际效应是过去学习基础的函数。

3.4.2 非线性化模型的处理方法

在实际的经济活动中，经济变量之间的数量依存关系很多是属于非线性的。在应用计量经济模型描绘这类关系时，构建的模型自然也就成了非线性模型。有的非线性模型可以转换为线性模型，并应用线性模型的估计方法进行参数估计及检验。但有的非线性模型不能线性化，便不能用线性模型的估计方法进行参数估计与检验。称这类模型为非线性化模型。例如模型

$$y = a_0 + a_1 x_1^{b_1} + a_2 x_2^{b_2} + u$$

无论通过什么变换都不可能实现线性化，这样的模型称为非线性化模型。对于非线性化模型，一般采用高斯—牛顿迭代法进行估计，即将其展开成泰勒级数之后，再利用迭代估计方法进行估计。

这种方法的基本思想是：通过泰勒级数展开先使非线性方程在某一组初始参数估计值附近线性化，然后对这一线性方程应用 OLS 法，得出一组新的参数估计值。下一步是使非线性方程在新参数估计值附近线性化，对新的线性方程再应用 OLS 法，又得出一组新的参数估计值。不断重复上述过程，直至参数估计值收敛时为止。其主要步骤如下。

设有模型

$$y = f(x_1, x_2, \cdots, x_k, b_1, b_2, \cdots, b_p) + u \tag{3.4.19}$$

式中，k 为自变量的个数，p 为参数的个数，f 为非线性函数。

(1) 将非线性函数 f 对参数 $b_1, b_2, \cdots, b_p$ 给定初始值 $b_{10}, b_{20}, \cdots, b_{p0}$，展开为泰勒级数

$$y=f(x_1,x_2,\cdots,x_k,b_{10},b_{20},\cdots,b_{p0})+\sum_{i=1}^{p}\left(\frac{\partial f}{\partial b_i}\right)_{b_{i0}}(b_i-b_{i0})$$
$$+\frac{1}{2}\sum_{i=1}^{p}\sum_{j=1}^{p}\left(\frac{\partial^2 f}{\partial b_i \partial b_j}\right)_{b_{i0}b_{j0}}(b_i-b_{i0})(b_j-b_{j0})+\cdots+u \tag{3.4.20}$$

取式(3.4.20)右端前两项，略去 f 展开式第三项及以后所有各项即高阶项，便有线性近似

$$y-f(x_1,x_2,\cdots,x_k,b_{10},b_{20},\cdots,b_{p0})+\sum_{i=1}^{p}b_{i0}\left(\frac{\partial f}{\partial b_i}\right)_{b_{i0}}=\sum_{i=1}^{p}b_i\left(\frac{\partial f}{\partial b_i}\right)_{b_{i0}}+u \tag{3.4.21}$$

式(3.4.21)对参数 $b_i(i=1,2,\cdots,p)$ 已具有线性形式。

(2) 将式(3.4.21)左端看成一组新的因变量，将式(3.4.21)右端 $\left(\frac{\partial f}{\partial b_i}\right)_{b_{i0}}$ $(i=1,2,\cdots,p)$ 看成一组新的自变量，这样式(3.4.21)就已经成为标准线性模型，对式(3.4.21)应用 OLS 法，得出一组参数的估计值 $\hat{b}_{11},\hat{b}_{21},\cdots,\hat{b}_{p1}$。

(3) 重复第一步，在新参数估计值 $\hat{b}_{11},\hat{b}_{21},\cdots,\hat{b}_{p1}$ 附近再作一次泰勒展开，得到新的线性回归模型

$$y-f(x_1,x_2,\cdots,x_k,\hat{b}_{11},\hat{b}_{21},\cdots,\hat{b}_{p1})+\sum_{i=1}^{p}\hat{b}_{i1}\left(\frac{\partial f}{\partial b_i}\right)_{b_{i1}}=\sum_{i=1}^{p}b_i\left(\frac{\partial f}{\partial b_i}\right)_{b_{i1}}+v \tag{3.4.22}$$

(4) 重复第二步，对式(3.4.22)应用 OLS 法，又得出一组参数的估计值 $\hat{b}_{12},\hat{b}_{22},\cdots,\hat{b}_{p2}$。

(5) 如此反复循环，得出一组点序列 $\hat{b}_{1j},\hat{b}_{2j},\cdots,\hat{b}_{pj}\,(j=1,2,\cdots)$，使其收敛为止或满足下述条件：

$$\left|\frac{\hat{b}_{ij+1}-\hat{b}_{ij}}{\hat{b}_{ij}}\right|<\delta\ (i=1,2,\cdots,p)$$

δ 是根据需要事先给的任意小正数。

这里应指出的是迭代过程可能不收敛，这时应重选一组新的初始参数值，重新作逐次线性的近似估计。如果改变初始参数估计值仍不能使迭代过程收敛，那么就必须放弃逐次线性近似法而改用其他方法。

从上述估计过程可以看出，对于非线性化模型，将其展开成泰勒级数一阶项并经过适当的变量变换之后，也可以将其转化成线性回归模型。因此，仍然可以采用 OLS 方法估计其中的参数。需要指出的是，上述迭代估计过程的收敛性及收敛速度与参数初始值的选取密切相关。若选取的初始值与参数真值比较接近，则收敛速度较快；反之，则收敛缓慢甚至发散。因此，估计模型时最好依据参数的经济意义和有关先验信息，设定好参数的初始值。

3.4.3　回归模型的比较

当经济变量之间呈现非线性关系时，经常可以采用多个不同数学形式的非线性模型拟合样本数据，如何比较这些模型的优劣，并从中选择一个较为适宜的模型？对于这个问题没有一个统一的选择标准，但在实际研究中可以按照以下分析过程来比较、选择模型。

1. 图形观察分析

(1) 观察被解释变量和解释变量的趋势图。这有助于分析变量的发展趋势是否一致,解释变量能否反映被解释变量的波动变化情况,变量发展过程中是否有异常点等问题。

(2) 观察被解释变量与解释变量的相关图。这可以直观地看出两者的相关程度和相关类型,即变量之间是线性关系还是非线性关系?如果是非线性关系,曲线大致属于哪些类型?这为设定模型的具体函数形式指出了大致方向(对于多元回归模型,虽然相关图只是描述了被解释变量和各个解释变量在切平面上的散点分布情况,但这对分析变量之间的相关关系还是有所帮助的)。

2. 模型估计结果观察分析

对于每个模型的估计结果,可以依次观察以下内容。

(1) 回归系数的符号和值的大小是否符合经济意义,这是对所估计模型的最基本要求。

(2) 改变模型形式之后是否使决定系数的值明显提高。这可以比较不同模型对客观事实拟合程度的差异情况,决定系数是进行模型比较时的一个非常重要的指标。

(3) 各个解释变量 t 检验的显著性。一个优良的模型应能保证模型中所有重要的解释变量都是显著的,即在可以接受的显著性水平下,检验均能通过。

(4) 系数的估计误差较小。如果需要根据回归系数进行定量分析,则系数估计误差越小的模型,其推断的结论将越可靠。当然,比较系数的估计误差时,要求两个模型中变量的函数形式相同(例如,x 与 $\ln x$ 的估计误差就无法进行比较)。

3. 残差分布观察分析

模型的残差反映了模型未能解释部分的变化情况,因此,这可以从另一个角度(即模型系统之外因素的影响)来分析模型的优劣。在方程窗口单击 View\Actual, Fitted, Residual\Table(或 Graph),可以观察分析以下内容。

(1) 残差分布表中,各期残差是否大都落在 $\pm\hat{\sigma}$ 的虚线框内,这直观地反映了模型拟合误差的大小及变化情况。

(2) 残差分布是否具有某种规律性,即是否存在着系统误差。一个较好的模型其残差分布应该是随机的、无规律的,如果残差分布出现某种偏向(连续地取正值或负值),则表明模型的函数形式设定不当,或遗漏了一些影响逐渐增大的变量;如果残差分布呈现出周期波动或误差有逐渐扩大的趋势,则表明模型存在自相关性或异方差性(这两个问题将在以后的章节中讨论)。

(3) 近期残差的分布情况。如果建立模型的目的是进行预测,则要求模型的近期误差越小越好。这一分析可以通过残差分析表(Table)和残差分布图(Graph)进行观察,也可以在方程窗口中直接单击"Resids"按钮,观察模型的拟合曲线图和残差分布图。

综合分析上述各部分观察内容,可以分析、比较不同模型的优劣,并有助于我们从多个可选模型中选择出一个较为理想的模型。另外,利用决定系数比较模型的拟合优度时,如果两个模型包含的解释变量个数不同,则应采用"调整的决定系数"。

3.5 案例分析

3.5.1 案例1:中国经济增长影响因素分析

根据表3.5.1给出的1978—2015年国内生产总值GDP,最终消费CS,投资总额 I(用资本形成总额表示)，出口总额 EX，GDP 平减指数 P(反映物价总水平，1977＝1，定基指数)统计数据，试对中国经济增长影响因素进行回归分析(2015 年数据用于预测)。

表 3.5.1 1978—2015 年中国 GDP、消费 CS、投资 I 与出口 EX 单位：亿元

年 份	GDP	CS	I	EX	P
1978	3 678.7	2 232.9	1 412.7	167.60	1.013 3
1979	4 100.5	2 578.3	1 519.9	211.70	1.049 8
1980	4 587.6	2 966.9	1 623.1	271.20	1.089 5
1981	4 935.8	3 277.3	1 662.8	367.60	1.115 3
1982	5 373.4	3 575.6	1 759.6	413.80	1.113 9
1983	6 020.9	4 059.6	1 968.3	438.30	1.126 5
1984	7 278.5	4 784.4	2 560.2	580.50	1.182 1
1985	9 098.9	5 917.9	3 629.6	808.90	1.303 1
1986	10 376.2	6 727.0	4 001.9	1 082.10	1.364 6
1987	12 174.6	7 638.7	4 644.7	1 470.00	1.433 4
1988	15 180.4	9 423.1	6 511.9	1 766.70	1.607 3
1989	17 179.7	11 033.3	6 555.3	1 956.00	1.745 7
1990	18 872.9	12 001.4	6 060.3	2 985.80	1.845 7
1991	22 005.6	13 614.2	7 892.5	3 827.10	1.969 0
1992	27 194.5	16 225.1	10 833.6	4 676.30	2.130 7
1993	35 673.2	20 796.7	15 782.9	5 284.80	2.338 8
1994	48 637.5	28 272.3	19 916.3	10 421.80	2.821 9
1995	61 339.9	36 197.9	24 342.5	12 451.80	3.206 2
1996	71 813.6	43 086.8	27 556.6	12 576.40	3.415 5
1997	79 715.0	47 508.7	28 966.2	15 160.70	3.471 9
1998	85 195.5	51 460.4	30 396.6	15 223.60	3.442 1
1999	90 564.4	56 621.7	31 665.6	16 159.80	3.399 5
2000	100 280.1	63 667.7	34 526.1	20 634.40	3.469 3
2001	110 863.1	68 546.7	40 378.9	22 024.40	3.541 5
2002	121 717.4	74 068.2	45 129.8	26 947.90	3.563 9
2003	137 422.0	79 513.1	55 836.7	36 287.90	3.625 0
2004	161 840.2	89 086.0	69 420.5	49 103.30	3.877 5
2005	187 318.9	101 447.8	77 533.6	62 648.10	4.028 7
2006	219 438.5	114 728.6	89 823.4	77 597.20	4.187 7
2007	270 232.3	136 229.5	112 046.8	82 029.69	4.515 8
2008	319 515.5	157 466.3	138 242.8	93 563.60	4.867 2
2009	349 081.4	172 728.3	162 117.9	100 394.94	4.860 7
2010	413 030.3	198 998.1	196 653.1	107 022.84	5.199 9
2011	489 300.6	241 022.1	233 327.2	123 240.56	5.625 7
2012	540 367.4	271 112.8	255 240.0	129 359.30	5.758 0
2013	595 244.4	300 337.8	282 073.0	137 131.40	5.883 8
2014	643 974.0	328 312.6	302 717.5	143 883.75	5.932 4
2015	689 052.1	362 266.5	312 835.7	141 166.83	5.938 0

根据宏观经济理论可知，拉动中国经济增长的主要因素是消费、投资和出口这“三驾马车”。因此，将中国 GDP、CS、I 和 EX 作为一个经济系统，建立如下多元回归模型：

$$\ln(\mathrm{GDP}/P)_t = b_0 + b_1 \ln(\mathrm{CS}/P)_t + b_2 \ln(I/P)_t + b_3 \ln(\mathrm{EX}/P)_t + u_t$$

1. 回归结果

利用EViews11.0软件,其具体步骤为:首先建立工作文件,然后输入样本数据。在命令窗口输入

LS LOG(GDP/P) C LOG(CS/P) LOG(I/P) LOG(EX/P) AR(1)

在方程窗口中单击Estimate\Options按钮,在ARMA\Method选择框选择GLS(广义最小二乘法),得到表3.5.2回归结果(其中模型中加入AR(1)是为了消除自相关)。

表3.5.2 回归结果

Dependent Variable: LOG(GDP/P)
Method: ARMA Generalized Least Squares (BFGS)
Date: 09/14/21 Time: 10:33
Sample: 1978 2014
Included observations: 37
Convergence achieved after 11 iterations
Coefficient covariance computed using outer product of gradients
d.f. adjustment for standard errors & covariance

Variable	Coefficient	Std. Error	t-Statistic	Prob.
C	0.901884	0.237673	3.794649	0.0006
LOG(CS/P)	0.684499	0.052271	13.09530	0.0000
LOG(I/P)	0.231832	0.031801	7.290134	0.0000
LOG(EX/P)	0.066605	0.021691	3.070692	0.0043
AR(1)	0.964635	0.064230	15.01849	0.0000

R-squared	0.999815	Mean dependent var	9.894418
Adjusted R-squared	0.999792	S.D. dependent var	1.052928
S.E. of regression	0.015179	Akaike info criterion	-5.340701
Sum squared resid	0.007372	Schwarz criterion	-5.123009
Log likelihood	103.8030	Hannan-Quinn criter.	-5.263954
F-statistic	43300.87	Durbin-Watson stat	1.565211
Prob(F-statistic)	0.000000		

根据表3.5.2回归结果,得到多元回归模型的估计式为

$$\ln(\widehat{\mathrm{GDP}}/P) = 0.901\,9 + 0.684\,5\ln(\mathrm{CS}/P) + 0.231\,8\ln(I/P) + 0.066\,6\ln(\mathrm{EX}/P)$$

$$t = (3.794\,6) \quad (13.095\,3) \qquad (7.290\,1) \qquad (3.070\,7)$$

$$\bar{R}^2 = 0.999\,8, \quad F = 43\,300.87, \quad \mathrm{DW} = 1.565\,2$$

2. 回归参数 b_1、b_2、b_3 的置信区间

在 $\alpha=0.05$ 显著性水平上,查自由度为 $n-k-1=37-3-1=33$ 的 t 分布表,得临界值 $t_{\alpha/2}(n-k-1)=t_{0.025}(33)=2.03$,所以,置信度为95%的 b_1 的置信区间为

$$(\hat{b}_1 - t_{\alpha/2}(n-k-1)\cdot s(\hat{b}_1), \hat{b}_1 + t_{\alpha/2}(n-k-1)\cdot s(\hat{b}_1))$$
$$=(0.684\,5 - 2.03 \times 0.052\,3, 0.684\,5 + 2.03 \times 0.052\,3)$$
$$=(0.578\,3, 0.790\,7)$$

同理,置信度为95%的 b_2 的置信区间为

$$(\hat{b}_2 - t_{\alpha/2}(n-k-1)\cdot s(\hat{b}_2), \hat{b}_2 + t_{\alpha/2}(n-k-1)\cdot s(\hat{b}_2))$$
$$=(0.231\,8 - 2.03 \times 0.031\,8, 0.231\,8 + 2.03 \times 0.031\,8)$$
$$=(0.167\,2, 0.296\,4)$$

置信度95%的 b_3 的置信区间为

$$(\hat{b}_3 - t_{\alpha/2}(n-k-1) \cdot s(\hat{b}_3), \hat{b}_3 + t_{\alpha/2}(n-k-1) \cdot s(\hat{b}_3))$$
$$=(0.0666 - 2.03 \times 0.0217, 0.0666 + 2.03 \times 0.0217)$$
$$=(0.0225, 0.1106)$$

3. 检验模型

(1) 模型的经济意义检验：回归系数估计值 $\hat{b}_1 = 0.6845 > 0$，$\hat{b}_2 = 0.2318 > 0$，$\hat{b}_3 = 0.0666 > 0$，说明实际 GDP 与消费需求、投资需求、出口同方向变动，当其他条件不变时，消费、投资、出口每增加一个百分点，我国 GDP 将平均依次增加 0.684 5%、0.231 8%和 0.066 6%。

(2) 回归方程的标准误差的评价：S. E=0.015 2 说明中国 GDP 实际观测点与其估计值(对数形式)的平均误差为 0.015 2。

(3) 拟合优度检验：$\bar{R}^2 = 0.9998$ 说明，回归方程的解释能力为 99.98%，即消费、投资、出口对 GDP 变动的解释能力为 99.98%，回归方程的拟合优度相当好。

(4) 回归模型的总体显著性检验：从全部因素的共同影响看，在 5%显著性水平上，$F = 43\,300.87 > F_{\alpha}(k, n-k-1) = F_{0.05}(3,33) = 2.9$，说明消费需求、投资需求、出口对 GDP 的共同影响是显著的。从 p 值为 0.000 00 可以明显看出，回归模型是相当显著的。

(5) 单个回归系数的显著性检验：从单个因素的影响看，在 5%显著性水平上，$t(\hat{b}_1) = 13.0953 > t_{0.025}(33) = 2.03$，说明消费需求对 GDP 的影响是显著的，$t(\hat{b}_2) = 7.2901 > t_{0.025}(33) = 2.03$，$t(\hat{b}_3) = 3.0707 > t_{0.025}(33) = 2.03$ 说明投资需求、出口对 GDP 的影响也是显著的。从它们的 p 值为 0.000 0、0.000 0 和 0.004 3 也可以看出，回归系数显著不为零。

4. 预测

(1) 样本内预测(拟合)。在方程窗口单击 Forecast，出现 Forecast(预测)对话框，在 Method 中选择 Static forecast，点击“OK”键，即得到静态预测输出结果。在工作文件窗口打开序列 GDP、GDPF，可以得到观测值 GDP 与样本内静态拟合值 GDPF。

观测评价：平均相对误差(MPE)的值为 1.100 4，低于 10；Theil 不等系数(Theil IC)为 0.006 0，介于 0 和 1 之间，因此，本例预测精度较高。

(2) 样本外预测。EViews11.0 软件操作过程如下。

第一，扩大工作文件范围。在当前工作文件窗口的 Proc 功能下选择 Structure/Resize Current Page，或双击工作文件工具条下面的 Range，打开样本范围设定对话框(图 3.5.1)，在 End date 中填入 2015，即将样本范围由原来的 1978—2014 扩展为 1978—2015，单击“OK”键。

第二，输入预测区间的解释变量观测值。在命令窗口输入：DATA CS I EX P，打开数组窗口，分别输入 2015 年 CS、I、EX 和 P 的样本值 CS=362 266.5，$I = 312\,835.7$，EX=141 166.83，$P = 5.9380$。

第三，点预测和区间预测。下面我们通过 EViews 软件来计算 GDP_f 的 95%的预测区间

$$\widehat{GDP}_f - t_{\alpha/2}(n-k-1) \cdot s(\widehat{GDP}_f) \leqslant y_f \leqslant \widehat{GDP}_f + t_{\alpha/2}(n-k-1) \cdot s(\widehat{GDP}_f)$$

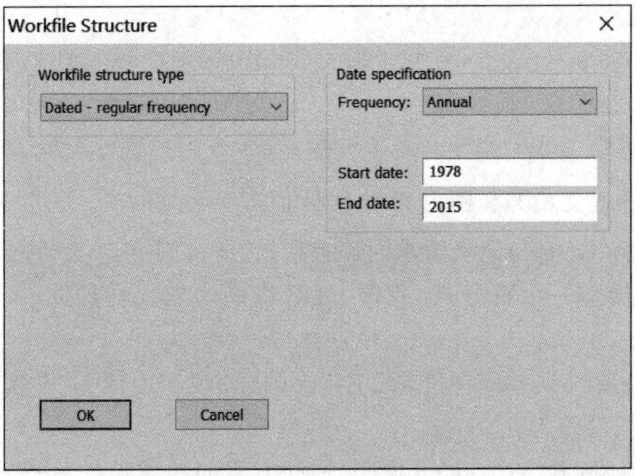

图 3.5.1　样本范围设定对话框

首先计算 GDP_f 预测值的标准差 $s(\widehat{GDP}_f)=\sqrt{\hat{\sigma}^2(1+\boldsymbol{x}_f(\boldsymbol{X}'\boldsymbol{X})^{-1}\boldsymbol{x}_f')}$。打开估计方程窗口，单击 Forecast，弹出 Forecast(预测)对话框(如图 3.5.2 所示)，在 Forecast name 中输入预测序列的名字 gdpf，在 S. E. (optional)中输入保存预测值标准差的序列名字 gdpfse，在 Method 中选择 Static forecast，单击"OK"键，即可得到所需结果。

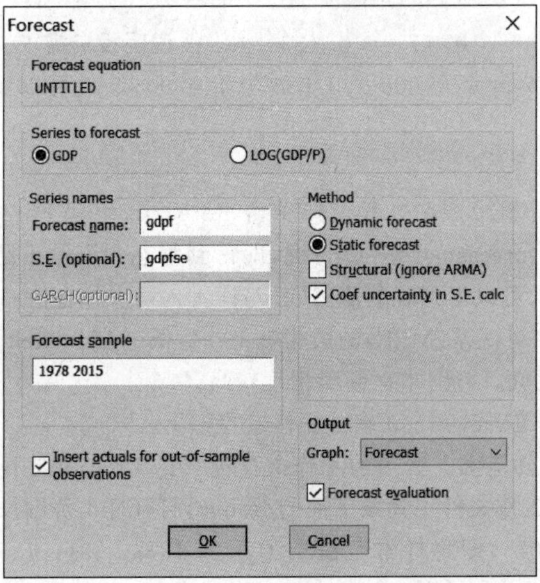

图 3.5.2　Forecast 对话框

在工作文件窗口，打开 gdpf 序列，即得到我国 2015 年 GDP 的预测值为 692 467.2 亿元。打开 gdpfse 序列，2015 年数据就是 $\widehat{GDP}_f$ 的标准差 $s(\widehat{GDP}_f)=38\,691.74$，在 5% 的显著性水平下，自由度为 37－3－1＝33 的 t 分布的临界值为 $t_{0.025}(33)=2.03$，于是 GDPF 单点值的 95% 的预测区间为

$$(\widehat{GDP}_f - t_{0.025}(33)\times s(\widehat{GDP}_f),\ \widehat{GDP}_f + t_{0.025}(33)\times s(\widehat{GDP}_f))$$

即(692 467.2－2.03×38 691.74,692 467.2＋2.03×38 691.74)＝(613 923.5,771 012.7)

因此,我国 2015 年 GDP 的 95%的预测区间为:(613 923.0,771 011.4)。

利用 EViews 软件,得到样本值与预测值的时间序列图,如图 3.5.3 所示。

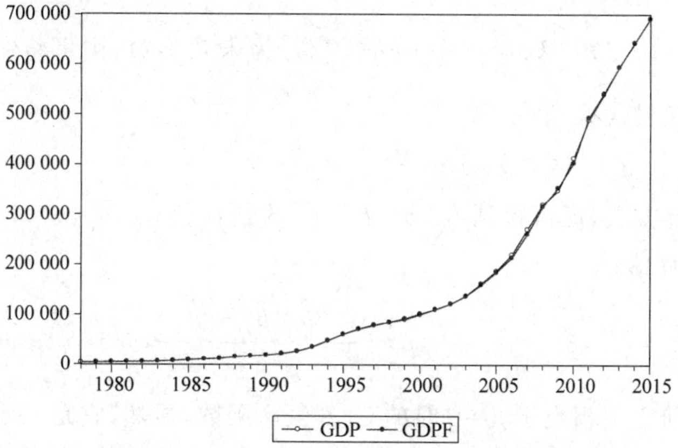

图 3.5.3　样本值 GDP 与预测值 GDPF 的序列图

3.5.2　案例 2:两要素不变替代弹性生产函数的参数估计

两要素不变替代弹性(constant elasticity of substitution)生产函数模型,简称 CES 生产函数模型,其基本形式如下:

$$Y = A[\delta K^{-\rho} + (1-\delta)L^{-\rho}]^{-\frac{m}{\rho}} \tag{3.5.1}$$

其中:参数 A 为效率系数,是广义技术进步水平的反映,应该有 $A>0$,δ 为分配系数,满足 $0<\delta<1$,ρ 为替代参数,满足 $\rho\geqslant -1$,参数 m 为规模报酬参数。

对式(3.5.1),当要素投入量同时扩大 λ 倍时,有

$$A[\delta(\lambda K)^{-\rho} + (1-\delta)(\lambda L)^{-\rho}]^{-\frac{m}{\rho}} = \lambda^m\{A[\delta K^{-\rho} + (1-\delta)L^{-\rho}]^{-\frac{m}{\rho}}\}$$

因此,当 $m=1$ 时,CES 生产函数为不变规模报酬;当 $m>1$ 时,CES 生产函数为递增规模报酬;当 $m<1$ 时,CES 生产函数为递减规模报酬。

由定义可知,CES 生产函数替代弹性 σ 为固定常数:

$$\sigma = 1/(1+\rho) \tag{3.5.2}$$

CES 生产函数模型是一个关于参数的非线性模型,采用简单的方法难以化为线性模型。自 1961 年以来,关于它的估计问题有较多研究,主要有两类方法,即利用边际生产力条件的估计方法和直接估计方法。本文采用后一种方法。首先将 CES 生产函数模型的计量形态假设为

$$Y = A[\delta K^{-\rho} + (1-\delta)L^{-\rho}]^{-\frac{m}{\rho}} e^u$$

两边取对数,得到

$$\ln Y = \ln A - (m/\rho)\ln[\delta K^{-\rho} + (1-\delta)L^{-\rho}] + u \tag{3.5.3}$$

将式(3.5.3)中的 $\ln[\delta K^{-\rho}+(1-\delta)L^{-\rho}]$ 在 $\rho=0$ 处按泰勒级数展开,并取0阶、1阶、2阶项,代入式(3.5.3),得到

$$\ln Y=\ln A+\delta m\cdot\ln K+(1-\delta)m\cdot\ln L-\frac{1}{2}\rho m\delta(1-\delta)\left[\ln\left(\frac{K}{L}\right)\right]^2+v \qquad (3.5.4)$$

设 $Z=\ln(Y)$ 为被解释变量,$X_1=\ln K$、$X_2=\ln L$、$X_3=[\ln(K/L)]^2$ 为解释变量,$b_0=\ln A$,$b_1=\delta m$,$b_2=(1-\delta)m$,$b_3=-\frac{1}{2}\rho m\delta(1-\delta)$ 为未知参数,则可将线性化的CES生产函数(3.5.4)通过变量代换,表示成

$$Z=b_0+b_1X_1+b_2X_2+b_3X_3+v \qquad (3.5.5)$$

采用OLS估计方法,便可得到 b_0,b_1,b_2,b_3 的估计值 $\hat{b}_0,\hat{b}_1,\hat{b}_2,\hat{b}_3$,进而可以得到参数 A,ρ,δ,m 的估计值:

$$\hat{A}=\mathrm{e}^{\hat{b}_0},\hat{\delta}=\frac{\hat{b}_1}{\hat{b}_1+\hat{b}_2},\hat{\rho}=\frac{-2\hat{b}_3(\hat{b}_1+\hat{b}_2)}{\hat{b}_1\cdot\hat{b}_2},\hat{m}=\hat{b}_1+\hat{b}_2 \qquad (3.5.6)$$

式(3.5.4)的前三项相当于 $\rho=0$ 时的CES生产函数,显然,它是C-D生产函数的形式。最后一项是对 $\rho=0$ 情形的一个调整,调整的幅度取决于 ρ 的大小。由此可见,用式(3.5.4)近似代替CES生产函数,近似误差的大小与 ρ 偏离0的程度有关。所以,若 ρ 的估计量 $\hat{\rho}$ 接近于0,则参数估计量是较好的近似;若 ρ 的估计量 $\hat{\rho}$ 与0相差较大,则参数估计量不是较好的近似。

根据1980—1996年天津市国内生产总值、资金和从业人员的统计资料(见表3.5.3),估计CES生产函数。

表3.5.3 天津市1980—1996年国内生产总值 Y、资金 K 和从业人员 L 统计资料

年份	国内生产总值 Y(亿元)	资金 K(亿元)	从业人员 L(万人)
1980	103.52	461.67	394.79
1981	107.96	476.32	413.02
1982	114.10	499.13	420.50
1983	123.40	527.22	435.60
1984	147.47	561.02	447.50
1985	175.71	632.11	455.90
1986	194.67	710.51	466.94
1987	220.00	780.12	470.93
1988	259.64	895.66	465.15
1989	283.34	988.65	469.79
1990	310.95	1 075.37	470.07
1991	342.75	1 184.58	479.67
1992	411.24	1 344.14	485.70
1993	536.10	1 688.02	503.10
1994	725.14	2 221.42	513.00
1995	920.11	2 843.48	515.30
1996	1 102.10	3 364.34	512.00

利用 EViews11.0 软件，其具体步骤为：首先建立工作文件，输入样本数据，然后在命令窗口生成新变量 Z、X_1、X_2、X_3：

GENR Z=LOG(Y)

GENR X1=LOG(K)

GENR X2=LOG(L)

GENR X3=[LOG(K/L)]^2

在命令窗口输入：LS Z C X1 X2 X3 得到回归结果如表 3.5.4 所示。

表 3.5.4 回归结果

Dependent Variable: Z
Method: Least Squares
Date: 09/14/21 Time: 10:40
Sample: 1980 1996
Included observations: 17

Variable	Coefficient	Std. Error	t-Statistic	Prob.
C	-8.714523	1.475951	-5.904344	0.0001
X1	1.169303	0.080377	14.54773	0.0000
X2	1.029326	0.314436	3.273563	0.0060
X3	-0.060194	0.030779	-1.955664	0.0723

R-squared	0.998924	Mean dependent var	5.600196
Adjusted R-squared	0.998676	S.D. dependent var	0.749974
S.E. of regression	0.027291	Akaike info criterion	-4.162176
Sum squared resid	0.009683	Schwarz criterion	-3.966125
Log likelihood	39.37849	Hannan-Quinn criter.	-4.142688
F-statistic	4023.243	Durbin-Watson stat	1.741752
Prob(F-statistic)	0.000000		

得到模型估计式为

$$\ln\hat{Y} = -8.741\,5 + 1.169\,3\ln K + 1.029\,3\ln L - 0.060\,2[\ln(K/L)]^2$$

$$t = \quad (-5.904\,3)\ (14.547\,7) \quad (3.273\,6) \quad (-1.955\,7)$$

$$\bar{R}^2 = 0.998\,7 \quad F = 4\,023.243 \quad \mathrm{DW} = 1.741\,8$$

由此可求得天津的 CES 生产函数参数的估计值分别为

$$\hat{A} = 0.000\,16, \hat{\delta} = 0.531\,8, \hat{\rho} = 0.219\,9, \hat{m} = 2.198\,6$$

天津的 CES 生产函数的估计式为

$$\hat{Y} = 0.000\,16(0.531\,8K^{-0.219\,9} + 0.468\,2L^{-0.219\,9})^{-\frac{2.198\,6}{0.219\,9}}$$

替代弹性为 $\hat{\sigma} = \dfrac{1}{1+\hat{\rho}} = \dfrac{1}{1+0.219\,9} = 0.819\,7$。

因为替代弹性比较接近于 1，而 C-D 生产函数的替代弹性是 1，这就表明了 C-D 生产函数模型可能是较适宜的形式。

即测即练 3.1 即测即练 3.2 即测即练 3.3

习 题

(1) 给定二元回归模型：$y_t=b_0+b_1x_{1t}+b_2x_{2t}+u_t(t=1,2,\cdots,n)$。

① 叙述模型的古典假定；②写出总体回归方程、样本回归方程与样本回归模型；③写出回归模型的矩阵表示；④写出回归系数及随机误差项方差的最小二乘估计量，并叙述参数估计量的性质；⑤试述总离差平方和、回归平方和、残差平方和之间的关系。

(2) 在多元线性回归分析中，为什么用修正的决定系数衡量估计模型对样本观测值的拟合优度？

(3) 决定系数 R^2 与总体线性关系显著性 F 检验之间有何关系？在多元线性回归分析中，F 检验与 t 检验有何不同？在一元线性回归分析中两者是否有等价的作用？

(4) 常见的非线性回归模型有几种情况？

(5) 指出下列模型中所要求的待估参数的经济意义：

① 食品类需求函数：$\ln Y=\alpha_0+\alpha_1\ln I+\alpha_2\ln P_1+\alpha_3\ln P_2+u$ 中的 α_1、α_2、α_3(其中 Y 为人均食品支出额，I 为人均收入，P_1 为食品类价格，P_2 为其他替代商品类价格)。

② 消费函数：$C_t=\beta_0+\beta_1Y_t+\beta_2Y_{t-1}+u_t$ 中的 β_1 和 β_2(其中 C 为人均消费额，Y 为人均收入)。

(6) 设货币需求方程式的总体模型为

$$\ln(M_t/P_t)=b_0+b_1\ln(r_t)+b_3\ln(\mathrm{RGDP}_t)+u_t$$

其中 M 为名义货币需求量，P 为物价水平，r 为利率，RGDP 为实际国内生产总值。假定根据容量为 $n=19$ 的样本，用最小二乘法估计出如下样本回归模型：

$$\ln(M_t/P_t)=0.03-0.26\ln(r_t)+0.54\ln(\mathrm{RGDP}_t)+e_t$$

$$t=\qquad\qquad(13)\qquad\qquad(3)$$

$$R^2=0.9\qquad \mathrm{DW}=0.1$$

其中括号内的数值为系数估计的 t 统计值，e_t 为残差。

① 从经济意义上考察估计模型的合理性；

② 在5%显著性水平上，分别检验参数 b_1、b_2 的显著性；

③ 在5%显著性水平上，检验模型的整体显著性。

(7) 设有模型 $y_t=b_0+b_1x_{1t}+b_2x_{2t}+u_t$，试在下列条件下：

① $b_1+b_2=1$；② $b_1=b_2$。分别求出 b_1 和 b_2 的最小二乘估计量。

(8) 对下列模型进行适当变换化为标准线性模型：

① $y=b_0+b_1\dfrac{1}{x}+b_2\dfrac{1}{x^2}+u$

② $Q=AL^{\alpha}K^{\beta}\mathrm{e}^{u}$

③ $y=\mathrm{e}^{b_0+b_1x+u}$

④ $y=\dfrac{1}{1+\mathrm{e}^{-(b_0+b_1x+u)}}$

(9) 表1给出了一个钢厂在不同年度的钢产量。试建立钢产量 y 和年度 x(1991年取1，1992年取2，依此类推)之间关系的方程：$y=a\mathrm{e}^{bx}$，并预测2002年的产量。

表 1　某钢厂 1991—2001 年钢产量　　　单位：千吨

年度	1991	1992	1993	1994	1995	1996	1997	1998	1999	2000	2001
钢产量	12.2	12.0	13.9	15.9	17.9	20.1	22.7	26.0	29.0	32.5	36.1

(10) 表 2 给出了 1960—1982 年间 7 个 OECD 国家(美国、加拿大、德国、意大利、英国、日本、法国)的能源需求指数(y)、实际 GDP 指数(x_1)、能源价格指数(x_2)的数据，所有指数均以 1970 为基准(1970＝100)。

表 2　7 个 OECD 国家能源需求指数、实际 GDP 指数与能源价格指数

年份	能源需求指数(y)	实际 GDP 指数(x_1)	能源价格指数(x_2)	年份	能源需求指数(y)	实际 GDP 指数(x_1)	能源价格指数(x_2)
1960	54.1	54.1	111.9	1972	97.2	94.3	98.6
1961	55.4	56.4	112.4	1973	100.0	100.0	100.0
1962	58.5	59.4	111.1	1974	97.3	101.4	120.1
1963	61.7	62.1	110.2	1975	93.5	100.5	131.0
1964	63.6	65.9	109.0	1976	99.1	105.3	129.6
1965	66.8	69.5	108.3	1977	100.9	109.9	137.7
1966	70.3	73.2	105.3	1978	103.9	114.4	133.7
1967	73.5	75.7	105.4	1979	106.9	118.3	144,5
1968	78.3	79.9	104.3	1980	101.2	119.6	179.0
1969	83.3	83.8	101.7	1981	98.1	121.1	189.4
1970	88.9	86.2	97.7	1982	95.6	120.6	190.9
1971	91.8	89.8	100.3				

① 运用柯布-道格拉斯生产函数建立能源需求与收入、价格之间的对数需求函数：

$$\ln y_t = b_0 + b_1 \ln x_{1t} + b_2 \ln x_{2t} + u_t \tag{1}$$

② 所估计的回归系数是否显著？用 p 值回答这个问题。

③ 解释回归系数的意义。

④ 根据上面的数据建立线性回归模型：

$$y_t = b_0 + b_1 x_{1t} + b_2 x_{2t} + u_t \tag{2}$$

⑤ 比较模型(1)、(2)的 $\bar{R}^2$ 值。

⑥ 如果模型(1)、(2)的结论不同，你会选择哪一个回归模型？为什么？

(11) 表 3 列出了某地区 1980—2002 年家庭人均鸡肉年消费量 Y 与家庭月平均收入 X，鸡肉价格 P_1、猪肉价格 P_2 与牛肉价格 P_3 的相关数据。

① 利用表 3 资料，求出该地区家庭鸡肉消费需求模型：

$$\ln Y = b_0 + b_1 \ln X + b_2 \ln P_1 + b_3 \ln P_2 + b_4 \ln P_3 + u$$

② 试分析该地区家庭鸡肉消费需求是否受猪肉价格 P_2 与牛肉价格 P_3 的影响。

表 3　相关统计数据

年份	鸡肉家庭人均年消费量 Y(公斤)	家庭月平均收入 X(元)	鸡肉价格 P_1(元/公斤)	猪肉价格 P_2(元/公斤)	牛肉价格 P_3(元/公斤)
1980	2.78	397	4.22	5.07	7.83
1981	2.99	413	3.81	5.2	7.92
1982	2.98	439	4.03	5.4	7.92
1983	3.08	459	3.95	5.53	7.92

续表

年份	鸡肉家庭人均年消费量 Y(公斤)	家庭月平均收入 X(元)	鸡肉价格 P_1(元/公斤)	猪肉价格 P_2(元/公斤)	牛肉价格 P_3(元/公斤)
1984	3.12	492	3.73	5.47	7.74
1985	3.33	528	3.81	6.37	8.02
1986	3.56	560	3.93	6.98	8.04
1987	3.64	624	3.78	6.59	8.39
1988	3.67	666	3.84	6.45	8.55
1989	3.84	717	4.01	7.00	9.37
1990	4.04	768	3.86	7.32	10.61
1991	4.03	843	3.98	6.78	10.48
1992	4.18	911	3.97	7.91	11.40
1993	4.04	931	5.21	9.54	12.41
1994	4.07	1021	4.89	9.42	12.76
1995	4.01	1165	5.83	12.35	14.29
1996	4.27	1349	5.79	12.99	14.36
1997	4.41	1449	5.67	11.76	13.92
1998	4.67	1575	6.37	13.09	16.55
1999	5.06	1759	6.16	12.98	20.33
2000	5.01	1994	5.89	12.8	21.96
2001	5.17	2258	6.64	14.1	22.16
2002	5.29	2478	7.04	16.82	23.26

(12) 在一项对某社区家庭对某种商品需求的调查中，得到表4的统计数据。请用手工与软件两种方式对该社区家庭对某种商品需求支出作二元线性回归分析，其中手工方式要求以矩阵表达式进行运算。

表4　某社区家庭某商品消费需求统计调查数据　　单位：元

序号	对某商品的消费支出 Y	商品单价 X_1	家庭月收入 X_2
1	591.9	23.56	7620
2	654.5	24.44	9120
3	623.6	32.07	10 670
4	647.0	32.46	11 160
5	674.0	31.15	11 900
6	644.4	34.14	12 920
7	680.0	35.30	14 340
8	724.0	38.70	15 960
9	757.1	39.63	18 000
10	706.8	46.68	19 300

① 估计回归方程的参数及随机误差项的方差 $\hat{\sigma}^2$，计算 R^2 及 $\bar{R}^2$。其中已知：

$$(\boldsymbol{X}'\boldsymbol{X})^{-1}=\begin{pmatrix} 5.325\,360\,28 & -0.363\,021\,10 & 0.000\,538\,17 \\ -0.363\,021\,1 & 0.033\,816\,04 & -0.000\,595\,8 \\ 0.000\,538\,17 & -0.000\,595\,8 & 0.000\,000\,11 \end{pmatrix}$$

② 对方程进行 F 检验，对参数进行 t 检验，并构造参数95%的置信区间。

③ 如果商品价格为35元，家庭月收入为20 000元，求该家庭对其消费支出的预测值和预测区间($\alpha=0.05$)。

第4章

异方差性

本章学习的目的

(1)掌握异方差性的含义、了解异方差性产生的原因；(2)掌握异方差性的影响和检验方法；(3)掌握异方差性的解决方法；(4)能够应用 EViews 软件分析与解决异方差性问题。

由上一章内容可知，如果线性回归模型满足六项基本假设，则普通最小二乘法是估计模型参数的理想方法，因为用普通最小二乘法能够获得模型参数的最佳线性无偏估计量。有了模型参数的估计量并通过相应的一系列检验后，我们就可以应用检验有效的模型进行经济预测。但是，如果线性回归模型不能满足那些基本的假设呢？在模型不能满足基本假设时，用普通最小二乘法获得的模型参数是否还会具备线性、无偏性、有效性等优良性质？如果不能，应该用什么方法来估计模型参数才能获得参数的一个优良估计量？这就是本章和以下几章要讨论的内容。以下几章的内容，是围绕上一章提出的基本假设逐项展开讨论的。如当假设 $\mathrm{var}(u_t)=\sigma^2$(常数)不能成立时，如何估计模型参数，这就是本章“异方差性”所讨论的内容；当假设 $\mathrm{cov}(u_i,u_j)=0$ 不能成立时，如何估计模型参数，就是第 5 章“自相关性”讨论的内容；当“解释变量之间不存在多重共线性”假设不能成立时，就是第 6 章“多重共线性”讨论的内容；等等。因此，在学习过程中，我们要把本章及以下各章的内容作为前两章的继续和延伸，使两者形成有机的联系。

异方差性是指模型违反了古典假定中的同方差性，它是计量经济分析中的一个专门问题。本章将在介绍异方差性基本含义的基础上，分析异方差性的原因及影响，介绍检验异方差性和修正异方差性的基本方法。

4.1 异方差性及其产生的原因

4.1.1 异方差性的定义

设线性回归模型为

$$y_t=b_0+b_1x_{1t}+b_2x_{2t}+\cdots+b_kx_{kt}+u_t \tag{4.1.1}$$

经典回归中所谓同方差是指不同随机误差项 $u_t(t=1,2,\cdots,n)$ 的方差相同，即

$$\mathrm{var}(u_t)=\sigma^2$$

这里 σ^2 是一个对所有解释变量观测值都一样的常数。如果随机误差项的方差不是常

数,则称随机误差项 u_t 具有异方差性(heteroscedasticity),即

$$\mathrm{var}(u_t)=\sigma_t^2 \neq 常数(t=1,2,\cdots,n)$$

异方差性主要发生在截面数据的情况,在时间序列数据中一般不会发生,除非时间跨度过大。在截面数据分析中,我们通常考虑一个时点上的总体单位,如消费者、公司、地区、国家等,这些总体单位具有不同的规模,使得模型中的误差项包含了规模效应的作用,不再具有同方差性。

异方差性的几何直观表示形式,可借助观测值的散点图表示。以一元线性回归为例,在散点图上,就是样本残差平方 e_t^2 随解释变量的变化而变化。图 4.1.1 给出四种不同的反映异方差变化情况的散点图,其中图(a)表示没有异方差的情况,图(b)、图(c)、图(d)表示有异方差的情况。图(a)中,残差平方 e_t^2 基本上不随自变量 x 的变化而变化;图(b)中,残差平方 e_t^2 随自变量 x 增大而减小,称为递减的异方差性;图(c)中,残差平方 e_t^2 随自变量 x 增大而增大,称为递增的异方差性;图(d)中,残差平方 e_t^2 先减小而后增大,为复杂的异方差性。

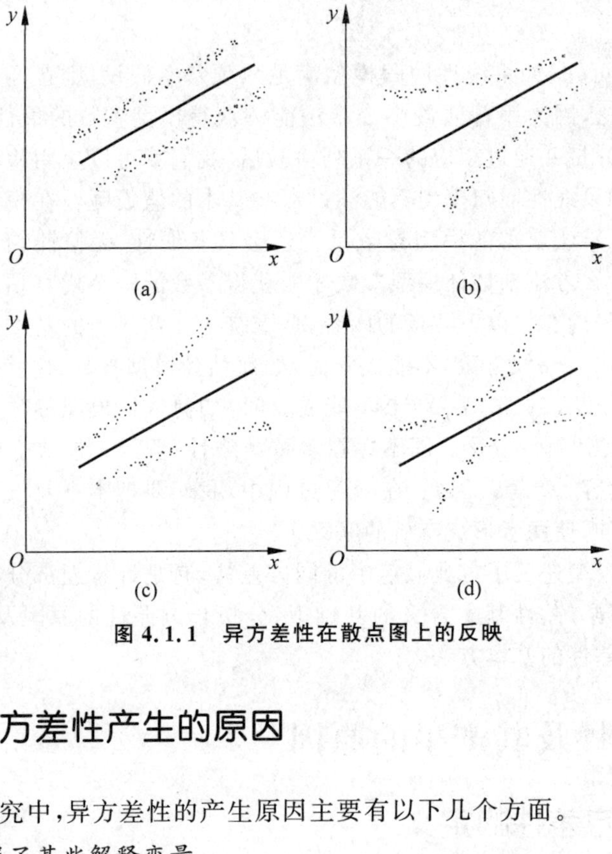

图 4.1.1 异方差性在散点图上的反映

4.1.2 异方差性产生的原因

在计量经济研究中,异方差性的产生原因主要有以下几个方面。

1. 模型中遗漏了某些解释变量

如果模型中只包含所要研究的几个主要因素,其他被省略的因素对被解释变量的影响都被归入随机误差项,引起 u_t 偏离均值的程度不同,可能使随机误差项产生异方差性。

例如,用截面数据研究消费函数,根据绝对收入假说,设消费函数为

$$y_t=b_0+b_1x_t+u_t$$

其中 y_t 为家庭消费支出,x_t 为家庭可支配收入。在该模型中,物价水平 P_t 没有包括在解

释变量中,但它对消费支出是有影响的,该影响因素却被放在随机误差项中。如果物价水平是影响消费的重要部分,则很可能使随机误差的方差变动呈现异方差性。另一方面如果用 x_t/P_t 表示不同家庭收入组的数据来研究消费函数,则不同收入组在消费支出上的差异是不同的。高收入组的消费支出差异应该很大,而低收入组的消费支出差异很小。不同收入的家庭其消费支出可能有较大的差异。

再比如,用截面数据研究某一时点上不同地区的某类企业的生产函数,其模型为

$$Y_t = AL_t^{\alpha} K_t^{\beta} \mathrm{e}^{u_t}$$

u 为随机误差项,它包含了除资本 K 和劳动力 L 以外的其他因素对产出 Y 的影响,比如不同企业在设计上、生产工艺上的区别,在技术熟练程度或管理上的差别以及其他因素,这些因素在小企业之间差别不大,而在大企业之间则相差较大,随机误差项随 L、K 增大而增大。由于不同的地区这些因素不同造成了对产出的影响出现差异,使模型中的 u 具有异方差性。

2. 模型函数形式的设定误差

在一般情况下,解释变量与被解释变量之间的关系是比较复杂的非线性关系。在构造模型时,为了简化模型,用线性模型代替非线性关系,或者用简单的非线性模型代替复杂的非线性关系,造成了模型关系不准确的误差。如将指数曲线模型误设成了线性模型,则误差有增大的趋势。

3. 样本数据的测量误差

一方面,样本数据的测量误差常随时间的推移而逐步积累,从而会引起随机误差项的方差增加。另一方面,随着时间的推移,抽样技术和其他收集资料方法的改进,也使得样本的测量误差逐步减少,引起随机误差的方差减小,从而随机项就不具有同方差性。

4. 截面数据中总体各单位的差异

由于经济现象是错综复杂的,所以在实际经济现象中异方差性问题是大量存在的。例如,利用截面数据研究消费和收入之间的关系时,对收入较少的家庭,在满足基本消费支出之后的剩余收入已经不多,用在购买生活必需品上的比例较大,消费的分散幅度不大。收入较多的家庭有更多可自由支配的收入,使得这些家庭的消费有更大的选择范围。由于个性、爱好、储蓄心理、消费习惯、家庭成员构成等不同造成的差异,使消费的分散幅度增大,或者说低收入家庭消费的分散度和高收入家庭消费的分散度相比较,可以认为前者小于后者。这种被解释变量的分散幅度的变化,反映到模型中,可以理解为误差项方差的变化。

5. 随机因素的影响

经济变量本身受很多随机因素影响(比如政策变动、自然灾害、金融危机等),不具有确定性和重复性,同时,社会经济问题涉及人的思维和行为,也涉及各阶层的物质利益,人的行为具有很多不确定因素。因此,经济分析中经常会遇到异方差性的问题。而且经验表明,利用截面数据建立模型时,由于在不同样本点上其他因素影响的差异较大,所以比时间序列数据更容易产生异方差性。

在实际经济计量分析中,绝对严格的同方差性几乎是不可能的,异方差性可以说是一种比较普遍的现象。那么,当同方差假定不成立时,还能不能用普通最小二乘法来估计模型参数呢?以下几节将专门讨论这一问题。

4.2 异方差性的影响

如果线性回归模型的随机误差项存在异方差性,会给模型参数估计、模型检验及模型应用带来较大影响。

对于多元线性回归模型

$$\boldsymbol{Y}=\boldsymbol{XB}+\boldsymbol{U}$$

设随机误差项 $\boldsymbol{U}$ 存在异方差性,即

$$\mathrm{Cov}(\boldsymbol{U})=\begin{bmatrix}\sigma_1^2 & 0 & \cdots & 0\\ 0 & \sigma_2^2 & \cdots & 0\\ \vdots & \vdots & \cdots & \vdots\\ 0 & 0 & \cdots & \sigma_n^2\end{bmatrix}$$

仍然采用最小二乘法对模型进行估计,得到参数估计量

$$\hat{\boldsymbol{B}}=(\boldsymbol{X}'\boldsymbol{X})^{-1}\boldsymbol{X}'\boldsymbol{Y}$$

在此基础上研究异方差性对模型的影响。

4.2.1 模型参数估计值仍然具有无偏性

由于估计量的解析式没有发生变化,存在异方差性对参数估计量的线性没有影响。

事实上:$\hat{\boldsymbol{B}}=(\boldsymbol{X}'\boldsymbol{X})^{-1}\boldsymbol{X}'\boldsymbol{Y}=(\boldsymbol{X}'\boldsymbol{X})^{-1}\boldsymbol{X}'(\boldsymbol{XB}+\boldsymbol{U})=\boldsymbol{B}+(\boldsymbol{X}'\boldsymbol{X})^{-1}\boldsymbol{X}'\boldsymbol{U}$

$$\boldsymbol{E}(\hat{\boldsymbol{B}})=\boldsymbol{E}(\boldsymbol{B}+(\boldsymbol{X}'\boldsymbol{X})^{-1}\boldsymbol{X}'\boldsymbol{U})=\boldsymbol{E}(\boldsymbol{B})+(\boldsymbol{X}'\boldsymbol{X})^{-1}\boldsymbol{X}'\boldsymbol{E}(\boldsymbol{U})=\boldsymbol{B}$$

由此可见,随机误差项存在异方差性,并不影响模型参数最小二乘估计量的无偏性和线性。出现这一结果也是很自然的,因为在推导参数最小二乘估计式时,只对解释变量与随机误差项的相互独立做了假定,并未要求随机误差项一定要具备同方差性。但对于一个估计量而言,无偏性不是一个特别有效的标准。有时虽然具有无偏性,但其他性质都很差,这也不是一个较好的估计量。

4.2.2 模型参数估计值不再具备有效性

由第3章中的讨论可知,当线性回归模型满足古典假设时,最小二乘估计量是一个有效估计量,且估计参数的协方差矩阵为

$$\mathrm{Cov}(\hat{\boldsymbol{B}})=\boldsymbol{E}[(\hat{\boldsymbol{B}}-\boldsymbol{B})(\hat{\boldsymbol{B}}-\boldsymbol{B})']=(\boldsymbol{X}'\boldsymbol{X})^{-1}\sigma^2$$

当存在异方差时,由于 $\hat{\boldsymbol{B}}=\boldsymbol{B}+(\boldsymbol{X}'\boldsymbol{X})^{-1}\boldsymbol{X}'\boldsymbol{U}$,$\hat{\boldsymbol{B}}-\boldsymbol{B}=(\boldsymbol{X}'\boldsymbol{X})^{-1}\boldsymbol{X}'\boldsymbol{U}$,因此有

$$(\hat{\boldsymbol{B}}-\boldsymbol{B})(\hat{\boldsymbol{B}}-\boldsymbol{B})'=[(\boldsymbol{X}'\boldsymbol{X})^{-1}\boldsymbol{X}'\boldsymbol{U}][(\boldsymbol{X}'\boldsymbol{X})^{-1}\boldsymbol{X}'\boldsymbol{U}]'=[(\boldsymbol{X}'\boldsymbol{X})^{-1}\boldsymbol{X}'\boldsymbol{U}][\boldsymbol{U}'\boldsymbol{X}(\boldsymbol{X}'\boldsymbol{X})^{-1}]$$

估计量的协方差矩阵为

$$\begin{aligned}\mathrm{Cov}(\hat{\boldsymbol{B}})&=\boldsymbol{E}[(\hat{\boldsymbol{B}}-\boldsymbol{B})(\hat{\boldsymbol{B}}-\boldsymbol{B})']=\boldsymbol{E}[(\boldsymbol{X}'\boldsymbol{X})^{-1}\boldsymbol{X}'\boldsymbol{U}][\boldsymbol{U}'\boldsymbol{X}(\boldsymbol{X}'\boldsymbol{X})^{-1}]\\&=(\boldsymbol{X}'\boldsymbol{X})^{-1}\boldsymbol{X}'\boldsymbol{E}(\boldsymbol{U}\boldsymbol{U}')\boldsymbol{X}(\boldsymbol{X}'\boldsymbol{X})^{-1}\neq(\boldsymbol{X}'\boldsymbol{X})^{-1}\sigma^2\end{aligned}$$

所以，当随机误差项存在异方差性时，参数估计量不再具有有效性。有效性是参数估计评价标准的一个重要指标，这会导致用估计量方差或标准差构建的统计量，比如 t 统计量、F 统计量等失真，使相关的统计检验失去原有的功效。在大样本下，参数的估计量具有一致性，但仍不具有渐近有效性。

4.2.3　模型的统计检验失效

对回归参数进行显著性检验，一是要通过计算参数估计值的标准差，用以判断参数估计值与真实值的差异；二是要通过 t 统计量的计算，判断参数估计值在多大程度上代表真实参数；三是通过计算真实参数的变动区间，来判断参数估计值代表真实参数的精确程度和可信度。

对回归参数进行显著性检验时，需要构造 t 统计量 $t(\hat{b}_j)=\dfrac{\hat{b}_j}{s(\hat{b}_j)}$，而 t 统计量的分母是参数估计值的标准差，如果存在异方差性，所估计的 $\hat{b}_j$ 的标准差 $s(\hat{b}_j)=\sqrt{\mathrm{var}(\hat{b}_j)}$ 出现偏误，t 检验失去原有的意义。其他检验也有类似的情况。

4.2.4　区间估计和区间预测的精度降低

在求参数 b_j 置信区间 $(\hat{b}_j-t_{\alpha/2}(n-k-1)s(\hat{b}_j),\hat{b}_j+t_{\alpha/2}(n-k-1)s(\hat{b}_j))$ 时，采用 $\hat{b}_j$ 的标准差 $s(\hat{b}_j)=\sqrt{\mathrm{var}(\hat{b}_j)}$ 的估计量，如果随机误差项存在异方差性，则对标准差的估计出现了偏误，因此得到的置信区间是不准确的，区间估计精度降低（类似地，区间预测的精度也会降低）。综上所述，如果模型存在异方差性问题，仍采用 OLS 法直接进行参数估计，将导致区间估计和区间预测失效。

上述分析表明，实际经济问题中经常会出现异方差性，这将直接影响回归模型的估计、检验和应用。因此，在建立计量经济模型的过程中，应该检验模型是否存在异方差性，如果不存在异方差性（当然要求其他假定也同时成立），则可以用 OLS 方法建立回归模型；否则，应该采用其他的参数估计方法建立回归模型。

如前所述，当模型不能满足同方差性假定时，普通最小二乘法是不适用的。因此，我们在确定用什么方法来估计模型时，要判断模型的随机误差项是否存在异方差性，即要对异方差性是否显著地存在作出检验。

4.3　异方差性的检验

在计量经济分析过程中，检验异方差性的方法较多，本节仅对其中几种常用的方法作介绍。

异方差性,即相对于不同的样本点,也就是相对于不同的解释变量观测值,随机误差项具有不同的方差,那么检验异方差性,也就是检验随机误差项的方差与解释变量观测值之间的相关性。问题在于用什么来表示随机误差项的方差。一般处理方法是首先采用 OLS 估计模型,以求得随机误差项的估计量,称为"近似估计",用残差 e_t 表示。于是有

$$\operatorname{var}(u_t)=E(u_t^2)\approx e_t^2, e_t=y_t-\hat{y}_t$$

即用 e_t^2 来近似表示随机误差项的方差。

4.3.1 图示检验法——相关图分析

"方差"即为随机变量的离散程度。由于被解释变量 y 与误差项 u 的方差相同,因此通过观察 y 与 x 的相关图,可以分析 y 的离散程度与解释变量之间是否存在相关关系。如果随着 x 值的增加,y 的离散程度呈现逐渐增大(或减小)的趋势,则表明模型存在着递增(或递减)的异方差性。建立回归模型时,为了判断模型的函数形式,一般要观察被解释变量与解释变量的相关图,此时也可以大致判断模型是否存在异方差性。

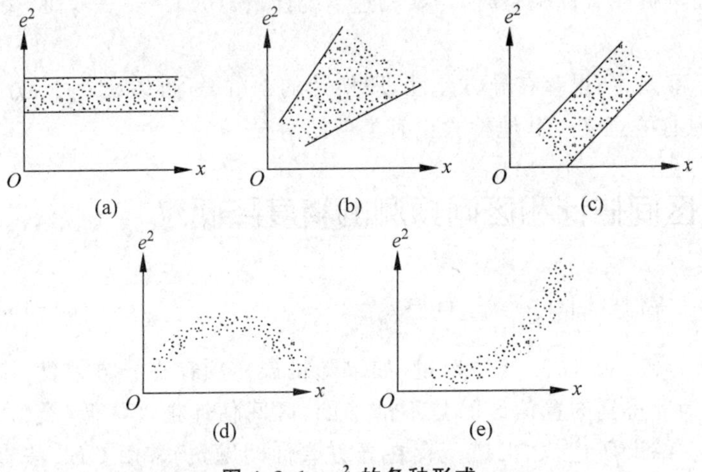

图 4.3.1 e^2 的各种形式

在回归分析中,常常对拟合回归方程的残差进行分析。具体做法为将残差对其相应的观测值作散点图或对一个或多个解释变量作散点图,或是对 y_t 的估计值 $\hat{y}_t$ 作散点图。这样的残差图可以为我们判断模型中的同方差假定是否满足提供线索。

图 4.3.1 描绘了残差的平方 e_t^2 对变量 x_t 作散点图可能产生异方差性的各种形式。在图 4.3.1(a)中,e_t^2 与变量 x_t 之间没有可观察到的系统模式,表明模型中可能不存在异方差性。图 4.3.1(c)表明 e_t^2 与变量 x_t 之间存在线性关系,图 4.3.1(b)、图 4.3.1(d)、图 4.3.1(e)表明 e_t^2 与变量 x_t 之间存在比较复杂的关系。如果残差的平方 e_t^2 与变量呈现出图 4.3.1(b)到图 4.3.1(e)中的任意一种关系,则随机项存在异方差性。对于多元线性回归模型,我们还可以将 e_t^2 对 y_t 的估计值 $\hat{y}_t$ 作散点图,对 $\hat{y}_t$ 的散点图可能也会呈现出图 4.3.1(b)到图 4.3.1(e)中的某种形式,表明可能存在异方差性。这样就避免了将残差的平方对单个变量作散点图的麻烦。

例 4.3.1　我国制造业利润函数。表 4.3.1 列出了 1998 年我国制造业销售收入与销售利润的统计资料(单位：亿元)。现以此数据资料为例,介绍检验异方差性的一些常用方法。

表 4.3.1　我国制造业 1998 年销售利润与销售收入情况

行业名称	销售利润 y	销售收入 x	行业名称	销售利润 y	销售收入 x
食品加工业	187.25	3 180.44	医药制造业	238.71	1 264.10
食品制造业	111.42	1 119.88	化学纤维制造	81.57	779.46
饮料制造业	205.42	1 489.89	橡胶制品业	77.84	692.08
烟草加工业	183.87	1 328.59	塑料制品业	144.34	1 345.00
纺织业	316.79	3 862.90	非金属矿制品	339.26	2 866.14
服装制品业	157.70	1 779.10	黑色金属冶炼	367.47	3 868.28
皮革羽绒制品	81.70	1 081.77	有色金属冶炼	144.29	1 535.16
木材加工业	35.67	443.74	金属制品业	201.42	1 948.12
家具制造业	31.06	226.78	普通机械制造	354.69	2 351.68
造纸及纸制品	134.40	1 124.94	专用设备制造	238.16	1 714.73
印刷业	90.12	499.83	交通运输设备	511.94	4 011.53
文教体育用品	54.40	504.44	电子机械制造	409.83	3 286.15
石油加工业	194.45	2 363.80	电子通信设备	508.15	4 499.19
化学原料制品	502.61	4 195.22	仪器仪表设备	72.46	663.68

图 4.3.2 为我国制造业销售利润与销售收入的相关图,从图中可以明显看出,随着销售收入的增加,销售利润的平均水平不断提高,但其离散程度同时也在逐步扩大,即呈现出递增异方差。

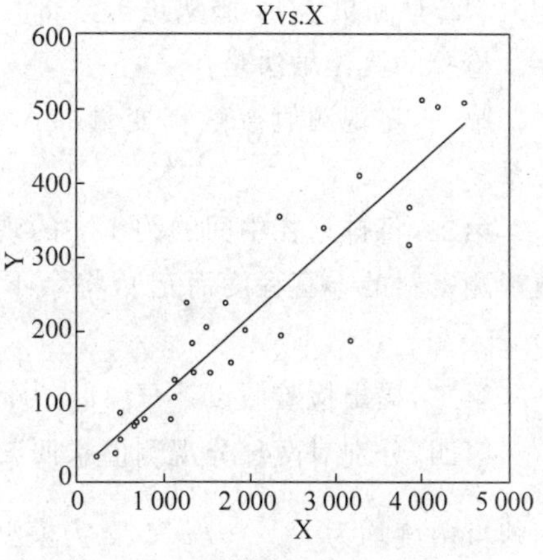

图 4.3.2　我国制造业销售利润与销售收入的相关图

以例 4.3.1 为例,先用最小二乘法估计模型,估计结果为

$$\hat{y}_t = 12.0335 + 0.1044x_t$$

$$t = (0.6165)\ (12.3666)$$

$$\bar{R}^2 = 0.8491 \quad F = 152.9322$$

建立回归模型之后,在方程窗口中点击 Resids 按钮可以得到模型的残差分布图,如果残差分布的离散程度有明显扩大的趋势,则表明存在着异方差性。注意观察之前需要先将数据关于解释变量排序(其命令格式为：SORT　x)。

现根据表 4.3.1 数据资料,可以分别得出模型的残差分布图(图 4.3.3)、e_t^2 与 x_t 的散点图(图 4.3.4),从这些残差分布图可以大致看出随机误差项存在递增的异方差性。

图示检验法只能粗略地判断模型是否存在异方差性,当异方差性不太明显时,还需要采用一些较为精确的检验方法。

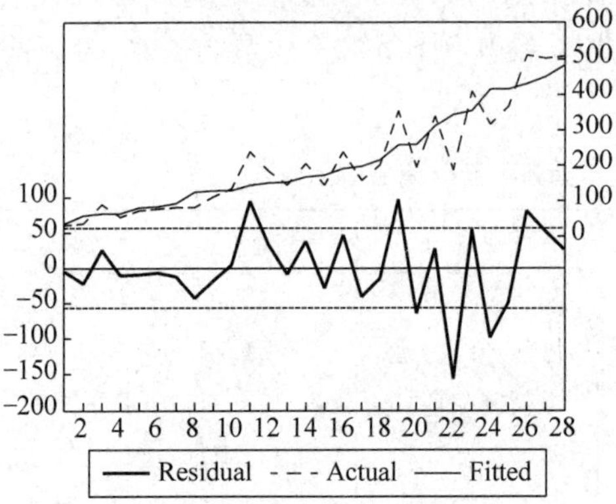

图 4.3.3　残差分布图

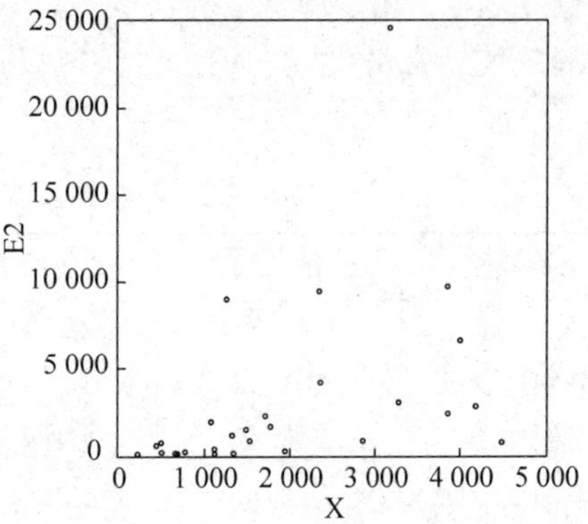

图 4.3.4　e_t^2 与 x_t 的散点图

4.3.2　戈德菲尔德-匡特检验

该方法是由戈德菲尔德(S. M. Goldfeld)和匡特(R. E. Quandt)于1965年提出的,称为戈德菲尔德-匡特检验(以下简称G-Q检验)。检验的基本思想是将样本分为容量相等的两部分,然后分别对样本Ⅰ和样本Ⅱ进行回归,并计算两个子样本的残差平方和,如果随机误差项是同方差的,则这两个子样本的残差平方和应该大致相等。如果是异方差的,则两者差别较大。以此来判断是否存在异方差性。该检验有两个前提条件:一是样本容量要尽可能大;二是随机项 u_t 服从正态分布。且除了异方差条件外,其他假定均满足。

检验的具体做法是:

第一,将观测值按解释变量的大小顺序排列,被解释变量与解释变量保持原来对应关系。

第二,将排列在中间的约1/4的观测值删除,除去的观测值个数记为 c(也可以不删去,视观测资料的丰富程度而定),将余下的观测值分为两部分,每部分的观测值个数为 $(n-c)/2$。

第三,提出检验假设。$H_0: u_t$ 为同方差性;$H_1: u_t$ 为异方差性。

第四,分别对两部分观测值求回归方程,并计算两部分的残差平方和 RSS_1 与 RSS_2,它们的自由度均为 $\frac{n-c}{2}-k-1$,k 为模型中解释变量的个数。如果随机误差项是同方差的,则这两个子样本的残差平方和 RSS_1 与 RSS_2 应该大致相等,如果是递增的异方差,则 $\mathrm{RSS}_2 > \mathrm{RSS}_1$,两者差别较大。于是构造

$$F=\frac{\mathrm{RSS}_2/[(n-c)/2-k-1]}{\mathrm{RSS}_1/[(n-c)/2-k-1]}=\frac{\mathrm{RSS}_2}{\mathrm{RSS}_1} \tag{4.3.1}$$

则统计量 F 服从 $F\left(\frac{n-c}{2}-k-1,\frac{n-c}{2}-k-1\right)$ 分布。

第五,判断。给定显著性水平 α,查第一、第二自由度均为 $\frac{n-c}{2}-k-1$ 的 F 分布表得临

界值，当 $F > F_{\alpha}\left(\frac{n-c}{2}-k-1, \frac{n-c}{2}-k-1\right)$，则表明两个子样本的方差水平显著不同，于是否定 H_0，接受 H_1，即随机误差项存在异方差性。若 $F < F_{\alpha}$，则不存在异方差性。

例 4.3.2　利用戈德菲尔德-匡特检验法来检验例 4.3.1 中模型 $y_t = b_0 + b_1 x_t + u_t$ 是否存在异方差性。在例 4.3.1 中，样本数据个数 $n=28$，$C=n/4$，为了使两个子样本的容量相同，从中间去掉 8 个数据（即取 $C=8$）。检验步骤如下：

SORT　x	将样本数据关于 x 排序
SMPL　1　10	确定子样本 1
LS　y　c　x	求出 $RSS_1 = 2\,579.587$
SMPL　19　28	确定子样本 2
LS　y　c　x	求出 $RSS_2 = 63\,769.67$

计算出 $F = 63\,769.67/2\,579.587 = 24.72$，取 $\alpha = 0.05$ 时，查第一自由度和第二自由度均为 $\frac{n-c}{2}-k-1 = \frac{28-8}{2}-1-1 = 8$ 的 F 分布表得 $F_{0.05}(8,8) = 3.44$，而 $F = 24.72 > F_{0.05}(8,8) = 3.44$，所以存在（递增的）异方差性。

从检验过程可以看出，G-Q 检验适用于检验样本容量较大、异方差性呈递增或递减的情况，而且检验结果与数据剔除个数 c 的选取有关。

4.3.3　布罗斯-帕甘-戈弗雷检验

布罗斯-帕甘-戈弗雷（Breusch-Pagan-Godfrey）检验是一种最为常用的异方差检验方法。对于多元线性回归模型

$$y_t = b_0 + b_1 x_{1t} + b_2 x_{2t} + \cdots + b_k x_{kt} + u_t$$

同方差性假设意味着随机误差项的方差 $\mathrm{var}(u_t) = \sigma^2$ 与一个或多个解释变量不相关。异方差性也就意味着随机误差项的方差 $\mathrm{var}(u_t) = \sigma_t^2$ 与部分或全部解释变量相关。一个简单的方法就是假设随机误差项的方差 σ_t^2 为解释变量的线性模型

$$\sigma_t^2 = a_0 + a_1 x_{1t} + a_2 x_{2t} + \cdots + a_k x_{kt} + v_t$$

则检验同方差性就是检验如下联合假设：

$$H_0: a_1 = a_2 = \cdots = a_k = 0 \tag{4.3.2}$$

由于观测不到真实的 σ_t^2，可以用 OLS 估计原线性回归模型得到残差，用残差平方 e_t^2 近似代替，则对原模型随机误差项进行同方差性检验，就是针对辅助回归模型

$$e_t^2 = a_0 + a_1 x_{1t} + a_2 x_{2t} + \cdots + a_k x_{kt} + v_t \tag{4.3.3}$$

检验联合假设式（4.3.2）。这可以通过 F 检验或拉格朗日（Lagrange）检验来进行：

$$F = \frac{R^2/k}{(1-R^2)/(n-k-1)} \tag{4.3.4}$$

$$\mathrm{LM}(k) = nR^2 \tag{4.3.5}$$

其中，R^2 为辅助回归模型（4.3.3）的决定系数，k 为解释变量个数。可以证明，式（4.3.4）和式（4.3.5）所构建的 F 统计量与 nR^2 统计量，在大样本下分别渐近服从 $F(k, n-k-1)$ 分布和 $\chi^2(k)$ 分布。如果计算的 F 值与 nR^2 值大于给定的显著性水平下的临界值，则拒绝 H_0，表明随机误差项存在异方差性，否则不存在异方差性。

例 4.3.3 利用布罗斯-帕甘-戈弗雷检验法检验例 4.3.1 中的模型 $y_t = b_0 + b_1 x_t + u_t$ 是否存异方差性。

利用 EViews 软件可以直接进行布罗斯-帕甘-戈弗雷检验。具体步骤为

(1) 建立回归模型:LS y c x

(2) 检验异方差性:在方程窗口中依次单击 View\Residual Diagnostics\Heteroskedasticity Tests 弹出异方差性检验设定窗口,如图 4.3.5 所示,在 Test type 中选择 Breusch-Pagan-Godfrey。

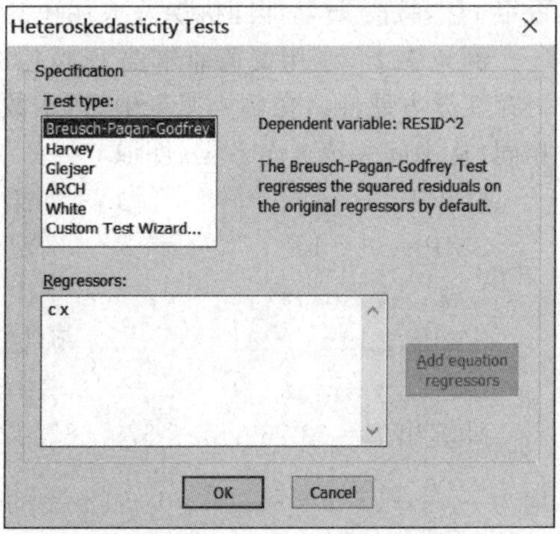

图 4.3.5 异方差性检验设定窗口

单击"OK"键后,屏幕将显示辅助回归模型的估计结果及表 4.3.2 信息。输出结果中 F-statistic、Obs * R-squared 即式(4.3.4)和式(4.3.5)中的 F 统计量和 nR^2 统计量,由其概率可以判断,在 5%的显著水平下拒绝同异方差性的原假设,认为模型存在异方差性。

表 4.3.2 布罗斯-帕甘-戈弗雷检验结果

Heteroskedasticity Test: Breusch-Pagan-Godfrey
Null hypothesis: Homoskedasticity

F-statistic	5.276318	Prob. F(1,26)	0.0299
Obs*R-squared	4.723603	Prob. Chi-Square(1)	0.0298
Scaled explained SS	5.748302	Prob. Chi-Square(1)	0.0165

Test Equation:
Dependent Variable: RESID^2
Method: Least Squares
Date: 09/14/21 Time: 10:44
Sample: 1 28
Included observations: 28

Variable	Coefficient	Std. Error	t-Statistic	Prob.
C	-135.8989	1639.471	-0.082892	0.9346
X	1.628762	0.709075	2.297024	0.0299

R-squared	0.168700	Mean dependent var	3006.833
Adjusted R-squared	0.136727	S.D. dependent var	5144.454
S.E. of regression	4779.840	Akaike info criterion	19.85095
Sum squared resid	5.94E+08	Schwarz criterion	19.94611
Log likelihood	-275.9133	Hannan-Quinn criter.	19.88004
F-statistic	5.276318	Durbin-Watson stat	1.467145
Prob(F-statistic)	0.029921		

4.3.4 哈维检验与戈里瑟检验

该检验法是哈维(A. C. Harvey)和戈里瑟(H. Glejser)分别于 1976 年和 1969 年提出的检验异方差性的方法。哈维检验、戈里瑟检验与布罗斯-帕甘-戈弗雷检验类似。哈维检验假设随机误差项的方差 σ_t^2 的对数形式为

$$\ln\sigma_t^2 = a_0 + a_1 x_{1t} + a_2 x_{2t} + \cdots + a_k x_{kt} + v_t$$

戈里瑟检验假设随机误差项的方差 σ_t^2 的具体形式为

$$\sigma_t^2=(a_0+a_1x_{1t}+a_2x_{2t}+\cdots+a_kx_{kt})^m+v_t \quad (m=\pm1,\pm2,\pm1/2,\cdots)$$

其符号含义、假设检验与布罗斯-帕甘-戈弗雷检验相同。哈维检验构建的辅助回归模型为

$$\ln e_t^2=a_0+a_1x_{1t}+a_2x_{2t}+\cdots+a_kx_{kt}+v_t \tag{4.3.6}$$

戈里瑟检验构建的辅助回归模型为

$$|e_t|=(a_0+a_1x_{1t}+a_2x_{2t}+\cdots+a_kx_{kt})^m+v \tag{4.3.7}$$

其中，e_t^2 为原线性回归模型利用 OLS 估计得到的残差平方（在实际应用中，m 一般取 1、2、1/2 等）。哈维检验和戈里瑟检验提供的 F 统计量和 nR^2 统计量与式(4.3.4)、式(4.3.5)相同。如果计算的 F 值与 nR^2 值大于给定的显著性水平下的临界值，则拒绝 H_0，表明随机误差项存在异方差性。

哈维检验和戈里瑟检验的特点是：不仅能检验异方差性，而且通过"实验"可以探测异方差性的具体形式，这有助于进一步研究如何消除异方差性的影响。哈维检验和戈里瑟检验只是作为一种经验方法加以应用。一般来讲，对于大样本情况，选择上述模型可以得出较为满意的结果，而对小样本情况，它只能作为了解异方差性某些信息的一种手段。

例 4.3.4　利用哈维检验法和戈里瑟检验法检验例 4.3.1 中的模型 $y_t=b_0+b_1x_t+u_t$ 是否存在异方差性。

利用 EViews11.0 软件可以直接进行哈维检验和戈里瑟检验。其步骤与例 4.3.3 类似，即(1)建立回归模型：LS　y　c　x；(2)检验异方差性：在方程窗口中依次点击

View\Residual Diagnostics\Heteroskedasticity Tests

弹出异方差性检验设定窗口，如图 4.3.5 所示，在 Test type 中分别选择 Harvey 和 Glejser，依次得到表 4.3.3 和表 4.3.4 检验结果。

表 4.3.3　哈维检验结果

Heteroskedasticity Test: Harvey
Null hypothesis: Homoskedasticity

F-statistic	16.53318	Prob. F(1,26)	0.0004
Obs*R-squared	10.88395	Prob. Chi-Square(1)	0.0010
Scaled explained SS	7.883665	Prob. Chi-Square(1)	0.0050

Test Equation:
Dependent Variable: LRESID2
Method: Least Squares
Date: 09/14/21　Time: 10:45
Sample: 1 28
Included observations: 28

Variable	Coefficient	Std. Error	t-Statistic	Prob.
C	4.893964	0.526152	9.301427	0.0000
X	0.000925	0.000228	4.066101	0.0004

R-squared	0.388712	Mean dependent var	6.679331
Adjusted R-squared	0.365201	S.D. dependent var	1.925320
S.E. of regression	1.533984	Akaike info criterion	3.762363
Sum squared resid	61.18077	Schwarz criterion	3.857520
Log likelihood	-50.67308	Hannan-Quinn criter.	3.791453
F-statistic	16.53318	Durbin-Watson stat	1.685658
Prob(F-statistic)	0.000393		

表 4.3.4 戈里瑟检验结果

Heteroskedasticity Test: Glejser			
Null hypothesis: Homoskedasticity			
F-statistic	11.04980	Prob. F(1,26)	0.0026
Obs*R-squared	8.350769	Prob. Chi-Square(1)	0.0039
Scaled explained SS	9.000566	Prob. Chi-Square(1)	0.0027

Test Equation:
Dependent Variable: ARESID
Method: Least Squares
Date: 09/14/21 Time: 10:47
Sample: 1 28
Included observations: 28

Variable	Coefficient	Std. Error	t-Statistic	Prob.
C	12.23936	10.61881	1.152612	0.2596
X	0.015267	0.004593	3.324123	0.0026

R-squared	0.298242	Mean dependent var	41.69654
Adjusted R-squared	0.271251	S.D. dependent var	36.26573
S.E. of regression	30.95889	Akaike info criterion	9.771947
Sum squared resid	24919.78	Schwarz criterion	9.867104
Log likelihood	-134.8073	Hannan-Quinn criter.	9.801038
F-statistic	11.04980	Durbin-Watson stat	1.727735
Prob(F-statistic)	0.002644		

表 4.3.3 和表 4.3.4 输出结果中 F-statistic、Obs * R-squared 即式(4.3.4)和式(4.3.5)中的 F 统计量和 nR^2 统计量,由其概率可以判断,在 1%的显著水平下拒绝同方差性的原假设,认为模型存在异方差性。

4.3.5 怀特检验

该检验法是怀特(H. White)于 1980 年提出的检验异方差性的方法。该检验可以看成是对布罗斯-帕甘-戈弗雷检验的一种拓展。既然随机误差项的同方差性意味着 σ_t^2 与一个或多个解释变量不相关,而异方差性又意味着 σ_t^2 是部分或全部多个解释变量的某种函数,因此,这种函数可以是非线性的,即可以包括解释变量的平方项以及不同解释变量间的交叉项。下面以两个解释变量的回归模型为例说明怀特检验的基本思想与步骤。

假设回归模型为

$$y_t = b_0 + b_1 x_{1t} + b_2 x_{2t} + u_t \tag{4.3.8}$$

怀特检验的具体步骤如下:

第一,利用 OLS 法估计模型,并计算出相应的残差平方 e_t^2,作辅助回归模型

$$e_t^2 = a_0 + a_1 x_{1t} + a_2 x_{2t} + a_3 x_{1t}^2 + a_4 x_{2t}^2 + a_5 x_{1t} x_{2t} + v_t \tag{4.3.9}$$

其中 v_t 为随机误差项。即求 e_t^2 对 $x_{1t}, x_{2t}, x_{1t}^2, x_{2t}^2, x_{1t}x_{2t}$ 的线性回归估计式。

对于一元线性回归模型,则辅助回归模型为 $e_t^2 = a_0 + a_1 x_t + a_2 x_t^2 + v_t$。

第二,计算统计量 nR^2,其中 n 为样本容量,R^2 为辅助回归模型中的未调整的决定系数。

第三,在 $H_0: a_1 = a_2 = a_3 = a_4 = a_5 = 0$ 的原假设下,nR^2 渐近地服从自由度为 5(解释变量个数,不包括常数项)的 χ^2 分布(对于一元情况,nR^2 渐近地服从自由度为 2 的 χ^2 分

布)，给定显著性水平 α，查 χ^2 分布表得临界值 $\chi^2_\alpha(5)$，比较 nR^2 与 $\chi^2_\alpha(5)$，如果 $nR^2>\chi^2_\alpha(5)$，则拒绝 H_0，接受 H_1，表明回归模型中参数至少有一个显著地不为零，即随机误差项 u_t 存在异方差性。反之，则认为不存在异方差性。

例 4.3.5　利用怀特检验法检验例 4.3.1 中模型 $y_t=b_0+b_1x_t+u_t$ 是否存在异方差性。

利用 EViews11.0 软件可以直接进行怀特检验。具体步骤为

(1)建立回归模型：　LS　y　c　x

(2)检验异方差性：在方程窗口中依次点击

View\Residual Diagnostics\Heteroskedasticity Tests

弹出异方差性检验设定窗口，在 Test type 中选择 White，此时可以选择在辅助回归模型中是否包含交叉乘积项(Include White cross terms)。

本例辅助回归模型中只有 x 和 x^2 两项，不存在交叉乘积项。执行命令之后，屏幕将显示辅助回归模型的估计结果及表 4.3.5 信息。输出结果中 Obs * R-squared 即怀特检验统计量，由其双侧概率可以判断是否拒绝同方差性的原假设。

表 4.3.5　怀特检验结果

Heteroskedasticity Test: White
Null hypothesis: Homoskedasticity

F-statistic	3.607090	Prob. F(2,25)	0.0420
Obs*R-squared	6.270439	Prob. Chi-Square(2)	0.0435
Scaled explained SS	7.630696	Prob. Chi-Square(2)	0.0220

Test Equation:
Dependent Variable: RESID^2
Method: Least Squares
Date: 09/14/21　Time: 10:48
Sample: 1 28
Included observations: 28

Variable	Coefficient	Std. Error	t-Statistic	Prob.
C	-3279.669	2857.119	-1.147894	0.2619
X^2	-0.000871	0.000653	-1.334033	0.1942
X	5.670687	3.109366	1.823744	0.0802

R-squared	0.223944	Mean dependent var	3006.833
Adjusted R-squared	0.161860	S.D. dependent var	5144.454
S.E. of regression	4709.748	Akaike info criterion	19.85361
Sum squared resid	5.55E+08	Schwarz criterion	19.99635
Log likelihood	-274.9506	Hannan-Quinn criter.	19.89725
F-statistic	3.607090	Durbin-Watson stat	1.479939
Prob(F-statistic)	0.042040		

其中 F 值为辅助回归模型的 F 统计量值。取显著水平 $\alpha=0.05$，由于 $nR^2=6.2704>\chi^2_{0.05}(2)=5.99$，所以利润函数存在异方差性。实际上，由输出结果的概率值(p 值)可以看出，只要取显著性水平 $\alpha>0.0435$，就可以认为利润函数存在异方差性。实际应用中，一般是直接观察 p 值的大小，若 p 值较小，比如，小于 0.05，则拒绝不存在异方差性的假设，认为模型存在异方差性。

上述各种检验方法，很难说哪一种方法最有效。这些检验方法的共同思想是，对于不同的观测值，随机误差项具有不同的方差，或者说检验异方差性的核心问题是判断随机误差项的方差与解释变量观测值之间的相关性。

4.4 异方差性的解决方法

如果模型经过检验后发现存在异方差性,这个时候就需要采取措施对异方差性问题进行修正。首先应该分析模型是否遗漏了重要的解释变量,或者模型的函数形式是否设置不当;然后考虑运用必要的估计方法,消除或减弱异方差性对模型的影响,以提高估计参数的精度。

4.4.1 模型变换法

模型变换法即对存在异方差性的模型进行适当的变量变换,使变换后的模型满足同方差假定,这样就可以利用最小二乘法重新估计模型,得到的参数估计还是最佳线性无偏估计。模型变换法的前提是要合理确定异方差性的具体形式,这可以通过对问题的经验分析,或者用哈维检验、戈里瑟检验等方法所提供的异方差的具体形式来确定。

设模型为一元线性回归模型

$$y_t = b_0 + b_1 x_t + u_t \tag{4.4.1}$$

随机误差项 u_t 存在异方差性,由戈里瑟检验可知,异方差性与 x_t 变化有关,且

$$\mathrm{var}(u_t) = \sigma_t^2 = \sigma^2 f(x_t) \tag{4.4.2}$$

式中 σ^2 为常数,$f(x_t)$为解释变量 x_t 的函数,当 $f(x_t)=$常数时,u_t 为同方差;当 $f(x_t)\neq$常数时,u_t 具有异方差性。用$\dfrac{1}{\sqrt{f(x_t)}}$去乘式(4.4.1)两端得

$$\frac{y_t}{\sqrt{f(x_t)}} = \frac{b_0}{\sqrt{f(x_t)}} + b_1 \frac{x_t}{\sqrt{f(x_t)}} + \frac{u_t}{\sqrt{f(x_t)}} \tag{4.4.3}$$

记 $y_t^* = \dfrac{y_t}{\sqrt{f(x_t)}}, x_{1t} = \dfrac{1}{\sqrt{f(x_t)}}, x_{2t} = \dfrac{x_t}{\sqrt{f(x_t)}}, v_t = \dfrac{u_t}{\sqrt{f(x_t)}}$

式(4.4.3)化为

$$y_t^* = b_0 x_{1t} + b_1 x_{2t} + v_t$$

此时有 $\mathrm{var}(v_t) = \mathrm{var}\left(\dfrac{u_t}{\sqrt{f(x_t)}}\right) = \dfrac{1}{f(x_t)}\mathrm{var}(u_t) = \sigma^2$,原模型变成同方差模型,可以利用OLS 估计模型并得到最佳线性无偏估计量。函数 $f(x_t)$可以有不同的形式,戈里瑟检验提供了相应的信息。

4.4.2 加权最小二乘法

加权最小二乘法是对原模型加权,使之变成一个新的不存在异方差性的模型,然后采用 OLS 法估计其参数。加权的基本思想是:在采用 OLS 法时,对较小的残差平方赋予较大的权数,对较大的残差平方赋予较小的权数,对残差进行校正,提高参数估计的精度。

以一元线性回归模型为例(多元线性回归模型与之类似)。设 $y_t=b_0+b_1x_t+u_t$，$\mathrm{var}(u_t)=\sigma_t^2$，则令 $w_t=1/\sigma_t$，将模型两端同乘以 w_t，变换为

$$w_ty_t=b_0w_t+b_1(w_tx_t)+w_tu_t \tag{4.4.4}$$

记 $y_t^*=w_ty_t$，$x_{1t}=w_t$，$x_{2t}=w_tx_t$，$u_t^*=w_tu_t$，则有

$$y_t^*=b_0x_{1t}+b_1x_{2t}+u_t^* \tag{4.4.5}$$

此时，$\mathrm{var}(u_t^*)=\mathrm{var}(w_tu_t)=w_t^2\mathrm{var}(u_t)=1$，原模型变成同方差模型。如果已知 σ_t，则可以利用最小二乘法估计模型，得到最佳线性无偏估计量。

在实际操作过程中，我们只要给计算机一个指令，将 y 和 x 的每个观测值都除以随机误差项的标准差(已知 σ_t)，然后再对变换后的数据进行OLS回归，由此获得 b_0 和 b_1 的最小二乘估计值。被解释变量和解释变量的每个观测值都以其误差项标准差的倒数 $w_t=1/\sigma_t$ 为权数，这种加权过程称为加权最小二乘法(weighted least squares，简称WLS)。加权最小二乘法与模型变换法本质上是一致的。

实际上，加权最小二乘法就是对变换后的模型(4.4.5)利用OLS估计模型参数。记模型(4.4.5)的残差为 e_t^*(即误差项 u_t^* 近似估计值)，则模型(4.4.5)最小化残差平方和为

$$\sum e_t^{*2}=\sum(y_t^*-\hat{b}_0x_{1t}-\hat{b}_1x_{2t})^2=\sum w_t^2(y_t-\hat{b}_0-\hat{b}_1x_t)^2 \tag{4.4.6}$$

由此获得的估计量就是权重序列 $\{w_t\}$ 的加权最小二乘估计量。因此，随机误差项标准差 σ_t 越小，则权数 $w_t=1/\sigma_t$ 越大；σ_t 越大，权数 $w_t=1/\sigma_t$ 越小。

容易看出，当 $w_1=w_2=\cdots=w_n$ 时，即对于每一个样本有相同的权数，则加权最小二乘法就是普通最小二乘法。从此意义上看，加权最小二乘法也称为广义最小二乘法(generalized least square，GLS)。加权最小二乘法与模型变换法本质上也是相同的。加权最小二乘法也适用于多元线性回归模型。

加权最小二乘估计的EViews软件实现过程：

在EViews软件中可以直接进行加权最小二乘估计，但需要事先确定权数变量，这可以通过哈维检验、戈里瑟检验等判断异方差的具体形式，也可以选取某个与异方差变动趋势反向变动的变量序列。

EViews软件的具体执行过程为

(1)生成权数变量；(2)使用加权最小二乘法估计模型；(3)对估计后的模型，再使用怀特检验判断是否消除了异方差性。

命令方式：LS(W=权数变量或表达式)　y　c　x

菜单方式：①在方程窗口中点击Estimate按钮；②在弹出的方程说明对话框中点击Option进入参数设置对话框；③在Type选定Inverse std. dev.，在Weight series栏中输入权数变量，然后点击OK返回方程说明对话框；④点击OK，系统将采用WLS方法估计模型。

实际应用WLS时，我们通常使用自变量的幂函数的倒数形式 $\omega=1/x^m$ 作为权数对原

模型进行加权,如何选择 m,建模时可以考虑同时选择不同的值比较其结果。

例 4.4.1 我国制造业利润函数中异方差性的调整。前面我们曾使用多种方法检验出该利润函数存在异方差性,现在利用 EViews 软件消除异方差性的影响。

(1) 利用最小二乘法估计模型。估计结果为

$$\hat{y}_t = 12.0335 + 0.1044 x_t$$

$$t = (0.6165) \quad (12.3667)$$

$$R^2 = 0.8547 \quad \bar{R}^2 = 0.8491 \quad F = 152.9322$$

(2) 生成权数变量。根据戈里瑟检验,可以得到[利用(1)中残差 e_t 直接建立如下回归方程]

$$|e_t| = -16.7646 + 1.3958\sqrt{x_t}$$

$$|e_t| = 12.23936 + 0.015267 x_t$$

(3) 利用加权最小二乘法估计模型。在命令窗口键入命令"LS(w=1/sqr(x)) y c x"或在方程窗口中点击 Estimate\Options 按钮,在 Weights 选择框选择 Inverse std. dev.(标准差倒数),并在其下的 Weight series 窗口输入权数序列 1/sqr(x),可以得到表 4.4.1 估计结果(取权数序列 1/x 亦可以消除异方差性)。

表 4.4.1 加权最小二乘法估计结果

Dependent Variable: Y
Method: Least Squares
Date: 09/14/21 Time: 11:10
Sample: 1 28
Included observations: 28
Weighting series: 1/SQR(X)
Weight type: Inverse standard deviation (EViews default scaling)

Variable	Coefficient	Std. Error	t-Statistic	Prob.
C	8.639271	11.18768	0.772213	0.4470
X	0.106153	0.007746	13.70430	0.0000

Weighted Statistics

R-squared	0.877474	Mean dependent var	165.8409
Adjusted R-squared	0.872761	S.D. dependent var	67.13183
S.E. of regression	42.63779	Akaike info criterion	10.41211
Sum squared resid	47267.52	Schwarz criterion	10.50727
Log likelihood	-143.7695	Hannan-Quinn criter.	10.44120
F-statistic	186.1996	Durbin-Watson stat	1.275385
Prob(F-statistic)	0.000000	Weighted mean dep.	119.4157

Unweighted Statistics

R-squared	0.854451	Mean dependent var	213.4639
Adjusted R-squared	0.848853	S.D. dependent var	146.4905
S.E. of regression	56.95205	Sum squared resid	84331.95
Durbin-Watson stat	1.233526		

$$\hat{y}_t = 8.6393 + 0.1062 x_t$$

$$t = (0.7722) \quad (13.7043)$$

$$\bar{R}^2 = 0.8728, \quad F = 186.1996, \quad DW = 1.2754$$

为了分析异方差性的校正情况,利用 WLS 估计模型之后,还需要利用怀特检验再次判断模型是否存在着异方差性,怀特检验结果如表 4.4.2 所示。

表 4.4.2　怀特检验结果

Heteroskedasticity Test: White			
Null hypothesis: Homoskedasticity			
F-statistic	0.733977	Prob. F(2,25)	0.4901
Obs*R-squared	1.552924	Prob. Chi-Square(2)	0.4600
Scaled explained SS	1.468609	Prob. Chi-Square(2)	0.4798

表 4.4.2 中的 nr^2（为了区别起见，辅助回归模型的判定系数用 r^2 表示）和 p 值就是怀特检验的输出结果。$nr^2=1.5529<\chi^2_{0.05}(2)=5.99$，$p$ 值为 0.46，表明模型已不存在异方差性。

4.4.3　模型的对数变换

如果在模型 $y_t=b_0+b_1x_t+u_t$ 中，变量 y_t、x_t 分别用 $\ln y$、$\ln x_t$ 取代，对对数模型

$$\ln y_t=b_0+b_1\ln x_t+u_t \tag{4.4.7}$$

进行回归，通常可以降低异方差性的影响。其原因在于：(1)通过对数变换将两个数值之间原来 10 倍的差异缩小到只有 2.3 倍左右的差异；(2)经过对数变换后的线性模型，其残差 e_t 表示为相对误差，而相对误差往往具有较小的差异。

例 4.4.2　我国制造业利润函数中异方差性的调整。用 GENR 生成序列 lny 和 lnx，即在光标处键入：

GENR　lny＝log(y)

GENR　lnx＝log(x)

然后，用 OLS 方法求 lny 对 lnx 的回归，其结果如表 4.4.3 所示。

表 4.4.3　对数变换回归结果

Dependent Variable: LNY
Method: Least Squares
Date: 09/14/21　Time: 11:16
Sample: 1 28
Included observations: 28

Variable	Coefficient	Std. Error	t-Statistic	Prob.
C	-1.755943	0.467516	-3.755902	0.0009
LNX	0.938913	0.063629	14.75602	0.0000

R-squared	0.893329	Mean dependent var	5.104703
Adjusted R-squared	0.889226	S.D. dependent var	0.779341
S.E. of regression	0.259386	Akaike info criterion	0.207748
Sum squared resid	1.749305	Schwarz criterion	0.302906
Log likelihood	-0.908474	Hannan-Quinn criter.	0.236839
F-statistic	217.7402	Durbin-Watson stat	1.269739
Prob(F-statistic)	0.000000		

$$\ln\hat{y}_t=-1.7559+0.9389\ln x_t$$

$$t=(-3.7559)\quad(14.7560)$$

$$R^2=0.8933\quad F=217.7402\quad \mathrm{DW}=1.2697$$

为了分析异方差性的校正情况，还需要利用怀特检验再次判断模型是否存在异方差性，怀特检验结果如表 4.4.4 所示。

表 4.4.4 怀特检验结果

Heteroskedasticity Test: White Null hypothesis: Homoskedasticity			
F-statistic	0.080816	Prob. F(2,25)	0.9226
Obs*R-squared	0.179866	Prob. Chi-Square(2)	0.9140
Scaled explained SS	0.141967	Prob. Chi-Square(2)	0.9315

根据怀特检验的输出结果可知,经过对数变换后的模型已不存在异方差性。

4.4.4 广义最小二乘法

对于多元线性回归模型:

$$\boldsymbol{Y}=\boldsymbol{XB}+\boldsymbol{U} \tag{4.4.8}$$

其中随机误差项向量 $\boldsymbol{U}$ 的数学期望和方差—协方差矩阵分别为 $E(\boldsymbol{U})=0$,

$$E(\boldsymbol{UU}')=\begin{pmatrix} \sigma_1^2 & \operatorname{cov}(u_1,u_2) & \cdots & \operatorname{cov}(u_1,u_n) \\ \operatorname{cov}(u_2,u_1) & \sigma_2^2 & \cdots & \operatorname{cov}(u_2,u_n) \\ \vdots & \vdots & \vdots & \vdots \\ \operatorname{cov}(u_n,u_1) & \operatorname{cov}(u_n,u_2) & \cdots & \sigma_n^2 \end{pmatrix} \triangleq \sigma^2\boldsymbol{\Omega}$$

其中$\boldsymbol{\Omega}$ 为 n 阶实对称矩阵,σ^2 为常数。

如果随机误差项的方差相同且等于 σ^2,并且非自相关,则$\boldsymbol{\Omega}=\boldsymbol{I}$($\boldsymbol{I}$ 为单位矩阵)。古典回归模型中关于同方差和非自相关的假定可以统一表示为

$$E(\boldsymbol{UU}')=\sigma^2\boldsymbol{I}$$

如果$\boldsymbol{\Omega}\neq\boldsymbol{I}$,因为$\boldsymbol{\Omega}$ 为 n 阶实对称矩阵,根据线性代数知识,存在 n 阶非奇异矩阵 $\boldsymbol{P}$,使得 $\boldsymbol{P\Omega P}'=\boldsymbol{I}$,由此可得

$$\boldsymbol{\Omega}=\boldsymbol{P}^{-1}(\boldsymbol{P}')^{-1}=(\boldsymbol{P}'\boldsymbol{P})^{-1},\boldsymbol{\Omega}^{-1}=\boldsymbol{P}'\boldsymbol{P}$$

用 $\boldsymbol{P}$ 左乘式(4.4.8),得

$$\boldsymbol{PY}=\boldsymbol{PXB}+\boldsymbol{PU}$$

令 $\boldsymbol{Y}^*=\boldsymbol{PY},\boldsymbol{X}^*=\boldsymbol{PX},\boldsymbol{U}^*=\boldsymbol{PU}$,则式(4.4.8)变换成

$$\boldsymbol{Y}^*=\boldsymbol{X}^*\boldsymbol{B}+\boldsymbol{U}^* \tag{4.4.9}$$

随机误差项的方差—协方差矩阵为

$$E(\boldsymbol{U}^*\boldsymbol{U}^{*\prime})=E[\boldsymbol{PU}(\boldsymbol{PU})']=E(\boldsymbol{PUU}'\boldsymbol{P}')=\boldsymbol{P}E(\boldsymbol{UU}')\boldsymbol{P}'=\boldsymbol{P}\sigma^2\boldsymbol{\Omega P}'=\sigma^2\boldsymbol{I}$$

这表明变换后的模型满足同方差和非自相关的假定,由于是线性变换,其他假定也显然满足,因此可以应用 OLS 法估计模型(4.4.9),参数的 OLS 估计量为

$$\hat{\boldsymbol{B}}=(\boldsymbol{X}^{*\prime}\boldsymbol{X}^*)^{-1}(\boldsymbol{X}^{*\prime}\boldsymbol{Y}^*)=[(\boldsymbol{PX})'\boldsymbol{PX}]^{-1}[(\boldsymbol{PX})'(\boldsymbol{PY})]=(\boldsymbol{X}'\boldsymbol{\Omega}^{-1}\boldsymbol{X})^{-1}(\boldsymbol{X}'\boldsymbol{\Omega}^{-1}\boldsymbol{Y})$$

即

$$\hat{\boldsymbol{B}}=(\boldsymbol{X}'\boldsymbol{\Omega}^{-1}\boldsymbol{X})^{-1}(\boldsymbol{X}'\boldsymbol{\Omega}^{-1}\boldsymbol{Y}) \tag{4.4.10}$$

称式(4.4.10)为广义最小二乘估计(generalized least square,GLS)。从估计过程可以看出,GLS 估计的基本思想就是对违反基本假定的模型做适当的线性变换,使其转化成满足基本假定的模型,从而可以使用 OLS 法估计模型。

为估计权重矩阵$\boldsymbol{\Omega}$，可以对模型(4.4.8)首先采用 OLS 法，得到随机误差项的近似估计量，以此构成权重矩阵$\boldsymbol{\Omega}$ 的估计量，即

$$\boldsymbol{\Omega}=\begin{pmatrix} e_1^2 & e_1e_2 & \cdots & e_1e_n \\ e_2e_1 & e_2^2 & \cdots & e_2e_n \\ \vdots & \vdots & \vdots & \vdots \\ e_ne_1 & e_ne_2 & \cdots & e_n^2 \end{pmatrix} \tag{4.4.11}$$

在使用统计软件估计模型时，作为一般的经验方法，可以不对原模型进行异方差检验和序列相关检验，而是直接选择广义最小二乘法。如果确实存在异方差性和序列相关性，则被有效地消除；如果不存在，则广义最小二乘法等价于普通最小二乘法。

对式(4.4.10)中的$\boldsymbol{\Omega}$，可以分以下几种情况讨论：

(1) 当$\boldsymbol{\Omega}=\boldsymbol{I}$，即满足基本假定时，$\hat{\boldsymbol{B}}=(\boldsymbol{X}'\boldsymbol{X})^{-1}\boldsymbol{X}'\boldsymbol{Y}$ 为 OLS 估计，可见 OLS 估计是 GLS 估计的特例。

(2) 当$\boldsymbol{\Omega}$ 为对角矩阵，即存在异方差性时，

$$\boldsymbol{\Omega}=\begin{pmatrix} \sigma_1^2 & 0 & \cdots & 0 \\ 0 & \sigma_2^2 & \cdots & 0 \\ \vdots & \vdots & \vdots & \vdots \\ 0 & 0 & \cdots & \sigma_n^2 \end{pmatrix};\ \boldsymbol{\Omega}^{-1}=\begin{pmatrix} 1/\sigma_1^2 & 0 & \cdots & 0 \\ 0 & 1/\sigma_2^2 & \cdots & 0 \\ \vdots & \vdots & \vdots & \vdots \\ 0 & 0 & \cdots & 1/\sigma_n^2 \end{pmatrix}$$

此时，选取权矩阵 $\boldsymbol{P}$ 为下列形式：

$$\boldsymbol{P}=\begin{pmatrix} 1/\sigma_1 & 0 & \cdots & 0 \\ 0 & 1/\sigma_2 & \cdots & 0 \\ \vdots & \vdots & \vdots & \vdots \\ 0 & 0 & \cdots & 1/\sigma_n \end{pmatrix} \tag{4.4.12}$$

其中，$w_t=1/\sigma_t$ 为权数。所以，在异方差性情况下，GLS 估计即为 WLS 估计，或者说，WLS 估计也是 GLS 估计的特例。

在实际应用中，由于 $\sigma_t^2\approx e_t^2$，因此，权矩阵 $\boldsymbol{P}$ 取为

$$\boldsymbol{P}=\begin{pmatrix} 1/|e_1| & 0 & \cdots & 0 \\ 0 & 1/|e_2| & \cdots & 0 \\ \vdots & \vdots & \vdots & \vdots \\ 0 & 0 & \cdots & 1/|e_n| \end{pmatrix} \tag{4.4.13}$$

4.4.5 可行的广义最小二乘法

在大多数情况下，随机误差项 u_t 方差的确切形式 $\mathrm{var}(u_t)=\sigma_t^2$ 是未知的，很难找到加权最小二乘法中的权数 $w_t=1/\sigma_t$。下面寻找其近似权数。以一元线性回归模型 $y_t=b_0+b_1x_t+u_t$ 为例，设 $\mathrm{var}(u_t)=\sigma_t^2=\sigma^2 f(x_t)$，如果 $f(x_t)$为已知，则以 $w_t=1/\sqrt{f(x_t)}$ 为权数，利用 WLS 可以消除异方差性。一般情况下，函数 $f(x_t)$是未知的，不过我们可以求出

$f(x_t)$的近似函数,并用数据来估计函数 $f(x_t)$中的未知参数,从而得到 $f(x_t)$的估计值,记为 $\hat{f}(x_t)$,用 $\hat{f}(x_t)$取代 $f(x_t)$即可得到近似权数 $w_t=1/\sqrt{\hat{f}(x_t)}$,对原模型再应用 WLS 或 GLS,则可以解决异方差性问题。这种方法称为可行的广义最小二乘法(feasible generalized least squares,FGLS)。

对于多元线性回归模型 $y_t=b_0+b_1x_{1t}+b_2x_{2t}+\cdots+b_kx_{kt}+u_t$,如果发现

$$\mathrm{var}(u_t)=\sigma^2 f(x_{1t},x_{2t},\cdots,x_{kt}) \tag{4.4.14}$$

则加权最小二乘法中的权数为 $w_t=1/\sqrt{f(x_{1t},x_{2t},\cdots,x_{kt})}$。一般情况下,函数 $f(x_{1t},x_{2t},\cdots,x_{kt})$是未知的,如何寻找 $f(x_{1t},x_{2t},\cdots,x_{kt})$的近似函数呢?下面给出一种相对灵活、有着广泛应用的方法。

假设随机误差项 u_t 的方差具有如下指数函数的形式

$$\mathrm{var}(u_t)=\sigma^2 f(x_{1t},x_{2t},\cdots,x_{kt})=\sigma^2\exp(a_0+a_1x_{1t}+a_2x_{2t}+\cdots+a_kx_{kt}) \tag{4.4.15}$$

当然可能出现其他的函数形式,但我们主要考虑形如式(4.4.15)的异方差性,记为 $f(x_{1t},x_{2t},\cdots,x_{kt})=\exp(a_0+a_1x_{1t}+a_2x_{2t}+\cdots+a_kx_{kt})$。利用普通最小二乘法估计原模型,得到回归残差 e_t,构建以下辅助回归模型:

$$\ln e_t^2=a_0+a_1x_{1t}+a_2x_{2t}+\cdots+a_kx_{kt}+v_t \tag{4.4.16}$$

其中,v_t 满足古典假定,估计辅助回归模型(4.4.16),得到参数估计值 $\hat{a}_0,\hat{a}_1,\hat{a}_2,\cdots,\hat{a}_k$ 代入 $f(x_{1t},x_{2t},\cdots,x_{kt})$,得到 $f(x_{1t},x_{2t},\cdots,x_{kt})$的近似函数

$$\hat{f}(x_{1t},x_{2t},\cdots,x_{kt})=\exp(\hat{a}_0+\hat{a}_1x_{1t}+\hat{a}_2x_{2t}+\cdots+\hat{a}_kx_{kt}) \tag{4.4.17}$$

从而估计的权数为

$$\hat{w}_t=1/\hat{\sigma}_t=1/\sqrt{\hat{f}}=1/\sqrt{\exp(\hat{a}_0+\hat{a}_1x_{1t}+\hat{a}_2x_{2t}+\cdots+\hat{a}_kx_{kt})} \tag{4.4.18}$$

以上是利用近似的方法对异方差具体形式 $f(x_{1t},x_{2t},\cdots,x_{kt})$进行估计,由于这一近似方法会存在对 $f(x_{1t},x_{2t},\cdots,x_{kt})$的误差,因此根据式(4.4.18)进行的加权最小二乘回归可能不会得到最佳的估计量。为了得到更加准确的估计值,一般采用循环方法继续对 $f(x_{1t},x_{2t},\cdots,x_{kt})$进行估计。其原理是,将式(4.4.16)估计所得的残差平方项 $\hat{v}_t^2$ 再次代入式(4.4.16),得到新一轮对式(4.4.16)的估计值,然后再将其代入式(4.4.17),得到新一轮对 $f(x_{1t},x_{2t},\cdots,x_{kt})$的估计值和新的加权最小二乘估计值。以此类推,每一轮新的估计值都将比上一轮的估计值更加趋近于参数的真实值。最后,研究者可以根据对估计精度的要求设定相应的循环截止条件,从而得到满意的回归结果。

由于加权最小二乘法中的权数,或者说原模型中随机误差项 u_t 的方差与解释变量 $x_{1t},x_{2t},\cdots,x_{kt}$ 之间的函数关系是估计出来的,因此,这一广义最小二乘法也称为可行的广义最小二乘法(FGLS)。

例 4.4.3 利用可行的广义最小二乘法(FGLS)解决我国制造业利润函数中异方差性问题。

首先利用 OLS 法建立我国制造业利润函数,得到回归残差 e_t,构建以下辅助回归模型

$$\ln e_t^2=a_0+a_1x_t+v_t$$

利用 OLS 方法得到辅助回归模型的估计结果

$$\ln\hat{e}_t^2 = 4.893\,964 + 0.000\,925x_t$$

由此得到异方差形式的估计式：

$$\hat{f}(x_t) = \exp(4.893\,964 + 0.000\,925x_t)$$

其次，用 GENR 生成序列 f，即在命令窗口键入

GENR　f = exp(4.893 964 + 0.000 925 * x)

以 1/sqr(f)为权数，运用加权最小二乘法对原模型进行异方差性的修正，得到如表 4.4.5 的回归结果。容易验证表 4.4.5 回归结果不存在异方差性。

表 4.4.5　加权最小二乘法回归结果

Dependent Variable: Y
Method: Least Squares
Date: 09/14/21　Time: 14:05
Sample: 1 28
Included observations: 28
Weighting series: 1/SQR(F)
Weight type: Inverse standard deviation (EViews default scaling)

Variable	Coefficient	Std. Error	t-Statistic	Prob.
C	7.874396	11.99981	0.656210	0.5175
X	0.107941	0.009732	11.09174	0.0000

Weighted Statistics

R-squared	0.821266	Mean dependent var	151.1573
Adjusted R-squared	0.814391	S.D. dependent var	53.16652
S.E. of regression	40.80006	Akaike info criterion	10.32399
Sum squared resid	43280.76	Schwarz criterion	10.41915
Log likelihood	-142.5359	Hannan-Quinn criter.	10.35308
F-statistic	119.4674	Durbin-Watson stat	1.382599
Prob(F-statistic)	0.000000	Weighted mean dep.	110.1026

Unweighted Statistics

R-squared	0.853358	Mean dependent var	213.4639
Adjusted R-squared	0.847718	S.D. dependent var	146.4905
S.E. of regression	57.16546	Sum squared resid	84965.13
Durbin-Watson stat	1.252149		

采用可行的广义最小二乘法消除异方差性后，最终得到我国制造业利润函数为

$$\hat{y}_t = 7.874\,4 + 0.107\,9x_t$$

$$t = (0.656\,2)\quad(11.091\,7)$$

$$\bar{R}^2 = 0.814\,4\quad F = 119.467\,4\quad \mathrm{DW} = 1.382\,6$$

4.5　案例分析

中国农村居民人均消费支出主要由人均纯收入决定。农村人均纯收入除了从事农业经营的收入外，还包括从事其他产业的经营性收入及工资性收入、财产收入和转移支付收入等。为了考察从事农村经营的收入和其他收入对中国农村居民消费支出增长的影响，可使用如下对数线性模型：

$$\ln Y = b_0 + b_1\ln X_1 + b_2\ln X_2 + u$$

其中,Y 表示农村人均消费支出,X_1 表示从事农业经营的收入,X_2 表示其他收入。表 4.5.1 列出了中国 2001 年各地区农村居民家庭人均纯收入及消费支出的相关数据。

表 4.5.1 中国 2001 年各地区农村居民家庭人均纯收入与消费支出 单位:元

地区	人均消费支出 Y	从事农业经营的收入 X_1	其他收入 X_2
北京	3 552.10	579.1	4 446.4
天津	2 050.90	1 314.6	2 633.1
河北	1 429.80	928.8	1 674.8
山西	1 221.60	609.8	1 346.2
内蒙古	1 554.60	1 492.8	480.5
辽宁	1 786.30	1 254.3	1 303.6
吉林	1 661.70	1 634.6	547.6
黑龙江	1 604.50	1 684.1	596.2
上海	4 753.20	652.5	5 218.4
江苏	2 374.70	1 177.6	2 607.2
浙江	3 479.20	985.8	3 596.6
安徽	1 412.40	1 013.1	1 006.9
福建	2 503.10	1 053.0	2 327.7
江西	1 720.00	1 027.8	1 203.8
山东	1 905.00	1 293.0	1 511.6
河南	1 375.60	1 083.8	1 014.1
湖北	2 703.36	1 242.9	2 526.9
湖南	1 550.62	1 068.8	875.6
广东	1 357.43	1 386.7	839.8
广西	1 475.16	883.2	1 088.0
海南	1 497.52	919.3	1 067.7
重庆	1 098.39	764.0	647.8
四川	1 336.25	889.4	644.3
贵州	1 123.71	589.6	814.4
云南	1 331.03	614.8	876.0
西藏	1 127.37	621.6	887.0
陕西	1 330.45	803.8	753.5
甘肃	1 388.79	859.6	963.4
青海	1 350.23	1 300.1	410.3
宁夏	2 703.36	1 242.9	2 526.9
新疆	1 550.62	1 068.8	875.6

试根据表 4.5.1 数据,建立我国农村居民人均消费函数(采用对数模型)。

1. 利用 OLS 法建立消费函数

估计结果如表 4.5.2 所示。

表 4.5.2 OLS 法回归结果

Dependent Variable: LNY
Method: Least Squares
Date: 09/14/21 Time: 11:22
Sample: 1 31
Included observations: 31

Variable	Coefficient	Std. Error	t-Statistic	Prob.
C	1.602528	0.860978	1.861288	0.0732
LNX1	0.325416	0.103769	3.135955	0.0040
LNX2	0.507078	0.048599	10.43385	0.0000

R-squared	0.796506	Mean dependent var	7.448704
Adjusted R-squared	0.781971	S.D. dependent var	0.364648
S.E. of regression	0.170267	Akaike info criterion	-0.611128
Sum squared resid	0.811747	Schwarz criterion	-0.472355
Log likelihood	12.47249	Hannan-Quinn criter.	-0.565892
F-statistic	54.79806	Durbin-Watson stat	1.964720
Prob(F-statistic)	0.000000		

消费函数为

$$\ln\hat{Y}=1.6025+0.3254\ln X_1+0.5071\ln X_2$$

$$t=(1.8613)\quad(3.1360)\quad(10.4338)$$

$$\bar{R}^2=0.7820,\quad \mathrm{DW}=1.9647,\quad F=54.7981$$

估计结果显示，其他收入对农户人均消费支出的影响相对较大。下面对模型进行异方差性检验。

2. 检验模型是否存在异方差性

(1) 图示法。可以认为，不同地区农村人均消费支出的差别主要来源于其他收入的差别，因此，如果存在异方差性，则可能是 X_2 引起的。模型 OLS 回归得到的残差平方 e^2 与 $\ln X_1$、$\ln X_2$ 的散点图(图 4.5.1)表明存在单调递增异方差性。

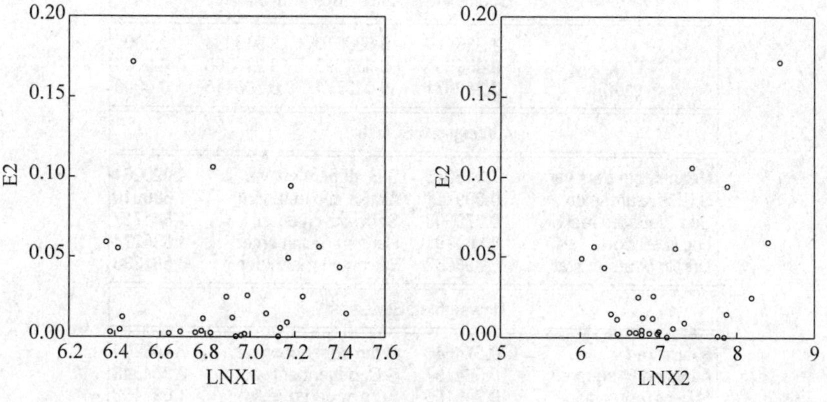

图 4.5.1 异方差性检验

(2) 怀特检验。在方程窗口中依次单击：View\Residual Diagnostics\Heteroskedasticity Tests，弹出异方差性检验设定窗口，在 Test type 中选择 White，选择 Include White cross terms，本例含有交叉乘积项，执行命令之后，怀特检验结果如表 4.5.3 所示。

表 4.5.3 怀特检验结果

Heteroskedasticity Test: White Null hypothesis: Homoskedasticity			
F-statistic	4.491843	Prob. F(5,25)	0.0047
Obs*R-squared	14.67019	Prob. Chi-Square(5)	0.0119
Scaled explained SS	12.72951	Prob. Chi-Square(5)	0.0260

取显著水平 $\alpha=0.05$,由于 $nr^2=14.6702>\chi^2_{0.05}(5)=11.07$,所以存在异方差性。实际上,由输出结果的概率值($p$ 值)可以看出,只要取显著性水平 $\alpha>0.0119$,就可以认为存在异方差。

3. 消除异方差性

(1) 采用加权最小二乘法消除异方差性。取 X_2 的倒数 $1/X_2$ 为权数进行加权最小二乘法,回归结果如表 4.5.4 所示。

$$\ln\hat{Y}=2.2361+0.4509\ln X_1+0.2865\ln X_2$$

$$t=(3.9461)\quad(8.2903)\quad(6.7001)$$

$$\bar{R}^2=0.7209,\quad \mathrm{DW}=1.6237,F=39.7359$$

为了分析异方差性的校正情况,利用 WLS 估计出每个模型后,还需要利用怀特检验再次判断模型是否存在异方差性,在方程窗口中依次单击: View\Residual Diagnostics\White Heteroskedasticity,检验结果如表 4.5.5 所示。

表 4.5.4 加权最小二乘法回归结果

Dependent Variable: LNY
Method: Least Squares
Date: 09/14/21 Time: 11:23
Sample: 1 31
Included observations: 31
Weighting series: 1/X2
Weight type: Inverse standard deviation (EViews default scaling)

Variable	Coefficient	Std. Error	t-Statistic	Prob.
C	2.236110	0.566670	3.946054	0.0005
LNX1	0.450931	0.054393	8.290305	0.0000
LNX2	0.286571	0.042771	6.700115	0.0000

Weighted Statistics

Mean dependent var	7.315015	S.D. dependent var	4.020261
S.E. of regression	0.099751	Akaike info criterion	-1.680510
Sum squared resid	0.278608	Schwarz criterion	-1.541737
Log likelihood	29.04791	Hannan-Quinn criter.	-1.635274
Durbin-Watson stat	2.336662	Weighted mean dep.	6.581338

Unweighted Statistics

R-squared	0.574546	Mean dependent var	7.448704
Adjusted R-squared	0.544157	S.D. dependent var	0.364648
S.E. of regression	0.246196	Sum squared resid	1.697153
Durbin-Watson stat	1.779425		

表 4.5.5 WLS 估计模型后的怀特检验结果

Heteroskedasticity Test: White Null hypothesis: Homoskedasticity			
F-statistic	0.515655	Prob. F(6,24)	0.7906
Obs*R-squared	3.539973	Prob. Chi-Square(6)	0.7386
Scaled explained SS	3.054700	Prob. Chi-Square(6)	0.8020

给定显著水平 $\alpha=0.05$，由于 $nr^2=4.3333<\chi^2_{0.05}(5)=11.07$，所以加权最小二乘法回归结果不存在异方差性。由 $p=0.5025$ 亦可知，不存在异方差。

回归结果表明，中国农村居民人均消费支出与从事农业经营收入、其他收入显著正相关。从事农业经营收入每增长 1%，农村居民人均消费支出将增长 0.45%；其他收入每增长 1%，农村居民人均消费支出将增长 0.29%。

(2) 采用可行的广义最小二乘法(FGLS)消除异方差性。首先利用 OLS 法建立消费函数，得到表 4.5.2 回归结果，由此得到残差平方 e_t^2，构建辅助回归模型

$$\ln e_t^2=a_0+a_1\ln x_{1t}+a_2\ln x_{2t}+v_t$$

得到估计结果：

$$\ln\hat{e}_t^2=-2.300984-0.367811\ln x_{1t}-0.021915\ln x_{2t}$$

由此得到异方差形式的估计式：

$$\hat{f}(\ln x_{1t},\ln x_{2t})=\exp(-2.300984-0.367811\ln x_{1t}-0.021915\ln x_{2t})$$

其次，以 $1/\sqrt{\hat{f}}$ 为权数，运用加权最小二乘法对原模型进行异方差性的修正，得到如表 4.5.6 的回归结果。容易验证表 4.5.6 回归结果不存在异方差性。

表 4.5.6　加权最小二乘法回归结果

Dependent Variable: LNY
Method: Least Squares
Date: 09/14/21 Time: 13:53
Sample: 1 31
Included observations: 31
Weighting series: 1/SQR(F)
Weight type: Inverse standard deviation (EViews default scaling)

Variable	Coefficient	Std. Error	t-Statistic	Prob.
C	1.697051	0.878004	1.932851	0.0634
LNX1	0.330264	0.105343	3.135130	0.0040
LNX2	0.489044	0.048438	10.09626	0.0000

Weighted Statistics

R-squared	0.785459	Mean dependent var	7.452249
Adjusted R-squared	0.770135	S.D. dependent var	0.586892
S.E. of regression	0.169335	Akaike info criterion	-0.622114
Sum squared resid	0.802878	Schwarz criterion	-0.483341
Log likelihood	12.64277	Hannan-Quinn criter.	-0.576878
F-statistic	51.25559	Durbin-Watson stat	1.974105
Prob(F-statistic)	0.000000	Weighted mean dep.	7.455589

Unweighted Statistics

R-squared	0.795379	Mean dependent var	7.448704
Adjusted R-squared	0.780763	S.D. dependent var	0.364648
S.E. of regression	0.170738	Sum squared resid	0.816244
Durbin-Watson stat	1.977465		

采用可行的广义最小二乘法消除异方差性后，最终得到农村居民人均消费函数为

$$\ln\hat{Y}=1.6971+0.3303\ln X_1+0.4890\ln X_2$$

$$t=(1.9329)\quad(3.1351)\quad(10.0963)$$

$$\bar{R}^2=0.7701,\quad F=51.2556,\quad \mathrm{DW}=1.9741$$

回归结果表明,从事农业经营收入每增长1%,农村居民人均消费支出将增长0.33%;其他收入每增长1%,农村居民人均消费支出将增长0.49%,说明从事非农经营收入对农村居民人均消费的正向影响大于从事农业经营收入对农村居民人均消费的影响。

应当特别指出,模型随机误差项存在异方差性,不仅可以由模型变量的观测值引起,也可以由模型的解释变量选择失准(遗漏了重要的变量或引入了无关的变量)和函数形式设定不合理引起。对于前一种原因引起的模型随机误差项的异方差性问题,用变换模型法或加权最小二乘法进行修正才是有效的。对于后一种原因引起的随机误差项的异方差问题,则只能通过修正模型解决。

即测即练 4.1　　　　**即测即练 4.2**

习　题

(1) 什么是异方差性？试举例说明经济现象中的异方差性。

(2) 异方差性产生的原因及异方差性的影响是什么？

(3) 说明样本分段法(即戈德菲尔德-匡特检验)检验异方差性的基本步骤及其适用条件。

(4) 戈里瑟检验异方差性的基本原理及优点。

(5) 戈德菲尔德-匡特检验和怀特检验是否相同？简述怀特检验和戈里瑟检验的异同之处。

(6) 简述加权最小二乘法的基本原理,加权最小二乘法与普通最小二乘法有何差异。

(7) 建立住房支出模型：$y_t=b_0+b_1x_t+u_t$,样本数据如表1(其中：y是住房支出,x是收入,单位：千美元)。

表1　住房支出与收入数据

y	1.8	2.0	2.0	2.0	2.1	3.0	3.2	3.5	3.5	3.6
x	5	5	5	5	5	10	10	10	10	10
y	4.2	4.2	4.5	4.8	5.0	4.8	5.0	5.7	6.0	6.2
x	15	15	15	15	15	20	20	20	20	20

请回答下列问题：

① 用最小二乘法估计b_0,b_1的估计值、标准差、拟合优度；

② 用戈德菲尔德-匡特检验法检验异方差性(假设分组时不去掉任何样本值),取$\alpha=0.05$；

③ 如果存在异方差性,假设$\sigma_t^2=\sigma^2x_t^2$,用加权最小二乘法重新估计b_0,b_1的估计值、标准差、拟合优度。

(8) 表2列出了1995年北京市规模最大的20家百货零售商店的商品销售收入x和销

售利润 y 的统计资料。

① 根据 y、x 的相关图分析异方差性；

② 利用怀特检验法和戈里瑟检验法进行异方差性检验；

③ 利用 WLS 方法估计利润函数。

表2 20家百货商店商品销售收入与利润 单位：千万元

商店名称	销售收入	销售利润	商店名称	销售收入	销售利润
百货大楼	160.0	2.8	贵友大厦	49.3	4.1
城乡贸易中心	151.8	8.9	金伦商场	43.0	2.0
西单商场	108.1	4.1	隆福大厦	42.9	1.3
蓝岛大厦	102.8	2.8	友谊商业集团	37.6	1.8
燕莎友谊商场	89.3	8.4	天桥百货商场	29.0	1.8
东安商场	68.7	4.3	百盛轻工公司	27.4	1.4
双安商场	66.8	4.0	菜市口百货商场	26.2	2.0
赛特购物中心	56.2	4.5	地安门商场	22.4	0.9
西单购物中心	55.7	3.1	新街口百货商场	22.2	1.0
复兴商业城	53.0	2.3	星座商厦	20.7	0.5

(9) 表3列出了2000年中国部分省市城镇居民每个家庭平均全年可支配收入 x 与消费性支出 y 的统计数据。

① 利用 OLS 法建立人均消费支出与可支配收入的线性模型和对数线性模型；

② 检验模型是否存在异方差性；

③ 如果存在异方差性,试采用适当的方法加以消除。

表3 中国城镇居民人均可支配收入与消费性支出 单位：元

地区	可支配收入 x	消费性支出 y	地区	可支配收入 x	消费性支出 y
北京	10 349.69	8 493.49	浙江	9 279.16	7 020.22
天津	8 140.50	6 121.04	山东	6 489.97	5 022.00
河北	5 661.16	4 348.47	河南	4 766.26	3 830.71
山西	4 724.11	3 941.87	湖北	5 524.54	4 644.50
内蒙古	5 129.05	3 927.75	湖南	6 218.73	5 218.79
辽宁	5 357.79	4 356.06	广东	9 761.57	8 016.91
吉林	4 810.00	4 020.87	陕西	5 124.24	4 276.67
黑龙江	4 912.88	3 824.44	甘肃	4 916.25	4 126.47
上海	11 718.01	8 868.19	青海	5 169.96	4 185.73
江苏	6 800.23	5 323.18	新疆	5 644.86	4 422.93

第5章 自相关性

本章学习的目的

(1)掌握自相关性的含义,了解自相关性产生的原因;(2)掌握自相关性的影响和检验方法;(3)掌握自相关性的解决方法;(4)能够应用 EViews 软件分析与解决自相关性问题。

经典线性回归假设中对随机误差项 u_t 的要求是不存在自相关性。但在实际研究中,随机误差项常常不满足这一假定。在第4章中,我们已经知道异方差性是一种随机误差现象,同样自相关性也是随机误差现象,并且自相关性较多地表现在时间序列数据中。本章将主要讨论自相关性含义及产生的原因、自相关性的影响、自相关性的检验和自相关性的解决方法。

5.1 自相关性及其产生的原因

5.1.1 什么是自相关性

对于模型

$$y_t = b_0 + b_1 x_{1t} + b_2 x_{2t} + \cdots + b_k x_{kt} + u_t \tag{5.1.1}$$

如果随机误差项的各期值之间存在相关关系,即协方差

$$\operatorname{cov}(u_t, u_s) = E(u_t - E(u_t))(u_s - E(u_s)) = E(u_t u_s) \neq 0 (t \neq s, t, s = 1, 2, \cdots, n)$$

这时,称随机误差项之间存在自相关性或序列相关(autocorrelation or serial correlation)。

随机误差项的自相关性可以有多种形式,其中最常见的类型是随机误差项之间存在一阶自相关性或一阶序列相关,即随机误差项只与它的前一期值相关: $\operatorname{cov}(u_t, u_{t-1}) = E(u_t u_{t-1}) \neq 0$,或者 $u_t = f(u_{t-1})$,则称这种关系为一阶自相关性。一阶自相关性可以表示为

$$u_t = \rho u_{t-1} + v_t \tag{5.1.2}$$

其中 ρ 是 u_t 与 u_{t-1} 的自相关系数,v_t 是满足回归模型基本假定的随机误差项。

因为在大样本情况下,根据 OLS 原理,ρ 的 OLS 估计式为

$$\hat{\rho} = \frac{\sum u_t u_{t-1}}{\sum u_{t-1}^2} \quad (E(u_t) = 0)$$

而 u_t 和 u_{t-1} 之间的相关系数 r 为

$$r=\frac{\sum u_t u_{t-1}}{\sqrt{\sum u_t^2}\sqrt{\sum u_{t-1}^2}}\approx\frac{\sum u_t u_{t-1}}{\sum u_{t-1}^2}=\hat{\rho}\left(\text{在大样本情况下，}\sum u_t^2\approx\sum u_{t-1}^2\right)$$

因此，可以认为 ρ 是 u_t 与 u_{t-1} 的自相关系数。$|\rho|\leqslant 1$，$\rho=1$ 表示完全正自相关；$0<\rho<1$ 表示正自相关；$\rho=0$ 表示不存在自相关；$-1<\rho<0$ 表示负自相关；$\rho=-1$ 表示完全负自相关。

自相关性的一般形式可以表示成 $u_t=f(u_{t-1},u_{t-2},\cdots,u_{t-p})$，或者

$$u_t=\rho_1 u_{t-1}+\rho_2 u_{t-2}+\cdots+\rho_p u_{t-p}+v_t \tag{5.1.3}$$

称之为 p 阶自回归形式，或模型存在 p 阶自相关。

图 5.1.1(a)、图 5.1.1(b)、图 5.1.1(c)分别给出具有非自相关、正自相关和负自相关的三个序列对其一阶滞后变量的散点图。

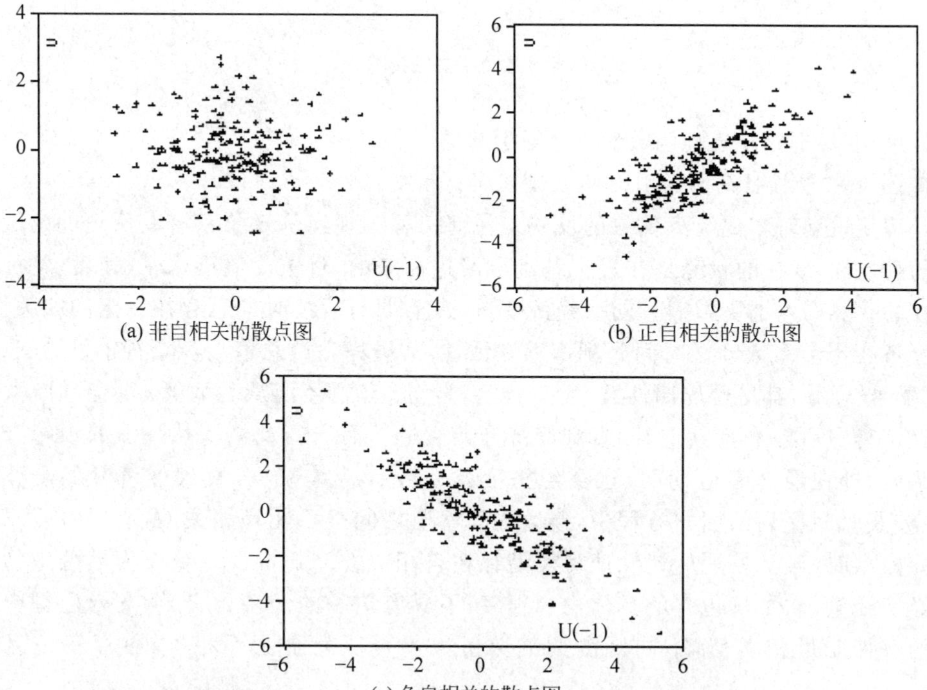

(a) 非自相关的散点图　(b) 正自相关的散点图　(c) 负自相关的散点图

图 5.1.1　时间序列及其当期与滞后一期变量的散点图

由于我们无法观察到随机误差项 u_t，只能通过残差项 e_t 来判断 u_t 的行为。如果 e_t 呈现出图 5.1.2 中(a)～(d)的形式，则表示 u_t 存在自相关性；如果 e_t 呈现图 5.1.2 中(e)的形式，则表示 u_t 不存在自相关性。

线性回归模型中随机误差项的序列相关问题较为普遍，特别是在应用时间序列资料时，随机误差项的序列相关经常发生。

5.1.2　自相关性产生的原因

线性回归模型中随机误差项存在序列相关的原因很多，但主要是经济变量自身特点、

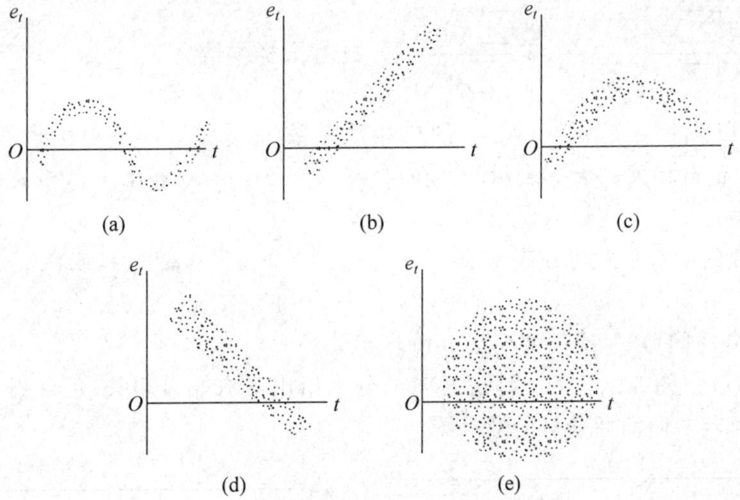

图 5.1.2 自相关图

数据处理、变量选择及模型函数形式选择引起的。

1. 经济变量惯性的作用引起随机误差项自相关

经济变量是对客观经济现象的反映。任何一种客观经济现象都有其历史的延续性和发展的继承性,现在的状况是在过去基础上演进而来的,过去的发展水平、速度、特征都会对现在的状况产生重要影响。同一经济变量,在前期与后续时期总存在一定的相关性,不可能互不相干。多数经济时间序列都存在惯性,如国民生产总值、就业、货币供给、价格指数、消费、投资等,都呈现周期性波动。当经济复苏,宏观经济从谷底开始上升时,大多数宏观经济变量一般会持续上升,直到经济开始衰退。而当宏观经济从高涨的顶峰开始紧缩下降时,即在经济衰退期间,这类经济变量一般会持续减少,直到经济开始复苏。因此,在涉及时间序列的回归方程中,连续的观察值之间很可能是相关的,利用时间序列资料建立模型时,经济发展的惯性使得模型存在自相关性。随机误差项作为模型中的一个特殊经济变量,它虽然包含的具体内容很多,不具有单一的经济含义,但它与模型中独立出现的解释变量相类似,不同观测期的取值也不可能完全互不相干,总存在一定的相关性。

2. 经济行为的滞后性引起随机误差项自相关

在时间序列数据中,经济变量的运行往往存在着一种变化趋势,表现在时间前后期的相互关联上所形成的惯性。例如,一个企业固定资产的形成,不仅与当期固定资产投资有关,还与前期多年固定资产投资相关。农作物的单位面积产量,不仅取决于当年投入的生产要素的数量与质量,还与往年投入的数量与质量相关。今年的农业收成总是会对明年、后年或以后若干年的经济发展带来直接或间接的影响。再比如,家庭消费通常具有一定刚性,今年的家庭消费水平在很大程度上要受到原有(比如上一年)消费水平的影响。如果模型忽视这些滞后因素,滞后影响将在随机误差项中体现为系统性。

3. 一些随机偶然因素的干扰引起随机误差项自相关

在时间序列中,某一时期发生的随机冲击往往要延续若干时期。通常随机偶然因素是指战争、自然灾害、金融危机等,这些随机因素的影响不仅对当期经济活动产生影响,而且影响以后若干时期，反映在模型中很容易形成随机误差序列的自相关。例如，在农业生产中，由于反常天气所引起的歉收，可能会在几个时期内影响其他经济变量，这时，随机误差项本身就可能存在自相关性。

4. 模型设定误差引起随机误差项自相关

有时自相关的发生并不是因为连续观察值之间相关，而是由于回归模型没有正确设定。模型设定不当意味着模型中遗漏了本应包括在模型中的重要变量，或添加了多余的解释变量，或模型选择了不正确的函数形式。如果发生了这样的模型设定错误，则从不正确的模型中得到的残差会呈现自相关。

在实际的经济活动中，某一经济变量的发展变化往往是多种因素综合作用的结果。利用计量经济模型研究经济变量的变化规律或测度经济变量之间数量依存关系，只能将重要的影响因素作为独立的解释变量在模型中列示，而将那些次要的影响因素予以舍弃。但这些被略去的次要因素的影响力在模型中并不会消失，它们的总和作用会在随机误差项中反映出来。进入模型随机误差项的次要影响因素在不同观测期是相关的，引起随机误差项的序列相关。

在对实际经济问题的研究中，用于分析与测度经济变量之间数量依存关系的模型，是研究者根据一定的经济理论、实践经验确定的。研究对象自身的复杂性、人们对研究对象认识的局限性，可能导致对模型函数形式选择的失准。如果模型的函数形式不能正确反映经济变量之间内在真实的数量依存关系，就会造成随机误差项的序列相关。

5. 观测数据处理引起随机误差项自相关

在经济计量分析中，所使用的时间序列数据，因多种原因在代表性上存在某些缺陷，为增强数据的代表性或弥补其他方面的缺陷，往往需要对原始观测数据进行内插或平滑处理。经过这样处理后的时序资料与原始观测的时间序列之间的差异便会在随机误差项中反映出来，并引起随机误差项的序列相关。

一般经验告诉我们，对于采用时间序列数据作样本的计量经济问题，由于在不同样本点上解释变量以外的其他因素在时间上的连续性，带来它们对被解释变量的影响的连续性，所以往往存在序列相关性。

5.2 自相关性的影响

在随机误差项存在自相关性的情况下，利用 OLS 法进行参数估计，会造成以下几个方面的影响。

5.2.1 模型参数估计值不再具备有效性

当随机误差项存在自相关性时，利用 OLS 法估计线性回归模型得到的参数估计量仍然是无偏估计，但不再具备有效性。

对于多元线性回归模型 $\boldsymbol{Y}=\boldsymbol{XB}+\boldsymbol{U}$，其中随机误差项向量 $\boldsymbol{U}$ 的数学期望为 $\boldsymbol{E}(\boldsymbol{U})=\boldsymbol{0}$，方差-协方差矩阵为

$$E(\boldsymbol{UU}')=\begin{pmatrix}\sigma_1^2 & \operatorname{cov}(u_1,u_2) & \cdots & \operatorname{cov}(u_1,u_n)\\ \operatorname{cov}(u_2,u_1) & \sigma_2^2 & \cdots & \operatorname{cov}(u_2,u_n)\\ \vdots & \vdots & \cdots & \vdots\\ \operatorname{cov}(u_n,u_1) & \operatorname{cov}(u_n,u_2) & \cdots & \sigma_n^2\end{pmatrix}\triangleq\sigma^2\boldsymbol{\Omega}$$

其中$\boldsymbol{\Omega}$为n阶实对称矩阵,σ^2为常数。如果随机误差项u_t的各期值之间存在着相关关系,此时协方差

$$\operatorname{cov}(u_t,u_s)\neq 0,\quad \forall t\neq s$$

也就是$E(\boldsymbol{UU}')$的对角线两侧不全为零,因此,$E(\boldsymbol{UU}')=\sigma^2\boldsymbol{\Omega}\neq\sigma^2 I$。此时参数估计量失去有效性。在大样本条件下,参数的估计量具有一致性,但不具有渐近有效性。

5.2.2 模型的统计检验失效

对回归参数进行显著性检验时,需要构造t统计量$t(\hat{b}_j)=\dfrac{\hat{b}_j}{s(\hat{b}_j)}$,而$t$统计量的构造是建立在随机序列满足古典假设基础上的。满足古典假设时对参数$\hat{b}_j$的标准差的估计是可信的。但是,如果随机误差项存在自相关性,此时参数估计量失去有效性,所估计的$\hat{b}_j$的标准差$s(\hat{b}_j)=\sqrt{\operatorname{var}(\hat{b}_j)}$出现偏误,这使得$t$检验失效。其他检验也有类似的失效情形。

5.2.3 区间估计和区间预测的精度降低

当模型的随机误差项不满足假设时,模型参数的估计量就失去了有效性。在求参数置信区间时,由于置信区间$\hat{b}_j\pm t_{\alpha/2}(n-k-1)\times s(\hat{b}_j)$中含有参数$\hat{b}_j$的标准差$s(\hat{b}_j)=\sqrt{\operatorname{var}(\hat{b}_j)}$,而此估计量发生了偏倚,致使置信区间的可信度降低,区间估计是没有意义的。类似地,模型失去预测功能,区间预测也是没有意义的。

5.3 自相关性的检验

随机误差项存在自相关性会产生一系列不良影响,因此必须采取相应的措施加以修正。但是,在修正之前应对模型的误差项序列是否存在自相关进行判断,这就是自相关性的检验。自相关性检验方法很多,如回归检验法、DW检验法等。这些检验方法的共同思路是:首先采用OLS估计模型,以求得随机误差项的近似估计量,即残差,用$e_t(e_t=y_t-\hat{y}_t)$表示;然后,通过分析这些残差之间的相关性以达到判断随机误差项是否具有序列相关性的目的。下面介绍几种常用的检验方法。

5.3.1 图示法

如同异方差性的图示检验法一样,通过对残差分布图的分析,可以大致判断随机误差

项的变化特征。由于回归残差 e_t 可以作为随机误差项 u_t 的估计值，随机误差项 u_t 的性质应该在残差 e_t 中反映出来。因此，我们可以通过残差 e_t 是否存在自相关性来判断随机项 u_t 的自相关性。如果随着时间的推移，残差分布呈现出周期性的变化，说明很可能存在自相关性。

因为残差 e_t 是随机误差项 u_t 的估计，所以在对模型参数估计后，相应地计算出残差 e_t，由残差 e_t 图形来直观地判断 u_t 的自相关性。计算 e_t 与 e_{t-1}，然后绘制 e_t 与 e_{t-1} 的二维坐标图，以 e_t 为纵轴，e_{t-1} 为横轴，绘出 (e_1,e_2)，$(e_2,e_3)\cdots(e_{n-1},e_n)$ 点，作 e_t 与 e_{t-1} 散点图。如果 e_t 与 e_{t-1} 的图形中存在系统性变动，则误差项 u_t 可能存在自相关(见图 5.3.1 和图 5.3.2)。

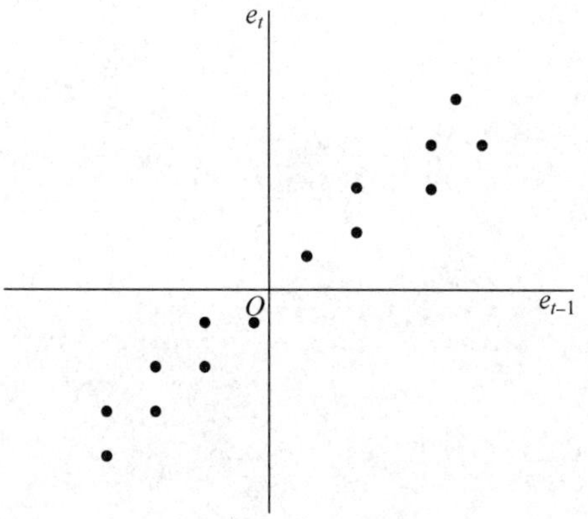

图 5.3.1　正自相关

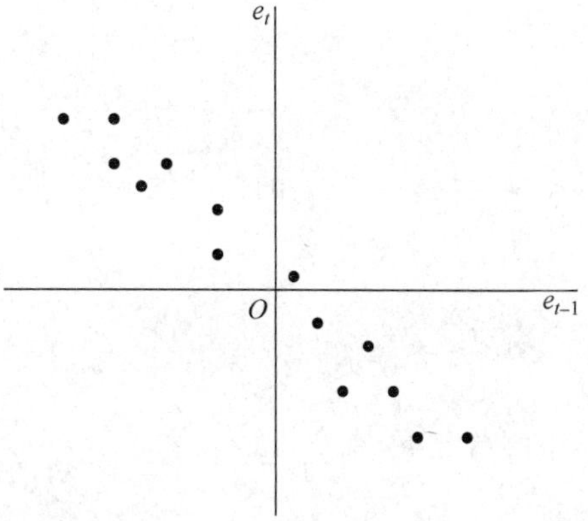

图 5.3.2　负自相关

如果残差项 e_t 呈现图 5.1.2 中(a)至(d)的形式，则表示随机误差项 u_t 存在自相关性。

图示检验法可以借助于 EViews 软件来实现。在方程窗口中点击 Resids 按钮，或者单击 View\Actual，Fitted，Residual\Table，都可以得到残差分布图。

5.3.2　德宾-沃森检验

德宾-沃森检验是德宾(J. Durbin)和沃森(G. S. Watson)于 1951 年提出的一种检验自相关性的方法，以下简称 DW 检验。DW 检验是目前检验自相关性的最常用方法，但它只适用于检验一阶自相关性。对于一般经济现象而言，两个随机项在时间上相隔越远，前者对后者的影响就越小。如果存在自相关，最强的自相关应表现在相邻两个随机项之间，即一阶自相关是主要的。因此，在一般教科书中，只讨论一阶自相关的情形。该方法的假定条件是：第一，解释变量 x 为非随机的；第二，随机误差项 u_t 为一阶自相关，即 $u_t=\rho u_{t-1}+v_t$，v_t 为误差项，且满足古典假定；第三，线性回归模型中不应含有滞后内生变量 $(y_{t-1},y_{t-2},\cdots)$ 作为解释变量，例如，不应出现下列形式：$y_t=b_0+b_1x_t+b_2y_{t-1}+u_t$，其中 y_{t-1} 为 y_t 的滞后一期变量；第四，模型中含有截距项；第五，统计数据比较完整，无缺失项。适用于样本容量 $n\geqslant15$ 的样本情况。

DW 检验的基本原理和步骤如下。

1. 提出原假设

$H_0:\rho=0$(不存在一阶自相关性); $H_1:\rho\neq 0$(存在一阶自相关性)。

2. 构造检验统计量

$$\mathrm{DW}=\frac{\sum_{t=2}^{n}(e_t-e_{t-1})^2}{\sum_{t=1}^{n}e_t^2} \tag{5.3.1}$$

则有

$$\mathrm{DW}\approx 2(1-\hat{\rho}) \tag{5.3.2}$$

其中

$$\hat{\rho}=\frac{\sum e_t e_{t-1}}{\sqrt{\sum e_t^2}\sqrt{\sum e_{t-1}^2}} \tag{5.3.3}$$

为样本自相关系数 ρ 的估计值。

推导如下:

由于 $\sum_{t=2}^{n}(e_t-e_{t-1})^2=\sum_{t=2}^{n}(e_t^2-2e_te_{t-1}+e_{t-1}^2)=\sum_{t=2}^{n}e_t^2+\sum_{t=2}^{n}e_{t-1}^2-2\sum_{t=2}^{n}e_te_{t-1}$,在大样本的情况下,有 $\sum_{t=2}^{n}e_t^2\approx\sum_{t=2}^{n}e_{t-1}^2\approx\sum_{t=1}^{n}e_t^2$,从而有 $\sum_{t=2}^{n}(e_t-e_{t-1})^2=2\sum_{t=1}^{n}e_t^2-2\sum_{t=2}^{n}e_te_{t-1}$,因此

$$\mathrm{DW}=\frac{\sum_{t=2}^{n}(e_t-e_{t-1})^2}{\sum_{t=1}^{n}e_t^2}=\frac{2\left(\sum e_t^2-\sum e_te_{t-1}\right)}{\sum e_t^2}=2\left[1-\frac{\sum e_te_{t-1}}{\sum e_t^2}\right]$$

因为 $\frac{\sum e_te_{t-1}}{\sum e_t^2}\approx\frac{\sum e_te_{t-1}}{\sqrt{\sum e_t^2}\sqrt{\sum e_{t-1}^2}}=\hat{\rho}$,所以有 $\mathrm{DW}\approx 2(1-\hat{\rho})$。

3. 检验自相关性

因为自相关系数 $\hat{\rho}$ 介于 -1 和 1 之间,所以 $0\leqslant \mathrm{DW}=2(1-\hat{\rho})\leqslant 4$,而且随机项若存在完全正自相关,$\hat{\rho}=1$,DW$=0$;若不存在自相关,$\hat{\rho}=0$,DW$=2$;若存在完全负自相关,$\hat{\rho}=-1$,DW$=4$。统计量 DW 在数值 2 附近取值时,随机项不存在自相关;DW 在数值 0 附近取值时,随机项存在很强的正自相关;DW 在数值 4 附近取值时,随机项存在很强的负自相关。然而,这只是近似的推断,对统计量 DW 需要找出准确的用于统计推断的范围。

但是,在零假设($H_0:\rho=0$)成立时,DW 的实际分布是未知的。德宾—沃森证明,DW 的实际分布介于两个极限分布之间:一个称为下极限分布,其下临界值用 d_{L} 表示;另一个称为上极限分布,其下临界值用 d_{U} 表示。下极限分布的上临界值为 $4-d_{\mathrm{U}}$,上极限分布的上临界值为 $4-d_{\mathrm{L}}$,如图 5.3.3 所示。

假定由式(5.3.1)计算出的 DW 值落在 d_{L} 的左侧或 $4-d_{\mathrm{L}}$ 的右侧,此时不论真实的 DW 分布位于何处,均应否定零假设。如果 DW 值落在 d_{U} 和 $4-d_{\mathrm{U}}$ 之间,则不论真实的

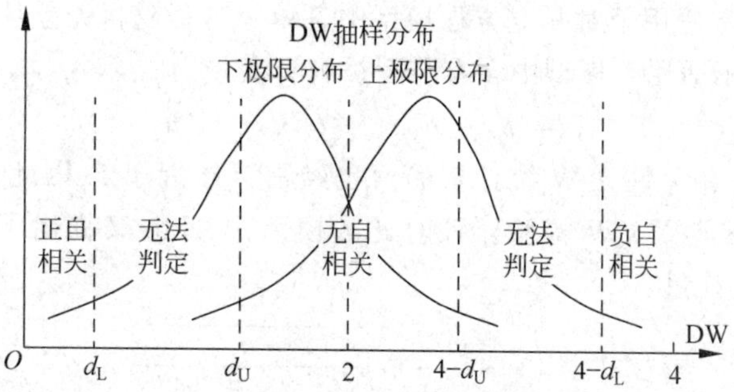

图 5.3.3　统计量 DW 的极限分布和 DW 检验

DW 分布位于何处，均不能否定零假设。如果 DW 落在 d_L 和 d_U 之间，则当 DW 分布为下极限分布时不能否定零假设；当 DW 分布为上极限分布时应否定零假设。既然 DW 分布的确切位置并不知道，在这种情况下就得不出明确结论。同样，当 DW 值落在 $4-d_U$ 和 $4-d_L$ 之间时，也得不出明确结论。因此，$[d_L,d_U]$和$[4-d_U,4-d_L]$这两个区间称为不定区域。d_L 和 d_U 的数值与模型中自变量的数目和样本容量有关，对于给定的显著水平 α，d_L 和 d_U 的数值均可从 DW 统计量的临界值表中查出（上限临界值 d_U 和下限临界值 d_L 只与样本的大小 n 和解释变量的个数 k 有关，而与解释变量的取值无关）。

统计推断如下：

(1) 当 $0 \leqslant DW \leqslant d_L$ 时，拒绝 H_0，表明存在一阶正自相关，而且正自相关的程度随 DW 靠近 0 而增强。

(2) 当 $4-d_L \leqslant DW \leqslant 4$ 时，拒绝 H_0，表明存在一阶负自相关，并且负自相关的程度随 DW 向 4 靠近而增强。

(3) 当 $d_U \leqslant DW \leqslant 4-d_U$ 时，接受 H_0，即认为不存在一阶自相关性。

(4) 当 $d_L < DW < d_U$，或 $4-d_U < DW < 4-d_L$ 时，表明不能确定是否存在自相关。

例如，当计算的 DW 统计量值为 0.890 1，且样本容量 $n=15$ 时，在有两个解释变量的条件下，给定显著性水平 $\alpha=0.05$，则查 DW 统计表得 $d_L=0.946$，$d_U=1.543$，这时有 $DW=0.890\,1<d_L=0.946$，由上述判断区域知，随机误差项存在一阶正自相关。

DW 检验因其原理简单、检验方便，目前已成为最常用的自相关性检验方法。EViews 软件在回归分析的输出结果中也直接给出了 DW 统计量值。在报告回归分析的计算结果时，人们也习惯于将 DW 值作为常规的检验统计量，连同 R^2，t 值等一起标明。但是，使用 DW 检验时应注意以下几个问题。

第一，DW 检验只能判断是否存在一阶自相关性，对于高阶自相关或非自相关皆不适用。当 DW 值接近于 2 时，只能说明 u_t 与 u_{t-1} 不相关，并不同时意味着模型不存在高阶自相关性，即不能得出“不存在自相关性”的结论。非一阶自相关形式的时间序列不能用 DW 检验。

第二，DW 检验有两个无法判定的区域。虽然德宾和沃森对这两个区域的 DW 检验又提出了修正方法，但因计算公式复杂，当 DW 统计值落入这两个区域时，人们还是宁愿改用其他的检验方法来判断自相关性。一般是增大样本容量，或者是改变模型的函数形式，采用其他检验方法。

第三,这一方法不适用于对联立方程模型中各单一方程随机误差项序列相关的检验。

第四,DW 检验不适用于模型中含有滞后被解释变量($y_{t-1},y_{t-2},\cdots$)的情形。例如

$$y_t=b_0+b_1x_t+b_2y_{t-1}+u_t$$

此时即使模型存在自相关性,DW 统计量的值也经常会接近于 2,因此,包含滞后被解释变量模型的序列相关不能用 DW 检验。针对此类模型 Durbin 又提出了一个新的检验统计量,称为 Durbin-h 统计量:

$$h=\left(1-\frac{\mathrm{DW}}{2}\right)\sqrt{\frac{n}{1-n\cdot\mathrm{var}(\hat{b}_2)}} \tag{5.3.4}$$

其中 $\mathrm{var}(\hat{b}_2)$是 y_{t-1} 系数的估计方差。Durbin 已经证明:h 统计量近似地服从标准正态分布,所以利用正态分布可以对一阶自相关性直接进行检验。具体步骤为

① 估计模型:LS　y　c　x　y(−1)

② 根据输出的 DW 统计量值和 $s(\hat{b}_2)$计算 h 统计量;

③ 给定显著水平 α,查标准正态分布临界值 $z_{\alpha/2}$,如果$|h|>z_{\alpha/2}$,则拒绝$\rho=0$ 的假设,即认为存在一阶自相关性。例如,当 $\alpha=0.05$ 时,$z_{0.025}=1.96$,如果$|h|>1.96$,则认为存在一阶自相关性。此检验法称为 h 检验,对模型中含有滞后的被解释变量 $y_{t-1},y_{t-2},\cdots$,其 h 检验所用的统计量仍然适用。

5.3.3 回归检验法

回归检验法适用于对任一随机变量序列相关的检验,并能提供序列相关的具体形式及相关系数的估计值。这一方法的应用分三步进行:

第一,依据模型变量的样本观测数据,应用普通最小二乘法求出模型的样本估计式,用被解释变量的观测值 y_t 减去回归值 $\hat{y}_t$,求出随机误差项 u_t 的估计值$e_t(t=1,2,\cdots,n)$。

第二,建立 e_t 与 e_{t-1}、e_{t-2}、…的相互关系模型,由于它们相互关系的形式和类型是未知的,需要用多种函数形式进行试验,常用的模型形式主要有:$e_t=\rho e_{t-1}+v_t$、$e_t=\rho_1e_{t-1}+\rho_2e_{t-2}+v_t$ 等。

第三,对不同形式的 e_t 与 e_{t-1}、e_{t-2}、…的相互关系模型,用普通最小二乘法进行参数估计,得出回归估计式,再对估计式进行统计检验(F 检验和 t 检验)。如果通过检验发现某一个估计式是显著的,就表明 e_t 与 e_{t-1}、e_{t-2}、…是相关的,随机误差项 u_t 存在序列相关,相关的形式就是统计检验显著的回归估计式。

回归检验法需要用多种形式的回归模型对 e_t 与e_{t-1}、e_{t-2}、…的相关性进行试验分析,工作量大、计算复杂,显得较为烦琐。

5.3.4 高阶自相关性检验

1. 相关图检验

在多个经济变量之间,如果只考虑其中两个变量之间的相关关系,其他变量固定不变,这种相关性称为偏相关。用来衡量偏相关程度的数量指标叫作偏相关系数。偏相关系数

是衡量多个变量之间相关程度的重要指标，可以用它来判断自相关性的类型。

我们可以利用所估计的回归方程残差序列的自相关和偏自相关来检验高阶序列相关。构成时间序列的每个序列值 $y_t, y_{t-1}, \cdots, y_{t-k}$ 之间的简单相关关系称为自相关。自相关程度由自相关系数 r_k 度量，表示时间序列中相隔 k 期的观测值之间的相关程度。

$$r_k = \frac{\sum_{t=k+1}^{n}(y_t - \bar{y})(y_{t-k} - \bar{y})}{\sum_{t=1}^{n}(y_t - \bar{y})^2} \tag{5.3.5}$$

其中，n 为样本容量，k 为滞后期，$\bar{y}$ 为样本数据的均值。与简单自相关系数一样，自相关系数 r_k 的取值范围是$[-1,1]$，r_k 的绝对值越接近于 1，自相关程度越高。

偏自相关是指对于时间序列 y_t，在给定 $y_{t-1}, y_{t-2}, \cdots, y_{t-(k-1)}$ 的条件下，y_t 与 y_{t-k} 之间的条件相关关系。其相关程度用偏自相关系数 φ_{kk} 度量：

$$\varphi_{kk} = \begin{cases} r_1 & k=1 \\ \dfrac{r_k - \sum_{j=1}^{k-1}\varphi_{k-1,j} \cdot r_{k-j}}{1 - \sum_{j=1}^{k-1}\varphi_{k-1,j} \cdot r_j}, & k=2,3,\cdots \end{cases} \tag{5.3.6}$$

$$\varphi_{k,j} = \varphi_{k-1,j} - \varphi_{kk} \cdot \varphi_{k-1,k-j}, \quad j=1,2,\cdots,k-1 \tag{5.3.7}$$

其中 r_k 是滞后 k 期的自相关系数。

EViews 软件可以同时给出时间序列的自相关和偏自相关系数及分析图。利用 EViews 软件计算偏相关系数，具体有两种方式：

［命令方式］　IDENT　RESID

［菜单方式］　在方程窗口中单击：

View\Residual Diagnostics\Correlogram-Q-statistics

屏幕将直接输出 e_t 与 $e_{t-1}, e_{t-2}, \cdots, e_{t-p}$（$p$ 是事先指定的滞后期长度）的自相关系数和偏自相关系数，从中可以直观地看出残差序列的相关情况。通过观察自相关和偏自相关系数来判断是否存在序列相关。如果残差不存在序列相关，各阶滞后的自相关和偏自相关值接近于零。

2. Q 统计量检验

我们还可以应用杨-博克斯(Ljiung-Box)Q 统计量来检验序列相关。Q 统计量的表达式为

$$Q_{\mathrm{LB}} = n(n+2)\sum_{j=1}^{p}\frac{r_j^2}{n-j} \tag{5.3.8}$$

其中 r_j 是残差序列的 j 阶自相关系数，n 为样本容量，p 是设定的滞后阶数。

p 阶滞后的 Q 统计量的原假设是：序列不存在 p 阶自相关；备选假设为：序列存在 p 阶自相关。在原假设条件下，Q_{LB} 服从 $\chi^2(n-p)$分布。给定显著水平 α，若 $Q_{\mathrm{LB}} < \chi_{\alpha}^2(n-p)$，则不拒绝原假设，序列不存在 p 阶自相关；若 $Q_{\mathrm{LB}} > \chi_{\alpha}^2(n-p)$，则拒绝原假设，序列存在 p 阶自相关。

在实际的检验中,通常会计算出不同滞后阶数的 Q 统计量。如果各阶 Q 统计量都没有超过由设定的显著性水平决定的临界值,则接受原假设,即不存在序列相关,并且此时,各阶的自相关和偏自相关系数都接近于0。如果在某一滞后阶数 p,Q 统计量超过设定的显著性水平的临界值,则拒绝原假设,说明残差序列存在 p 阶自相关。否则接受原假设,不存在序列相关。

由于 Q 统计量的伴随概率值要根据自由度 p 来估算,因此,一个较大的样本容量是保证 Q 统计量有效的重要因素。

Q 统计量的软件操作: 估计回归方程后,选择 View\Residual Diagnostics\Correlogram and Q-statistics,可以检验回归方程残差的序列相关性,通过观察 Q 统计量来判断是否存在序列相关。在 Q 统计量的 p 值比较小的情况下,拒绝原假设,即认为存在序列相关。否则,如果 Q 统计量的 p 值比较大,则残差不存在序列相关。

3. 拉格朗日乘数检验

为解决 DW 检验存在的缺陷,布罗斯(T. S. Breusch)和戈弗雷(L. G. Godfrey)在20世纪70年代末期提出了检验一般自相关的方法:布罗斯-戈弗雷(Breusch-Godfrey)检验法。由于该方法源自拉格朗日(Lagrange)乘数原理,因此,通常称为 LM 乘数检验。

与 DW 统计量仅检验随机项是否存在一阶自相关不同,LM 乘数检验也可以应用于检验回归方程的残差序列是否存在高阶自相关,而且在方程中存在滞后因变量的情况下,LM 乘数检验仍然有效。

对于模型

$$y_t = b_0 + b_1 x_{1t} + b_2 x_{2t} + \cdots + b_k x_{kt} + u_t \tag{5.3.9}$$

设自相关形式为

$$u_t = \rho_1 u_{t-1} + \rho_2 u_{t-2} + \cdots + \rho_p u_{t-p} + v_t \tag{5.3.10}$$

假设

$$H_0: \rho_1 = \rho_2 = \cdots = \rho_p = 0$$

即不存在自相关性。对该假设的检验过程如下。

(1) 利用 OLS 法估计模型,得到残差序列 e_t;

(2) 将 e_t 关于所有解释变量和残差的滞后值 $e_{t-1}, e_{t-2}, \cdots, e_{t-p}$ 进行回归

$$e_t = b_0 + b_1 x_{1t} + \cdots + b_k x_{kt} + \rho_1 e_{t-1} + \rho_2 e_{t-2} + \cdots + \rho_p e_{t-p} + v_t \tag{5.3.11}$$

并计算出辅助回归模型的决定系数 R^2;

(3) 布罗斯和戈弗雷证明,在大样本情况下,渐近地有

$$\text{LM}(p) = nR^2 \sim \chi^2(p) \tag{5.3.12}$$

因此,对于显著水平 α,若 $\text{LM}(p) = nR^2$(n 为样本容量)大于临界值 $\chi^2_\alpha(p)$,则拒绝原假设 H_0,即认为至少有一个 ρ_i 的值显著地不等于零,即可能存在直到 i 阶的序列相关性。在实际检验中,可从1阶、2阶……逐次向更高阶检验,并用辅助回归式(5.3.11)中各 e_t 前参数的显著性来帮助判断序列相关的阶数。

利用 EViews 11.0 软件可以直接进行 LM 乘数检验。在方程窗口中单击

View\Residual Diagnostics\Serial Correlation LM Test

屏幕将输出辅助回归模型的有关信息,LM 检验通常给出两个统计量:F 统计量和

nR^2 统计量及其临界概率值。F 统计量是对式(5.3.11)所有滞后残差联合显著性的一种检验。

在给定的显著性水平下，如果这两个统计量小于设定显著性水平下的临界值，说明序列在设定的显著性水平下不存在序列相关；反之，如果这两个统计量大于设定显著性水平下的临界值，则说明序列存在序列相关性。EViews 软件没有显示临界值，而是给出相伴概率 p 值，由 p 值可以知道在什么样的显著性水平下接受原假设。

在 LM 乘数检验中，需要人为确定滞后期的长度。实际应用中，一般是从低阶的 $p=1$ 开始，直到 $p=10$ 左右，若未能得到显著的检验结果，可以认为不存在自相关性。

例 5.3.1　表 5.3.1 列出了我国城乡居民储蓄存款年底余额(单位：亿元)和 GDP 指数(1978 年=100)的历年统计资料，试建立居民储蓄存款模型，并检验模型的自相关性。

表 5.3.1　我国城乡居民储蓄存款与 GDP 指数统计资料

年份	存款余额 y	GDP 指数 x	年份	存款余额 y	GDP 指数 x
1978	210.60	100.0	1989	5 146.90	271.3
1979	281.00	107.6	1990	7 034.20	281.7
1980	399.50	116.0	1991	9 107.00	307.6
1981	523.70	122.1	1992	11 545.40	351.4
1982	675.40	133.1	1993	14 762.39	398.8
1983	892.50	147.6	1994	21 518.80	449.3
1984	1 214.70	170.0	1995	29 662.25	496.5
1985	1 622.60	192.9	1996	38 520.84	544.1
1986	2 237.60	210.0	1997	46 279.80	582.0
1987	3 073.30	234.3	1998	53 407.47	638.2
1988	3 801.50	260.7			

(1) 绘制相关图，确定模型的函数形式。观察 $\ln y$ 与 $\ln x$ 的散点图(图 5.3.4)，可知它们呈线性关系，所以将居民储蓄存款模型的函数形式确定为对数模型。

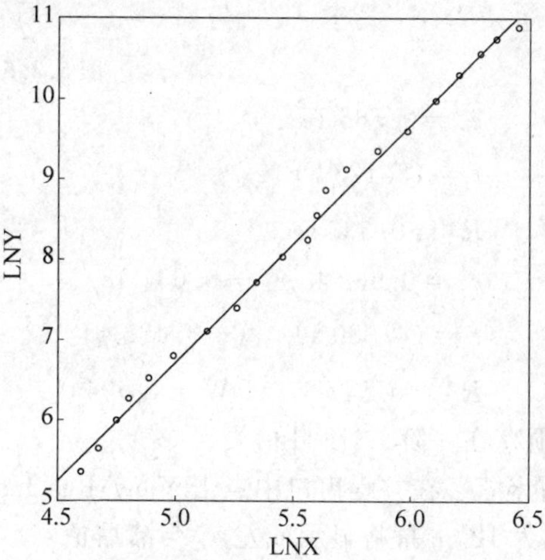

图 5.3.4　lny 与 lnx 的散点图

(2) 利用OLS法估计模型。在命令窗口输入命令“ls lny c lnx”,估计结果见表5.3.2。

表5.3.2 估计结果

Dependent Variable: LNY
Method: Least Squares
Date: 09/14/21 Time: 14:12
Sample: 1978 1998
Included observations: 21

Variable	Coefficient	Std. Error	t-Statistic	Prob.
C	-8.108159	0.253921	-31.93187	0.0000
LNX	2.965197	0.045815	64.72071	0.0000

R-squared	0.995485	Mean dependent var	8.236497
Adjusted R-squared	0.995247	S.D. dependent var	1.756767
S.E. of regression	0.121116	Akaike info criterion	-1.293736
Sum squared resid	0.278715	Schwarz criterion	-1.194257
Log likelihood	15.58422	Hannan-Quinn criter.	-1.272146
F-statistic	4188.770	Durbin-Watson stat	0.740145
Prob(F-statistic)	0.000000		

$$\ln\hat{y}_t = -8.1082 + 2.9652\ln x_t$$
$$t = (-31.9319) \quad (64.7207)$$
$$\bar{R}^2 = 0.9952, \quad F = 4188.77, \quad DW = 0.7401$$

(3) 检验自相关性

① 残差图分析:在方程窗口中点击 Resids 求残差,运用 GENR 生成残差序列 E,观察 E 与 E(−1)之间的散点图(见图5.3.5)。由图5.3.5可知,随机误差项可能存在正自相关性。

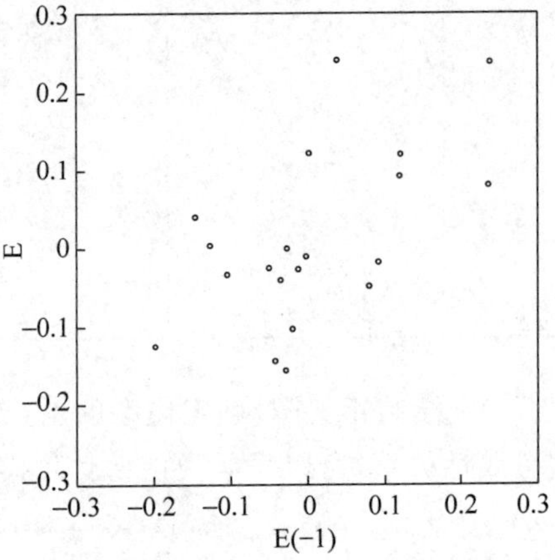

图5.3.5 E与E(−1)散点图

② DW检验:因为 $n=21, k=1$,取显著水平 $\alpha=0.05$ 时,查表得 $d_L=1.221, d_U=1.420$,而 $0<DW=0.7402<d_L=1.221$,所以存在一阶正自相关性。

③ 回归检验法:建立残差 e_t 关于 e_{t-1} 与 e_{t-2} 的回归模型

$$e_t = 0.5661 e_{t-1}$$
$$t = (3.1237)$$
$$\bar{R}^2 = 0.3339$$
$$e_t = 0.9624 e_{t-1} - 0.6314 e_{t-2}$$
$$t = (4.8301) \quad (-3.4384)$$
$$\bar{R}^2 = 0.5478, \quad DW = 1.6040$$

由此可知,随机误差项存在一阶、二阶自相关。

④ 相关图和 Q 统计量检验:在方程窗口中点击 View\Residual Diagnostics\Correlogram-Q-statistics,并输入滞后期为12,屏幕将显示残差 e_t 与滞后值 $e_{t-1}, e_{t-2}, \cdots, e_{t-12}$ 的各期相关系数和偏相关系数,如图5.3.6所示。

图5.3.6中AC表示各期的自相关系数,PAC表示各期的偏自相关系数,为了直观地

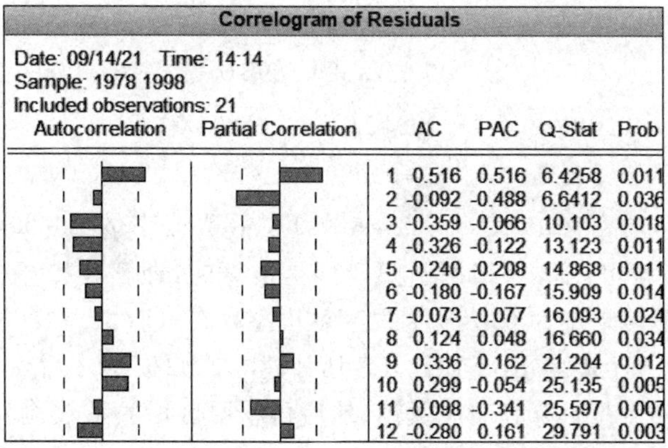

Correlogram of Residuals

Date: 09/14/21　Time: 14:14
Sample: 1978 1998
Included observations: 21

Autocorrelation	Partial Correlation		AC	PAC	Q-Stat	Prob
		1	0.516	0.516	6.4258	0.011
		2	-0.092	-0.488	6.6412	0.036
		3	-0.359	-0.066	10.103	0.018
		4	-0.326	-0.122	13.123	0.011
		5	-0.240	-0.208	14.868	0.011
		6	-0.180	-0.167	15.909	0.014
		7	-0.073	-0.077	16.093	0.024
		8	0.124	0.048	16.660	0.034
		9	0.336	0.162	21.204	0.012
		10	0.299	-0.054	25.135	0.005
		11	-0.098	-0.341	25.597	0.007
		12	-0.280	0.161	29.791	0.003

图 5.3.6　e_t 与 $e_{t-1}, e_{t-2}, \cdots e_{t-p}$ 相关系数与偏相关系数

反映相关系数值的大小，在图形左半部分别绘制了相关系数和偏相关系数的直方图，其中虚线表示显著性水平为 $\alpha=0.05$ 时的置信带，即 $\pm 1.96/\sqrt{n}=\pm 1.96/\sqrt{21}=\pm 0.427$。当第 s 期偏相关系数的直方块超过虚线部分时，表明偏相关系数 $\rho_{t-s}>0.427$，即存在 s 阶自相关性。从图 5.3.6 可以明显看出，我国城乡居民储蓄存款模型存在一阶自相关性。各阶滞后的 Q 统计量的 p 值都小于 0.05，说明在 5% 的显著性水平下，拒绝原假设，残差序列存在自相关。

⑤ LM 乘数检验：在方程窗口中点击 View\Residual Diagnostics\Serial Correlation LM Test，并选择滞后期为 2（滞后期选择 1、2 阶，其 ρ_1、ρ_2 系数显著，选择 3 阶，其 ρ_3 系数不显著，不存在 3 阶自相关性），屏幕将显示以下信息，见表 5.3.3。

表 5.3.3　估 计 结 果

Breusch-Godfrey Serial Correlation LM Test:
Null hypothesis: No serial correlation at up to 2 lags

F-statistic	9.008451	Prob. F(2,17)	0.0022
Obs*R-squared	10.80492	Prob. Chi-Square(2)	0.0045

Test Equation:
Dependent Variable: RESID
Method: Least Squares
Date: 09/14/21　Time: 14:16
Sample: 1978 1998
Included observations: 21
Presample missing value lagged residuals set to zero.

Variable	Coefficient	Std. Error	t-Statistic	Prob.
C	0.001743	0.191014	0.009123	0.9928
LNX	-0.000586	0.034536	-0.016977	0.9867
RESID(-1)	0.892010	0.212185	4.203937	0.0006
RESID(-2)	-0.590938	0.215317	-2.744499	0.0138

R-squared	0.514520	Mean dependent var	-6.85E-16
Adjusted R-squared	0.428847	S.D. dependent var	0.118050
S.E. of regression	0.089216	Akaike info criterion	-1.825877
Sum squared resid	0.135310	Schwarz criterion	-1.626920
Log likelihood	23.17171	Hannan-Quinn criter.	-1.782698
F-statistic	6.005634	Durbin-Watson stat	1.511332
Prob(F-statistic)	0.005546		

LM 乘数检验的辅助回归模型为：

$$e_t = 0.0017 - 0.0006\ln x + 0.8920 e_{t-1} - 0.5909 e_{t-2}$$
$$t = (0.0091) \quad (-0.0170) \quad (4.2040) \quad (-2.7445)$$
$$\hat{\rho}_1 = 0.8920 \quad \hat{\rho}_2 = -0.5909$$

其中，$LM(2) = nr^2 = 10.8049 > \chi^2_{0.05}(2) = 5.9915$，临界概率 $p = 0.0045$，所以只要取显著性水平 $\alpha = 0.0045$，就可以认为辅助回归模型是显著的，即存在自相关性。又因为 e_{t-1}，e_{t-2} 的回归系数均显著地不为0，表明居民存款模型存在一阶、二阶自相关性。

从本例的检验过程可以看出，利用 OLS 估计建立回归模型之后，一般是先根据残差图和 DW 值初步判断模型是否存在自相关性，然后再利用自相关系数检验或 LM 乘数检验进一步确认自相关性。

5.4 自相关性的解决方法

经过检验发现随机误差项存在序列相关，首先应当分析产生自相关性的原因。引起序列相关的原因不同，修正序列相关的方法也不相同。

(1) 如果随机误差项的自相关性是因为模型变量选择不当(遗漏了重要的解释变量或选用了无关的变量作为解释变量)所引起的，就应当对模型中包含的解释变量进行调整，去掉无关的解释变量，引入重要的解释变量。

(2) 如果是因为模型的函数形式选择失准，不能真实反映经济变量间的数量关系，引起随机误差项的自相关性，就应当舍弃原有的模型关系式，重新确定正确的模型函数形式。在排除了这两个方面的原因之后，如果随机误差项仍然存在自相关性，便表明这种相关问题是由客观经济现象自身特点所决定的。在这种情况下，应当对自相关性进行补救或修正。

5.4.1 广义差分法

设线性回归模型

$$y_t = b_0 + b_1 x_t + u_t$$

存在一阶自相关性 $u_t = \rho u_{t-1} + v_t$，其中 v_t 为满足古典回归模型基本假定的随机误差项。将模型滞后一期，得

$$y_{t-1} = b_0 + b_1 x_{t-1} + u_{t-1}$$

在方程两边同乘以 ρ，并与原模型相减得

$$y_t - \rho y_{t-1} = b_0(1-\rho) + b_1(x_t - \rho x_{t-1}) + (u_t - \rho u_{t-1}) \tag{5.4.1}$$

定义变量变换

$$\begin{cases} y_t^* = y_t - \rho y_{t-1} \\ x_t^* = x_t - \rho x_{t-1} \end{cases} \tag{5.4.2}$$

称式(5.4.2)为广义差分变换，式(5.4.1)可以表示成如下形式：

$$y_t^* = A + b_1 x_t^* + v_t \tag{5.4.3}$$

其中，$A = b_0(1-\rho)$。式(5.4.3)是经过广义差分变换得到的模型，称为广义差分模型。变

换后模型的随机误差项 v_t 满足回归模型的基本假定,故可以对式(5.4.3)中的参数 A、b_1 运用最小二乘法进行估计,得到参数 A,b_1 的估计值 $\hat{A}$,$\hat{b}_1$,进而得到

$$\hat{b}_0=\hat{A}/(1-\rho)$$

这种方法称为广义差分估计法。

在差分过程中,我们损失了一个观测值,为了避免损失自由度,可以将第一个观测值作变换 $y_1^*=y_1\sqrt{1-\rho^2}$, $x_1^*=x_1\sqrt{1-\rho^2}$。在式(5.4.2)中,若 $\rho=1$,则式(5.4.2)变为

$$\begin{cases}y_t^*=y_t-y_{t-1}=\Delta y_t\\ x_t^*=x_t-x_{t-1}=\Delta x_t\end{cases}\tag{5.4.4}$$

此时式(5.4.4)称为差分变换。只要 DW≈0,意味着 $\rho\approx1$,就可以用一阶差分法对模型进行变换。

如果模型为多元线性回归模型,同理可以进行类似的广义差分变换

$$\begin{cases}y_t^*=y_t-\rho y_{t-1}\\ x_{1t}^*=x_{1t}-\rho x_{1,t-1}\\ x_{2t}^*=x_{2t}-\rho x_{2,t-1}\\ \vdots\\ x_{kt}^*=x_{kt}-\rho x_{k,t-1}\end{cases}$$

仍然可以得到满足基本假定的广义差分模型

$$y_t^*=A+b_1x_{1t}^*+b_2x_{2t}^*+\cdots+b_kx_{kt}^*+v_t$$

如果自相关类型为高阶自回归形式

$$u_t=\rho_1u_{t-1}+\rho_2u_{t-2}+\cdots+\rho_pu_{t-p}+v_t$$

以一元线性回归模型为例,其广义差分变换为

$$\begin{cases}y_t^*=y_t-\rho_1y_{t-1}-\rho_2y_{t-2}-\cdots-\rho_py_{t-p}\\ x_t^*=x_t-\rho_1x_{t-1}-\rho_2x_{t-2}-\cdots-\rho_px_{t-p}\end{cases}$$

同理得到满足基本假定的模型 $y_t^*=A+b_1x_t^*+v_t$。

因此,只要对存在自相关性的模型进行广义差分变换,就可以消除原模型中的自相关性;然后再对变换后的模型进行 OLS 估计,得到的仍然是最佳估计量。由于估计过程中使用了广义差分变换,所以称这种参数估计方法为广义差分法。

5.4.2 自相关系数的估计方法

进行广义差分变换的前提是已知 ρ 的值。但 ρ 是随机误差项的相关系数,随机误差项 u_t 的不可观测性使得 ρ 的值也是未知的。所以利用广义差分法处理自相关性时,需要事先估计出 ρ 的值。ρ 的常用估计方法有如下几种。

1. 利用 DW 统计量求 $\hat{\rho}$,然后再用广义差分法对模型进行估计

在大样本情况下,利用 DW 统计量 DW≈2(1−ρ),求出近似估计

$$\hat{\rho}=1-\frac{\mathrm{DW}}{2}\tag{5.4.5}$$

然后再用广义差分法对模型进行估计。

对于小样本,可以使用近似公式

$$\hat{\rho}=\frac{n^2(1-\mathrm{DW}/2)+(k+1)^2}{n^2-(k+1)^2} \tag{5.4.6}$$

其中,k 为解释变量个数,当 $n\to\infty$时,$\hat{\rho}\to 1-\mathrm{DW}/2$。

另外,由于 ρ 是 u_t 与 u_{t-1} 的相关系数,如果用 e_t 作为 u_t 的估计,则 e_t 与 e_{t-1} 的相关系数可以作为 ρ 的近似估计:

$$\hat{\rho}=\frac{\sum e_t e_{t-1}}{\sum e_t^2} \tag{5.4.7}$$

2. Durbin 两步估计法

设定模型 $y_t=b_0+b_1x_t+u_t$ 存在一阶自相关性,即有 $u_t=\rho u_{t-1}+v_t$,其中 v_t 为满足古典回归模型基本假定的随机误差项。

第一步,先对模型进行广义差分变换,得

$$y_t-\rho y_{t-1}=b_0(1-\rho)+b_1(x_t-\rho x_{t-1})+v_t$$

整理得

$$y_t=b_0(1-\rho)+\rho y_{t-1}+b_1x_t-\rho b_1x_{t-1}+v_t$$

令 $a_0=b_0(1-\rho)$,$a_1=b_1$,$a_2=-\rho b_1$,则有

$$y_t=a_0+\rho y_{t-1}+a_1x_t+a_2x_{t-1}+v_t$$

这是一个满足基本假定的三元线性回归模型,其中解释变量 y_{t-1} 的回归系数恰好为 ρ。对此模型进行 OLS 估计得 ρ 的估计值,即利用 OLS 估计:

```
LS  y  c  y(-1)  x  x(-1)
```

可以得到 ρ 的估计值 $\hat{\rho}$。

第二步,再用 ρ 的估计值 $\hat{\rho}$ 对原模型进行广义差分变换,并估计广义差分模型。此法称为 Durbin 两步估计法。该方法也适用于多元线性回归模型。Durbin 两步估计法不但求出了自相关系数 ρ 的估计值 $\hat{\rho}$,而且得出了模型参数的估计值。

3. 迭代估计

迭代估计法就是依据 ρ 的近似估计公式,通过一系列的迭代运算,逐步提高 ρ 的近似估计精度。迭代估计法的具体步骤为

(1) 利用 OLS 法估计模型 $y_t=b_0+b_1x_t+u_t$,计算第一轮残差 $e_t(1)$;

(2) 根据残差 $e_t(1)$计算 ρ 的(第一轮)估计值

$$\hat{\rho}(1)=\frac{\sum e_t(1)e_{t-1}(1)}{\sum e_t^2(1)} \tag{5.4.8}$$

(3) 利用估计的 $\hat{\rho}(1)$值进行广义差分变换

$$y_t^*=y_t-\hat{\rho}(1)y_{t-1}$$

$$x_t^*=x_t-\hat{\rho}(1)x_{t-1}$$

并估计广义差分模型

$$y_t^*=A+b_1x_t^*+v_t$$

(4) 再利用 OLS 法估计模型 $y_t^* = A + b_1 x_t^* + v_t$，计算第二轮残差 $e_t(2)$ 和 ρ 的第二轮估计值

$$\hat{\rho}(2) = \frac{\sum e_t(2) e_{t-1}(2)}{\sum e_t^2(2)}$$

(5) 重复执行(3)、(4)两步，直到 ρ 的前后两次估计值比较接近，即估计误差小于事先给定的精度($|\hat{\rho}(n+1) - \hat{\rho}(n)| < \delta$)$\delta$ 时为止。此时，以 $\hat{\rho}(n+1)$ 作为 ρ 的近似估计值，并用广义差分法进行变换，得到回归系数的估计值。

4. 搜索估计法

搜索估计法又称为希尔德雷思-卢(Hidreth-Lu)估计法。因为 ρ 的值介于 -1 和 1 之间，为确定它的位置，可以采用一种系统的搜索或“扫描”程序：首先在区间$(-1,1)$中按一定间隔选取 ρ 值，比如说取间隔为 0.1，ρ 值依次取成 $-1.0, -0.9, -0.8, \cdots, 0.8, 0.9, 1.0$；然后用每一个 ρ 值进行广义差分变换，估计相应的广义差分模型并计算每一个模型的残差平方和；最后从这些模型中选取使残差平方和达到最小的模型作为最佳模型，该模型所对应的 ρ 值就作为 ρ 的估计值。如果需要更精细的结果，可以采用更小的单位间隔，如取成 0.01，而将 ρ 值依次取成 $-1.00, -0.99, -0.98, \cdots, 0.91, 0.92 \cdots, 0.99, 1.00$ 等。

Hidreth-Lu 估计法的特点是可以保证在估计 ρ 的过程中使残差平方和“整体”达到最小，而迭代估计法得到的可能是“局部”最小值。而且随着间隔的不断细密，很可能会渐近地得到 ρ 的极大似然估计。

5.4.3 广义差分法的 EViews 软件实现过程

在 EViews 软件中，可以采用很简单的方法实现广义差分法参数估计。以一元线性回归模型 $y_t = b_0 + b_1 x_t + u_t$ 为例(多元线性回归模型与之类似)，如果自相关类型为高阶自回归形式

$$u_t = \rho_1 u_{t-1} + \rho_2 u_{t-2} + \cdots + \rho_p u_{t-p} + v_t$$

将它代入 $y_t = b_0 + b_1 x_t + u_t$ 得

$$y_t = b_0 + b_1 x_t + \rho_1 u_{t-1} + \rho_2 u_{t-2} + \cdots + \rho_p u_{t-p} + v_t$$

由 $y_t = b_0 + b_1 x_t + u_t$ 可知，$u_{t-1} = y_{t-1} - b_0 - b_1 x_{t-1}, \cdots, u_{t-p} = y_{t-p} - b_0 - b_1 x_{t-p}$，代入上式得到如下表达式：

$$\begin{aligned} y_t = & b_0 + b_1 x_t + \rho_1 (y_{t-1} - b_0 - b_1 x_{t-1}) + \rho_2 (y_{t-2} - b_0 - b_1 x_{t-2}) \\ & + \cdots + \rho_p (y_{t-p} - b_0 - b_1 x_{t-p}) + v_t \end{aligned}$$

因此，当选择普通最小二乘法估计参数时，如果同时选择常数项和解释变量 x_t、$(y_{t-1} - b_0 - b_1 x_{t-1})$、…、$(y_{t-p} - b_0 - b_1 x_{t-p})$作为解释变量，在 EViews 软件中用 AR(1)，AR(2)，…，AR(p)作为解释变量，即可得到参数 $b_0, b_1, \rho_1, \rho_2, \cdots, \rho_p$ 的估计值。其中 AR(p)表示随机误差项的 p 阶自回归。在估计过程中 EViews 软件自动完成了 $\rho_1, \rho_2, \cdots, \rho_p$ 的迭代，并显示总迭代次数。

在 EViews 软件中可以直接使用广义差分法估计自相关性模型，具体步骤为

第一,利用OLS法估计模型,系统将同时计算残差序列RESID。

第二,判断自相关性的类型。在命令窗口输入 IDENT RESID

或在方程窗口单击 View\Residual Diagnostics\Correlogram-Q-Statistics,根据 e_t 和 $e_{t-s}(s=1,2,\cdots,p)$ 的自相关系数,初步确定自相关的类型。

第三,利用广义差分法估计模型。在LS命令中加上AR项,系统将自动使用广义差分法来估计模型。如自相关类型为一阶自回归形式,则命令格式为

LS y c x AR(1)

如果模型为高阶自相关形式,则再加上AR(2)、AR(3)等。EViews软件将使用迭代估计法估计模型,并输出 ρ 的估计值及其标准差、t 统计量值等,根据AR项的 t 检验值是否显著,可以进一步确定自相关性的具体形式。

第四,迭代估计过程的控制。迭代估计过程中,EViews软件按照默认的迭代次数(100次)和误差精度(0.001)来控制迭代估计程序。如果需要提高估计精度,或者估计程序结束时得到的并不是一个收敛的估计值(迭代估计过程没有收敛),此时可以重新定义误差精度或迭代的最大次数。

在实际操作中,一般是先不引入自回归项,采用OLS估计参数,根据显示的DW统计量,逐次引入AR(1)、AR(2),…,直到满意为止。

例5.4.1 中国城乡居民储蓄存款模型(自相关性调整)。根据例5.3.1的检验结果,模型存在一阶、二阶自相关性,即

$$u_t=\rho_1 u_{t-1}+\rho_2 u_{t-2}+v_t$$

所以在LS命令中加上AR(1)和AR(2),使用迭代估计法估计模型。输入命令

LS lny c lnx AR(1) AR(2)

在方程窗口单击 Estimate\Options 按钮,在 ARMA\Method 选择框选择 GLS(广义最小二乘法),得到估计结果如表5.4.1所示。

表5.4.1 迭代估计回归结果

Dependent Variable: LNY
Method: ARMA Generalized Least Squares (BFGS)
Date: 09/14/21 Time: 14:18
Sample: 1978 1998
Included observations: 21
Convergence achieved after 7 iterations
Coefficient covariance computed using outer product of gradients
d.f. adjustment for standard errors & covariance

Variable	Coefficient	Std. Error	t-Statistic	Prob.
C	-8.045857	0.278134	-28.92796	0.0000
LNX	2.953904	0.050264	58.76765	0.0000
AR(1)	1.069508	0.214479	4.986529	0.0001
AR(2)	-0.748221	0.202253	-3.699436	0.0018

R-squared	0.998281	Mean dependent var	8.236497
Adjusted R-squared	0.997977	S.D. dependent var	1.756767
S.E. of regression	0.079013	Akaike info criterion	-1.968291
Sum squared resid	0.106132	Schwarz criterion	-1.769335
Log likelihood	24.66706	Hannan-Quinn criter.	-1.925112
F-statistic	3289.986	Durbin-Watson stat	1.657072
Prob(F-statistic)	0.000000		

Inverted AR Roots	.53+.68i	.53-.68i

输出结果表明，估计过程经过7次迭代后收敛。调整后模型的DW=1.6571，$k=1$，$n=19$，查表得$d_L=1.18$，$d_U=1.40$，$1.40=d_U<\text{DW}=1.66571<2.60=4-d_U$，说明模型已不存在一阶自相关性；再进行偏相关系数检验和LM乘数检验(LM(1)=1.1545，LM(2)=3.2284)，不存在高阶自相关性，因此，模型已消除了自相关性的影响，中国城乡居民储蓄存款模型为

$$\ln\hat{y}_t=-8.0459+2.9539\ln x_t$$
$$t=(-28.9280)\quad(58.7677)$$
$$\bar{R}^2=0.9980\quad \text{LM}(1)=1.1545,\text{LM}(2)=3.2284$$

将估计结果与OLS估计相比，OLS估计的常数项估计偏低，斜率系数又估计偏高，而且低估了系数估计值的标准误差。

5.5 案例分析

商品进口是国际贸易交往的一种常用形式，对进口国来说，其经济发展水平决定商品进口情况。根据表5.5.1数据资料，试建立中国商品进口模型。

表5.5.1 1978—2015年我国商品进口与国内生产总值数据 单位：亿元

年份	国内生产总值GDP	进口总额IM	年份	国内生产总值GDP	进口总额IM
1978	3 678.7	187.40	1997	79 715.0	11 806.50
1979	4 100.5	242.90	1998	85 195.5	11 626.10
1980	4 587.6	298.80	1999	90 564.4	13 736.50
1981	4 935.8	367.70	2000	100 280.1	18 638.80
1982	5 373.4	357.50	2001	110 863.1	20 159.20
1983	6 020.9	421.80	2002	121 717.4	24 430.30
1984	7 278.5	620.50	2003	137 422.0	34 195.60
1985	9 098.9	1 257.80	2004	161 840.2	46 435.80
1986	10 376.2	1 498.30	2005	187 318.9	54 273.70
1987	12 174.6	1 614.20	2006	219 438.5	63 376.86
1988	15 180.4	2 055.10	2007	270 232.3	73 300.10
1989	17 179.7	2 199.90	2008	319 515.5	79 526.53
1990	18 872.9	2 574.30	2009	349 081.4	68 618.37
1991	22 005.6	3 398.70	2010	413 030.3	94 699.30
1992	27 194.5	4 443.30	2011	489 300.6	113 161.39
1993	35 673.2	5 986.20	2012	540 367.4	114 801.00
1994	48 637.5	9 960.10	2013	595 244.4	121 037.50
1995	61 339.9	11 048.10	2014	643 974.0	120 358.03
1996	71 813.6	11 557.40	2015	689 052.1	104 336.10

1. 绘制相关图，确定模型

从IM与GDP散点图(图5.5.1)看，GDP与IM呈现近似线性关系，因此，可设模型为

$$\text{IM}_t=b_0+b_1\text{GDP}_t+u_t$$

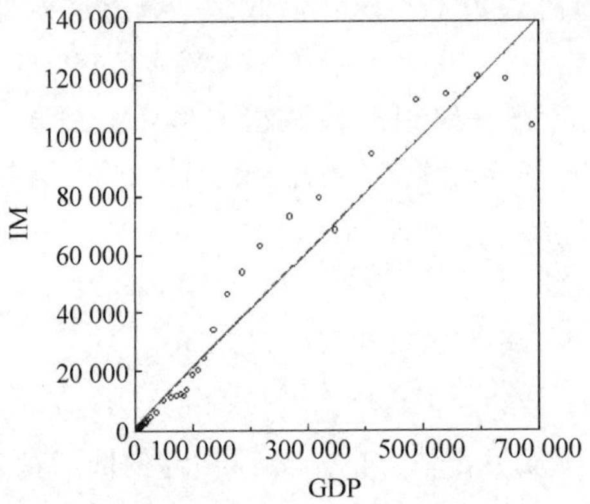

图 5.5.1 IM 与 GDP 散点图

2. 利用 OLS 估计方法求模型的参数估计

建立工作文件,输入样本 GDP、IM 的数据。在命令窗口键入命令

LS IM C GDP

得到表 5.5.2 回归结果。

表 5.5.2 回归结果

Dependent Variable: IM
Method: Least Squares
Date: 09/14/21 Time: 14:26
Sample: 1978 2015
Included observations: 38

Variable	Coefficient	Std. Error	t-Statistic	Prob.
C	1415.979	1942.138	0.729083	0.4707
GDP	0.199477	0.007656	26.05461	0.0000

R-squared	0.949639	Mean dependent var	32858.10
Adjusted R-squared	0.948240	S.D. dependent var	41231.30
S.E. of regression	9380.427	Akaike info criterion	21.18183
Sum squared resid	3.17E+09	Schwarz criterion	21.26802
Log likelihood	-400.4548	Hannan-Quinn criter.	21.21250
F-statistic	678.8428	Durbin-Watson stat	0.457954
Prob(F-statistic)	0.000000		

3. 自相关性的检验

(1) 图示法。由上述回归结果,可以得到残差 resid,记为 e,在命令窗口输入"scat @trend(1977) e"或在命令窗口输入"scat e(-1) e",可以得到图 5.5.2 的输出结果。从图 5.5.2 可以看出残差 e_t 呈线性回归,表明随机项 u_t 存在正自相关性。

(2) DW 检验。根据表 5.5.2 估计的结果,由 DW=0.458 0,给定显著性水平 $\alpha=0.05$ 查 Durbin-Watson 统计表,$n=38$,$k=1$,得下限临界值 $d_L=1.43$ 和上限临界值 $d_U=1.54$,因为 DW=0.458 0$<d_L=1.43$,根据判断区域可知,这时随机误差项存在一阶正自相关。

(3) 回归检验法。建立残差 e_t 与 e_{t-1}、e_{t-2} 的回归模型,如表 5.5.3 所示。由回归结果可知随机误差项存在一阶自相关。

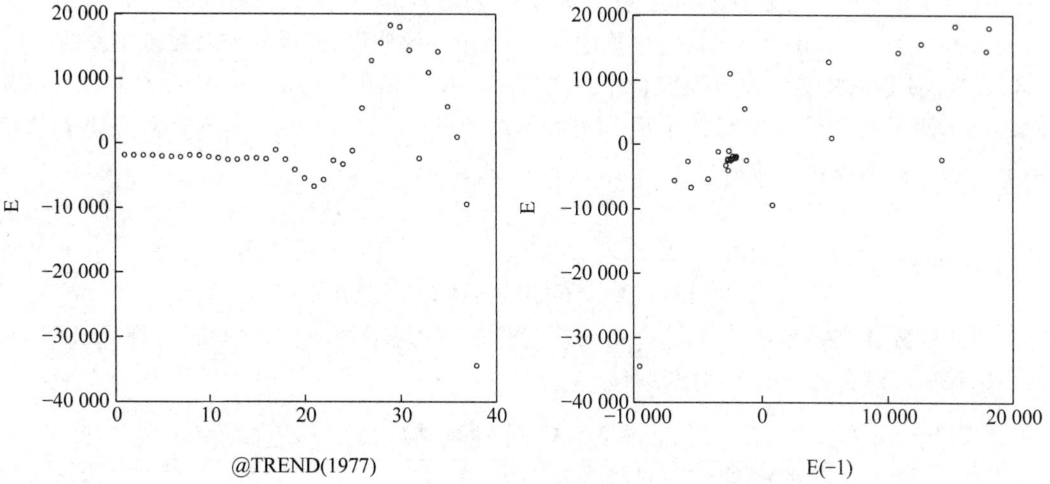

图 5.5.2　残差图

表 5.5.3　估 计 结 果

Dependent Variable: E
Method: Least Squares
Date: 09/14/21 Time: 14:28
Sample (adjusted): 1980 2015
Included observations: 36 after adjustments

Variable	Coefficient	Std. Error	t-Statistic	Prob.
E(-1)	1.281059	0.224939	5.695134	0.0000
E(-2)	-0.452121	0.230054	-1.965279	0.0576

R-squared	0.590168	Mean dependent var	109.8174
Adjusted R-squared	0.578114	S.D. dependent var	9501.093
S.E. of regression	6171.218	Akaike info criterion	20.34713
Sum squared resid	1.29E+09	Schwarz criterion	20.43511
Log likelihood	-364.2484	Hannan-Quinn criter.	20.37784
Durbin-Watson stat	1.678268		

（4）相关图和 Q 统计量检验。在方程窗口中单击 View\Residual Diagnostics\Correlogram-Q-statistics，并输入滞后期为 12，屏幕将显示残差 e_t 与滞后值的各期相关系数和偏相关系数，如图 5.5.3 所示。

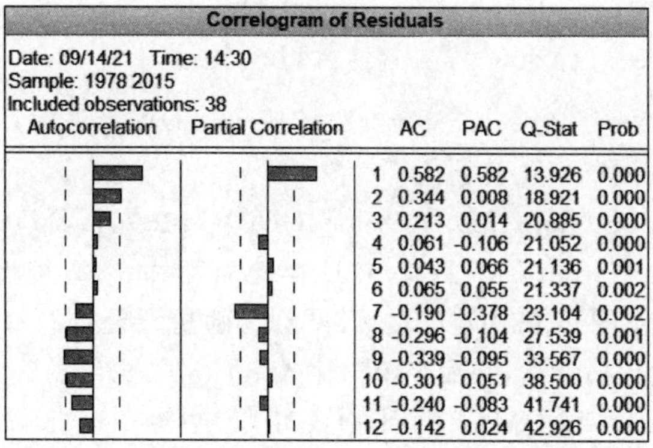
Correlogram of Residuals

Date: 09/14/21 Time: 14:30
Sample: 1978 2015
Included observations: 38

	AC	PAC	Q-Stat	Prob
1	0.582	0.582	13.926	0.000
2	0.344	0.008	18.921	0.000
3	0.213	0.014	20.885	0.000
4	0.061	-0.106	21.052	0.000
5	0.043	0.066	21.136	0.001
6	0.065	0.055	21.337	0.002
7	-0.190	-0.378	23.104	0.002
8	-0.296	-0.104	27.539	0.001
9	-0.339	-0.095	33.567	0.000
10	-0.301	0.051	38.500	0.000
11	-0.240	-0.083	41.741	0.000
12	-0.142	0.024	42.926	0.000

图 5.5.3　e_t 与 $e_{t-1}, e_{t-2}, \cdots, e_{t-p}$ 相关系数与偏相关系数

从图 5.5.3 可以明显看出,我国进口模型存在着一阶自相关性。各阶滞后的 Q 统计量的 p 值都小于 0.05,说明在 5%的显著性水平下,拒绝原假设,残差序列存在自相关性。

(5) LM 乘数检验。在方程窗口中单击 View\Residual Diagnostics\Serial Correlation LM Test,并选择滞后期为 1、2,可得 LM(1)=25.378 3,LM(2)=25.436 1,对应的 p 值均小于 0.01,因此,随机误差项存在一阶、二阶自相关性。

4. 自相关性的修正

(1) 迭代估计法。在命令窗口输入

LS IM C GDP AR(1) AR(2)

在方程窗口中单击 Estimate\Options 按钮,在 ARMA\Method 选择框选择 GLS(广义最小二乘法),得到表 5.5.4 回归结果。

表 5.5.4 回归结果

Dependent Variable: IM
Method: ARMA Generalized Least Squares (BFGS)
Date: 09/14/21 Time: 14:31
Sample: 1978 2015
Included observations: 38
Convergence achieved after 6 iterations
Coefficient covariance computed using outer product of gradients
d.f. adjustment for standard errors & covariance

Variable	Coefficient	Std. Error	t-Statistic	Prob.
C	3186.304	8172.415	0.389885	0.6991
GDP	0.169463	0.044856	3.777904	0.0006
AR(1)	1.192099	0.216577	5.504267	0.0000
AR(2)	-0.349845	0.249207	-1.403833	0.1694

R-squared	0.980545	Mean dependent var	32858.10
Adjusted R-squared	0.978828	S.D. dependent var	41231.30
S.E. of regression	5999.331	Akaike info criterion	20.38269
Sum squared resid	1.22E+09	Schwarz criterion	20.55507
Log likelihood	-383.2712	Hannan-Quinn criter.	20.44402
F-statistic	571.2107	Durbin-Watson stat	1.711166
Prob(F-statistic)	0.000000		

Inverted AR Roots	.67	.52

从表 5.5.4 可以看出,DW=1.711 2,查 $n=38$、$k=1$、$\alpha=0.05$ 的 DW 统计量表,得下限临界值 $d_L=1.43$ 和上限临界值 $d_U=1.54$,$d_U=1.54<\text{DW}=1.711\,2<4-d_U=2.46$,这表明,模型已不存在自相关。此时,回归方程为

$$\widehat{\text{IM}}_t=3\,186.304+0.169\,5\text{GDP}_t$$

$$t=\quad(0.389\,9)\qquad(3.777\,9)$$

$$\bar{R}^2=0.978\,8,\quad F=571.210\,7,\quad \text{DW}=1.711\,2$$

(2) 利用对数线性回归修正自相关

在命令窗口输入"LS log(IM) C log(GDP)",在方程窗口中单击 View\Residual Diagnostics\Serial Correlation LM Test,并选择滞后期为 1、2,可得 LM(1)=25.058 6,LM(2)=25.642 1,对应的 p 值均小于 0.01,因此,随机误差项存在一阶、二阶自相关性。用 Cochrane-Orcutt 迭代估计法,在命令窗口输入

LS log(IM) C log(GDP) AR(1) AR(2)

可得到表 5.5.5 回归结果。

表 5.5.5　回归结果

Dependent Variable: LOG(IM)
Method: ARMA Generalized Least Squares (BFGS)
Date: 09/14/21　Time: 14:33
Sample: 1978 2015
Included observations: 38
Convergence achieved after 7 iterations
Coefficient covariance computed using outer product of gradients
d.f. adjustment for standard errors & covariance

Variable	Coefficient	Std. Error	t-Statistic	Prob.
C	-4.714718	1.014793	-4.645991	0.0000
LOG(GDP)	1.247785	0.094714	13.17424	0.0000
AR(1)	1.272110	0.173970	7.312232	0.0000
AR(2)	-0.381001	0.181242	-2.102170	0.0430

R-squared	0.996364	Mean dependent var	9.036393
Adjusted R-squared	0.996043	S.D. dependent var	2.074951
S.E. of regression	0.130526	Akaike info criterion	-1.077261
Sum squared resid	0.579263	Schwarz criterion	-0.904884
Log likelihood	24.46796	Hannan-Quinn criter.	-1.015931
F-statistic	3105.398	Durbin-Watson stat	1.945826
Prob(F-statistic)	0.000000		

Inverted AR Roots	.79	.48

在方程窗口中单击 View\Residual Diagnostics\Serial Correlation LM Test，并选择滞后期为1、2，可得 LM(1)＝0.086 9，LM(2)＝0.396 9，对应的p值均大于0.05，因此，随机误差项已不存在一阶、二阶自相关性。此时，回归方程为

$$\ln\widehat{IM}_t = -4.7147 + 1.2478\ln GDP_t$$

$$t = (-4.6460) \qquad (13.1742)$$

$$\bar{R}^2 = 0.9960, \quad F = 3105.398, \quad LM(1) = 0.0869, \quad LM(2) = 0.3969$$

即测即练 5.1　　　　即测即练 5.2

习　题

(1) 什么是一阶自相关性和高自相关性？举例说明经济现象中的自相关性。

(2) 计量经济模型中产生自相关性的原因和影响是什么？

(3) 简述DW检验的步骤及应用条件。

(4) 回答下列问题：①DW检验的五个区域；②用代数方法证明：$0 \leqslant DW \leqslant 4$；③一阶自相关性检验中，$H_0:\rho=0$ 与 $H_0:DW=2$ 是等价的；④DW检验的局限性。

(5) 表1给出了美国1958—1969年每小时收入指数的年变化率(y)和失业率(x)，请回答以下问题：

① 估计模型 $y_t = b_0 + b_1 \dfrac{1}{x_t} + u_t$ 中的参数 b_0, b_1。

② 计算上述模型中的DW值。

③ 上述模型是否存在一阶自相关性？如果存在，是正自相关还是负自相关？

④ 如果存在自相关，请用DW的估计值估计自相关系数 ρ。

⑤ 利用广义差分法重新估计上述模型，自相关问题还存在吗？

表1 美国1958—1969年每小时收入指数变化率和失业率

年份	Y	X	年份	Y	X
1958	4.2	6.8	1964	2.8	5.2
1959	3.5	5.5	1965	3.6	4.5
1960	3.4	5.5	1966	4.3	3.8
1961	3.0	6.7	1967	5.0	3.8
1962	3.4	5.5	1968	6.1	3.6
1963	2.8	5.7	1969	6.7	3.5

(6) 天津市城镇居民人均消费性支出(CONSUM)，人均可支配收入(INCOME)，以及消费价格指数(PRICE)见表2。定义人均实际消费性支出 $y=$ CONSUM/PRICE，人均实际可支配收入 $x=$INCOME/PRICE。

表2 天津市城镇居民人均消费与人均可支配收入数据

年份	CONSUM(元)	INCOME(元)	PRICE
1978	344.88	388.32	1.000
1979	385.20	425.40	1.010
1980	474.72	526.92	1.062
1981	485.88	539.52	1.075
1982	496.56	576.72	1.081
1983	520.84	604.31	1.086
1984	599.64	728.17	1.106
1985	770.64	875.52	1.250
1986	949.08	1 069.61	1.336
1987	1 071.04	1 187.49	1.426
1988	1 278.87	1 329.70	1.667
1989	1 291.09	1 477.77	1.912
1990	1 440.47	1 638.92	1.970
1991	1 585.71	1 844.98	2.171
1992	1 907.17	2 238.38	2.418
1993	2 322.19	2 769.26	2.844
1994	3 301.37	3 982.13	3.526
1995	4 064.10	4 929.53	4.066
1996	4 679.61	5 967.71	4.432
1997	5 204.29	6 608.56	4.569
1998	5 471.01	7 110.54	4.546
1999	5 851.53	7 649.83	4.496
2000	6 121.07	8 140.55	4.478

① 利用 OLS 估计模型 $y_t=b_0+b_1x_t+u_t$。

② 根据 DW 检验法、LM 检验法检验模型是否存在自相关性。

③ 如果存在一阶自相关性，用 DW 值来估计自相关系数 $\hat{\rho}$。

④ 利用估计的 $\hat{\rho}$ 值，用 OLS 法估计广义差分方程：

$$y_t-\hat{\rho}y_{t-1}=b_0(1-\hat{\rho})+b_1(x_t-\hat{\rho}x_{t-1})+v_t$$

⑤ 利用 OLS 估计模型：$\ln y_t=b_0+b_1\ln x_t+u_t$，检验此模型是否存在自相关性，如果存在自相关性，如何消除？

第6章 多重共线性

本章学习的目的

(1)掌握多重共线性的含义,了解多重共线性产生的原因;(2)掌握多重共线性的影响和检验方法;(3)掌握多重共线性的解决方法;(4)能够应用 EViews 软件分析与解决多重共线性问题。

多元线性回归模型的经典假设之一就是解释变量之间不存在线性关系,即任何一个解释变量不能写成其他解释变量的线性组合。但在实际的研究工作中,多元线性回归模型中的解释变量往往存在程度不同的线性相关关系,经典线性回归模型的假设条件难以满足,这就是解释变量的多重共线性问题。在一个线性回归模型中,如果某一个解释变量与其他解释变量存在线性关系(某个解释变量可以写成其他解释变量的线性组合),则称这个回归模型中存在多重共线性。显然,多重共线性违反了解释变量之间不相关的古典假设,本章将主要探讨多重共线性的含义及其产生的原因、多重共线性的影响、多重共线性的检验、多重共线性的解决方法。

6.1 多重共线性及其产生的原因

6.1.1 多重共线性的定义

从数学意义上去解释变量之间存在共线性,就是对于变量 $x_1, x_2, \cdots, x_k$,如果存在不全为零的常数 $\lambda_1, \lambda_2, \cdots, \lambda_k$,使得下式成立:

$$\lambda_1 x_1 + \lambda_2 x_2 + \cdots + \lambda_k x_k = 0 \tag{6.1.1}$$

则称变量 $x_1, x_2, \cdots, x_k$ 之间存在完全共线性。在计量经济学中,一个具有两个以上解释变量的线性回归模型中,如果解释变量之间存在式(6.1.1)那样的关系,则称这些解释变量之间存在完全的多重共线性。

完全多重共线性还可以用矩阵形式加以描述。设解释变量矩阵 $\boldsymbol{X}$ 为

$$\boldsymbol{X} = \begin{pmatrix} 1 & x_{11} & x_{21} & \cdots & x_{k1} \\ 1 & x_{12} & x_{22} & \cdots & x_{k2} \\ \vdots & \vdots & \vdots & \vdots & \vdots \\ 1 & x_{1n} & x_{2n} & \cdots & x_{kn} \end{pmatrix}$$

所谓完全的多重共线性，就是 $|\boldsymbol{X}'\boldsymbol{X}|=0$。或者 $\mathrm{rank}(\boldsymbol{X})<k+1$，表明在矩阵 $\boldsymbol{X}$ 中，至少有一个列向量可以由其余的列向量线性表示。

在实际经济问题中，大多数情况是解释变量 $x_1,x_2,\cdots,x_k$ 之间存在不完全的多重共线性，或者近似的多重共线性。所谓近似共线性或不完全多重共线性是指对于 k 个解释变量 $x_1,x_2,\cdots,x_k$，存在不全为零的数 $\lambda_1,\lambda_2,\cdots,\lambda_k$，使

$$\lambda_1 x_1+\lambda_2 x_2+\cdots+\lambda_k x_k+u=0 \tag{6.1.2}$$

成立，其中 u 为随机误差项。添加随机误差项表明上述线性关系式只是一种近似的关系式，从某种意义上讲，这种近似的程度反映了解释变量之间的线性相关程度。例如，在研究家庭消费支出行为时，用家庭的可支配收入和家庭财富来解释家庭消费支出，从经济意义上理解，家庭可支配收入与家庭财富存在着某种联系。如果两者的线性相关系数达到 0.9，表明这两个变量之间确实存在一种不完全的线性相关关系，此时，我们可以认为可支配收入与财富之间存在多重共线性。

如果 k 个解释变量之间不存在上述完全或不完全的线性关系式，则称无多重共线性。如果用矩阵表示，这时 $\boldsymbol{X}$ 为满秩矩阵，即 $\mathrm{rank}(\boldsymbol{X})=k+1$，当然，$k$ 个解释变量之间不存在线性相关，并非不存在非线性关系，这一点需要读者加以注意。

在实际经济统计数据中，完全多重共线性和不存在多重共线性两种极端情况都是少见的。常见的统计数据中，多个解释变量之间多少都存在一定程度的相关性，这种情况称为不完全多重共线性。因此，通常人们最关心的问题不是是否存在多重共线性，而是共线性程度的强弱。通常提到的多重共线性，是指解释变量之间存在比较强的线性相关关系。

6.1.2　多重共线性产生的原因

根据经验，多重共线性产生的经济背景和原因有以下几个方面。

1. 经济变量之间在时间上往往存在同方向的变化趋势

时间序列样本中发生多重共线性的主要原因在于许多基本经济变量存在同方向的变化趋势。例如，在经济繁荣时期，一些宏观经济指标（如收入、消费、储蓄、投资、物价、就业人数等）都趋向增长，但在经济衰退时期，这些指标又同时放慢了增长速度。比如，经济的增长带动了收入的增长，随着人们收入的增长，使得商品销售有所增长，相应地就业率、零售物价指数、货币发行量、储蓄额等变量也会发生变化。当它们被引入同一个模型成为解释变量时，则它们之间有可能存在多重共线性。

2. 经济变量之间往往存在着密切的关联度

事实上，经济系统中各要素之间是相互依存、相互制约的，在数量关系上必然存在一定联系。因此，从这个意义上讲，多重共线性是计量经济模型中不可避免的问题，只是影响程度有所不同而已。比如，利用截面数据建立样本生产函数，从投入的要素看，资本投入、劳动力投入、科技进步等，它们都与企业的生产规模密切相关，一般地，大企业拥有较多的资本，同时也拥有较多的劳动力，小企业拥有较少的资本，同时也拥有较少的劳动力，所以资本投入与劳动力规模之间具有内在的联系，往往表现为多重共线性现象。再比如，需求函数中商品本身价格与替代商品价格、消费函数中收入与财产、农业生产函数中耕地面积与施肥量等，都存在着一定程度的相关关系。

3. 在模型中引入滞后变量也容易产生多重共线性

这是因为滞后变量从经济性质上看与原来的变量没有什么本质区别，只是时间上有所不同，从经济意义上看这些变量之间的关联度比较紧密。变量的各期值之间很可能是高度相关的，所以含有滞后变量的模型一般都存在多重共线性，比如，在研究消费函数时，作为影响消费行为的因素，我们不仅要考虑在模型中引入当期的可支配收入，同时还要考虑引入以往各期的可支配收入。如果记可支配收入为 x_t，假定在模型中引入滞后一期和滞后二期的可支配收入，即为 x_{t-1}、x_{t-2}，那么，变量 x_t、x_{t-1}、x_{t-2} 之间就很有可能产生共线性。

4. 在建模过程中由于解释变量选择不当，引起了变量之间的多重共线性

例如，在分析建立某省粮食产量线性回归模型时，考虑引入解释变量化肥使用量 x_2，灌溉面积 x_3 和农业生产资金投入 x_4，显然，在 x_2、x_3、x_4 之间存在相关性，这是由于化肥使用量和灌溉面积(兴修水利的结果)都要受到农业资金投入的影响。

以上各种情况只是在建模过程中对多重共线性产生原因的总结。在建模时对于不同的问题，需要运用经济学的原理加以认真分析，以判断模型中解释变量是否存在共线性。一般来讲，解释变量之间存在多重共线性是难以避免的。

6.2 多重共线性的影响

计量经济模型一旦出现多重共线性，如果仍用 OLS 估计模型参数，则会产生一些不良后果。

6.2.1 完全共线性下参数估计量不存在

对于多元线性回归模型

$$\boldsymbol{Y}=\boldsymbol{XB}+\boldsymbol{U}$$

如果解释变量之间不存在多重共线性，则 $\boldsymbol{X}$ 矩阵的系数行列式 $|\boldsymbol{X}'\boldsymbol{X}|\neq 0$，逆矩阵 $(\boldsymbol{X}'\boldsymbol{X})^{-1}$ 存在，则 $\boldsymbol{B}$ 的普通最小二乘估计量为

$$\hat{\boldsymbol{B}}=(\boldsymbol{X}'\boldsymbol{X})^{-1}\boldsymbol{X}'\boldsymbol{Y}$$

$\hat{\boldsymbol{B}}$ 的协方差矩阵 $\mathrm{cov}(\hat{\boldsymbol{B}})=\sigma^2(\boldsymbol{X}'\boldsymbol{X})^{-1}$。如果解释变量之间存在完全多重共线性，由于 $\boldsymbol{X}$ 矩阵的系数行列式 $|\boldsymbol{X}'\boldsymbol{X}|=0$，逆矩阵 $(\boldsymbol{X}'\boldsymbol{X})^{-1}$ 不存在，无法得到参数估计式 $\hat{\boldsymbol{B}}$，也无法得到 $\hat{\boldsymbol{B}}$ 的协方差矩阵。

以二元线性回归模型 $y_i=b_0+b_1x_{1i}+b_2x_{2i}+u_i$ 为例(其中随机误差项满足古典假定)，如果解释变量 x_1 与 x_2 完全共线，则有如下影响。

(1) 参数估计量 $\hat{b}_1$、$\hat{b}_2$ 为不定式；

(2) 参数估计量 $\hat{b}_1$、$\hat{b}_2$ 的方差为无穷大。

证明如下：记 $\dot{y}_i=y_i-\bar{y}$，$\dot{x}_{1i}=x_{1i}-\bar{x}_1$，$\dot{x}_{2i}=x_{2i}-\bar{x}_2$，$\dot{u}_i=u_i-\bar{u}=u_i$，则两个解释变量的线性回归模型 $y_i=b_0+b_1x_{1i}+b_2x_{2i}+u_i$ 采用离差形式可以表示为

$$\dot{y}_i = b_1\dot{x}_{1i} + b_2\dot{x}_{2i} + u_i$$

样本回归模型的离差形式为

$$\dot{y}_i = \hat{b}_1\dot{x}_{1i} + \hat{b}_2\dot{x}_{2i} + e_i$$

根据最小二乘原理，求参数 b_1、b_2 的估计量 $\hat{b}_1$、$\hat{b}_2$ 使得残差平方和最小：

$$\min\Sigma e_i^2 = \Sigma(\dot{y}_i - \hat{b}_1\dot{x}_{1i} - \hat{b}_2\dot{x}_{2i})^2$$

由微积分的知识，对上式分别关于 $\hat{b}_1$、$\hat{b}_2$ 求偏导，并令偏导数为零，得到如下正规方程组：

$$\begin{cases}\Sigma(\dot{y}_i - \hat{b}_1\dot{x}_{1i} - \hat{b}_2\dot{x}_{2i})\dot{x}_{1i} = 0 \\ \Sigma(\dot{y}_i - \hat{b}_1\dot{x}_{1i} - \hat{b}_2\dot{x}_{2i})\dot{x}_{2i} = 0\end{cases}$$

或

$$\begin{cases}\hat{b}_1\Sigma\dot{x}_{1i}^2 + \hat{b}_2\Sigma\dot{x}_{1i}\dot{x}_{2i} = \Sigma\dot{x}_{1i}\dot{y}_i \\ \hat{b}_1\Sigma\dot{x}_{1i}\dot{x}_{2i} + \hat{b}_2\Sigma\dot{x}_{2i}^2 = \Sigma\dot{x}_{2i}\dot{y}_i\end{cases}$$

解此正规方程组得

$$\begin{cases}\hat{b}_1 = \dfrac{(\Sigma\dot{y}_i\dot{x}_{1i})(\Sigma\dot{x}_{2i}^2) - (\Sigma\dot{y}_i\dot{x}_{2i})(\Sigma\dot{x}_{1i}\dot{x}_{2i})}{\Sigma\dot{x}_{1i}^2\Sigma\dot{x}_{2i}^2 - (\Sigma\dot{x}_{1i}\dot{x}_{2i})^2} & (6.2.1) \\ \hat{b}_2 = \dfrac{(\Sigma\dot{y}_i\dot{x}_{2i})(\Sigma\dot{x}_{1i}^2) - (\Sigma\dot{y}_i\dot{x}_{1i})(\Sigma\dot{x}_{1i}\dot{x}_{2i})}{\Sigma\dot{x}_{1i}^2\Sigma\dot{x}_{2i}^2 - (\Sigma\dot{x}_{1i}\dot{x}_{2i})^2} & (6.2.2)\end{cases}$$

由线性代数的知识可知

$$\dot{\boldsymbol{X}}'\dot{\boldsymbol{X}} = \begin{pmatrix}\dot{x}_{11} & \dot{x}_{12} & \cdots & \dot{x}_{1n} \\ \dot{x}_{21} & \dot{x}_{22} & \cdots & \dot{x}_{2n}\end{pmatrix}\begin{pmatrix}\dot{x}_{11} & \dot{x}_{21} \\ \dot{x}_{12} & \dot{x}_{22} \\ \vdots & \vdots \\ \dot{x}_{1n} & \dot{x}_{2n}\end{pmatrix} = \begin{bmatrix}\Sigma\dot{x}_{1i}^2 & \Sigma\dot{x}_{1i}\dot{x}_{2i} \\ \Sigma\dot{x}_{1i}\dot{x}_{2i} & \Sigma\dot{x}_{2i}^2\end{bmatrix}$$

$$(\dot{\boldsymbol{X}}'\dot{\boldsymbol{X}})^{-1} = \begin{bmatrix}\dfrac{\Sigma\dot{x}_{2i}^2}{\Sigma\dot{x}_{1i}^2\Sigma\dot{x}_{2i}^2 - (\Sigma\dot{x}_{1i}\dot{x}_{2i})^2} & \dfrac{\Sigma\dot{x}_{1i}\dot{x}_{2i}}{\Sigma\dot{x}_{1i}^2\Sigma\dot{x}_{2i}^2 - (\Sigma\dot{x}_{1i}\dot{x}_{2i})^2} \\ \dfrac{\Sigma\dot{x}_{1i}\dot{x}_{2i}}{\Sigma\dot{x}_{1i}^2\Sigma\dot{x}_{2i}^2 - (\Sigma\dot{x}_{1i}\dot{x}_{2i})^2} & \dfrac{\Sigma\dot{x}_{1i}^2}{\Sigma\dot{x}_{1i}^2\Sigma\dot{x}_{2i}^2 - (\Sigma\dot{x}_{1i}\dot{x}_{2i})^2}\end{bmatrix}$$

因此有

$$\mathrm{var}(\hat{b}_1) = \sigma^2(\dot{\boldsymbol{X}}'\dot{\boldsymbol{X}})_{11}^{-1} = \frac{\Sigma\dot{x}_{2i}^2}{\Sigma\dot{x}_{1i}^2\Sigma\dot{x}_{2i}^2 - (\Sigma\dot{x}_{1i}\dot{x}_{2i})^2}\sigma^2 \quad (6.2.3)$$

$$\mathrm{var}(\hat{b}_2) = \sigma^2(\dot{\boldsymbol{X}}'\dot{\boldsymbol{X}})_{22}^{-1} = \frac{\Sigma\dot{x}_{1i}^2}{\Sigma\dot{x}_{1i}^2\Sigma\dot{x}_{2i}^2 - (\Sigma\dot{x}_{1i}\dot{x}_{2i})^2}\sigma^2 \quad (6.2.4)$$

如果记 r_{12} 表示变量 x_1 与 x_2 的相关系数，则 r_{12}^2 采用离差形式可以表示为

$$r_{12}^2 = \frac{(\Sigma\dot{x}_{1i}\dot{x}_{2i})^2}{\Sigma\dot{x}_{1i}^2\Sigma\dot{x}_{2i}^2} \quad (6.2.5)$$

因此有$(\Sigma\dot{x}_{1i}\dot{x}_{2i})^2=r_{12}^2\cdot(\Sigma\dot{x}_{1i}^2\Sigma\dot{x}_{2i}^2)$，将此式代入$\hat{b}_1$、$\hat{b}_2$和$\hat{b}_1$、$\hat{b}_2$的方差表达式得

$$\hat{b}_1=\frac{(\Sigma\dot{y}_i\dot{x}_{1i})(\Sigma\dot{x}_{2i}^2)-(\Sigma\dot{y}_i\dot{x}_{2i})(\Sigma\dot{x}_{1i}\dot{x}_{2i})}{\Sigma\dot{x}_{1i}^2\Sigma\dot{x}_{2i}^2(1-r_{12}^2)} \tag{6.2.6}$$

$$\hat{b}_2=\frac{(\Sigma\dot{y}_i\dot{x}_{2i})(\Sigma\dot{x}_{1i}^2)-(\Sigma\dot{y}_i\dot{x}_{1i})(\Sigma\dot{x}_{1i}\dot{x}_{2i})}{\Sigma\dot{x}_{1i}^2\Sigma\dot{x}_{2i}^2(1-r_{12}^2)} \tag{6.2.7}$$

$$\operatorname{var}(\hat{b}_1)=\frac{\sigma^2}{\Sigma\dot{x}_{1i}^2(1-r_{12}^2)} \tag{6.2.8}$$

$$\operatorname{var}(\hat{b}_2)=\frac{\sigma^2}{\Sigma\dot{x}_{2i}^2(1-r_{12}^2)} \tag{6.2.9}$$

记R_1^2(R_2^2类似定义)表示x_1对x_2作辅助回归模型$x_{1i}=a_0+a_1x_{2i}+\varepsilon_i$时的决定系数，则$R_1^2$就是变量$x_1$、$x_2$的相关系数的平方，即$R_1^2=R_2^2=r_{12}^2$。$1/(1-R_1^2)$称为方差膨胀因子(variance inflating factor)，记为VIF_1。即

$$\mathrm{VIF}_1=\frac{1}{1-R_1^2},\quad 类似定义：\mathrm{VIF}_2=\frac{1}{1-R_2^2}$$

式(6.2.8)、式(6.2.9)可以写成

$$\operatorname{var}(\hat{b}_1)=\frac{\sigma^2}{\Sigma\dot{x}_{1i}^2}\cdot\mathrm{VIF}_1 \tag{6.2.10}$$

$$\operatorname{var}(\hat{b}_2)=\frac{\sigma^2}{\Sigma\dot{x}_{2i}^2}\cdot\mathrm{VIF}_2 \tag{6.2.11}$$

(1) 如果解释变量x_1与x_2完全共线，则$r_{12}^2=1$。显然$\hat{b}_1$、$\hat{b}_2$分母为0，由式(6.2.6)、式(6.2.7)可知，参数估计量$\hat{b}_1$、$\hat{b}_2$为不定式。

(2) 如果解释变量x_1与x_2完全共线，则$R_1^2=R_2^2=r_{12}^2=1$，$\mathrm{VIF}_1=\dfrac{1}{1-R_1^2}$为无穷大，由式(6.2.10)、式(6.2.11)可知，参数估计量$\hat{b}_1$、$\hat{b}_2$的方差为无穷大。

6.2.2 近似共线性造成的影响

如果解释变量近似共线(以二元线性回归模型$y_i=b_0+b_1x_{1i}+b_2x_{2i}+u_i$为例)，则有如下影响：

(1) 参数估计量$\hat{b}_1$与$\hat{b}_2$的方差随着解释变量x_1与x_2共线性的增加而增加；

(2) 参数估计量$\hat{b}_1$与$\hat{b}_2$的置信区间随着解释变量x_1与x_2共线性的增加而变大；

(3) 解释变量x_1与x_2存在严重共线性时，t检验失效，预测精度降低；

(4) 参数估计量$\hat{b}_1$与$\hat{b}_2$的经济含义不合理，回归模型缺乏稳定性。

证明：

(1) 如果解释变量x_1与x_2不完全共线，则$r_{12}^2\neq1$。随着x_1与x_2共线性的增加，r_{12}^2趋于1，$\mathrm{VIF}_1=\dfrac{1}{1-R_1^2}$趋于无穷大，由式(6.2.10)、式(6.2.11)可知，两个参数估计量$\hat{b}_1$、$\hat{b}_2$

的方差也将随之增大。

(2) 随着 x_1 与 x_2 共线性的增加，两个参数估计量 $\hat{b}_1$、$\hat{b}_2$ 的方差将增大，其标准误差也增大，导致总体参数的置信区间也随之变大。

(3) 在对回归系数如 b_2 作显著性检验时，对应 t 统计量 $t=\dfrac{\hat{b}_2}{\sqrt{\mathrm{var}(\hat{b}_2)}}$，在 x_1 与 x_2 存在严重共线性时，参数估计量的方差增大，其标准误差也增大，使得 t 统计量变小，而使本应否定的原假设被错误地接受，导致 t 检验失效。方差增大使预测的"区间"变大，从而降低预测精度，使预测失去意义。

(4) 如果 x_1 与 x_2 存在共线性，比如：$x_{1i}=a_0+a_1x_{2i}+\varepsilon_i$，将其代入 $y_i=b_0+b_1x_{1i}+b_2x_{2i}+u_i$ 得

$$y_i = b_0+b_1(a_0+a_1x_{2i}+\varepsilon_i)+b_2x_{2i}+u_i=(b_0+a_0b_1)+(a_1b_1+b_2)x_{2i}+(b_1\varepsilon_i+u_i)$$

由此可知，参数估计量经济含义不合理。

从同一总体中抽取不同的样本估计模型，得到的估计值不会完全相同，但不应该有显著差异，此时称模型是稳定的。当解释变量存在多重共线性时，虽然可以得到参数的最小二乘估计值，但估计值很不稳定，当样本观测数据发生微小变化时，都会造成模型参数估计值的很大变化，因而建立的回归模型的可靠程度降低。解释变量之间多重共线性程度越高，最小二乘估计值的稳定性就越差。

多重共线性是一种样本现象，是样本中的解释变量之间存在相关关系。如果可以像工程技术一样设计试验，就可以使解释变量互相正交，从而避免多重共线性。但是经济数据是通过观察(或调查)得到的，是反映客观存在，因此无法避免样本的多重共线性。

6.3　多重共线性的检验

在多元线性回归模型中，如果解释变量之间存在多重共线性，将对参数估计、统计检验及模型估计值的可靠性、稳定性产生不利影响，因此，在建立计量经济模型时，检验解释变量之间是否存在多重共线性是十分必要的。检验多重共线性的常见方法有以下几种。

6.3.1　相关系数检验法

对样本中任何两个不同解释变量求简单相关系数，如果相关系数 r 的绝对值比较大，例如 $|r|>0.8$ 或 $|r|>0.9$，就可以认为这两个变量之间高度相关，因而样本存在多重共线性。如果用矩阵表示相关系数，两个不同解释变量 x_i 与 x_j 的相关系数记作 r_{ij}，那么解释变量之间的相关系数矩阵可以表示为

$$\mathbf{A}=\begin{pmatrix} r_{11} & r_{12} & \cdots & r_{1k} \\ r_{21} & r_{22} & \cdots & r_{2k} \\ \vdots & \vdots & \vdots & \vdots \\ r_{k1} & r_{k2} & \cdots & r_{kk} \end{pmatrix}=\begin{pmatrix} 1 & r_{12} & \cdots & r_{1k} \\ r_{21} & 1 & \cdots & r_{2k} \\ \vdots & \vdots & \vdots & \vdots \\ r_{k1} & r_{k2} & \cdots & 1 \end{pmatrix} \tag{6.3.1}$$

其中对角线元素全为 1，因为每个解释变量与自身的相关系数恒等于 1。由于 $r_{ij}=r_{ji}$，所

以矩阵(6.3.1)是一对称矩阵。简单相关系数矩阵能提供直观的判断信息，并且简单易操作。经验证明，若 $r_{ij}^2 > R^2$(其中 R^2 为多元线性回归模型 $\boldsymbol{Y}=\boldsymbol{XB}+\boldsymbol{U}$ 中样本决定系数)，则这两个变量 x_i、x_j 之间的共线性是较为严重的。

利用 EViews 软件，可以直接计算解释变量之间的相关系数矩阵。

［**命令方式**］ COR 解释变量名

［**菜单方式**］ 将所有解释变量设置成一个数组，并在数组窗口中单击 View\Covariance Analysis…\Correlations。

这种相关系数检验法，适用于两个解释变量之间存在线性相关的检验。对于三个或更多个解释变量之间存在线性相关关系，这种检验方法不适用。此外相关系数究竟要多大才算是严重的共线性，也无统一的量化标准，对此只能凭借经验加以判断。

6.3.2 法勒-格劳伯检验

法勒-格劳伯(Farrar-Glauber)提出的检验是三种检验的结合。第一种检验是 χ^2 检验，它检验多元回归模型中所有解释变量之间是否存在共线性及共线性的程度。第二种检验是 F 检验，用来确定哪些解释变量存在多重共线性。第三种检验是 t 检验，用来找出造成解释变量多重共线性的是哪些变量。

第一，χ^2 检验。首先，引入 k 个变量 $x_1, x_2, \cdots, x_k$ 正交的概念。若这 k 个解释变量之间的样本相关系数满足 $r_{ij}=0, i\neq j, i,j=1,2,\cdots,k$，则说这 k 个变量 $x_1, x_2, \cdots, x_k$ 是正交的。

下面阐述 χ^2 检验的基本思想。计算解释变量之间的样本相关系数，构成相关系数矩阵 $\boldsymbol{A}$，由 $\boldsymbol{A}$ 可以看出，当解释变量存在完全共线性时，$|\boldsymbol{A}|=0$；当解释变量相互正交时，$|\boldsymbol{A}|=1$。因此可以认为解释变量存在多重共线性时，$0<|\boldsymbol{A}|<1$。多重共线性程度越高，$|\boldsymbol{A}|$就越偏离 1 而接近于 0，也就是说解释变量就越偏离正交性而接近完全共线性。因此可以说解释变量的多重共线性就是它们的观测值与正交性的偏离，其偏离越大，共线程度越高，由此法勒—格劳伯提出 χ^2 检验的假设为

原假设 H_0：x_i 之间是正交的，备择假设 H_1：x_i 之间不是正交的

其检验统计量为

$$\chi^2=-\left[n-1-\frac{1}{6}(2k+5)\right]\cdot|\boldsymbol{A}| \tag{6.3.2}$$

式(6.3.2)中，n 是样本容量，k 是解释变量的个数。可以证明这个统计量服从自由度为 $k(k-1)/2$ 的 χ^2 分布。

给定显著性水平 α，查自由度为 $k(k-1)/2$ 的 χ^2 分布表得临界值 χ_α^2，若 $\chi^2>\chi_\alpha^2$，拒绝正交假设 H_0，接受多重共线性假设 H_1，所计算的 χ^2 值越大，多重共线性程度就越高。若 $\chi^2<\chi_\alpha^2$，就不拒绝正交假设 H_0，即不存在多重共线性。

第二，F 检验(辅助回归模型检验)。分别建立每一个解释变量与其他解释变量的线性回归方程，检验 x_i 与其他$(k-1)$个解释变量之间的线性关系是否显著，用前面对回归方程显著性的 F 检验方法即可。

解释变量之间存在多重共线性可以看作是一个解释变量对其余解释变量的近似线性

组合。找出这种线性表达式，可以将每个解释变量 x_i 对其余解释变量 x_j 进行回归，得到 k 个回归方程：

$$x_1 = f(x_2, x_3, \cdots, x_k)$$
$$x_2 = f(x_1, x_3, \cdots, x_k)$$
$$\vdots$$
$$x_k = f(x_1, x_2, \cdots, x_{k-1})$$

分别求出拟合优度 R_1^2、R_2^2、…、R_k^2 及统计量 F_1、F_2、…、F_k，如果其中最大的一个 R_i^2 接近 1，F_i 显著地大于临界值，则 x_i 与其余解释变量存在多重共线性。

当模型只有两个解释变量 x_1 和 x_2 时，回归方程 $x_1=\hat{a}_0+\hat{a}_1x_2$ 或 $x_2=\hat{a}_0+\hat{a}_1x_1$ 的拟合优度 R_1^2 和 R_2^2 就是解释变量 x_1 和 x_2 的相关系数的平方，即 $R_1^2=R_2^2=r_{12}^2$，实际上就是用相关系数的平方来进行检验。

辅助回归模型检验不仅能检验多元回归模型的多重共线性，而且可以得到多重共线性的具体形式，这有助于分析如何消除多重共线性的影响。

第三，t 检验。通过 F 检验，若得出 x_j 与其余的解释变量存在多重共线性，那么 x_j 与哪些解释变量是引起多重共线性的原因，这是需要解决的问题，可由下面的 t 检验给出。

计算 x_j 与其余的每一个解释变量的偏相关系数 $r_{ij\cdot}$ $(i\neq j)$，构建统计量

$$t=\frac{r_{ij\cdot}\sqrt{n-k}}{\sqrt{1-r_{ij\cdot}}} \sim t(n-k)$$

给定显著性水平 α，查 t 分布表得临界值 $t_{\alpha/2}(n-k)$，若统计量 $|t|>t_{\alpha/2}(n-k)$，则认为 x_j 和 x_i 的偏相关系数是显著的，也就是 x_j 和 x_i 是引起多重共线性的原因。否则认为 x_j 和 x_i 不是引起多重共线性的原因。

6.3.3　方差膨胀因子检验

对于多元线性回归模型，参数估计值 $\hat{b}_i$ 的方差可以表示为

$$\operatorname{var}(\hat{b}_i)=\frac{\sigma^2}{\sum(x_{it}-\bar{x}_i)^2}\cdot\frac{1}{1-R_i^2}=\frac{\sigma^2}{\sum(x_{it}-\bar{x}_i)^2}\cdot \mathrm{VIF}_i$$

其中

$$\mathrm{VIF}_i=\frac{1}{1-R_i^2} \tag{6.3.3}$$

为方差膨胀因子，R_i^2 表示第 i 个解释变量与模型中其他解释变量辅助作回归模型的决定系数。R_i^2 度量了 x_i 与其余解释变量的线性相关程度，R_i^2 越接近于 1，VIF_i 就越大，说明 x_i 与其余解释变量之间多重共线性越强，反之越弱。$R_i^2\to1$，$\mathrm{VIF}_i\to\infty$。因此，VIF_i 的大小反映了解释变量之间是否存在多重共线性。因此，可用它来度量多重共线性。

随着多重共线性程度的增强，VIF 以及系数估计误差都在增大。因此，可以用 VIF 作为衡量多重共线性的一个指标。一般地，当 $\mathrm{VIF}_i>5$ 或 $\mathrm{VIF}_i>10$ 时（此时 $R_i^2>0.8$ 或 $R_i^2>0.9$），可以认为模型存在较严重的多重共线性。

6.3.4 特征值检验

考察解释变量的样本数据矩阵

$$\boldsymbol{X}=\begin{pmatrix}1 & x_{11} & x_{21} & \cdots & x_{k1}\\ 1 & x_{12} & x_{22} & \cdots & x_{k2}\\ \vdots & \vdots & \vdots & \vdots & \vdots\\ 1 & x_{1n} & x_{2n} & \cdots & x_{kn}\end{pmatrix}$$

当模型存在完全多重共线性时,$\text{rank}(\boldsymbol{X})<k+1$,$|\boldsymbol{X}'\boldsymbol{X}|=0$;而当模型存在严重多重共线性时,$|\boldsymbol{X}'\boldsymbol{X}|\approx 0$,根据矩阵代数知识,若 $\lambda_1,\lambda_2,\cdots,\lambda_{k+1}$ 为矩阵 $\boldsymbol{X}'\boldsymbol{X}$ 的 $k+1$ 个特征值,则有

$$|\boldsymbol{X}'\boldsymbol{X}|=\lambda_1\cdot\lambda_2\cdots\lambda_{k+1}\approx 0 \tag{6.3.4}$$

这表明特征值 $\lambda_i(i=1,2,\cdots,k+1)$ 中至少有一个近似地等于0。因此,可以利用 $\boldsymbol{X}'\boldsymbol{X}$ 的特征值来检验模型的多重共线性。

利用特征值还可以构造两个用于检验多重共线性的指标:条件数 CN(condition number)和条件指数 CI(condition index)。其指标定义为

$$\text{CN}=\text{最大特征值}/\text{最小特征值};\ \text{CI}=\sqrt{\text{CN}} \tag{6.3.5}$$

这两个指标都反映了特征值的离散程度,数值越大,表明多重共线性越严重。究竟什么程度算高,也没有一个绝对的标准。一般的经验法则是:CI>10 即认为存在多重共线性,大于30认为存在严重的多重共线性。

6.3.5 根据回归结果判断

在运用 OLS 法建立样本回归模型时,由 EViews 软件可直接得到决定系数 R^2(或 $\bar{R}^2$)、F 统计量值、t 统计量值。如果 R^2(或 $\bar{R}^2$)很大,且 F 值显著地大于给定显著性水平下的临界值,而发现:(1)系数估计值的符号与理论分析结果相违背。(2)某些变量对应的回归系数 t 值偏低或不显著。(3)当一个不太重要的解释变量被删除后,或者改变一个观测值时,回归结果显著变化,则该模型可能存在多重共线性。R^2(或 $\bar{R}^2$)值和 F 值大,反映了模型中各解释变量对被解释变量 y 的共同影响显著,而 t 值小于临界值恰好反映了由于解释变量共线性的作用,使得不能分解出各个解释变量对被解释变量 y 的独立影响。

例 6.3.1 分析我国居民家庭电力消耗量与可支配收入及居住面积的关系,以预测居民家庭对电力的需求量(具体数据见表 6.3.1)。

表 6.3.1 我国居民家庭电力消耗量与可支配收入及居住面积统计资料

年度	年人均家庭电力消耗量(千瓦小时)y	人均居住面积(平方米)x_1	年人均可支配收入指数(1978=100)x_2
1985	21.2	12.45	243.17
1986	23.2	13.02	254.28
1987	26.4	13.49	265.39
1988	31.2	13.94	277.61
1989	35.3	14.42	273.49

续表

年度	年人均家庭电力消耗量(千瓦小时)y	人均居住面积(平方米)x_1	年人均可支配收入指数(1978=100)x_2
1990	42.4	14.87	281.33
1991	46.9	15.44	289.71
1992	54.6	15.64	307.66
1993	61.2	16.99	321.07
1994	72.7	16.65	339.33
1995	83.5	17.25	356.58
1996	93.1	17.82	383.95
1997	101.8	18.33	399.85

首先，建立家庭电力消耗量与家庭可支配收入的回归模型，结果如下：

$$\hat{y}_t = -113.8022 + 0.5441x_{2t} \tag{6.3.6}$$

$$t = (-20.3644) \quad (30.2712)$$

$$R^2 = 0.9881 \quad DW = 1.0712 \quad F = 916.3468$$

可见，收入对用电量有很好的解释作用。

其次，建立用电量与住房面积的回归方程，结果如下：

$$\hat{y}_t = -161.2859 + 13.9295x_{1t} \tag{6.3.7}$$

$$t = (-10.1577) \quad (13.6121)$$

$$R^2 = 0.9440 \quad DW = 1.0318 \quad F = 185.2903$$

同样，住房面积对电力也有很好的解释作用。既然收入和住房面积都对家庭用电量有很好的解释作用，我们可以建立一个二元回归方程，结果如下：

$$\hat{y}_t = -125.3530 + 2.8086x_{1t} + 0.4409x_{2t} \tag{6.3.8}$$

$$t = (-14.9899) \quad (1.7488) \quad (7.1897)$$

$$\bar{R}^2 = 0.9891 \quad DW = 1.3384 \quad F = 545.4382$$

我们发现住房面积的系数在方程(6.3.7)中是显著的，在方程(6.3.8)中不显著；收入系数在方程(6.3.6)和方程(6.3.8)中都是显著的，但从 0.5441 下降到 0.4409，而且显著水平也下降了。尽管住房面积的系数在方程(6.3.8)中不显著，但从 F 统计量值可以看出，收入和住房面积对电力消费量的共同影响是显著的。

如何解释这些结果呢？这就要检验解释变量之间是否存在共线性。

(1) 相关系数检验。数组窗口中点击 View\Covariance Analysis…\Correlations，结果如表 6.3.2 所示。

表 6.3.2　相 关 系 数

Covariance Analysis: Ordinary
Date: 09/15/21 Time: 10:18
Sample: 1985 1997
Included observations: 13

Correlation	Y	X1	X2
Y	1.000000		
X1	0.971576	1.000000	
X2	0.994051	0.963124	1.000000

x_1 与 x_2 相关系数高达0.9631,两者高度正相关。

(2) 辅助回归模型检验。将住房面积对收入进行回归,结果如下:

$$\hat{x}_{1t}=4.1127+0.0368x_{2t}$$

$$t=(4.2712)\quad(11.8723)$$

$$R^2=0.9276\quad \mathrm{DW}=0.8560\quad F=140.9505$$

因此,住房面积与收入之间存在显著的线性关系。

(3) 方差膨胀因子检验。

$$\mathrm{VIF}_1=\frac{1}{1-R_1^2}=\frac{1}{1-0.9276}=13.8137$$

方差膨胀因子 $\mathrm{VIF}_1>10$,因此,模型存在严重的多重共线性。

(4) 不显著系数法。从方程可以看出,拟合优度 $\bar{R}^2=0.9891$ 非常高,$F=545.4382>F_{0.05}(2,13-2-1)=4.10$,$\bar{R}^2$、$F$ 值较大,而住房面积的系数在方程(6.3.8)中不显著,说明模型存在多重共线性。

6.4 多重共线性的解决方法

如果经过检验证明模型存在多重共线性,那么就应采取必要的措施进行补救。常用的处理方法有以下几种。

6.4.1 保留重要的解释变量,去掉可替代的解释变量

根据经济理论和实际经验设定计量经济模型时容易考虑过多的解释变量,其中有些可能是无显著影响的次要变量,还有一些变量的影响可以用模型中的其他变量来代替。所以在估计模型之前,为避免多重共线性的影响,应该从模型中略去不重要的、经济意义不明显的解释变量,这是一种简单的、有效的解决多重共线性问题的方法。

次要或可替代的变量可以通过被解释变量与解释变量的相关系数检验、相关图分析等统计分析加以鉴别;利用辅助回归模型检验多重共线性时,还可以提供解释变量之间相互替代性的信息。

因为多重共线性是由于解释变量之间高度相关引起的,因此略去不重要的解释变量之后,被略去的解释变量对被解释变量的解释作用可以由与它高度相关的其他解释变量承担。预测的误差不会明显增大,而且既简化了模型,又消除了多重共线性。

6.4.2 利用先验信息改变参数的约束形式

根据经济理论或其他信息,找出参数间的某种关系,并将这种关系作为约束条件与样本信息结合起来,进行有约束的最小二乘估计。例如,著名的Cobb-Douglas生产函数中

$$Y=AL^{\alpha}K^{\beta}$$

劳动投入量 L 与资金投入量 K 之间通常是高度相关的,如果已知附加信息:$\alpha+\beta=1$(规模

报酬不变)，则有$Y=AL^{\alpha}K^{\beta}=AL^{1-\beta}K^{\beta}=AL\left(\frac{K}{L}\right)^{\beta}$，或者：$\frac{Y}{L}=A\left(\frac{K}{L}\right)^{\beta}$，记$y=\frac{Y}{L}$，$k=\frac{K}{L}$，则C-D生产函数可以表示成

$$y=Ak^{\beta}$$

此时二元模型转化成一元模型，当然不存在多重共线性的问题，可以利用OLS法估计A、β进而得到$\hat{\alpha}=1-\hat{\beta}$。

又如，设工业能源需求函数为

$$y=b_0+b_1x_1+b_2x_2+u$$

其中x_1、x_2分别为重、轻工业总产值。利用此模型不仅能反映工业经济增长对能源的需求情况，而且可以反映工业结构变化对能源需求的影响。但是重、轻工业发展的共向性，很可能使模型产生多重共线性。由于b_1、b_2分别是重、轻工业的单位能耗，如果根据历史统计资料测得重工业的单位能耗(平均来说)是轻工业单位能耗的λ倍($\lambda>0$)，即获得以下附加信息：

$$b_1=\lambda b_2$$

则工业能源需求函数可以表示成

$$\begin{aligned}y&=b_0+b_1x_1+b_2x_2+u=b_0+\lambda b_2x_1+b_2x_2+u\\&=b_0+b_2(\lambda x_1+x_2)+u=b_0+b_2x^*+u\end{aligned}$$

其中$x^*=\lambda x_1+x_2$，模型转化成一元模型，估计出$\hat{b}_0$、b_2之后，可以求得$\hat{b}_1=\lambda\hat{b}_2$，从而在消除多重共线性影响的情况下得到工业能源需求函数

$$\hat{y}=\hat{b}_0+\hat{b}_1x_1+\hat{b}_2x_2$$

6.4.3 变换模型的形式

对原设定的模型进行适当的变换，也可以消除或削弱原模型中解释变量之间的相关关系。具体有三种变换方式：一是变换模型的函数形式，如将线性模型转换成对数模型、半对数模型、多项式模型等；二是变换模型的变量形式，如引入差分变量、相对数变量等；三是改变变量的统计指标，如将生产过程中的资金投入量取成固定资金或流动资金(或两者之和)，劳动投入量取成职工人数或工资总额等。

例如，一阶差分法：如果原模型为

$$y_t=b_0+b_1x_{1t}+b_2x_{2t}+\cdots+b_kx_{kt}+u_t \tag{6.4.1}$$

把t换成$t-1$，则

$$y_{t-1}=b_0+b_1x_{1,t-1}+b_2x_{2,t-1}+\cdots+b_kx_{k,t-1}+u_{t-1} \tag{6.4.2}$$

令一阶差分为$\Delta y_t=y_t-y_{t-1}$，$\Delta x_{1t}=x_{1t}-x_{1,t-1}$，$\Delta x_{2t}=x_{2t}-x_{2,t-1}$，…，$\Delta x_{kt}=x_{kt}-x_{k,t-1}$，$\Delta u_t=u_t-u_{t-1}$。式(6.4.1)减去式(6.4.2)，可以得到一阶段差分模型

$$\Delta y_t=b_1\Delta x_{1t}+b_2\Delta x_{2t}+\cdots+b_k\Delta x_{kt}+\Delta u_t \tag{6.4.3}$$

如果原模型式(6.4.1)存在严重的多重共线性，那么一般情况下变换后的式(6.4.3)多重共线性将减轻或消除。

再例如，商品需求函数

$$Q=b_0+b_1P+b_2P_r+b_3Y+u$$

由于商品本身价格 P 与相关商品价格 P_r 之间往往是高度相关的，此时可以用相对价格 P/P_r 综合反映价格因素的影响，而将需求函数设成 $Q=b_0+b_1\cdot\frac{P}{P_r}+b_3Y+u$，则可以消除多重共线性。

例 6.4.1 在例 6.3.1 电力消费量函数中，电力消费量与收入和住房面积之间可能是对数形式的模型，而不是线性模型。我们利用对数模型拟合上述数据，结果如下。

$$\ln\hat{y}_t=-10.0910+3.0081\ln x_{1t}+1.0035\ln x_{2t} \tag{6.4.4}$$

$$t=(-8.7615)\quad(5.2357)\quad(2.2096)$$

$$R^2=0.9883\quad \bar{R}^2=0.9859\quad \mathrm{DW}=2.1935\quad F=421.7588$$

与方程(6.3.8)相比，在对数模型中，收入和住房面积系数在统计上都是显著的，回归模型在整体上也是显著的。说明我们原先设计的线性回归模型是有误的。

电力消耗对住房面积的弹性为3，说明住房面积每增长1%，电力消耗将增长3%；电力消耗对家庭可支配收入弹性为1，表明家庭可支配收入每增长1%，电力消耗将增长1%。

6.4.4 综合使用时序数据与截面数据

在模型的参数估计中，如果模型利用的是时间序列数据，这时模型又存在多重共线性，可以考虑用时间序列数据与截面数据相结合的办法来修正多重共线性对模型的影响。

如果能同时获得变量的时间序列数据和截面数据，则先利用某类数据估计出模型中的部分参数，再利用另一类数据估计模型的其余参数。例如，设某类商品的需求函数为

$$\ln y_t=b_0+b_1\ln x_t+b_2\ln P_t+u_t$$

其中 y 为商品需求量，x、P 分别为居民收入和该商品价格，并且已知在时间序列样本数据中收入 x 与价格 P 高度相关。

(1) 收集最近一年该商品的销售量和居民收入的统计资料(截面数据)，由于商品价格在一年中的变化幅度不大，所以将需求函数取成

$$\ln y_t=a_0+a_1\ln x_t+u_t$$

利用截面数据估计该模型，得到需求收入弹性 a_1 的估计值 $\hat{a}_1$。

(2) 原需求函数中的 b_1，也是需求收入弹性，所以 $b_1\approx a_1$(此时实际上假设历年的平均收入弹性与近期的收入弹性近似相等)，将原模型变换成

$$\ln y_t=b_0+\hat{a}_1\ln x_t+b_2\ln P_t+u_t$$

即

$$\ln y_t-\hat{a}_1\ln x_t=b_0+b_2\ln P_t+u_t$$

记

$$y_t^*=\ln y_t-\hat{a}_1\ln x_t$$

则原模型变换为

$$y_t^*=b_0+b_2\ln P_t+u_t$$

再利用历年商品销售量、居民收入和价格的统计资料(时间序列数据)估计模型,得到 $\hat{b}_0$ 和 $\hat{b}_2$,从而在消除多重共线性影响的情况下,估计出需求函数:

$$\ln\hat{y}_t = \hat{b}_0 + \hat{b}_1 \ln x_t + \hat{b}_2 \ln P_t$$

6.4.5　逐步回归法

建立计量经济模型时,一般是将解释变量全部引入模型,然后再根据统计检验和定性分析从中逐个剔除次要的或产生多重共线性的变量,选择变量是一个"由多到少"的过程。而逐步回归选择变量时,却是一个"由少到多"的过程,即从所有解释变量中先选择影响最为显著的变量建立模型,然后再将模型之外的变量逐个引入模型;每引入一个变量,就对模型中的所有变量进行一次显著性检验,并从中剔除不显著的变量;逐步引入—剔除—引入,直到模型之外所有变量均不显著时为止。这种消除多重共线性的方法称为逐步回归法,也称 Frisch 综合分析法。

许多统计分析软件有逐步回归程序,但根据计算机软件自动挑选的模型往往统计检验合理,经济意义并不理想。因此,实际应用中一般是依据逐步回归的原理,结合主观分析来筛选变量。具体步骤为

(1) 利用相关系数从所有解释变量中选取与被解释变量相关性最强的变量建立一元回归模型。

(2) 在一元回归模型中分别引入第二个变量,共建立 $k-1$ 个二元回归模型(设共有 k 个解释变量),从这些模型中再选取一个较优的模型。选择时要求模型中每个解释变量影响显著,参数符号正确,$\bar{R}^2$ 值有所提高。

(3) 在选取的二元回归模型中以同样方式引入第三个变量;如此下去,直至无法引入新的变量时为止。

引进新的解释变量一般需要满足以下条件:①如果新引入解释变量在符合经济意义的前提下,能使拟合优度 $\bar{R}^2$ 有所提高,且每个参数统计检验显著,则采纳该变量;②如果新引入解释变量不能改善拟合优度,同时对其他参数无明显影响,则舍弃该变量;③如果新引入解释变量能使拟合优度 $\bar{R}^2$ 有所提高,但对其他参数的符号和数值有明显的影响,统计检验也不显著,可以初步断定新解释变量引起了共线性,则舍弃该变量。

6.4.6　增加样本容量

在具体建立计量经济模型中,如果变量的样本数据较少,则很容易产生多重共线性。对于多元线性回归模型,参数估计值 $\hat{b}_i$ 的方差可以表示成

$$\operatorname{var}(\hat{b}_i) = \frac{\sigma^2}{\sum (x_{it} - \bar{x}_i)^2} \cdot \mathrm{VIF}_i \tag{6.4.5}$$

从式(6.4.5)可以看出,当 n 增大时,$\sum (x_{it} - \bar{x}_i)^2$ 将会增大,从而使 $\operatorname{var}(\hat{b}_i)$ 变小,这对提高 $\hat{b}_i$ 的估计精度有益。不过,增大样本容量有时是比较困难的,因为资料的收集与调

查并不容易。

6.4.7 主成分回归

主成分回归(principal components regression,PCR)是根据多元统计分析中的主成分分析原理、用于处理多重共线性模型的一种新的参数估计方法。其基本原理是:利用主成分分析将解释变量转换成若干个主成分,这些主成分从不同侧面反映了解释变量的综合影响,并且互不相关。因此,可以将被解释变量关于这些主成分进行回归,再根据主成分与解释变量之间的对应关系,求得原回归模型的估计方程。

主成分回归的具体步骤为

(1) 对原始样本数据做标准化处理,这样矩阵 $\boldsymbol{X}'\boldsymbol{X}$ 即为解释变量的相关系数矩阵 $\boldsymbol{R}$。

(2) 计算 $\boldsymbol{R}$ 的 k 个特征值 $\lambda_1>\lambda_2>\cdots>\lambda_k$,以及相应的标准化特征向量 $\boldsymbol{u}_1,\boldsymbol{u}_2,\cdots,\boldsymbol{u}_k$。

(3) 利用特征值检验多重共线性。模型存在多重共线性时,至少有一个特征值近似地等于零,不妨设 $\lambda_{m+1},\lambda_{m+2},\cdots,\lambda_k$ 近似为零,这表明解释变量之间存在着 $k-m$ 个线性相关关系。

(4) 设解释变量(已标准化) $x_1,x_2,\cdots,x_k$ 的 k 个主成分为

$$\begin{cases} z_1=u_{11}x_1+u_{12}x_2+\cdots+u_{1k}x_k \\ z_2=u_{21}x_1+u_{22}x_2+\cdots+u_{2k}x_k \\ \cdots \\ z_k=u_{k1}x_1+u_{k2}x_2+\cdots+u_{kk}x_k \end{cases} \tag{6.4.6}$$

其中 z_i 互不相关,并且 $z_{m+1},z_{m+2},\cdots,z_k$ 近似为零。将(标准化的)被解释变量 y 关于 m 个主成分 $z_1,z_2,\cdots,z_m$ 进行回归,得到

$$\hat{y}=\hat{a}_1z_1+\hat{a}_2z_2+\cdots+\hat{a}_mz_m \tag{6.4.7}$$

(5) 根据主成分与解释变量之间的关系式(6.4.6),将其代入主成分回归方程式(6.4.7),求得用标准化数据表示的 $x_1,x_2,\cdots,x_k$ 的回归方程

$$\hat{y}=\hat{\beta}_1x_1+\hat{\beta}_2x_2+\cdots+\hat{\beta}_kx_k$$

系数 β_i 与原模型中参数 b_i 之间的关系为

$$\hat{b}_i=\frac{s_y}{s_i}\hat{\beta}_i\quad(i=1,2,\cdots,k);\quad \hat{b}_0=\bar{y}-\sum_{i=1}^{k}\hat{b}_i\bar{x}_i$$

其中,s_y,s_i 分别为 y 和 x_i 的标准差;由此可以计算出原回归模型中的参数,进而得到

$$\hat{y}=\hat{b}_0+\hat{b}_1x_1+\cdots+\hat{b}_kx_k$$

6.5 案例分析

根据理论和经验分析,影响国内旅游市场收入 Y 的主要因素,除了国内旅游人数和旅游支出以外,还可能与相关基础设施有关。为此,考虑的影响因素主要有国内旅游人数 X_1,城镇居民人均旅游支出 X_2,农村居民人均旅游支出 X_3,并以公路里程 X_4 和铁路里程 X_5 作为相关基础设施的代表。统计数据如表 6.5.1 所示。试估计以下形式的计量经济

模型

$$Y_t = b_0 + b_1 X_{1t} + b_2 X_{2t} + b_3 X_{3t} + b_4 X_{4t} + b_5 X_{5t} + u_t$$

其中，Y 为全国旅游收入（亿元）；X_1 为国内旅游人数（万人次）；X_2 为城镇居民人均旅游支出（元）；X_3 为农村居民人均旅游支出（元）；X_4 为公路里程（万千米）；X_5 为铁路里程（万千米）。

表 6.5.1　1994—2003 年中国旅游收入及相关数据

年份	全国旅游收入 Y（亿元）	国内旅游人数 X_1（万人次）	城镇居民人均旅游支出 X_2（元）	农村居民人均旅游支出 X_3（元）	公路里程 X_4（万千米）	铁路里程 X_5（万千米）
1994	1 023.5	52 400	414.7	54.9	111.78	5.90
1995	1 375.7	62 900	464.0	61.5	115.70	5.97
1996	1 638.4	63 900	534.1	70.5	118.58	6.49
1997	2 112.7	64 400	599.8	145.7	122.64	6.60
1998	2 391.2	69 450	607.0	197.0	127.85	6.64
1999	2 831.9	71 900	614.8	249.5	135.17	6.74
2000	3 175.5	74 400	678.6	226.6	140.27	6.87
2001	3 522.4	78 400	708.3	212.7	169.80	7.01
2002	3 878.4	87 800	739.7	209.1	176.52	7.19
2003	3 442.3	87 000	684.9	200.0	180.98	7.30

利用 EViews 软件，输入 Y、X_1、X_2、X_3、X_4、X_5 等数据，采用这些数据对模型进行 OLS 回归，结果如表 6.5.2 所示。

表 6.5.2　回 归 结 果

Dependent Variable: Y
Method: Least Squares
Date: 09/14/21　Time: 14:52
Sample: 1994 2003
Included observations: 10

Variable	Coefficient	Std. Error	t-Statistic	Prob.
C	-274.3773	1316.690	-0.208384	0.8451
X1	0.013088	0.012692	1.031172	0.3607
X2	5.438193	1.380395	3.939591	0.0170
X3	3.271773	0.944215	3.465073	0.0257
X4	12.98624	4.177929	3.108296	0.0359
X5	-563.1077	321.2830	-1.752685	0.1545

R-squared	0.995406	Mean dependent var	2539.200
Adjusted R-squared	0.989664	S.D. dependent var	985.0327
S.E. of regression	100.1433	Akaike info criterion	12.33479
Sum squared resid	40114.74	Schwarz criterion	12.51634
Log likelihood	-55.67396	Hannan-Quinn criter.	12.13563
F-statistic	173.3525	Durbin-Watson stat	2.311565
Prob(F-statistic)	0.000092		

$$\hat{Y}_t = -274.377 + 0.013X_{1t} + 5.438X_{2t} + 3.272X_{3t} + 12.986X_{4t} - 563.108X_{5t}$$

$$t = (-0.208)\quad(1.031)\quad(3.940)\quad(3.465)\quad(3.108)\quad(-1.753)$$

$$\bar{R}^2 = 0.990\quad \text{DW} = 2.312\quad F = 173.353$$

由此可见，该模型拟合优度很高，回归模型显著。但是 X_1、X_5 系数的 t 检验不显著，而且 X_5 系数的符号与预期的相反，这表明很可能存在严重的多重共线性。

1. 多重共线性检验

(1) 相关系数检验。在命令窗口输入：COR Y X_1 X_2 X_3 X_4 X_5，输出的相关系数矩阵见表 6.5.3。

表 6.5.3 相关系数矩阵

Covariance Analysis: Ordinary
Date: 09/14/21 Time: 14:48
Sample: 1994 2003
Included observations: 10

Correlation	Y	X1	X2	X3	X4	X5
Y	1.000000					
X1	0.950646	1.000000				
X2	0.977673	0.918851	1.000000			
X3	0.878330	0.751960	0.865145	1.000000		
X4	0.916214	0.947977	0.859191	0.664946	1.000000	
X5	0.951509	0.941681	0.963313	0.818137	0.897708	1.000000

由相关系数矩阵可以看出，各解释变量相互之间的相关系数较高，解释变量之间确实存在严重多重共线性。

(2) 辅助回归模型检验。建立每个解释变量对其余解释变量的辅助回归模型

$$\hat{X}_{1t}=-15\,041.21+19.910X_{2t}+1.955X_{3t}+227.902X_{4t}+6\,303.473X_{5t}$$
$$t=(-0.328)\quad(0.416)\quad(0.059)\quad(2.145)\quad(0.575)$$
$$R^2=0.944,\quad \bar{R}^2=0.899,\quad \mathrm{DW}=2.585,\quad F=21.090$$

$$\hat{X}_{2t}=-523.925+0.001\,68X_{1t}+0.337X_{3t}-0.152X_{4t}+146.167X_{5t}$$
$$t=(-1.470)\quad(0.416)\quad(1.266)\quad(-0.113)\quad(1.804)$$
$$R^2=0.948,\quad \bar{R}^2=0.907,\quad \mathrm{DW}=1.774,\quad F=22.943$$

$$\hat{X}_{3t}=-255.930+0.000\,353X_{1t}+0.720X_{2t}-1.005X_{4t}+14.810X_{5t}$$
$$t=(-0.417)\quad(0.059)\quad(1.266)\quad(-0.522)\quad(0.097)$$
$$R^2=0.773,\quad \bar{R}^2=0.591,\quad \mathrm{DW}=1.363,\quad F=4.250$$

$$\hat{X}_{4t}=-83.226+0.002\,1X_{1t}-0.016\,6X_{2t}-0.051X_{3t}+13.748X_{5t}$$
$$t=(-0.612)\quad(2.145)\quad(-0.113)\quad(-0.522)\quad(0.406)$$
$$R^2=0.908,\quad \bar{R}^2=0.834,\quad \mathrm{DW}=1.768,\quad F=124.281$$

$$\hat{X}_{5t}=3.993+9.84\times10^{-6}X_{1t}+0.002\,7X_{2t}+0.000\,13X_{3t}+0.002\,3X_{4t}$$
$$t=(9.658)\quad(0.575)\quad(1.804)\quad(0.097)\quad(0.406)$$
$$R^2=0.950,\quad \bar{R}^2=0.910,\quad \mathrm{DW}=2.208,\quad F=23.824$$

从以上辅助回归模型中的 R^2、F 统计量的数值可以看出，解释变量 X_1、X_2、X_3、X_4、X_5 之间存在较为严重的多重共线性。

(3) 方差膨胀因子检验。从以上辅助回归模型可知，$\mathrm{VIF}_1=17.9$、$\mathrm{VIF}_2=19.2$、$\mathrm{VIF}_3=4.4$、$\mathrm{VIF}_4=10.9$、$\mathrm{VIF}_5=20$，有 4 个 VIF 大于 10，解释变量 X_1、X_2、X_3、X_4、X_5 之间存在较为严重的多重共线性。

2. 多重共线性的修正：逐步回归法

采用逐步回归的办法解决多重共线性问题。分别做 Y 对 X_1、X_2、X_3、X_4、X_5 的一元

回归，结果如表 6.5.4 所示。

表 6.5.4　一元回归结果（被解释变量为 Y，下同）

解释变量	X_1	X_2	X_3	X_4	X_5
参数估计值	0.084	9.052	11.667	34.332	2 014.146
t 统计量	(8.666)	(13.160)	(5.197)	(6.468)	(8.749)
$\bar{R}^2$	0.892	0.950	0.743	0.820	0.894

其中，含有解释变量 X_2 的回归方程，调整后的 R^2 最大，以 X_2 为基础，顺次加入其他变量逐步回归，结果如表 6.5.5 所示。

表 6.5.5　加入新变量的回归结果(一)

变量	X_1	X_2	X_3	X_4	X_5	$\bar{R}^2$
X_2、X_1	0.030 (2.153)	6.194 (4.287)				0.966
X_2、X_3		8.017 (5.748)	1.716 (0.858)			0.949
X_2、X_4		6.737 (6.645)		10.908 (2.658)		0.972
X_2、X_5		7.851 (2.909)			285.178 (0.462)	0.945

经比较，新加入 X_4 的方程，其调整后的 $R^2=0.972$ 最大，而且各参数的 t（括号内数值）检验显著，保留 X_4，再加入其他新变量逐步回归，结果如表 6.5.6 所示。

表 6.5.6　加入新变量的回归结果(二)

变量	X_1	X_2	X_3	X_4	X_5	$\bar{R}^2$
X_2、X_4、X_1	0.009 (0.423)	6.355 (4.522)		8.565 (1.215)		0.968
X_2、X_4、X_3		4.216 (3.945)	3.222 (3.068)	13.629 (4.693)		0.987
X_2、X_4、X_5		8.098 (4.078)		12.928 (2.639)	−424.396 (−0.805)	0.970

在 X_2、X_4 基础上加入 X_3 后的方程，其调整的 R^2 明显增大，而且各个参数 t 检验都显著。加入 X_1 后不仅调整的 R^2 下降，而且 X_4 参数的 t 检验变得不显著。加入 X_5 后不仅调整的 R^2 下降，X_5 参数的 t 检验不显著，甚至 X_5 的符号也变得不合理。

保留 X_3，再加入其他新变量逐步回归，结果如表 6.5.7 所示。加入 X_1 后调整的 R^2 没有改进，而且 X_1 参数的 t 检验不显著。加入 X_5 后虽然调整的 R^2 略有改进，但 X_5 参数的 t 检验不显著，并且参数为负值不合理。这说明 X_1、X_5 引起严重多重共线性，应剔除。

表 6.5.7 加入新变量的回归结果(三)

变量	X_1	X_2	X_3	X_4	X_5	$\bar{R}^2$
X_2、X_4、X_3、X_1	0.008 (0.516)	3.919 (3.067)	3.200 (2.852)	11.677 (2.389)		0.985
X_2、X_4、X_3、X_5		5.699 (4.173)	3.297 (3.471)	15.969 (5.264)	−480.610 (−1.535)	0.990

最后修正多重共线性影响的回归结果如表 6.5.8 所示。

表 6.5.8 最终回归结果

Dependent Variable: Y
Method: Least Squares
Date: 09/14/21 Time: 14:50
Sample: 1994 2003
Included observations: 10

Variable	Coefficient	Std. Error	t-Statistic	Prob.
C	-2441.161	296.0388	-8.246086	0.0002
X2	4.215884	1.068670	3.944983	0.0076
X4	13.62909	2.904156	4.692961	0.0034
X3	3.221965	1.050297	3.067670	0.0220

R-squared	0.991445	Mean dependent var	2539.200
Adjusted R-squared	0.987168	S.D. dependent var	985.0327
S.E. of regression	111.5822	Akaike info criterion	12.55658
Sum squared resid	74703.57	Schwarz criterion	12.67761
Log likelihood	-58.78288	Hannan-Quinn criter.	12.42380
F-statistic	231.7935	Durbin-Watson stat	1.952587
Prob(F-statistic)	0.000001		

$$\hat{Y}_t = -2\,441.161 + 4.215\,9X_{2t} + 13.629\,1X_{4t} + 3.222\,0X_{3t}$$

$$t = \quad (-8.246\,1) \quad (3.945\,0) \quad (3.067\,7) \quad (4.693\,0)$$

$$R^2 = 0.991\,4 \quad \bar{R}^2 = 0.987\,2 \quad \mathrm{DW} = 1.952\,6 \quad F = 231.793\,5$$

这说明,在其他因素不变的情况下,当城镇居民人均旅游支出 X_2 和农村居民人均旅游支出 X_3 分别每增加 100 元,公路里程 X_4 每增加 1 万千米时,国内旅游收入 Y 将依次增加 421.6 亿元、322.2 亿元和 13.629 亿元。

此案例存在的问题是样本容量过小,其可靠性受到影响,如果增大样本容量,效果会好一些。本例中,可以用对数模型来拟合表 6.5.1 数据,也可以得到较好的回归结果,读者不妨试一下。

利用 EViews 11.0 解决本例多重共线性问题:逐步回归法

EViews 11.0 估计方法中有逐步最小二乘法,支持在多元线性回归中,根据各种统计准则,从回归变量集合中利用逐步最小二乘法自动选择变量,该估计方法被称为逐步回归法。

逐步回归法包括单向(Uni-directional)逐步回归法、有进有出(Stepwise)逐步回归法、交换(Swapwise)逐步回归法和组合(Combinatorial)逐步回归法。对于单向逐步回归和有进有出逐步回归,根据回归增减变量的性质分类,包含前向和后向两种方法。这两种方法添加或剔除变量的终止准则有三种,第一种是 p 值或 t 统计量的方法,第二种是设定的回归变量个数,第三种是程序的最大回归步数。只要其中一种超过设定值,程序自动终止。交换逐步回归法添加变量的依据有最大 R^2 和最小 R^2 两种，并以回归变量个数作为终止准则。组合逐步回归法也是以回归变量个数作为终止准则。

下面利用 EViews11.0 解决我国旅游市场收入函数存在的多重共线性问题。

在主窗口，选择 Quick\Estimate Equation，弹出方程设定对话框，通过估计方法的下拉选单选择逐步最小二乘法(STEPLS-stepwise least squares)，EViews 将显示逐步最小二乘法的设定(Specification)标签页，如图 6.5.1 所示。

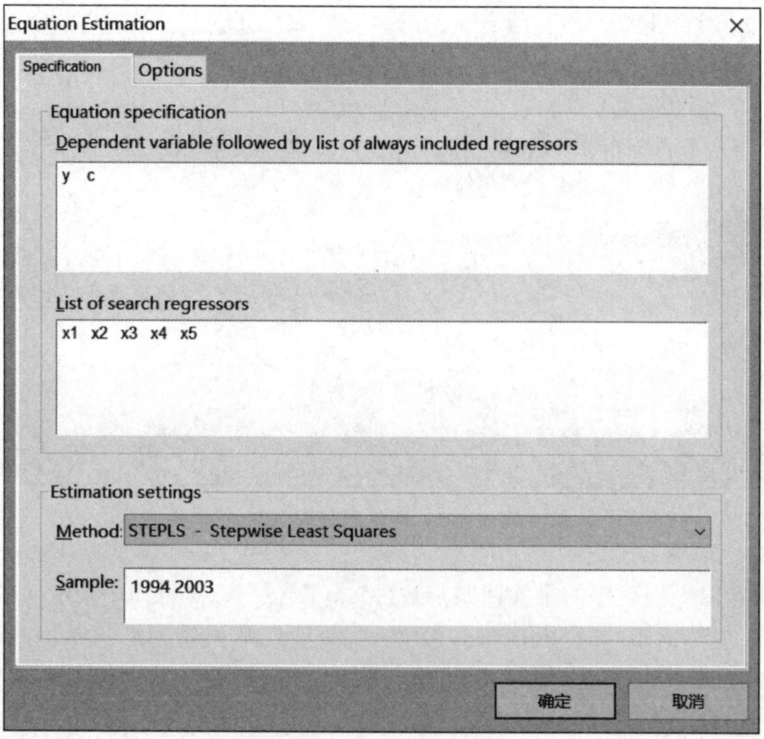

图 6.5.1　方程设定标签页

逐步回归采用列表式进行变量的基本设定。在第一个编辑区域，首先设定被解释变量，在第二个编辑区域，输入设定解释变量。本例在第一个设定框内输入“Y　C”，在第二个框内输入“X1　X2　X3　X4　X5”，然后，可以利用选项(Options)标签页来控制逐步回归具体采用的方法。

打开选项(Options)，见图 6.5.2。其中选择模型(Selection Method)部分用来设定逐步回归的方法，包括单向逐步回归法(Uni-directional)、有进有出逐步回归法(Stepwise)、交换逐步回归法(Swapwise)和组合逐步回归法(Combinatorial)。EViews11.0 默认使用前向有进有出(Stepwise-forwards)法。若想改变这个基本方法，在下拉选单中可以更换其他方法。

对话框中的其他选项随选择方法不同而变化。对于单向逐步回归(Uni-directional)和有进有出逐步回归(Stepwise)，可以设定前向和后向两种方法。这两种方法添加或剔除变量的终止准则有 p 值和 t 统计量两种选项，同时终止程序的准则还可以采用“利用回归变量个数”(Use number of regressors)，需要在相应的编辑区域提供回归变量个数。

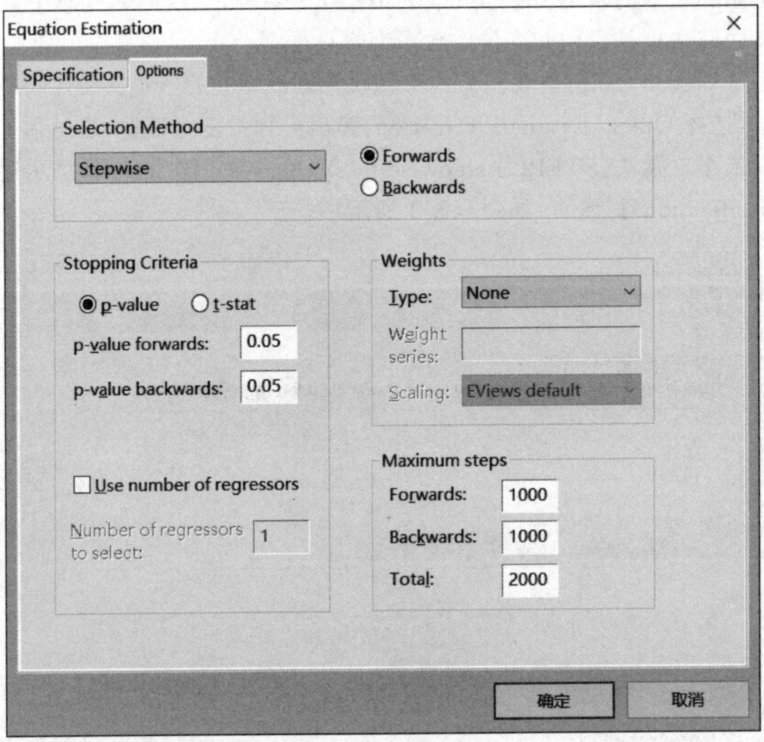

图 6.5.2 逐步回归法设定

在对话框可以看到程序的最大回归步数(Maximum steps)。如果设定向模型中添加变量的最大步数,就要选用前向(Forwards)方法,如果设定从模型中剔除变量的最大步数,则要使用后向(Backwards)方法,同时还要设定模型添加和剔除变量的总步数(Total),一般情况下应设定一个较大数值。

交换逐步回归法需要选择利用最大 R^2 还是最小 R^2,并选择添加变量的个数。组合逐步回归法的选项只需要提供添加变量的个数。一般选择能够使 R^2 有最大改进的变量添加到模型中。

每种方法都有权重(Weights)数列的选择,以执行加权最小二乘法。如果选择利用权重数列(Weight series),在编辑区输入权重数列名称即可。

对于本例,在 Selection Method 部分,采用默认的前向有进有出法(Stepwise forwards),在 Stopping Criteria(程序终止准则)区,选择显著性水平 p-value(或 t-stat),填写 0.05(或 2),其余采用默认设置,得到估计结果如表 6.5.9 所示。

表 6.5.9 给出的输出结果可以分为上中下三部分。上面部分显示方程设定和逐步回归方法的信息,本例中采用的方法为前向有进有出法(Stepwise forwards),程序的终止准则利用了 p 值和搜索回归变量的个数;中间部分显示最终估计方程的信息,即利用设定的固定变量和搜索过程中选定的变量对被解释变量进行回归的结果,可以看到逐步回归法选择了 X_2、X_4 和 X_3;下面部分显示根据选择方法获得的逐步回归步骤的简要说明,本例添加了 3 个变量,根据顺序依次为 X_2、X_4 和 X_3,这与本节中逐步回归的结果是完全相同的。

表 6.5.9 有进有出逐步回归结果(Stepwise forwards)

Dependent Variable: Y
Method: Stepwise Regression
Date: 09/14/21 Time: 14:59
Sample: 1994 2003
Included observations: 10
Number of always included regressors: 1
Number of search regressors: 5
Selection method: Stepwise forwards
Stopping criterion: p-value forwards/backwards = 0.05/0.05

Variable	Coefficient	Std. Error	t-Statistic	Prob.*
C	-2441.161	296.0388	-8.246086	0.0002
X2	4.215884	1.068670	3.944983	0.0076
X4	13.62909	2.904156	4.692961	0.0034
X3	3.221965	1.050297	3.067670	0.0220

R-squared	0.991445	Mean dependent var	2539.200
Adjusted R-squared	0.987168	S.D. dependent var	985.0327
S.E. of regression	111.5822	Akaike info criterion	12.55658
Sum squared resid	74703.57	Schwarz criterion	12.67761
Log likelihood	-58.78288	Hannan-Quinn criter.	12.42380
F-statistic	231.7935	Durbin-Watson stat	1.952587
Prob(F-statistic)	0.000001		

Selection Summary

Added X2
Added X4
Added X3

*Note: p-values and subsequent tests do not account for stepwise selection.

在 Selection Method 部分,如果选择后向有进有出法(Stepwise backards),其余选择同上,则得到估计结果如表 6.5.10 所示。其回归结果与表 6.5.9 是相同的。

表 6.5.10 有进有出逐步回归结果(Stepwise backards)

Dependent Variable: Y
Method: Stepwise Regression
Date: 09/14/21 Time: 15:02
Sample: 1994 2003
Included observations: 10
Number of always included regressors: 1
Number of search regressors: 5
Selection method: Stepwise backwards
Stopping criterion: p-value forwards/backwards = 0.05/0.05

Variable	Coefficient	Std. Error	t-Statistic	Prob.*
C	-2441.161	296.0388	-8.246086	0.0002
X2	4.215884	1.068670	3.944983	0.0076
X4	13.62909	2.904156	4.692961	0.0034
X3	3.221965	1.050297	3.067670	0.0220

R-squared	0.991445	Mean dependent var	2539.200
Adjusted R-squared	0.987168	S.D. dependent var	985.0327
S.E. of regression	111.5822	Akaike info criterion	12.55658
Sum squared resid	74703.57	Schwarz criterion	12.67761
Log likelihood	-58.78288	Hannan-Quinn criter.	12.42380
F-statistic	231.7935	Durbin-Watson stat	1.952587
Prob(F-statistic)	0.000001		

Selection Summary

Removed X1
Removed X5

*Note: p-values and subsequent tests do not account for stepwise selection.

在 Selection Method 部分,如果选择单项逐步回归法(Uni-directional),程序终止准则区选择显著性水平 p-value,填写 0.05,其余采用默认设置,则得到估计结果如表 6.5.11 所示。其回归结果与表 6.5.9 也是相同的。

表 6.5.11　单项逐步回归结果(Uni-directional)

Dependent Variable: Y
Method: Stepwise Regression
Date: 09/14/21 Time: 15:06
Sample: 1994 2003
Included observations: 10
Number of always included regressors: 1
Number of search regressors: 5
Selection method: Uni-directional
Stopping criterion: p-value = 0.05

Variable	Coefficient	Std. Error	t-Statistic	Prob.*
C	-2441.161	296.0388	-8.246086	0.0002
X2	4.215884	1.068670	3.944983	0.0076
X4	13.62909	2.904156	4.692961	0.0034
X3	3.221965	1.050297	3.067670	0.0220

R-squared	0.991445	Mean dependent var	2539.200
Adjusted R-squared	0.987168	S.D. dependent var	985.0327
S.E. of regression	111.5822	Akaike info criterion	12.55658
Sum squared resid	74703.57	Schwarz criterion	12.67761
Log likelihood	-58.78288	Hannan-Quinn criter.	12.42380
F-statistic	231.7935	Durbin-Watson stat	1.952587
Prob(F-statistic)	0.000001		

Selection Summary

Added X2
Added X4
Added X3

*Note: p-values and subsequent tests do not account for stepwise selection.

在 Selection Method 部分,如果选择交换逐步回归法(Swapwise)、组合逐步回归法(Combinatorial),则可以得到相同的估计结果(读者不妨自己练习)。

即测即练 6.1　　**即测即练 6.2**

习　题

(1) 什么是多重共线性?产生多重共线性的经济背景是什么?

(2) 简述多重共线性的影响。

(3) 简述多重共线性检验方法与多重共线性的解决方法。

(4) 什么是方差膨胀因子 VIF?根据 $\mathrm{VIF}=1/(1-R^2)$,你能说出 VIF 的最小可能值和最大可能值吗?VIF 多大时,认为解释变量间的多重共线性是比较严重的?

(5) 用适当的方法消除下列函数中的多重共线性:

① 消费函数为 $C=b_0+b_1W+b_2P+u$,其中 C、W、P 分别代表消费、工资收入和非工

资收入，W 与 P 可能高度相关，但研究表明 $b_2=b_1/2$。

② 需求函数为 $Q=b_0+b_1Y+b_2P+b_3P_s+u$，其中 Q、Y、P、P_s 分别代表需求量、收入水平、该商品本身价格以及相关商品价格水平，P 与 P_s 可能高度相关。

(6) 表 1 给出了美国 1971—1986 年的有关数据。

表 1　美国 1971—1986 年有关数据

年度	y	x_1	x_2	x_3	x_4	x_5
1971	10 227	112.0	121.3	776.8	4.89	79 367
1972	10 872	111.0	125.3	839.6	4.55	82 153
1973	11 350	111.1	133.1	949.8	7.38	85 064
1974	8 775	117.5	147.7	1 038.4	8.61	86 794
1975	8 539	127.6	161.2	1 142.8	6.16	85 846
1976	9 994	135.7	170.5	1 252.6	5.22	88 752
1977	11 046	142.9	181.5	1 379.3	5.50	92 017
1978	11 164	153.8	195.3	1 551.2	7.78	96 048
1979	10 559	166.0	217.7	1 729.3	10.25	98 824
1980	8 979	179.3	247.0	1 918.0	11.28	99 303
1981	8 535	190.2	272.3	2 127.6	13.73	100 397
1982	7 980	197.6	286.6	2 261.4	11.20	99 526
1983	9 179	202.6	297.4	2 428.1	8.69	100 834
1984	10 394	208.5	307.6	2 670.6	9.65	105 005
1985	11 039	215.2	318.5	2 841.1	7.75	107 150
1986	11 450	224.4	323.4	3 022.1	6.31	109 597

其中，y：售出新客车的数量(千辆)；x_1：新车价格指数(1967=100)；x_2：居民消费价格指数(1967=100)；x_3：个人可支配收入(10 亿美元)；x_4：利率；x_5：城市就业劳动力(千人)。考虑下面的客车需求函数：

$$\ln y_t=b_0+b_1\ln x_{1t}+b_2\ln x_{2t}+b_3\ln x_{3t}+b_4\ln x_{4t}+b_5\ln x_{5t}+u_t$$

① 利用 OLS 法估计样本回归方程。

② 如果模型存在多重共线性，试估计各辅助回归方程，找出哪些变量是高度共线性的。

③ 如果存在严重的共线性，你会除去哪一个变量，为什么？

④ 在除去一个或多个解释变量后，最终的客车需求函数是什么？这个模型在哪些方面好于包括所有解释变量的原始模型？

⑤ 你认为还有哪些变量可以更好地解释美国的汽车需求？

(7) 表 2 给出了天津市 1974—1987 年粮食销售量 y(万吨/年)，常住人口数 x_1(万人)，人均收入 x_2(元)，肉销售量 x_3(万吨/年)，蛋销售量 x_4(万吨/年)，鱼虾销售量 x_5(万吨/年)的时间序列数据。

表 2　天津市 1974—1987 年粮食销售量、人均收入等数据

年度	y	x_1	x_2	x_3	x_4	x_5
1974	98.45	560.20	153.20	6.53	1.23	1.89
1975	100.70	603.11	190.00	9.12	1.30	2.03
1976	102.80	668.05	240.30	8.10	1.80	2.71

续表

年度	y	x_1	x_2	x_3	x_4	x_5
1977	133.95	715.47	301.12	10.10	2.09	3.00
1978	140.13	724.27	361.00	10.93	2.39	3.29
1979	143.11	736.13	420.00	11.85	3.90	5.24
1980	146.15	748.91	491.76	12.28	5.13	6.83
1981	144.60	760.32	501.00	13.50	5.47	8.36
1982	148.94	774.92	529.20	15.29	6.09	10.07
1983	158.55	785.30	552.72	18.10	7.97	12.57
1984	169.68	795.50	771.16	19.61	10.18	15.12
1985	162.14	804.80	811.80	17.22	11.79	18.25
1986	170.09	814.94	988.43	18.60	11.54	20.59
1987	178.69	828.73	1 094.65	23.53	11.68	23.37

① 利用 OLS 法建立天津市粮食销售量的多元线性回归模型：

$$y=b_0+b_1x_1+b_2x_2+b_3x_3+b_4x_4+b_5x_5+u$$

② 根据①的回归结果，能否初步判定模型存在多重共线性？说明原因。

③ 求 5 个解释变量 x_1、x_2、x_3、x_4、x_5 的简单相关系数矩阵，能得出什么结果？

④ 根据逐步回归法，确定一个较好的粮食需求模型。

第7章 特殊变量

本章学习的目的

(1)掌握虚拟解释变量的概念、设置规则及其特殊应用；(2)掌握线性概率模型、Probit模型和 Logit 模型的概念，参数估计方法以及模型的检验方法；(3)掌握随机解释变量和内生变量的含义、产生的原因及其影响，掌握工具变量法和两阶段最小二乘法，了解豪斯曼检验；(4)能够运用 EViews 软件建立特殊变量模型。

本章所介绍的虚拟解释变量、虚拟被解释变量、随机解释变量和内生变量等特殊变量属于单一方程模型的扩展问题。在实际经济问题中，对于这些问题的学习和认识，有助于提高计量经济方法的技术水平。

7.1 虚拟解释变量

在回归分析中，影响被解释变量的因素除量的因素外还有质的因素，这些质的因素可能会使回归模型中的参数发生变化。为了估计质的因素产生的影响，我们需要引入一种特殊的变量——虚拟变量。

7.1.1 虚拟变量的概念及作用

1. 虚拟变量的内涵

建立计量经济模型的一个基本要求，就是模型中的所有变量都是可以用数值计量的。因此，我们前面讨论的变量都是可以直接获取观测资料的数值变量，如收入、产出、价格、成本、资金、就业人数、消费支出等。但是，在现实经济生活中，影响经济变量变动的因素，除了这些可以直接获得实际观测数据的定量变量外，有时还包括一些本质上为定性(或属性)的因素，例如性别、民族、地区、职业、季节、文化程度、战争、自然灾害、政府经济政策的变动等因素。比如，冷饮销售量除了价格以外还明显受到季节因素影响；消费习惯、地区差异直接影响居民的消费支出；农业产出是资金、劳动力、气候条件、农业科学技术水平、物价政策变动等因素的影响结果；财政政策与货币政策的变化也会影响许多经济变量的变动。以前建立模型时，由于这些因素无法度量而将其舍弃。这一方面不能真实地描述经济变量之间的相关关系，增大模型的设定误差，同时也不能计量这些定性因素的影响。因此，在计量经济模型中,应当包含定性(或属性)因素对经济变量的影响作用。

定性因素通常都是表示某种属性存在与否的非数值变量,如男性或女性、城镇居民或农村居民、气候条件正常或异常等。将这类属性变量直接纳入模型进行回归、参数估计和模型检验,显然是很困难的。为此,人们采取了一种构造人工变量的方法,将这些定性(或属性)变量进行量化,使其能与数值变量一样在回归模型中加以应用。

构造人工变量的规则是:当某种属性存在时,人工变量取值为1;当某种属性不存在时,人工变量取值为0。例如,构造政府经济政策人工变量,当经济政策不变时,人工变量取值为0,当经济政策改变时,人工变量取值为1。

在计量经济学中,我们把反映定性(或属性)因素变化,取值为0和1的人工变量称为虚拟变量(dummy variable),或称为哑变量,习惯上用字母D表示。例如

$$D=\begin{cases}1 & \text{城镇居民}\\0 & \text{农村居民}\end{cases};\quad D=\begin{cases}1 & \text{男性}\\0 & \text{女性}\end{cases};\quad D=\begin{cases}1 & \text{就业}\\0 & \text{失业}\end{cases};\quad D=\begin{cases}1 & \text{销售旺季}\\0 & \text{销售淡季}\end{cases}$$

2. 引入虚拟变量的作用

引入虚拟变量的作用,在于将定性因素或属性因素对因变量的影响数量化。当虚拟变量取"1"时,表示定性因素的影响发生作用;当虚拟变量取"0"时,则表示这种属性因素的影响不发生作用。

在计量经济模型中引入虚拟变量有以下作用:(1)作为定性(或属性)因素的代表,可以描述和测量定性(或属性)因素的影响;(2)能够反映经济变量之间的相互关系,提高模型的精度;(3)便于处理异常数据。由于某些突发因素的存在,如战争的爆发,地震、洪水等自然灾害的发生,可能会使原本比较稳定的经济关系,产生一段时间的混乱,可以利用虚拟变量对模型进行估计。当样本资料中存在异常数据时,一般有三种处理方式:一是在样本容量较大的情况下直接剔除异常数据;二是用平均数等方式修匀异常数据;三是设置虚拟变量(将异常数据作为一个特殊的定性因素)。例如

$$D=\begin{cases}1 & \text{异常时期}\\0 & \text{正常时期}\end{cases}$$

7.1.2 虚拟解释变量的设置

我们把含有虚拟变量的模型称为虚拟变量模型。在模型中,虚拟变量既可以作为解释变量,也可以作为被解释变量。

1. 虚拟解释变量的设置规则

在计量经济模型中引入虚拟变量,可以使我们同时兼顾定量因素和定性因素的影响。但是,在设置虚拟变量的过程中,还应遵循虚拟变量的设置规则,以免引起虚拟变量之间的多重共线性。

(1) 一个定性因素多个属性。若一个定性因素有m个不同属性或相互排斥的类型,在模型中则只能引入$m-1$个虚拟变量,否则会产生完全多重共线性。

例 7.1.1 设居民住房消费函数为

$$y_t=b_0+b_1x_t+u_t \tag{7.1.1}$$

其中，y_t 为第 t 个居民的住房消费支出，x_t 为第 t 个居民的可支配收入。为了将城镇居民和农村居民两种不同类型的居民对住房消费支出的影响反映到上述模型中，需要引入区分城镇居民和农村居民的虚拟变量。一个定性因素“居民”，两个不同属性“城镇居民”“农村居民”，这时 $m=2$，应引入 $m-1=2-1=1$ 个虚拟变量

$$D=\begin{cases}1 & \text{城镇居民}\\0 & \text{农村居民}\end{cases}$$

此时，居民住房消费函数为

$$y_t=b_0+b_1x_t+\alpha\cdot D_t+u_t \tag{7.1.2}$$

当 $D_t=1$ 时，$y_t=(b_0+\alpha)+b_1x_t+u_t$，表示城镇居民住房消费支出；当 $D_t=0$ 时，$y_t=b_0+b_1x_t+u_t$，表示农村居民住房消费支出。通过检验系数 α 的显著性，可以判断不同类型居民对住房消费支出是否有显著影响。

但在此例中，若引入 $m=2$ 个虚拟变量

$$D_1=\begin{cases}1 & \text{城镇居民}\\0 & \text{农村居民}\end{cases};\quad D_2=\begin{cases}1 & \text{农村居民}\\0 & \text{城镇居民}\end{cases}$$

则居民住房消费函数为

$$y_t=b_0+b_1x_t+\alpha_1D_{1t}+\alpha_2D_{2t}+u_t \tag{7.1.3}$$

这时，对于第 t 个被调查的居民而言，当 $D_{1t}=1$ 时，有 $D_{2t}=0$；反之，当 $D_{1t}=0$ 时，有 $D_{2t}=1$。即对于任何被调查的居民都有：$D_{1t}+D_{2t}=1$，即 D_{1t} 和 D_{2t} 存在完全共线性，而模型(7.1.2)则避免了完全共线性。

例 7.1.2　设公司职员的年薪(y)与工龄(x)和学历(D)有关。学历分成三种类型：大专以下、本科、研究生(一个定性因素，三个不同属性)。为了反映“学历”这个定性因素的影响，应该设置两个虚拟变量：

$$D_1=\begin{cases}1 & \text{本科}\\0 & \text{其他}\end{cases};\quad D_2=\begin{cases}1 & \text{研究生}\\0 & \text{其他}\end{cases}$$

可以将年薪函数模型写成

$$y_t=b_0+b_1x_t+\alpha_1D_{1t}+\alpha_2D_{2t}+u_t$$

该模型实际上描述了大专以下、本科和研究生三类年薪函数的差异情况。

大专以下($D_1=D_2=0$)的年薪函数：$y_t=b_0+b_1x_t+u_t$

本科($D_1=1, D_2=0$)的年薪函数：$y_t=(b_0+\alpha_1)+b_1x_t+u_t$

研究生($D_1=0, D_2=1$)的年薪函数：$y_t=(b_0+\alpha_2)+b_1x_t+u_t$

通过检验 α_1、α_2 的显著性，可以判断学历层次对职员的年薪是否有显著影响。但在此例中，若引入 $m=3$ 个虚拟变量：

$$D_1=\begin{cases}1 & \text{本科}\\0 & \text{其他}\end{cases};\quad D_2=\begin{cases}1 & \text{研究生}\\0 & \text{其他}\end{cases};\quad D_3=\begin{cases}1 & \text{大专以下}\\0 & \text{其他}\end{cases}$$

则对于每一个职员，只能使某一个 $D_i=1$，其他的等于 0，即 $D_1+D_2+D_3=1$，模型存在完全多重共线性。

因此，对于有 m 个不同属性类型的定性因素，应该设置 $m-1$ 个虚拟变量来反映该因

素的影响。

(2) 多个定性因素多种不同属性。如果有 m 个定性因素,且每个因素各含有 m_i 个不同的属性类型,则引入 $\sum_{i=1}^{m}(m_i-1)$ 个虚拟变量。

例 7.1.3 研究居民住房消费函数时,考虑到城乡差异以及不同收入层次的影响,将消费函数设定为

$$y_t=b_0+b_1x_t+\alpha_1D_{1t}+\alpha_2D_{2t}+u_t$$

其中 y_t、x_t 分别是居民住房消费支出和可支配收入,虚拟变量 D_1 和 D_2 依次设为

$$D_1=\begin{cases}1 & \text{城镇居民}\\0 & \text{农村居民}\end{cases};\quad D_2=\begin{cases}1 & \text{高收入家庭}\\0 & \text{低收入家庭}\end{cases}$$

这样可以反映各类居民家庭的住房消费情况:

农村低收入家庭($D_1=D_2=0$):$y_t=b_0+b_1x_t+u_t$

农村高收入家庭($D_1=0,D_2=1$):$y_t=(b_0+\alpha_2)+b_1x_t+u_t$

城镇低收入家庭($D_1=1,D_2=0$):$y_t=(b_0+\alpha_1)+b_1x_t+u_t$

城镇高收入家庭($D_1=D_2=1$):$y_t=(b_0+\alpha_1+\alpha_2)+b_1x_t+u_t$

(3) 虚拟变量取值应从分析问题的目的出发予以界定。

定性因素的变化通常表现为某种属性或特征是否存在,一般地,“1”表示这种属性或特征存在,“0”表示这种属性或特征不存在。而且设置虚拟变量时,基础类型、否定类型通常取值为 0,而将比较类型、肯定类型取值为 1。

从理论上讲,虚拟变量取“0”通常代表比较的基础,或比较的基准。例如,引入政府经济政策的变动对因变量的影响时,由于此时的比较是在政府经济政策不变的基础上进行的,因此,虚拟变量可以设定为

$$D=\begin{cases}1 & \text{经济政策变动}\\0 & \text{经济政策不变}\end{cases}$$

(4) 虚拟变量在单一方程中,可以作为解释变量,也可以作为因变量。虚拟解释变量和虚拟因变量有其不同的统计性质,其估计方法和推断性质也有差异,需要分别讨论。

2. 虚拟解释变量的引入方式

在计量经济模型中,加入虚拟解释变量的途径有两种基本类型,一是加法类型,二是乘法类型。不同的引入途径对计量经济模型有不同的影响。

(1) 加法类型。加法类型引入虚拟解释变量,是在所设定的计量经济模型中,根据所研究问题中数值变量的影响作用,按照虚拟变量设置规则,直接在所设定的计量经济模型中加入适当的虚拟变量,此时虚拟变量与其他解释变量在设定模型中是相加关系。加法形式引入虚拟解释变量,从计量经济模型的意义看,其作用是改变了设定模型的截距水平。前面我们介绍的几个例子都是以加法形式引入虚拟解释变量的。

例 7.1.4 居民家庭的教育费用支出除了受收入水平的影响之外,还与子女的年龄结构密切相关。如果家庭中有适龄子女(6~21 岁),教育费用支出会增加。因此,为了反映“子女年龄结构”这一定性因素,设置虚拟变量

$$D=\begin{cases}1 & \text{有适龄子女}\\ 0 & \text{无适龄子女}\end{cases}$$

将家庭教育费用支出函数写成

$$y_t=b_0+b_1x_t+\alpha\cdot D_t+u_t$$

即以加法形式引入虚拟变量。该消费函数又可以表示成以下等价形式：

无适龄子女家庭的教育费用支出函数($D=0$)：$y_t=b_0+b_1x_t+u_t$

有适龄子女家庭的教育费用支出函数($D=1$)：$y_t=(b_0+\alpha)+b_1x_t+u_t$

图 7.1.1 表明,两类家庭消费函数的斜率(边际消费倾向)相同,但截距不同。因此,设置虚拟变量确实能描述定性因素的影响,并且以加法方式引入虚拟变量时,实际上反映的是定性因素对截距的影响,即平均水平的差异情况：在相同的收入水平情况下,有适龄子女家庭的教育费用平均要比无适龄子女家庭的教育费用多支出 α 个单位。

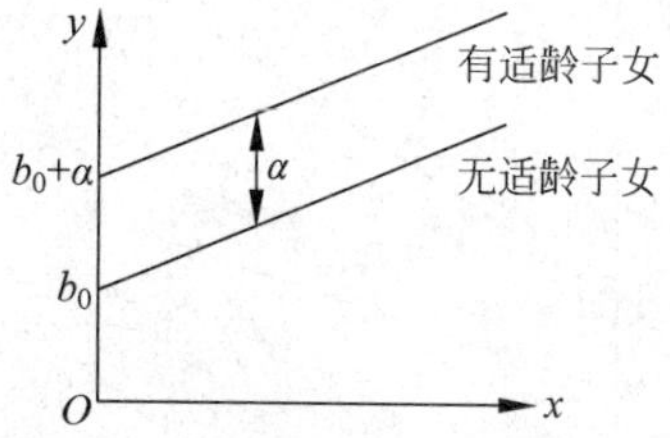

图 7.1.1　虚拟变量对截距的影响

(2) 乘法类型。乘法类型引入虚拟解释变量,是在所设定的计量经济模型中,将虚拟解释变量与其他解释变量相乘作为新的解释变量出现在模型中,以达到其调整设定模型斜率系数的目的。

乘法形式引入虚拟解释变量的主要作用在于：①两个回归模型之间的比较；②因素之间的交互影响分析；③提高模型对现实经济现象的描述精度。

定性因素的影响不仅表现在截距上,有时可能还会影响斜率。

例 7.1.5　随着收入水平的提高,家庭教育费用支出的边际消费倾向可能会发生变化。为了反映定性因素对斜率的影响,可以用乘法方式引入虚拟变量,将家庭教育费用支出函数写成

$$y_t=b_0+b_1x_t+\alpha\cdot D_t\cdot x_t+u_t$$

该消费函数等价于

$$y_t=\begin{cases}b_0+(b_1+\alpha)x_t+u_t & \text{有适龄子女}\\ b_0+b_1x_t+u_t & \text{无适龄子女}\end{cases}$$

图 7.1.2 表明,以乘法方式引入虚拟变量,反映的是定性因素对斜率的影响,系数描述了定性因素的影响程度。

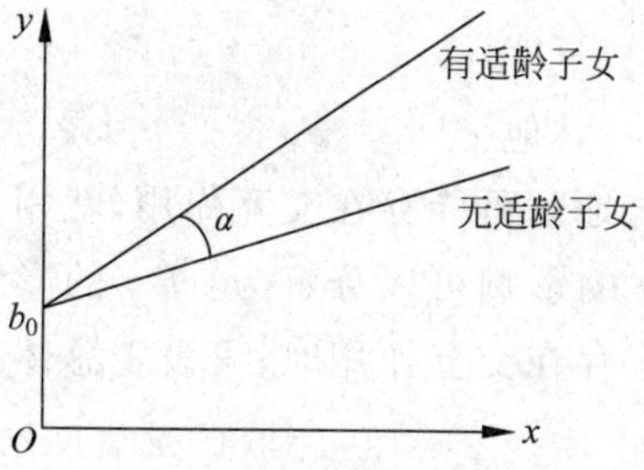

图 7.1.2　虚拟变量对斜率的影响

对虚拟变量只影响斜率而不影响截距的模型,我们称之为乘法模型。

(3) 一般方式。用不同方式引入虚拟变量将反映不同的影响效果,所以设置虚拟变量时,最好先根据散点图或经济分析,大致判断定性因素的影响类型(影响截距还是斜率),然后再用加法方式或乘法方式在模型中设置虚拟变量。

实际应用中,事先往往难以确定定性因素的影响类

型。因此,一般是直接以加法和乘法方式引入虚拟变量,然后再利用 t 检验判断其系数是否显著地不等于零,进而确定虚拟变量的具体引入方式。

例 7.1.6 在例 7.1.4 中,如果随着收入水平的提高,除了有无适龄子女差异外,家庭教育费用支出的边际消费倾向可能会发生变化。我们可以将加法模型和乘法模型结合起来,得到如下模型:

$$y_t = b_0 + b_1 x_t + \alpha_1 \cdot D_t \cdot x_t + \alpha_2 \cdot D_t + u_t$$

该模型可以用来表示截距和斜率都发生变化的模型。其图形如图 7.1.3 所示。

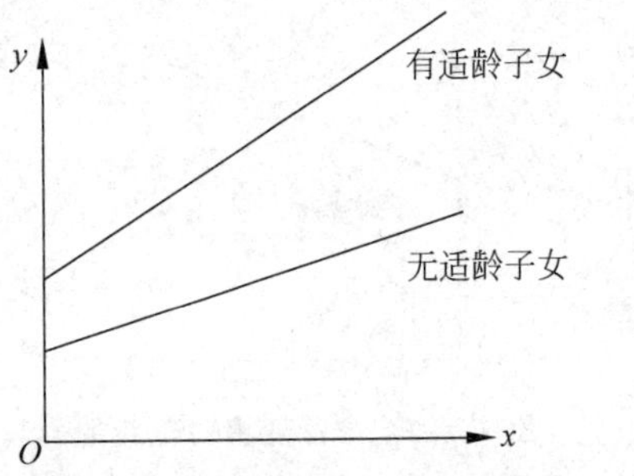

图 7.1.3 截距和斜率都发生变化的模型

我们还可以用加法模型与乘法模型相结合的方式建立模型来拟合经济发展出现转折的情况。

在以上的讨论中,我们都是用虚拟变量代表定性因素。但在有些情况下,虚拟变量也可以代表数量因素,分段线性回归就是类似情形中常见的一种。

在经济关系中,常有这样的现象:在解释变量 x 的值达到某一水平 x^* 之前,与被解释变量存在某种线性关系;在解释变量 x 的值超过某一水平 x^* 之后,与被解释变量关系就会发生变化。此时,如果已知 x^*,我们就可以用虚拟变量来估计每一段的斜率。这就是所谓的分段线性回归。

例 7.1.7 有交互作用的虚拟变量模型。当分析解释变量对被解释变量的影响时,大多数情形只是分析了解释变量自身变动对被解释变量的影响,而没有深入分析解释变量间的相互作用对被解释变量的影响。前面讨论的分析两个定性变量对被解释变量影响的虚拟变量模型中,暗含一个假定:两个定性变量是分别独立地影响被解释变量的。但是在实际经济现象中,两个定性变量对被解释变量的影响可能存在一定的交互作用,即一个解释变量的边际效应有时可能要依赖于另一个解释变量。为描述这种交互作用,可以把两个虚拟变量的乘积以加法形式引入模型。

假定研究居民的个人收入 y 与其教育水平 E 和所在地区 D 的关系。引进两类虚拟变量。第一类虚拟变量 E 表示教育水平,分成两级:一是具有高等教育水平(以下简称高等);二是具有中等及中等以下教育水平(以下简称中等),其取值为

$$E = \begin{cases} 1 & \text{高等} \\ 0 & \text{中等} \end{cases}$$

第二类虚拟变量 D 表示地区,将全国分为东、中、西部三个地区,其取值为

$$D_1 = \begin{cases} 1 & \text{中部} \\ 0 & \text{其他} \end{cases}; \quad D_2 = \begin{cases} 1 & \text{东部} \\ 0 & \text{其他} \end{cases}$$

当我们考虑虚拟变量的交互作用时,比如,教育水平与地区可能存在交互作用,就相当于对样本进一步分组,进而两个虚拟变量 D_1、D_2 对于 y 的影响可以分解为:D_1 的影响 $+D_2$ 的影响 $+D_1$ 和 D_2 的交互影响。当教育水平与地区存在交互作用时,可设定总体回归模型为

$$y = b_0 + b_1 D_1 + b_2 D_2 + b_3 E + b_4 E \cdot D_1 + b_5 E \cdot D_2 + u$$

样本回归方程为

$$\hat{y}=\hat{b}_0+\hat{b}_1D_1+\hat{b}_2D_2+\hat{b}_3E+\hat{b}_4E\cdot D_1+\hat{b}_5E\cdot D_2$$

根据虚拟变量的定义，可得到各类居民个人收入如表 7.1.1 所示。

表 7.1.1　教育水平与地区存在交互作用时的居民个人收入

	西部($D_1=0,D_2=0$)	中部($D_1=1,D_2=0$)	东部($D_1=0,D_2=1$)
中等($E=0$)	$\hat{b}_0$	$\hat{b}_0+\hat{b}_1$	$\hat{b}_0+\hat{b}_2$
高等($E=1$)	$\hat{b}_0+\hat{b}_3$	$\hat{b}_0+\hat{b}_1+\hat{b}_3+\hat{b}_4$	$\hat{b}_0+\hat{b}_2+\hat{b}_3+\hat{b}_5$

例 7.1.8　中国进出口模型。中国进出口贸易总额数据(1950—1984)见表 7.1.2。试检验改革开放前后该时间序列的斜率是否发生变化。

表 7.1.2　中国进出口贸易总额数据　　单位：百亿元人民币

年份	进出口总额 y	时间 x	虚拟变量 D_1	$D_1\cdot x$	年份	进出口总额 y	时间 x	虚拟变量 D_1	$D_1\cdot x$
1950	0.415	1	0	0	1968	1.085	19	0	0
1951	0.595	2	0	0	1969	1.069	20	0	0
1952	0.646	3	0	0	1970	1.129	21	0	0
1953	0.809	4	0	0	1971	1.209	22	0	0
1954	0.847	5	0	0	1972	1.469	23	0	0
1955	1.098	6	0	0	1973	2.205	24	0	0
1956	1.087	7	0	0	1974	2.923	25	0	0
1957	1.045	8	0	0	1975	2.904	26	0	0
1958	1.287	9	0	0	1976	2.641	27	0	0
1959	1.493	10	0	0	1977	2.725	28	0	0
1960	1.284	11	0	0	1978	3.550	29	0	0
1961	0.908	12	0	0	1979	4.546	30	1	30
1962	0.809	13	0	0	1980	5.638	31	1	31
1963	0.857	14	0	0	1981	7.353	32	1	32
1964	0.975	15	0	0	1982	7.713	33	1	33
1965	1.184	16	0	0	1983	8.601	34	1	34
1966	1.271	17	0	0	1984	12.010	35	1	35
1967	1.122	18	0	0					

虚拟变量 D_1 定义如下：

$$D_1=\begin{cases}0 & 1950—1978\\ 1 & 1979—1984\end{cases}$$

以时间 x 为解释变量，进出口总额用 y 表示，建立回归模型

$$y_t=b_0+b_1x_t+\alpha_1\cdot D_{1t}+\alpha_2x_t\cdot D_{1t}+u_t$$

估计结果如下：

$$\hat{y}_t = 0.2818 + 0.0746x_t - 35.8809D_{1t} + 1.2559x_t \cdot D_{1t}$$
$$t = (1.3519) \quad (6.1503) \quad (-8.4246) \quad (9.5671)$$
$$\bar{R}^2 = 0.9586, \quad DW = 0.9195, \quad F = 263.1025$$

于是改革开放前后进出口模型为

1950—1978 年：$\hat{y}_t = 0.2818 + 0.0746x_t$

1979—1984 年：$\hat{y}_t = -33.5991 + 1.3305x_t$

回归结果说明,改革开放前后相比,进出口模型无论截距还是斜率都发生了变化。进出口贸易总额序列图和回归直线见图 7.1.4。

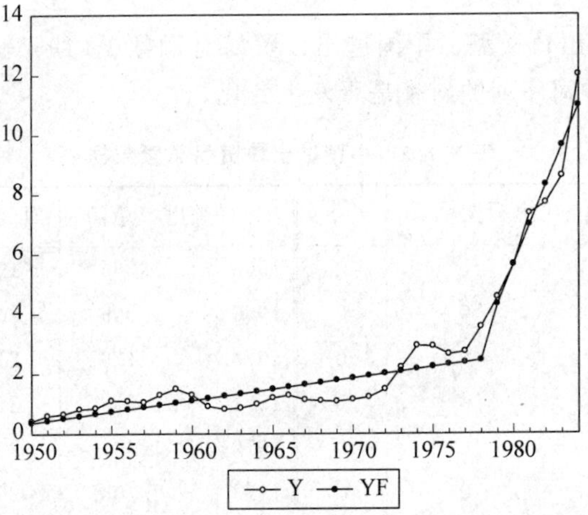

图 7.1.4 中国进出口贸易总额序列图和回归直线

7.1.3 虚拟解释变量的特殊应用

1. 虚拟解释变量在季节调整模型中的应用

利用季节或月份资料建立模型时,经常存在着季节波动。使用虚拟变量可以反映季节因素的影响。例如,利用季度数据分析某公司利润 y 与销售收入 x 之间的相互关系时,为研究四个季度对利润的季节性影响,引入三个虚拟变量(设第一季度为基础类型):

$$D_2 = \begin{cases} 1 & \text{第二季度} \\ 0 & \text{其他} \end{cases}; \quad D_3 = \begin{cases} 1 & \text{第三季度} \\ 0 & \text{其他} \end{cases}; \quad D_4 = \begin{cases} 1 & \text{第四季度} \\ 0 & \text{其他} \end{cases}$$

利润函数写成

$$y_t = b_0 + b_1 x_t + \alpha_1 D_{2t} + \alpha_2 D_{3t} + \alpha_3 D_{4t} + u_t$$

则系数 b_0、α_1、α_2、α_3 分别反映了一、二、三、四季度对利润的平均影响程度,根据这些系数的 t 检验可以判断季节因素对利润是否存在着显著影响。若 α_1(或 α_2、α_3)显著地不为零,则表示第二(或第三、第四)季度对公司的利润有显著影响,否则没有影响。

例 7.1.9 利用虚拟变量处理季节数据模型。表 7.1.3 给出了中国 1982—1988 年市场用煤销售量(y_t)季节数据。

表 7.1.3　中国市场用煤销售量季节数据　　　　单位：万吨

年/季度	y_t	t	D_4	D_3	D_2	年/季度	y_t	t	D_4	D_3	D_2
1982.1	2 599.8	1	0	0	0	1985.3	3 159.1	15	0	1	0
1982.2	2 647.2	2	0	0	1	1985.4	4 483.2	16	1	0	0
1982.3	2 912.7	3	0	1	0	1986.1	2 881.8	17	0	0	0
1982.4	4 087.0	4	1	0	0	1986.2	3 308.7	18	0	0	1
1983.1	2 806.5	5	0	0	0	1986.3	3 437.5	19	0	1	0
1983.2	2 672.1	6	0	0	1	1986.4	4 946.8	20	1	0	0
1983.3	2 943.6	7	0	1	0	1987.1	3 209.0	21	0	0	0
1983.4	4 193.4	8	1	0	0	1987.2	3 608.1	22	0	0	1
1984.1	3 001.9	9	0	0	0	1987.3	3 815.6	23	0	1	0
1984.2	2 969.5	10	0	0	1	1987.4	5 332.3	24	1	0	0
1984.3	3 287.5	11	0	1	0	1988.1	3 929.8	25	0	0	0
1984.4	4 270.6	12	1	0	0	1988.2	4 126.2	26	0	0	1
1985.1	3 044.1	13	0	0	0	1988.3	4 015.1	27	0	1	0
1985.2	3 078.8	14	0	0	1	1988.4	4 904.2	28	1	0	0

由于受取暖用煤的影响，每年第四季度的销售量大大高于其他季度（如图 7.1.5）。图 7.1.6 给出了直接用 y_t 对 t 回归的拟合直线。这条直线对季度数据拟合得不太好，需要加入虚拟变量。鉴于是季节数据，初步设立三个季节变量如下：

$$D_2=\begin{cases}1 & \text{第二季度}\\0 & \text{其他}\end{cases};\quad D_3=\begin{cases}1 & \text{第三季度}\\0 & \text{其他}\end{cases};\quad D_4=\begin{cases}1 & \text{第四季度}\\0 & \text{其他}\end{cases}$$

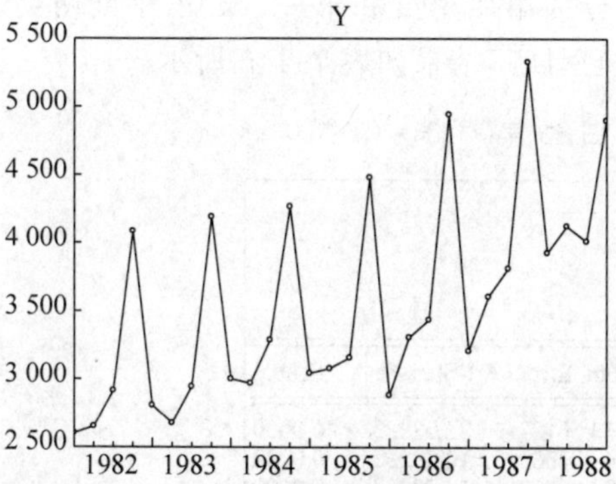

图 7.1.5　全国季节市场用煤销售量序列

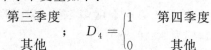

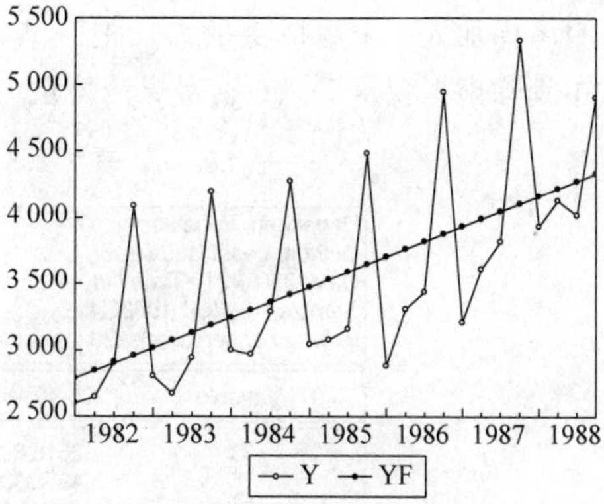

图 7.1.6　单一回归直线拟合情形

在 EViews 11.0 软件中，生成 D_2 数据的命令是“GENR　D2＝ @SEAS(2)”，D_3、D_4 类似。以时间 t 为解释变量（1982 年一季度取 $t=1$，EViews 11.0 命令是：“GENR T＝@TREND(1981:4)”）的煤销售量（y_t）模型回归结果如表 7.1.4 所示。

$$\hat{y}_t = 2\,431.198 + 48.950\,7 \cdot t + 85.006\,5D_2 + 201.841\,5D_3 + 1\,388.091D_4$$

$$t = (26.041\,7)\quad (10.809\,4)\quad (0.828\,8)\quad (1.962\,1)\quad (13.429\,0)$$

$$\bar{R}^2 = 0.936\,4,\quad DW = 1.215\,8,\quad F = 100.40$$

表 7.1.4 回归结果

Dependent Variable: Y
Method: Least Squares
Date: 09/14/21 Time: 15:42
Sample: 1982Q1 1988Q4
Included observations: 28

Variable	Coefficient	Std. Error	t-Statistic	Prob.
C	2431.198	93.35790	26.04170	0.0000
T	48.95067	4.528524	10.80941	0.0000
D2	85.00647	102.5688	0.828775	0.4157
D3	201.8415	102.8683	1.962136	0.0620
D4	1388.091	103.3655	13.42896	0.0000

R-squared	0.945831	Mean dependent var	3559.718
Adjusted R-squared	0.936411	S.D. dependent var	760.2102
S.E. of regression	191.7016	Akaike info criterion	13.51019
Sum squared resid	845238.2	Schwarz criterion	13.74808
Log likelihood	-184.1426	Hannan-Quinn criter.	13.58292
F-statistic	100.4000	Durbin-Watson stat	1.215758
Prob(F-statistic)	0.000000		

注意：不能在含有常数项的回归模型中同时使用反映不同季度的4个虚拟变量，以免引起完全共线。但在不含有常数项的回归模型中可以同时使用4个虚拟变量。实际上，在含有常数项的回归模型中使用3个虚拟变量D_2、D_3、D_4，常数项代表第一季度，D_2、D_3、D_4系数依次代表第二、第三、第四季度煤销售量比第一季度平均高出多少。

该回归系数表明，随着时间的变化，煤销售量每季平均增加48.95，由于季节因素，第一季度的煤销售量均值为2 431.198；第二季度的销量比第一季度多85.006，即为2 516.204；第三季度的销量比第一季度多201.842，即为2 633.04；第四季度的销量比第一季度多1 388.091，即为3 819.289。

由于D_3、D_2的系数没有显著性，说明第三、二季度可以归并入基础类别，即第一季度。于是只考虑加入一个虚拟变量D_4，把季节因素分为第四季度和第一、二、三季度两类。从上式中剔除虚拟变量D_3、D_2，得煤销售量(y_t)模型回归结果如表7.1.5所示。

表 7.1.5 回归结果

Dependent Variable: Y
Method: Least Squares
Date: 09/14/21 Time: 15:44
Sample: 1982Q1 1988Q4
Included observations: 28

Variable	Coefficient	Std. Error	t-Statistic	Prob.
C	2515.862	78.55127	32.02828	0.0000
T	49.73300	4.677660	10.63203	0.0000
D4	1290.910	87.26062	14.79373	0.0000

R-squared	0.936688	Mean dependent var	3559.718
Adjusted R-squared	0.931623	S.D. dependent var	760.2102
S.E. of regression	198.7868	Akaike info criterion	13.52330
Sum squared resid	987904.7	Schwarz criterion	13.66604
Log likelihood	-186.3262	Hannan-Quinn criter.	13.56694
F-statistic	184.9359	Durbin-Watson stat	1.403341
Prob(F-statistic)	0.000000		

$$\hat{y}_t = 2\,515.862 + 49.733 \cdot t + 1\,290.91 D_4 \tag{7.1.4}$$

$$t = (32.028\,3) \quad (10.632\,0) \quad (14.793\,7)$$

$$\bar{R}^2 = 0.931\,6, \quad \mathrm{DW} = 1.403\,3, \quad F = 184.935\,9$$

若不采用虚拟变量,y_t 对 t 直接回归,得回归结果如下:

$$\hat{y}_t = 2\,731.013 + 57.152\,03 \cdot t \tag{7.1.5}$$

$$t = (11.552\,2) \quad (4.012\,7)$$

$$\bar{R}^2 = 0.358\,7,\quad DW = 2.459\,0,\quad F = 16.101\,6$$

式(7.1.5)与式(7.1.4)相比,决定系数不足一半、F 统计量明显减小。用式(7.1.5)估计效果很差。

在不含有常数项的回归模型中可以同时使用 4 个虚拟变量,模型回归结果如表 7.1.6 所示。

表 7.1.6　回归结果

Dependent Variable: Y
Method: Least Squares
Date: 09/14/21 Time: 15:46
Sample: 1982Q1 1988Q4
Included observations: 28

Variable	Coefficient	Std. Error	t-Statistic	Prob.
T	48.95067	4.528524	10.80941	0.0000
D1	2431.198	93.35790	26.04170	0.0000
D2	2516.205	96.27773	26.13486	0.0000
D3	2633.040	99.31827	26.51113	0.0000
D4	3819.289	102.4688	37.27271	0.0000

R-squared	0.945831	Mean dependent var	3559.718
Adjusted R-squared	0.936411	S.D. dependent var	760.2102
S.E. of regression	191.7016	Akaike info criterion	13.51019
Sum squared resid	845238.2	Schwarz criterion	13.74808
Log likelihood	-184.1426	Hannan-Quinn criter.	13.58292
Durbin-Watson stat	1.215758		

$$\hat{y}_t = 48.950\,67 \cdot t + 2\,431.198D_1 + 2\,516.205D_2 + 2\,633.040D_3 + 3\,819.289D_4 \tag{7.1.6}$$

$$t = (10.809\,4) \quad (26.041\,7) \quad (26.134\,9) \quad (26.511\,1) \quad (37.272\,7)$$

$$\bar{R}^2 = 0.936\,4,\quad DW = 1.215\,8$$

回归系数表明,随着时间的变化,煤销售量每季平均增加 48.95,而由季节因素决定的第一至第四季度煤销售量平均为 2 431.198、2 516.205、2 633.040 和 3 819.289。

如果虚拟变量模型经回归后回归系数经济意义明确,并通过了显著性检验,整体回归效果也显著,则模型可用于预测。对于本例,根据回归方程(7.1.6),在预测期 f,煤销售量的点预测值为

$$\hat{y}_f = 48.950\,67 \cdot t_f + 2\,431.198D_{1f} + 2\,516.205D_{2f} + 2\,633.040D_{3f} + 3\,819.289D_{4f}$$

考虑预测期 1989 年 1～4 季度的预测值如下:

$$\hat{y}_{89-1} = 48.950\,67 \cdot t_{89-1} + 2\,431.198 = 48.950\,67 \times 29 + 2\,431.198 = 3\,850.767\,4$$

$$\hat{y}_{89-2} = 48.950\,67 \cdot t_{89-2} + 2\,516.205 = 48.950\,67 \times 30 + 2\,516.205 = 3\,984.725\,1$$

$$\hat{y}_{89-3} = 48.950\,67 \cdot t_{89-3} + 2\,633.040 = 48.950\,67 \times 31 + 2\,633.040 = 4\,150.510\,8$$

$$\hat{y}_{89-4} = 48.950\,67 \cdot t_{89-4} + 3\,819.289 = 48.950\,67 \times 32 + 3\,819.289 = 5\,385.710\,4$$

2. *虚拟解释变量在模型结构稳定性检验中的应用*

在同一个总体中,利用不同的样本数据估计同一形式的计量经济模型,可能会得到不

同的估计结果。如果估计的参数之间存在着显著差异,则称模型结构是不稳定的,反之则认为是稳定的。

模型结构的稳定性检验主要有两个用途：一是分析模型结构对样本变化的敏感性,如多重共线性检验；二是比较两个(或多个)回归模型之间的差异情况,即分析模型结构是否发生了显著变化。例如,利用我国改革开放前后的统计资料分别建立储蓄函数,通过比较两个时期的回归方程,可以分析改革开放前后居民的储蓄行为是否发生了明显变化。又如,利用我国发达地区和不发达地区 GDP 和投资的数据资料分别建立模型,可以比较不同地区投资对经济增长影响的差异情况。

利用一些特定的统计检验(如邹至庄检验法),可以检验模型结构的稳定性问题,使用虚拟变量也可以得到相同的检验结果。

设根据同一总体两个样本估计的回归模型分别为

$$\text{样本 1：} y_t = b_0 + b_1 x_t + u_t$$

$$\text{样本 2：} y_t = a_0 + a_1 x_t + u_t$$

设置虚拟变量：$D=\begin{cases}1 & \text{样本 2}\\ 0 & \text{样本 1}\end{cases}$

将样本 1 和样本 2 的数据合并,估计以下模型：

$$y_t = b_0 + (a_0 - b_0)D_t + b_1 x_t + (a_1 - b_1)\mathrm{XD}_t + u_t$$

其中,$\mathrm{XD}_t = x_t \cdot D_t$。利用 t 检验判断 D、XD 系数的显著性,可以得到四种检验结果：

(1) 两个系数均等于零,即 $a_1 = b_1, a_0 = b_0$,表明两个回归模型之间没有显著差异,称为“重合回归”。

(2) D 的系数不等于零,XD 的系数等于零,即 $a_1 = b_1, a_0 \neq b_0$,表明两个回归模型之间的差异仅仅表现在截距上,称为“平行回归”。

(3) D 的系数等于零,XD 的系数不等于零,即,$a_1 \neq b_1, a_0 = b_0$,表明两个回归模型的截距相同但斜率存在显著差异,称为“汇合回归”。

(4) D、XD 的系数均不等于零,即 $a_1 \neq b_1, a_0 \neq b_0$,表明两个回归模型完全不同,称为“相异回归”。

上述情况中,只有第(1)种情况模型结构是稳定的,其余均表明模型结构不稳定。

3. 虚拟解释变量在分段回归中的应用

在实际经济问题的研究中,有些经济关系需要用分段回归加以描述。假定要描绘并比较不同收入水平人群的消费函数,为简单起见,只取一个解释变量 x(收入),设定模型如下：

$$y_t = a_0 + a_1 x_t + u_t \quad (0 < x < 2)$$

$$y_t = b_0 + b_1 x_t + u_t \quad (2 \leqslant x < 6)$$

$$y_t = c_0 + c_1 x_t + u_t \quad (x \geqslant 6)$$

其中,y 代表消费,x 代表收入(单位：万元)。

如果把数据分成三个不同的子集分别进行回归,可得到三条样本回归直线,但无法保证三条直线在结点处($x=2, x=6$)连续。

实际上,我们希望得到的是分段线性回归函数,要求两点：一是所有样本一起回归,使其样本容量增大，并显示出差异；二是在结点处连续。如图 7.1.7 所示。

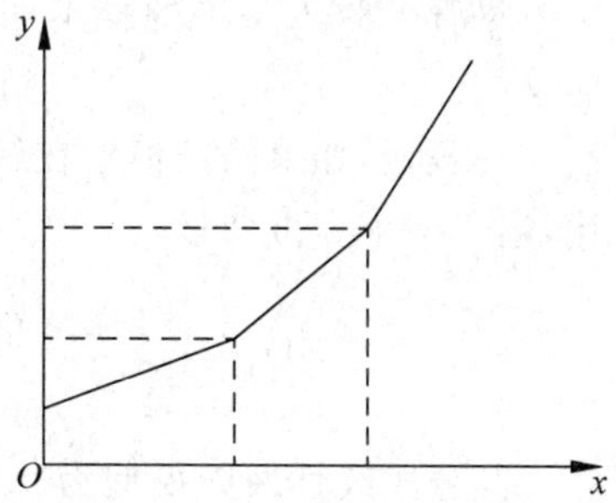

图 7.1.7 分段线性回归模型

为满足第一个要求，将所有样本一起回归，并显示出差异，将模型设定为

$y=\beta_1+\beta_2 x+\gamma_1 D_1+\delta_1 D_1\cdot x+\gamma_2 D_2+\delta_2 D_2\cdot x+u$

在含有截距项的模型中，为区分三种不同收入水平，应引入两个虚拟变量

$$D_1=\begin{cases}0 & 0<x<2\\ 1 & x\geqslant 2\end{cases};\quad D_2=\begin{cases}0 & 0<x<6\\ 1 & x\geqslant 6\end{cases}$$

对于各个收入水平的人群，两个虚拟变量的具体取值如表 7.1.7。

表 7.1.7 两个虚拟变量的取值

收入段	D_1	D_2
(0,2)	0	0
[2,6)	1	0
[6,∞)	1	1

这样就有

$$x\in(0,2),\quad y=\beta_1+\beta_2 x+u$$
$$x\in[2,6),\quad y=(\beta_1+\gamma_1)+(\beta_2+\delta_1)x+u$$
$$x\in[6,\infty),\quad y=(\beta_1+\gamma_1+\gamma_2)+(\beta_2+\delta_1+\delta_2)x+u$$

为满足第二个要求，在 $x=2$ 连续，即要求 $E(y)$ 有左极限值＝其右极限值＝其函数值，即要求

$$\beta_1+2\beta_2=(\beta_1+\gamma_1)+(\beta_2+\delta_1)\cdot 2$$

由此可得

$$\gamma_1=-2\delta_1$$

类似地，要保证在 $x=6$ 处连续，则

$$\beta_1+\gamma_1+(\beta_2+\delta_1)\cdot 6=\beta_1+\gamma_1+\gamma_2+(\beta_2+\delta_1+\delta_2)\cdot 6$$

由此可得

$$\gamma_2=-6\delta_2$$

将 $\gamma_1=-2\delta_1$、$\gamma_2=-6\delta_2$ 代入原模型

$$y=\beta_1+\beta_2 x+\gamma_1 D_1+\delta_1 D_1\cdot x+\gamma_2 D_2+\delta_2 D_2\cdot x+u$$

按参数合并同类项得分段线性回归模型

$$y=\beta_1+\beta_2 x+\delta_1 D_1\cdot(x-2)+\delta_2 D_2\cdot(x-6)+u$$

这样，对应于各收入水平的样本回归直线为

对于 $x\in(0,2)$，$\hat{y}=\hat{\beta}_1+\hat{\beta}_2 x$

对于 $x\in[2,6)$，$\hat{y}=(\hat{\beta}_1-2\hat{\delta}_1)+(\hat{\beta}_2+\hat{\delta}_1)x$

对于 $x\in[6,\infty)$，$\hat{y}=(\hat{\beta}_1-2\hat{\delta}_1-6\hat{\delta}_2)+(\hat{\beta}_2+\hat{\delta}_1+\hat{\delta}_2)x$

尽管各收入水平的样本回归直线不同,但是在结点处,各收入水平的样本回归直线是连续的。

一般地,如果回归模型在解释变量的两个结点 $x=x_1$、$x=x_2(x_1<x_2)$处发生结构变化,定义两个虚拟变量

$$D_1=\begin{cases}0 & x_{\min}<x<x_1\\ 1 & x_1\leqslant x\leqslant x_{\max}\end{cases};\quad D_2=\begin{cases}0 & x_{\min}<x<x_2\\ 1 & x_2\leqslant x\leqslant x_{\max}\end{cases}$$

其分段线性回归模型为

$$y=b_0+b_1x+b_2(x-x_1)\cdot D_1+b_3(x-x_2)\cdot D_2+u$$

三个直线段的样本回归模型分别为

对于 $x_{\min}\leqslant x<x_1$, $\hat{y}=\hat{b}_0+\hat{b}_1x$

对于 $x_1\leqslant x<x_2$, $y=(\hat{b}_0-\hat{b}_2x_1)+(\hat{b}_1+\hat{b}_2)x$

对于 $x_2\leqslant x\leqslant x_{\max}$, $y=(\hat{b}_0-\hat{b}_2x_1-\hat{b}_3x_2)+(\hat{b}_1+\hat{b}_2+\hat{b}_3)x$

使用虚拟变量既能如实描述不同阶段的经济关系,又未减少估计模型时的样本容量,保证了模型的估计精度。

4. *虚拟解释变量在混合回归中的应用*

建立计量经济模型时,有时能同时获得变量的时序数据和截面数据。例如,建立我国城镇居民消费函数时,既可以使用1978—2012年的历年统计资料,又可以使用某一年(如2012年)按收入等级分组的截面资料。又如,建立我国工业生产函数时,可以使用历年的统计资料,也可以使用某一年全国各省份的资料。估计模型时,样本容量越大则估计误差越小。这就提出了一个问题,如果能同时获得变量的时序数据和截面数据,是否可以将它们"混合"成一个样本来估计模型?只要模型参数不随时间而改变,并且在各个截面之间没有差异,就可以使用混合样本估计模型。因此,在合并样本之前,需要比较使用不同样本估计的模型之间是否存在显著差异。

7.2 虚拟被解释变量

在计量经济模型中,通常情况下,虚拟变量除了可以作为解释变量外,还可以作为被解释变量。虚拟变量作为被解释变量时,其作用是对某一经济现象或活动进行"是"与"否"的判断或决策。当模型中的被解释变量是离散的,是定性变量时,可建立虚拟被解释变量模型。

7.2.1 线性概率模型

在实际生活中,我们经常遇到二元选择问题或虚拟被解释变量问题。例如,公共交通工具和私人交通工具的选择问题。选择使用公共交通工具还是私人交通工具,取决于两类因素:一类是公共交通工具和私人交通工具所具有的属性,如速度、耗费时间、成本等;另一类是决策个体所具有的属性,如职业、年龄、收入水平、健康状况等。统计发现选择结果与影响因素之间具有一定的因果关系。揭示这一因果关系并用于预测研究,对于制定交通

工具发展规划无疑是十分重要的，这就需要建立虚拟被解释变量模型。再比如，对某种商品的购买决策问题。决定购买与否，取决于两类因素：一类是该商品本身所具有的属性，如性能、价格等；一类是消费者个体所具有的属性，如收入水平、对该商品的偏好程度等。统计发现选择结果与影响因素之间具有一定的因果关系。揭示这一因果关系并用于预测研究，对于生产厂家无疑是十分重要的，这也需要建立虚拟被解释变量模型。建立虚拟被解释变量模型的目的是研究具有给定特征的个体做某种选择而不做另一种选择的概率。

1. 线性概率模型的定义

为了深刻地理解虚拟被解释变量模型，首先从最简单的线性概率模型开始讨论。线性概率模型的回归形式为

$$y_i = b_0 + b_1 x_{1i} + b_2 x_{2i} + \cdots + b_k x_{ki} + u_i = \boldsymbol{x}'_i \boldsymbol{B} + u_i \quad (i = 1, 2, \cdots, n) \tag{7.2.1}$$

其中：n 是样本容量，k 是解释变量的个数，$x_{1i}, x_{2i}, \cdots, x_{ki}$ 为解释变量，$\boldsymbol{x}'_i = (1, x_{1i}, x_{2i}, \cdots, x_{ki})$，$\boldsymbol{B} = \begin{pmatrix} b_0 \\ b_1 \\ \vdots \\ b_k \end{pmatrix}$，$u_i$ 为相互独立且均值为 0 的随机误差项，y_i 表示取值为 0 和 1 的虚拟被解释变量，即

$$y_i = \begin{cases} 1 & \text{做出某种选择} \\ 0 & \text{不做出某种选择} \end{cases}$$

线性概率模型研究的是做出某种选择的概率，如果令 $p_i = P(y_i = 1)$（做出某种选择的概率），则 $1 - p_i = P(y_i = 0)$（不做出某种选择的概率），于是有

$$E(y_i) = 1 \cdot P(y_i = 1) + 0 \cdot P(y_i = 0) = p_i \tag{7.2.2}$$

又因为 $E(u_i) = 0$，所以 $E(y_i) = E(\boldsymbol{x}'_i \boldsymbol{B} + u_i) = \boldsymbol{x}'_i \boldsymbol{B}$，从而有下面的等式：

$$E(y_i) = p_i = P(y_i = 1) = \boldsymbol{x}'_i \boldsymbol{B} \tag{7.2.3}$$

式(7.2.3)表示给定解释变量 $\boldsymbol{x}'_i$ 值，某事件发生（y_i 取值为 1）的平均概率。在式(7.2.3)中，这一概率体现为线性形式 $\boldsymbol{x}'_i \boldsymbol{B}$，因此，式(7.2.1)或式(7.2.3)称为线性概率模型(linear probability model，LPM)。

2. 线性概率模型的估计

从形式上看，式(7.2.1)与普通的计量经济模型相似，是否能够运用 OLS 法直接对参数进行估计呢？答案是否定的。因为直接对式(7.2.1)模型进行 OLS 估计，将会遇到一些特殊的问题，使得估计结果失去了合理的经济解释，因而需要寻求相应的解决方法。

第一，$E(y_i) = p_i$ 不满足在 0 和 1 之间的约束。式(7.2.1)拟合结果是对 y_i 取值为 1 发生的平均概率，即

$$\hat{p}_i = \hat{P}(y_i = 1) = \boldsymbol{x}'_i \hat{\boldsymbol{B}}$$

但是，$\boldsymbol{x}'_i \hat{\boldsymbol{B}}$ 的值并不能保证在 0 和 1 之间，完全有可能出现大于 1 和小于 0 的情形。而概率值 $\hat{p}_i$ 必须位于 0 和 1 之间。这是对线性概率模型运用 OLS 法估计存在的实际问题。解决这一问题的方法是：当出现的预测值 $\hat{y}_i > 1$ 时，就认定 $\hat{y}_i = 1$；$\hat{y}_i < 0$ 时，就认定 $\hat{y}_i = 0$。这是人为地把大概率事件当作必然事件，把小概率事件当作不可能事件。另外一类方法是

选择 Probit 模型和 Logit 模型等能够保证满足 $E(y_i)=p_i$ 在 0 和 1 之间的非线性模型。

第二,随机误差项 u_i 不服从正态分布。由于 y_i 是二元变量,因此随机误差项

$$u_i=\begin{cases}1-\boldsymbol{x}_i'\boldsymbol{B} & (y_i=1)\\ -\boldsymbol{x}_i'\boldsymbol{B} & (y_i=0)\end{cases}$$

也是二元变量,它服从二项分布,而不是我们通常假定的正态分布。线性概率模型中的随机误差项 u_i 不服从正态分布,对参数的估计并不产生影响,OLS 法本身并不要求随机误差项 u_i 服从正态分布,此时参数的 OLS 法估计仍然是无偏估计量。但对参数的假设检验和区间估计要求随机误差项 u_i 服从正态分布。不过随着样本容量的增大,根据中心极限定理,二项分布收敛于正态分布。因此,大样本的条件下线性概率模型的统计推断,也可以按正态性假设条件下 OLS 法的统计推断方式进行。这就是说,大样本的条件下直接运用 OLS 法对线性概率模型进行估计,对参数的估计不会产生太大的影响。

第三,随机误差项 u_i 存在异方差性。在线性概率模型中,随机误差项的方差为

$$\operatorname{var}(u_i)=(1-\boldsymbol{x}_i'\boldsymbol{B})^2\cdot p_i+(-\boldsymbol{x}_i'\boldsymbol{B})^2\cdot(1-p_i)=(1-\boldsymbol{x}_i'\boldsymbol{B})\cdot\boldsymbol{x}_i'\boldsymbol{B}\neq \text{常数}$$

因此,随机误差项是异方差的,不宜采用 OLS 方法估计线性概率模型。为了克服异方差性,可以采用处理异方差的相应方法(如加权最小二乘法)去估计线性概率模型。

第四,由于因变量是二元选择的结果,因此按传统线性回归模型所计算的拟合优度 R^2 不再有实际的意义。事实上,此问题不仅仅是线性概率模型的问题,而是所有定性选择模型的问题。比较合理的测度是模型正确预测的观测值的百分比。可以定义为

$$\text{Count } R^2=\text{正确预测的次数}/\text{预测的总次数}$$

当 y 取值为 1 的概率的预测值大于 0.5 时,我们视其预测值为 1;当小于 0.5 时,视其预测值为 0。比较预测值与实际值是否存在差异,如果不存在差异,则认为是正确的预测。然后将正确的预测次数与总预测次数比较,得到一个新的拟合优度的指标。

第五,边际效应(或边际影响)分析。对式(7.2.3)进行边际效应分析时得到

$$\frac{\partial E(y_i)}{\partial x_{ji}}=\frac{\partial P(y_i=1)}{\partial x_{ji}}=\frac{\partial(\boldsymbol{x}_i'\boldsymbol{B})}{\partial x_{ji}}=b_j\quad(j=1,2,\cdots,k)\tag{7.2.4}$$

因此,当解释变量是非虚拟变量时,b_j 表示的是第 j 个解释变量 x_{ji} 变动一个单位时对 y_i 取值为 1 的平均概率(称为响应概率)的影响。如果解释变量是虚拟变量,则 b_j 表示的是虚拟解释变量取值为 1 和取值为 0 时,y_i 的取值为 1 和 y_i 的取值为 0 的概率之差。因此,线性概率模型的边际效应是一个常数,它与解释变量取值的大小无关。

由于上述问题,我们考虑对线性概率模型进行一些变换,得到下面要讨论的模型。

3. 非线性概率模型

应当指出的是,虽然我们可以采用加权最小二乘法解决异方差性问题,增大样本容量减轻非正态性问题,通过约束迫使所估计的事件 y 发生的概率落入 0~1 区间,但是,线性概率模型与经济意义的要求不符。以一元线性概率模型 $p=P(Y=1)=b_0+b_1x$ 为例,随着解释变量 x 的变化,x 对事件 y 发生的概率 p 的"边际效应"保持不变。这可能与现实情况不符。例如,在住户是否购买商品房的例子中,当 $b=0.1$ 时,表明 x 每变化一个单位(如 1 000 元),拥有商品住房的概率恒等地增加 10%。这就是说,无论住户的收入水平为 8 000 元,还是 20 000 元,

拥有商品住房的概率都以相同的增量增加。在线性概率模型中,不论解释变量 x 的变化是在什么水平上发生的,参数都不发生变化,显然这与现实经济中所发生的情况是不符的。

因此,表现概率平均变化比较理想的模型应当具有这样的特征:

(1) 概率 p 随解释变量 x 的变化而变化,但永远不超出 0~1 区间。

(2) 当解释变量 $x\to-\infty, p\to0$,当 $x\to\infty, p\to1$。即随着 x 变小,概率 p 趋于零的速度越来越慢;而随着 x 变大,概率 p 趋于 1 的速度也越来越慢。p 随 x 变化而变化,且变化速率不是常数,p 和解释变量 x 之间是非线性关系。

符合这些特征的函数可用图 7.2.1 形象地刻画。图 7.2.1 的模型满足 $0\leqslant p\leqslant1$,以及 p 是解释变量 x 非线性函数的假设,呈现出 S 形的曲线特征。因此可以设法找到符合这种 S 形曲线特征的函数形式来作为虚拟被解释变量模型的设定形式。

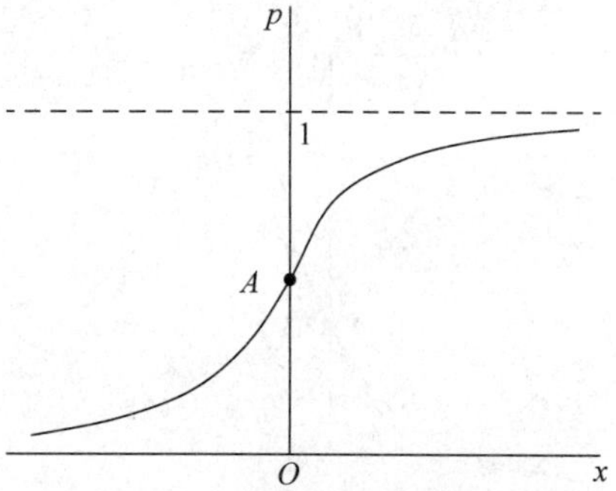

图 7.2.1　非线性概率函数的图形

原则上,任何连续的、定义在实轴上的概率分布函数都将满足上述两个条件。对于连续随机变量来说,密度函数的积分代表概率的大小,也就是说,连续随机变量的分布函数(CDF)可以满足上述两个要求。通常选择逻辑分布(logistic distribution)和正态分布的分布函数去设定线性概率模型。

7.2.2　二元选择模型

1. 模型的形式

假设有一个未被观测到的潜在变量 y_i^*,它与 $\boldsymbol{x}'_i=(1,x_{1i},x_{2i},\cdots,x_{ki})$之间具有线性关系,即

$$y_i^*=\boldsymbol{x}'_i\boldsymbol{B}+u_i^* \tag{7.2.5}$$

其中:u_i^* 是随机误差项,y_i 和 y_i^* 的关系如下:

$$y_i=\begin{cases}1 & y_i^*>0\\0 & y_i^*\leqslant0\end{cases}$$

即 y_i^* 大于临界值 0 时,$y_i=1$,y_i^* 小于等于 0 时,$y_i=0$。假设 $F(\cdot)$是 u_i^* 的概率分布函数,是一个连续单调递增的函数,$0<F(\cdot)<1$。这样有

$P(y_i=1)=P(y_i^*>0)=P(u_i^*>-\boldsymbol{x}'_i\boldsymbol{B})=1-P(u_i^*\leqslant-\boldsymbol{x}'_i\boldsymbol{B})=1-F(-\boldsymbol{x}'_i\boldsymbol{B})$,即

$$P(y_i=1)=1-F(-\boldsymbol{x}'_i\boldsymbol{B}) \tag{7.2.6}$$

$P(y_i=0)=P(y_i^*\leqslant0)=P(u_i^*\leqslant-\boldsymbol{x}'_i\boldsymbol{B})=F(-\boldsymbol{x}'_i\boldsymbol{B})$,即

$$P(y_i=0)=F(-\boldsymbol{x}'_i\boldsymbol{B}) \tag{7.2.7}$$

u_i^* 的概率分布函数 $F(\cdot)$的类型决定了虚拟被解释变量模型的类型,常用的有 Probit 模型和 Logit 模型。

如果将 $F(\cdot)$设定为标准正态分布函数 $\Phi(\cdot)$,即

$$F(z)=\Phi(z)=\int_{-\infty}^{z}\frac{1}{\sqrt{2\pi}}\mathrm{e}^{-\frac{t^2}{2}}\mathrm{d}t \tag{7.2.8}$$

对于标准正态分布函数 $\Phi(\cdot)$,有 $\Phi(z)=1-\Phi(-z)$,其概率密度函数为 $\Phi'(z)=\phi(z)=\frac{1}{\sqrt{2\pi}}\mathrm{e}^{-\frac{z^2}{2}}$,取 $z=-\boldsymbol{x}_i'\boldsymbol{B}$,则有

$$\Phi(-\boldsymbol{x}_i'\boldsymbol{B})=\int_{-\infty}^{-\boldsymbol{x}_i'\boldsymbol{B}}\frac{1}{\sqrt{2\pi}}\mathrm{e}^{-\frac{t^2}{2}}\mathrm{d}t$$

则式(7.2.6)可以写成:$P(y_i=1)=1-F(-\boldsymbol{x}_i'\boldsymbol{B})=1-\Phi(-\boldsymbol{x}_i'\boldsymbol{B})=\Phi(\boldsymbol{x}_i'\boldsymbol{B})$,即

$$P(y_i=1)=\Phi(\boldsymbol{x}_i'\boldsymbol{B}) \tag{7.2.9}$$

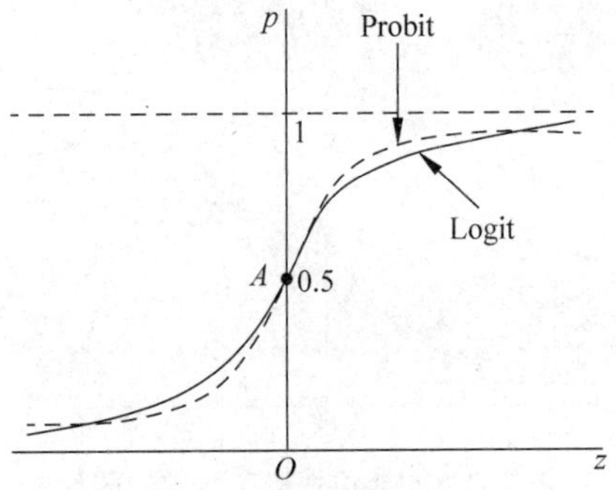

图 7.2.2 Probit 分布函数与 Logit 分布函数

式(7.2.9)称为 Probit 模型(标准正态分布模型,其分布函数图形如图 7.2.2 所示)。

如果将函数 $F(\cdot)$定义为 Logit 分布函数$\Lambda(\cdot)$,即

$$F(z)=\Lambda(z)=\frac{\mathrm{e}^z}{1+\mathrm{e}^z}=\frac{1}{1+\mathrm{e}^{-z}} \tag{7.2.10}$$

则产生的概率模型称为 Logit 模型(逻辑分布模型):

$P(y_i=1)=1-F(-\boldsymbol{x}_i'\boldsymbol{B})=1-\Lambda(-\boldsymbol{x}_i'\boldsymbol{B})=\Lambda(\boldsymbol{x}_i'\boldsymbol{B})$,即

$$P(y_i=1)=\Lambda(\boldsymbol{x}_i'\boldsymbol{B}) \tag{7.2.11}$$

式(7.2.11)称为 Logit 模型。Logit 分布函数图形如图 7.2.2 所示。

从式(7.2.9)、式(7.2.11)及图 7.2.2 可以发现 Probit 分布函数与 Logit 分布函数有两个特点。一是分布函数的最小值为零、最大值(极限值)为 1。二是分布函数曲线有一个拐点 A,在 A 点之前,其增长速度越来越快;在 A 点之后,其增长速度越来越慢,逐渐趋近于零。

$F(\cdot)$的两种选择确保了对于所有参数 $\boldsymbol{B}$ 和 $\boldsymbol{x}_i'$值,式(7.2.6)严格位于 0 和 1 之间。式(7.2.8)和式(7.2.10)中的函数 $F(\cdot)$都是增函数。并且当 $z\to-\infty$,$F(z)\to 0$,当 $z\to\infty$,$F(z)\to 1$。

为便于估计,我们采用以下变换:

$$L_i=\ln\frac{P(y_i=1)}{P(y_i=0)}=\ln\frac{p_i}{1-p_i}=\boldsymbol{x}_i'\boldsymbol{B} \tag{7.2.12}$$

其中,比率 $p_i/(1-p_i)$通常称为机会比率,即所研究的事件(或属性)“发生”的概率与“没有发生”的概率之比。机会比率在市场调查、民意测验等方面有广泛的应用。机会比率的对数 $L_i=\ln\frac{p_i}{1-p_i}$称为对数单位,这里的对数单位不仅是解释变量 $\boldsymbol{x}_i'$ 的线性函数,而且也是参数 $\boldsymbol{B}$ 的线性函数。

2. 边际效应分析

对于线性概率模型,由于 $P(y_i=1)=\boldsymbol{x}_i'\boldsymbol{B}$,因此,第 j 个解释变量 x_j 变动一个单位对

响应概率的影响(称为边际效应)为

$$\frac{\partial P(y_i=1)}{\partial x_{ji}}=\frac{\partial(\boldsymbol{x}_i'\boldsymbol{B})}{\partial x_{ji}}=b_j \quad (j=1,2,\cdots,k) \tag{7.2.13}$$

对于 Probit 模型来说,由于 $P(y_i=1)=\Phi(\boldsymbol{x}_i'\boldsymbol{B})$,因此其边际效应为

$$\frac{\partial P(y_i=1)}{\partial x_{ji}}=\frac{\partial\Phi(\boldsymbol{x}_i'\boldsymbol{B})}{\partial x_{ji}}=\Phi'(\boldsymbol{x}_i'\boldsymbol{B})\cdot b_j=\phi(\boldsymbol{x}_i'\boldsymbol{B})\cdot b_j \quad (j=1,2,\cdots,k) \tag{7.2.14}$$

对于 Logit 模型,由于 $P(y_i=1)=\Lambda(\boldsymbol{x}_i'\boldsymbol{B})$,因此其边际效应为

$$\frac{\partial P(y_i=1)}{\partial x_{ji}}=\frac{\partial\Lambda(\boldsymbol{x}_i'\boldsymbol{B})}{\partial x_{ji}}=\Lambda_j'(\boldsymbol{x}_i'\boldsymbol{B})\cdot b_j=\Lambda(\boldsymbol{x}_i'\boldsymbol{B})[1-\Lambda(\boldsymbol{x}_i'\boldsymbol{B})]\cdot b_j \tag{7.2.15}$$

其中:$j=1,2,\cdots,k$,$\Lambda'(\cdot)=\Lambda(\cdot)[1-\Lambda(\cdot)]$。

对于这三种概率模型,直接比较它们回归系数的大小是没有意义的,因为在不同的模型设定下,系数 $\boldsymbol{B}$ 的含义是不同的。式(7.2.14)和式(7.2.15)还表明,两个解释变量 x_{ji} 和 x_{hi} 的相对影响不依赖于解释变量,x_{ji} 和 x_{hi} 边际效应之比为 b_j/b_h。

从式(7.2.14)和式(7.2.15)中可以看到,Probit 模型和 Logit 模型中解释变量对响应概率(y_i 取值为 1 的概率)的边际效应不是常数 b_j,它随着解释变量取值的变化而变化,而且符号与参数 b_j 相同。与线性概率模型相比,边际效应的值多出一个乘积项,即式(7.2.14)和式(7.2.15)中 b_j 前的 $\Phi(\boldsymbol{x}_i'\boldsymbol{B})$ 和 $\Lambda(\boldsymbol{x}_i'\boldsymbol{B})[1-\Lambda(\boldsymbol{x}_i'\boldsymbol{B})]$,称为比例因子或调整因子,它与解释变量有关,随着解释变量取值的变化而变化。在计算边际效应时,为方便起见,通常希望有一个适用于模型中所有斜率的比例因子,有两种方法解决这个问题:

第一种方法是用解释变量观测值的均值计算边际效应,对于 Probit 模型,比例因子为 $\phi(\bar{\boldsymbol{x}}'\hat{\boldsymbol{B}})$,对于 Logit 模型,比例因子为 $\Lambda(\bar{\boldsymbol{x}}'\hat{\boldsymbol{B}})[1-\Lambda(\bar{\boldsymbol{x}}'\hat{\boldsymbol{B}})]$。

对于非虚拟的解释变量,一般是用其样本均值代入式(7.2.14)和式(7.2.15)中,估计出平均的边际效应。即对于 Probit 模型,其平均边际效应为 $\dfrac{\partial P(y_i=1)}{\partial x_{ji}}=\phi(\bar{\boldsymbol{x}}'\hat{\boldsymbol{B}})\cdot b_j$;对于 Logit 模型,其平均边际效应为 $\dfrac{\partial P(y_i=1)}{\partial x_{ji}}=\Lambda(\bar{\boldsymbol{x}}'\hat{\boldsymbol{B}})[1-\Lambda(\bar{\boldsymbol{x}}'\hat{\boldsymbol{B}})]\cdot b_j$,其中,$\bar{\boldsymbol{x}}'=(1,\bar{x}_1,\bar{x}_2,\cdots,\bar{x}_k)$。但是,对于虚拟解释变量而言,则需要分别计算虚拟解释变量取值为 1 和 0 时,$P(y_i=1)$ 和 $P(y_i=0)$ 的值,二者之差即为虚拟解释变量的边际效应。

第二种方法是对每个解释变量观测值计算边际效应,然后计算它们的平均值,这样得到的是平均边际效应。对于 Probit 模型,比例因子为 $\bar{\phi}=\dfrac{1}{n}\sum\limits_{i=1}^{n}\phi(\boldsymbol{x}_i'\hat{\boldsymbol{B}})$;对于 Logit 模型,比例因子为 $\bar{\Lambda}(1-\bar{\Lambda})=\left[\dfrac{1}{n}\sum\limits_{i=1}^{n}\Lambda(\boldsymbol{x}_i'\boldsymbol{B})\right]\left[1-\dfrac{1}{n}\sum\limits_{i=1}^{n}\Lambda(\boldsymbol{x}_i'\boldsymbol{B})\right]$。

如果要快速比较不同模型的参数估计值的大小,可以采用粗略的比较方法。无论 Probit 模型还是 Logit 模型,对响应概率的边际效应都在 0 处取得最大值。对于 Probit 模型,$\phi(0)=1/\sqrt{2\pi}=0.4$;对于 Logit 模型,$\Lambda(0)[1-\Lambda(0)]=0.25$。因此,要快速比较 Pogit 和 Probit 中估计值的大小,我们可以将 Probit 系数乘以 $0.4/0.25=1.6$,或者将 Logit

估计值乘以0.625。以线性概率模型为比较标准,将Probit模型的估计值乘以0.4大致可以与线性概率模型的估计值相比,将Logit模型的参数估计值乘以0.25大致可以与线性概率模型的估计值相比。不同模型设定下得到的估计系数之间存在如下的关系:

$$\hat{\boldsymbol{B}}_{\text{Logit}} \approx 4\hat{\boldsymbol{B}}_{\text{OLS}}, \quad \hat{\boldsymbol{B}}_{\text{Probit}} \approx 2.5\hat{\boldsymbol{B}}_{\text{OLS}}, \quad \hat{\boldsymbol{B}}_{\text{Logit}} \approx 1.6\hat{\boldsymbol{B}}_{\text{Probit}}$$

当然,在大多数情况下,我们还是应当用式(7.2.14)和式(7.2.15)给出的Logit和Probit的比例因子得到更准确的比较。

我们可以对这三个模型所估计或预测的概率结果进行一下比较,当p接近0.5时三个模型结果非常接近,包括它们所估计的边际效应也是非常接近的;当p接近0或1时三个模型差别较大。

3. 模型的估计:极大似然估计

估计线性概率模型,我们可以采用OLS或WLS。而Probit和Logit模型都是非线性模型,因此不能用OLS或WLS法估计。对于非线性模型的估计方法之一是极大似然法。

对于Probit或Logit模型来说

$$P(y_i=1)=F(\boldsymbol{x}_i'\boldsymbol{B});\quad P(y_i=0)=1-F(\boldsymbol{x}_i'\boldsymbol{B})$$

我们假设有一组容量为n的随机样本,$\boldsymbol{x}_i'=(1,x_{1i},x_{2i},\cdots,x_{ki})$和$y_i(i=1,2,\cdots,n)$,为了得到以解释变量为条件的极大似然估计量,可以将上述Probit和Logit模型(概率分布函数)写为

$$P(y_i)=[F(\boldsymbol{x}_i'\boldsymbol{B})]^{y_i}[1-F(\boldsymbol{x}_i'\boldsymbol{B})]^{1-y_i},\quad y_i=0,1(i=1,2,\cdots,n)$$

不难看出,当$y_i=1$时,我们得到$P(y_i=1)=F(\boldsymbol{x}_i'\boldsymbol{B})$,当$y_i=0$时,有$P(y_i=0)=1-F(\boldsymbol{x}_i'\boldsymbol{B})$。

所以似然函数为

$$L=\prod_{i=1}^{n}P(y_i)=\prod_{i=1}^{n}[F(\boldsymbol{x}_i'\boldsymbol{B})]^{y_i}[1-F(\boldsymbol{x}_i'\boldsymbol{B})]^{1-y_i}$$

对数似然函数为

$$\ln L=\sum_{i=1}^{n}[y_i\cdot\ln F(\boldsymbol{x}_i'\boldsymbol{B})+(1-y_i)\cdot\ln(1-F(\boldsymbol{x}_i'\boldsymbol{B}))] \tag{7.2.16}$$

最大化$\ln L$的一阶条件为$\frac{\partial\ln L}{\partial\boldsymbol{B}}=0$。

$$\begin{aligned}\frac{\partial\ln L}{\partial\boldsymbol{B}}&=\sum_{i=1}^{n}\left[y_i\cdot\boldsymbol{x}_i\frac{f(\boldsymbol{x}_i'\boldsymbol{B})}{F(\boldsymbol{x}_i'\boldsymbol{B})}+(1-y_i)\boldsymbol{x}_i\frac{(-f(\boldsymbol{x}_i'\boldsymbol{B}))}{1-F(\boldsymbol{x}_i'\boldsymbol{B})}\right]\\&=\sum_{i=1}^{n}\left[\boldsymbol{x}_i\cdot f(\boldsymbol{x}_i'\boldsymbol{B})\cdot\frac{y_i-F(\boldsymbol{x}_i'\boldsymbol{B})}{F(\boldsymbol{x}_i'\boldsymbol{B})(1-F(\boldsymbol{x}_i'\boldsymbol{B}))}\right]=0\end{aligned} \tag{7.2.17}$$

其中,$F'(z)=f(z)$。由于式(7.2.17)是非线性方程,所以要用非线性方程的迭代法求解,见非线性模型的估计。

4. 模型的检验

经过估计的虚拟被解释变量模型是否是一个好的模型?类似于经典的单方程模型,需要进行检验。主要的检验包括拟合优度检验、总体显著性检验、变量的显著性检验、预测效

果检验、异方差性检验等。其中,变量的显著性检验与经典单方程模型相同。为方便起见,这里只介绍拟合优度检验、总体显著性检验。

需要说明的是,经典单方程模型主要采用最小二乘原理为基础的模型估计方法,其检验统计量大多是基于残差平方和而构建的,如拟合优度检验的 R^2 统计量、总体显著性检验的 F 统计量、变量的显著性检验 t 统计量或 z 统计量等。而包括虚拟被解释变量模型在内的非经典计量模型,主要采用以极大似然原理为基础的模型估计方法,其检验统计量大多是基于似然函数值而构建的,如 Wald 统计量、LR 统计量、LM 统计量等。

(1) 拟合优度检验。设 $\ln L_0$ 为估计只有截距项模型的对数似然函数值,$\ln L$ 为对概率模型进行极大似然估计的对数似然函数值,构建统计量

$$R^2 = 1 - \ln L / \ln L_0 \tag{7.2.18}$$

如果模型完全不拟合样本观测值,$L = L_0$,则有 $R^2 = 0$;如果模型完全拟合样本观测值,$L = 1$,则有 $R^2 = 1$。所以 R^2 可以作为检验模型拟合优度的统计量,R^2 越接近于1,模型的拟合效果越好。

在 EViews 软件的回归结果中,R^2 称为 McFadden-R-squared,McFadden $R^2 = 1 - \ln L/\ln L_0$,即用麦克法登似然比指数(Mcfadden's likelihood ratio index)来度量拟合优度。

McFadden R^2 总是介于0和1之间。如果模型完全不拟合样本观测值,即当所有的斜率系数都为0时,则 McFadden $R^2 = 0$;如果模型完全拟合样本观测值,则 McFadden R^2 接近于1。McFadden R^2 越大,表明模型拟合效果越好。

(2) 总体显著性检验。似然比检验类似于检验模型整体显著性的 F 检验,原假设为全部解释变量的系数都为0,即总体显著性检验的零假设为 $H_0: b_1 = b_2 = \cdots = b_k = 0$,$H_1: b_j$ $(j = 1, 2, \cdots, k)$ 不全为零。

检验的似然比统计量 LR 为

$$\mathrm{LR} = 2(\ln L - \ln L_0) \tag{7.2.19}$$

其中,$\ln L$ 为对概率模型进行极大似然估计的对数似然函数值,$\ln L_0$ 为估计只有截距项模型的对数似然函数值。当原假设成立时,LR 的渐近分布是自由度为 k 的 χ^2 分布(k 为解释变量个数)。直观上看,如果 LR 较大,表明 L 与 L_0 之间的差较大,倾向于拒绝零假设而接受模型总体显著的备择假设。

例 7.2.1 选举模型。假设候选人甲和乙二人竞选某市市长,我们可以用一个虚拟被解释变量模型来研究影响选民决策的因素,模型为

$$\mathrm{cand}_i = b_0 + b_1 \cdot \mathrm{income}_i + b_2 \cdot \mathrm{age}_i + b_3 \cdot \mathrm{male}_i + u_i$$

其中:cand_i 为第 i 个选民的决策,投候选人甲为1,投候选人乙为0;income_i 为第 i 个选民的家庭收入(单位:千美元);age_i 为第 i 个选民的年龄;虚拟变量 male_i 为第 i 个选民的性别,男性为1,女性为0。表7.2.1给出了某市两位候选人选举模型数据。

(1) 利用表7.2.1数据估计线性概率模型。利用 EViews 11.0 软件和表7.2.1数据,得到线性概率模型 OLS 回归结果如表7.2.2所示。

表 7.2.1　某市两位候选人选举模型数据

观测序号	cand	income	age	male	观测序号	cand	income	age	male
1	0	10	18	0	16	0	33	32	1
2	1	58	48	1	17	1	46	28	1
3	1	64	51	0	18	0	12	42	0
4	0	14	19	0	19	0	30	41	0
5	0	11	22	1	20	1	40	38	1
6	0	16	23	0	21	0	35	40	1
7	1	60	44	1	22	1	18	48	0
8	0	19	26	0	23	0	14	19	1
9	1	110	37	0	24	1	50	40	0
10	1	44	68	1	25	1	72	31	0
11	0	21	28	0	26	0	38	18	0
12	0	29	25	1	27	1	55	43	1
13	0	28	27	0	28	0	50	50	1
14	1	40	45	0	29	1	22	62	0
15	0	26	32	0	30	1	85	62	0

表 7.2.2　两候选人选举线性概率模型回归结果

Dependent Variable: CAND
Method: Least Squares
Date: 09/14/21　Time: 15:51
Sample: 1 30
Included observations: 30

Variable	Coefficient	Std. Error	t-Statistic	Prob.
C	-0.509141	0.192187	-2.649198	0.0135
INCOME	0.009835	0.003026	3.250137	0.0032
AGE	0.016194	0.005258	3.079825	0.0048
MALE	0.003128	0.130074	0.024051	0.9810

R-squared	0.578079	Mean dependent var	0.466667
Adjusted R-squared	0.529395	S.D. dependent var	0.507416
S.E. of regression	0.348091	Akaike info criterion	0.850859
Sum squared resid	3.150346	Schwarz criterion	1.037685
Log likelihood	-8.762881	Hannan-Quinn criter.	0.910626
F-statistic	11.87428	Durbin-Watson stat	2.871151
Prob(F-statistic)	0.000044		

根据表 7.2.2 结果得到如下回归方程

$$\hat{P}(\text{cand}_i=1)=-0.5091+0.0098\cdot\text{income}_i+0.0162\cdot\text{age}_i+0.0031\cdot\text{male}_i$$

$$t=(-2.6492)\quad(3.2501)\quad(3.0798)\quad(0.0241)$$

$$p=(0.0135)\quad(0.0032)\quad(0.0048)\quad(0.9810)$$

$$\bar{R}^2=0.5294,\quad \text{DW}=2.8712,\quad F=11.8743$$

回归结果显示，整个回归模型显著，拟合优度为 0.529 4，解释能力为 52.94%，在 1%显著性水平上，选民的家庭收入、年龄对选择候选人甲的概率有显著正向影响，选民的性别对选择候选人甲的概率影响不显著。在其他条件不变情况下，选民的家庭收入增加 1 000 美元，选择候选人甲的平均概率增加 0.009 8，年龄增加 1 岁，选择候选人甲的平均概率增加

0.016 2，对于男性选民，选择候选人甲的概率增加 0.003 1，影响较小且不显著。

我们得到如下结论：年长者、比较富裕的选民更喜欢投票给候选人甲。

(2) 利用表 7.2.1 数据估计 Probit 模型。使用 EViews 11.0 软件估计 Probit 模型的主要过程为：首先建立工作文件，输入样本数据，然后在主菜单中单击选择 Quick\Estimate Equation 选项，屏幕会弹出方程定义对话框，在对话框的 Method 选项下拉菜单中选择 BINARY 估计方法，原来的对话框会发生变化，如图 7.2.3 所示。

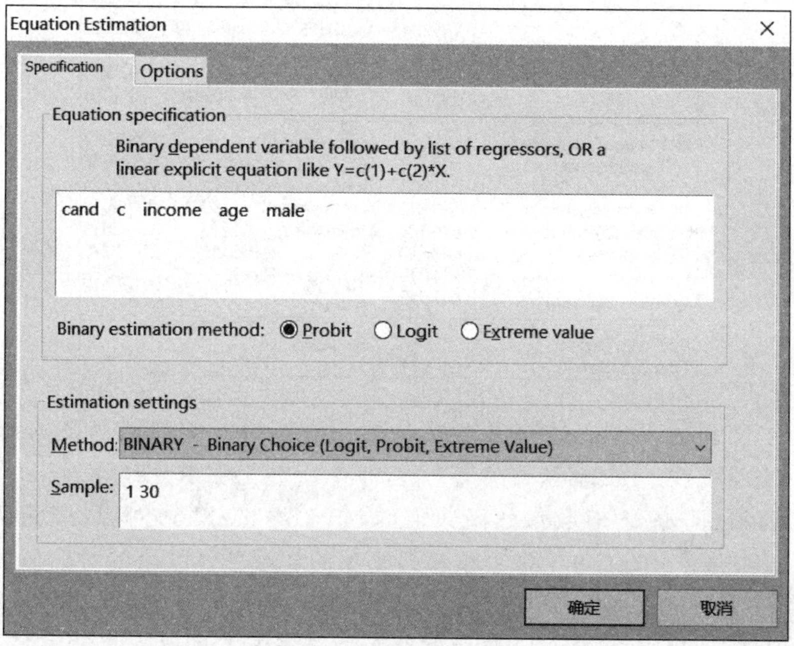

图 7.2.3 二元选择模型的方程定义对话框

图 7.2.3 所示 Equation Specification 编辑框要求用户输入变量列表，先输入因变量名，然后输入常数项和解释变量名。在二元选择模型估计中，用户只能使用列表法对模型进行设定，不能使用公式法。Binary estimation method 选项用于供用户选择估计二元选择模型的具体方法，有 Probit、Logit 以及 Extreme value 三种估计方法(即标准正态分布、逻辑分布和极值分布)。然后点击 Option 选项，对数值方法、初始值和收敛准则进行选择，完成设置。

将两个候选人的选举模型用 Probit 模型进行估计，估计结果如表 7.2.3 所示。

在表 7.2.3 所示的估计结果中，其输出界面与一般回归类似。第一部分为回归信息，回归信息的第一行为被解释变量(cand)，第二行显示所选用的模型及其估计方法，Method: ML-Binary Probit 表明选取 Probit 模型并采用极大似然估计方法估计模型。信息行的第六行显示数值解法的迭代信息(Convergence achieved after 6 iterations)，第七行表明计算参数估计协方差矩阵和标准误采用的方法。第二部分为参数估计(Coefficient)、标准误(Std. error)、z 统计量(z-Statistic)和相应的概率值(Prob.)，其中的 z 统计量相当于一般回归中的 t 统计量，用于判断对应参数的显著性。第三部分为模型拟合信息，估计结果的底端则显示二元选择模型因变量的频率分布。

表 7.2.3　两候选人选举模型的 Probit 回归结果

Dependent Variable: CAND
Method: ML - Binary Probit (Newton-Raphson / Marquardt steps)
Date: 09/14/21 Time: 15:55
Sample: 1 30
Included observations: 30
Convergence achieved after 6 iterations
Coefficient covariance computed using observed Hessian

Variable	Coefficient	Std. Error	z-Statistic	Prob.
C	-5.185204	1.696597	-3.056239	0.0022
INCOME	0.071281	0.033999	2.096529	0.0360
AGE	0.073116	0.033571	2.177965	0.0294
MALE	-0.697416	0.897759	-0.776840	0.4373

McFadden R-squared	0.605936	Mean dependent var	0.466667
S.D. dependent var	0.507416	S.E. of regression	0.317667
Akaike info criterion	0.811203	Sum squared resid	2.623725
Schwarz criterion	0.998030	Log likelihood	-8.168050
Hannan-Quinn criter.	0.870971	Deviance	16.33610
Restr. deviance	41.45540	Restr. log likelihood	-20.72770
LR statistic	25.11930	Avg. log likelihood	-0.272268
Prob(LR statistic)	0.000015		

Obs with Dep=0	16	Total obs	30
Obs with Dep=1	14		

表 7.2.3 所示的方程估计输出结果多了一些新的关于似然函数的统计量。Log likelihood：当前模型对数似然函数的最大值，即式(7.2.19)$LR=2(\ln L-\ln L_0)$中的 $\ln L$。Avg. log likelihood：平均对数似然函数值，等于 Log likelihood 除以观测值的个数 n。Restr. log likelihood：仅仅包含常数项和误差项的模型估计结果的对数似然函数值，即式(7.2.19)$LR=2(\ln L-\ln L_0)$中的 $\ln L_0$，该统计量主要用于与现有的模型进行比较。LR statistic：LR 统计量，用于检验模型的整体显著性。LR 检验的原假设是：除常数项以外的所有解释变量系数都为零。LR 统计量渐近地服从 χ^2 分布，自由度是该检验下约束变量的个数。Prob(LR statistic)：LR 检验统计量相应的概率值。McFadden R-squared：麦克法登似然比指数，用于替代线性回归中的决定系数 R^2 来度量模型的拟合程度。其中，McFadden $R^2=1-\ln L/\ln L_0$。

表 7.2.3 的 Probit 模型的设定形式是 $P(\text{cand}_i=1)=\Phi(\boldsymbol{x}_i'\boldsymbol{B})$，其中 $\Phi(\cdot)$是标准正态分布的累积分布函数。将系数的估计结果代入得到估计的 Probit 模型为

$$\hat{P}(\text{cand}_i=1)=\Phi(-5.1852+0.0713\ \text{income}_i+0.0731\ \text{age}_i-0.6974\ \text{male}_i)$$

$$z=(-3.0562)\qquad(2.0965)\qquad(2.1780)\qquad(-0.7768)$$

$$p=(0.0022)\qquad(0.0360)\qquad(0.0294)\qquad(0.4373)$$

$$LR=25.1193\quad \text{McFadden}\quad R^2=0.6059$$

表 7.2.3 中 Probit 回归结果表明，采用 Probit 模型估计的结果与前面用线性概率模型估计的结果有所不同。由于线性概率模型存在一些问题，因此 Probit 模型估计结果可能更准确一些。

表 7.2.3 中还给出了有关模型的似然比检验和拟合优度的信息。根据表 7.2.3 可知，$LR=25.1193$，它对应的 p 值只有 0.000015，表明模型整体是显著的。McFadden $R^2=0.6059$，含义是 Probit 模型解释了因变量的 61% 的变动。选民的家庭收入、年龄对选择

候选人甲的平均概率有显著的正向影响，选民的性别对选择候选人甲的平均概率有负向影响，但不显著。但 Probit 模型的系数估计值不能像线性概率模型那样，解释成响应概率的变动。

(3) 利用表 7.2.1 数据估计 Logit 模型。使用 EViews 11.0 估计 Logit 模型的主要过程为：在图 7.2.3 二元选择模型的方程定义对话框中，将两个候选人的选举模型用 Logit 模型估计，得到估计结果如表 7.2.4 所示。表 7.2.4 所示的估计结果上半部分显示模型估计的基本信息，其含义与表 7.2.3 类似。

表 7.2.4 两候选人选举模型的 Logit 回归结果

Dependent Variable: CAND
Method: ML - Binary Logit (Newton-Raphson / Marquardt steps)
Date: 09/14/21 Time: 15:57
Sample: 1 30
Included observations: 30
Convergence achieved after 6 iterations
Coefficient covariance computed using observed Hessian

Variable	Coefficient	Std. Error	z-Statistic	Prob.
C	-8.964652	3.232416	-2.773359	0.0055
INCOME	0.122033	0.061626	1.980234	0.0477
AGE	0.127922	0.063107	2.027045	0.0427
MALE	-1.028054	1.542285	-0.666579	0.5050

McFadden R-squared	0.602044	Mean dependent var	0.466667
S.D. dependent var	0.507416	S.E. of regression	0.315650
Akaike info criterion	0.816580	Sum squared resid	2.590512
Schwarz criterion	1.003407	Log likelihood	-8.248706
Hannan-Quinn criter.	0.876348	Deviance	16.49741
Restr. deviance	41.45540	Restr. log likelihood	-20.72770
LR statistic	24.95799	Avg. log likelihood	-0.274957
Prob(LR statistic)	0.000016		
Obs with Dep=0	16	Total obs	30
Obs with Dep=1	14		

表 7.2.4 的 Logit 模型的设定形式是 $P(\text{cand}_i=1)=\Lambda(\boldsymbol{x}_i'\boldsymbol{B})$，其中 $\Lambda(\cdot)$ 为 Logit 分布函数。将系数的估计结果代入估计的 Logit 模型得到

$$\hat{P}(\text{cand}_i=1)=\Lambda(-8.9647+0.1220\ \text{income}_i+0.1279\ \text{age}_i-1.0281\ \text{male}_i)$$

$$z=(-2.7734)\qquad(1.9802)\qquad(2.0270)\qquad(-0.6666)$$

$$p=(0.0055)\qquad(0.0477)\qquad(0.0427)\qquad(0.5050)$$

$$\text{LR}=24.9580\quad \text{McFadden}\quad R^2=0.6020$$

由表 7.2.4 可知，采用 Logit 模型，income 和 age 的系数估计值在 5%的水平上显著，male 不显著。LR = 24.958，对应的 p 值只有 0.000 016，表明模型整体是显著的。McFadden $R^2=0.602$，含义是 Probit 模型解释了因变量的 60.2%的变动。选民的家庭收入、年龄对选择候选人甲的平均概率有显著正向影响，选民的性别对选择候选人甲的平均概率有负向影响，但不显著。同 Probit 模型类似，Logit 模型的系数估计值也不能像线性概率模型那样，解释成概率的变动。

Probit 和 Logit 模型中的回归系数的估计值有较大差异，要比较这两个模型参数估计值的大小，将表 7.2.4 中的斜率系数都乘以 0.625，分别得到 0.076、0.080 和 −0.643，与表 7.2.3 中 Probit 估计值相差不大。

表 7.2.3 和表 7.2.4 中的 Probit 模型和 Logit 模型中的回归系数与线性概率模型不

同,并没有实际的经济意义。但可以依据式(7.2.14)和式(7.2.15)计算解释变量 income、age 和 male 对 cand 的平均边际效应。有关的计算结果见表 7.2.5。

表 7.2.5 Probit 和 Logit 模型边际效应分析对比

变量	Mean	Probit 模型		Logit 模型	
		$\Phi(\bar{x}'\boldsymbol{B})=0.398\,715$		$\Lambda(\bar{x}'\boldsymbol{B})[1-\Lambda(\bar{x}'\boldsymbol{B})]=0.249\,969$	
		回归系数	平均边际效应	回归系数	平均边际效应
income	38.333 33	0.071 281	0.028 421	0.122 033	0.030 504
age	36.900 00	0.073 116	0.029 152	0.127 922	0.031 976
male	0.400 000	−0.697 416	−0.026 9	−1.028 054	−0.251 1

表 7.2.3 和表 7.2.4 中,income 和 age 对 cand 的平均边际效应是通过将各自相应的回归系数乘以 $\phi(\bar{x}'\boldsymbol{B})$或 $\Lambda(\bar{x}'\boldsymbol{B})[1-\Lambda(\bar{x}'\boldsymbol{B})]$得到的。其中计算过程如下。

对于 Probit 模型,有

$$\begin{aligned}\bar{x}'\boldsymbol{B} &= -5.185\,204+0.071\,281\times 38.333\,33+0.073\,116\times 36.9+(-0.697\,416)\times 0.40\\ &=-0.033\,752\end{aligned}$$

$$\phi(\bar{x}'\boldsymbol{B})=\phi(-0.033\,752)=\frac{1}{\sqrt{2\pi}}\exp\left[-\frac{(-0.033\,752)^2}{2}\right]=0.398\,715$$

对于 Logit 模型,有

$$\begin{aligned}\bar{x}'\boldsymbol{B} &= -8.964\,652+0.122\,033\times 38.333\,33+0.127\,922\times 36.9+(-1.028\,054)\times 0.40\\ &=0.022\,380\end{aligned}$$

$$\Lambda(\bar{x}'\boldsymbol{B})[1-\Lambda(\bar{x}'\boldsymbol{B})]=\Lambda(0.022\,38)[1-\Lambda(0.022\,38)]=\frac{e^{0.022\,38}}{(1+e^{0.223\,8})^2}=0.249\,969$$

这一算法不适用于虚拟解释变量 male。male 对 cand 的边际效应是 male 分别取 1 和 0 时,cand 取值为 1 和 0 的概率之差,对于 Probit 模型,

Male=1 时,$\bar{x}'\boldsymbol{B}=-5.185\,204+0.071\,281\times 38.333\,33+0.0731\,16\times 36.9+(-0.697\,416)\times 1=-0.452\,2$,$\Phi(-0.452\,2)=0.360\,2$

Male=0 时,$\bar{x}'\boldsymbol{B}=-5.185\,204+0.071\,281\times 38.333\,33+0.0731\,16\times 36.9+(-0.697\,416)\times 0=0.245\,2$,$\Phi(0.245\,2)=0.387\,1$

因此有 $\Phi(-0.452\,2)-\Phi(0.245\,2)=0.360\,2-0.387\,1=-0.026\,9$

对于 Logit 模型,Male=1 时

$\bar{x}'\boldsymbol{B}=-8.964\,652+0.122\,033\times 38.333\,33+0.127\,922\times 36.9+(-1.028\,054)\times 1=-0.594\,453$

$$\Lambda(-0.594\,453)=\frac{e^{-0.594\,452\,94}}{1+e^{-0.594\,452\,94}}=0.355\,6$$

Male=0 时,$\bar{x}'\boldsymbol{B}=-8.964\,652+0.122\,033\times 38.333\,33+0.127\,922\times 36.9+(-1.028\,054)\times 0=0.433\,601$

$$\Lambda(0.433\,601\,06)=\frac{e^{0.433\,601\,06}}{1+e^{0.433\,601\,06}}=0.606\,7$$

因此有 $\Lambda(-0.594\,453)-\Lambda(0.433\,601)=0.355\,6-0.606\,7=-0.251\,1$

根据表 7.2.5 中 Probit 模型边际影响结果可知，在其他条件不变情况下，选民收入增加 1 千美元，选择候选人甲的平均概率增加 0.028 421，年龄增加 1 岁，选择候选人甲的平均概率增加 0.029 152，对于男性选民，选择候选人甲的平均概率减少 0.026 9，但不显著。

根据表 7.2.5 中 Logit 模型边际影响结果可知，在其他条件不变情况下，选民收入增加 1 千美元，选择候选人甲的平均概率增加 0.030 504，年龄增加 1 岁，选择候选人甲的平均概率增加 0.031 976，对于男性选民，选择候选人甲的平均概率减少 0.251 1，但不显著。

总体而言，Probit 模型的平均边际影响和 Logit 模型的平均边际影响相差较小。

线性概率模型、Probit 模型和 Logit 模型主要异同点的比较：

(1) 相同点。三种模型的主要相同点在于被解释变量 y_i 的期望值都是 $y_i=1$ 的概率，因此，$\boldsymbol{x}_i'$ 与 y_i 的关系在本质上都是考察 $\boldsymbol{x}_i'$ 取不同值时对 y_i 取值为 1 的概率大小的影响。

(2) 不同点。三种模型不同点主要体现在模型设定的差异上。线性概率模型认为 y_i 取值为 1 时的概率随解释变量的变动而呈线性变化关系，而且 $\boldsymbol{x}_i'$ 的线性组合 $\boldsymbol{x}_i'\mathbf{B}$ 完全有可能比 0 小或比 1 大。而 Probit 模型和 Logit 模型则将 y_i 取值为 1 时的概率描述成为 $\boldsymbol{x}_i'$ 的非线性关系，而且最重要的在于该非线性函数就是不同随机变量的分布函数，因此既保证了函数值在[0,1]范围内，又与其所刻画的 y_i 取值为 1 时的概率的含义相一致。

7.3　随机解释变量与内生变量

根据线性回归模型的经典假定，模型中的解释变量均为非随机变量，它们与随机误差项相互独立。如果此假定成立，要求解释变量是确定性变量或外生变量，其取值是事先给定的，没有测量误差。但是在现实经济现象中，这种假定条件常常是不成立的。如果解释变量与随机误差项相关，则称其为内生变量。如果模型中的解释变量是随机变量，它们与随机误差项相关(即为内生变量)，则最小二乘估计量是有偏的。

下面讨论当解释变量为随机变量或内生变量时，仍然利用最小二乘法，其参数估计量将产生什么样的后果以及相应的解决方法。

7.3.1　估计量的渐近统计性质

线性、无偏性和有效性是评价一个估计量优劣的标准。在有些情况下，小样本时的估计量不具有某种统计性质，但随着样本容量的增大，估计量逐渐具有了这种统计性质，此时称为估计量的渐近统计性质。

渐近统计性质只有在大样本的条件下才有意义，而当样本是小样本时不起作用。常用的渐近统计性质有渐近无偏性和一致性。

1. 渐近无偏性

记 $\hat{\theta}_n$ 为当样本容量为 n 时参数 θ 的估计量，如果满足

$$\lim_{n\to\infty} E(\hat{\theta}_n)=\theta \tag{7.3.1}$$

则称 $\hat{\theta}_n$ 为 θ 的渐近无偏估计量。

在小样本的情况下,$\hat{\theta}_n$ 是有偏的,但随着样本容量 n 的逐步增大,$\hat{\theta}_n$ 与 θ 的系统偏差越来越小,逐渐趋于0。通过增加样本容量,可以改善参数估计的精度。

2. 一致性

对真实值 θ 在样本容量为 n 时的估计量 $\hat{\theta}_n$,如果随着样本容量的增大,估计量 $\hat{\theta}_n$ 几乎处处趋于 θ 的真实值,即

$$p(\lim_{n\to\infty}\hat{\theta}_n=\theta)=1 \tag{7.3.2}$$

则称 $\hat{\theta}_n$ 为 θ 的一致估计量,或称 $\hat{\theta}_n$ 依概率收敛于 θ。记为 $p\lim_{n\to\infty}\hat{\theta}_n=\theta$,式中 $p\lim$ 为概率极限。

概率极限有以下几个运算法则

$$p\lim(c_1x_1+c_2x_2)=c_1\cdot p\lim x_1+c_2\cdot p\lim x_2$$

$$p\lim(x_1\cdot x_2)=p\lim x_1\cdot p\lim x_2$$

$$p\lim(x_1/x_2)=p\lim x_1/p\lim x_2(p\lim x_2\neq 0)$$

其中 x_1、x_2 为依概率收敛的随机变量,c_1、c_2 为常数。

可以证明,$\hat{\theta}_n$ 是 θ 的一致估计量,当且仅当

$$\lim_{n\to\infty}E(\hat{\theta}_n)=\theta,\quad \lim_{n\to\infty}\text{var}(\hat{\theta}_n)=0 \tag{7.3.3}$$

因此,一致估计量一定是渐近无偏的,并且在真实值附近离散的程度随样本容量的增大逐渐趋于0。

在大样本的条件下,一致估计量具有很高的精度,但在小样本时,一致性不起作用。

7.3.2 随机解释变量、内生变量及其产生的原因

多元线性回归模型

$$y_t=b_0+b_1x_{1t}+b_2x_{2t}+\cdots+b_kx_{kt}+u_t$$

其基本假设之一是解释变量 $x_1,x_2,\cdots,x_k$ 是严格的外生变量。在古典假设条件下,最小二乘估计量 $\hat{b}_j$ 是 $b_j(j=1,2,\cdots,k)$ 的线性、无偏和有效估计量,其中无偏性和有效性的证明用到了解释变量为非随机变量的假定,从而解释变量与随机误差项相互独立,进一步有 $\text{cov}(x_{jt},u_t)=0(j=1,2,\cdots,k;t=1,2,\cdots,n)$,即解释变量与随机误差项也不相关。

1. 随机解释变量与内生变量的概念

如果解释变量中某些变量为随机变量,则称模型存在随机解释变量。如果一个解释变量与随机误差项相关,即

$$\text{cov}(x_{jt},u_t)\neq 0\quad (j=1,2,\cdots,k;t=1,2,\cdots,n) \tag{7.3.4}$$

则称模型存在内生变量。内生变量是由模型本身决定的变量。显然,被解释变量既是随机变量,也是内生变量。如果一个解释变量既不是随机变量,也不是内生变量,则称其为外生变量。外生变量是由模型外部信息决定的变量。

考虑凯恩斯消费函数

$$C_t=b_0+b_1Y_t+u_t$$

其中，C_t 是总消费，Y_t 是国民收入，u_t 是随机误差项。然而，国民收入恒等式告诉我们

$$Y_t = C_t + I_t + G_t + \mathrm{NX}_t$$

其中，I_t 是投资，G_t 是政府支出，NX_t 是净出口。很显然，消费是国民收入的重要组成部分，而根据 $C_t = b_0 + b_1 Y_t + u_t$，消费又是误差项 u_t 的函数，因而国民收入 Y_t 也是误差项 u_t 的函数，这样就有 $\mathrm{cov}(Y_t, u_t) \neq 0$，因此基于凯恩斯消费函数的回归模型就出现了随机解释变量与内生变量问题。

2. 随机解释变量产生的原因

随机解释变量问题的主要来源有双向因果关系、动态面板偏差(即解释变量中包含了被解释变量的滞后项而带来的偏差)等。

双向因果关系是指解释变量与被解释变量互为因果关系，这样回归模型就出现了随机解释变量与内生变量问题。

例 7.3.1 为了考察企业引进外资是否真正提高了企业效益，以企业资金利润率 y_t 为被解释变量，以企业资产中外资所占比例 x_{1t} 和其他外生变量 x_{2t} 为解释变量，建立如下模型

$$y_t = b_0 + b_1 x_{1t} + b_2 x_{2t} + u_t$$

通过对企业引进外资情况的实际考察，不难发现，凡是效益好的企业，比较容易引进外资，凡是效益差的企业，引进外资就很困难。那么，在模型 $y_t = b_0 + b_1 x_{1t} + b_2 x_{2t} + u_t$ 中，解释变量 x_{1t} 既影响被解释变量 y_t，同时它也受被解释变量的影响，而 y_t 与 u_t 具有同期相关性，从而导致 x_{1t} 与 u_t 具有同期相关性。这就是双向因果关系。

例 7.3.2 在联立方程模型中，两个或两个以上的联立方程模型中每个方程左边的变量同时是彼此的函数，例如

$$\begin{cases} Y_{1t} = \gamma_{11} + \gamma_{12} X_{1t} + \beta_{12} Y_{2t} + u_{1t} \\ Y_{2t} = \gamma_{21} + \gamma_{22} X_{2t} + \beta_{21} Y_{1t} + u_{2t} \end{cases}$$

其中，X_{1t}、X_{2t} 是外生变量，在每个方程中，Y_{1t} 与 Y_{2t} 既是被解释变量，又是解释变量，两者相互影响，具有双向因果关系，Y_{1t} 与 Y_{2t} 均是内生变量。

动态面板偏差是指解释变量中因为包含了被解释变量的滞后项而带来的偏差。由于被解释变量是随机变量，所以当被解释变量的滞后项作为解释变量时，也就出现了随机解释变量问题。当模型纳入被解释变量的滞后项作为解释变量，由于被解释变量的滞后项与误差项的滞后项相关，在误差项存在自相关的情况下，误差项与误差项的滞后项相关，使被解释变量的滞后项与误差项相关，进而导致内生解释变量问题。

根据连贯性原则，被解释变量往往受到前若干期值的影响。当模型中含有被解释变量的滞后期变量时，模型就存在随机解释变量问题或内生解释变量问题。

例 7.3.3 固定资产投资与国民收入的关系满足如下模型

$$I_t = b_0 + b_1 Y_t + b_2 I_{t-1} + u_t$$

其中，I_t 为 t 期的固定资产投资，I_{t-1} 为 $t-1$ 期的固定资产投资，Y_t 为 t 期的国民收入，因为 I_{t-1} 是随机变量，故模型中存在随机解释变量或内生变量。

例 7.3.4 消费与收入之间的关系模型为

$$C_t = b_0 + b_1 Y_t + b_2 C_{t-1} + u_t$$

其中,C_t 为 t 期的消费支出,C_{t-1} 为 $t-1$ 期的消费支出,Y_t 为 t 期的收入,因为 C_{t-1} 是随机变量,故模型中存在随机解释变量或内生变量。

另外,经济变量的不可控性,使得解释变量观测值具有随机性。

3. 内生变量产生的原因

内生变量问题的主要来源除了具有双向因果关系、动态面板偏差外,还包括遗漏变量偏差和测量误差等。

遗漏变量偏差是指模型设定中遗漏了某个或某些解释变量。如下是一个回归模型

$$y_t = b_0 + b_1 x_t + (\varepsilon_t + u_t)$$

其中,ε_t 为遗漏变量。从该方程可以看出,如果 ε_t 没有作为解释变量放入模型,则会被包含在误差项中,使原来的误差项 u_t 变成复合误差项($\varepsilon_t + u_t$)。如果遗漏变量与解释变量相关,则复合误差项($\varepsilon_t + u_t$)也会与解释变量相关,从而造成内生性问题。遗漏变量偏差是导致内生性问题的一种非常典型的原因。

例 7.3.5 在劳动经济学领域中,劳动者的工资 wage 主要由劳动者的受教育程度 edu、工作经验 exper、个人能力 abil 等诸多因素决定

$$\text{wage}_t = b_0 + b_1 \text{edu}_t + b_2 \text{exper}_t + b_3 \text{abil}_t + u_t$$

但在具体估计该模型时,由于劳动者个人能力的大小很难测度,因此该解释变量无法真正地引入到模型中,于是它只能进入到随机误差项 u_t 之中,即实际用于回归的模型为

$$\text{wage}_t = b_0 + b_1 \text{edu}_t + b_2 \text{exper}_t + u_t$$

而个人能力的大小往往与其所受教育程度有着较为密切的联系,这就导致了实际用于回归模型中的劳动者个人的受教育程度变量 edu_t 与随机误差项 u_t 出现同期相关性。这就是遗漏变量偏差。

测量误差是指由于对变量测量不准确而导致的误差,比如我们要测量的自变量的真实值为 x_t,结果测量存在误差,导致测量值为 x_t^*,测量值 x_t^* 除了包含真实值 x_t 外,还包含一个误差项 ε_t。假设原来的回归模型为:

$$y_t = b_0 + b_1 x_t + u_t \tag{7.3.5}$$

由于 $x_t^* = x_t + \varepsilon_t$,使原模型变为:

$$y_t = b_0 + b_1 (x_t^* - \varepsilon_t) + u_t \tag{7.3.6}$$

整理后得到模型:

$$y_t = b_0 + b_1 x_t^* + (u_t - b_1 \varepsilon_t) \tag{7.3.7}$$

其中,$(u_t - b_1\varepsilon_t)$ 为复合误差项,由 $x_t^* = x_t + \varepsilon_t$ 可知 x_t^* 与 ε_t 相关,所以 x_t^* 与 $(u_t - b_1\varepsilon_t)$ 也相关,因此导致式(7.3.5)存在内生性问题。

7.3.3 随机解释变量与内生变量的影响

当模型中存在随机解释变量与内生变量时,采用最小二乘法估计参数可能会带来一些不良的结果。

假定模型满足除解释变量非随机的所有其他古典假设,为方便起见,考虑利用一元线性回归模型,讨论随机解释变量与内生变量对模型参数估计的影响。对于一元线性回归

模型

$$y_t = b_0 + b_1 x_t + u_t \tag{7.3.8}$$

设解释变量 x_t 为随机变量，并设随机误差项 u_t 满足假定古典条件

$$E(u_t)=0,\quad E(u_t u_s)=0(t \neq s),\quad \operatorname{var}(u_t)=\sigma^2$$

当模型中解释变量为随机变量时，该解释变量 x_i 与随机误差项 u_t 之间的关系有三种可能的情况：

(1)当随机解释变量 x_t 与随机误差项 u_t 不相关，即 $\operatorname{cov}(x_t,u_t)=0$ 时，最小二乘估计量 $\hat{b}_0$、$\hat{b}_1$ 是 b_0、b_1 的无偏估计量。

以下仅对 $\hat{b}_1$ 是 b_1 无偏估计量进行证明($\hat{b}_0$ 是 b_0 无偏估计量类似)。应用 OLS 法对式(7.3.8)进行估计，得

$$\hat{b}_1 = b_1 + \sum k_t u_t \tag{7.3.9}$$

其中 $k_t = \dfrac{x_t - \bar{x}}{\sum (x_t - \bar{x})^2}$，利用 $\sum k_t = 0$，式(7.3.9)可以写成

$$\hat{b}_1 = b_1 + \sum k_t (u_t - \bar{u}) \tag{7.3.10}$$

或者

$$\hat{b}_1 = b_1 + \sum (x_t - \bar{x})(u_t - \bar{u}) / \sum (x_t - \bar{x})^2 \tag{7.3.11}$$

对式(7.3.11)进行离差变换 $\dot{x}_t = x_t - \bar{x}$，$\dot{u}_t = u_t - \bar{u}$，得

$$\hat{b}_1 = b_1 + \sum \dot{x}_t \dot{u}_t / \sum \dot{x}_t^2 \tag{7.3.12}$$

对式(7.3.12)取期望值得

$$E(\hat{b}_1) = b_1 + \sum E(\dot{x}_t \dot{u}_t) / \sum \dot{x}_t^2 \tag{7.3.13}$$

当随机解释变量 x_t 与随机误差项 u_t 不相关时，$\operatorname{cov}(x_t,u_t)=0$，从而 $E(\dot{x}_t \dot{u}_t)=0$，由式(7.3.13)可得 $E(\hat{b}_1)=b_1$，因此 $\hat{b}_1$ 是 b_1 的无偏估计量。

(2) 当随机解释变量 x_t 与随机误差项 u_t 在小样本下相关，即 $\operatorname{cov}(x_t,u_t) \neq 0$，在大样本下渐近无关，即 $p\lim\limits_{n\to\infty} \sum \dot{x}_t \dot{u}_t / n = 0$，则最小二乘估计量 $\hat{b}_0$、$\hat{b}_1$ 在小样本下是 b_0、b_1 的有偏估计量，在大样本下是一致估计量。

由于在小样本下 $E(\dot{x}_t \dot{u}_t) \neq 0$，所以 $E(\hat{b}_1) = b_1 + \sum E(\dot{x}_t \dot{u}_t) / \sum \dot{x}_t^2 \neq b_1$，即最小二乘估计量 $\hat{b}_1$ 在小样本下是有偏的。

对式(7.3.12)取概率极限，利用在大样本下渐近无关，即 $p\lim\limits_{n\to\infty} \sum \dot{x}_t \dot{u}_t / n = 0$，可得

$$p\lim_{n\to\infty} \hat{b}_1 = b_1 + p\lim_{n\to\infty} \sum \dot{x}_t \dot{u}_t / \sum \dot{x}_t^2 = b_1 + p\lim_{n\to\infty} \frac{1}{n} \sum \dot{x}_t \dot{u}_t / p\lim_{n\to\infty} \frac{1}{n} \sum \dot{x}_t^2 = b_1$$

表明参数估计值 $\hat{b}_1$ 在大样本下是 b_1 的一致估计量。

(3) 当随机解释变量 x_t 与随机误差项 u_t 高度相关，并且 $p\lim\limits_{n\to\infty} \sum \dot{x}_t \dot{u}_t / n \neq 0$，则最小二乘估计量 $\hat{b}_0$、$\hat{b}_1$ 是 b_0、b_1 有偏的，且是不一致的估计量。

对式(7.3.12)取概率极限可得

$$p\lim_{n\to\infty}\hat{b}_1 = b_1 + p\lim_{n\to\infty}\sum \dot{x}_t\dot{u}_t / \sum \dot{x}_t^2 = b_1 + p\lim_{n\to\infty}\frac{1}{n}\sum \dot{x}_t\dot{u}_t / p\lim_{n\to\infty}\frac{1}{n}\sum \dot{x}_t^2$$

因为

$$p\lim_{n\to\infty}\frac{1}{n}\sum \dot{x}_t\dot{u}_t = \mathrm{cov}(x_t, u_t), p\lim_{n\to\infty}\frac{1}{n}\sum \dot{x}_t^2 = \mathrm{var}(x_t)$$

所以有

$$p\lim_{n\to\infty}\hat{b}_1 = b_1 + \mathrm{cov}(x_t, u_t)/\mathrm{var}(x_t) \neq b_1 \tag{7.3.14}$$

由式(7.3.14)可以看出,在随机解释变量 x_t 与随机误差项 u_t 高度相关的情况下,如果不是 $p\lim_{n\to\infty}\frac{1}{n}\sum \dot{x}_t\dot{u}_t = \mathrm{cov}(x_t, u_t)$ 恰巧等于零,即使增加样本容量,最小二乘估计值 $\hat{b}_1$ 也不是真实总体 b_1 参数的无偏估计。估计值 $\hat{b}_1$ 与真实总体 b_1 参数的偏误为 $\mathrm{cov}(x_t, u_t)/\mathrm{var}(x_t)$,当随机解释变量 x_t 与随机误差项 u_t 的相关性较强时,这一偏误不能忽略。参数估计值不具有无偏性,其有效性随之受到影响,这样的估计值肯定不是一个一致的估计量。

由上面的分析可以看出,当回归模型中解释变量为随机变量与内生变量时,由于模型参数估计值产生偏误,造成拟合优度检验失准、F 检验失效、t 检验失去意义。在这种情况下,各种统计检验得到的是虚假的结果,不能作为判别估计式优劣的依据。

7.3.4 工具变量法

随机解释变量与内生变量问题的主要来源有遗漏变量偏差、双向因果关系、动态面板偏差(解释变量中包含了被解释变量的滞后项而带来的偏差)和测量误差等。对于遗漏变量偏差问题,可以采用如下方法:找出更多的数据,把每一个相互关联的解释变量包括在模型中。寻找代理变量,该变量与遗漏变量高度相关,与随机误差项不相关,与其他解释变量之间也不存在相关关系。对于测量误差问题,可以通过改进测量工具或方法从而排除极端的异常值,或者得到更完整的数据。对于双向因果关系、解释变量中包含了被解释变量的滞后项而带来的偏差问题,可以采用工具变量法等方法加以解决。

如果模型中存在随机解释变量与内生变量问题,则一般地最小二乘估计量有偏且不一致,需要利用其他估计方法。常用的方法是工具变量法。

工具变量(instrument variable,IV)法的基本思路是:当模型中存在随机解释变量与内生变量问题时,则寻找另一个变量,该变量与随机解释变量与内生变量高度相关,但与随机误差项不相关,称其为工具变量,用其替代随机解释变量与内生变量。

1. 选择工具变量的基本要求

工具变量,顾名思义是在模型估计过程中被作为工具使用的变量,以替代与随机误差项相关的随机解释变量与内生变量。作为工具变量,必须满足以下四个条件:

(1) 工具变量必须是有明确经济含义的外生变量;

(2) 工具变量与所替代的随机解释变量与内生变量高度相关,而与随机误差项不相关;

(3) 工具变量与模型中的其他解释变量也不相关,以免出现多重共线性;

(4) 模型中多个工具变量之间不相关。

2. 工具变量的应用

工具变量法是克服随机解释变量与内生变量影响的一种参数估计方法。工具变量对随机解释变量与内生变量的替代并不是“完全”替代，即不是用工具变量代换模型中对应的随机解释变量与内生变量，而是在最小二乘法的正规方程组中用工具变量对随机解释变量与内生变量进行部分替代。

对于一元线性回归模型

$$y_t = b_0 + b_1 x_t + u_t \tag{7.3.15}$$

其离差形式为

$$\dot{y}_t = b_1 \dot{x}_t + \dot{u}_t \tag{7.3.16}$$

其中，$\dot{y}_t = y_t - \bar{y}$，$\dot{x}_t = x_t - \bar{x}$，$\dot{u}_t = u_t - \bar{u}$。

若 x_t 与 u_t 不相关，u_t 满足所有的统计假定，则应用 OLS 法，利用微分求极值的办法求出正规方程

$$\sum \dot{x}_t \dot{y}_t = b_1 \sum \dot{x}_t^2 \tag{7.3.17}$$

$$\bar{y}_t = b_0 + b_1 \bar{x}_t \tag{7.3.18}$$

现采用另一种方法来导出 OLS 正规方程。我们以 $\dot{x}_t (t=1,2,\cdots,n)$ 同乘以 $\dot{y}_t = b_1 \dot{x}_t + \dot{u}_t$ 两边，得 n 个式子，求和得：

$$\sum \dot{x}_t \dot{y}_t = b_1 \sum \dot{x}_i^2 + \sum \dot{x}_t \dot{u}_t \tag{7.3.19}$$

因为 x_t 与 u_t 不相关，从而可以略去 $\sum \dot{x}_t \dot{u}_t = 0$，就得到 OLS 正规方程。

如果 x_t 与 u_t 相关，则 $\sum \dot{x}_t \dot{u}_t \neq 0$，不能采用 OLS 法来估计参数。现在，我们要寻找一个变量 z_t，z_t 与 x_t 高度相关而与 u_t 无关，用 z_t 的离差乘以 $\dot{y}_t = b_1 \dot{x}_t + \dot{u}_t$ 的两边，然后求和得到一个类似于 OLS 正规方程的方程。在这里，z 就是工具变量。

$$\sum \dot{z}_t \dot{y}_t = b_1 \sum \dot{z}_t \dot{x}_t + \sum \dot{z}_t \dot{u}_t \tag{7.3.20}$$

由于 z_t 与 u_t 无关，所以

$$p \lim_{n \to \infty} \frac{1}{n} \sum_{t=1}^{n} \dot{z}_t \dot{u}_t = 0$$

得

$$\sum \dot{z}_t \dot{y}_t = b_1 \sum \dot{z}_t \dot{x}_t \tag{7.3.21}$$

上式称为拟正规方程，从而求得

$$\begin{cases} \hat{b}_1 = \dfrac{\sum \dot{z}_t \dot{y}_t}{\sum \dot{z}_t \dot{x}_t} = \dfrac{\sum (z_t - \bar{z})(y_t - \bar{y})}{\sum (z_t - \bar{z})(x_t - \bar{x})} & (7.3.22) \\ \hat{b}_0 = \bar{y} - \hat{b}_1 \bar{x} & (7.3.23) \end{cases}$$

因此，工具变量法的基本原理在于：用工具变量 z_t 代替随机解释变量与内生变量 x_t，从而利用 $\mathrm{cov}(z_t, u_t) = 0$ 克服 $\mathrm{cov}(x_t, u_t) \neq 0$ 产生的对模型参数估计的不利影响，形成有效正规方程组并最终获得模型参数的估计量。从这一原理去理解，OLS 法也可以看作是一种工具变量法，即利用模型中的各解释变量作为它们自身的工具变量。

容易证明，参数工具变量估计量是有偏的、一致的估计量。在实际经济分析中，对于工

具变量的选择,一般的做法是:

对于时间序列资料,如果被解释变量 y_t、随机解释变量 x_t、随机误差项 u_t 三者之间的关系有 $\text{cov}(x_t, u_t)\neq 0$,但 $\text{cov}(x_{t-1}, u_t)=0$,$\text{cov}(y_{t-1}, u_t)=0$,则可用 x_{t-1} 或 y_{t-1} 作为 x_t 的工具变量。

对于多元线性回归模型

$$y_t = b_0 + b_1 x_{1t} + b_2 x_{2t} + \cdots + b_k x_{kt} + u_t \tag{7.3.24}$$

其矩阵形式为

$$\boldsymbol{Y} = \boldsymbol{XB} + \boldsymbol{U} \tag{7.3.25}$$

假设 x_{1t} 和 x_{kt} 为随机解释变量且与随机误差项 u_t 高度相关,u_t 满足最小二乘法的其他假定条件,解释变量之间无多重共线性。工具变量法的主要步骤:

(1) 寻找工具变量 z_{1t} 和 z_{kt}。工具变量满足以下条件:它们是有实际经济意义的变量;与其对应的随机解释变量(z_{1t} 对应 x_{1t},z_{kt} 对应 x_{kt})高度相关;与随机误差项 u_t 不相关;工具变量 z_{1t} 和 z_{kt} 之间不相关;与 k 元线性回归模型中其他解释变量不相关。

(2) 写出工具变量矩阵。对于 k 元线性回归模型,其解释变量矩阵为:

$$\boldsymbol{X} = \begin{pmatrix} 1 & x_{11} & x_{21} & \cdots & x_{k1} \\ 1 & x_{12} & x_{22} & \cdots & x_{k2} \\ \vdots & \vdots & \vdots & \cdots & \vdots \\ 1 & x_{1n} & x_{2n} & \cdots & x_{kn} \end{pmatrix} \tag{7.3.26}$$

将 $\boldsymbol{X}$ 矩阵中的 x_{1t} 和 x_{kt} 换为 z_{1t} 和 z_{kt},其他外生变量和常数项均由其自身作工具变量,得 k 元线性回归模型的工具变量矩阵 $\boldsymbol{Z}$:

$$\boldsymbol{Z} = \begin{pmatrix} 1 & z_{11} & x_{21} & \cdots & z_{k1} \\ 1 & z_{12} & x_{22} & \cdots & z_{k2} \\ \vdots & \vdots & \vdots & \cdots & \vdots \\ 1 & z_{1n} & x_{2n} & \cdots & z_{kn} \end{pmatrix} \tag{7.3.27}$$

(3) 求出工具变量估计量 $\hat{\boldsymbol{B}}_{\text{IV}}$。沿上述思路,用 $\boldsymbol{Z}'$ 同乘 $\boldsymbol{Y}=\boldsymbol{XB}+\boldsymbol{U}$ 两边,得:

$$\boldsymbol{Z}'\boldsymbol{Y} = \boldsymbol{Z}'\boldsymbol{XB} + \boldsymbol{Z}'\boldsymbol{U} \tag{7.3.28}$$

由于 $\boldsymbol{Z}$ 与 $\boldsymbol{U}$ 无关,所以

$$p\lim \frac{1}{n}\boldsymbol{Z}'\boldsymbol{U} = 0$$

$$\hat{\boldsymbol{B}}_{\text{IV}} = (\boldsymbol{Z}'\boldsymbol{X})^{-1}\boldsymbol{Z}'\boldsymbol{Y} \tag{7.3.29}$$

$\hat{\boldsymbol{B}}_{\text{IV}}$ 是 $\boldsymbol{B}$ 的一致估计量。

在 EViews11.0 软件中,工具变量法是含在二阶段最小二乘法中的。所以必须选择二阶段最小二乘法,在“工具变量”的提示后面,输入所有的工具变量名,即可实现工具变量法估计。

3. 工具变量法的缺陷

从理论上分析,工具变量法可以得到渐近无偏、渐近有效的参数估计量,在解释变量为随机变量并与随机误差项相关的情况下,参数估计值达到了渐近一致。但这种方法在实际应用中会遇到一定困难,主要表现在三个方面:

(1) 在解释变量 x_t 与随机误差项 u_t 相关的情况下，要寻求一个既与 x_t 高度相关，又与 u_t 不相关的工具变量 z_t 十分困难。再加上工具变量 z_t 要具有明确的经济含义，这就更不容易。

(2) 在能找到符合要求的工具变量条件下，所选择的工具变量不同，模型参数估计值也不会一致，使参数估计出现随意性。工具变量选择得当，参数估计值的质量会高一些；如果工具变量选择不当，参数估计值就会出现较大偏误。到底选择何种工具变量，这是一个难以掌握的技巧问题。

(3) 由于使用了工具变量，有可能产生较高的标准差，不能保证参数估计值的渐近方差一定能达到最小。

4. 两阶段最小二乘法

对工具变量法，经常产生一种误解，以为采用工具变量法是将原模型中的随机解释变量或内生变量换成工具变量，即改变了原来的模型。实际上，从上面一元线性回归模型 $y_t=b_0+b_1x_t+u_t$ 的例子中可以看出，工具变量法并没有改变原模型，只是在原模型的参数估计过程中用工具变量的信息“替代”了随机解释变量(或内生变量)的信息。或者说，上述工具变量法估计过程可等价地分解成以下两个阶段的普通最小二乘回归：

第一阶段，用普通最小二乘法进行 x 关于工具变量 z 的回归：

$$\hat{x}_t=\hat{a}_0+\hat{a}_1z_t \tag{7.3.30}$$

第二阶段，以第一步得到的 $\hat{x}_t$ 为解释变量，进行如下普通最小二乘回归：

$$y_t=b_0+b_1\hat{x}_t+u_t \tag{7.3.31}$$

容易验证，式(7.3.31)中的参数与式(7.3.22)和式(7.3.23)相同。式(7.3.31)表明，工具变量法仍是 y 对 x 的回归，而不是对 z 的回归。这里采用两个阶段的普通最小二乘法来估计模型参数，也称为两阶段最小二乘法(two stage least squares，TSLS)。

当对一个随机解释变量或内生变量寻找到1个工具变量时，采用工具变量法，或上述两阶段最小二乘法(TSLS)可以得到参数的一致估计量。而当对一个随机解释变量或内生变量寻找到多个工具变量，且不想损失这些工具变量提供的信息时，仍然可以采用两阶段最小二乘法(TSLS)来得到参数的一致估计。在多元线性回归中，其基本做法与上述一元回归两个阶段的OLS法相同，只不过第一阶段是将随机解释变量或内生变量关于所有工具变量以及模型中已有的外生变量进行OLS回归。下面以二元模型为例进行说明。

对于二元线性回归模型：

$$y_t=b_0+b_1x_{1t}+b_2x_{2t}+u_t$$

式中，假设 x_{1t} 为同期随机解释变量或内生变量，x_{2t} 为外生变量。如果对随机解释变量或内生变量 x_{1t} 寻找到了两个工具变量 z_{1t}、z_{2t}，则两阶段最小二乘估计过程为：

第一阶段，将随机解释变量或内生变量 x_{1t} 关于工具变量 z_{1t}、z_{2t} 及模型中的外生变量 x_{2t} 进行OLS回归，并记录 x_{1t} 的拟合值：

$$\hat{x}_{1t}=\hat{a}_0+\hat{a}_1x_{2t}+\hat{a}_2z_{1t}+\hat{a}_3z_{2t}$$

第二阶段，以第一阶段得到的 $\hat{x}_{1t}$ 代替原模型中的 x_{1t}，进行如下OLS回归：

$$y_t=b_0+b_1\hat{x}_{1t}+b_2x_{2t}+u_t$$

如果所有解释变量都是外生变量，则OLS法也可看成是工具变量法的特例。

7.3.5 豪斯曼检验

模型中的随机解释变量与内生变量会造成 OLS 估计的不一致性,因此需要采用工具变量法。但如果解释变量本身不是随机解释变量与内生变量,即解释变量是外生的,却作为随机解释变量与内生变量而采用工具变量法估计模型,则会降低模型估计的精度。因此,需要对解释变量是否内生做出判断。尽管也可以从经济理论和问题本身来判断,但采用数据对可疑的解释变量进行内生性检验是十分必要的。豪斯曼(J. Hausman)于 1978 年从计量技术上给出了一个检验解释变量是否是同期外生变量的方法。

以二元线性回归模型

$$y_t = b_0 + b_1 x_{1t} + b_2 x_{2t} + u_t \tag{7.3.32}$$

为例进行说明。其中,x_{2t} 为外生变量,但怀疑 x_{1t} 是同期内生变量。如何检验 x_{1t} 是否为内生变量呢?豪斯曼提出的检验的基本思想如下:设 z_t 是 x_{1t} 的工具变量,检验 x_{1t} 是否为内生变量,就是要检验 x_{1t} 与 u_t 是否相关。为此,建立如下辅助回归模型

$$x_{1t} = a_0 + a_1 x_{2t} + a_2 z_t + v_t \tag{7.3.33}$$

其中误差项 v_t 满足回归模型基本假定。由于模型(7.3.33)中每个解释变量 x_{2t}、z_t 均与随机误差项 u_t 不相关,所以 x_{1t} 与 u_t 不相关,等价于 v_t 与 u_t 不相关。设

$$u_t = \delta v_t + \varepsilon_t \tag{7.3.34}$$

其中 ε_t 满足回归模型基本假定,检验 u_t 与 v_t 不相关就归结为检验参数 $\delta=0$ 是否成立。在式(7.3.34)中,由于 u_t 与 v_t 都是不可观测的,因此,我们可以利用 OLS 估计模型(7.3.32)和(7.3.33),得到各自残差 $\hat{u}_t$ 与 $\hat{v}_t$ 代替 u_t 与 v_t,得到 $\hat{u}_t=\delta\hat{v}_t+\varepsilon_t$,检验参数 $\delta=0$ 是否成立,应用通常的 t 检验即可完成。如果 $\delta=0$ 成立,则 u_t 与 v_t 不相关,表明 x_{1t} 是外生变量,否则 x_{1t} 是内生变量。

其实检验 $\hat{u}_t=\delta\hat{v}_t+\varepsilon_t$ 中参数 $\delta=0$ 是否成立,等价于检验如下回归模型

$$y_t = b_0 + b_1 x_{1t} + b_2 x_{2t} + \delta\hat{v}_t + \varepsilon_t \tag{7.3.35}$$

中参数 $\delta=0$ 是否成立。其中 $\hat{v}_t$ 是利用 OLS 估计辅助回归模型(7.3.33)得到的残差项。如果对回归模型(7.3.35)应用 t 检验发现 δ 显著为 0,则表明 u_t 与 v_t 不相关,x_{1t} 是外生变量,否则表明 x_{1t} 是内生变量。

如果原回归模型有多个随机解释变量被怀疑与随机误差项同期相关,则需寻找多个工具变量,并将每个所怀疑的解释变量与所有工具变量、外生变量(原模型中已有的外生变量)作普通最小二乘回归,取得各自的残差项,并将它们全部引入原模型中再进行普通最小二乘估计,那些通过 t 检验的解释变量就是内生变量。

7.4 案例分析

7.4.1 案例 1:虚拟变量

考察我国城镇居民人均消费性支出与人均可支配收入的关系。表 7.4.1 给出了中国 1952—2005 年城镇居民人均可支配收入、人均消费性支出(单位:元)数据,试建立我国城

镇居民消费函数。

表 7.4.1　中国 1952—2005 年城镇居民人均可支配收入、人均消费

年份	可支配收入 AI	消费支出 AC	D_1	D_2	年份	可支配收入 AI	消费支出 AC	D_1	D_2
1952	110.13	104.94	0	0	1979	405.00	361.80	1	0
1953	121.76	118.37	0	0	1980	477.60	412.44	1	0
1954	121.82	119.57	0	0	1981	500.40	456.84	1	0
1955	124.47	122.86	0	0	1982	535.30	471.00	1	0
1956	138.24	134.24	0	0	1983	564.60	505.92	1	0
1957	137.74	134.27	0	0	1984	652.10	559.44	1	0
1958	143.98	136.19	0	0	1985	739.10	673.20	1	0
1959	150.24	143.46	0	0	1986	900.10	798.96	1	0
1960	156.29	150.25	0	0	1987	1 002.10	884.40	1	0
1961	132.30	139.12	0	0	1988	1 180.20	1 103.98	1	0
1962	131.06	135.53	0	0	1989	1 373.90	1 210.95	1	0
1963	136.40	135.14	0	0	1990	1 510.20	1 278.89	1	0
1964	133.74	130.87	0	0	1991	1 700.60	1 453.81	1	0
1695	141.30	137.31	0	0	1992	2 026.60	1 671.73	1	1
1966	145.86	142.05	0	0	1993	2 577.40	2 110.81	1	1
1967	149.47	147.33	0	0	1994	3 496.20	2 851.34	1	1
1968	145.89	144.06	0	0	1995	4 283.00	3 537.57	1	1
1969	151.23	151.41	0	0	1996	4 838.90	3 919.47	1	1
1970	151.32	152.80	0	0	1997	5 160.30	4 185.64	1	1
1971	161.95	158.17	0	0	1998	5 425.10	4 331.61	1	1
1972	177.52	172.40	0	0	1999	5 854.00	4 615.91	1	1
1973	182.36	177.82	0	0	2000	6 280.00	4 998.00	1	1
1974	187.16	182.67	0	0	2001	6 859.60	5 309.01	1	1
1975	189.21	186.33	0	0	2002	7 702.80	6 029.88	1	1
1976	194.76	190.88	0	0	2003	8 472.20	6 510.94	1	1
1977	202.45	200.45	0	0	2004	9 421.60	7 182.10	1	1
1978	343.40	311.16	1	0	2005	10 493.00	7 943.00	1	1

分析：1952—2005 年，我国经济发展过程经历了从计划经济体制向有计划的商品经济再到市场经济的转变。不同的经济体制下居民的消费倾向是否一致呢？这是我们所感兴趣的问题。对这个问题可以用一个虚拟变量模型来进行分析。由于 1978—1991 年我国实行的是有计划的商品经济体制，以前为计划经济，1992 年以后我国实行的是市场经济体制，因此，可以设置两个虚拟变量 D_1 和 D_2：

$$D_1=\begin{cases}0 & 1952\leqslant t<1978\\ 1 & 1978\leqslant t\leqslant 2005\end{cases};\quad D_2=\begin{cases}0 & 1952\leqslant t<1992\\ 1 & 1992\leqslant t\leqslant 2005\end{cases}$$

由于在不同阶段我国城镇居民的基本消费与消费倾向都会发生变化，因此，按绝对收入消费理论，我们可采用混合方式引入虚拟变量。从我国城镇居民人均可支配收入 AI 与人均消费 AC 的散点图可以看出，人均消费 AC 与人均可支配收入 AI 呈线性关系，因此设定模型为

$$AC_t = b_0 + b_1 AI_t + b_2 (AI_t - 343.4) D_{1t} + b_3 (AI_t - 2\,026.6) D_{2t} + u_t$$

利用 EViews 11.0 软件,输入样本数据 AI、AC、D_1 和 D_2,然后在命令窗口输入

LS　AC　C　AI　(AI－343.4)＊D1　(AI－2 026.6)＊D2　AR(1)

加 AR(1)项是为了消除自相关,得到回归结果如表 7.4.2 所示。

表 7.4.2　我国城镇居民消费函数回归结果

Dependent Variable: AC
Method: ARMA Generalized Least Squares (BFGS)
Date: 09/14/21 Time: 16:03
Sample: 1952 2005
Included observations: 54
Convergence achieved after 5 iterations
Coefficient covariance computed using outer product of gradients
d.f. adjustment for standard errors & covariance

Variable	Coefficient	Std. Error	t-Statistic	Prob.
C	18.35398	26.64712	0.688779	0.4942
AI	0.859599	0.126316	6.805137	0.0000
(AI-343.4)*D1	0.010553	0.141984	0.074328	0.9411
(AI-2026.6)*D2	-0.133396	0.026687	-4.998593	0.0000
AR(1)	0.476679	0.135290	3.523378	0.0009

R-squared	0.999758	Mean dependent var	1472.746
Adjusted R-squared	0.999738	S.D. dependent var	2130.646
S.E. of regression	34.50630	Akaike info criterion	10.01296
Sum squared resid	58343.54	Schwarz criterion	10.19712
Log likelihood	-265.3498	Hannan-Quinn criter.	10.08398
F-statistic	50505.25	Durbin-Watson stat	2.083855
Prob(F-statistic)	0.000000		

根据表 7.4.2 得到我国城镇居民人均消费函数估计式为

$$\widehat{AC}_t = 18.354\,0 + 0.859\,6 AI_t + 0.010\,6 (AI_t - 343.4) D_{1t} - 0.133\,4 (AI_t - 2\,026.6) D_{2t}$$

$$t = (0.688\,8)\quad (6.805\,1)\quad (0.074\,3)\quad (-4.998\,6)$$

$$\bar{R}^2 = 0.999\,7,\quad F = 50\,505.25,\quad DW = 2.083\,9$$

于是我国城镇居民三个时期的消费函数分别为

1952—1977 年：$\widehat{AC}_t = 18.354\,0 + 0.859\,6 AI_t$

1978—1991 年：$\widehat{AC}_t = 18.354\,0 + 0.859\,6 AI_t + 0.010\,6 (AI_t - 343.4)$

$= 14.734\,3 + 0.870\,2 AI_t$

1992—2005 年：

$\widehat{AC}_t = 18.354\,0 + 0.859\,6 AI_t + 0.010\,6 (AI_t - 343.4) - 0.133\,4 (AI_t - 2\,026.6)$

$= 285.074\,63 + 0.736\,8 AI_t$

由此可以看出,我国城镇居民消费函数的特点：1978 年前、1978—1991 年、1992 年后几个时期的回归结果在截距与斜率项上均不同。1978 年以前计划经济时期我国城镇居民边际消费倾向为 0.86；1978—1991 年我国实行的是有计划的商品经济体制,城镇居民边际消费倾向提高,达到 0.87；1992—2005 年城镇居民自发消费大幅度提高,但边际消费倾向下降到 0.74。

我国城镇居民人均消费支出的观测值 AC 与拟合值 ACF 如图 7.4.1 所示,两者拟合程度非常高。

此例说明了三个问题：(1)如何在模型中引入虚拟变量；(2)如何测量定性因素的影响；(3)如何区分不同类型的模型。

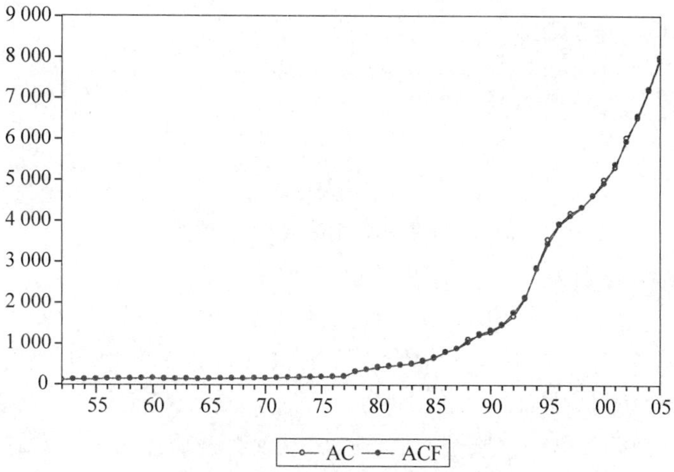

图 7.4.1 拟合值与观测值

7.4.2 案例 2：内生变量

表 7.4.3 是国内生产总值 x_t、消费 y_t、投资 z_t 的样本观测值，试分析消费 y_t 关于国内生产总值 x_t 的线性回归关系 $y_t = b_0 + b_1 x_t + u_t$。

表 7.4.3 国内生产总值 x、消费 y 与投资 z 数据　　单位：亿元

序号	x	y	z	序号	x	y	z
1	7 164.3	4 694.5	2 468.6	9	25 863.6	15 952.1	9 636.0
2	8 792.1	5 773.0	3 386.0	10	34 500.6	20 182.1	12 988.0
3	10 132.8	6 542.0	3 846.0	11	47 110.9	27 216.2	19 260.6
4	11 784.0	7 451.2	4 322.0	12	58 510.5	33 635.0	23 877.0
5	14 704.0	9 360.1	5 495.0	13	68 330.4	40 003.9	26 867.2
6	16 466.0	10 556.5	6 095.0	14	74 894.3	43 579.4	28 457.6
7	18 319.5	11 365.2	6 444.0	15	79 853.3	46 405.9	30 396.0
8	21 280.4	13 145.9	7 515.0				

利用表 7.4.3 数据，对 $y_t = b_0 + b_1 x_t + u_t$ 采用最小二乘法，得到如下回归结果

$$\hat{y}_t = 852.392\,8 + 0.568\,8 x_t$$

$$t = (6.987\,2) \quad (193.366\,4)$$

$$\bar{R}^2 = 0.999\,6, \quad F = 37\,390.57, \quad \mathrm{DW} = 1.302\,8$$

模型中宏观消费 y_t 是随机变量。因为 y_t 是国内生产总值 x_t 的一个重要组成部分，所以 x_t 也应该是随机变量与内生变量。这就违背了回归模型中的基本假定。所以应该选择一个工具变量设法替代变量 x_t。投资 z_t 是国内生产总值 x_t 的一部分，自然与 x_t 高度相关。经计算，上述模型的残差与 z_t 的相关系数为 $-0.034\,2$，这在一定程度上说明 z_t 与误差项 u_t 不相关。基于上述理由，选择 z_t 做 x_t 的工具变量，得到

$$\hat{b}_1=\frac{\sum_{t=1}^{n}(z_t-\bar{z})(y_t-\bar{y})}{\sum_{t=1}^{n}(z_t-\bar{z})(x_t-\bar{x})}=\frac{\sum_{t=1}^{n}z_ty_t-n\bar{z}\cdot\bar{y}}{\sum_{t=1}^{n}z_tx_t-n\bar{z}\cdot\bar{x}}=\frac{5.84\times10^9-15\times12\,736.93\times19\,724.2}{9.99\times10^9-15\times12\,736.93\times33\,180.45}$$

$$=0.568\,4$$

$$\hat{b}_0=\bar{y}-\hat{b}_1\bar{x}=19\,724.2-0.568\,4\times33\,180.45=864.442\,5$$

其中,$n=15$,$\bar{z}$、$\bar{y}$、$\bar{x}$ 分别为 z_t、y_t、x_t 的均值。回归方程为

$$\hat{y}_t=864.442\,5+0.568\,4x_t$$

利用 EViews 软件,其具体操作为:从 EViews 主菜单中点击 Quick 键,并选择 Estimate Equation 功能,从而打开 Equation Specification(模型设定)对话框。在 Method 窗口,选择 TSLS(两阶段最小二乘法)估计方法,从而打开如图 7.4.2 的对话框。

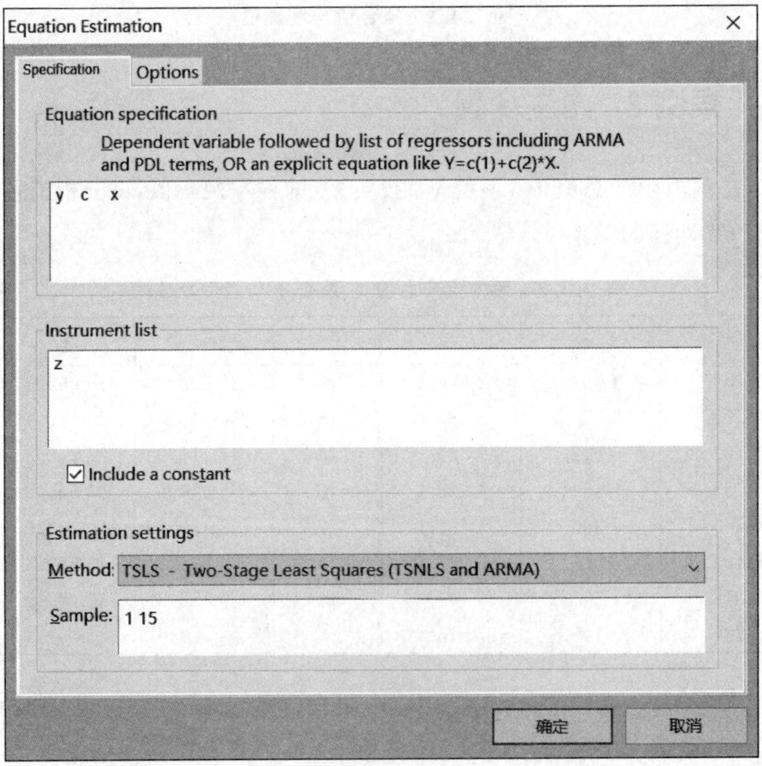

图 7.4.2 选择两阶段最小二乘法估计方法

在 Equation specification 窗口输入:y c x

在 Instrument list 窗口输入工具变量:z

c 为截距项,也可以不写,点击 OK 键,得到回归结果如表 7.4.4 所示。

$$\hat{y}_t=864.442\,5+0.568\,4x_t$$

$$t=(7.075\,1)\quad(192.845\,5)$$

$$\bar{R}^2=0.999\,6,\quad F=37\,189.38,\quad \mathrm{DW}=1.301\,6$$

表 7.4.4 TSLS 回归结果

Dependent Variable: Y
Method: Two-Stage Least Squares
Date: 09/14/21 Time: 16:09
Sample: 1 15
Included observations: 15
Instrument specification: Z
Constant added to instrument list

Variable	Coefficient	Std. Error	t-Statistic	Prob.
C	864.4425	122.1807	7.075117	0.0000
X	0.568400	0.002947	192.8455	0.0000

R-squared	0.999652	Mean dependent var	19724.20
Adjusted R-squared	0.999625	S.D. dependent var	14652.80
S.E. of regression	283.6498	Sum squared resid	1045944.
F-statistic	37189.38	Durbin-Watson stat	1.301554
Prob(F-statistic)	0.000000	Second-Stage SSR	13707924
J-statistic	0.000000	Instrument rank	2

工具变量法还可以直接利用 EViews11.0 软件中的 TSLS 命令，本例中，在命令窗口输入

TSLS y c x @ c z

其中，c 代表常数，则输出表 7.4.4 同样结果。

下面对国内生产总值 x 进行豪斯曼检验。首先利用 OLS 法估计辅助回归模型

$$x_t = a_0 + a_1 z_t + v_t$$

如表 7.4.5 所示，得到残差序列

$$\hat{v}_t = x_t - 891.9488 - 2.5350 z_t$$

表 7.4.5 回归结果

Dependent Variable: X
Method: Least Squares
Date: 09/14/21 Time: 16:11
Sample: 1 15
Included observations: 15

Variable	Coefficient	Std. Error	t-Statistic	Prob.
C	891.9488	613.7621	1.453248	0.1699
Z	2.535029	0.038188	66.38202	0.0000

R-squared	0.997059	Mean dependent var	33180.45
Adjusted R-squared	0.996832	S.D. dependent var	25758.09
S.E. of regression	1449.732	Akaike info criterion	17.51971
Sum squared resid	27322386	Schwarz criterion	17.61412
Log likelihood	-129.3978	Hannan-Quinn criter.	17.51870
F-statistic	4406.572	Durbin-Watson stat	0.906817
Prob(F-statistic)	0.000000		

其次，利用 OLS 法估模型

$$y_t = b_0 + b_1 x_t + \delta \hat{v}_t + \varepsilon_t$$

得到表 7.4.6 估计结果。

由表 7.4.6 估计结果可知，在 5% 显著性水平上，$\hat{v}_t$ 显著不为 0，t 检验拒绝 $\delta=0$ 的假设，由此可以判断国内生产总值是内生变量。

表 7.4.6　回归结果

Dependent Variable: Y
Method: Least Squares
Date: 09/14/21　Time: 16:14
Sample: 1 15
Included observations: 15

Variable	Coefficient	Std. Error	t-Statistic	Prob.
C	864.4437	98.65517	8.762275	0.0000
X	0.568398	0.002380	238.8285	0.0000
V	0.123463	0.043882	2.813520	0.0156

R-squared	0.999791	Mean dependent var	19724.20
Adjusted R-squared	0.999756	S.D. dependent var	14652.80
S.E. of regression	229.0339	Akaike info criterion	13.88247
Sum squared resid	629478.3	Schwarz criterion	14.02408
Log likelihood	-101.1186	Hannan-Quinn criter.	13.88097
F-statistic	28644.98	Durbin-Watson stat	2.262356
Prob(F-statistic)	0.000000		

即测即练 7.1　　即测即练 7.2　　即测即练 7.3

习　题

1. 什么是虚拟变量？它在模型中有什么作用？

2. 引入虚拟解释变量的两种基本方式是什么？它们各适用于什么情况？

3. 简述线性概率模型、Probit 模型和 Logit 模型主要异同点、估计方法，写出这三个模型关于解释变量的边际效应。

4. 什么是随机解释变量和内生变量，随机解释变量和内生变量产生的原因是什么？随机解释变量和内生变量会造成哪些后果？

5. 什么是工具变量法？为什么说它是克服随机解释变量和内生变量问题的有效方法？简述工具变量法的步骤以及工具变量法存在的缺陷。

6. 如何检验解释变量是否存在内生性问题？

7. 根据美国 1961 年第一季度至 1977 年第二季度的数据，我们得到了如下的咖啡需求函数的回归方程：

$$\ln\hat{Q}_t = 1.2789 - 0.1647\ln P_t + 0.5115\ln I_t + 0.1483\ln P'_t - 0.0089T - 0.0961D_{1t} - 0.157D_{2t} - 0.0097D_{3t}$$

$$t = (-2.14)\quad(1.23)\quad(0.55)\quad(-3.36)\quad(-3.74)\quad(-6.03)\quad(-0.37)$$

$$R^2 = 0.80$$

其中：Q=人均咖啡消费量，P=咖啡的价格，I=人均可支配收入，P'=茶的价格，T=时间趋势变量(1961 年第一季度为 1，……，1977 年第二季度为 66)，$D_1=1$：第一季度；$D_2=1$：第二季度；$D_3=1$：第三季度。请回答以下问题：(1)模型中 P、I 和 P'的系数的经济含义是什么？(2)咖啡的需求是否富有弹性？(3)咖啡和茶是互补品还是替代品？(4)你如何解释时间变量 T 的系数？(5)你如何解释模型中虚拟变量的作用？(6)哪一个虚拟变量在统计上是显著的？(7)咖啡的需求是否存在季节效应？

8. 设某饮料需求 Y 除依赖于收入 X 的变化外，还受以下因素影响：(1)"地区"(农村、城市)因素影响其截距水平；(2)"季节"(春、夏、秋、冬)因素影响其截距和斜率。试分析确定该种饮料需求的线性回归模型。

9. 表1给出了1965—1970年美国制造业利润和销售额的季度数据。

表1　1965—1970年美国制造业利润和销售额的季度数据　单位：百万美元

年份	季度	利润(y)	销售额(x)	年份	季度	利润(y)	销售额(x)
1965	1	10 503	114 862	1968	1	12 539	148 862
	2	12 092	123 968		2	14 849	153 913
	3	10 834	123 545		3	13 203	155 727
	4	12 201	131 917		4	14 947	168 409
1966	1	12 245	129 911	1969	1	14 151	162 781
	2	14 001	140 976		2	15 949	176 057
	3	12 213	137 828		3	14 024	172 419
	4	12 820	145 465		4	14 315	183 327
1967	1	11 349	136 989	1970	1	12 381	170 415
	2	12 615	145 126		2	13 991	181 313
	3	11 014	141 536		3	12 174	176 712
	4	12 730	151 776		4	10 985	180 370

假定利润不仅与销售额有关，而且和季度因素有关。要求：

(1) 如果认为季度影响使利润平均值发生变异，应当如何引入虚拟变量？

(2) 如果认为季度影响使利润对销售额的变化率发生变异，应当如何引入虚拟变量？

(3) 如果认为上述两种情况都存在，又应当如何引入虚拟变量？

(4) 对上述三种情况分别估计利润模型，进行对比分析。

10. 表2是南开大学国际经济研究所1999级研究生考试分数及录取情况数据表($n=97$)。定义变量SCORE：考生考试分数；变量Y：考生录取为1，未录取为0；虚拟变量D_1：应届生为1，非应届生为0。

表2　数　据　表

样本	Y	SCORE	D_1	样本	Y	SCORE	D_1	样本	Y	SCORE	D_1
1	1	401	1	14	0	359	1	27	0	347	1
2	1	401	0	15	0	358	1	28	0	344	1
3	1	392	1	16	1	356	1	29	0	339	1
4	1	387	0	17	0	356	1	30	0	338	0
5	1	384	1	18	0	355	1	31	0	338	1
6	1	379	0	19	0	354	1	32	0	336	1
7	1	378	0	20	0	354	0	33	0	334	0
8	1	378	0	21	0	353	1	34	0	332	1
9	1	376	1	22	0	350	0	35	0	332	1
10	1	371	0	23	0	349	0	36	0	332	1
11	1	362	0	24	0	349	0	37	0	331	1
12	1	362	1	25	0	348	1	38	0	330	1
13	1	361	1	26	0	347	1	39	0	328	1

续表

样本	Y	SCORE	D_1	样本	Y	SCORE	D_1	样本	Y	SCORE	D_1
40	0	328	1	60	0	287	1	80	0	243	1
41	0	328	1	61	0	286	1	81	0	242	0
42	0	321	1	62	0	286	0	82	0	241	0
43	0	321	1	63	0	282	1	83	0	239	1
44	0	318	1	64	0	282	1	84	0	235	0
45	0	318	0	65	0	282	0	85	0	232	0
46	0	316	1	66	0	278	0	86	0	228	1
47	0	308	0	67	0	275	0	87	0	219	1
48	0	308	1	68	0	273	0	88	0	219	1
49	0	304	0	69	0	273	1	89	0	214	1
50	0	303	1	70	0	272	1	90	0	210	1
51	0	303	1	71	0	267	0	91	0	204	1
52	0	299	1	72	0	266	1	92	0	198	0
53	0	297	1	73	0	263	1	93	0	189	1
54	0	294	0	74	0	261	1	94	0	188	1
55	0	293	1	75	0	260	0	95	0	182	1
56	0	293	1	76	0	256	0	96	0	166	1
57	0	292	0	77	0	252	0	97	0	123	0
58	0	291	1	78	0	252	1				
59	0	291	1	79	0	245	1				

(1) 根据表2所给数据建立Probit模型和Logit模型,对模型拟合优度和总体显著性进行检验。

(2) 利用估计的Probit模型和Logit模型进行预测,如果某一考生为应届生且考试分数为360,则该考生被录取的概率有多大?

11. 表3列出了2006年中国31个省份城镇居民人均消费支出(y)、人均可支配收入(x_1)以及2005年人均消费支出(x_2)、人均可支配收入(z_1)以及人均政府消费支出(z_2)的相关数据。

表3 中国31个省份城镇居民人均消费支出、人均可支配收入等相关数据 单位:元

地 区	2006年人均消费支出 y	2006年人均可支配收入 x_1	2005年人均消费支出 x_2	2005年人均可支配收入 z_1	2005年人均政府消费支出 z_2
北京	14 825	19 978	13 244	17 653	10 058
天津	10 548	14 283	9 653	12 639	6 728
河北	7 343	10 305	6 700	9 107	5 313
山西	7 171	10 028	6 343	8 914	3 964
内蒙古	7 667	10 358	6 929	9 137	5 432
辽宁	7 987	10 370	7 369	9 108	4 449
吉林	7 353	9 775	6 795	8 691	3 603
黑龙江	6 655	9 182	6 178	8 273	4 042
上海	14 762	20 668	13 773	18 645	7 243

续表

地　区	2006年人均消费支出 y	2006年人均可支配收入 x_1	2005年人均消费支出 x_2	2005年人均可支配收入 z_1	2005年人均政府消费支出 z_2
江苏	9 629	14 084	8 622	12 319	5 876
浙江	13 349	18 265	12 254	16 294	6 081
安徽	7 295	9 771	6 368	8 471	2 812
福建	9 808	13 753	8 794	12 321	5 400
江西	6 646	9 551	6 109	8 620	2 982
山东	8 468	12 192	7 457	10 745	6 058
河南	6 685	9 810	6 038	8 668	5 348
湖北	7 397	9 803	6 737	8 786	3 490
湖南	8 169	10 505	7 505	9 524	4 194
广东	12 432	16 016	11 810	14 770	4 564
广西	6 792	9 899	7 033	9 287	4 186
海南	7 127	9 395	5 929	8 124	3 418
重庆	9 399	11 570	8 623	10 243	3 690
四川	7 525	9 350	6 891	8 386	3 659
贵州	6 848	9 117	6 159	8 151	3 968
云南	7 380	10 070	6 997	9 266	5 037
西藏	6 193	8 941	8 617	9 431	13 716
陕西	7 553	9 268	6 656	8 272	2 526
甘肃	6 974	8 921	6 529	8 087	4 171
青海	6 530	9 000	6 245	8 058	7 066
宁夏	7 206	9 177	6 404	8 094	5 146
新疆	6 730	8 871	6 208	7 990	6 732

如果设定2006年中国城镇居民人均消费函数的计量模型如下：

$$y_t = b_0 + b_1 x_{1t} + b_2 x_{2t} + u_t$$

试回答以下问题：

(1) 对上述模型进行OLS估计。试问该模型存在内生变量和随机解释变量问题吗？

(2) 如果认定人均可支配收入 x_1 是内生变量，选择2005年人均可支配收入 z_1 以及人均政府消费支出 z_2 为工具变量，对上述模型进行两阶段最小二乘估计(TSLS)。

(3) 检验变量 x_1 的内生性。

第8章 滞后变量模型

本章学习的目的

(1)掌握滞后变量模型的基本概念;(2)掌握有限分布滞后模型的估计方法;(3)了解库伊克模型、自适应预期模型、局部调整模型的概念,掌握自回归模型的估计方法;(4)能够运用 EViews 软件建立有限分布滞后模型与自回归模型。

前面各章所讨论的回归模型属于静态模型,其中因变量的变化仅仅依赖于解释变量的当期影响,没有考虑时间因素。事实上,在现实经济活动中,由于经济主体的决策与行动需要一个过程,加之人们生活习惯的延续性、制度或技术条件的限制以及与经济有关的预期效应等因素的影响,经济变量的变化往往存在时滞。现实经济生活中,许多经济变量不仅受同期因素的影响,而且还与某些因素前期值,甚至自身的前期值有关。例如,本期的消费水平不仅取决于本期收入水平,还在一定程度上取决于以前各期收入水平以及前期消费的影响;本期产量不仅与本期价格有关,还与前期价格有关;本期商品库存不仅取决于本期的销售规模,也受前期销售规模的影响;固定资产的形成也与本期和前几期的投资额有关。因此,为了探讨受时滞因素影响的经济变量的变化规律,需要在回归模型中引入滞后变量进行分析。本章主要介绍经济分析中较为常用的分布滞后模型与自回归模型,讨论它们的产生背景、特点及估计方法。

8.1 滞后变量模型概述

8.1.1 滞后现象与产生滞后现象的原因

一般来说,解释变量与因变量的因果联系不可能在同时发生,在这一过程中通常有时间滞后,也就是说解释变量需要通过一段时间才能完全作用于因变量。同时,由于经济活动的连续性,因变量的当前变化也往往受到自身前期值的影响。这种因变量受其自身或其他经济变量前期水平影响的现象,称为滞后现象(或滞后效应)。产生滞后现象的原因比较复杂,可以归结为以下几个方面。

1. 经济变量自身的原因

有些经济变量的发展变化有很强的继往性,当期水平与前期水平有极为密切的关系。例如,t 时期固定资产存量,就与此前多个时期的固定资产投资有关,这些前期的固定资产投资，就成为解释 t 时期固定资产存量的重要变量。有些经济变量对其他经济变量的影响，表现出持续的作用。例如，基本建设投资会对国民收入产生较长时期的影响，一旦建成使用就会在多年内促进国民收入增长；而对耕地的改良投资，会使后续时期的产量提高，产生递延效果。这些前期的投资，便成为后续产出水平提高的因素。

2. 决策者心理上的原因

经济社会是一个复杂的有机体系，经济活动离不开人的参与，人的主观因素即心理因素对经济变量的变化有很大影响。一方面，由于心理定式、长期形成的观念及社会习惯的作用，人们往往不能迅速调整自己的行为使之适应新的环境。这样，人们适应新的经济环境和经济条件往往需要一个过程，从而表现为决策滞后。而且，人们在进行决策时，受心理习惯影响较大。例如，当低收入者的收入增加时，其可能并不会立刻改变过去的消费习惯；当高收入者的收入减少时，也不一定马上减少消费。另外人们在消费习惯上的改变也要经过一个调整和适应的过程。又如，当某种商品的价格下降时，人们也不一定马上增加对这种商品的消费，而是等待观望一段时间，看价格会不会进一步降低。在这些情况下，收入对消费的影响表现出时间滞后的现象。另一方面，人们由于对信息了解不全面，因而对变化了的新情况反应迟钝，出现了滞后效应。

3. 技术上的原因

随着技术进步、需求的改变、供求关系的变化，经济变量的影响因素亦随之发生改变。但由于技术上的原因，这种改变要经历一个过程，而不可能即期实现。在现实经济运行中，从生产到流通再到使用，每一个环节都需要一段时间，从而形成时滞。例如，当资本对劳动的替代、新技术对旧技术的替代、新型生产资料对原有生产资料的替代在经济上合理时，这种替代却不可能立即实现。因为实现这种替代，需要改变发展的条件、更换或改造生产设备、更新生产工艺技术及管理方式、追加投资、对替代过程的相关知识与技能进行学习等，而要完成这些工作，都需要耗费时间。当替代过程没有完成时，原有的要素仍然发挥作用，这些要素的影响便表现出时间滞后的现象。再如，当商品价格升高时，生产者增加产量会带来经济效益。但增加产量也不是马上就能实现的，需要增加生产设备，还需要相关要素的追加投入，完成生产过程也需要时间。在这种条件下，价格对供给的影响也表现出时间滞后的现象。又如，科研成果的完成到形成新的生产力也需要时间间隔。这些滞后效应是因为经济活动的技术因素所致。

4. 制度的原因

在现代社会，经济活动是在一定制度背景下进行的，且存在众多的契约关系。制度体系在一定时期内具有稳定性，各种契约对相关主体在一定时期内也具有较强的约束力。而相对于制度安排和契约，市场供求关系的变化要快得多。作为经济活动的主体，对技术进步和市场需求变动需要做出及时灵活的反应，但这种反应却要受到制度和契约的约束。例如，当劳动者与雇主签订了劳务合同时，即便有更好的就业机会，在合同期内劳动者也难以流动。再如，当产品供求双方签订了供货合约时，即使生产方或需求方履行合约会带来不利，也不能随意违约。这表明，制度及契约在一定时期内，对经济活动和资源、要素有较强的"锁定"功能，使它们的作用表现出滞后的特征。这些情况说明，当一种变量发生变化时，另一变量由于制度方面的原因，需要经过一定时期才能作出相应的变动，从而形成滞后现象。

8.1.2 滞后变量与滞后变量模型

所谓滞后变量(lagged variable),是指过去时期的、对当前因变量产生影响的变量。滞后变量可分为滞后解释变量与滞后因变量两类。把滞后变量(滞后解释变量与滞后因变量)引入回归模型,这种回归模型称为滞后变量模型。在经济分析中,运用滞后变量模型可以使不同时期的经济现象彼此联系起来,同时也将经济活动的静态分析转化为动态分析,使模型更加符合实际情况。滞后变量模型考虑了时间因素的作用,使静态分析成为动态分析。含有滞后变量的模型,又称动态模型。

滞后变量模型的一般形式为

$$y_t = a + b_0 x_t + b_1 x_{t-1} + \cdots + b_k x_{t-k} + \gamma_1 y_{t-1} + \gamma_2 y_{t-2} + \cdots + \gamma_p y_{t-p} + u_t \tag{8.1.1}$$

其中,k、p 分别为滞后解释变量和滞后因变量的滞后期长度,y_{t-p} 为被解释变量 y_t 的第 p 阶滞后,x_{t-k} 为解释变量 x_t 的第 k 阶滞后。若滞后期长度有限,称模型为有限滞后变量模型;若滞后期长度无限,称模型为无限滞后变量模型。由于模型既含有 y_t 对自身滞后变量的回归,还包括解释变量 x_t 分布在不同时期的滞后变量,因此,一般称为自回归分布滞后模型(autoregressive distributed lag model,ADL)。

1. 分布滞后模型

如果滞后变量模型中没有滞后因变量,因变量受解释变量的影响分布在解释变量不同时期的滞后值上,即模型形如

$$y_t = a + b_0 x_t + b_1 x_{t-1} + \cdots + b_k x_{t-k} + u_t \tag{8.1.2}$$

$$y_t = a + b_0 x_t + b_1 x_{t-1} + \cdots + b_k x_{t-k} + \cdots + u_t \tag{8.1.3}$$

具有这种滞后分布结构的模型称为分布滞后模型(distributed lag model)。

在分布滞后模型中,各系数体现了解释变量的各个滞后值对因变量的不同影响程度,即乘数效应:

b_0 称为短期影响乘数(或短期乘数),表示 t 期解释变量 x_t 变动一个单位对 t 期被解释变量 y_t 产生的影响,即短期影响;

b_i 称为中期影响乘数(或中期乘数)($i=1,2,\cdots,k,\cdots$),表示解释变量在 $t-1$ 期、$t-2$ 期、…,变动一个单位对 t 期被解释变量 y_t 产生的影响;

$\sum b_i$ 称为长期影响乘数(或长期乘数),表示解释变量在各期同时变动一个单位时,由于滞后效应而形成的对被解释变量总的影响大小。

例如,设有消费模型 $\hat{C}_t = 1\,500.8 + 0.6y_t + 0.3y_{t-1} + 0.1y_{t-2}$,则本期收入对本期消费的影响为 0.6,即本期收入每增加 1 单位,本期消费将增加 0.6 个单位;上期收入对本期消费的影响为 0.3,即上期收入每增加 1 单位,本期消费将增加 0.3 个单位;上上期收入对本期消费的影响为 0.1,即上上期收入每增加 1 单位,本期消费将增加 0.1 个单位。

2. 自回归模型

如果滞后变量模型的解释变量仅包括自变量的当期值和因变量的若干期滞后值,即模型形如

$$y_t = a + b_0 x_t + \gamma_1 y_{t-1} + \gamma_2 y_{t-2} + \cdots + \gamma_p y_{t-p} + u_t \tag{8.1.4}$$

则称这类模型为自回归模型，其中 p 称为自回归模型的阶数。而 $y_t = a + b_0 x_t + \gamma_1 y_{t-1} + u_t$ 为一阶自回归模型。

例 8.1.1　消费滞后。消费者的消费水平，不仅依赖于当年的收入，还与以前的消费水平有关。其消费模型可以表示为

$$C_t = a + b_0 y_t + b_1 C_{t-1} + u_t$$

其中，C_t、y_t 分别为第 t 年的消费和收入，a 为常数，b_0 为边际消费倾向，表示本期收入每增加一单位，本期消费将增加 b_0 个单位；b_1 表示上期消费对本期消费的影响，即上期消费每增加一单位，本期消费将增加 b_1 个单位。

例 8.1.2　通货膨胀滞后。通货膨胀与货币供给量的变化有着较密切的联系。物价上涨最直接的原因是相对于流通中商品和服务的价值量来说货币供给过多，货币的超量供给通常是通货膨胀产生的必要条件。但是，货币供给量的变化对通货膨胀的影响并不是即期的，总存在一定时滞。在研究货币供给滞后效应时，可以采用如下分布滞后模型：

$$P_t = a + b_0 M_t + b_1 M_{t-1} + \cdots + b_k M_{t-k} + u_t$$

其中，P_t、M_t 分别为第 t 季度的物价指数和广义货币增长率。

8.1.3　滞后变量模型的作用

1. 滞后变量模型可以更加全面、客观地描述经济现象，提高模型的拟合优度。由于社会经济的发展、经济行为的形成与演变，在很大程度上与前期的经济活动密切相关，所以滞后变量模型可以更加全面、客观地描述经济现象。实践经验表明，引入滞后变量能够提高模型的拟合优度。

2. 滞后变量模型可以反映过去的经济活动对现期经济行为的影响(或者说现期经济行为对未来经济行为的影响)，从而描述了经济系统的运动过程，使静态模型成为动态模型。我们以前讨论的计量经济模型，只分析经济变量在同一时期的影响，而不考虑经济系统的运动变化过程，本质上都是静态模型。但是滞后变量模型可以反映过去的经济活动对现期经济行为的影响(或者说现期经济行为对将来经济行为的影响)，从而描述了经济系统的运动过程，使静态模型成为动态模型。事实上，随着时间序列分析技术的发展，动态模型(或称时间序列模型)已成为现代计量经济学的重要内容。

3. 可以用滞后变量模型来模拟分析经济系统的变化和调整过程。由于滞后变量模型定量地描述了经济变量的滞后效应，因此可以用它来模拟分析经济系统的变化和调整过程。例如，投资者对利率调整的反应有多快？企业对产品质量、价格、款式、广告等营销策略的调整需要滞后多少时间才能对市场产生影响？诸如此类的问题可以利用滞后变量模型进行分析。

8.2　有限分布滞后模型的估计

8.2.1　有限分布滞后模型估计的困难

滞后变量模型虽然具有一些良好的性质，但估计模型时也存在一些问题。如前所述，分布滞后模型可分为有限分布滞后模型与无限分布滞后模型。对于无限分布滞后模型，由

于滞后项无限多而样本观测值总是有限的,因此不能直接对模型参数进行估计。对于有限分布滞后模型,如果随机误差项满足古典假定,从表面上看似乎可直接利用最小二乘法对之进行估计,但事实上不适宜,原因在于以下几个方面:

1. 损失自由度问题

对于有限分布滞后模型,每增加一个解释变量就会失去一个自由度。由于样本容量有限,滞后变量的增加,使得自由度变小,从而影响参数估计的统计特性。假设有限分布滞后模型的滞后长度为 k,如果样本观测值个数 n 较小,而滞后长度 k 又较大,那么有效样本的容量 $n-k$ 就较小,会出现自由度不足的问题。由于自由度减少,致使估计偏差增大,从而影响参数的估计精度,统计显著性检验失效。

2. 产生多重共线性问题

由于经济活动的继起性,经济变量的各期滞后值之间通常存在较强的联系,同一变量在不同时期取值,前后期相关性较大。因此,分布滞后模型中滞后解释变量观测值之间往往会存在严重的多重共线性问题。如果直接使用最小二乘法进行估计,则其参数估计会有较大偏差。

3. 滞后长度难以确定的问题

在实际经济分析中利用分布滞后模型来处理滞后现象时,模型中滞后长度的确定较为困难,没有充分的先验信息可供使用。

8.2.2 有限分布滞后模型的估计方法

针对上述问题,人们提出了一系列修正估计方法。对于滞后长度的确定,可以根据实际经济问题的需要和经验进行判定,也可以利用一些判定方法和准则,如赤池信息准则(Akaike information criterion,AIC)和施瓦兹准则(Schwarz criterion,SC)等。对于滞后长度为已知的分布滞后模型,修正的估计方法有经验加权法、阿尔蒙(Almon)多项式估计法等。各种方法的基本思想大致相同,即通过对各滞后变量加权,组成线性组合变量(滞后变量的线性组合)作为新解释变量引入模型,有目的地减少滞后变量的个数,缓解多重共线性,保证自由度。对于无限分布滞后模型,主要是通过适当的模型变换转化为自回归模型进行估计。本节主要介绍经验加权法和阿尔蒙多项式估计法,下一节介绍库伊克法。

1. 经验加权估计法

所谓经验加权法,是根据实际经济问题的特点及经验判断,对滞后变量赋予一定的权数,利用这些权数构成各滞后变量的线性组合,以形成新的变量,再应用最小二乘法进行估计。这种方法的基本思路是设法减少模型中被估计的参数个数。模型中参数的个数主要由解释变量的个数来决定,要减少模型中被估计的参数个数,就要对解释变量进行归并,并通过解释变量的归并,消除或削弱多重共线性问题。权数的不同分布决定了模型滞后结构的不同类型,常见的滞后结构类型有以下几种。

(1) 递减滞后结构。这类滞后结构假定权数是递减的,认为滞后解释变量对因变量的影响随着时间的推移越来越小,其作用由大变小,即遵循远小近大的原则[如图 8.2.1(a)]。这种滞后结构在现实经济活动中较为常见,比较典型的例子是消费函数,显然,现期收入对消费的影响较大,滞后期越长,影响越小。

例如,假设某经济变量服从一个滞后 3 期的分布滞后模型

$$y_t = a + b_0 x_t + b_1 x_{t-1} + b_2 x_{t-2} + b_3 x_{t-3} + u_t$$

如果根据经验判断滞后解释变量对因变量的影响递减，权数取某种形式，比如为

$$\frac{1}{2}, \frac{1}{4}, \frac{1}{6}, \frac{1}{8}$$

则新的线性组合变量为

$$z_t = \frac{1}{2}x_t + \frac{1}{4}x_{t-1} + \frac{1}{6}x_{t-2} + \frac{1}{8}x_{t-3}$$

原模型就变为经验加权模型 $y_t = a + bz_t + u_t$，这样就消除了原模型存在的多重共线性问题。由于随机误差项与解释变量不相关，从而也与滞后解释变量的线性组合变量不相关，因此可直接应用最小二乘法对该模型进行估计。

(2) 不变滞后结构。这类滞后结构假定权数不变，即认为滞后解释变量对因变量的影响不随时间而变化[如图 8.2.1(b)]，其作用保持不变，称为不变滞后结构。

例如，$z_t = \frac{1}{k+1}x_t + \frac{1}{k+1}x_{t-1} + \cdots + \frac{1}{k+1}x_{t-k}$

(3) A 型滞后结构。即两头小中间大，权数先递增后递减呈 A 型[如图 8.2.1(c)]。这类滞后结构适合于前后期滞后解释变量对因变量的影响不大，而中期滞后解释变量对因变量的影响较大的分布滞后模型。如投资对产出的影响，往往是周期期中的投资额较大，对产出的贡献较大。因此可选择 A 型滞后结构。

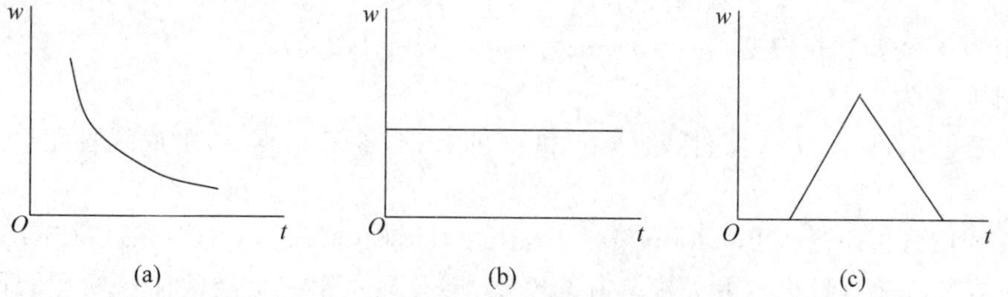

图 8.2.1　常见的滞后结构类型

经验加权法具有简单易行、不损失自由度、避免多重共线性干扰及参数估计具有一致性等优点。缺陷是设置权数的主观随意性较大，要求分析者对实际问题的特征有比较透彻的了解。通常的做法是，多选几组权数，分别估计多个模型，然后根据样本决定系数、F 检验值、t 检验值、估计标准误差以及 DW 值，从中选出最佳估计方程。

例 8.2.1　已知某地区制造业部门 1955—1974 年的资本存量 y 和销售额 x 的统计资料如表 8.2.1(单位：百万元)所示。

表 8.2.1　某地区制造业部门资本存量和销售额资料

年份	y	x	年份	y	x
1955	450.69	264.80	1960	538.14	307.96
1956	506.42	277.40	1961	549.39	308.96
1957	518.70	287.36	1962	582.13	331.13
1958	500.70	272.80	1963	600.43	350.32
1959	527.07	302.19	1964	633.83	373.35

续表

年份	y	x	年份	y	x
1965	682.21	410.03	1970	1 016.45	528.90
1966	779.65	448.69	1971	1 024.45	559.17
1967	846.65	464.49	1972	1 077.19	620.17
1968	908.75	502.82	1973	1 208.70	713.98
1969	970.74	535.55	1974	1 471.35	820.98

设定有限分布滞后模型为

$$y_t = a + b_0 x_t + b_1 x_{t-1} + b_2 x_{t-2} + b_3 x_{t-3} + u_t$$

运用经验加权法,选择下列三组权数: 递减滞后、A 型滞后、不变滞后。

$$① \ 1, \frac{1}{2}, \frac{1}{4}, \frac{1}{8}; \quad ② \ \frac{1}{4}, \frac{1}{2}, \frac{2}{3}, \frac{1}{4}; \quad ③ \ \frac{1}{4}, \frac{1}{4}, \frac{1}{4}, \frac{1}{4}$$

分别估计上述模型,并从中选择最优的回归方程。记新的线性组合变量分别为

$$z_{1t} = x_t + \frac{1}{2}x_{t-1} + \frac{1}{4}x_{t-2} + \frac{1}{8}x_{t-3}$$

$$z_{2t} = \frac{1}{4}x_t + \frac{1}{2}x_{t-1} + \frac{2}{3}x_{t-2} + \frac{1}{4}x_{t-3}$$

$$z_{3t} = \frac{1}{4}x_t + \frac{1}{4}x_{t-1} + \frac{1}{4}x_{t-2} + \frac{1}{4}x_{t-3}$$

分别估计如下经验加权模型: $y_t = a + bz_{kt} + u_t \quad (k=1,2,3)$

具体步骤为

(1) 打开 EViews 工作文件,输入 x 和 y 的数据,然后根据 x,生成线性组合变量 z_1, z_2, z_3。

(2) 回归分析。进入 Equation Specification 对话栏,输入"y c z1"; 在 Estimations 栏中选择 Least Squares(最小二乘法),单击 OK 键,屏幕显示第一个经验加权模型的回归分析结果。用 z2、z3 替换 z1,重复前面回归过程,可得另外两个经验加权模型的回归分析结果。将上述回归分析结果整理如下:

模型一: $\hat{y}_t = -66.470\,4 + 1.071\,3 z_{1t}$

$t = (-3.662\,5) \quad (51.004\,0)$

$R^2 = 0.994\,3, \quad DW = 1.438\,4, \quad F = 2\,601.407$

$n = 17, \quad \alpha = 0.05, \quad d_L = 1.133, \quad d_U = 1.381$

模型二: $\hat{y}_t = -133.033\,1 + 1.366\,4 z_{2t}$

$t = (-5.014\,4) \quad (37.290\,3)$

$R^2 = 0.989\,3, \quad DW = 1.042\,0, \quad F = 1\,390.566$

模型三: $\hat{y}_t = -121.609\,8 + 2.237\,5 z_{3t}$

$t = (-4.800\,3) \quad (38.619\,1)$

$R^2 = 0.990\,0, \quad DW = 1.157\,8, \quad F = 1\,491.436$

从上述回归分析结果可以看出,模型一的随机误差项不存在自相关,模型二的随机误差项存在一阶正自相关,模型三无法判断是否存在一阶自相关。综合判断决定系数 R^2、F

检验值、t 检验值，可以认为最佳的回归方程是模型一，即权数为(1，1/2，1/4，1/8)的分布滞后模型。即

$$\hat{y}_t = -66.4704 + 1.0713\left(x_t + \frac{1}{2}x_{t-1} + \frac{1}{4}x_{t-2} + \frac{1}{8}x_{t-3}\right)$$

$$\hat{y}_t = -66.4704 + 1.0713x_t + 0.5357x_{t-1} + 0.2870x_{t-2} + 0.1339x_{t-3}$$

2. 阿尔蒙法

为了消除多重共线性的影响，阿尔蒙(C. Almon)于 1965 年提出利用有限多项式来减少待估参数的个数，以削弱多重共线性及参数估计中的自由度损失。其基本原理是，如果有限分布滞后模型

$$y_t = a + b_0 x_t + b_1 x_{t-1} + \cdots + b_k x_{t-k} + u_t \tag{8.2.1}$$

中的参数 $b_i(i=0,1,2,\cdots,k)$ 的分布可以近似地用一个关于 i 的低阶多项式表示，就可以利用多项式减少模型中的参数。

在以滞后期 i 为横轴、滞后系数取值为纵轴的坐标系中，如果这些滞后系数落在一条光滑曲线上，或近似落在一条光滑曲线上(如图 8.2.2)，则可以用一个关于 i 的次数较低的 m 次多项式逼近，即

$$b_i = \alpha_0 + \alpha_1 i + \alpha_2 i^2 + \cdots + \alpha_m i^m \quad (m < k) \tag{8.2.2}$$

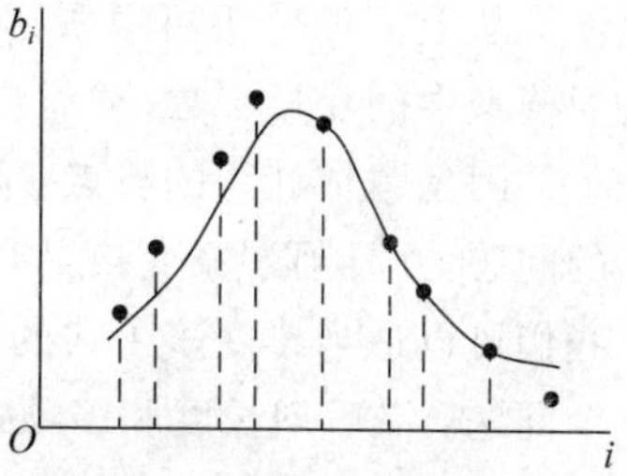

图 8.2.2　阿尔蒙多项式变换

此式称为阿尔蒙多项式变换。如果式(8.2.1)的滞后系数满足式(8.2.2)，则称为有限多项式分布滞后模型，也称为阿尔蒙滞后模型。

将阿尔蒙多项式变换具体列出来就是

$$\begin{cases} b_0 = \alpha_0 + \alpha_1 0 + \alpha_2 0^2 + \cdots + \alpha_m 0^m \\ b_1 = \alpha_0 + \alpha_1 1 + \alpha_2 1^2 + \cdots + \alpha_m 1^m \\ b_2 = \alpha_0 + \alpha_1 2 + \alpha_2 2^2 + \cdots + \alpha_m 2^m \\ \cdots \\ b_k = \alpha_0 + \alpha_1 k + \alpha_2 k^2 + \cdots + \alpha_m k^m \end{cases}$$

代入式(8.2.1)并整理各项，模型变为如下形式：

$$\begin{aligned} y_t = {} & a + \alpha_0(x_t + x_{t-1} + x_{t-2} + \cdots + x_{t-k}) + \alpha_1(x_{t-1} + 2x_{t-2} + 3x_{t-3} + \cdots + kx_{t-k}) \\ & + \alpha_2(x_{t-1} + 2^2 x_{t-2} + 3^2 x_{t-3} + \cdots + k^2 x_{t-k}) + \cdots + \alpha_m(x_{t-1} + 2^m x_{t-2} \\ & + 3^m x_{t-3} + \cdots + k^m x_{t-k}) \end{aligned}$$

即

$$y_t = a + \alpha_0 z_{0t} + \alpha_1 z_{1t} + \alpha_2 z_{2t} + \cdots + \alpha_m z_{mt} + u_t \tag{8.2.3}$$

其中

$$\begin{cases} z_{0t} = x_t + x_{t-1} + x_{t-2} + \cdots + x_{t-k} \\ z_{1t} = x_{t-1} + 2x_{t-2} + 3x_{t-3} + \cdots + kx_{t-k} \\ z_{2t} = x_{t-1} + 2^2 x_{t-2} + 3^2 x_{t-3} + \cdots + k^2 x_{t-k} \\ \cdots \\ z_{mt} = x_{t-1} + 2^m x_{t-2} + 3^m x_{t-3} + \cdots + k^m x_{t-k} \end{cases}$$

为滞后变量的线性组合变量。因为 $m<k$,所以模型(8.2.3)待估参数的个数小于原模型(8.2.1)。

对于模型(8.2.3),在随机误差项 u_t 满足古典假定的条件下,可用最小二乘法估计参数 $\hat{a},\hat{\alpha}_0,\hat{\alpha}_1,\cdots,\hat{\alpha}_m$,然后将估计结果代入式(8.2.2),就可求出原分布滞后模型参数 $b_0,b_1,b_2,\cdots,b_k$ 的估计值。

多项式次数可以依据经济理论和实际经验加以确定。例如,滞后结构为递减型和常数型时选择一次多项式,倒U型时选择二次多项式,有两个转向点时选择三次多项式,等等。如果主观判断不易确定,可以先初步确定一个 m 次多项式。在实际应用中,阿尔蒙多项式的次数 m 通常取得较低,一般取2或3,很少超过4。如果 m 取得过大则达不到通过阿尔蒙多项式变换减少变量个数的目的。

从上面的分析可以看出,通过阿尔蒙多项式变换,新模型中的变量个数少于原分布滞后模型中的变量个数,从而自由度得到保证,并在一定程度上缓解了多重共线性问题。

阿尔蒙估计法的特点:阿尔蒙估计法的原理简单、实用,估计参数时消除了自由度不足的问题,并且阿尔蒙变换具有充分的柔性,为了使参数结构更好地符合 b_i 的实际变化方式,我们可以适当改变多项式的次数,提高逼近的精度。但使用阿尔蒙估计时需要事先确定两个问题:滞后期长度和多项式的次数。滞后期 k 究竟多大为好,没有明确的准则。多项式的次数 m 必须事先确定,而 m 的实际确定往往带有主观性。

滞后期长度可以通过一些统计检验获取信息。常用的统计检验有以下几种。

① 相关系数。利用被解释变量 y 与解释变量 x 及各期滞后值之间的相关系数,可以大致判断滞后期长度。

② 调整的判定系数 $\bar{R}^2$。其检验思想是:在模型中逐期添加滞后变量、扩大滞后期的长度,直到模型的拟合优度不再明显提高时为止;或者先取一个较长的滞后期,再逐期剔除滞后变量、缩短滞后期长度,直到模型的拟合优度明显下降时为止。但在比较不同滞后期长度模型的拟合优度时,为了消除模型中(滞后)变量个数的影响,应该使用调整的判定系数 $\bar{R}^2$,因为增添解释能力不强的解释变量反而会使 $\bar{R}^2$ 降低。

③ 施瓦兹准则。其检验思想也是通过比较不同分布滞后模型的拟合优度来确定合适的滞后期长度。施瓦兹准则的计算公式为

$$\mathrm{SC}=\ln\left(\frac{\mathrm{RSS}}{n}\right)+\frac{k+1}{n}\ln(n)$$

其中RSS是残差平方和,k 为滞后期长度,$(k+1)$ 为模型中的参数个数,n 为样本容量。检验过程是:在模型中逐期添加滞后变量,直到SC值不再降低时为止,即选择使SC值达到最小的滞后期 k。

利用EViews软件可以直接得到上述各项检验结果。

阿尔蒙估计的EViews软件命令格式为

```
LS    y    c    PDL(x,k,m,d)
```

其中,k 为滞后期长度,m 为多项式次数,d 是对分布滞后特征进行控制的参数。可供选择的 d 值有:1表示强制在分布的近期(b_0)趋近于0;2表示强制在分布的远期(即 b_k)趋近于0;3表示强制在分布的两端(b_0 和 b_k)趋近于0;0表示参数分布不作任何限制。一般取0。

在LS命令中使用PDL项,应注意以下几点:

① 在解释变量 x 之后必须指定 k 和 m 的值，d 可取默认值 0；

② 如果模型中有多个具有滞后效应的解释变量，则分别用几个 PDL 项表示；

③ 在估计分布滞后模型之前，最好使用互相关分析命令 CROSS，初步判断滞后期的长度 k。命令格式为："CROSS　y　x"，或在数组窗口单击 View\Cross Correlation，输入滞后期 k 之后，系统将输出 y_t 与 $x_t, x_{t-1}, \cdots, x_{t-k}$ 各期相关系数。也可以在 PDL 项中逐步加大 k 的值，再利用 $\bar{R}^2$ 和 SC 判断较为合适的滞后期长度 k。

交叉相关系数的计算公式。在分析经济周期问题的时候，经常区分先行经济指标、一致经济指标和滞后经济指标，用来表明经济指标与整个经济景气的同步性。这时，往往需要计算交叉相关(cross correlation)系数。在序列 x 和 y 中，滞后 k 期的交叉相关系数的计算公式为

$$r_{xy}(k)=\frac{\sum_{t=k+1}^{n}(y_t-\bar{y})(x_{t-k}-\bar{x})}{\sqrt{\sum_{t=1}^{n}(y_t-\bar{y})^2}\sqrt{\sum_{t=1}^{n}(x_t-\bar{x})^2}}\quad(k=0,1,2,\cdots)$$

例 8.2.2　表 8.2.2 给出了某企业产品 1988—2007 年的产量 y 和销售量 x 的资料。试利用分布滞后模型建立产量关于销售量的回归模型。

表 8.2.2　某企业产品 1988—2007 年产量和销售量资料

年份	产量 y	销售量 x	年份	产量 y	销售量 x
1988	4 230	3 620	1998	6 010	5 890
1989	4 560	3 890	1999	6 420	5 900
1990	4 950	4 560	2000	6 890	6 450
1991	5 100	4 880	2001	7 226	6 510
1992	5 210	5 010	2002	7 568	7 200
1993	5 328	4 900	2003	7 892	7 234
1994	5 300	5 100	2004	8 260	7 790
1995	5 390	5 200	2005	9 570	7 890
1996	5 460	5 210	2006	10 020	8 900
1997	5 680	5 300	2007	10 200	8 890

首先使用互相关分析命令 cross，初步判断滞后期的长度。在命令窗口输入：cross　y　x，输出结果见图 8.2.3。

交叉相关系数图 8.2.3 的每栏中两侧虚线对应着正负二倍标准差，近似计算为 $\pm 1.96/\sqrt{n}$。从图 8.2.3 中 y 与 x 各期滞后值的相关系数可知，产量与当年和前三年的销售量相关，因此，可设如下有限分布滞后模型：

$$y_t=a+b_0x_t+b_1x_{t-1}+b_2x_{t-2}+b_3x_{t-3}+u_t$$

$m<k=3$，取 $m=2$，假定系数 b_i 可用二次多项式 $b_i=\alpha_0+\alpha_1 i+\alpha_2 i^2$ 近似表示，即

$$\begin{cases}b_0=\alpha_0\\ b_1=\alpha_0+\alpha_1+\alpha_2\\ b_2=\alpha_0+2\alpha_1+4\alpha_2\\ b_3=\alpha_0+3\alpha_1+9\alpha_2\end{cases}$$

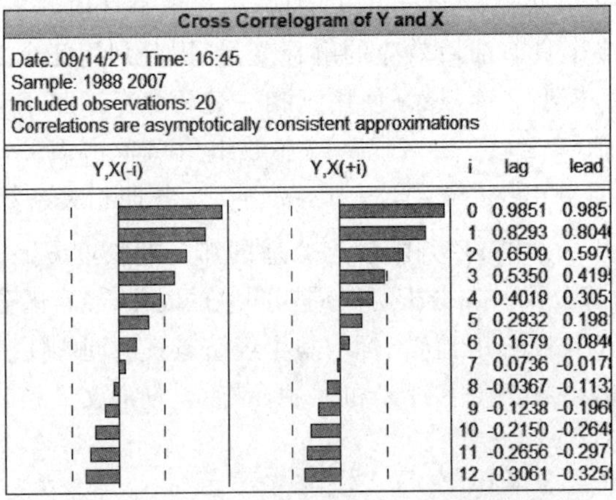

图 8.2.3 y 与 x 各期滞后值的相关系数

则原模型可变为

$$y_t = a + \alpha_0 z_{0t} + \alpha_1 z_{1t} + \alpha_2 z_{2t} + u_t$$

其中

$$\begin{cases} z_{0t} = x_t + x_{t-1} + x_{t-2} + x_{t-3} \\ z_{1t} = x_{t-1} + 2x_{t-2} + 3x_{t-3} \\ z_{2t} = x_{t-1} + 4x_{t-2} + 9x_{t-3} \end{cases}$$

在 EViews 中输入 x 和 y 的数据，然后在命令窗口生成新数据序列的 Genr 命令，依次输入生成 z_0、z_1、z_2 的公式：

```
GENR    z0 = x + x(-1) + x(-2) + x(-3)
GENR    z1 = x(-1) + 2 * x(-2) + 3 * x(-3)
GENR    z2 = x(-1) + 4 * x(-2) + 9 * x(-3)
```

打开 Equation Specification 对话栏，输入回归方程形式

```
y    c    z0    z1    z2
```

单击 OK 键，屏幕显示表 8.2.3 回归结果。

表 8.2.3 回 归 结 果

Dependent Variable: Y
Method: Least Squares
Date: 09/14/21 Time: 16:47
Sample (adjusted): 1991 2007
Included observations: 17 after adjustments

Variable	Coefficient	Std. Error	t-Statistic	Prob.
C	-1260.105	314.3160	-4.009038	0.0015
Z0	0.793320	0.276694	2.867133	0.0132
Z1	-0.496433	0.713237	-0.696028	0.4987
Z2	0.079785	0.233501	0.341692	0.7380

R-squared	0.984311	Mean dependent var	6913.176
Adjusted R-squared	0.980690	S.D. dependent var	1752.293
S.E. of regression	243.4969	Akaike info criterion	14.03041
Sum squared resid	770779.5	Schwarz criterion	14.22646
Log likelihood	-115.2585	Hannan-Quinn criter.	14.04990
F-statistic	271.8678	Durbin-Watson stat	1.995716
Prob(F-statistic)	0.000000		

因此模型估计式为

$$\hat{y}_t = -1\,260.105 + 0.793\,3z_{0t} - 0.496\,4z_{1t} + 0.079\,8z_{2t}$$

$$t = (-4.009\,0) \quad (2.8671) \quad (-0.696\,0) \quad (0.341\,7)$$

$$\bar{R}^2 = 0.980\,7, \quad \mathrm{DW} = 1.995\,7, \quad F = 271.867\,8$$

此回归方程中 c、z_0、z_1、z_2 对应的系数分别为 a、α_0、α_1、α_2 的估计值 $\hat{a}$、$\hat{\alpha}_0$、$\hat{\alpha}_1$、$\hat{\alpha}_2$

$$\hat{a} = -1\,260.105, \quad \hat{\alpha}_0 = 0.793\,3, \quad \hat{\alpha}_1 = -0.496\,4, \quad \hat{\alpha}_2 = 0.079\,8$$

将它们代入分布滞后系数的阿尔蒙多项式中，可算出 $\hat{b}_0$、$\hat{b}_1$、$\hat{b}_2$、$\hat{b}_3$ 的估计值为

$$\hat{b}_0 = \hat{\alpha}_0 = 0.793\,3$$

$$\hat{b}_1 = \hat{\alpha}_0 + \hat{\alpha}_1 + \hat{\alpha}_2 = 0.793\,3 - 0.496\,4 + 0.079\,8 = 0.376\,7$$

$$\hat{b}_2 = \hat{\alpha}_0 + 2\hat{\alpha}_1 + 4\hat{\alpha}_2 = 0.793\,3 + 2 \times (-0.496\,4) + 4 \times 0.079\,8 = 0.119\,6$$

$$\hat{b}_3 = \hat{\alpha}_0 + 3\hat{\alpha}_1 + 9\hat{\alpha}_2 = 0.793\,3 + 3 \times (-0.496\,4) + 9 \times 0.079\,8 = 0.022\,1$$

从而分布滞后模型的最终估计式为

$$\hat{y}_t = -1\,260.105 + 0.793\,3x_t + 0.376\,7x_{t-1} + 0.119\,6x_{t-2} + 0.022\,1x_{t-3}$$

在实际应用中，EViews 提供了多项式分布滞后指令“PDL”用于估计分布滞后模型。结合本例给出操作过程。在 EViews 中输入 y 和 x 的数据后，在命令窗口输入

LS　　y　　c　　PDL(x,3,2)

其中，“PDL 指令”表示进行阿尔蒙多项式分布滞后模型的估计，括号中的 3 表示 x 的分布滞后长度，2 表示阿尔蒙多项式的次数。回归结果如表 8.2.4 所示。

表 8.2.4　回归结果

Dependent Variable: Y
Method: Least Squares
Date: 09/14/21 Time: 16:49
Sample (adjusted): 1991 2007
Included observations: 17 after adjustments

Variable	Coefficient	Std. Error	t-Statistic	Prob.
C	-1260.105	314.3160	-4.009038	0.0015
PDL01	0.376672	0.238273	1.580841	0.1379
PDL02	-0.336862	0.258789	-1.301686	0.2156
PDL03	0.079785	0.233501	0.341692	0.7380

R-squared	0.984311	Mean dependent var	6913.176
Adjusted R-squared	0.980690	S.D. dependent var	1752.293
S.E. of regression	243.4969	Akaike info criterion	14.03041
Sum squared resid	770779.5	Schwarz criterion	14.22646
Log likelihood	-115.2585	Hannan-Quinn criter.	14.04990
F-statistic	271.8678	Durbin-Watson stat	1.995716
Prob(F-statistic)	0.000000		

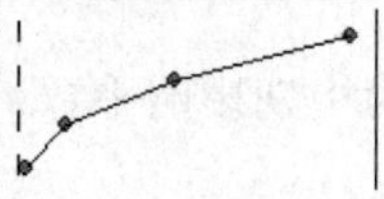

Lag Distribution ...	i	Coefficient	Std. Error	t-Statistic
	0	0.79332	0.27669	2.86713
	1	0.37667	0.23827	1.58084
	2	0.11960	0.24720	0.48379
	3	0.02209	0.27002	0.08181
	Sum of Lags	1.31168	0.05997	21.8714

需要指出的是,用阿尔蒙多项式法估计分布滞后模型时,EViews所采用的滞后系数多项式变换不是形如式(8.2.2)的阿尔蒙多项式,而是阿尔蒙多项式的派生形式 $\hat{b}_i=\alpha_0+(i-1)\alpha_1+(i-1)^2\alpha_2$,但这并不影响估计系数的最终结果。同前面分步计算的结果相比,最终的分布滞后估计系数 $\hat{b}_0$、$\hat{b}_1$、$\hat{b}_2$、$\hat{b}_3$ 是相同的。估计结果如下:

$$\hat{y}_t=-1\,260.105+0.793\,3x_t+0.376\,7x_{t-1}+0.119\,6x_{t-2}+0.022\,1x_{t-3}$$
$$t=(-4.009\,0)\quad(2.867\,1)\quad(1.580\,8)\quad(0.483\,8)\quad(0.081\,8)$$

8.3 几何分布滞后模型

经验加权估计法和阿尔蒙多项式方法有一个共同的特点,外生滞后变量模型经变换后,解释变量仍为外生变量。这两种方法虽然都可以对分布滞后模型中的解释变量实现归并,但归并的能力有限,且过程复杂。研究表明,如果将外生滞后变量模型转换为自回归模型,将会使分布滞后模型的估计变得更为简单。

8.3.1 几何分布滞后模型——库伊克模型

许多经济变量的滞后效应都在相当长的时期内存在。例如,消费水平受到收入的影响,可以追溯到较远的过去时期的收入水平;经济政策对经济效益的影响有一个逐步扩散的过程,目前的经济效益除了受上期经济政策的影响外,还要受到以前经济政策的影响,尽管这种影响可能很微弱。对于这种滞后现象,可以建立无限分布滞后模型来处理。

对于无限分布滞后模型

$$y_t=a+b_0x_t+b_1x_{t-1}+\cdots+u_t \tag{8.3.1}$$

如果其滞后变量的系数 b_i 是按几何数列衰减的,即

$$b_i=b_0\lambda^i\quad(0<\lambda<1;\ i=1,2,\cdots) \tag{8.3.2}$$

其中 b_0 为常数,公比 λ 为待估参数。λ 值的大小决定了滞后衰减的速度,λ 值越接近零,衰减速度越快,通常称 λ 为分布滞后衰减率,称 $1-\lambda$ 为调整速度。模型(8.3.1)称为几何分布滞后模型(也称库伊克模型)。

几何分布滞后模型的基本假定是:随着滞后期的增加,滞后变量对被解释变量的影响越来越小。这一假定在很多情形下是合理的。例如,随着时间的推移,过去的收入对当前消费的影响会逐渐减弱,预期的形成更多地取决于近期获得的信息,等等。

将式(8.3.2)代入式(8.3.1),得到

$$\begin{aligned}y_t&=a+b_0x_t+b_0\lambda x_{t-1}+b_0\lambda^2x_{t-2}\cdots+u_t\\&=a+b_0(x_t+\lambda x_{t-1}+\lambda^2x_{t-2}+\cdots)+u_t\end{aligned} \tag{8.3.3}$$

其中,b_0 称为短期影响乘数,$b_i=b_0\lambda^i(i=1,2,\cdots)$ 称为中期影响乘数,$\sum_{i=0}^{\infty}b_0\lambda^i=\frac{b_0}{1-\lambda}$ 称为长期影响乘数。

对于有限分布滞后模型,经验加权法利用经验对滞后变量赋予一定权数,阿尔蒙利用多项式来估计滞后系数,达到减少待估参数的目的。但它们不适用于几何分布滞后模型。

显然，要使几何分布滞后模型估计能够顺利进行，必须将模型的结构作某种转化。

将式(8.3.3)滞后一期，有

$$y_{t-1}=a+b_0(x_{t-1}+\lambda x_{t-2}+\lambda^2 x_{t-3}+\cdots)+u_{t-1} \tag{8.3.4}$$

对式(8.3.4)两边同乘 λ 并与式(8.3.3)相减，得到

$$y_t-\lambda y_{t-1}=a(1-\lambda)+b_0 x_t+(u_t-\lambda u_{t-1})$$

即

$$y_t=a(1-\lambda)+b_0 x_t+\lambda y_{t-1}+u_t^* \tag{8.3.5}$$

其中，$u_t^*=u_t-\lambda u_{t-1}$，式(8.3.5)就是库伊克模型，上述变换过程也叫库伊克变换，原几何分布滞后模型变成一阶自回归模型。库伊克模型的突出优点是可以把无限分布滞后模型变换为仅包含少数几个参数的自回归模型。

利用库伊克变换，我们将一个无限分布滞后模型变成了只有一个本期解释变量 x_t 和滞后一期因变量 y_{t-1} 的自回归模型，模型结构得到简化。该模型以一个滞后因变量 y_{t-1} 代替了大量的滞后解释变量 $x_{t-i}(i=1,2,\cdots)$，从而最大限度地保证了自由度，解决了滞后长度难以确定的问题。同时，滞后一期的因变量 y_{t-1} 与 x_t 的线性相关程度将低于 x_t 及其各滞后值之间的相关程度，从而缓解了多重共线性。

库伊克模型的特点：(1)模型中的 λ 称为分布滞后衰退率。λ 越小，衰退速度就越快。(2)模型的长期影响乘数为 $b_0/(1-\lambda)$。在式(8.3.5)中，如果 x_t 为居民可支配收入，y_t 为居民消费支出，则 b_0 为短期边际消费倾向，$b_0/(1-\lambda)$为长期边际消费倾向。(3)模型仅包含两个解释变量 x_t 和 y_{t-1}，有效地避免了分布滞后模型的多重共线性问题。(4)模型仅有 a、b_0、λ 三个参数需要估计，有效地解决了无限分布滞后模型由于包含无限个参数无法估计的问题。

当然，尽管库伊克变换具有上述优点，但也存在一些缺陷：(1)它假定无限滞后分布呈几何滞后结构，即滞后影响按某固定比例递减，解释变量当期值对因变量影响最大，滞后一期次之，并依此类推。这种假定对某些经济变量可能不适用，如固定资产投资对总产出影响的滞后结构就不是这种类型。(2)库伊克模型的随机误差项 $u_t^*=u_t-\lambda u_{t-1}$ 存在一阶自相关，且与解释变量 y_{t-1} 相关。这些缺陷将给模型的参数估计带来一定困难。库伊克变换引出的两个问题，使得库伊克模型的参数估计是有偏的并且是非一致的估计量。

在库伊克模型(8.3.5)中，滞后因变量 y_{t-1} 起着自变量的作用，因而它是一个自回归模型。这就是说，库伊克变换使分布滞后模型转变成了自回归模型。它表明分布滞后模型与自回归模型之间存在着一定的联系。

例 8.3.1　表 8.3.1 给出了 1994—2005 年某地区居民消费 y 与可支配收入 x 的调查数据。假定本期消费不仅与本期收入有关，而且与以前各期收入有关，此时消费函数模型有如下形式

$$y_t=a+b_0 x_t+b_1 x_{t-1}+b_2 x_{t-2}+\cdots+u_t$$

其中，y_t 与 x_t 分别代表第 t 期的消费和收入。假定随机项 u_t 满足全部经典假定，试用库伊克模型估计这一消费模型。

表 8.3.1　某地区居民消费与收入调查数据

年份	收入 x	消费 y
1994	3 542	3 024
1995	3 602	3 538
1996	3 768	3 648
1997	3 890	3 882
1998	4 058	3 802
1999	4 485	4 012
2000	4 766	4 516
2001	5 186	4 481
2002	5 560	5 012
2003	5 200	5 568
2004	6 400	5 610
2005	6 500	5 564

利用库伊克变换将无穷滞后模型化成自回归模型：

$$y_t = a^* + b_0 x_t + \lambda y_{t-1} + u_t^*,\quad a^* = a(1-\lambda)$$

对上式利用 OLS 法得库伊克模型估计结果：

$$\hat{y}_t = 605.760\,9 + 0.202\,0 x_t + 0.683\,4 y_{t-1}$$
$$t = (1.388\,7) \qquad (0.695\,8) \qquad (1.949\,2)$$
$$\bar{R}^2 = 0.892\,2,\quad \mathrm{DW} = 2.050\,7,\quad F = 42.364\,1$$

利用库伊克模型估计结果计算原模型中系数估计值：

$$\begin{cases} \hat{a} = \hat{a}^*/(1-\hat{\lambda}) = 605.760\,9/(1-0.683\,4) = 1\,913.332 \\ \hat{b}_0 = 0.202\,0 \\ \hat{b}_1 = \hat{b}_0\hat{\lambda} = 0.683\,4 \times 0.202 = 0.138\,0 \\ \hat{b}_2 = \hat{b}_0\hat{\lambda}^2 = 0.68\,34^2 \times 0.202 = 0.094\,3 \\ \hat{b}_3 = \hat{b}_0\hat{\lambda}^3 = 0.683\,4^3 \times 0.202 = 0.064\,5 \\ \cdots \end{cases}$$

于是原模型为

$$\hat{y}_t = 1\,913.332\,0 + 0.202\,0 x_t + 0.138\,0 x_{t-1} + 0.094\,3 x_{t-2} + 0.064\,5 x_{t-3} + \cdots$$

由此得到短期边际消费倾向为 0.202；中期边际消费倾向依次为 0.138 0,0.094 3,0.064 5,…；长期边际消费倾向为 $\hat{b}_0/(1-\hat{\lambda}) = 0.202/(1-0.683\,4) = 0.638$。

8.3.2　以经济理论为基础的几何分布滞后模型

经济理论表明，许多经济行为符合几何分布滞后模型的假定。其中最著名的两个假设是自适应预期模型和局部调整模型。

1. 自适应预期模型

在一些实际问题中,被解释变量 y_t 的变化并不取决于解释变量的实际值 x_t,而是 x_t 的未来"预期水平" x_{t+1}^*。通常,人们的经济决策是根据对未来经济变量的预期水平作出的。例如,居民现期消费水平在一定程度上取决于未来的预期收入;投资取决于对未来利润的预期而不是目前的回报率;企业的生产计划取决于对未来市场销售状况的预期,而不是目前的销售状况等等。这些例子表明,某些经济变量的变化会或多或少地受到另一些经济变量预期值的影响。为了处理这种经济现象,我们可以将解释变量预期值引入模型,建立"预期模型"。这种模型建立在如下假定基础上:影响被解释变量 y_t 的因素不是 x_t 而是 x_{t+1} 的预期 x_{t+1}^*(解释变量的预期值影响着被解释变量的现值),即包含一个预期解释变量的"预期模型"具有如下形式:

$$y_t = a + bx_{t+1}^* + u_t \tag{8.3.6}$$

其中,y_t 为因变量,x_{t+1}^* 为解释变量预期值,u_t 为随机误差项。

在回归分析中,如何获取解释变量预期值,是上述模型的难点。预期是对未来的判断,大多数情况下,预期值是一个无法直接观测的变量,因此,实际应用中人们往往对预期的形成机理作出某种假定。自适应预期假定就是其中之一,这种假定比较切合实际,具有一定代表性。

自适应预期假定认为,经济活动主体往往根据自己过去所作预期偏离现实的程度,来修正他们以后每一时期的预期,即按照过去预测偏差的某一比例对预期进行修正,使其适应新的经济环境。用数学式子表示就是

$$x_{t+1}^* = x_t^* + \gamma(x_t - x_t^*) \tag{8.3.7}$$

式(8.3.7)称为自适应预期假设,其中参数 γ 为预期系数或调节系数,$0 \leqslant \gamma \leqslant 1$。$(x_t - x_t^*)$ 为预期误差。也就是说,解释变量新一期预期值 x_{t+1}^* 等于前一期预期值 x_t^* 加上一修正量,该修正量 $\gamma(x_t - x_t^*)$ 是前一期预期误差 $(x_t - x_t^*)$ 的一部分。这一调整过程叫作自适应过程。

式(8.3.7)可以写成

$$x_{t+1}^* - x_t^* = \gamma(x_t - x_t^*) \tag{8.3.8}$$

式(8.3.8)的含义是:预期的形成是一种预期误差不断调整的过程,预期误差乘以系数 γ 就是两个时期预期的改变量。如果预期值偏高,即 $(x_t - x_t^*) < 0$,则下期预期就会自动调低;反之,则调高下期预期。即预期的形成是一个根据预期误差不断调整的过程。例如,假设 $x_t = 120$,$x_t^* = 100$,则预期误差为 $120 - 100 = 20$,这样下期预期调整为 $x_{t+1}^* = 100 + 20\gamma$。所以 $100 < x_{t+1}^* < 120$;而且 γ 值越大,预期的调整幅度也越大。如果 $\gamma = 1$,就有 $x_{t+1}^* = x_t$,即下一期的预期值完全取决于本期的实际观测值,也就是预期的形成完全取决于预期误差;相反,若 $\gamma = 0$,则有 $x_{t+1}^* = x_t^*$,即预期一旦形成就不再改变,预期值与预期误差无关。当然,这两种情况都是极端的例子,一般不会出现。

自适应预期假设(8.3.8)也可以表示成

$$x_{t+1}^* = \gamma x_t + (1-\gamma)x_t^* \tag{8.3.9}$$

即新一期的预期值 x_{t+1}^* 是 t 期实际值与预期值的加权平均。

将式(8.3.9)代入方程(8.3.6),并整理得

$$y_t = a + \gamma b x_t + (1-\gamma) b x_t^* + u_t \tag{8.3.10}$$

将方程(8.3.6)滞后一期并在方程两端同乘以$(1-\gamma)$得

$$(1-\gamma) y_{t-1} = (1-\gamma) a + (1-\gamma) b x_t^* + (1-\gamma) u_{t-1} \tag{8.3.11}$$

将式(8.3.10)减去式(8.3.11)得 $y_t-(1-\gamma)y_{t-1}=a\gamma+\gamma bx_t+u_t-(1-\gamma)u_{t-1}$,整理后得到

$$y_t = a\gamma + \gamma b x_t + (1-\gamma) y_{t-1} + u_t^* \tag{8.3.12}$$

其中,$u_t^*=u_t-(1-\gamma)u_{t-1}$。模型(8.3.12)称为自适应预期模型。可见,自适应预期模型可以转化为一阶自回归模型,它与库伊克模型类似。

上述推导过程说明了两个问题:

(1) 如果被解释变量 y_t 主要受某个预期变量 x_{t+1}^* 的影响,并且预期变量的变化满足自适应预期假设,则 y_t 的变化可以用库伊克模型(几何分布滞后模型)来描述。

(2) 如果模型的解释变量中含有不可观测的预期变量,则在自适应预期假设下,可以将模型转化成只含变量实际值的自回归模型(8.3.12)。从而可以利用实际观测数据估计模型。

需要指出的是自适应预期模型(8.3.6)本身是一个几何分布滞后模型。因为把式(8.3.9)展开有

$$x_{t+1}^* = \gamma x_t + \gamma(1-\gamma) x_{t-1} + \gamma(1-\gamma)^2 x_{t-2} + \cdots \tag{8.3.13}$$

即预期的形成实际上是过去观测值累积的结果,但其中越是近期的观测值对预期形成的影响越大,随着滞后期的增大,滞后观测值的作用会越来越小。

将式(8.3.13)代入式(8.3.6),即可得到无限分布滞后模型

$$y_t = a + b\gamma x_t + b\gamma(1-\gamma) x_{t-1} + b\gamma(1-\gamma)^2 x_{t-2} + \cdots + u_t \tag{8.3.14}$$

在式(8.3.14)中,短期影响乘数为$b\gamma$,中期影响乘数为$b\gamma(1-\gamma)^i$,$(i=1,2,\cdots)$,长期影响乘数为$\dfrac{b\gamma}{1-(1-\gamma)}=b$。

2. *局部调整模型*

在经济活动中,会遇到为了适应解释变量的变化,被解释变量有一个预期的最佳值与之对应的现象。也就是说,解释变量的现值影响着被解释变量的预期值。例如,企业为了确保生产或供应,对应于一定的产量或销售量,必须保持一定的原材料储备,存在着理想的最佳库存量,即本期最佳库存量取决于本期的产量或销售量。再比如,为了确保一国经济持续稳定发展,中央银行必须保持一定的货币供给,对应于一定的经济总量水平,应该有一个预期的最佳货币供给量,即本期的最佳货币供给量取决于本期的经济总量水平,等等。也就是说,一个变量的现值影响另一个变量的预期最佳值或理想最佳值,度量变量之间这种关系的最简单的模型可以表示为

$$y_t^* = a + b x_t + u_t \tag{8.3.15}$$

其中,y_t^* 为被解释变量的预期最佳值,x_t 为解释变量的现值。

由于技术水平、制度因素、心理因素等各方面的限制,因变量的预期最佳值在短期内是难以实现的,从而也是不可观测的。如何获得模型中的预期最佳值问题,与自适应预期模型类似,也需要对预期最佳值的形成机理作出某种假设,局部调整假设就是其中之一。该假设认为,被解释变量 y_t 的实际变化仅仅是预期最佳值变化的一部分,用数学式子表示

就是

$$y_t - y_{t-1} = \delta(y_t^* - y_{t-1}) \tag{8.3.16}$$

式(8.3.16)称为局部调整假设，其中 δ 为调整系数(因子)，$0 \leqslant \delta \leqslant 1$，它代表调整速度。上式表示，被解释变量的实际变化是被解释变量的预期最佳值变动 $y_t^* - y_{t-1}$ 的一部分。这是因为，要使 y_t 达到所希望的水平，需要进行调整，而调整需要付出成本。δ 表示调整速度，δ 越接近 1，表明调整到预期水平的速度越快。若 $\delta = 1$，则 $y_t = y_t^*$，表明实际变动等于最优变动，调整在当期完全实现。若 $\delta = 0$，则 $y_t = y_{t-1}$，表明本期值与上期值一样，完全没有调整。大多数情况下是 $0 < \delta < 1$，即本期实现了部分调整，例如，$\delta = 0.6$ 时，实际变化只占希望变化的 60%，即只调整了 60%。

满足局部调整假设的模型(8.3.15)，称为局部调整模型。局部调整假设(8.3.16)也可以写成

$$y_t = \delta y_t^* + (1-\delta) y_{t-1} \tag{8.3.17}$$

即因变量实际值是本期预期值与前一期实际值的加权平均数，权数分别为 δ 和 $1-\delta$。把式(8.3.15)代入式(8.3.17)，可得局部调整模型的转化形式：

$$y_t = \delta(a + bx_t + u_t) + (1-\delta) y_{t-1} \tag{8.3.18}$$

即

$$y_t = \delta a + \delta b x_t + (1-\delta) y_{t-1} + \delta u_t \tag{8.3.19}$$

除随机误差项之外，该模型与库伊克模型完全类似，但局部调整模型的随机误差项更为简单。局部调整模型本质上是一个自回归模型。

此外，局部调整模型也是一个几何分布滞后模型。因为把式(8.3.19)展开即有

$$y_t = \delta a + b\delta x_t + b\delta(1-\delta) x_{t-1} + b\delta(1-\delta)^2 x_{t-2} + \cdots + u_t \tag{8.3.20}$$

由乘数的定义可知，$b\delta$ 是短期乘数，$\sum_{i=0}^{\infty} b\delta(1-\delta)^i = b\delta \cdot \dfrac{1}{1-(1-\delta)} = b$ 是长期乘数。

从上述分析可以看出，库伊克模型、自适应预期模型与局部调整模型的最终形式都是一阶自回归模型，这样，对这三类模型的估计就转化为对相应一阶自回归模型的估计。它们的区别在于两个方面：一是模型的经济背景不同，库伊克模型是在无限分布滞后模型的基础上根据库伊克几何分布滞后假定导出的；自适应预期模型是由解释变量的自适应过程而得到的；局部调整模型则是对因变量的局部调整而得到的。二是在这三个模型对应的自回归形式中，由于模型的形成机理不同而导致随机误差项的结构有所不同，这一区别将给模型的估计带来一定影响。

此外，有时需要将局部调整模型与自适应预期模型结合起来对某一经济问题进行研究，即建立局部调整—自适应预期综合模型。考虑如下模型

$$y_t^* = a + bx_t^* + u_t \tag{8.3.21}$$

该模型反映了因变量的预期水平同解释变量预期值的关联性。对 y_t^* 作局部调整假设，对 x_t^* 作自适应预期假设，局部调整—自适应预期综合模型可转化为如下形式的二阶自回归模型(读者不妨自己推导)：

$$y_t = a^* + b_0^* x_t + b_1^* y_{t-1} + b_2^* y_{t-2} + u_t^* \tag{8.3.22}$$

库伊克模型、自适应预期模型、局部调整模型,显然它们的经济假设前提不同,但是,最终都得到了十分相似的自回归形式。而自回归模型与分布滞后模型之间存在密切联系,实质上,它们都是几何分布滞后模型的不同表现形式。因而研究自回归模型的估计问题,实际上也就解决了几何分布滞后模型的估计问题。

8.4 自回归模型的估计

8.4.1 自回归模型估计中存在的问题

上一节所讨论的库伊克模型、自适应预期模型与局部调整模型,在模型结构上有一共性,即最终都可表示为一阶自回归形式。

库伊克模型:$y_t=a(1-\lambda)+b_0x_t+\lambda y_{t-1}+u_t^*$ (其中,$u_t^*=u_t-\lambda u_{t-1}$)

自适应预期模型:$y_t=a\gamma+\gamma bx_t+(1-\gamma)y_{t-1}+u_t^*$ (其中,$u_t^*=u_t-(1-\gamma)u_{t-1}$)

局部调整模型:$y_t=\delta a+\delta bx_t+(1-\delta)y_{t-1}+\delta u_t$

因此,对这三个模型的估计就转化为对一阶自回归模型的估计。但是,上述一阶自回归模型的解释变量中含有滞后因变量 y_{t-1},y_{t-1} 是随机变量,它可能与随机误差项相关;而且随机误差项还可能存在自相关。也就是说,模型可能违背古典假定,从而给模型的估计带来一定困难。为了说明这一点,我们考察三个模型对应的一阶自回归模型中,随机误差项的特征。

库伊克模型随机误差项为 $u_t^*=u_t-\lambda u_{t-1}$,自适应预期模型随机误差项为 $u_t^*=u_t-(1-\gamma)u_{t-1}$,局部调整模型随机误差项为 $u_t^*=\delta u_t$。假定原模型中随机误差项 u_t 满足古典假定:$E(u_t)=0$,$\mathrm{var}(u_t)=\sigma^2$,$\mathrm{cov}(u_i,u_j)=0(i\neq j)$。

对于库伊克模型,有

$$
\begin{aligned}
\mathrm{cov}(u_t^*,u_{t-1}^*)&=E(u_t-\lambda u_{t-1})(u_{t-1}-\lambda u_{t-2})\\
&=E(u_tu_{t-1})-\lambda E(u_{t-1}^2)-\lambda E(u_tu_{t-2})+\lambda^2E(u_{t-1}u_{t-2})\\
&=-\lambda E(u_{t-1}^2)=-\lambda\sigma^2\neq 0
\end{aligned}
$$

$$\mathrm{cov}(y_{t-1},u_t^*)=\mathrm{cov}(y_{t-1},u_t-\lambda u_{t-1})=\mathrm{cov}(y_{t-1},u_t)-\lambda\mathrm{cov}(y_{t-1},u_{t-1})$$

由于 $y_t=a+b_0x_t+b_1x_{t-1}+\cdots+u_t$;$y_{t-1}=a+b_0x_{t-1}+b_1x_{t-2}+\cdots+u_{t-1}$;$\mathrm{cov}(y_{t-1},u_t)=0$;$\mathrm{cov}(y_{t-1},u_{t-1})=\sigma^2$,所以 $\mathrm{cov}(y_{t-1},u_t^*)=-\lambda\sigma^2\neq 0$。

同理可证,自适应预期模型有 $\mathrm{cov}(u_t^*,u_{t-1}^*)\neq 0$,$\mathrm{cov}(y_{t-1},u_t^*)\neq 0$。

对于局部调整模型,有

$$\mathrm{cov}(u_t^*,u_{t-1}^*)=E[(\delta u_t)(\delta u_{t-1})]=\delta^2E(u_tu_{t-1})=0$$

$$\mathrm{cov}(y_{t-1},u_t^*)=\mathrm{cov}(y_{t-1},\delta u_t)=\delta\mathrm{cov}(y_{t-1},u_t)=0$$

由此可见,上述三个模型对应的一阶自回归形式中,只有局部调整模型满足随机误差项无自相关、与解释变量 y_{t-1} 不相关的古典假定,从而可使用最小二乘法直接进行估计。库伊克模型与自适应预期模型不满足古典假定,如果用最小二乘法直接进行估计,则估计是有偏的,而且不是一致估计。

为了缓解随机误差项与解释变量 y_{t-1} 相关带来的估计偏倚，可以采用工具变量法；而对于随机误差项自相关，可利用广义差分法消除自相关性的影响。

8.4.2　自相关性的检验

对于自回归分布滞后模型来说，随机项是否存在自相关对于模型的估计具有较大影响。而传统的 DW 检验对于自回归模型的检验是无效的。

1. 德宾 h 检验

关于随机误差项是否存在自相关的诊断，前面我们曾介绍过 DW 检验法，但这一检验法不适合于方程含有滞后因变量的模型。在自回归模型中，滞后因变量是随机变量，已有研究表明，如果用 DW 检验法，则 DW 统计量值总是趋近于 2。也就是说，在一阶自回归中，当随机误差项存在自相关时，DW 检验倾向于得出不存在自相关的结论。为此，德宾提出了检验一阶自相关的 h 统计量检验法。

对于包含滞后因变量的自回归模型：

$$y_t = a^* + b_0^* x_t + b_1^* y_{t-1} + u_t^* \tag{8.4.1}$$

h 统计量定义为

$$h = \left(1 - \frac{\mathrm{DW}}{2}\right)\sqrt{\frac{n}{1 - n\mathrm{var}(\hat{b}_1^*)}} \tag{8.4.2}$$

其中，DW 为 DW 统计量值，n 为样本容量，$\mathrm{var}(\hat{b}_1^*)$为滞后因变量 y_{t-1} 的回归系数的估计方差。

德宾证明了在随机误差项不存在一阶自相关即 $H_0:\rho=0$ 的假定下，h 统计量的极限分布为标准正态分布：$h \sim N(0,1)$。因此在大样本情况下，可以用 h 统计量值判断随机误差项是否存在一阶自相关，如果不存在一阶自相关，则可以用 OLS 对式(8.4.1)直接进行估计，如果存在自相关，则不能用 OLS 法对式(8.4.1)进行估计，需要选择其他方法。具体做法如下。

(1) 对一阶自回归模型 $y_t = a^* + b_0^* x_t + b_1^* y_{t-1} + u_t^*$ 直接进行最小二乘估计，得到 $\mathrm{var}(\hat{b}_1^*)$及 DW 统计量值。

(2) 将 $\mathrm{var}(\hat{b}_1^*)$、DW 及样本容量 n 代入式(8.4.2)计算 h 统计量值。

(3) 给定显著性水平 α，查标准正态分布表得临界值 $h_{\alpha/2}$，若 $|h| > h_{\alpha/2}$，则拒绝原假设 $H_0:\rho=0$，说明自回归模型存在一阶自相关；若 $|h| \leqslant h_{\alpha/2}$，则接受原假设 $H_0:\rho=0$，说明自回归模型不存在一阶自相关。

需要指出的是，该检验法可适用于任意阶的自回归模型，对应的 h 统计量的计算式(8.4.2)仍然成立，即只用到 y_{t-1} 回归系数的估计方差。此外，该检验法是针对大样本的，用于小样本时效果较差。

2. LM 检验

与 DW 统计量仅检验随机误差项是否存在一阶自相关不同，LM 检验不仅可以应用于检验回归方程的残差序列是否存在高阶自相关，而且在方程中存在滞后因变量的情况下，

LM 检验仍然有效。LM 检验适用于在自回归模型中存在滞后被解释变量或高阶自相关检验。

对于自回归模型

$$y_t = a + b_0 x_t + b_1 x_{t-1} + \cdots + b_k x_{t-k} + \gamma_1 y_{t-1} + \gamma_2 y_{t-2} + \cdots + \gamma_p y_{t-p} + u_t$$

设其自相关形式为

$$u_t = \rho_1 u_{t-1} + \rho_2 u_{t-2} + \cdots + \rho_q u_{t-q} + v_t \tag{8.4.3}$$

原假设：$H_0: \rho_1 = \rho_2 = \cdots = \rho_q = 0$；备择假设：$H_1: \rho_1, \rho_2, \cdots, \rho_q$ 不全为 0。

假设检验过程如下：

(1) 利用 OLS 法估计模型，得到残差序列 e_t；

(2) 将 e_t 关于所有解释变量(包括滞后被解释变量)和残差的滞后值 $e_{t-1}, e_{t-2}, \cdots, e_{t-q}$ 进行回归，并计算出辅助回归模型的判定系数 R^2 和 $\mathrm{LM}(q) = nR^2$；

(3) 布罗斯和戈弗雷证明，在大样本情况下，渐近地有

$$\mathrm{LM}(q) = nR^2 \sim \chi^2(q) \tag{8.4.4}$$

因此，对于显著水平 α，如果 $\mathrm{LM}(q) = nR^2$ 大于临界值 $\chi^2_\alpha(q)$，则拒绝原假设 H_0，残差序列存在自相关性，否则残差序列不存在自相关性(其中 n 为辅助回归模型的样本容量)。

8.4.3 自回归模型的估计

1. 工具变量法

所谓工具变量法，就是在进行参数估计的过程中选择适当的替代变量，代替回归模型中同随机误差项存在相关性的解释变量。工具变量的选择应满足如下条件：(1)与随机误差项不相关，这是最基本的要求；(2)与所代替的解释变量高度相关，这样的工具变量与替代的解释变量才有足够的代表性；(3)与其他解释变量不相关，以免出现多重共线性。可以证明，利用工具变量法所得到的参数估计是一致估计。

在实际应用中，一般用 $\hat{y}_{t-1}$ 代替滞后因变量 y_{t-1} 进行估计，这样，一阶自回归模型就变为如下形式：

$$y_t = a^* + b_0^* x_t + b_1^* \hat{y}_{t-1} + u_t^* \tag{8.4.5}$$

其中 $\hat{y}_{t-1}$ 是 $\hat{y}_t$ 的滞后值，是因变量 y_t 对解释变量 x_t 的滞后值的回归：$\hat{y}_t = \hat{a} + \hat{b}_0 x_t + \hat{b}_1 x_{t-1} + \cdots + \hat{b}_k x_{t-k}$。

主要步骤如下：

第一，对模型 $y_t = a + b_0 x_t + b_1 x_{t-1} + \cdots + b_k x_{t-k} + u_t$ 应用经验加权法或阿尔蒙多项式估计法，设估计结果为

$$\hat{y}_t = \hat{a} + \hat{b}_0 x_t + \hat{b}_1 x_{t-1} + \cdots + \hat{b}_k x_{t-k}$$

滞后一期

$$\hat{y}_{t-1} = \hat{a} + \hat{b}_0 x_{t-1} + \hat{b}_1 x_{t-2} + \cdots + \hat{b}_k x_{t-1-k}$$

第二，以 $\hat{y}_{t-1}$ 作为工具变量代替 y_{t-1}，得到模型(8.4.5)，再对式(8.4.5)应用 OLS 法，可得参数估计值。

滞后期 k 适当选取，一般取 2 或 3。由于 x_t 与 u_t^* 不相关，$\hat{y}_t$ 作为对 x_t 滞后值的回归，与 u_t^* 也不相关，进而 $\hat{y}_t$ 与 u_t^* 不相关，因此，对模型(8.4.5)应用最小二乘法，可以得到参数的一致估计。

2. *广义差分法*

p 阶自回归模型的解释变量中含有滞后因变量，它可能与随机误差项相关，而且随机误差项还可能自相关。对于前者，选择工具变量法，即在进行参数估计的过程中选择适当的替代变量，代替回归模型中同随机误差项存在相关性的解释变量。对于后者，采用广义差分法来修正模型中随机误差项自相关问题，即用 AR(p)模型修正回归方程残差序列的自相关性。

8.5　案例分析

表 8.5.1 给出了某地区消费总额 y(亿元)和货币收入总额 x(亿元)的年度资料，试分析消费与收入的关系。

表 8.5.1　某地区消费总额和货币收入总额年度资料

年份	x	y	年份	x	y
1966	103.169	91.158	1981	215.539	204.750
1967	115.070	109.100	1982	220.391	218.666
1968	132.210	119.187	1983	235.483	227.425
1969	156.574	143.908	1984	280.975	229.860
1970	166.091	155.192	1985	292.339	244.230
1971	155.099	148.673	1986	278.116	258.363
1972	138.175	151.288	1987	292.654	275.248
1973	146.936	148.100	1988	341.442	299.277
1974	157.700	156.777	1989	401.141	345.470
1975	179.797	168.475	1990	458.567	406.119
1976	195.779	174.737	1991	500.915	462.223
1977	194.858	182.802	1992	450.939	492.662
1978	189.179	180.130	1993	626.709	539.046
1979	199.963	190.444	1994	783.953	617.568
1980	205.717	196.900	1995	890.637	727.397

方法一：经验加权法

首先使用互相关分析命令 cross，初步判断滞后期的长度。在命令窗口键入：cross　y x，输出结果见图 8.5.1。

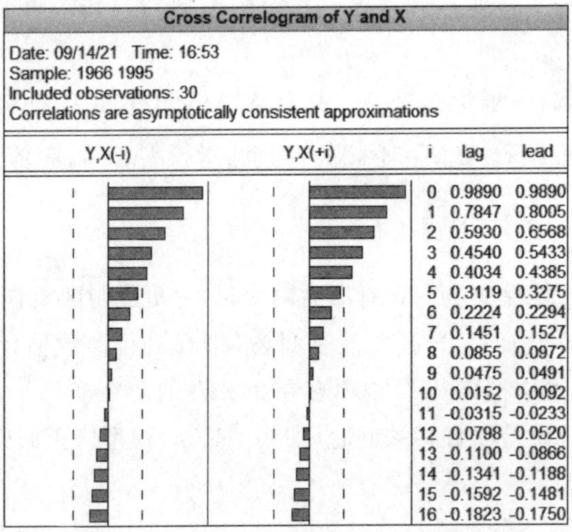

图 8.5.1　y 与 x 各期滞后值的相关系数

从图 8.5.1 中 y 与 x 各期滞后值的相关系数可知,消费总额 y 与当年和前 4 年的货币收入总额相关,因此,可以设如下形式的有限分布滞后模型

$$y_t = a + b_0 x_t + b_1 x_{t-1} + b_2 x_{t-2} + b_3 x_{t-3} + b_4 x_{t-4} + u_t \tag{8.5.1}$$

由于现期收入对消费的影响较大,后期影响小,滞后期越长,影响程度越小,因此权数应该是递减滞后结构,可取为 1/2、1/4、1/8、1/16。利用 EViews 软件具体步骤为:打开 EViews 工作文件,输入 x 和 y 的数据,生成线性组合变量

genr　z=x+0.5 * x(−1)+0.25 * x(−2)+0.125 * x(−3)+0.0625 * x(−4)

为了消除自相关性,在命令窗口输入:ls　y　c　z　ar(1)　ar(2),得到表 8.5.2 回归结果。

表 8.5.2　回归结果

Dependent Variable: Y
Method: ARMA Generalized Least Squares (BFGS)
Date: 09/14/21 Time: 16:55
Sample: 1970 1995
Included observations: 26
Convergence achieved after 7 iterations
Coefficient covariance computed using outer product of gradients
d.f. adjustment for standard errors & covariance

Variable	Coefficient	Std. Error	t-Statistic	Prob.
C	5.380700	6.675306	0.806060	0.4288
Z	0.492196	0.011124	44.24602	0.0000
AR(1)	0.796448	0.181119	4.397372	0.0002
AR(2)	-0.634676	0.227088	-2.794843	0.0106

R-squared	0.995117	Mean dependent var	284.6855
Adjusted R-squared	0.994451	S.D. dependent var	159.4936
S.E. of regression	11.88075	Akaike info criterion	7.978433
Sum squared resid	3105.347	Schwarz criterion	8.171986
Log likelihood	-99.71962	Hannan-Quinn criter.	8.034169
F-statistic	1494.486	Durbin-Watson stat	2.060186
Prob(F-statistic)	0.000000		

Inverted AR Roots	.40-.69i	.40+.69i

估计结果为

$$\hat{y}_t = 5.3807 + 0.4922 z_t$$

$$t = (0.8061) \quad (44.2460)$$

$$\bar{R}^2 = 0.9945, \quad F = 1494.486, \quad DW = 2.0602$$

将 $z_t = x_t + 0.5x_{t-1} + 0.25x_{t-2} + 0.125x_{t-3} + 0.0625x_{t-4}$ 代入 $\hat{y}_t = 5.3807 + 0.4922 z_t$ 得到如下最终结果：

$$\hat{y}_t = 5.3807 + 0.4922x_t + 0.2461x_{t-1} + 0.1231x_{t-2} + 0.0615x_{t-3} + 0.0308x_{t-4} \tag{8.5.2}$$

方法二：阿尔蒙多项式估计法

利用 EViews 软件，建立工作文件，输入样本数据，在命令窗口键入

```
ls   y   c   PDL(x,4,3)   ar(1)   ar(2)
```

得到表 8.5.3 回归结果[加入 ar(1)、ar(2)是为了消除一阶、二阶自相关]。

表 8.5.3　回归结果

Dependent Variable: Y
Method: ARMA Generalized Least Squares (BFGS)
Date: 09/14/21 Time: 17:37
Sample: 1970 1995
Included observations: 26
Convergence achieved after 10 iterations
Coefficient covariance computed using outer product of gradients
d.f. adjustment for standard errors & covariance

Variable	Coefficient	Std. Error	t-Statistic	Prob.
C	-9.363896	10.73355	-0.872395	0.3939
PDL01	0.290421	0.034787	8.348555	0.0000
PDL02	-0.065559	0.049741	-1.317989	0.2032
PDL03	-0.038670	0.018036	-2.144030	0.0452
PDL04	0.003910	0.014828	0.263700	0.7949
AR(1)	1.317913	0.192547	6.844645	0.0000
AR(2)	-0.707408	0.185277	-3.818120	0.0012

R-squared	0.998538	Mean dependent var	284.6855
Adjusted R-squared	0.998076	S.D. dependent var	159.4936
S.E. of regression	6.995659	Akaike info criterion	7.041485
Sum squared resid	929.8456	Schwarz criterion	7.380204
Log likelihood	-84.53931	Hannan-Quinn criter.	7.139024
F-statistic	2162.631	Durbin-Watson stat	2.528107
Prob(F-statistic)	0.000000		

Inverted AR Roots	.66-.52i	.66+.52i

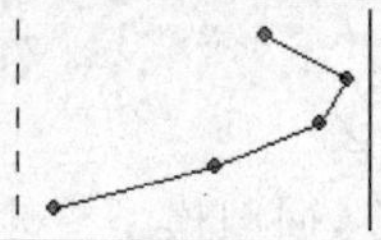

Lag Distribution ...	i	Coefficient	Std. Error	t-Statistic
	0	0.23558	0.03487	6.75533
	1	0.31340	0.03035	10.3264
	2	0.29042	0.03479	8.34855
	3	0.19010	0.05004	3.79880
	4	0.03591	0.08867	0.40494

估计结果为

$$\hat{y}_t = -9.3639 + 0.2356x_t + 0.3134x_{t-1} + 0.2904x_{t-2} + 0.1901x_{t-3} + 0.0359x_{t-4} \tag{8.5.3}$$

$$t = (-0.8724) \quad (6.7553) \quad (10.3264) \quad (8.3486) \quad (3.7988) \quad (0.4049)$$

$$\bar{R}^2=0.9981,\quad F=2162.631,\quad DW=2.5281$$

方法三：工具变量法

本期消费不仅与本期收入有关，而且与以前各期收入有关，依据持久收入假说，此时消费函数模型有如下一阶自回归形式

$$y_t=a+b_0x_t+b_1y_{t-1}+v_t \tag{8.5.4}$$

由于 y_{t-1} 是随机解释变量，还可能与 v_t 相关，因此不能直接利用 OLS 法估计模型(8.5.4)，需要利用工具变量法。将经验加权法或者阿尔蒙多项式估计法得到的估计结果，即式(8.5.2)或者式(8.5.3)中的 $\hat{y}_t$ 滞后一期，得到 $\hat{y}_{t-1}$，它作为模型(8.5.4)中 y_{t-1} 的工具变量，满足工具变量的条件。以经验加权法得到的估计结果为例，在方程窗口(表8.5.2回归结果)点击 Forecast，求出 y_f，用工具变量 $y_f(-1)$ 代替滞后被解释变量 y_{t-1}，在命令窗口键入命令：ls y c x yf(−1)，得到表8.5.4回归结果。

表8.5.4 回归结果

Dependent Variable: Y
Method: Least Squares
Date: 09/11/21 Time: 21:55
Sample (adjusted): 1973 1995
Included observations: 23 after adjustments

Variable	Coefficient	Std. Error	t-Statistic	Prob.
C	-18.16066	7.909540	-2.296045	0.0326
X	0.170750	0.072476	2.355964	0.0288
YF(-1)	0.948557	0.108407	8.749997	0.0000

R-squared	0.994698	Mean dependent var	302.0291
Adjusted R-squared	0.994168	S.D. dependent var	161.8043
S.E. of regression	12.35705	Akaike info criterion	7.987437
Sum squared resid	3053.931	Schwarz criterion	8.135545
Log likelihood	-88.85553	Hannan-Quinn criter.	8.024686
F-statistic	1876.007	Durbin-Watson stat	1.663330
Prob(F-statistic)	0.000000		

容易验证上述回归结果不存在一阶、二阶自相关，估计结果为

$$\hat{y}_t=-18.1607+0.1708x_t+0.9486\hat{y}_{t-1}$$
$$t=(-2.2960)\quad(2.3560)\quad(8.7500)$$
$$\bar{R}^2=0.9942,F=1876.007,DW=1.6633$$

将 $\hat{y}_{t-1}=5.3807+0.4922x_{t-1}+0.2461x_{t-2}+0.1231x_{t-3}+0.0615x_{t-4}+0.0308x_{t-5}$ 代入上式，得到如下最终结果：

$$\hat{y}_t=-13.0566+0.1708x_t+0.4669x_{t-1}+0.2335x_{t-2}+0.1168x_{t-3}+0.0583x_{t-4}+0.0292x_{t-5} \tag{8.5.5}$$

回归结果显示，拟合优度较高，回归参数显著不为零，回归模型整体显著，不存在一阶、二阶自相关。利用工具变量法得到的估计结果也较好地解释了居民消费与收入之间的关系。

如果将经验加权法、阿尔蒙多项式估计法和工具变量法得到的三种估计结果的拟合值依次记为 y_{f1}、y_{f2} 和 y_{f3}，则它们与观测值的拟合效果如图8.5.2所示，可以看出三种估计方法的拟合程度较好。

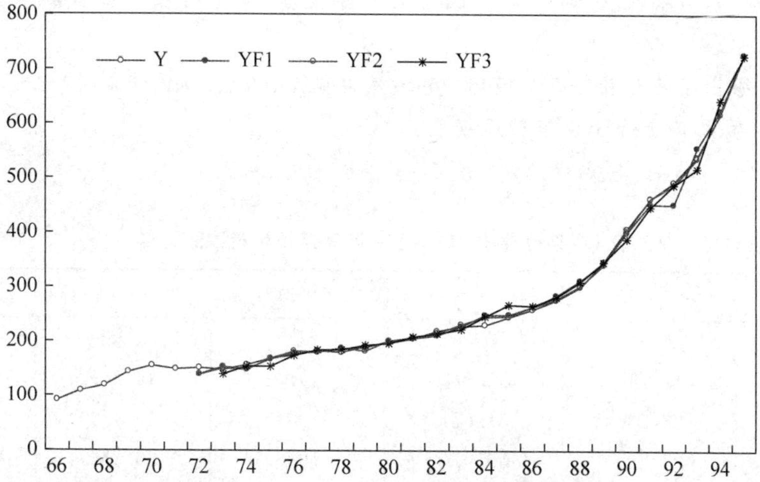

图 8.5.2　三种估计方法拟合效果图

即测即练 8.1　　**即测即练 8.2**

习　题

(1) 什么是滞后现象？产生滞后现象的主要原因有哪些？

(2) 滞后变量模型有哪几种类型？对分布滞后模型进行估计存在哪些困难？实际应用中如何处理这些困难？

(3) 试述阿尔蒙估计法的原理和步骤。

(4) 检验一阶自回归模型随机误差项是否存在自相关，为什么用德宾 h 检验而不用 DW 检验？

(5) 考察以下分布滞后模型：

$$y_t = a + b_0 x_t + b_1 x_{t-1} + b_2 x_{t-2} + b_3 x_{t-3} + u_t$$

假如用二次有限多项式变换估计这个模型后已知：

$$\hat{y}_t = 0.5 + 0.81 z_{0t} + 0.35 z_{1t} - 0.40 z_{2t}$$

式中，$z_{0t} = \sum_{i=0}^{3} x_{t-i}$，$z_{1t} = \sum_{i=0}^{3} i x_{t-i}$，$z_{2t} = \sum_{i=0}^{3} i^2 x_{t-i}$

① 求原模型中的各参数的估计值；

② 求短期乘数、中期乘数和长期乘数。

(6) 对于下列估计的模型：

投资函数：$\hat{I}_t = 120 + 0.6Y_t + 0.8Y_{t-1} + 0.4Y_{t-2} + 0.2Y_{t-3}$

消费函数：$\hat{C}_t = 280 + 0.58Y_t + 0.12C_{t-1}$

其中,I 为投资、Y 为收入、C 为消费。试分别计算投资、消费的短期乘数和长期乘数,并解释其经济含义。

(7) 表1给出了某行业1975—1994年的库存额 y(亿元)和销售额 x(亿元)的资料。试利用阿尔蒙多项式变换估计分布滞后模型:

$$y_t = a + b_0 x_t + b_1 x_{t-1} + b_2 x_{t-2} + b_3 x_{t-3} + u_t$$

表1　某行业1975—1994年库存额和销售额资料

年份	x	y	年份	x	y
1975	26.480	45.069	1985	41.003	68.221
1976	27.740	50.642	1986	44.869	77.965
1977	28.236	51.871	1987	46.449	84.655
1978	27.280	52.070	1988	50.282	90.815
1979	30.219	52.709	1989	53.555	97.074
1980	30.796	53.814	1990	52.859	101.640
1981	30.896	54.939	1991	55.917	102.440
1982	33.113	58.123	1992	62.017	107.710
1983	35.032	60.043	1993	71.398	120.870
1984	37.335	63.383	1994	82.078	147.130

(8) 表2给出了美国1970—1987年个人消费支出(CS)与个人可支配收入(I)的数据(单位:10亿美元,1982年为基期)。

表2　美国1970—1987年个人消费支出与个人可支配收入数据

年	CS	I	年	CS	I
1970	1 492.0	1 668.1	1979	2 004.4	2 212.6
1971	1 538.8	1 728.4	1980	2 004.4	2 214.3
1972	1 621.9	1 797.4	1981	2 024.2	2 248.6
1973	1 689.6	1 916.3	1982	2 050.7	2 261.5
1974	1 674.0	1 896.6	1983	2 146.0	2 331.9
1975	1 711.9	1 931.7	1984	2 249.3	2 469.8
1976	1 803.9	2 001.0	1985	2 354.8	2 542.8
1977	1 883.8	2 066.6	1986	2 455.2	2 640.9
1978	1 961.0	2 167.4	1987	2 521.0	2 686.3

考虑以下模型:

$$CS_t = a_1 + a_2 I_t + u_t$$

$$CS_t = b_1 + b_2 I_t + b_3 CS_{t-1} + u_t$$

请回答以下问题:①估计以上两模型;②估计边际消费倾向(MPC)。

(9) 表3给出了1970—1991年美国制造业固定厂房设备投资 y 与销售额 x 的相关数据(单位:亿美元)。

试就下列模型，按照一定的处理方法估计模型参数，并解释模型的经济意义，检验模型随机误差项的一阶自相关性。

① 设定模型：$y_t^* = a + bx_t + u_t$（其中 y_t^* 代表理想的厂房设备投资），运用局部调整假定。

表3 1970—1991年美国制造业固定厂房设备投资与销售额

年度	y	x	年度	y	x
1970	36.99	52.805	1981	128.68	168.129
1971	33.60	55.906	1982	123.97	163.351
1972	35.42	63.027	1983	117.35	172.547
1973	42.35	72.931	1984	139.61	190.682
1974	52.48	84.790	1985	152.88	194.538
1975	53.66	86.589	1986	137.95	194.657
1976	58.53	98.797	1987	141.06	206.326
1977	67.48	113.201	1988	163.45	223.541
1978	78.13	126.905	1989	183.80	232.724
1979	95.13	143.936	1990	192.61	239.459
1980	112.60	154.391	1991	182.81	235.142

② 如果模型设定为：$y_t^* = ax_t^b e^{u_t}$，运用局部调整假定，与①中的结果相比，你会选择哪个模型？

③ 设定模型：$y_t = a + bx_t^* + u_t$（其中 x_t^* 代表理想的销售量），运用自适应预期假定，与①中的结果相比，你认为哪个模型更合理？

④ 运用阿尔蒙二次多项式变换法，估计如下分布滞后模型

$$y_t = a + b_0 x_t + b_1 x_{t-1} + b_2 x_{t-2} + b_3 x_{t-3} + b_4 x_{t-4} + u_t$$

第9章 时间序列分析

本章学习的目的

(1) 掌握时间序列的基本概念；(2)掌握时间序列的平稳性检验方法；(3)掌握协整与误差修正模型；(4)掌握格兰杰因果关系检验；(5)了解向量自回归模型；(6)能够应用EViews软件解决时间序列的建模问题。

经济分析中所用的三类数据中，时间序列数据是其中最常见的一类数据。时间序列分析是计量经济分析的重要内容之一。在前面的几章中，我们涉及的时间序列都是平稳的(stationary)。在用一个时间序列对另一个时间序列作回归时，虽然两者之间并无任何有意义的经济关系，但常常会得到一个很高的决定系数，这种情况说明存在虚假回归(spurious regression)或伪回归，即如果有两个时间序列数据表现出一致的变化趋势(非平稳的)，即使它们之间没有任何经济关系，进行回归时也可表现出较高的决定系数。或者说，变量间本来不存在有意义的关系，回归却得出存在有意义的关系的错误结论。

这种问题之所以产生，是因为如果所涉及的时间序列显示出强劲的趋势(持续的上升或下降)，则所得到的 R^2 值是由于趋势的出现，而不是由于两者之间的真实关系。因此，判明经济变量之间的关系是真实的还是虚假的，是非常重要的问题。时间序列分析方法就是在这种情况下，以通过揭示时间序列自身的变化规律为主线而发展起来的全新的计量经济学方法论。时间序列分析已经成为现代计量经济学的重要内容，并广泛应用于经济分析之中。格兰杰(C. Granger)和恩格尔(R. Engle)因为在该领域的突出贡献而获得2003年诺贝尔经济学奖。

本章将对时间序列的基本概念以及时间序列的平稳性检验和协整理论逐一进行论述，然后阐述格兰杰因果关系检验方法与向量自回归模型。

9.1 时间序列概述

9.1.1 时间序列的数字特征

数据分类为时间序列数据、截面数据和面板数据。对按时间顺序记录的数据而言，因为存在众多的因素以不同方式和程度影响着其观测值的取值，故对每一个固定的时间 t，变量 y_t 是一个随机变量。在概率论中，我们称一族(无限多个)随机变量组成的一个有序序列 $\{y_t, t\in T\}$ 为随机过程。譬如，当 $T=(-\infty,\infty)$ 时，随机过程可以表示成 $\{y_t, -\infty<t<\infty\}$，

其中 y_t 是时间 t 的随机函数,因为在每个时刻 t,y_t 为一个随机变量。随机过程的一次观测结果称为时间序列,记为$\{y_t,t=1,2,\cdots\}$。

同描述随机变量一样,时间序列的各种数字特征——均值函数、协方差函数、自相关函数等用来描述时间序列的基本统计特性。

1. 均值函数

设$\{y_t,t=1,2,\cdots\}$是一个时间序列,称

$$\mu(t)=E(y_t)\ (t=1,2,\cdots) \tag{9.1.1}$$

为时间序列$\{y_t,t=1,2,\cdots\}$的均值函数。均值函数是用于描述时间序列数据集中趋势的最主要指标。

由于对于固定的 t,y_t 是一个随机变量,所以 $E(y_t)$是一个确定的数。当 t 变化时,$\mu(t)$是 t 的一个函数,它是时间序列$\{y_t,t=1,2,\cdots\}$的所有样本函数在时刻 t 的函数值的平均。

2. 自协方差函数

设$\{y_t,t=1,2,\cdots\}$是一个时间序列,称

$$r(t,s)=\mathrm{cov}(y_t,y_s)=E[(y_t-E(y_t))(y_s-E(y_s))]\quad(t,s=1,2,\cdots) \tag{9.1.2}$$

为时间序列$\{y_t,t=1,2,\cdots\}$的自协方差函数。

若 $t=s$,则称

$$r(t,t)=E[y_t-E(y_t)]^2=\mathrm{var}(y_t)\quad(t=1,2,\cdots) \tag{9.1.3}$$

为时间序列$\{y_t,t=1,2,\cdots\}$的方差函数,记为σ_t^2。它表示时间序列$\{y_t,t=1,2,\cdots\}$在时刻 t 对于均值$\mu(t)$的偏离程度。

3. 自相关函数

设$\{y_t,t=1,2,\cdots\}$是一个时间序列,称

$$\rho(t,s)=\frac{r(t,s)}{\sqrt{r(t,t)}\ \sqrt{r(s,s)}} \tag{9.1.4}$$

为时间序列$\{y_t,t=1,2,\cdots\}$的自相关函数。它反映了时间序列$\{y_t,t=1,2,\cdots\}$在两个不同时刻取值的线性相关程度,$|\rho|\leqslant 1$。

9.1.2 平稳和非平稳的时间序列

1. 平稳时间序列

在时间序列分析中,平稳时间序列是一类重要的特殊的随机序列。时间序列分析的基本用途就是根据过去预测未来,因此必须假定过去的发展是什么样的,将来的发展也应该是什么样的,这就是平稳性假定。所谓时间序列的平稳性,是指时间序列的统计特征不会随着时间的推移而发生变化。这样,以平稳时间序列数据作为计量经济模型变量的观测值时,其估计方法、检验过程可以采用前面几章所介绍的方法。

(1) 严平稳。当时间序列$\{y_t,t\in T\}$的统计特征不随时间而变,则称时间序列$\{y_t,t\in T\}$是平稳的。一个平稳的时间序列,从直观上可以看作一条围绕其平均值上下波动的曲线。从理论上讲,有两种意义的平稳性,一是严平稳,二是弱平稳。如果时间序列$\{y_t,t\in T\}$的

联合概率分布随时间的平移而不变,则称该时间序列是严平稳的。即严平稳时间序列需满足以下条件:

$$P\{y_{t_1} \leqslant b_1, y_{t_2} \leqslant b_2, \cdots, y_{t_n} \leqslant b_n\} = P\{y_{t_1+m} \leqslant b_1, y_{t_2+m} \leqslant b_2, \cdots, y_{t_n+m} \leqslant b_n\}$$

其中 m、n 为任意正整数,$t_1 < t_2 < \cdots < t_n$,$t_i \in T$,$b_1, b_2, \cdots, b_n$ 是实数。

根据定义可以证明独立同分布序列是严平稳的,这是最简单的严平稳序列。

(2) 弱平稳。由于在实践中上述联合概率分布很难确定,因此一般采用随机变量 $y_t(t=1,2,\cdots)$ 的均值、方差和协方差代替之。如果时间序列 $\{y_t, t=1,2,\cdots\}$ 满足下列条件,则称时间序列 $\{y_t, t=1,2,\cdots\}$ 是弱平稳的。

① 均值 $E(y_t)=\mu,(t=1,2,\cdots)$ 为常数;

② 方差 $\mathrm{var}(y_t)=E(y_t-\mu)^2=\sigma^2,(t=1,2,\cdots)$ 为常数;

③ 协方差 $\mathrm{cov}(y_t, y_{t+k})=E[(y_t-\mu)(y_{t+k}-\mu)]=r(t,t+k),(t=1,2,\cdots)$ 为仅与时间间隔有关,与时间 t 无关的常数,记为 r_k,即 $\mathrm{cov}(y_t, y_{t+k})=r_k,(k=0,1,2,\cdots)$。当 $k=0$ 时,$\mathrm{cov}(y_t, y_t)=\mathrm{var}(y_t)=r_0$,为时间序列 y_t 的方差。

通常情况下,我们所说的平稳性指的就是弱平稳性。因为平稳的时间序列有稳定的趋势(均值)、波动性(方差)和纵向联系(协方差),可以用时间序列的样本均值和方差推断各时点随机变量的分布特征,计量经济分析的参数估计和统计推断等问题可以得到解决,因此,运用平稳时间序列数据的经典回归分析是有效的,以往时间序列的回归分析实际上都隐含假设时间序列数据是平稳的。一般来说,如果一个时间序列的均值和方差在任何时间保持恒定,并且两个时期 t 和 $t+k$ 之间的协方差仅依赖于两时期之间的距离(间隔)k,而与计算这些协方差的实际时期 t 无关,则该时间序列是平稳的,并且易知它的自相关函数 $\rho(t,t+k)=\rho(0,k)$ 也仅与时间间隔 k 有关,记为 ρ_k,则有

$$\rho_k = \frac{r_k}{r_0} \tag{9.1.5}$$

当 $k=0$ 时,$\rho_0=1$;当 $k>1$ 时,$|\rho_k|<1$。

对于平稳序列而言,任何振荡的影响都是暂时的。随着时间的推移,这些影响将逐渐消失,即时间序列将回复到长期平均水平。

特别地,具有零均值、同方差、不相关的随机过程称为白噪声(white noise)过程或白噪声序列,用 u_t 表示白噪声过程,则 $E(u_t)=0$,$\mathrm{var}(u_t)=\sigma^2$,$\mathrm{cov}(u_t, u_{t+k})=0$,对所有的 t 和 $k\neq 0$ 成立。显然白噪声序列是平稳时间序列。白噪声序列 u_t 可用符号表示为

$$u_t \sim \mathrm{IID}(0,\sigma^2) \tag{9.1.6}$$

IID 表示独立同分布,是英文“Independently Identically Distributed”的缩写。

2. 非平稳时间序列

所谓时间序列的非平稳性,是指时间序列的统计特征随着时间的位移而发生变化。只要弱平稳的三个条件不全满足,则该时间序列是非平稳的。当时间序列是非平稳的时候,前面所介绍的计量经济模型方法将遇到很大的困难,这是因为其均值函数、方差函数不再是常数,自协方差函数也不仅仅是时间间隔的函数。

在经济分析中,我们所得到的许多时间序列观测值通常不是由平稳过程产生的。例如,国内生产总值 GDP 大多数情况下随时间的位移而持续增长,广义货币供给量 M_2 在正

常状态下会随时间的位移而扩大。比如说，2004 年 GDP 或 M_2 观测值的随机性质与 2014 年的 GDP 和 M_2 的随机性质有较大的区别。

下面介绍几种常见的非平稳时间序列模型。

(1) 随机游走序列

"随机游走"(random walk)一词最早于 1905 年 7 月由皮尔逊(K. Pearson)在《自然》杂志上作为一个问题提出：假如有个醉汉醉得非常严重，完全丧失方向感，把他放在荒郊野外，一段时间后再去找他，在什么地方找到他的概率最大呢？

考虑到他完全丧失方向感，那么他第 t 步的位置将是他第 $t-1$ 步的位置再加一个完全随机的位移。用数学模型来描述任意时刻这个醉汉可能的位置，即为一个随机游走模型(或醉汉模型)。

1905 年 8 月，拉雷(L. Rayleigh)对皮尔逊的这个问题做出了解答。他验证出这个醉汉离初始点的距离服从零均值正态分布。这意味着，假如有人想去寻找该醉汉的话，最好是去初始点附近找他，该地点是醉汉未来位置的无偏估计值。

作为一个最简单的 ARIMA 模型，随机游走模型目前广泛应用于计量经济学领域。传统的经济学家认为投机价格的走势类似于随机游走模型，随机游走模型也是检验有效市场理论的核心。

随机游走序列是一个简单的随机过程，y_t 由下式确定：

$$y_t = y_{t-1} + u_t \tag{9.1.7}$$

式中，u_t 为白噪声序列。y_t 的均值为

$$E(y_t) = E(y_{t-1}) + E(u_t) = E(y_{t-1}) = \cdots = E(y_0)$$

表明 y_t 的均值不随时间而变，为一常数。

为求 y_t 的方差，对 $y_t = y_{t-1} + u_t$ 进行一系列迭代

$$\begin{aligned} y_t &= y_{t-1} + u_t = y_{t-2} + u_{t-1} + u_t = y_{t-3} + u_{t-2} + u_{t-1} + u_t \\ &= \cdots = y_0 + u_1 + u_2 + \cdots + u_t = y_0 + \sum_{i=1}^{t} u_i \end{aligned}$$

式中，y_0 为 y_t 的初始值，可假定为任何常数或取初值为零，则

$$\operatorname{var}(y_t) = \operatorname{var}\left(y_0 + \sum_{i=1}^{t} u_i\right) = \sum_{i=1}^{t} \operatorname{var}(u_i) = t\sigma^2$$

表明，y_t 的方差随时间而增大，平稳性的第二个条件即方差为常数不满足，因此，随机游走时间序列是非平稳时间序列。可是，若将式(9.1.7)写成 1 阶差分形式

$$\Delta y_t = y_t - y_{t-1} = u_t$$

这个 1 阶差分变量 Δy_t 是平稳的，因为它等于白噪声序列 u_t，而后者是平稳时间序列。

(2) 带漂移项的随机游走序列

带漂移项的随机游走序列 y_t 由下式确定：

$$y_t = \alpha + y_{t-1} + u_t \tag{9.1.8}$$

式中，α 为一非零常数，u_t 为白噪声序列。

α 之所以被称为"漂移项"，是因为式(9.1.8)的 1 阶差分

$$\Delta y_t = y_t - y_{t-1} = \alpha + u_t$$

表明时间序列 y_t 向上或向下漂移，取决于 α 的符号是正还是负。$\alpha > 0$，时间序列 y_t 向上

漂移；$\alpha<0$,时间序列 y_t 向下漂移。

通过对式(9.1.8)直接迭代

$$y_t=y_0+\sum_{i=1}^{t}(\alpha+u_i)=y_0+t\alpha+\sum_{i=1}^{t}u_i$$

即 y_t 是许多随机变量的一个积累,具有明显的趋势。y_t 的期望

$$E(y_t)=y_0+t\alpha+\sum_{i=1}^{t}E(u_i)=y_0+t\alpha$$

y_t 的方差

$$\operatorname{var}(y_t)=\operatorname{var}[y_0+t\alpha+\sum_{i=1}^{t}u_i]=\sum_{i=1}^{t}\operatorname{var}(u_i)=t\sigma^2$$

均是时间 t 的函数,而且随时间发散到无穷大。显然,带漂移项的随机游走时间序列也是非平稳时间序列。

(3) 带趋势项的随机游走序列

随机游走序列(9.1.7)、(9.1.8)是比较简单的非平稳序列,它们是

$$y_t=\alpha+\beta t+y_{t-1}+u_t \tag{9.1.9}$$

的特例。式(9.1.9)称为带趋势项的随机游走序列,容易证明

$$y_t=y_0+t\alpha+\beta\sum_{i=1}^{t}i+\sum_{i=1}^{t}u_i$$

y_t 的期望

$$E(y_t)=y_0+t\alpha+\frac{1}{2}t(t+1)\beta$$

y_t 的方差

$$\operatorname{var}(y_t)=\operatorname{var}\left(y_0+t\alpha+\beta\sum_{i=1}^{t}i+\sum_{i=1}^{t}u_i\right)=\sum_{i=1}^{t}\operatorname{var}(u_i)=t\sigma^2$$

均是时间 t 的函数,而且随时间发散到无穷大。因而带趋势项的随机游走序列是非平稳时间序列。

特别地,如果 y_t 可以表示为 $y_t=\alpha+\beta t+u_t$(u_t 为白噪声序列),那么去掉时间趋势 $\alpha+\beta t$ 之后的部分 $y_t-(\alpha+\beta t)=u_t$ 就是平稳的,则称时间序列 y_t 为"趋势平稳"。

以上三种情况,其数据生成过程都可以写成如下形式:

$$y_t=a+\gamma y_{t-1}+u_t \tag{9.1.10}$$

当 $a=0,\gamma=1$ 时,式(9.1.10)就是随机游走过程；当 $a=\alpha,\gamma=1$ 时,式(9.1.10)就是带漂移项的随机游走过程；当 $a=\alpha+\beta t,\gamma=1$ 时,式(9.1.10)就是带趋势项的随机游走过程。

9.2 时间序列的平稳性检验

如果把非平稳的时间序列当作平稳序列,实际上会破坏经典线性回归模型的基本假设,用这样的非平稳序列进行回归分析,得到的 t、F、R^2 统计量是失效的,分析、检验和预测

的结果也是无效的，这对回归分析的有效性有很大的影响。时间序列的平稳性是时间序列计量分析有效性的基础，因此，时间序列的平稳性检验具有非常重要的意义。

在实际问题中，当我们取得某随机时间序列的样本数据时，首要的问题是判断它的平稳性。常见的时间序列的平稳性检验方法有以下几种：利用散点图进行平稳性判断、利用样本自相关函数进行平稳性判断、ADF 检验。

9.2.1　利用散点图进行平稳性判断

散点图是一种常用的数学工具。利用散点图进行平稳性判断是最简单的一种平稳性检验方法。首先画出该时间序列的散点图，然后直观判断散点图是否为一条围绕其平均值上下波动的曲线。如果是的话，则该时间序列是一个平稳时间序列；如果不是的话，则该时间序列是一个非平稳时间序列。

例如，对于时间序列$\{y_t, t=1,2,\cdots\}$，如果各观测点在其均值 $\bar{y}$ 水平直线上、下波动，如图 9.2.1(a)所示，则可认为该时间序列是平稳序列。如果各观测点在不同的时间段具有不同的均值(如持续上升或持续下降)，如图 9.2.1(b)所示，则可认为该时间序列是非平稳序列。

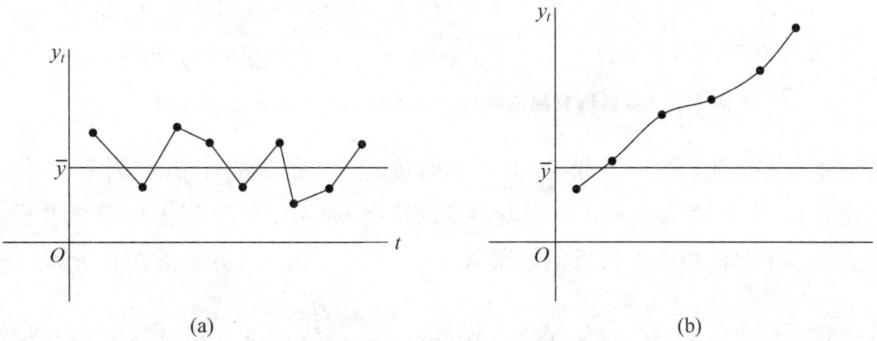

图 9.2.1　平稳时间序列与非平稳时间序列散点图

这种方法简单直观，易于判断，但是精确度不高，所以在进行科学判断的时候，一般不采取此种方法。

9.2.2　利用样本自相关函数进行平稳性判断

不同的时间序列具有不同形式的自相关函数。于是可以从时间序列的自相关函数的形状分析中，来判断时间序列的稳定性，但是，自相关函数是纯理论性的，对它所刻画的随机过程，我们通常只有有限个观测值，因此，在实际应用中，常采用样本自相关函数(auto correlation function，ACF)来判断时间序列是否为平稳过程。一个时间序列若是平稳的，则其自相关函数为单调递减的或表现为衰减的正弦的形式，我们通常称为“拖尾”现象。若自相关函数不具有“拖尾”现象，尤其是随滞后值的增加而呈现增加的趋势，则时间序列为非平稳的。

一般地,如果由样本数据计算出样本自相关函数

$$\hat{\rho}_k=\frac{\sum_{t=k+1}^{T}(y_t-\bar{y})(y_{t-k}-\bar{y})}{\sum_{t=1}^{T}(y_t-\bar{y})^2},\quad (k=1,2,\cdots)$$

当 k 增大时,$\hat{\rho}_k$ 迅速衰减,则认为该序列是平稳的;如果它衰减非常缓慢,则预示该序列为非平稳的。自相关图检验的原理是:平稳时间序列的自相关函数应该很小,并且很快趋于0,具有截尾或拖尾特征(截尾,即在某一 k 之后的所有协方差、自相关函数都为0;拖尾,即随着 k 增大,协方差、自相关函数很快下降,且不断变小)。图9.2.2给出了图9.2.1中平稳时间序列(a)与非平稳时间序列(b)样本自相关函数图。

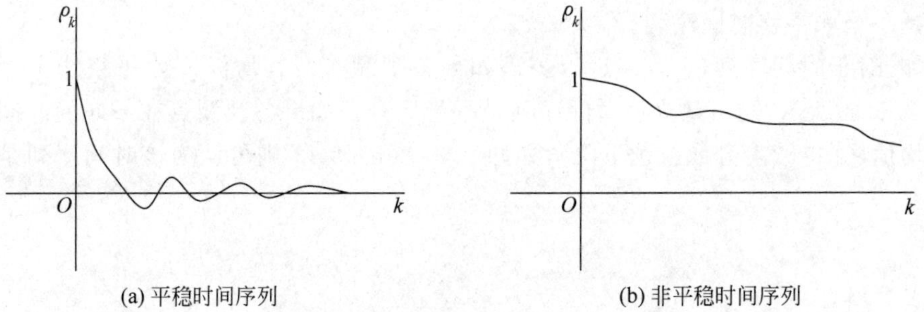

图9.2.2　平稳时间序列与非平稳时间序列样本自相关图

确定样本自相关函数某一数值 $\hat{\rho}_k$ 是否足够接近于0是非常有用的,因为它可检验对应的自相关函数 ρ_k 的真值是否为0的假设。可以证明,如果时间序列由白噪声过程生成,则对所有的 $k>0$,样本自相关函数近似地服从以0为均值,$1/n$ 为方差的正态分布,其中 n 为样本数。

检验对所有 $k>0$,自相关系数都为0的联合假设,可以通过如下 Q_{LB} 统计量进行:

$$Q_{\mathrm{LB}}=T(T+2)\sum_{k=1}^{p}\frac{\hat{\rho}_k}{T-k}\tag{9.2.1}$$

该统计量近似地服从自由度为 p 的 χ^2 分布(p 为滞后长度),T 为观测值的个数。因此,如果计算的 Q_{LB} 大于显著性水平为 α 的 χ^2 临界值,则有 $1-\alpha$ 的把握拒绝 $\hat{\rho}_k(k>0)$ 为0的假设。

例9.2.1　检验中国1978—2015年国内生产总值GDP时间序列(见第3章表3.5.1)的平稳性。

1978—2015年中国GDP时间序列图9.2.3(a)表现了一个持续上升的过程,因此可初步判断是非平稳的。而且从它们的样本自相关系数[见图9.2.3(b)]的变化看,也是缓慢下降的,再次表明它们的非平稳性。这样,我们得出的结论是1978—2015年中国GDP时间序列是非平稳序列。

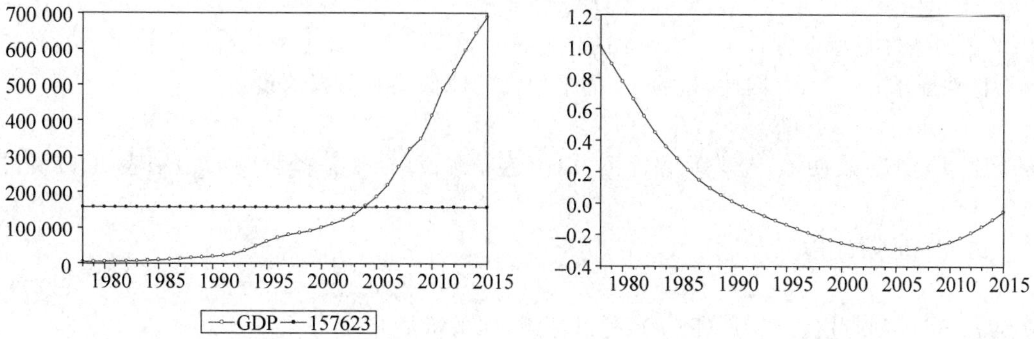

(a)　　　　　　　　　　　　　　(b)

图 9.2.3　1978—2015 年中国 GDP 时间序列及其样本自相关图

9.2.3　单位根检验

对时间序列的平稳性除了通过图形直观判断外，运用统计量进行统计检验则是更为准确与重要的。单位根(unit root test)检验是统计检验中普遍应用的一种检验方法。

单位根检验方法有多种，这里主要介绍 DF 和 ADF 检验。

1. 单位根

在式(9.1.10)中，如果 $a=0$，则有

$$y_t=\gamma y_{t-1}+u_t \tag{9.2.2}$$

其中 u_t 为白噪声序列，式(9.2.2)称为 1 阶自回归过程，记为 AR(1)，可以证明当 $|\gamma|<1$ 时是平稳的，$|\gamma|\geqslant 1$ 时则为非平稳过程。实际上

$$\begin{aligned}y_t&=\gamma y_{t-1}+u_t=u_t+\gamma y_{t-1}\\&=u_t+\gamma(u_{t-1}+\gamma y_{t-2})=u_t+\gamma u_{t-1}+\gamma^2 y_{t-2}\\&=u_t+\gamma u_{t-1}+\gamma^2(u_{t-2}+\gamma y_{t-3})=u_t+\gamma u_{t-1}+\gamma^2 u_{t-2}+\gamma^3 y_{t-3}\\y_t&=u_t+\gamma u_{t-1}+\gamma^2 u_{t-2}+\gamma^3 u_{t-3}+\cdots\end{aligned}$$

因此当 $|\gamma|<1$ 时，有：

(1) $E(y_t)=0$；

(2) $D(y_t)=\sigma^2(1+\gamma^2+\gamma^4+\gamma^6+\cdots)=\dfrac{\sigma^2}{1-\gamma^2}$；

(3) $$\begin{aligned}r_k&=\mathrm{cov}(y_t,y_{t+k})\\&=E(u_t+\gamma u_{t-1}+\gamma^2 u_{t-2}+\cdots)(u_{t+k}+\gamma u_{t+k-1}+\gamma^2 u_{t+k-2}+\cdots)\\&=\sigma^2(\gamma^k+\gamma^{k+2}+\gamma^{k+4}+\cdots)=\frac{\sigma^2\gamma^k}{1-\gamma^2}\end{aligned}$$

所以，当 $|\gamma|<1$ 时，y_t 满足平稳性的三个条件。

$y_t=\gamma y_{t-1}+u_t$ 可写成

$$y_t-\gamma y_{t-1}=u_t \quad 或 \quad (1-\gamma L)y_t=u_t \tag{9.2.3}$$

式中，L 为滞后运算符，其作用是取时间序列的滞后。如 y_t 的一期滞后可表示为 $L(y_t)$，即

$$L(y_t)=y_{t-1}$$

y_t 平稳的条件是特征方程 $1-\gamma L=0$ 的根的绝对值大于1。此方程仅有一个根 $L=1/\gamma$,因而平稳性要求 $|\gamma|<1$。因此,检验 y_t 的平稳性的原假设和备择假设为

$$H_0: |\gamma|\geqslant 1; \quad H_1: |\gamma|<1$$

接受原假设 H_0 表明 y_t 是非平稳序列,而拒绝原假设(接受备择假设 H_1)则表明 y_t 是平稳序列。

更一般地,我们将

$$y_t=\gamma_1 y_{t-1}+\gamma_2 y_{t-2}+\cdots+\gamma_p y_{t-p}+u_t \tag{9.2.4}$$

称为 p 阶自回归过程,记为 AR(p),可以证明,如果特征方程

$$1-\gamma_1 L-\gamma_2 L^2-\cdots-\gamma_p L^p=0 \tag{9.2.5}$$

的所有根的绝对值均大于1(或所有根的绝对值在单位圆之外),则模型(9.2.4)是平稳的,否则为非平稳的。如果特征方程有一个根为1,则称 y_t 有一个单位根。

在 $\gamma=1$ 情况下,即若原假设为真,则式(9.2.2)就是随机游走过程,它是非平稳的。因此,在某种程度上,检验非平稳性就是检验 $\gamma=1$,或者说,就是检验单位根。因此,要判断一个时间序列是否为平稳的,可通过式(9.2.2)判断它是否有单位根。这就是时间序列的单位根检验。换句话说,单位根是表示非平稳性的另一方式。这样一来,对非平稳性的检验就转化为对单位根的检验,这就是单位根检验方法的由来。

式(9.2.2)可变成差分形式:

$$\Delta y_t=(\gamma-1)y_{t-1}+u_t=\delta y_{t-1}+u_t \tag{9.2.6}$$

检验式(9.2.2)是否存在单位根 $\gamma=1$,也可以通过式(9.2.6)判断是否有 $\delta=0$。式(9.2.2)中的参数 $\gamma\geqslant 1$ 时,时间序列 y_t 是非平稳的,对应于式(9.2.6),则是 $\delta\geqslant 0$。

因此,针对式(9.2.2),原假设和备择假设分别是

原假设: H_0: $\gamma=1$(y_t 非平稳); 备择假设: H_1: $\gamma<1$(y_t 平稳)

针对式(9.2.6),原假设和备择假设分别是

原假设: H_0: $\delta=0$(y_t 非平稳); 备择假设: H_1: $\delta<0$(y_t 平稳)

在 $\delta=0$ 的情况下,即若原假设为真,则相应的随机过程是非平稳的。换句话说,非平稳性或单位根问题,可表示为 $\gamma=1$ 或 $\delta=0$。从而我们可以将检验时间序列 y_t 的非平稳性的问题简化成在方程(9.2.2)的回归中,检验参数 $\gamma=1$ 是否成立,或者在方程(9.2.6)的回归中,检验参数 $\delta=0$ 是否成立。这类检验可分别用两个 t 进行检验

$$t_\gamma=\frac{\hat{\gamma}-1}{s(\hat{\gamma})} \quad \text{或} \quad t_\delta=\frac{\hat{\delta}}{s(\hat{\delta})} \tag{9.2.7}$$

式中,$s(\hat{\gamma})$ 和 $s(\hat{\delta})$ 分别为参数估计值 $\hat{\gamma}$ 和 $\hat{\delta}$ 的标准误差。实际上,t_γ 和 t_δ 分别为式(9.2.2)和式(9.2.6)中回归系数中的 t 统计量值。

根据线性回归分析中的显著性检验方法,可先用 OLS 估计 γ 或 δ,计算出 t_γ 或 t_δ,给定显著性水平 α,得到 t 分布的临界值,判断 γ 或 δ 的显著性。然而,这个 t 统计量不能使用标准 t 分布表中的临界值,因为在原假设下,y_t 是非平稳的,t 分布表不再适用。也就是说,如果时间序列是非平稳的,那么式(9.2.7)计算的值不服从 t 分布(它的极限分布收敛于维纳过程的函数),因而不能使用 t 分布表的临界值判断 γ 或 δ 的显著性,需要用另外的分布表。Fuller(1976)推导了检验统计量的极限分布,Dickey(1976)计算出给定样本容量条件下的经验近似值,因此,这个检验被称作 DF(Dickey-Fuller test)检验。此后,麦金农(Mackinnon,1991)

采用了比 Dickey-Fuller 表更多的重复实验，并在这些重复实验的基础上估计了响应面函数。利用响应面函数可以计算任何样本容量和不同检验式条件下的 Dickey-Fuller 临界值。

2. DF 检验

早在 20 世纪七八十年代，美国学者迪克(D. A. Dickey)和福勒(W. A. Fuller)在其一系列文章中，建立了一种检验单位根的方法。这种方法在检验时间序列平稳性中起着非常重要的作用，该方法也称为迪克-福勒单位根检验法。迪克、福勒通过蒙特卡罗模拟方法，编制了式(9.2.6)中 t_δ 统计量的临界值表，表中所列已非传统的 t 统计值，他们称之为 τ 统计量(也称 DF 统计量)。这些临界值如附表 7 所示。检验仍然采用 OLS 法估计式(9.2.6)，并计算 t 统计量的值，与 DF 分布表中的给定显著性水平下的临界值比较。如果 t 统计量的值小于临界值(左尾单侧检验)，这意味着 δ 足够的小，则拒绝原假设：$H_0: \delta=0$，认为时间序列不存在单位根，是平稳的，反之，时间序列是非平稳的。

该表由麦金农(R. Mackinnon)通过蒙特卡罗模拟法加以扩充。将附表 7 中临界值与标准 t 分布表中临界值相比较，τ 值要比相应的 t 值大得多。

DF 检验按以下两步进行：

第一步，对式(9.2.6)执行 OLS 回归，即估计

$$\Delta y_t = \delta y_{t-1} + u_t \tag{9.2.8}$$

得到常规 t_δ 统计量值。

第二步，检验假设

$$H_0: \delta = 0; \quad H_1: \delta < 0$$

用上一步得到的 t_δ 值与附表 7 中查到的 τ 临界值比较。判别准则是，若 $t_\delta > \tau$(表 7 中 ADF 检验临界值)，则接受原假设 H_0，即 y_t 非平稳；若 $t_\delta < \tau$，则拒绝原假设 H_0，y_t 为平稳序列。

迪克和福勒注意到 τ 临界值依赖于回归方程的类型，因此他们同时还编制了与另外两类方程相对应的 τ 统计表，这两类方程是

$$\Delta y_t = \alpha + \delta y_{t-1} + u_t \tag{9.2.9}$$

$$\Delta y_t = \alpha + \beta t + \delta y_{t-1} + u_t \tag{9.2.10}$$

两者的 τ 临界值亦列在附表 7 中。尽管三种方程的 τ 临界值有所不同，但有关时间序列平稳性的检验依赖的都是 y_{t-1} 的系数 δ，而与 α、β 无关。

例 9.2.2　根据 DF 检验法检验中国 1978—2015 年 GDP 时间序列(第 3 章表 3.5.1)的平稳性。

利用表 3.5.1 中的 GDP 时间序列数据，估计与式(9.2.8)、式(9.2.9)和式(9.2.10)相对应的方程。

利用 EViews 软件，建立工作文件，输入样本数据，在命令窗口输入命令

```
LS    D(GDP)    GDP(-1)
LS    D(GDP)    C    GDP(-1)
LS    D(GDP)    C    @TREND(1978)    GDP(-1)
```

其估计结果如下。

估计结果(1)

$$\Delta\widehat{GDP}_t = 0.113\,0 GDP_{t-1}$$
$$t = (14.709\,6)$$
$$R^2 = 0.748\,7, \quad DW = 0.825\,2$$

估计结果(2)

$$\Delta\widehat{\text{GDP}}_t = 3\,794.096 + 0.102\,8\text{GDP}_{t-1}$$
$$t = (1.722\,7) \qquad (10.773\,6)$$
$$\bar{R}^2 = 0.761\,7, \quad F = 116.070\,4, \quad \text{DW} = 0.877\,0$$

估计结果(3)

$$\Delta\widehat{\text{GDP}}_t = -5\,299.632 + 775.489\,8t + 0.063\,4\text{GDP}_{t-1}$$
$$t = (-1.326\,8) \quad (2.645\,7) \qquad (3.667\,7)$$
$$\bar{R}^2 = 0.796\,6, \quad F = 71.483\,7, \quad \text{DW} = 0.994\,6$$

在这三种情况下,t_δ 依次为 14.709 6、10.773 6 和 3.667 7,分别大于附表 7 中 0.01～0.10 的各种显著性水平下的 τ 值。因此,三种情况下都不能拒绝原假设,即中国 GDP 时间序列有一个单位根,换句话说,它是非平稳序列。

上述检验可直接利用 EViews 软件进行检验。在工作文件窗口,双击 GDP,打开 GDP 序列,在 View 菜单选择 Unit Root Test,然后选择无常数项、无截距项,有常数项、无截距项,有常数项、有截距项,滞后阶数选 0 即可得到上述回归结果。

3. ADF 检验

在上述使用式(9.2.8)、式(9.2.9)、式(9.2.10)对时间序列进行平稳性检验中,实际上假定了时间序列是由 1 阶自回归过程 AR(1)生成的。但在实际检验中,时间序列可能由更高阶的自回归过程 AR(p)生成,或者随机误差项并非是白噪声,这样用 OLS 法进行估计均会表现出随机误差项出现自相关,导致 DF 检验无效。另外,如果时间序列包含有明显的随时间变化的某种趋势(如上升或下降),则也容易导致上述检验中的随机误差项出现自相关问题。

为了保证 DF 检验中随机误差项的白噪声特性,迪克和富勒对 DF 检验进行了扩充,形成了扩展的迪克-福勒检验(augmented Dickey-Fuller test,ADF)。ADF 检验是通过下面三个模型完成的。

模型(1) $$\Delta y_t = \delta y_{t-1} + \sum_{j=1}^{p} \lambda_j \Delta y_{t-j} + u_t \tag{9.2.11}$$

模型(2) $$\Delta y_t = \alpha + \delta y_{t-1} + \sum_{j=1}^{p} \lambda_j \Delta y_{t-j} + u_t \tag{9.2.12}$$

模型(3) $$\Delta y_t = \alpha + \beta t + \delta y_{t-1} + \sum_{j=1}^{p} \lambda_j \Delta y_{t-j} + u_t \tag{9.2.13}$$

模型(3)中的 t 是时间变量,代表了时间序列随时间变化的某种趋势。原假设都是 H_0:$\delta=0$,即存在单位根。模型(1)与另外两模型的差别在于是否包含有常数项和趋势项。

福勒得出了一个重要的结论:y_{t-1} 的系数的 ADF 统计量的极限分布独立于 ADF 回归中所包含的滞后差分项的个数。

实际检验时从模型(3)开始,然后模型(2),模型(1)。何时检验拒绝原假设($t_\delta<\tau$),即原序列不存在单位根,为平稳序列,何时停止检验。否则,就要继续检验,直到检验完模型(1)为止。检验原理与 DF 检验相同,只是对模型(1)(2)(3)进行检验时,有各自相应的临界值表。附表 7 给出了三个模型所使用的 ADF 分布临界值表。

一个简单的检验是同时估计出上述三个模型的适当形式,然后通过 ADF 临界值表检

验原假设 $H_0:\delta=0$。只要其中有一个模型的检验结果拒绝了原假设($t_\delta<\tau$)，就可以认为时间序列是平稳的。当三个模型的检验结果都不能拒绝原假设时($t_\delta>\tau$)，则认为时间序列是非平稳的。这里所谓模型适当的形式就是在每个模型中选取适当的滞后差分项，使模型的残差项是一个白噪声(主要保证不存在自相关)。一般选择能保证 u_t 是白噪声的最小的 p 值。在实际操作中，参数 p 视具体情况而定。

例 9.2.3　利用 ADF 检验法检验中国 1978—2015 年 GDP 时间序列(第 3 章表 3.5.1)的平稳性。

对于 EViews 而言，在工作文件窗口中双击序列，从而打开数据窗口。点击 View 按钮，选择 Unit Root Test 功能，弹出一个单位根检验对话框(如图 9.2.4)，共有 4 个选择区。①Test type(检验方法)：包括 6 种检验方法，默认选择是 ADF 检验。②Test for unit root in(所检验的序列)：默认选择是对原序列(Level)做单位根检验。③Include in test equation(选择不同检验式)：默认选择是检验式中只包括截距项。其他两种选择是检验式中包括趋势项和截距项，检验式中不包括趋势项和截距项。④Lag length(检验式中差分项的最大滞后期数)：自动选择包括 6 种选择标准，也可以在最大滞后期(Maximum)选择区自己设定。

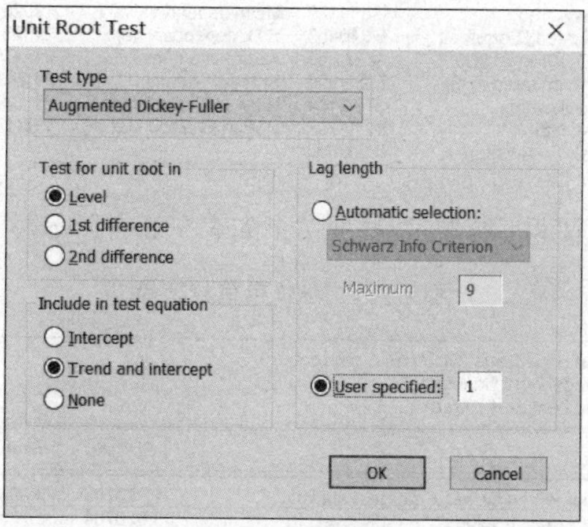

图 9.2.4　单位根检验

对于本例，在工作文件窗口，打开序列 GDP，在序列 GDP 页面点击左上方的 View 键并选择 Unit Root Test，经过尝试，模型(3)选取了 1 阶滞后，检验结果如表 9.2.1 所示。

由表 9.2.1 可得

$$\Delta\widehat{GDP}_t=-4\,395.079+581.210\,2t+0.010\,6GDP_{t-1}+0.591\,6\Delta GDP_{t-1}$$

$$t=(-1.128\,5)\quad(2.024\,2)\qquad(0.480\,8)\qquad(3.265\,6)$$

$$\bar{R}^2=0.840\,5,\quad F=62.457\,1,\quad DW=1.934\,8$$

模型通过整体显著性检验，也不存在自相关。其中，$p=1$，$n=36$，单位根的 t_δ 统计量值($\delta=0$)为 0.480 8，大于附表 7(含有常数项和时间趋势)中 0.01～0.10 的各种显著性水平下的 τ 值。因此，在此种情况下不能拒绝 GDP 时间序列存在单位根的原假设。从回归结果看，ADF=0.480 8，分别大于显著性水平为 10%、5%和 1%的临界值，因此，不能拒绝 GDP 时间序列存在单位根的原假设，时间序列 GDP 可能存在单位根，需要进一步检验模型(2)。

表 9.2.1 单位根检验结果

Null Hypothesis: GDP has a unit root
Exogenous: Constant, Linear Trend
Lag Length: 1 (Fixed)

		t-Statistic	Prob.*
Augmented Dickey-Fuller test statistic		0.480764	0.9988
Test critical values:	1% level	-4.234972	
	5% level	-3.540328	
	10% level	-3.202445	

*MacKinnon (1996) one-sided p-values.

Augmented Dickey-Fuller Test Equation
Dependent Variable: D(GDP)
Method: Least Squares
Date: 09/14/21 Time: 17:55
Sample (adjusted): 1980 2015
Included observations: 36 after adjustments

Variable	Coefficient	Std. Error	t-Statistic	Prob.
GDP(-1)	0.010645	0.022141	0.480764	0.6340
D(GDP(-1))	0.591571	0.181150	3.265647	0.0026
C	-4395.079	3894.533	-1.128526	0.2675
@TREND("1978")	581.2102	287.1376	2.024152	0.0514

R-squared	0.854129	Mean dependent var	19026.43
Adjusted R-squared	0.840453	S.D. dependent var	21598.23
S.E. of regression	8627.053	Akaike info criterion	21.06763
Sum squared resid	2.38E+09	Schwarz criterion	21.24358
Log likelihood	-375.2174	Hannan-Quinn criter.	21.12904
F-statistic	62.45707	Durbin-Watson stat	1.934842
Prob(F-statistic)	0.000000		

经试验,模型(2)选取了1阶滞后,检验结果如表9.2.2所示。

表 9.2.2 单位根检验结果

Null Hypothesis: GDP has a unit root
Exogenous: Constant
Lag Length: 1 (Fixed)

		t-Statistic	Prob.*
Augmented Dickey-Fuller test statistic		1.372700	0.9985
Test critical values:	1% level	-3.626784	
	5% level	-2.945842	
	10% level	-2.611531	

*MacKinnon (1996) one-sided p-values.

Augmented Dickey-Fuller Test Equation
Dependent Variable: D(GDP)
Method: Least Squares
Date: 09/14/21 Time: 18:03
Sample (adjusted): 1980 2015
Included observations: 36 after adjustments

Variable	Coefficient	Std. Error	t-Statistic	Prob.
GDP(-1)	0.029000	0.021126	1.372700	0.1791
D(GDP(-1))	0.689175	0.182625	3.773725	0.0006
C	2501.860	1972.670	1.268261	0.2136

R-squared	0.835452	Mean dependent var	19026.43
Adjusted R-squared	0.825479	S.D. dependent var	21598.23
S.E. of regression	9022.818	Akaike info criterion	21.13256
Sum squared resid	2.69E+09	Schwarz criterion	21.26452
Log likelihood	-377.3860	Hannan-Quinn criter.	21.17861
F-statistic	83.77442	Durbin-Watson stat	1.926772
Prob(F-statistic)	0.000000		

由表 9.2.2 可得

$$\Delta \widehat{GDP}_t = 2\,501.860 + 0.029\,0GDP_{t-1} + 0.689\,2\Delta GDP_{t-1}$$
$$t = (1.268\,3) \qquad (1.372\,7) \qquad (3.773\,7)$$
$$\bar{R}^2 = 0.825\,5, \quad F = 83.774\,4, \quad DW = 1.926\,8$$

模型通过整体显著性检验,也不存在自相关。从回归结果看,ADF=1.372 7,分别大于显著性水平为10%、5%和1%的临界值,因此,不能拒绝 GDP 时间序列存在单位根的原假设,时间序列 GDP 可能存在单位根,需要进一步检验模型(1)。

经试验,模型(1)选取了 1 阶滞后,检验结果如表 9.2.3 所示。

表 9.2.3　单位根检验结果

Null Hypothesis: GDP has a unit root
Exogenous: None
Lag Length: 1 (Fixed)

		t-Statistic	Prob.*
Augmented Dickey-Fuller test statistic		1.439241	0.9601
Test critical values:	1% level	-2.630762	
	5% level	-1.950394	
	10% level	-1.611202	

*MacKinnon (1996) one-sided p-values.

Augmented Dickey-Fuller Test Equation
Dependent Variable: D(GDP)
Method: Least Squares
Date: 09/14/21 Time: 18:06
Sample (adjusted): 1980 2015
Included observations: 36 after adjustments

Variable	Coefficient	Std. Error	t-Statistic	Prob.
GDP(-1)	0.030620	0.021275	1.439241	0.1592
D(GDP(-1))	0.734690	0.180659	4.066722	0.0003

R-squared	0.827431	Mean dependent var	19026.43
Adjusted R-squared	0.822356	S.D. dependent var	21598.23
S.E. of regression	9103.199	Akaike info criterion	21.12459
Sum squared resid	2.82E+09	Schwarz criterion	21.21257
Log likelihood	-378.2427	Hannan-Quinn criter.	21.15530
Durbin-Watson stat	1.926272		

由表 9.2.3 可得

$$\Delta \widehat{GDP}_t = 0.030\,6GDP_{t-1} + 0.734\,7\Delta GDP_{t-1}$$
$$t = \quad (1.439\,2) \qquad (4.066\,7)$$
$$\bar{R}^2 = 0.822\,4, \quad DW = 1.926\,3$$

模型通过整体显著性检验,也不存在自相关。从回归结果看,ADF=1.439 2,分别大于显著性水平为10%、5%和1%的临界值,因此,不能拒绝 GDP 时间序列存在单位根的原假设。

至此,可断定中国 GDP 时间序列是非平稳的。

4. Phillips-Perron 检验

另一种单位根检验方法是由 Phillips 和 Perron(1988)提出的。与 ADF 检验相类似,Phillips-Perron(PP)检验是对下面方程中假设 $\gamma=1$ 的检验。

$$\Delta y_t = a + \gamma y_{t-1} + u_t$$

但与 ADF 检验不同的是,这里没有滞后差分项,而且,这个等式是用普通最小二乘法估计的(可以选择加入常数项和时间趋势项)。

进行 Phillips-Perron 检验,需要遵循与 ADF 检验相同的步骤:打开序列窗口,点击工具栏中的 View 键,选择 Unit Root Test(单位根检验)功能,填写相应的对话框。

9.2.4 单整

从式(9.1.7)即 $y_t=y_{t-1}+u_t$ 可知,随机游走序列是非平稳的,经过1阶差分 $\Delta y_t=y_t-y_{t-1}=u_t$ 后是平稳序列。如果一个时间序列经过1阶差分变成平稳的,就称原序列是1阶单整序列,记为 $I(1)$。若非平稳序列必须取2阶差分($\Delta^2 y_t=\Delta y_t-\Delta y_{t-1}$)才变为平稳序列,则称原序列是2阶单整序列,记为 $I(2)$。一般地,若一个非平稳序列 y_t 经过 d 阶差分[$\Delta^d y_t=\Delta(\Delta^{d-1} y_t)$]后为平稳序列,则称这个时间序列是 d 阶单整序列(integrated of d),记为 $I(d)$。

对于 $y_t=y_{t-1}+u_t$,由定义可知:$y_t \sim I(1)$。平稳序列是零阶单整的,记作 $I(0)$,表示的是平稳序列,意味着该序列无须差分即是平稳的。大多数经济变量是1阶单整的,即经过1阶差分变换即可变成平稳时间序列。例如,消费、收入、物价水平等时间序列一般都是1阶单整的。

如果一个序列不管差分多少次,也不能变为平稳序列,这种序列称为非单整的(nonintegrated)。

例 9.2.4 检验例 9.2.1 中国 GDP 时间序列的单整性。

在工作文件窗口,双击 GDP 序列,打开 GDP 序列窗口,在 GDP 序列窗口选择 View\unit root test,在出现的对话框中,选择 2st difference,在滞后阶数中,填入1,单整检验结果如表 9.2.4 所示。

表 9.2.4 单整检验结果

Null Hypothesis: D(GDP,2) has a unit root
Exogenous: None
Lag Length: 0 (Fixed)

		t-Statistic	Prob.*
Augmented Dickey-Fuller test statistic		-6.743600	0.0000
Test critical values:	1% level	-2.632688	
	5% level	-1.950687	
	10% level	-1.611059	

*MacKinnon (1996) one-sided p-values.

Augmented Dickey-Fuller Test Equation
Dependent Variable: D(GDP,3)
Method: Least Squares
Date: 09/14/21 Time: 18:09
Sample (adjusted): 1981 2015
Included observations: 35 after adjustments

Variable	Coefficient	Std. Error	t-Statistic	Prob.
D(GDP(-1),2)	-1.146626	0.170032	-6.743600	0.0000

R-squared	0.572174	Mean dependent var	-106.1943
Adjusted R-squared	0.572174	S.D. dependent var	14201.14
S.E. of regression	9288.739	Akaike info criterion	21.13915
Sum squared resid	2.93E+09	Schwarz criterion	21.18359
Log likelihood	-368.9351	Hannan-Quinn criter.	21.15449
Durbin-Watson stat	2.126205		

$$\Delta^3 \widehat{\mathrm{GDP}}_t = -1.1466\Delta^2 \mathrm{GDP}_{t-1}$$
$$t = (-6.7436)$$
$$\bar{R}^2 = 0.5722, \quad \mathrm{DW} = 2.1262$$

经检验可知，中国 GDP 是 2 阶单整的，即 $\mathrm{GDP}_t \sim I(2)$。

9.3　协整与误差修正模型

把非平稳的时间序列数据用于平稳性序列为基础的计量经济回归分析，会影响回归分析的有效性，因此，应该避免这种情况发生。这也正是检验时间序列平稳性的根本原因。但检验时间序列的目的并不是淘汰数据，因为简单地排除数据会浪费这些数据所包含的信息，甚至会导致计量分析无法进行。平稳性检验的根本目的是更好地利用数据。

协整理论发现，把两个或两个以上非平稳时间序列进行特殊组合可能出现平稳性。协整理论的主要研究对象是在两个以上非平稳时间序列中寻找一种均衡关系，该理论的提出对于用非平稳经济变量建立计量经济模型，以及检验这些变量之间是否存在长期均衡关系具有非常重要的意义。

协整理论是从经济变量的数据中所显示的关系出发，确定模型包含的变量和变量之间的理论关系。这是 20 世纪 80 年代以来计量经济模型建模理论的一个重大发展。协整理论(cointegration)是格兰杰(C. Granger)和恩格尔(R. Engle)于 20 世纪 80 年代初正式提出的。随后，这一理论在国际上得到了日益广泛的应用，并在实践中得到了进一步发展。目前，在利用时间序列资料建立模型时，对协整关系的检验已经成为必不可少的一步。因此，许多学者认为协整理论是 40 年来计量经济学最重要的进展。

9.3.1　协整

经典回归模型是建立在平稳数据变量基础上的。对于非平稳时间序列，不能使用经典回归模型，否则会出现虚假回归等问题。由于许多经济变量是非平稳的，这就给经典的回归分析方法带来了很大限制。如何解决这一问题？由此引出了协整的概念。

1. 协整的概念

我们先回顾一下均衡的概念。均衡是指一种稳定、不再变动的状态。当一个经济系统达到均衡时，来自外界的干扰只会暂时使经济系统偏离均衡点，而内在均衡机制最终会使系统回到稳定的状态。

若两个变量 x、y 处于均衡状态，则偏差为零。然而，由于受各种因素的影响，x、y 并不总是处于均衡位置上，从而使偏差 u 不等于 0，u 称为非均衡误差。当系统偏离均衡点时，对于具有均衡机制的经济系统来说，其将在下一期移向均衡点。这也就是说，在不断出现非均衡误差的过程中，均衡机制始终维持着系统的均衡状态。

例如，宏观消费与国民收入可能存在这种均衡关系。消费与国民收入两个变量在多数情况下都表现出非平稳的特征，但二者却存在稳定的比率关系，其非均衡误差在一定的范围内波动。当消费过高，也就是高出均衡的消费，则积累就要相对减少，从而影响再生产规模的进一步扩大，最终影响经济发展，这样会使下一期的消费不会再无止境地上升，而是相应地有所减少,回落到均衡状态。当这个比例过低时,则下期的消费也会相应地增加。在实际经济生活中,许多经济变量之间存在均衡机制,可以根据实际需求选择恰当的数据进行分析。

在上面均衡分析的基础上,我们来理解协整的概念。协整分析主要应用于短期动态关系易受随机扰动的显著影响,而长期关系又受经济均衡关系约束的经济系统。如果某些经济变量间确实存在着长期均衡关系,则这种均衡关系意味着经济系统不存在破坏均衡的内在机制。如果变量在某时期受到干扰后偏离其长期均衡点,则均衡机制将会在下一期进行调整以使其重新回到均衡状态。

通俗地说,协整意味着变量之间存在长期的均衡关系。例如,从长期看,如果消费与收入之间存在一个均衡比例,消费与收入的关系虽然常常偏离这个比例,但这种偏离只是随机的、暂时的,则消费与收入的这种关系就是协整关系。许多经济变量是非平稳的,但它们的线性组合也可能成为平稳的,即协整。下面给出协整(cointegration)的正式定义。

如果序列 $x_{1t},x_{2t},\cdots,x_{kt}$ 都是 d 阶单整的,存在向量 $\boldsymbol{\alpha}=(\alpha_1,\alpha_2,\cdots,\alpha_k)$,使得 $z_t=\boldsymbol{\alpha X}_t'\sim I(d-b)$,其中 $d\geqslant b>0$,$\boldsymbol{X}_t=(x_{1t},x_{2t},\cdots,x_{kt})'$,则称序列 $x_{1t},x_{2t},\cdots,x_{kt}$ 是 (d,b) 阶协整,记为:$\boldsymbol{X}_t\sim \mathrm{CI}(d,b)$,$\boldsymbol{\alpha}$ 称为协整向量(cointegrated vector)。

由此可见,如果两个变量都是单整变量,只有当它们的单整阶数相同时,才可能协整;如果它们的单整阶数不相同,则不可能协整。

从协整的定义可以看出,(d,d) 阶协整是一类非常重要的协整关系,它的经济意义在于:两个变量,虽然它们具有各自的长期波动规律,但是如果它们是 (d,d) 阶协整的,则它们之间存在一个长期稳定的比例关系。

让我们考虑下面的关系:$y_t=b_0+b_1x_t$,式中,$y_t\sim I(1)$,$x_t\sim I(1)$。当 $0=y_t-b_0-b_1x_t$ 时,y_t 与 x_t 的关系处于长期均衡状态。对长期均衡的偏离,称为均衡误差,记为 u_t,即 $u_t=y_t-b_0-b_1x_t$。若长期均衡存在,则均衡误差应当围绕均衡值 0 波动。也就是说,均衡误差 u_t 应当是一个平稳时间序列,即应有 $u_t\sim I(0)$,$E(u_t)=0$。按照协整的定义,由于 $y_t\sim I(1)$,$x_t\sim I(1)$,且线性组合 $u_t=y_t-b_0-b_1x_t\sim I(0)$,因此,我们可以说 y_t 和 x_t 是(1,1)阶协整的,即 $y_t,x_t\sim \mathrm{CI}(1,1)$,协整向量是 $(1,-b_0,-b_1)$。可以证明,在两个变量的情形,在一个变量的系数正规化为 1 的假设下,协整向量,即两个时间序列的线性组合是唯一的。

综合以上结果,我们可以说,两个时间序列之间的协整是表示它们之间存在长期均衡关系的另一种方式。因此,若 y_t 和 x_t 是协整的,并且均衡误差是平稳的且具有零均值,我们就可以确信,方程

$$y_t=b_0+b_1x_t+u_t \tag{9.3.1}$$

将不会产生伪回归结果。

由上可知,如果我们想避免伪回归问题,就应该在进行回归之前检验涉及的变量是否存在协整关系。

2. 协整理论的意义

(1) 避免伪回归。如果一组非平稳时间序列不存在协整关系,则这一组变量构造的回归模型就是伪回归。伪回归模型有很高的 R^2 值和 t 值,但参数估计值却毫无意义。伪回归是计量经济模型经常遇到的问题。大量实验结果表明,互不相干的非协整变量在统计检验时经常表现为显著相关。因此,对变量之间的协整关系进行检验,是正确建立经济计量

模型的先决条件。

(2) 估计量的"超一致性"。在协整理论正式提出之前，为了防止出现伪回归一般采用平稳时间序列(或把非平稳时间序列变换为平稳时间序列)建立回归模型。而协整理论表明，如果一组非平稳时间序列之间存在协整关系，可以直接建立回归模型，而且，其参数的最小二乘估计量具有超一致性，即以更快的速度收敛于参数的真实值。

(3) 区分变量之间的长期均衡关系和短期动态关系。格兰杰和恩格尔已证明，如果变量之间存在长期均衡关系，则均衡误差将显著影响变量之间的短期动态关系。

3. 协整的检验

协整的检验分为两变量检验和多变量检验。

(1) 两变量的恩格尔-格兰杰检验。为了检验两变量 y_t、x_t 是否为协整，恩格尔和格兰杰于 1987 年提出两步检验法，称为恩格尔-格兰杰法，或 EG 检验，检验步骤如下。

如果两变量是平稳的，则整个检验过程停止，因为你可以采用传统回归方法处理。如果两变量是非平稳的，求出两变量的单整的阶数，然后分情况处理。如果两变量的单整的阶数不同，则两变量不是协整的。如果两变量的单整的阶数相同，则进入以下检验程序。

第一步，若两变量 y_t 与 x_t 是同阶单整的，则用 OLS 法估计长期均衡方程(称为协整回归)$y_t=b_0+b_1x_t+u_t$ 得到 $\hat{y}_t=\hat{b}_0+\hat{b}_1x_t$，并保存残差 $e_t=y_t-\hat{y}_t$，作为均衡误差 u_t 的估计值。应注意的是，虽然估计出的协整向量$(1,-\hat{b}_0,-\hat{b}_1)$是真实协整变量$(1,-b_0,-b_1)$的一致估计值，这些系数的标准误差估计值则不是一致估计值。由于这一原因，标准误差估计值通常不在协整回归的结果中提供。

第二步，检验残差项 e_t 的平稳性。如果残差项 e_t 是平稳的，则变量 y_t 与 x_t 是协整的，y_t 与 x_t 存在长期均衡关系；如果残差项 e_t 是非平稳的，则变量 y_t 与 x_t 不是协整的，y_t 与 x_t 不存在长期均衡关系。

具体做法是将 Dickey-Fuller 检验法用于时间序列 e_t，也就是使用 OLS 法估计如下形式的方程：

$$\Delta e_t=\delta e_{t-1}+\sum_{i=1}^{p}\delta_i\Delta e_{t-i}+v_t \tag{9.3.2}$$

原假设和备择假设是

$$H_0:\delta=0 \qquad H_1:\delta<0$$

如果拒绝原假设($t_\delta<\tau$)，则 e_t 是平稳序列，从而说明两变量 y_t 与 x_t 是协整的。如果接受原假设($t_\delta>\tau$)，则 e_t 是非平稳序列，从而说明两变量 y_t 与 x_t 不是协整的。这是因为若 y_t 与 x_t 不是协整的，则它们的任一线性组合都是非平稳的，因此残差 e_t 将是非平稳的。换言之，对残差序列 e_t 是否具有平稳性的检验，也就是对 y_t 与 x_t 是否存在协整的检验。

当式(9.3.2)中不含有 Δe_t 的滞后项时，称为 EG 检验，当式(9.3.2)中含有 Δe_t 的滞后项时，称为增广恩格尔-格兰杰(AEG)检验。

有两点需要注意：一是式(9.3.2)不包含常数项，这是因为 OLS 残差 e_t 应以 0 为中心波动；二是迪克—福勒检验中 τ 统计量不适于此检验。这里的 DF 或 ADF 检验是针对协整回归计算出的残差项 e_t 而非真正的非均衡误差 u_t 进行的。而 OLS 法采用了残差最小平方和原理，因此估计量 δ 往往是向下偏倚的，这样将导致拒绝原假设的机会比实际情形大。于是对 e_t 平稳性检验的DF与ADF临界值应该比正常的DF与ADF临界值还要小。麦金农(MacKinnon,1991)通过模拟试验给出了协整检验的临界值,如表9.3.1所示是双变量情形下不同样本容量的临界值。

表 9.3.1 双变量协整检验 AEG 临界值

样本容量	显著性水平		
	0.01	0.05	0.10
25	−4.37	−3.59	−3.22
50	−4.12	−3.46	−3.13
100	−4.01	−3.39	−3.09
∞	−3.90	−3.33	−3.05

例 9.3.1 检验中国城镇居民人均可支配收入与人均消费性支出(见第2章表2.5.1)时间序列之间的协整关系。

容易验证:$\ln PI_t \sim I(1)$(取 $\alpha=0.05$,滞后项 $p=2$,有常数项、有趋势项),$\ln PC_t \sim I(1)$(取 $\alpha=0.05$,滞后项 $p=2$,有常数项)。首先用OLS估计模型 $\ln PC_t = b_0 + b_1 \ln PI_t + u_t$,其回归估计结果如表9.3.2所示。

$$\ln\widehat{PC}_t = 0.3004 + 0.9355 \ln PI_t$$

$$t = (4.3154) \quad (111.9047)$$

$$\bar{R}^2 = 0.9997, \quad F = 41056.04, \quad DW = 2.0589$$

通过对该式计算的残差序列 e_t 进行ADF检验,得表9.3.3检验结果。

ADF检验表明残差序列 e_t 是平稳的。因此,中国城镇居民人均消费性支出与人均可支配收入是(1,1)阶协整关系。说明了两变量间存在长期稳定的均衡关系。

(2) 多变量协整关系的检验。多变量协整关系的检验要比双变量复杂一些,主要原因在于协整变量间可能存在多种稳定的线性组合。

表 9.3.2 回 归 结 果

Dependent Variable: LNPC
Method: ARMA Generalized Least Squares (BFGS)
Date: 10/16/21 Time: 15:07
Sample: 1978 2015
Included observations: 38
Convergence achieved after 7 iterations
Coefficient covariance computed using outer product of gradients
d.f. adjustment for standard errors & covariance

Variable	Coefficient	Std. Error	t-Statistic	Prob.
C	0.300372	0.069605	4.315370	0.0001
LNPI	0.935509	0.008360	111.9047	0.0000
AR(1)	0.406175	0.161571	2.513912	0.0168
AR(2)	0.362772	0.164520	2.205035	0.0343

R-squared	0.999724	Mean dependent var	7.990811
Adjusted R-squared	0.999700	S.D. dependent var	1.318477
S.E. of regression	0.022849	Akaike info criterion	-4.599384
Sum squared resid	0.017750	Schwarz criterion	-4.427007
Log likelihood	91.38830	Hannan-Quinn criter.	-4.538054
F-statistic	41056.04	Durbin-Watson stat	2.058935
Prob(F-statistic)	0.000000		

Inverted AR Roots	.84	-.43

表 9.3.3 残差序列 e_t 的 ADF 检验结果

Null Hypothesis: E has a unit root
Exogenous: None
Lag Length: 0 (Fixed)

		t-Statistic	Prob.*
Augmented Dickey-Fuller test statistic		-6.272495	0.0000
Test critical values:	1% level	-2.628961	
	5% level	-1.950117	
	10% level	-1.611339	

*MacKinnon (1996) one-sided p-values.

Augmented Dickey-Fuller Test Equation
Dependent Variable: D(E)
Method: Least Squares
Date: 09/14/21 Time: 18:15
Sample (adjusted): 1979 2015
Included observations: 37 after adjustments

Variable	Coefficient	Std. Error	t-Statistic	Prob.
E(-1)	-1.040759	0.165924	-6.272495	0.0000

R-squared	0.522185	Mean dependent var	0.000125
Adjusted R-squared	0.522185	S.D. dependent var	0.031862
S.E. of regression	0.022024	Akaike info criterion	-4.766694
Sum squared resid	0.017462	Schwarz criterion	-4.723156
Log likelihood	89.18384	Hannan-Quinn criter.	-4.751345
Durbin-Watson stat	2.006185		

对于多变量的协整检验过程，基本与双变量情形相同，即需要检验变量是否具有同阶单整性，以及是否存在稳定的线性组合。后者需要通过设置一个变量为被解释变量，其他变量为解释变量，进行 OLS 估计并检验残差序列是否平稳。如果不平稳，则需要更换被解释变量，进行同样的 OLS 估计及相应的残差项检验。当所有的变量都被作为被解释变量检验之后，仍不能得到平稳的残差项序列，则认为这些变量间不存在协整关系。

比如，检验 N 个时间序列 $x_{1t}, x_{2t}, \cdots, x_{Nt}$ 是否存在协整关系，其做法是通过协整回归

$$x_{1t} = \hat{b}_2 x_{2t} + \hat{b}_3 x_{3t} + \cdots + \hat{b}_N x_{Nt} + e_t \tag{9.3.3}$$

计算残差 e_t，然后对 e_t 作如下回归：

$$\Delta e_t = \delta e_{t-1} + \sum_{i=1}^{p} \delta_i \Delta e_{t-i} + v_t \tag{9.3.4}$$

$$\Delta e_t = a_0 + \delta e_{t-1} + \sum_{i=1}^{p} \delta_i \Delta e_{t-i} + v_t \tag{9.3.5}$$

$$\Delta e_t = a_0 + a_1 t + \delta e_{t-1} + \sum_{i=1}^{p} \delta_i \Delta e_{t-i} + v_t \tag{9.3.6}$$

原假设和备择假设是

H_0：$\delta = 0$（$x_{1t}, x_{2t}, \cdots, x_{Nt}$ 不存在协整关系，e_t 非平稳）

H_1：$\delta < 0$（$x_{1t}, x_{2t}, \cdots, x_{Nt}$ 存在协整关系，e_t 平稳）

当需要加位移项和趋势项时，可以加在协整回归式(9.3.3)中，但只需加在一个回归式中，不必重复加入。

同样地,检验残差项是否平稳的DF与ADF检验临界值要比通常的DF与ADF检验临界值小,而且该临界值还受到所检验的变量个数的影响。恩格尔-格兰杰(Engle-Granger,1987)给出了2变量,样本容量 $T=100$ 条件下的EG、AEG检验临界值。恩格尔-尤(Engle-Yoo,1987)给出了2~4个变量,在若干个不同样本容量条件下的EG、AEG检验临界值,如表9.3.4所示。

表9.3.4 多变量协整检验EG或AEG的临界值

样本容量	变量数=2 显著性水平			变量数=3 显著性水平			变量数=4 显著性水平		
	0.01	0.05	0.10	0.01	0.05	0.10	0.01	0.05	0.10
25	−4.37	−3.59	−3.22	−4.92	−4.10	−3.71	−5.43	−4.56	−4.15
50	−4.12	−3.46	−3.13	−4.59	−3.92	− 3.58	−5.02	−4.32	−3.89
100	−4.01	−3.39	−3.09	−4.44	−3.83	−3.51	−4.83	−4.21	−3.89
∞	−3.90	−3.33	−3.05	−4.30	−3.74	−3.45	−4.65	−4.10	−3.81

麦金农(Mackinnon,1991)利用模拟方法得到临界值的响应面函数,从而能提供更多的协整检验临界值。麦金农协整检验临界值见附表8。任何样本容量条件下的协整检验临界值都可以通过附表8提供的以样本容量为变量的响应面函数计算得到。

下面具体介绍附表8的用法。协整检验临界值可利用附表8中提供的参数值按下面的响应面函数计算。

$$C(\alpha)=\phi_\infty+\phi_1 T^{-1}+\phi_2 T^{-2} \tag{9.3.7}$$

其中 $C(\alpha)$ 表示临界值,α 表示检验水平。上式称为协整检验临界值的响应面函数。它以样本容量 T 为自变量,可以计算任何样本容量所对应的临界值。除了检验水平 α 之外,临界值的计算还与时间序列个数 N,协整回归式或AEG检验式中是否含有位移项、趋势项等因素有关。举例说明如下。

例9.3.2 已知 $N=2,T=50,\alpha=0.05$,有常数项,无趋势项。$\phi_\infty,\phi_1,\phi_2$ 的值从附表8相应行中查找,得到 $\phi_\infty=-3.3377,\phi_1=-5.967,\phi_2=-8.98$,则利用响应面函数(9.3.7)有

$$C(\alpha)=\phi_\infty+\phi_1 T^{-1}+\phi_2 T^{-2}=-3.3377-5.967\times 50^{-1}-8.98\times 50^{-2}=-3.46$$

当 $N>1$ 时,意味着有 $N-1$ 个协整参数需要估计。如果某些协整参数已事先知道,那么计算临界值时,应相应减少 N 的值。作为一个极端的情形,当全部协整参数都已知时,应在附表8中 $N=1$ 一栏中查找参数,计算临界值。

当 $N=1$ 时,所涉及的变量只有一个。所以协整检验退化成为单整检验。这时实际是做ADF检验。由此可见麦金农(Mackinnon)协整检验临界值表实际上是协整检验和单整检验结合在一起,即把ADF检验和AEG检验结合在一起。所以 $N=1$ 对应的是ADF检验。$N\geqslant 2$ 时,对应的是AEG检验,即协整检验。

例9.3.3 已知 $N=1,T=50,\alpha=0.05$,无常数项,无趋势项。$\phi_\infty,\phi_1,\phi_2$ 的值从附表8相应行中查找,得到 $\phi_\infty=-1.939,\phi_1=-0.398,\phi_2=0$,则利用响应面函数(9.3.7)有

$$C(\alpha)=\phi_\infty+\phi_1 T^{-1}+\phi_2 T^{-2}=-1.939-0.398\times 50^{-1}-0\times 50^{-2}=-1.947$$

需要说明的是,时间序列之间在经济上存在均衡关系,在统计上一定存在协整关系;反

之，在统计上存在协整关系的时间序列之间，在经济上不一定存在均衡关系。协整关系是均衡关系的必要条件，而不是充分条件。

9.3.2　误差修正模型

1. 误差修正模型

对于非平稳时间序列，通过差分的方法将其化为平稳时间序列，然后才可以建立经典的回归模型。例如，当我们建立人均消费水平(y)与人均可支配收入(x)之间的回归模型

$$y_t = b_0 + b_1 x_t + u_t \tag{9.3.8}$$

时，如果 y 与 x 具有共同的向上或向下的变化趋势，为了避免虚假回归，通常需要通过差分的方法消除变量的共同变化趋势，使之成为平稳序列，再建立差分回归模型

$$\Delta y_t = b_1 \Delta x_t + v_t \tag{9.3.9}$$

式中 $v_t = u_t - u_{t-1}$。

然而，这种做法会引起两个问题：一是如果 y 与 x 间存在长期稳定的均衡关系式(9.3.8)，且误差项 u_t 不存在序列相关，则差分式(9.3.9)中的 v_t 是一个 1 阶移动平均时间序列，因而是序列相关的；二是如果采用式(9.3.9)的差分形式进行估计，则关于变量水平值的重要信息将被忽略。这时模型只表达了 y 与 x 间的短期关系，而没有揭示它们之间的长期关系。因为，从长期均衡的观点看，y 在第 t 期的变化不仅取决于 x 本身的变化，还取决于 x 与 y 在 $t-1$ 期末的状态，尤其是 x 与 y 在 $t-1$ 期的不均衡程度。

另外，使用差分变量往往得出不能令人满意的回归方程。例如，使用式(9.3.9)回归时，很少出现截距项显著为零的情况，即我们常常会得到如下形式的方程：

$$\Delta y_t = \hat{a}_0 + \hat{a}_1 \Delta x_t \tag{9.3.10}$$

在 x 保持不变时，如果模型存在静态均衡，y 也会保持它的长期均衡值不变。但如果使用式(9.3.10)，即使 x 保持不变，y 也会处于长期上升($\hat{a}_0 > 0$)或下降($\hat{a}_0 < 0$)的过程中，这意味着 x 与 y 间不存在静态均衡。这与大多数具有静态均衡的经济理论假说不相符。很明显，如果收入保持稳定，我们就不能期望消费支出永远不停地变化。

可见，简单差分不一定能解决非平稳时间序列所遇到的全部问题，因此，误差修正模型便应运而生。

误差修正模型(error correction model，ECM)是一种具有特定形式的计量经济模型。为了便于理解，我们通过一个具体的模型来介绍它的结构。

(1) 假设两变量 x_t 与 y_t 的长期均衡关系如式(9.3.8)所示，由于现实经济中 x_t 与 y_t 很少处在均衡点上，因此我们实际观测到的只是 x 与 y 间的短期的或非均衡的关系，假设具有如下(1,1)阶分布滞后形式：

$$y_t = a_0 + a_1 x_t + a_2 x_{t-1} + \gamma y_{t-1} + u_t \tag{9.3.11}$$

该模型显示出第 t 期的 y_t 值，不仅与 x_t 的变化有关，而且与 $t-1$ 期 x_{t-1} 与 y_{t-1} 的值有关。

由于变量可能是非平稳的，因此不能直接运用 OLS 法。对式(9.3.11)适当变形得

$$\begin{aligned}\Delta y_t &= a_0 + a_1 \Delta x_t + (a_1 + a_2) x_{t-1} - (1-\gamma) y_{t-1} + u_t \\ &= a_1 \Delta x_t - (1-\gamma)\left(y_{t-1} - \frac{a_0}{1-\gamma} - \frac{a_1 + a_2}{1-\gamma} x_{t-1}\right) + u_t\end{aligned}$$

即

$$\Delta y_t = a_1 \Delta x_t - \lambda(y_{t-1} - b_0 - b_1 x_{t-1}) + u_t \tag{9.3.12}$$

式中,$\lambda = 1-\gamma, b_0 = \dfrac{a_0}{1-\gamma}, b_1 = \dfrac{a_1 + a_2}{1-\gamma}$。

如果将式(9.3.12)中的参数与式(9.3.8)中的相应参数视为相等,则式(9.3.12)中括号内的项就是 $t-1$ 期的非均衡误差项。于是式(9.3.12)意味着被解释变量 y 的短期波动可以由解释变量的短期波动和长期均衡误差两部分来解释。即 y 的变化决定于 x 的变化以及前一时期的非均衡误差。式(9.3.12)也弥补了简单差分式(9.3.9)的不足,因为该式含有 x、y 水平值表示的前期非均衡程度。因此,y 的值已对前期的非均衡程度做出了修正。式(9.3.12)称为1阶误差修正模型(first-order error correction model)。

模型(9.3.12)可以写成

$$\Delta y_t = a_1 \Delta x_t - \lambda \cdot \mathrm{ECM}_{t-1} + u_t \tag{9.3.13}$$

模型(9.3.13)称为误差修正模型,记为ECM。其中,$\mathrm{ECM}_{t-1} = y_{t-1} - b_0 - b_1 x_{t-1}$ 表示 $t-1$ 期非均衡误差,$\lambda \cdot \mathrm{ECM}_{t-1}$ 表示误差修正项。λ 称为调整系数,表示误差修正项对 Δy_t 的调整速度。

误差修正模型,不再是使用变量的水平值或变量的差分值来建立,而是把两者有机地结合起来。从短期来看,Δy_t 是由较稳定的长期趋势和短期波动所决定的,短期内系统对于均衡状态的偏离程度的大小直接导致波动振幅的大小。从长期来看,协整关系式起到了引力线的作用,将非均衡状态拉回到均衡状态,此时的 ECM_{t-1} 反映了长期均衡对短期波动的影响,它能清楚显示关于这种偏离的调整信息。

根据模型(9.3.13)可知,Δy_t 的值取决于 Δx_t 和前一期误差修正项的值。由此可见,误差修正机制是一个负反馈过程。我们可以据此分析ECM的修正作用:当 $t-1$ 期 y_{t-1} 值大于其长期均衡点的值 $b_0 + b_1 x_{t-1}$ 时,ECM_{t-1} 为正,则 $-\lambda \cdot \mathrm{ECM}_{t-1}$ 为负,从而使得 Δy_t 变小,对 t 期 Δy_t 的值有反向调整作用,从而导致 t 期的 y_t 值回落,即使得 Δy_t 减小;同理,当 $t-1$ 期 y_{t-1} 值小于其长期均衡点的值 $b_0 + b_1 x_{t-1}$ 时,Δy_t 值增大。这说明,该模型有一种对前期误差自动修正的作用。

如果修正系数 λ 在统计上是显著的,它告诉我们,y 在一个时期里的"失衡"有多大比例可以在下一期得到修正;或者说,"失衡"对于下一期 y 水平变化的影响的大小。

需要注意的是,在实际分析中,变量常以对数的形式出现。其主要原因在于变量对数的差分近似地等于该变量的变化率,而经济变量的变化率常常是稳定序列。长期均衡模型(9.3.8)中的 b_1 可视为 y 关于 x 的长期弹性,而短期非均衡模型(9.3.13)中的 a_1 可视为 y 关于 x 的短期弹性。

(2) 更复杂的误差修正模型可依照1阶误差修正模型类似地建立。如具有季度数据的变量,可在短期非均衡模型(9.3.11)中引入更多的滞后项。引入2阶滞后项的模型为

$$y_t = a_0 + a_1 x_t + a_2 x_{t-1} + a_3 x_{t-2} + \gamma_1 y_{t-1} + \gamma_2 y_{t-2} + u_t \tag{9.3.14}$$

经过适当的恒等变形,可得如下误差修正模型:

$$\Delta y_t = -\gamma_2 \Delta y_{t-1} + a_1 \Delta x_t - a_3 \Delta x_{t-1} - \lambda(y_{t-1} - b_0 - b_1 x_{t-1}) + u_t \tag{9.3.15}$$

式中,$\lambda = 1 - \gamma_1 - \gamma_2, b_0 = a_0/\lambda, b_1 = (a_1 + a_2 + a_3)/\lambda$。

式(9.3.15)说明,本期 y 的变化取决于本期 x 的变化、上期 x、上期 y 以及上期误差修

正项。

同样地，引入3阶滞后项的误差修正模型与式(9.3.15)相仿，只不过模型中多出差分滞后项 Δy_{t-2}，Δx_{t-2}。

(3) 多变量的误差修正模型也可类似地建立。三个变量如果存在如下长期均衡关系：

$$y_t = b_0 + b_1 x_{1t} + b_2 x_{2t} + u_t \tag{9.3.16}$$

则其1阶非均衡关系可写成

$$y_t = \alpha_0 + \alpha_1 x_{1t} + \alpha_2 x_{1t-1} + \beta_1 x_{2t} + \beta_2 x_{2t-1} + \gamma y_{t-1} + u_t \tag{9.3.17}$$

于是它的一个误差修正模型为

$$\Delta y_t = \alpha_1 \Delta x_{1t} + \beta_1 \Delta x_{2t} - \lambda(y_{t-1} - b_0 - b_1 x_{1t-1} - b_2 x_{2t-1}) + u_t \tag{9.3.18}$$

式中，$\lambda = 1-\gamma$，$b_0 = \alpha_0/\lambda$，$b_1 = (\alpha_1+\alpha_2)/\lambda$，$b_2 = (\beta_1+\beta_2)/\lambda$。

式(9.3.18)说明，本期被解释变量 y 的变化取决于本期解释变量 x_1、x_2 的变化以及前期误差修正项。

2. 误差修正模型的建立

(1) 格兰杰表述定理

误差修正模型有许多明显的优点，如1阶差分项的使用消除了变量可能存在的趋势因素，从而避免了虚假回归问题；1阶差分项的使用也消除了模型可能存在的多重共线性问题；误差修正项的引入保证了变量水平值的信息没有被忽视：由于误差修正项本身的平稳性，该模型可以用经典的回归方法进行估计，尤其是模型中差分项可以使用通常的 t 检验与 F 检验来进行选取等等。于是，一个重要的问题就是是否变量间的关系都可以通过误差修正模型来表述。就此问题，恩格尔与格兰杰1987年提出了著名的格兰杰表述定理(Granger representation theorem)：

如果变量 x 与 y 是协整的，则它们存在长期均衡关系，它们间的短期非均衡关系总能由一个误差修正模型表述。即

$$\Delta y_t = \text{lagged}(\Delta y, \Delta x) - \lambda \text{ECM}_{t-1} + u_t \tag{9.3.19}$$

式中，ECM_{t-1} 是非均衡误差项或者说成是长期均衡偏差项，λ 是短期调整参数。式(9.3.19)说明，本期被解释变量 y 的变化取决于本期解释变量 x 的变化、前期 x 与 y 的变化以及前期误差修正项。

建立误差修正模型，需要首先对变量进行协整分析，以发现变量之间的协整关系，即长期均衡关系，并以这种关系构成误差修正项。然后建立短期模型，将误差修正项看作一个解释变量，连同其他反映短期波动的解释变量一起，建立短期模型，即误差修正模型。

注意，由于式(9.3.19)中没有明确指出 Δy 与 Δx 的滞后项数，因此，可以是多个；同时，由于1阶差分项是 $I(0)$ 变量，因此模型中也允许使用 x 的非滞后差分项 Δx_t。

ECM模型有如下优点：

① 因为ECM模型中包含的全部差分变量和非均衡误差都具有平稳性，所以可以用OLS法估计参数，而且不存在虚假回归问题。

② ECM模型中的参数可分为长期参数与短期参数两类。

以ECM模型(9.3.18)为例，非均衡误差项中的 b_0、b_1、b_2 是长期参数，而模型中的 α_1、β_1、λ 是短期参数。短期参数表示变量间的短期关系。传统经济理论基本上只讨论变量间的长期关系，而不涉及短期关系。而ECM模型的这种长期和短期参数的明确划分，使其成

为一种把变量之间长期表现与短期效应综合在一起的有力工具。

格兰杰表述定理可类似地推广到多个变量的情形中去。

(2) 恩格尔-格兰杰两步法。建立误差修正模型一般采用恩格尔-格兰杰两步法,分别建立区分数据长期特征和短期特征的计量经济模型。

第一步,建立长期关系模型。即通过水平变量和 OLS 法估计出时间序列变量间的关系(估计协整向量长期均衡关系参数)。若估计结果形成平稳的残差序列,那么这些变量间就存在协整关系,长期关系模型的变量选择是合理的,回归系数具有经济意义。

第二步,建立短期动态关系,即误差修正模型。也就是说,若协整关系存在,则以第一步求到的残差作为非均衡误差项加入误差修正模型中,并用 OLS 法估计相应参数。

需要注意的是,在进行变量间的协整检验时,如有必要可在协整回归式中加入趋势项,这时,对残差项的稳定性检验就无须再设趋势项。另外,第二步中变量差分滞后项的多少,可以根据残差项序列是否存在自相关性来判断。如果存在自相关,则应加入变量差分的滞后项。

以两变量 y_t、x_t 为例,设 $y_t \sim I(1)$,$x_t \sim I(1)$,$y_t, x_t \sim \mathrm{CI}(1,1)$,则 $\Delta y_t \sim I(0)$,$\Delta x_t \sim I(0)$,$u_t = y_t - b_0 - b_1 x_t \sim I(0)$。建立误差修正模型的恩格尔—格兰杰两步法为

第一步,估计协整回归模型

$$y_t = b_0 + b_1 x_t + u_t$$

得到协整向量的一致估计值$(1, -\hat{b}_0, -\hat{b}_1)$,用它得出均衡误差 u_t 的估计值 e_t:

$$e_t = y_t - \hat{y}_t = y_t - \hat{b}_0 - \hat{b}_1 x_t$$

第二步,利用 OLS 法估计模型

$$\Delta y_t = \alpha + \sum_{i=0}^{l} \beta_i \Delta x_{t-i} + \sum_{i=0}^{l} \gamma_i \Delta y_{t-i-1} + \lambda e_{t-1} + v_t$$

在具体建模中,首先要对长期关系模型的设定是否合理进行单位根检验,以保证 u_t 为平稳序列。其次,对短期动态关系中各变量的滞后项,进行从一般到特殊的检验,在这个检验过程中,不显著的滞后项逐渐被剔除,直到找出了最佳形式为止。通常滞后期在 $l=0,1,2,3$ 中进行试验。

例 9.3.4 建立中国城镇居民人均消费关于人均可支配收入的误差修正模型(数据见第 2 章表 2.5.1)。

容易验证中国城镇居民人均消费性支出与人均可支配收入对数形式的时间序列 lnPC、lnPI 为 1 阶单整序列,且呈(1,1)阶协整关系,即两变量间存在长期稳定的均衡关系。下面建立它们的误差修正模型。

由例 9.3.1 可知,lnPC、lnPI 的长期稳定的均衡关系为

$$\ln \widehat{\mathrm{PC}}_t = 0.300\,4 + 0.935\,5 \ln \mathrm{PI}_t$$

$$t = (4.315\,4) \quad (111.904\,7)$$

$$\bar{R}^2 = 0.999\,7, \quad F = 41\,056.04, \quad \mathrm{DW} - 2.058\,9$$

其残差序列 e_t 是平稳序列,以它为误差修正项,可建立如表 9.3.5 所示的误差修正模型。

表 9.3.5　ECM 模型回归结果

Dependent Variable: D(LNPC)
Method: Least Squares
Date: 09/14/21 Time: 18:17
Sample (adjusted): 1979 2015
Included observations: 37 after adjustments

Variable	Coefficient	Std. Error	t-Statistic	Prob.
D(LNPI)	0.945402	0.027865	33.92846	0.0000
E(-1)	-0.635522	0.170616	-3.724873	0.0007

R-squared	0.850309	Mean dependent var	0.114337
Adjusted R-squared	0.846032	S.D. dependent var	0.057432
S.E. of regression	0.022535	Akaike info criterion	-4.694916
Sum squared resid	0.017775	Schwarz criterion	-4.607839
Log likelihood	88.85594	Hannan-Quinn criter.	-4.664217
Durbin-Watson stat	1.944096		

ECM 模型回归结果如下：

$$\Delta\ln\widehat{PC}_t = 0.945\,4\Delta\ln PI_t - 0.635\,5e_{t-1}$$
$$t = \quad (33.928\,5) \qquad (-3.724\,9)$$
$$\bar{R}^2 = 0.846\,0,\quad DW = 1.944\,1$$

模型拟合优度较高，方程通过 F 检验、DW 检验，$\Delta\ln PI_t$、e_{t-1} 回归系数通过 t 检验，其中变量的符号与长期均衡关系的符号一致，误差修正系数为负，符合反向修正机制。回归结果表明，城镇居民人均可支配收入的短期变动对人均消费支出存在正向影响，短期内可支配收入每增加 1%，人均消费将增加 0.945 4%；由于短期调整系数是显著的，因而它表明每年实际发生的消费支出与长期均衡值的偏差中的 63.55% 被修正。上述模型反映了 PC 受 PI 影响的短期波动规律。

9.4　格兰杰因果关系检验

在经济变量中有一些变量显著相关，但它们未必都是有意义的。例如，曾经有人做过分析发现，有的国家的教师工资与酒精消费之间存在正相关，路旁的小树年增长率与国民收入的年增长率之间存在较强正相关，这是一些看起来毫无意义的相关关系。对于如何分析变量之间的相关关系，计量经济学家还存在争论。判断一个变量的变化是否是另一个变量变化的原因，是计量经济学中常见的问题。格兰杰(C. Granger)提出一个判断因果关系的检验，即格兰杰因果关系检验(Granger causality tests)。

计量经济模型的建立过程，本质上是用回归分析工具处理一个经济变量对其他经济变量的依存性问题，但这并不是暗示这个经济变量与其他经济变量间必然存在着因果关系。我们现在考虑这样的情况：假设两个变量，比如说国内生产总值 GDP 和广义货币供给量 M，各自都有滞后的分量 GDP(−1)、GDP(−2)…，$M(-1)$，$M(-2)$…。显然这两个变量都存在着相互影响的关系。但现在的问题是：究竟是 M 引起 GDP 的变化($M\rightarrow$GDP)，还是 GDP 引起 M 的变化(GDP$\rightarrow M$)，或者两者间相互影响都存在反馈，即 M 引起 GDP 的变化($M\rightarrow$GDP)，同时 GDP 也引起 M 的变化(GDP$\rightarrow M$)。从理论和实践两方面来回答这些问题，也许是一件非常烦琐的事，但简单地说，这些问题的实质是在两个变量间存在时间上的先后关系时，是否能够从统计意义上检验出因果性的方向，即在统计上确定究竟 GDP 是 M 的因，还是 M 是 GDP 的因，或者 M 和 GDP 互为因果。

由此而见，研究变量间因果关系是有必要的。关于因果性的研究，目前已有许多的文献报告，其研究领域和体系非常多，本节不打算对因果性的研究展开讨论，而是从相对简单的角度出发，仅讨论由格兰杰提出的因果关系检验法。

9.4.1 因果关系分类

所谓因果关系是指变量之间的依赖性，作为结果的变量是由作为原因的变量所决定的，原因变量的变化引起结果变量的变化。我们已经知道因果关系不同于相关关系，从一个回归关系式中，我们无法确定变量之间是否具有因果关系，虽然有时我们说回归方程中解释变量是被解释变量的因，但是，这一因果关系实际上是先验设定的，或者是在回归之前就已确定。比如，我们之所以在回归方程中以降雨量为解释变量，以农作物产量为被解释变量而不是相反，并不是出于统计上的原因，因为即使使用降雨量对农作物产量进行回归，也可能得到显著的回归关系，而是普通常识提示我们不能把关系倒过来，因为用改变农作物产量来控制降雨量是不可能的。

在许多情况下变量之间的因果关系并不总像农作物产量和降雨量之间那么一目了然，或没有充分的知识使我们认清变量之间的因果关系，而有时，弄清变量之间的因果关系往往是我们所关心的。格兰杰从预测的角度给出了因果关系的一种定义，并将这种定义下的因果关系称为格兰杰因果关系。

格兰杰因果性检验假定了有关 y 和 x 每一变量的预测的信息全部包含在这些变量的时间序列之中。检验要求估计以下的回归模型：

$$y_t=\sum_{i=1}^{q}\alpha_i x_{t-i}+\sum_{j=1}^{q}\beta_j y_{t-j}+u_{1t} \tag{9.4.1}$$

$$x_t=\sum_{i=1}^{s}\lambda_i x_{t-i}+\sum_{j=1}^{s}\delta_j y_{t-j}+u_{2t} \tag{9.4.2}$$

其中，白噪声 u_{1t} 和 u_{2t} 假定为不相关的。

方程(9.4.1)假定当前 y 与 y 的过去值以及 x 的过去值有关，而式(9.4.2)对 x 也作了类似的假定。

对式(9.4.1)而言，其原假设为 $H_0:\alpha_1=\alpha_2=\cdots=\alpha_q=0$。

对式(9.4.2)而言，其原假设为 $H_0:\delta_1=\delta_2=\cdots=\delta_s=0$。

现在分四种情形讨论：

(1) x 是引起 y 变化的原因，即存在由 x 到 y 的单向因果性。若式(9.4.1)中滞后的 x 的系数估计值在统计上整体地显著不为零，同时式(9.4.2)中滞后的 y 的系数估计值在统计上整体地显著为零，则称 x 是引起 y 变化的原因。

(2) y 是引起 x 变化的原因，即存在从 y 到 x 的单向因果性。若式(9.4.2)中滞后的 y 的系数估计值在统计上整体地显著不为零，同时式(9.4.1)中滞后的 x 的系数估计值在统计上整体地显著为零，则称 y 是引起 x 变化的原因。

(3) x 和 y 互为因果关系，即存在 x 到 y 的单向因果性，同时也存在 y 到 x 的单向因果性。若式(9.4.1)中滞后的 x 的系数估计值在统计上整体地显著不为零,同时,式(9.4.2)中滞后的 y 的系数估计值在统计上整体地显著不为零,则称 x 和 y 间存在双向因果性。

(4) x 和 y 是独立的,或 x 与 y 间不存在因果性。若式(9.4.1)中滞后的 x 的系数估计值在统计上整体地显著为零,同时,式(9.4.2)中滞后的 y 的系数估计值在统计上整体地显著为零,则称 x 与 y 间不存在因果关系。

值得注意的是,格兰杰因果关系检验中滞后长度 q 或 s 的选择有时是很敏感的,即不同的滞后期,有时会对因果性的判断造成影响。因此一般而言,在进行格兰杰因果关系检验时,通常对不同的滞后长度分别进行试验,以确信因果关系检验中的随机误差不存在序列相关来选取适当的滞后长度。

9.4.2　格兰杰因果关系检验

为了检验 x 是引起 y 的原因,格兰杰因果关系检验步骤如下:

(1) 将当前的 y 对所有 y 的滞后项以及别的什么变量(如果有的话)做回归,即 y 对 y 的滞后项 $y_{t-1},y_{t-2},\cdots,y_{t-q}$ 及其他变量的回归,但在这一回归中没有把 x 的滞后项包括进来。这是一个受约束的回归,得到受约束的残差平方和 $\mathrm{RSS_R}$。

(2) 做含有 x 滞后项的回归,即在前面的回归式中加进 x 滞后项,这是一个无约束的回归,由此回归得到无约束的残差平方和 $\mathrm{RSS_U}$。

(3) 原假设 $H_0:\alpha_1=\alpha_2=\cdots=\alpha_q=0$,即 x 滞后项不属于此回归。

(4) 为了检验此假设,我们构造 F 统计量,即

$$F=\frac{(\mathrm{RSS_R}-\mathrm{RSS_U})/q}{\mathrm{RSS_U}/(n-k)}$$

它服从自由度为 q 和 $(n-k)$ 的 F 分布,其中 n 是样本容量,q 等于 x 滞后项的个数,即有约束回归方程中待估参数的个数,k 是无约束回归中待估参数的个数。

(5) 给定显著性水平 α,如果 F 值超过临界值 F_α,则拒绝原假设,这样 x 滞后项就属于此回归,表明 x 是 y 的原因。

(6) 同样,为了检验 y 是否是 x 的原因,可将变量 y 与 x 相互替换,重复步骤(1)~(5)。

在应用格兰杰检验之前,要记住包含在如同式(9.4.1)和式(9.4.2)那样的回归中的滞后项的个数是一个重要的实际问题。正如下面的一个说明性例子所表明的,因果方向和所含滞后项的个数可能有重要的关系。

我们利用 EViews 软件可以非常容易地对两个变量进行因果关系检验。

例 9.4.1　第 3 章表 3.5.1 给出了我国 1978—2015 年按当年价格计算的 GDP 与最终消费 CS 数据,试检验 GDP 与 CS 是否存在因果关系。

在进入录有 GDP 和 CS 数据的数组窗口,选择 View/Granger Causality...后,进入 Lag Specification(指定滞后长度)画面,选择适当的滞后长度,如滞后长度为 2,点击 OK 键,则出现如图 9.4.1 所示的结果。

由相伴概率可知,在 5%的显著性水平下,拒绝"GDP 不是 CS 的格兰杰原因"的假设,拒绝"CS 不是 GDP 的格兰杰原因"的假设。在 2 阶滞后时,检验的模型不存在 1 阶自相关性。

Pairwise Granger Causality Tests
Date: 09/14/21 Time: 18:22
Sample: 1978 2015
Lags: 2

Null Hypothesis:	Obs	F-Statistic	Prob.
GDP does not Granger Cause CS	36	9.85922	0.0005
CS does not Granger Cause GDP		5.07242	0.0124

图 9.4.1 滞后长度为 2 的格兰杰因果关系检验

在此窗口内点击 View/Granger Causality...后,修改滞后长度,比如滞后长度等于 3,再点击 OK 键,则出现如图 9.4.2 结果。

Pairwise Granger Causality Tests
Date: 09/14/21 Time: 18:23
Sample: 1978 2015
Lags: 3

Null Hypothesis:	Obs	F-Statistic	Prob.
GDP does not Granger Cause CS	35	5.34707	0.0049
CS does not Granger Cause GDP		3.57038	0.0264

图 9.4.2 滞后长度为 3 的格兰杰因果关系检验

重复点击 View/Granger Causality...后,修改滞后长度,如滞后长度为 4、5、6,依次有如图 9.4.3、图 9.4.4、图 9.4.5 所示的结果。

Pairwise Granger Causality Tests
Date: 09/14/21 Time: 18:24
Sample: 1978 2015
Lags: 4

Null Hypothesis:	Obs	F-Statistic	Prob.
GDP does not Granger Cause CS	34	13.9798	4.E-06
CS does not Granger Cause GDP		12.2162	1.E-05

图 9.4.3 滞后长度为 4 的格兰杰因果关系检验

Pairwise Granger Causality Tests
Date: 09/14/21 Time: 18:25
Sample: 1978 2015
Lags: 5

Null Hypothesis:	Obs	F-Statistic	Prob.
GDP does not Granger Cause CS	33	12.6634	7.E-06
CS does not Granger Cause GDP		8.50972	0.0001

图 9.4.4 滞后长度为 5 的格兰杰因果关系检验

Pairwise Granger Causality Tests
Date: 09/14/21 Time: 18:26
Sample: 1978 2015
Lags: 6

Null Hypothesis:	Obs	F-Statistic	Prob.
GDP does not Granger Cause CS	32	10.4467	4.E-05
CS does not Granger Cause GDP		7.46607	0.0003

图 9.4.5 滞后长度为 6 的格兰杰因果关系检验

表 9.4.1 给出了取 2～6 阶滞后的检验结果。

表 9.4.1　格兰杰因果关系检验结果

滞后长度	Granger 因果性	F 值	F 的 p 值	LM(1)的 p 值	AIC 值	结论
2	GDP 不是 CS 的格兰杰原因	9.859 2	0.000 5	0.265 6	19.134 9	拒绝
	CS 不是 GDP 的格兰杰原因	5.072 4	0.012 4	0.327 2	20.960 6	拒绝
3	GDP 不是 CS 的格兰杰原因	5.347 1	0.004 9	0.093 5	19.220 4	拒绝
	CS 不是 GDP 的格兰杰原因	3.570 4	0.026 4	0.001 0	21.066 3	拒绝
4	GDP 不是 CS 的格兰杰原因	13.979 8	0.000 0	0.574 2	18.639 5	拒绝
	CS 不是 GDP 的格兰杰原因	12.216 2	0.000 0	0.136 5	20.179 3	拒绝
5	GDP 不是 CS 的格兰杰原因	12.663 4	0.000 0	0.322 8	18.603 5	拒绝
	CS 不是 GDP 的格兰杰原因	8.509 7	0.000 1	0.037 7	20.277 4	拒绝
6	GDP 不是 CS 的格兰杰原因	10.446 7	0.000 0	0.078 0	18.675 8	拒绝
	CS 不是 GDP 的格兰杰原因	7.466 1	0.000 3	0.950 0	20.296 3	拒绝

从表 9.4.1 可以看出，在 5% 显著性水平下，可以得到拒绝“GDP 不是 CS 的格兰杰原因”同时拒绝“CS 不是 GDP 的格兰杰原因”的结论。如果同时考虑检验模型的序列相关性以及赤池信息准则(AIC)，我们发现滞后 4 阶的检验模型不具有 1 阶自相关性，而且也拥有较小的 AIC 值，这时判断结果是 GDP 与最终消费 CS 有双向的格兰杰因果关系，即互为因果。

在实际应用中需要注意的问题：格兰杰因果关系检验是必要性条件检验.而不是充分性条件检验。在经济行为上存在因果关系的时间序列，应该能够通过格兰杰因果关系检验；而在统计上通过格兰杰因果关系检验的时间序列，在经济行为上并不一定存在因果关系。模拟试验表明，在经济行为上不存在因果关系的平稳时间序列之间也可能存在着统计上的因果关系。也就是说，格兰杰因果关系是统计意义上的，而不是经济意义上的。这是一个值得重视的问题。

9.5　向量自回归模型

在建立回归模型时，我们把一些变量看作内生变量，而把另一些变量看作外生变量或前定变量(外生变量和滞后内生变量)。在估计这些模型时，还必须肯定方程组中的方程是可识别的(恰好识别或过度识别)。为达到识别的目的，常常要假定某些前定变量仅出现在某些方程之中。西姆斯(C. A. Sims)认为这种决定往往是主观的。如果在一组变量之中有真实的联立性，不能确信一个变量是外生变量，那么，这些变量就应平等地加以对待，而不应该事先区分内生变量和外生变量。正是沿着这一思路，西姆斯推出了向量自回归(VAR)模型。

事实上，在讨论格兰杰(Granger)因果关系检验时，就已经用到这种向量自回归模型。在用滞后变量 x 和滞后变量 y 解释当前 y 的方程(9.4.1)以及当前 x 的方程(9.4.2)中，我们实际上是把 y 和 x 看作一对内生变量。在这个方程组中没有外生变量。

9.5.1 VAR 模型的概念

1980 年,西姆斯将 VAR 模型引入经济学中,推动了经济系统动态性分析的广泛应用。VAR 模型通常用于相关时间序列系统的预测和随机误差对变量系统的动态冲击,从而解释各种经济冲击对经济变量形成的影响。

自回归一词的使用是因为方程的右端有因变量的滞后值,而向量一词的使用是因为我们在同含有两个(或多个)变量的一个向量打交道。

在两个变量的情况下,假定 y_t 受到现在和过去 x_t 的影响,而 x_t 受到 y_t 的现在和过去的影响。其模型如下:

$$y_t = b_{10} - b_{12}x_t + \gamma_{11}y_{t-1} + \gamma_{12}x_{t-1} + u_{yt} \tag{9.5.1}$$

$$x_t = b_{20} - b_{21}y_t + \gamma_{21}y_{t-1} + \gamma_{22}x_{t-1} + u_{xt} \tag{9.5.2}$$

其中,y_t 与 x_t 都是平稳的,u_{yt} 与 u_{xt} 是服从均值为 0,方差分别为 σ_y^2、σ_x^2 的白噪声,且相互独立,u_{yt} 与 u_{xt} 被称为脉冲值(impuleses)。

公式(9.5.1)与(9.5.2)称为 1 阶向量自回归(VAR),这是因为滞后的最大间隔是统一的。这个模型是一个反馈系统,这是因为 y_t 与 x_t 相互影响而造成的。另外,由于 u_{yt} 与 u_{xt} 分别对应 y_t 与 x_t 的脉冲值,因此,如果 $b_{21} \neq 0$,则 u_{yt} 对 x_t 有间接影响,同样,若 $b_{12} \neq 0$,则 u_{xt} 对 y_t 有间接影响。

由于 y_t 与 x_t 相互影响,所以无法通过公式(9.5.1)与公式(9.5.2)导出诱导方程。因此,通过变换,可以把它们变成一个应用性较强的形式。我们可以把公式(9.5.1)与公式(9.5.2)写成矩阵形式:

$$\begin{pmatrix} 1 & b_{12} \\ b_{21} & 1 \end{pmatrix}\begin{pmatrix} y_t \\ x_t \end{pmatrix} = \begin{pmatrix} b_{10} \\ b_{20} \end{pmatrix} + \begin{pmatrix} \gamma_{11} & \gamma_{12} \\ \gamma_{21} & \gamma_{22} \end{pmatrix}\begin{pmatrix} y_{t-1} \\ x_{t-1} \end{pmatrix} + \begin{pmatrix} u_{yt} \\ u_{xt} \end{pmatrix} \tag{9.5.3}$$

或者

$$\boldsymbol{B}\boldsymbol{Z}_t = \boldsymbol{\Gamma}_0 + \boldsymbol{\Gamma}_1\boldsymbol{Z}_{t-1} + \boldsymbol{U}_t \tag{9.5.4}$$

式中

$$\boldsymbol{B} = \begin{pmatrix} 1 & b_{12} \\ b_{21} & 1 \end{pmatrix}, \quad \boldsymbol{Z}_t = \begin{pmatrix} y_t \\ x_t \end{pmatrix}, \quad \boldsymbol{\Gamma}_0 = \begin{pmatrix} b_{10} \\ b_{20} \end{pmatrix}, \quad \boldsymbol{\Gamma}_1 = \begin{pmatrix} \gamma_{11} & \gamma_{12} \\ \gamma_{21} & \gamma_{22} \end{pmatrix}, \quad \boldsymbol{U}_t = \begin{pmatrix} u_{yt} \\ u_{xt} \end{pmatrix}$$

公式(9.5.4)两边乘以 $\boldsymbol{B}^{-1}$,可以得到向量自回归模型的标准形式:

$$\boldsymbol{Z}_t = \boldsymbol{A}_0 + \boldsymbol{A}_1\boldsymbol{Z}_{t-1} + \boldsymbol{V}_t \tag{9.5.5}$$

式中,$\boldsymbol{A}_0 = \boldsymbol{B}^{-1}\boldsymbol{\Gamma}_0$,$\boldsymbol{A}_1 = \boldsymbol{B}^{-1}\boldsymbol{\Gamma}_1$,$\boldsymbol{V}_t = \boldsymbol{B}^{-1}\boldsymbol{U}_t$。因此,式(9.5.5)可以写成

$$\begin{cases} y_t = a_{10} + a_{11}y_{t-1} + a_{12}x_{t-1} + v_{1t} & (9.5.6) \\ x_t = a_{20} + a_{21}y_{t-1} + a_{22}x_{t-1} + v_{2t} & (9.5.7) \end{cases}$$

这就是向量自回归的一般标准形式。对于上述模型可以运用 OLS 法进行向量自回归模型的估计。

一般的向量自回归模型数学表达式为

$$\boldsymbol{Y}_t = \boldsymbol{A}_0 + \boldsymbol{A}_1\boldsymbol{Y}_{t-1} + \boldsymbol{A}_2\boldsymbol{Y}_{t-2} + \cdots + \boldsymbol{A}_p\boldsymbol{Y}_{t-p} + \boldsymbol{U}_t \tag{9.5.8}$$

其中，$\boldsymbol{Y}_t$ 是 k 维内生变量向量，$\boldsymbol{A}_0,\boldsymbol{A}_1,\boldsymbol{A}_2,\cdots,\boldsymbol{A}_p$ 是待估计的参数矩阵，p 为内生变量滞后期。$\boldsymbol{U}_t$ 是随机误差向量，其共同时刻的元素可以彼此相关，但不能与自身滞后值和模型右边的变量相关。

模型(9.5.8)中内生变量有 p 阶滞后期，所以可称为一个 VAR(p)模型。在实际应用中，通常希望滞后期 p 足够大，从而完整反映所构造模型的动态特征。但另一方面，滞后期越长，模型中待估计的参数就越多，自由度就越少。因此，应在滞后期和自由度之间寻求一种均衡状态，一般根据 AIC 和 SC 信息量取值最小的准则确定模型的滞后阶数。

对于 VAR 模型的理解和特点，我们在这里给出一些简单解释。首先，VAR 模型不以经济理论为依据，在建模过程中只需要把那些相互有关的变量放进 VAR 模型，同时确定滞后阶 p 即可；其次，VAR 模型对待估参数不施加零约束，即参数估计值不管显著与否，都保留在模型中；再次，VAR 模型的解释变量中不包括任何当期变量，预测是 VAR 模型的重要应用之一。

VAR 模型有以下几个明显的优点：第一，它非常简单，模型工作者无须为某个变量是内生还是外生操心；第二，模型估计也很简单，模型中每个方程都可以用 OLS 法单独估计；第三，在大多数情况下，VAR 模型的预测比那些复杂得多的传统联立方程模型更准确。

另一方面，VAR 模型也存在一些不足之处。第一，对得到的 VAR 模型系数很难解释，这是因为这类模型不以任何经济理论为基础。第二，损失自由度。假设有一个三变量的 VAR 模型，每个方程中每个变量有 12 期滞后，从而使得每个方程需要估计 39 个参数。估计这么多的参数，将消耗大量的自由度，即便样本容量足够大，也会带来估计精度问题。

9.5.2　VAR 模型的估计

向量自回归模型(VAR)类似于联立方程模型，可以用工具变量法、二阶段最小二乘法进行估计。如果每一方程都含有同样个数的系统中的滞后变量，则可以直接采用普通最小二乘法进行估计。

例 9.5.1　以 1978—2015 年我国国内生产总值 GDP 和最终消费 CS 数据为例(第 3 章表 3.5.1)，试建立 GDP 和 CS 之间的 VAR 模型。

国内生产总值 GDP 和消费 CS 是相互影响的，可以考虑建立向量自回归模型。为避免数据的剧烈波动，先对各序列进行对数化处理，新序列分别记为 LNGDP 和 LNCS，如图 9.5.1 所示。两个时间序列都是带有趋势的非平稳序列，存在某种均衡关系。VAR 模型分析如下。

(1) VAR 模型估计。使用表 3.5.1 的观测数据，在 EViews 主菜单下，选中 LNGDP 和 LNCS，击左键，选择 open\as　VAR，或在主菜单选择 Quick\Estimate VAR，或者在主窗口命令行输入 var，回车后屏幕出现图 9.5.2 所示的模型定义对话框。

对话框上方是模型的两种类型，这里使用系统默认的无约束模型(Basics)和约束模型(VAR Restrictions)。本例使用前者，在 VAR 类型(VAR type)下选择 Standard VAR，在内生变量(Endogenous Variables)空白区输入内生变量 LNGDP、LNCS，内生变量滞后区间(Lag intervals for Endogenous)选取 1　2，本例仅将常数项 c 作为外生变量，点击 OK 键，

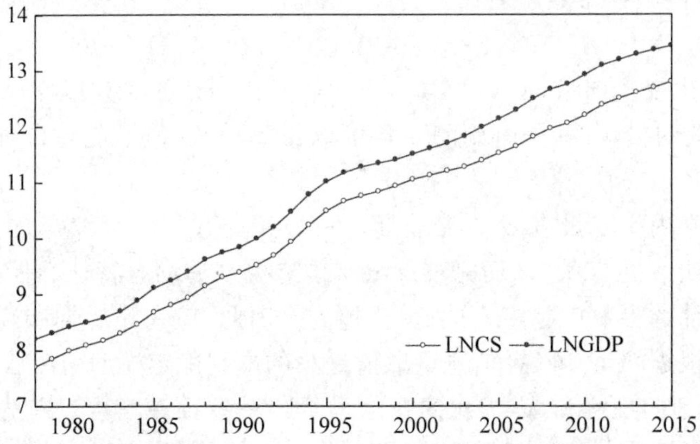

图 9.5.1　我国国内生产总值 GDP 和消费 CS 对数序列图

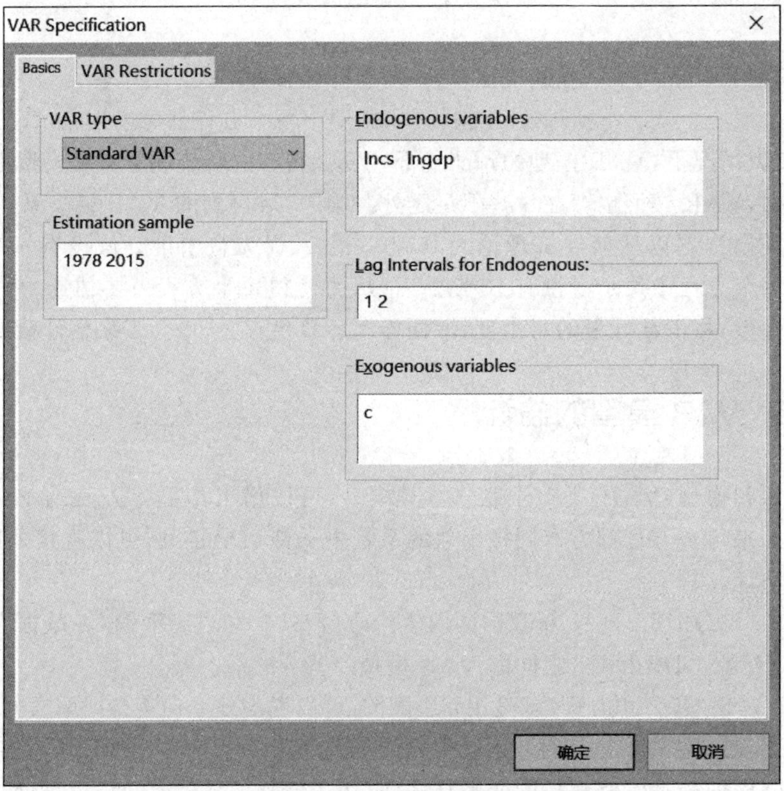

图 9.5.2　VAR 模型定义对话框

显示如表 9.5.1 估计结果。

输出部分包括三大部分，最上面是模型的参数估计结果、估计系数标准误差、t 检验统计量值。输出窗口的第二部分是各子方程的 10 种评价统计量的值，每一列代表一个方程的检验统计量取值。窗口的最后一部分是针对 VAR 模型作为整体的评价统计量的值。其中包括决定性残差协方差、对数似然函数值和 AIC 与 SC 信息量。

表 9.5.1　VAR 模型估计结果

Vector Autoregression Estimates

Vector Autoregression Estimates
Date: 09/14/21 Time: 18:28
Sample (adjusted): 1980 2015
Included observations: 36 after adjustments
Standard errors in ( ) & t-statistics in [ ]

	LNCS	LNGDP
LNCS(-1)	0.392391	-1.119511
	(0.31620)	(0.36159)
	[1.24096]	[-3.09606]
LNCS(-2)	0.403535	1.042435
	(0.27905)	(0.31912)
	[1.44608]	[3.26663]
LNGDP(-1)	1.131944	2.566152
	(0.27137)	(0.31033)
	[4.17123]	[8.26917]
LNGDP(-2)	-0.947156	-1.502543
	(0.25478)	(0.29136)
	[-3.71747]	[-5.15696]
C	0.158855	0.177106
	(0.05255)	(0.06009)
	[3.02289]	[2.94711]
R-squared	0.999485	0.999404
Adj. R-squared	0.999419	0.999327
Sum sq. resids	0.040277	0.052672
S.E. equation	0.036045	0.041220
F-statistic	15045.84	12994.13
Log likelihood	71.23706	66.40777
Akaike AIC	-3.679837	-3.411543
Schwarz SC	-3.459904	-3.191610
Mean dependent	10.52268	11.06266
S.D. dependent	1.495079	1.588936

Determinant resid covariance (dof adj.)	5.22E-07
Determinant resid covariance	3.87E-07
Log likelihood	163.5951
Akaike information criterion	-8.533062
Schwarz criterion	-8.093196
Number of coefficients	10

在 VAR 模型估计结果窗口点击 View 按钮，选择 Representations 功能，得 VAR 模型的估计式为

$$\ln\widehat{CS} = 0.392\,4\ln CS(-1) + 0.403\,54\ln CS(-2) + 1.131\,94\ln GDP(-1) - 0.947\,2\ln GDP(-2) + 0.158\,9$$

$$\ln\widehat{GDP} = -1.119\,5\ln CS(-1) + 1.042\,4\ln CS(-2) + 2.566\,2\ln GDP(-1) - 1.502\,5\ln GDP(-2) + 0.177\,1$$

(2) VAR 模型预测。预测分为动态预测和静态预测，还分为样本内预测和样本外预测。以前者为例。

若希望利用建立的 VAR 模型进行预测，则在模型窗口选择 Proc/Make Model，如图 9.5.3 所示。

在模型对象定义窗口，选择 Solve，出现模型解决方案对话窗口(图 9.5.4)，在此对话窗口下，可以选择预测方法。其中，动态方案(Dynamic solution)表示利用各序列每期预测值

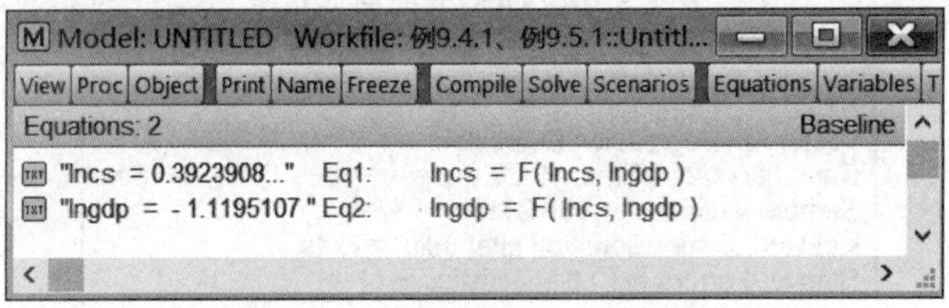

图 9.5.3　模型对象定义窗口

而非实际观测值进行迭代计算，可对超出样本的未来值进行预测；静态方案(Static solution)表示利用各序列滞后期的实际观测值计算第 t 期预测值。

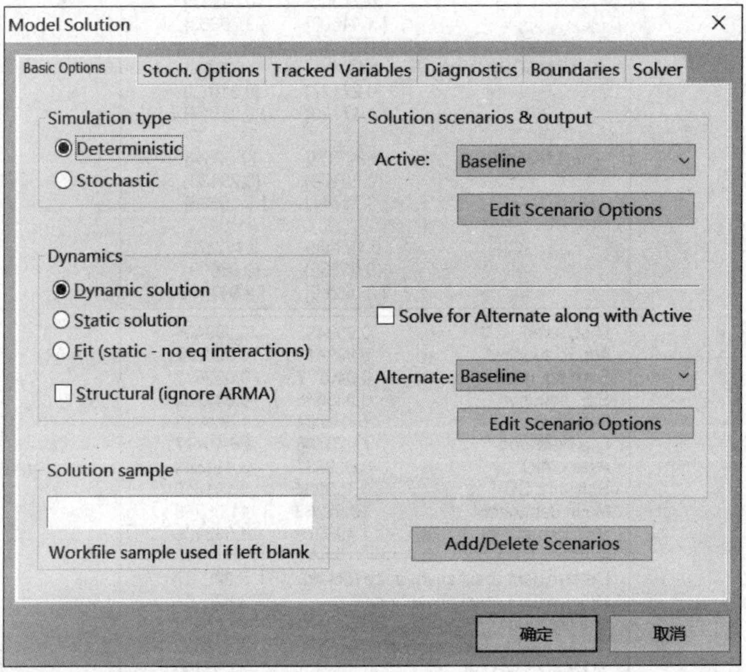

图 9.5.4　模型解决方案对话窗口

在模型解决方案对话窗口，选择 Dynamic solution，得到 LNGDP 与 LNCS 动态模拟结果(在工作文件窗口双击 LNGDP 与 LNGDPF，观察 LNGDP 与 LNGDPF 图形)，见图 9.5.5；选择 Static solution，得到 LNGDP 与 LNCS 静态模拟结果，见图 9.5.6。

从序列图可以看出，因为静态预测是使用样本实际观测值进行预测，所以静态预测的效果要好于动态预测。

(3) VAR 模型滞后期的选择。在 VAR 模型估计结果窗口点击 View 键，选择 Lag Structure\ Lag Length Criteria(滞后长度准则)功能，在随后弹出的对话框中填 3，点击 OK 键，即可得到 5 个评价统计量的值(见表 9.5.2)。Lag Length Criteria(滞后长度准则)功能用来评价建立滞后期为多少阶的 VAR 模型最为合理。5 个评价统计量各自给出的最小滞后期用“*”表示，表 9.5.2 显示在 5 个评价指标中有 3 个建立 VAR(2)模型比较合理。

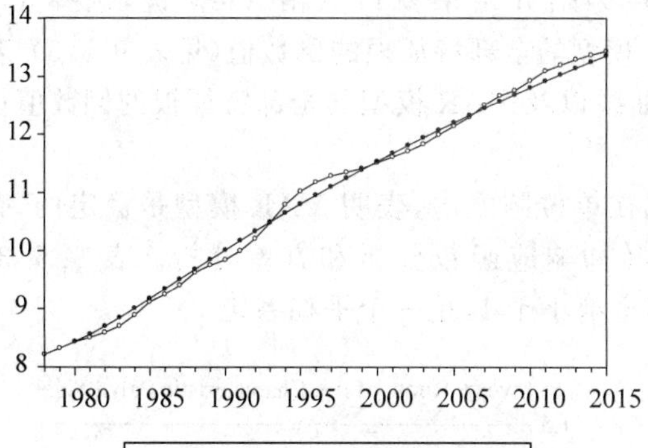

(a)

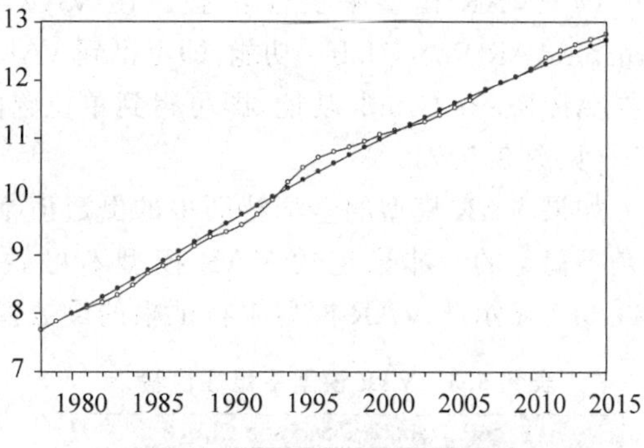

(b)

图 9.5.5　动态模拟结果

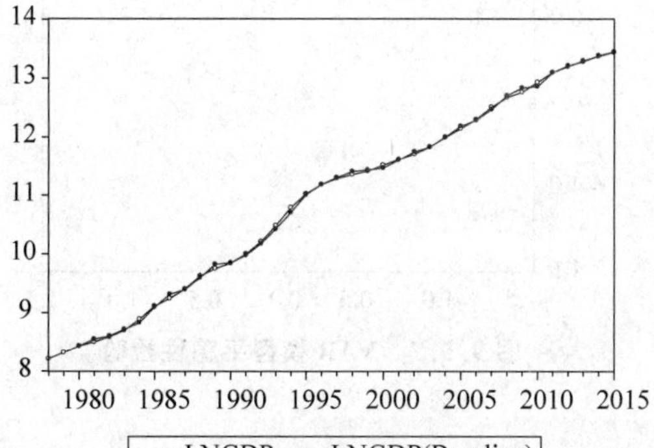

(a)

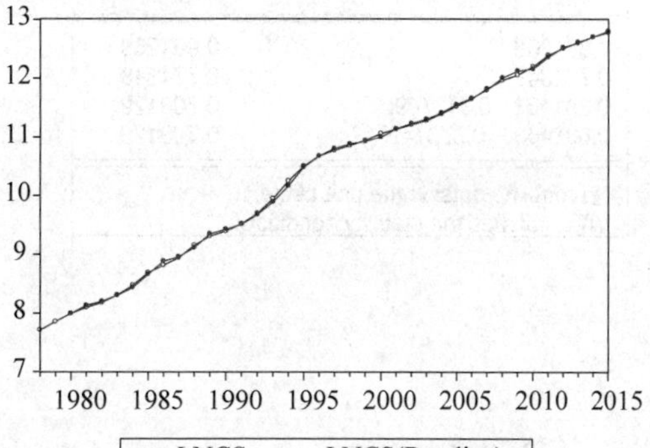

(b)

图 9.5.6　静态模拟结果

表 9.5.2　VAR 模型滞后长度选择准则

VAR Lag Order Selection Criteria
Endogenous variables: LNCS LNGDP
Exogenous variables: C
Date: 09/14/21 Time: 18:36
Sample: 1978 2015
Included observations: 35

Lag	LogL	LR	FPE	AIC	SC	HQ
0	-5.811085	NA	0.005357	0.446348	0.535225	0.477028
1	139.0619	264.9106	1.71e-06	-7.603538	-7.336907	-7.511497
2	158.1038	32.64317*	7.27e-07	-8.463073	-8.018687*	-8.309671*
3	162.5213	7.068098	7.14e-07*	-8.486933*	-7.864794	-8.272171

* indicates lag order selected by the criterion
LR: sequential modified LR test statistic (each test at 5% level)
FPE: Final prediction error
AIC: Akaike information criterion
SC: Schwarz information criterion
HQ: Hannan-Quinn information criterion

(4) VAR 模型平稳性检验。在 VAR 模型估计结果窗口点击 View 键，选择 Lag Structure，AR Roots Table 功能，即可得到 VAR 模型的全部特征根的倒数值(见表 9.5.3)，若选择 AR Roots Graph 功能，即可得到单位圆曲线以及 VAR 模型的全部特征根的倒数值位置图(见图 9.5.7)。

如果 VAR 模型的全部特征根的倒数值都在单位圆之内，表明 VAR 模型是稳定的，否则是不稳定的。非稳定的 VAR 模型不可做脉冲响应函数分析和方差分析。表 9.5.3、图 9.5.7 显示此 VAR 模型中特征根的倒数值全部小于 1，是一个平稳系统。

表 9.5.3　VAR 模型平稳性检验

VAR Stability Condition Check

Roots of Characteristic Polynomial
Endogenous variables: LNCS LNGDP
Exogenous variables: C
Lag specification: 1 2
Date: 09/14/21　Time: 18:38

Root	Modulus
0.981268	0.981268
0.774348	0.774348
0.601463 - 0.373749i	0.708129
0.601463 + 0.373749i	0.708129

No root lies outside the unit circle.
VAR satisfies the stability condition.

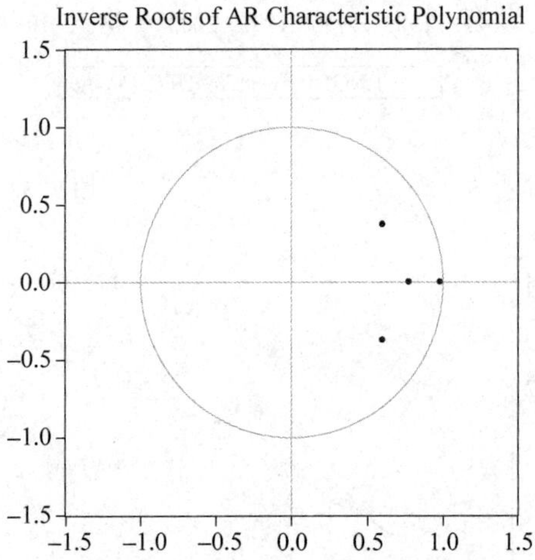

图 9.5.7　VAR 模型平稳性检验

9.6　案例分析

第 3 章表 3.5.1 给出了 1978—2015 年国内生产总值 GDP、最终消费 CS、投资总额 I、出口总额 EX、GDP 平减指数 P 统计数据，试对中国 GDP、消费、投资与出口进行协整分析。

由宏观经济理论可知，拉动中国经济增长的主要因素是消费、投资和出口这三驾马车。因此，将中国 GDP、CS、I 和 EX 作为一个系统，检验它们之间的因果关系，基于检验结论对中国 GDP、消费、投资与出口进行协整分析。

定义按不变价格计算的四个变量如下：

$$\mathrm{GP}=\mathrm{GDP}/P,\quad \mathrm{CP}=\mathrm{CS}/P,\quad \mathrm{IP}=I/P,\quad \mathrm{EP}=\mathrm{EX}/P$$

为克服数据中异方差现象，采用自然对数建立模型。四个变量自然对数定义如下：

$$\mathrm{lnGP}=\log(\mathrm{GP}),\quad \mathrm{lnCP}=\log(\mathrm{CP}),\quad \mathrm{lnIP}=\log(\mathrm{IP}),\quad \mathrm{lnEP}=\log(\mathrm{EP})$$

9.6.1　ADF 检验

EViews 11.0 检验如下：在工作文件窗口，双击 lnGP 序列，打开 lnGP 窗口，点击 View 下拉菜单，选择 Unit Root Test 功能，在弹出的对话框中选择 ADF 检验，对原序列 lnGP 做单位根检验。lnGP 检验式中有截距项和趋势项，检验结果如表 9.6.1 所示，在 5%显著性水平上，lnGP 是一个平稳序列。

表 9.6.1　lnGP 单位根检验结果(有截距项和有趋势项)

Augmented Dickey-Fuller Unit Root Test on LNGP			
Null Hypothesis: LNGP has a unit root			
Exogenous: Constant, Linear Trend			
Lag Length: 1 (Automatic - based on SIC, maxlag=9)			
		t-Statistic	Prob.*
Augmented Dickey-Fuller test statistic		-4.592841	0.0041
Test critical values:	1% level	-4.234972	
	5% level	-3.540328	
	10% level	-3.202445	

类似地,可以检验,lnIP 是一个平稳序列,lnCP、lnEP 是非平稳序列,而 lnCP、lnIP、lnEP 的一阶差分为平稳序列。如表 9.6.2~表 9.6.4 所示。可以验证 lnGP、lnIP 也是一阶单整序列。

表 9.6.2　lnCP 一阶差分单位根检验结果(有截距项和无趋势项)

Augmented Dickey-Fuller Unit Root Test on D(LNCP)			
Null Hypothesis: D(LNCP) has a unit root			
Exogenous: Constant			
Lag Length: 0 (Automatic - based on SIC, maxlag=9)			
		t-Statistic	Prob.*
Augmented Dickey-Fuller test statistic		-3.645333	0.0095
Test critical values:	1% level	-3.626784	
	5% level	-2.945842	
	10% level	-2.611531	

表 9.6.3　lnIP 单位根检验结果(有截距项和有趋势项)

Augmented Dickey-Fuller Unit Root Test on LNIP			
Null Hypothesis: LNIP has a unit root			
Exogenous: Constant, Linear Trend			
Lag Length: 1 (Automatic - based on SIC, maxlag=9)			
		t-Statistic	Prob.*
Augmented Dickey-Fuller test statistic		-4.262312	0.0093
Test critical values:	1% level	-4.234972	
	5% level	-3.540328	
	10% level	-3.202445	

表 9.6.4　lnEP 一阶差分单位根检验结果(有截距项和有趋势项)

Augmented Dickey-Fuller Unit Root Test on D(LNEP)			
Null Hypothesis: D(LNEP) has a unit root			
Exogenous: Constant, Linear Trend			
Lag Length: 0 (Automatic - based on SIC, maxlag=9)			
		t-Statistic	Prob.*
Augmented Dickey-Fuller test statistic		-6.065619	0.0001
Test critical values:	1% level	-4.234972	
	5% level	-3.540328	
	10% level	-3.202445	

9.6.2 协整检验

由 lnGP、lnCP、lnIP、lnEP 的平稳性检验可知，lnGP～$I(1)$、lnCP～$I(1)$、lnIP～$I(1)$、lnEP～$I(1)$，满足协整检验前提。考虑 lnGP、lnCP、lnIP、lnEP 是否存在协整关系。在主窗口命令行输入

LS lnGP C lnCP lnIP lnEP AR(1)

得到的估计结果如表 9.6.5 所示。

表 9.6.5 回归模型的估计结果

Dependent Variable: LNGP
Method: ARMA Generalized Least Squares (BFGS)
Date: 09/14/21 Time: 19:15
Sample: 1978 2015
Included observations: 38
Convergence achieved after 12 iterations
Coefficient covariance computed using outer product of gradients
d.f. adjustment for standard errors & covariance

Variable	Coefficient	Std. Error	t-Statistic	Prob.
C	0.919062	0.224046	4.102106	0.0003
LNCP	0.679777	0.049428	13.75283	0.0000
LNIP	0.233557	0.030937	7.549438	0.0000
LNEP	0.067829	0.021191	3.200798	0.0030
AR(1)	0.963208	0.062146	15.49906	0.0000

R-squared	0.999828	Mean dependent var	9.940925
Adjusted R-squared	0.999807	S.D. dependent var	1.077443
S.E. of regression	0.014969	Akaike info criterion	-5.374487
Sum squared resid	0.007394	Schwarz criterion	-5.159015
Log likelihood	107.1152	Hannan-Quinn criter.	-5.297823
F-statistic	47917.30	Durbin-Watson stat	1.564234
Prob(F-statistic)	0.000000		

Inverted AR Roots .96

由此得到模型估计式为

$$\ln\widehat{GP}_t = 0.9191 + 0.6798\ln CP_t + 0.2336\ln IP_t + 0.0678\ln EP_t \tag{1}$$

$$t = (4.1021)\quad(13.7528)\quad(7.5494)\quad(3.2008)$$

$$\bar{R}^2 = 0.9998,\quad F = 47917.3,\quad DW = 1.5642$$

在主窗口命令行输入："genr E＝resid"，生成一个新序列以保存结果。若变量序列 lnGP、lnCP、lnIP、lnEP 存在协整关系，则序列 E 应具有平稳性，对 E 做单位根检验，ADF 检验结果如表 9.6.6 所示。

表 9.6.6 残差序列 E 单位根检验结果

Augmented Dickey-Fuller Unit Root Test on E

Null Hypothesis: E has a unit root
Exogenous: None
Lag Length: 0 (Fixed)

		t-Statistic	Prob.*
Augmented Dickey-Fuller test statistic		-4.808390	0.0000
Test critical values:	1% level	-2.628961	
	5% level	-1.950117	
	10% level	-1.611339	

由表 9.6.7 可知，ADF＝－4.808 4 小于不同检验水平的三个临界值，因此残差序列 E 为平稳序列。所以 lnGP、lnCP、lnIP、lnEP 存在协整关系。协整关系所对应的长期均衡方程为式(1)所示，此方程具有明确的经济意义(解释省略)。

9.6.3　误差修正模型

因为 lnGP、lnCP、lnIP、lnEP 存在协整关系，可以建立误差修正模型。在主窗口命令行输入“LS　d(lnGP)　d(lnCP)　d(lnIP)　d(lnEP)　E(－1)”，得到如表 9.6.7 所示的回归结果。

表 9.6.7　ECM 估计结果

Dependent Variable: D(LNGP)
Method: Least Squares
Date: 09/14/21 Time: 19:18
Sample (adjusted): 1979 2015
Included observations: 37 after adjustments

Variable	Coefficient	Std. Error	t-Statistic	Prob.
D(LNCP)	0.679003	0.049973	13.58727	0.0000
D(LNIP)	0.223778	0.031049	7.207183	0.0000
D(LNEP)	0.070455	0.018662	3.775388	0.0006
E(-1)	0.195834	0.179311	1.092147	0.2827

R-squared	0.739941	Mean dependent var	0.093638
Adjusted R-squared	0.716299	S.D. dependent var	0.027790
S.E. of regression	0.014802	Akaike info criterion	-5.486342
Sum squared resid	0.007230	Schwarz criterion	-5.312189
Log likelihood	105.4973	Hannan-Quinn criter.	-5.424945
Durbin-Watson stat	1.824905		

因此，lnGP 与 lnCP、lnIP、lnEP 之间的误差修正模型为

$$\Delta\ln\widehat{GP}_t = 0.679\,0\Delta\ln CP_t + 0.223\,8\Delta\ln IP_t + 0.0705\Delta\ln EP_t + 0.195\,8ECM_{t-1} \qquad (2)$$

$$t = \quad (13.587\,3) \qquad (7.207\,2) \qquad (3.775\,4) \qquad (1.092\,1)$$

$$\bar{R}^2 = 0.716\,3 \qquad DW = 1.824\,9$$

模型(2)通过显著性检验，其中变量的符号与长期均衡关系的符号一致，结果表明，短期内消费、投资、出口每增加 1%，国内生产总值将依次增加 0.679 0%、0.223 8%、0.070 5%。误差修正项系数不显著、为正，可能因为最近几年经济增长连续下降，导致误差修正项系数为正，发生正向纠偏。模型(2)基本反映了 lnGP 受 lnCP、lnIP、lnEP 影响的短期波动规律。

即测即练 9.1　　　　**即测即练 9.2**

习　题

(1) 什么是平稳随机时间序列？

(2) 时间序列的数字特征有哪些？

(3) 描述平稳时间序列的条件。

(4) 试述单位根检验的基本步骤。

(5) 什么是单整？什么是协整？

(6) 怎样判断变量之间是否存在协整关系？

(7) 格兰杰因果关系检验是怎样进行的？它应满足什么条件？

(8) 以 Q_t 表示粮食产量，A_t 表示播种面积，C_t 表示化肥施用量，经检验，它们取对数后都是 $I(1)$ 变量且相互之间存在(1,1)阶协整关系，同时经过检验并剔除了不显著的变量(包括滞后变量)，得到如下粮食生产模型：

$$Q_t = \alpha_0 + \alpha_1 \ln Q_{t-1} + \alpha_2 \ln A_t + \alpha_3 \ln C_{t-1} + \alpha_4 \ln C_{t-1} + u_t$$

试推导误差修正模型的表达式，并指出误差修正模型中每个待估参数的经济意义。

(9) 表1为美国1970—1991年制造业固定厂房设备(y)和产品销售量(x)的数据(单位：10亿美元)。①试检验 y 与 x 的因果关系，使用直至6期为止的滞后并评述其结果。②对固定厂房设备(y)和产品销售量(x)的VAR模型进行估计。

表1　美国1970—1991年制造业固定厂房设备和产品销售量数据

年份	y	x	年份	y	x
1970	36.990	52.805 0	1981	128.68	168.129
1971	33.600	55.906 0	1982	123.97	163.351
1972	35.420	63.027 0	1983	117.35	172.547
1973	42.350	72.931 0	1984	139.61	190.682
1974	52.480	84.790 0	1985	152.88	194.538
1975	53.660	86.589 0	1986	137.95	194.657
1976	58.530	98.797 0	1987	141.06	206.326
1977	67.480	113.201 0	1988	163.45	223.541
1978	78.130	126.905 0	1989	183.80	232.724
1979	95.130	143.936 0	1990	192.61	239.459
1980	112.60	154.391 0	1991	182.81	235.142

(10) 表2给出了中国1978—2015年按当年价格计算的国内生产总值GDP和最终消费CS数据。

表2　中国1978—2015年国内生产总值GDP和最终消费CS　　单位：亿元

年份	GDP	CS	年份	GDP	CS
1978	3 678.7	2 232.9	1990	18 872.9	12 001.4
1979	4 100.5	2 578.3	1991	22 005.6	13 614.2
1980	4 587.6	2 966.9	1992	27 194.5	16 225.1
1981	4 935.8	3 277.3	1993	35 673.2	20 796.7
1982	5 373.4	3 575.6	1994	48 637.5	28 272.3
1983	6 020.9	4 059.6	1995	61 339.9	36 197.9
1984	7 278.5	4 784.4	1996	71 813.6	43 086.8
1985	9 098.9	5 917.9	1997	79 715.0	47 508.7
1986	10 376.2	6 727.0	1998	85 195.5	51 460.4

续表

年份	GDP	CS	年份	GDP	CS
1987	12 174.6	7 638.7	1999	90 564.4	56 621.7
1988	15 180.4	9 423.1	2000	100 280.1	63 667.7
1989	17 179.7	11 033.3	2001	110 863.1	68 546.7
2002	121 717.4	74 068.2	2009	349 081.4	172 728.3
2003	137 422.0	79 513.1	2010	413 030.3	198 998.1
2004	161 840.2	89 086.0	2011	489 300.6	241 022.1
2005	187 318.9	101 447.8	2012	540 367.4	271 112.8
2006	219 438.5	114 728.6	2013	595 244.4	300 337.8
2007	270 232.3	136 229.5	2014	643 974.0	328 312.6
2008	319 515.5	157 466.3	2015	689 052.1	362 266.5

① 检验 lnGDP 与 lnCS 的单整性；

② 检验 lnGDP 与 lnCS 的协整性；

③ 如果 lnGDP 与 lnCS 是协整的，请估计 lnCS 关于 lnGDP 的协整模型和误差修正模型。

第10章 联立方程模型

本章学习的目的

(1)掌握联立方程模型的基本概念；(2)掌握联立方程模型的识别方法；(3)掌握联立方程模型的估计方法，如间接最小二乘法(ILS)、二阶段最小二乘法(TSLS)，了解三阶段最小二乘法；(4)能够应用EViews软件建立联立方程模型。

前面各章我们主要讨论了单一方程模型，即在模型中只含有一个因变量和若干个解释变量。这类方程的最大特征是被解释变量与解释变量间是由单向因果关系维系而且是不可逆的，通常都是以解释变量为因，被解释变量为果。然而经济现象是错综复杂的，在许多情形下我们研究的经济问题或经济现象是由一个系统构成的，各个经济变量之间的影响是交互的，也就是必须研究双向因果关系，以达到真实描述客观经济现象的目的。要做到这一点，显然单一方程模型很难完整表达，只有引进联立方程模型才能做到。例如，在研究消费问题时，认为消费是由收入决定的，但从社会再生产的动态过程来看，消费水平会影响生产规模，进而影响国民收入。因此，从这个意义上讲，消费又决定收入。显然，要描述经济现象这种复杂关系需要多个相互联系的单一方程，也即联立方程模型。

联立方程模型是相对于单一方程模型而言的。它以经济系统为研究对象，揭示的是经济系统中各部分、各因素之间的数量关系和系统运动的数量特征，用于经济系统的预测、分析和评价，是计量经济学的重要组成部分。

联立方程模型就是由多个相互联系的单一方程组成的方程组。由于其包含的变量和描述的经济关系较多，所以能够较为全面地反映经济系统的运行规律。本章主要探讨联立方程模型的基本概念、联立方程模型的识别方法和联立方程模型的估计方法。

10.1 联立方程模型概述

10.1.1 联立方程模型及其特点

所谓联立方程模型是指由一个以上相互关联的单一方程组成的方程组，每一个单一方程中包含一个或多个相互关联的内生变量。联立方程模型与单一方程模型的区别之一在于，估计联立方程模型的参数时必须考虑联立方程所能提供的信息，而单一方程模型的参数估计仅考虑被估方程自身所能提供的信息。

下面我们讨论几个联立方程模型的例子，以说明联立方程模型的经济背景和特点。

例 10.1.1　某种农产品的市场局部均衡模型。我们知道，农产品的均衡价格 P 和均衡交易量 Q 是由农产品市场需求和供给共同确定的。为了简化问题，假设农产品的需求、供给曲线为线性，同时加入随机误差项 u_{1t} 和 u_{2t}，则需求—供给函数可记为

需求函数：　$Q_t^{\mathrm{d}}=a_0+a_1P_t+u_{1t}\quad(a_1<0)$　(10.1.1)

供给函数：　$Q_t^{\mathrm{s}}=b_0+b_1P_t+u_{2t}\quad(b_1>0)$　(10.1.2)

均衡条件：　$Q_t^{\mathrm{d}}=Q_t^{\mathrm{s}}$　(10.1.3)

从需求方看，u_{1t} 代表了除农产品价格以外的其他影响需求的因素，如消费者收入水平、替代商品价格、消费者偏好、消费政策等。当这些因素发生变化时，u_{1t} 将发生变化，进而引起需求曲线的移动。当 u_{1t} 的变化为正时，需求曲线将会向右上方移动；当 u_{1t} 的变化为负时，需求曲线将会向左下方移动。需求曲线的移动同时改变了均衡价格 P 和均衡交易量 Q。同理，u_{2t} 的变化（由于生产技术水平、产品成本、气候变化、产业政策等因素）将会使供给曲线发生移动，也同时影响均衡价格 P 和均衡交易量 Q。这种现象被称为相互依存性。正是这种相互依存性，使得式(10.1.1)中的 u_{1t} 和 P_t，式(10.1.2)中的 u_{2t} 和 P_t 违背解释变量与随机误差项不相关的古典假设，产生所谓联立方程偏误。

例 10.1.2　在例 10.1.1 农产品的市场局部均衡模型中，若引入消费者收入 Y_t 和影响农产品生产的天气条件指数 R_t，则方程(10.1.1)和方程(10.1.2)可变为

需求函数：　$Q_t^{\mathrm{d}}=a_0+a_1P_t+a_2Y_t+u_{1t}\quad(a_1<0,a_2>0)$　(10.1.4)

供给函数：　$Q_t^{\mathrm{s}}=b_0+b_1P_t+b_2R_t+u_{2t}\quad(b_1>0)$　(10.1.5)

均衡条件：　$Q_t^{\mathrm{d}}=Q_t^{\mathrm{s}}$　(10.1.6)

由于农产品价格的波动，市场均衡价格的形成是由供需双方共同决定的，只有用多个方程，同时从农产品需求、供给和平衡三个方面考虑，才能正确反映农产品供需与价格之间的相互依存、相互制约关系，以及农产品市场的均衡变化情况。

例 10.1.3　凯恩斯的收入决定模型。两部门简化的凯恩斯的收入决定模型如下：

消费函数：　$C_t=a_0+a_1Y_t+u_t\quad(0<a_1<1)$　(10.1.7)

收入恒等式：　$Y_t=C_t+I_t$　(10.1.8)

其中，C 为消费支出，Y 为收入，I 为投资（假设是外生变量），u 为随机误差项，参数 a_1 为边际消费倾向。

当 u_t 发生位移时，消费函数将随之发生位移，进而影响 Y_t，即 Y_t 与 u_t 并不相互独立。因此古典 OLS 法是不能直接应用于式(10.1.7)的，若使用 OLS 法估计式(10.1.7)，所得的估计量是不一致的。

例 10.1.4　在简化的凯恩斯的收入决定模型中，若引入政府支出 G，投资 I 不是外生变量，而是收入 Y 的函数即内生变量，则方程(10.1.7)和方程(10.1.8)可变为

消费函数：　$C_t=a_0+a_1Y_t+u_{1t}\quad(0<a_1<1)$　(10.1.9)

投资函数：　$I_t=b_0+b_1Y_t+b_2Y_{t-1}+u_{2t}\quad(b_1>0,b_2>0)$　(10.1.10)

收入恒等式：$Y_t=C_t+I_t+G_t$　(10.1.11)

这是一个简单的宏观经济模型，反映了国内生产总值中各项指标之间的关系。其中，第一个方程为消费函数，表示居民消费总额由国内生产总值决定；第二个方程为投资函数，

表示本期投资总额由本期国内生产总值和上一期国内生产总值决定；第三个方程为恒等方程，即假定进出口平衡的情况下，国内生产总值由消费、投资与政府支出共同决定。模型中共有4个经济变量，其中居民消费、投资、国内生产总值之间都是互为因果关系，只有构造多个方程才能将它们作为一个完整的系统进行描述和分析。

上述例题表明，联立方程模型具有如下特点。

(1) 联立方程模型由若干个单一方程模型有机地组合而成。如例10.1.1中的需求供给模型，就是由需求函数、供给函数和一个平衡方程组成。例10.1.4中的宏观经济模型，就是由消费函数、投资函数和一个统计定义方程组成。因此，如果每一个单一方程模型都能正确描述相应的经济关系，则整个联立方程模型就能如实地反映系统内各个经济变量之间的关系。

(2) 联立方程模型便于研究经济变量之间的复杂关系。如例10.1.4中，投资对居民消费的影响、政府支出对投资的影响等经济关系，只有通过多个方程的"联立"才能反映出来。

(3) 联立方程模型中可能同时包含随机方程和确定性方程。计量经济学主要研究经济变量之间的随机因果关系，所以单一方程模型中讨论的都是随机模型。但在联立方程模型中，一方面有些经济关系本身就是确定性的恒等关系式(如例10.1.1～例10.1.4中的平衡方程、收入恒等式等)，另一方面需要人为地设定一些定义方程，使联立方程模型成为所谓的"完备模型"。

(4) 联立方程模型的各个方程中间可能含有随机解释变量。在单方程模型中，除了滞后被解释变量之外，解释变量都被认为是可控制的非随机变量。但是在联立方程模型中，这样的假定很难成立。如例10.1.3的消费函数中，只有一个解释变量Y_t，由模型中的第二个方程可以得到

$$Y_t = C_t + I_t = (a_0 + a_1 Y_t + u_t) + I_t$$

即

$$Y_t = \frac{1}{1-a_1}(a_0 + I_t) + \frac{1}{1-a_1} u_t$$

所以Y_t是一个随机变量，并且与方程中的随机误差项u_t相关。

10.1.2 联立方程模型中的变量

在单一方程模型中，由于变量之间的因果关系十分明确，所以直接将方程左端的变量称为被解释变量，右端的变量称为解释变量。对于联立方程模型中的每一个方程，仍然可以采用这种方式定义变量。但是就整个模型系统而言，这种定义方式已经无法正确区分模型中的变量。因为同一个变量，在某个方程中可能是被解释变量，但在另一个方程中又成为解释变量(如例10.1.3中的收入Y)。因此，为了避免混淆，同时也为了说明每个变量的内在含义和作用，将联立方程模型中的变量划分成内生变量和外生变量两大类。

1. 内生变量

内生变量是由模型系统所决定的、具有某种概率分布的随机变量，其数值受模型中其他变量的影响，是模型求解的结果。在单方程模型中，内生变量就是被解释变量。

一般情况下，内生变量y受模型系统内随机误差项u的影响，是随机变量，它与随机误

差项之间不是独立的：$\mathrm{cov}(y,u)\neq 0$，即 $E(y\cdot u)\neq 0$。

如例 10.1.4 中的消费、投资、收入等都是内生变量，他们的数值是由模型系统决定的。

内生变量一般有以下特点：

(1) 内生变量既受模型中其他变量的影响，同时又影响模型中的其他内生变量。如例 10.1.4 中的投资 I_t，既受 Y_t、Y_{t-1} 的影响，同时又影响 Y_t，I_t 的值就是在这种相互影响中确定的。

(2) 内生变量一般都直接或间接地受模型系统中随机误差项的影响，所以都是具有某种概率分布的随机变量。如例 10.1.3 中 C_t 受 u_t 的直接影响，而 Y_t 间接地受 u_t 的影响。

(3) 内生变量的变化一般都用模型中的某一个方程来描述，所以模型中每个方程左端的变量(被解释变量)都是内生变量。但是有些内生变量未必就一定是模型中某个方程的被解释变量。如例 10.1.1、例 10.1.2 中的均衡价格 P 是由农产品的供给量和需求量共同决定的，是一个内生变量，但在模型的每一个随机方程中它都作为解释变量出现在方程等号的右端。

2. 外生变量

所谓外生变量，是指由模型系统之外其他因素所决定的变量，表现为非随机变量，其数值在模型求解之前就已经确定，本身不受系统的影响，但影响模型中的内生变量。外生变量一般是确定性变量。在单方程模型中，外生变量就是解释变量。

一般情况下，外生变量 y 不受模型系统内随机误差项 u 的影响，它与随机误差项之间是独立的：$\mathrm{cov}(y,u)=0$，即 $E(y\cdot u)=0$。

如例 10.1.2 中的消费者收入 Y、天气条件指数 R 等，由于在所构造的需求供给模型中，没有任何方程说明它是如何变化的，所以，消费者收入 Y、天气条件指数 R 的变化是由模型系统外部的因素决定的，即为外生变量。又如例 10.1.3 中的投资 I，例 10.1.4 中的政府支出 G 也是外生变量。他们的数值在建模之前就已经确定。

在用联立方程模型求出内生变量之前，外生变量值必须事先给定。外生变量的特点是：

(1) 外生变量的变化对模型系统中的内生变量产生直接影响，但自身变化却由模型系统之外的其他因素来决定。

(2) 相对于所构造的联立方程模型，外生变量可以视为可控的非随机变量，从而与模型中的随机误差项不相关。

在单一方程模型中，人们有时也习惯将被解释变量称为内生变量，解释变量称为外生变量。

将联立方程模型中的变量划分成内生变量和外生变量之后，可以正确区分模型中每个变量的含义和作用。但是，应该强调指出，内生变量、外生变量的划分是相对的。某一个变量究竟是内生变量，还是外生变量，完全取决于计量经济研究的目的，即由所设定的计量经济模型来决定。如例 10.1.4 的宏观经济模型中，如果在投资函数中再增加一个解释变量——利率 R，此时因模型中并没有用某个方程来说明利率 R 的变化，即认为利率的调整完全由模型之外的因素来决定，所以 R 是外生变量。但是，如果在宏观经济模型中再相应增加一个利率方程

$$R_t = c_0 + c_1(Y_t - Y_{t-1}) + c_2(M_t - M_{t-1}) + u_{3t}$$

式中,M_t 为货币供给量。则利率 R_t 成为内生变量,同时又增添了外生变量 M_t 和 M_{t-1}。因此,在构造联立方程模型时,应该根据研究目的,事先确定模型中应该包含哪些内生变量,这些内生变量又由哪些经济关系来描述的,在所涉及的经济关系中,哪些因素可以视为外生变量。一般情况下,外生变量都是一些可控制的政策变量、条件变量、经济参数变量、虚拟变量等。

3. 前定变量

前定变量是指在模型求解之前就确定了取值的变量。前定变量包括外生变量和滞后变量(滞后内生变量和滞后外生变量)。滞后内生变量是联立方程模型中重要的不可缺少的一部分变量,用以反映经济系统的动态性与连续性。前定变量影响现期模型系统中的其他变量,但不受其他变量的影响,因此,只能在现期的方程中作解释变量,且与其中的随机误差项是不相关的。

相对于本期内生变量,由于滞后变量和外生变量的值都是已知的(已事先确定的),所以将它们统称为前定变量(又称为先决变量)。在模型中,它们作为解释变量出现。如例 10.1.4 宏观经济模型中,前期国内生产总值 Y_{t-1} 为滞后内生变量,与政府支出 G_t 一起构成前定变量。

由于外生变量是非随机变量,与模型中的随机误差项不相关,如果随机误差项不存在自相关性,则滞后内生变量与随机误差项也不存在自相关。因此,前定变量与方程中的随机误差项一般是不相关的。

在单一方程模型的讨论中,并没有对变量作以上分类,那是因为因果关系简单,因变量与解释变量间决定与被决定的关系简单明了。但在联立方程模型中,简单的因果关系并不存在,经济变量间的因果关系变得十分复杂,某一变量在一个方程中是被解释变量,在另一个方程中可能作为解释变量,故需要依变量的系统属性进行上述分类。

内生变量和外生变量虽然是相对而言的,但在建模过程中,建模者必须依据先验信息,或依据经济理论,或依据因果性判断,对所研究的经济变量进行分类,确定变量的内生或外生的属性。

10.1.3 联立方程模型的类型

联立方程模型中的每一个方程依据不同的标准有不同的分类,例如,可分为随机方程(方程中含有随机误差项和未知参数的方程,随机方程中的参数需要估计)与确定性方程(或非随机方程,即方程中不含有随机误差项和未知参数的方程,非随机方程不需要估计参数)、行为方程、技术方程、制度方程和恒等式等。这里我们以变量间的联系形式作为标准进行分类,联立方程模型可被分为结构式模型、简化式模型和递归式模型等主要形式。

1. 结构式模型

(1) 结构式模型的含义。结构式模型是根据经济理论和行为规律建立的,描述经济变量之间直接关系结构的计量经济方程系统。其中每一个方程都直接表述某种经济行为或经济关系,或者是对一种经济结构或某种经济主体(如生产者或消费者)的行为进行直接描述的数学方程。模型中的每个随机方程的被解释变量不仅是内生变量,而且是由其他内生变量、前定变量和随机误差项所表示的函数，这种方程称为结构式方程。其中所含参数称为结构式参数。结构式参数表示每个解释变量对被解释变量的直接影响，参数的符号表示影响的方向，其绝对值表示这种直接影响的程度。对于线性模型而言，每个结构式参数表示一个边际量。例 10.1.1～例 10.1.4 都是结构式模型。

结构式模型标准形式如下：

$$\begin{cases}\beta_{11}y_{1t}+\beta_{12}y_{2t}+\cdots+\beta_{1m}y_{mt}+\gamma_{11}x_{1t}+\gamma_{12}x_{2t}+\cdots+\gamma_{1k}x_{kt}=u_{1t}\\ \beta_{21}y_{1t}+\beta_{22}y_{2t}+\cdots+\beta_{2m}y_{mt}+\gamma_{21}x_{1t}+\gamma_{22}x_{2t}+\cdots+\gamma_{2k}x_{kt}=u_{2t}\\ \cdots\\ \beta_{m1}y_{1t}+\beta_{m2}y_{2t}+\cdots+\beta_{mm}y_{mt}+\gamma_{m1}x_{1t}+\gamma_{m2}x_{2t}+\cdots+\gamma_{mk}x_{kt}=u_{mt}\end{cases} \tag{10.1.12}$$

其中：$y_1,y_2,\cdots,y_m$ 为 m 个内生变量；$x_1,x_2,\cdots,x_k$ 为 k 个前定变量（其中 x_1 为 1 时表明存在截距）；$u_1,u_2,\cdots,u_m$ 为 m 个随机误差项；β_{ij} 为内生变量的参数（$i,j=1,2,\cdots,m$）；γ_{ij} 为前定变量的参数（$i=1,2,\cdots,m$；$j=1,2,\cdots,k$）；β_{ij} 和 γ_{ij} 统称为参数。式(10.1.12)利用矩阵可表示为

$$\begin{pmatrix}\beta_{11}&\beta_{12}&\cdots&\beta_{1m}\\ \beta_{21}&\beta_{22}&\cdots&\beta_{2m}\\ \vdots&\vdots&\vdots&\vdots\\ \beta_{m1}&\beta_{m2}&\cdots&\beta_{mm}\end{pmatrix}\begin{pmatrix}y_{1t}\\ y_{2t}\\ \vdots\\ y_{mt}\end{pmatrix}+\begin{pmatrix}\gamma_{11}&\gamma_{12}&\cdots&\gamma_{1k}\\ \gamma_{21}&\gamma_{22}&\cdots&\gamma_{2k}\\ \vdots&\vdots&\vdots&\vdots\\ \gamma_{m1}&\gamma_{m2}&\cdots&\gamma_{mk}\end{pmatrix}\begin{pmatrix}x_{1t}\\ x_{2t}\\ \vdots\\ x_{kt}\end{pmatrix}=\begin{pmatrix}u_{1t}\\ u_{2t}\\ \vdots\\ u_{mt}\end{pmatrix} \tag{10.1.13}$$

若记

$$\boldsymbol{B}=\begin{pmatrix}\beta_{11}&\beta_{12}&\cdots&\beta_{1m}\\ \beta_{21}&\beta_{22}&\cdots&\beta_{2m}\\ \vdots&\vdots&\vdots&\vdots\\ \beta_{m1}&\beta_{m2}&\cdots&\beta_{mm}\end{pmatrix},\quad \boldsymbol{Y}=\begin{pmatrix}y_{1t}\\ y_{2t}\\ \vdots\\ y_{mt}\end{pmatrix},\quad \boldsymbol{\Gamma}=\begin{pmatrix}\gamma_{11}&\gamma_{12}&\cdots&\gamma_{1k}\\ \gamma_{21}&\gamma_{22}&\cdots&\gamma_{2k}\\ \vdots&\vdots&\vdots&\vdots\\ \gamma_{m1}&\gamma_{m2}&\cdots&\gamma_{mk}\end{pmatrix},\quad \boldsymbol{X}=\begin{pmatrix}x_{1t}\\ x_{2t}\\ \vdots\\ x_{kt}\end{pmatrix},$$

$$\boldsymbol{U}=\begin{pmatrix}u_{1t}\\ u_{2t}\\ \vdots\\ u_{mt}\end{pmatrix}$$

则结构式模型用矩阵形式表示如下：

$$\boldsymbol{BY}+\boldsymbol{\Gamma X}=\boldsymbol{U} \tag{10.1.14}$$

如果结构式模型中方程个数与内生变量个数相同，则称这种结构式模型为完备的结构式模型。结构式模型描述了经济变量间的直接经济联系，可用于分析各解释变量对因变量的直接影响。但是结构式模型中各方程的解释变量包含了内生变量，产生联立方程偏误，使结构式模型系数的直接估计发生困难。因此，可以说结构式模型有经济分析意义，缺少计量经济学意义。

结构式模型中的每一个方程都称为结构式方程，结构式方程中的系数称为结构式参数（或结构式系数）。

(2) 结构式模型的类型。结构式方程一般包括以下几种类型。

① 行为方程。即描述经济系统中变量之间的行为关系，主要是因果关系的方程。行为

关系建立在相应的经济理论基础之上。这类方程都带有随机误差项,因此也称为随机方程。行为方程一般为反映居民、企业、政府经济行为的随机方程。如例10.1.1中的需求函数与供给函数分别描述了消费者行为和生产者行为。

② 技术方程。技术方程是反映客观经济技术关系的随机方程。例如,描述产出与投入要素之间关系的生产函数方程,反映一定生产技术条件下投入要素与产出之间的技术关系,是一个技术方程。

③ 制度方程。即描述由制度因素如法律、政策法令、规章等决定的经济变量关系的方程。比如,描述税收与课税对象数额、税率之间关系的税收函数方程,反映政府的税收规定,是一个制度方程。又如,描述折旧与固定资产数额之间关系的折旧方程,反映政府会计制度的规定,也是一个制度方程。

④ 平衡方程(或称为均衡条件)。即反映经济变量之间的某种平衡关系的恒等方程。它不含未知参数和随机误差项。如例10.1.1、例10.1.2中的均衡方程就是描述某种产品的供给等于需求的方程,反映该种产品的市场供需均衡,是一个平衡方程。又如,描述投资总额等于官方投资与民间投资之和的方程,反映投资总额与官方投资、民间投资之间的平衡关系,也是一个平衡方程。

⑤ 定义方程。定义方程是反映经济学或统计学对经济变量的定义的恒等方程。由它定义某一经济变量与其他经济变量的恒等关系。此类方程中既无未知参数,也无随机误差项。以宏观经济学对国内生产总值的定义为例,按生产法,国内生产总值等于第一产业、第二产业、第三产业的增加值之和;按支出法,国内生产总值等于消费、投资、政府购买、净出口之和;按收入法,国内生产总值等于工资、利息、利润、租金、间接税和企业转移支付、折旧之和。三种核算方法之下的国内生产总值的表达式都是定义方程。如例10.1.4中的恒等方程,就是国民经济核算中按支出法定义的国内生产总值,为统计定义方程。

(3) 结构式模型的特点。

① 模型直观地描述了经济变量之间的关系结构,模型的经济意义明确。如例10.1.4中,第一个方程是依据绝对收入假说建立的消费函数;第二个方程是投资函数,表示投资额的变化主要取决于本期和上期的国内生产总值;第三个方程是定义方程,反映了进出口平衡情况下收入、消费、投资、政府支出之间的统计定义关系。模型清晰地描述了各宏观经济变量之间的相互关系和现实结构。

② 模型只反映了各变量之间的直接影响,却无法直观地反映各变量之间的间接影响和总影响。例如,政府支出 G_t 的增加将会引起收入 Y_t 的变化,进而引起居民消费 C_t 的变化,但这种间接影响却无法通过结构式方程(或结构式参数)直接反映出来。同样地,上期收入 Y_{t-1} 通过投资 I_t、收入 Y_t 等变量对居民消费 C_t 的间接影响也没有直观地反映出来。

③ 无法直接运用结构式模型进行预测。联立方程模型预测,即根据(已知的)前定变量的值,预测模型中(未知的)内生变量。但是在结构式方程中的解释变量中间,往往还包含着需要预测的内生变量,所以无法进行直接预测。

2. 简化式模型

(1) 简化式模型的含义。简化式模型是指联立方程中每个内生变量只是前定变量与随机误差项的函数所构成的模型。简化式模型中的每个方程都称为简化式方程。方程中的系数称为简化式参数(或简化式系数),它反映相应的前定变量对内生变量的直接影响与间接影响的总和。

简化式模型的构造途径：它是在已知模型所包含的全部前定变量的条件下,将模型中的每一个内生变量直接表示为前定变量的线性函数。比如,模型中含有 m 个内生变量 y,k 个前定变量 x,则可直接写出以下 m 个线性函数：

$$y_{it}=\pi_{i1}x_{1t}+\pi_{i2}x_{2t}+\cdots+\pi_{ik}x_{kt}+v_{it}\quad(i=1,2,\cdots,m)\tag{10.1.15}$$

简化式模型也可以用矩阵形式表示：

$$\boldsymbol{Y}=\boldsymbol{\pi X}+\boldsymbol{V}\tag{10.1.16}$$

其中

$$\boldsymbol{\pi}=\begin{pmatrix}\pi_{11}&\pi_{12}&\cdots&\pi_{1k}\\\pi_{21}&\pi_{22}&\cdots&\pi_{2k}\\\vdots&\vdots&\vdots&\vdots\\\pi_{m1}&\pi_{m2}&\cdots&\pi_{mk}\end{pmatrix};\quad \boldsymbol{V}=\begin{pmatrix}v_{1t}\\v_{2t}\\\vdots\\v_{mt}\end{pmatrix}$$

例如,对于结构式模型 10.1.14：$\boldsymbol{BY}+\Gamma\boldsymbol{X}=\boldsymbol{U}$,假设$|\boldsymbol{B}|\neq 0$,则有

$$\boldsymbol{Y}+\boldsymbol{B}^{-1}\Gamma\boldsymbol{X}=\boldsymbol{B}^{-1}\boldsymbol{U}$$

即有

$$\boldsymbol{Y}=-\boldsymbol{B}^{-1}\Gamma\boldsymbol{X}+\boldsymbol{B}^{-1}\boldsymbol{U}\tag{10.1.17}$$

比较式(10.1.16)和式(10.1.17)可得

$$\boldsymbol{\pi}=-\boldsymbol{B}^{-1}\Gamma,\quad \boldsymbol{V}=\boldsymbol{B}^{-1}\boldsymbol{U}\tag{10.1.18}$$

显然,在完备的结构式模型中,当矩阵 $\boldsymbol{B}$ 可逆时,结构式模型可转换成简化式模型。现以例 10.1.3 为例,说明结构式模型可以转换成简化式模型。在例 10.1.3 中,将 $Y_t=C_t+I_t$ 代入 $C_t=a_0+a_1Y_t+u_t$ 得：

$$C_t=\frac{a_0}{1-a_1}+\frac{a_1}{1-a_1}I_t+\frac{u_t}{1-a_1}\tag{10.1.19}$$

将此式代入 $Y_t=C_t+I_t$ 得：

$$Y_t=\frac{a_0}{1-a_1}+\frac{1}{1-a_1}I_t+\frac{u_t}{1-a_1}\tag{10.1.20}$$

式(10.1.19)和式(10.1.20)为简化式模型。

(2) 简化式模型的特点。

① 简化式方程的解释变量都是与随机误差项不相关的前定变量。简化式模型中的随机误差项 $\boldsymbol{V}=\boldsymbol{B}^{-1}\boldsymbol{U}$ 一般是结构式模型中随机误差项的线性函数,其意义在于,由前定变量的定义可知,前定变量与结构式随机误差项是不相关的,从而与简化式随机误差项也是不相关的,这就为直接应用 OLS 法估计简化式方程提供了基础。

② 简化式参数反映了前定变量对内生变量的总影响(直接影响和间接影响的总和)。例如,在式(10.1.20)中,投资 I_t 对内生变量 Y_t 的影响大小可用 I_t 变量的系数$\frac{1}{1-a_1}$表示。即

$$\frac{\mathrm{d}Y_t}{\mathrm{d}I_t}=\frac{1}{1-a_1}$$

此式经过变换得

$$\frac{\mathrm{d}Y_t}{\mathrm{d}I_t}=\frac{1+a_1-a_1}{1-a_1}=1+\frac{a_1}{1-a_1}$$

这说明，$\frac{1}{1-a_1}$可以分为两项：第一项为1，第二项为$\frac{a_1}{1-a_1}$。第一项，由结构式模型 $Y_t=C_t+I_t$ 可知，代表 I_t 对内生变量 Y_t 的直接影响；第二项，由简化式模型(10.1.19)可知，是 I_t 对 C_t 的短期乘数，表示投资每增加一个单位，将导致消费增加$\frac{a_1}{1-a_1}$个单位，这种变化又将由消费直接影响 Y_t，使 Y_t 产生变化。例如，当边际消费倾向 $a_1=0.8$ 时，投资 I_t 增加1个单位，即期消费 C_t 将增加4个单位$\left(\frac{0.8}{1-0.8}=4\right)$，传导到 Y_t，使 Y_t 共变化了5个单位，其中1个单位是 I_t 直接产生的，4个单位是 I_t 间接产生的。这种过程可用图10.1.1表示。

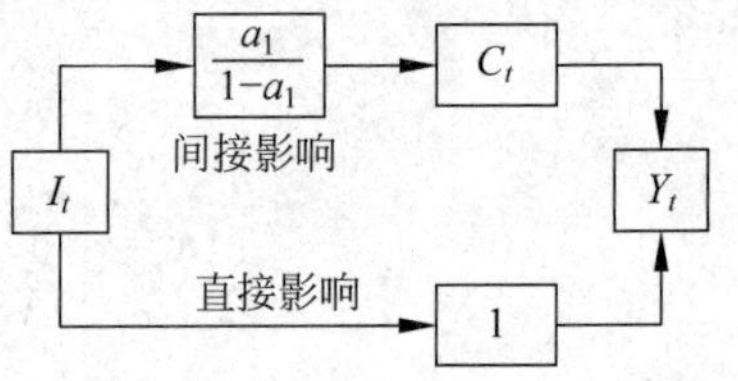

图 10.1.1　简化式参数作用的分解

③ 利用简化式模型可以直接进行预测。在得到估计的简化式模型之后，根据前定变量的已知信息就可以直接预测模型中的所有内生变量。

④ 简化式模型没有客观地描述经济系统内各个变量之间的内在联系，模型的经济含义不明确。

结构式模型与简化式模型的区别与联系：

第一，结构式模型直观地描述了经济变量之间的关系结构，模型有十分明确的经济含义。而简化式模型并不反映经济变量这种直接关系，没有明确的经济含义。简化式模型反映了前定变量对内生变量的总影响情况，所以便于直接进行经济预测等定量分析，而结构式模型却不便于进行经济预测、政策评价等定量分析。

第二，结构式模型中的解释变量可能是前定变量，也可能是内生变量；简化式模型中的解释变量均为前定变量。

第三，简化式模型可以用最小二乘法来估计参数，但结构式模型不能直接用最小二乘法来估计参数。

第四，简化式模型是通过变量的连续替换从结构式模型中导出的。

针对结构式模型和简化式模型的不同特点，在实际应用中应根据不同的研究目的合理地选择模型，同时也需要了解两类模型之间的转换过程，以及结构式参数与简化式参数之间的关系。

3. 递归模型

如果一个模型的结构式方程是用下列方法排列的：

第一个方程的右边仅包含前定变量，第二个方程的右边只包含前定变量和第一个方程中的内生变量 y_1(第一个方程中的被解释变量)，第三个方程的右边也只包含前定变量和第一、二两个方程中的内生变量 y_1、y_2，以此类推，第 m 个方程的右边只包含前定变量和前面 $m-1$ 个方程的内生变量 y_1 到 y_{m-1}，这种模型称为递归模型。含有 m 个内生变量，k 个前定变量的递归模型的一般形式可表示为

$$\begin{cases} y_{1t}=\gamma_{11}x_{1t}+\gamma_{12}x_{2t}+\cdots+\gamma_{1k}x_{kt}+u_{1t} \\ y_{2t}=\beta_{21}y_{1t}+\gamma_{21}x_{1t}+\gamma_{12}x_{2t}+\cdots+\gamma_{2k}x_{kt}+u_{2t} \\ y_{3t}=\beta_{31}y_{1t}+\beta_{32}y_{2t}+\gamma_{31}x_{1t}+\gamma_{32}x_{2t}+\cdots+\gamma_{3k}x_{kt}+u_{3t} \\ \qquad\qquad\cdots \\ y_{mt}=\beta_{m1}y_{1t}+\beta_{m2}y_{2t}+\cdots+\beta_{m,m-1}y_{m-1,t}+\gamma_{m1}x_{1t}+\gamma_{m2}x_{2t}+\cdots+\gamma_{mk}x_{kt}+u_{mt} \end{cases} \tag{10.1.21}$$

引入矩阵记号，式(10.1.21)可表示为

$$\boldsymbol{B}_1\boldsymbol{Y}+(-\boldsymbol{\Gamma})\boldsymbol{X}=\boldsymbol{U}$$

矩阵$\boldsymbol{\Gamma}$、向量$\boldsymbol{Y}$、$\boldsymbol{X}$ 和 $\boldsymbol{U}$ 同前。而矩阵

$$\boldsymbol{B}_1=\begin{pmatrix} 1 & 0 & 0 & \cdots & 0 \\ -\beta_{21} & 1 & 0 & \cdots & 0 \\ -\beta_{31} & -\beta_{32} & 1 & \cdots & 0 \\ \vdots & \vdots & \vdots & \vdots & \vdots \\ -\beta_{m1} & -\beta_{m2} & -\beta_{m3} & \cdots & 1 \end{pmatrix}$$

为下三角矩阵。

递归模型的显著特点是，可以直接运用 OLS 法，依次估计一个方程，逐步得到全部参数估计值，并且不会产生联立偏误。

与单一方程模型相比，联立方程模型显得很复杂。这种复杂性不仅反映在包含的方程个数的差异上，更重要的是反映在对变量依存关系的描绘上。正是联立方程模型对经济系统中变量依存关系的全面描绘，使其具备较强的分析功能，成为计量经济学中应用较广和有用的工具。

10.1.4　联立方程模型的基本假设

与单方程模型一样，为了对分析对象有更清楚的了解和把握，以选择适当的分析方法，保证分析的合理性、可靠性等，对联立方程模型也需要做出一些基本假设。联立方程模型的基本假设有以下几个方面：

(1) 所有随机误差项都满足零均值、同方差、不存在序列相关性、服从正态分布的性质。

(2) 不同方程的同期随机误差项可以相关，但它们之间的协方差与时期 t 无关，不同方程的随机误差项不能跨期相关。

(3) 外生变量是确定性的变量。

(4) 模型是可以识别的，即模型中包含的各种影响和决定关系是可以明确辨别或唯一确定的。

10.2　联立方程模型的识别

10.2.1　识别的概念

先看一个例子。如例 10.1.1 农产品需求供给模型

需求函数：$Q_t^d = a_0 + a_1 P_t + u_{1t}$

供给函数：$Q_t^s = b_0 + b_1 P_t + u_{2t}$

平衡条件：$Q_t^d = Q_t^s \triangleq Q_t$

据均衡条件,模型可以改写成

需求函数：$Q_t = a_0 + a_1 P_t + u_{1t}$

供给函数：$Q_t = b_0 + b_1 P_t + u_{2t}$

观察模型中的两个方程可以发现,需求函数和供给函数具有完全相同的统计形式,两个方程的解释变量都是价格 P,被解释变量都是交易量 Q,函数形式均为线性函数,仅仅是各自方程中参数所用的字母不同而已。因此,利用 Q、P 的样本资料估计模型之后,这两个模型是完全相同的,无法区分(或者识别)所估计的方程究竟是需求函数还是供给函数。因此,在构造联立方程模型时,如果模型结构设定不当,很可能使得其中某些方程无法正确估计,这就是模型的识别问题。

从计量经济模型的观点看,所谓识别,就是指是否能从简化式模型参数估计值中推导出结构式模型的参数估计值。若结构式参数能由简化式参数估计值推导出来,则称这个特定的方程是可识别的；若结构式参数不能用简化式参数估计值推导出来,则称该方程是不可识别的。只有当所研究模型中任一结构式方程都是可识别时,才能考虑联立方程模型的估计问题。

10.2.2 识别的类型

在计量经济学中,把联立方程模型中某一方程的识别状态分为两种类型：第一种类型是不可识别；第二种类型是能够识别,或称为可识别。对于可识别的方程,又有两种情况,一是恰好识别,二是过度识别。

1. 不可识别

不可识别即无法从简化式参数计算出结构式参数。

例 10.2.1 在农产品供需模型中

需求函数：$Q_t = a_0 + a_1 P_t + u_{1t}$

供给函数：$Q_t = b_0 + b_1 P_t + u_{2t}$

有两个内生变量 Q、P,没有前定变量。其简化式模型为

$$Q_t = \pi_0 + v_{1t}; \quad P_t = \pi_1 + v_{2t}$$

简化式参数有 2 个,结构式参数有 4 个,参数关系体系为

$$\pi_0 = \frac{a_1 b_0 - a_0 b_1}{a_1 - b_1}; \quad \pi_1 = \frac{b_0 - a_0}{a_1 - b_1}$$

显然,我们无法从 π_0、π_1 中计算出需求函数和供给函数的 4 个待求的结构式参数 a_0、a_1、b_0、b_1。因此,需求函数和供给函数都是不可识别的。

2. 恰好识别

恰好识别即能从简化式参数计算出唯一的结构式参数。

例 10.2.2 在例 10.2.1 的需求函数中加入一个外生变量——消费者收入 Y,则供需模型为

需求函数：$Q_t = a_0 + a_1 P_t + a_2 Y_t + u_{1t}$

供给函数：$Q_t = b_0 + b_1 P_t + u_{2t}$

其简化式模型为

$$Q_t = \pi_{10} + \pi_{11} Y_t + v_{1t}$$
$$P_t = \pi_{20} + \pi_{21} Y_t + v_{2t}$$

简化式参数为 4 个，结构式参数为 5 个，参数关系体系为

$$\pi_{10} = \frac{a_1 b_0 - a_0 b_1}{a_1 - b_1}; \quad \pi_{11} = \frac{-a_2 b_1}{a_1 - b_1}; \quad \pi_{20} = \frac{b_0 - a_0}{a_1 - b_1}; \quad \pi_{21} = \frac{-a_2}{a_1 - b_1}$$

待求的结构式参数有 5 个，而参数关系体系中只有 4 个方程，无法由简化式参数解出所有的结构式参数，所以模型整体上是不可识别的，但其中的供给函数却是可识别的，因为

$$b_1 = \pi_{11}/\pi_{21}, b_0 = \pi_{10} - b_1 \pi_{20}$$

由于供给函数中的结构式参数 b_0、b_1 可以用简化式参数唯一确定，所以供给函数是恰好识别的方程。

在需求函数中增加一个变量之后，供给函数由不可识别变成可识别的，这给我们一个启示，一个方程能否识别取决于模型中其他方程所含变量的个数。在供给函数中加入一个外生变量——天气条件指数 R，则需求函数也变成可识别的。

例 10.2.3　在例 10.2.2 的供给函数中加入天气条件指数 R，则供需模型为

需求函数：$Q_t = a_0 + a_1 P_t + a_2 Y_t + u_{1t}$

供给函数：$Q_t = b_0 + b_1 P_t + b_2 R_t + u_{2t}$

其简化式模型为

$$Q_t = \pi_{10} + \pi_{11} Y_t + \pi_{12} R_t + v_{1t}$$
$$P_t = \pi_{20} + \pi_{21} Y_t + \pi_{22} R_t + v_{2t}$$

参数关系体系为

$$\pi_{10} = \frac{a_0 b_1 - a_1 b_0}{b_1 - a_1}; \quad \pi_{11} = \frac{a_2 b_1}{b_1 - a_1}; \quad \pi_{12} = \frac{-a_1 b_2}{b_1 - a_1}$$
$$\pi_{20} = \frac{a_0 - b_0}{b_1 - a_1}; \quad \pi_{21} = \frac{a_2}{b_1 - a_1}; \quad \pi_{22} = \frac{-b_2}{b_1 - a_1}$$

简化式参数 6 个，待求解的结构式参数有 6 个，参数关系体系中的方程恰好也是 6 个，所以结构式参数可以通过简化式参数唯一确定，需求函数变成恰好识别的，整个模型也是恰好识别的。

3. 过度识别

过度识别即可以由简化式参数计算出结构式参数，并且结构式参数的值不是唯一的。

例 10.2.4　在例 10.2.3 的需求函数中再加入一个外生变量——替代品价格 P_0，则供需模型为

需求函数：$Q_t = a_0 + a_1 P_t + a_2 Y_t + a_3 P_{0t} + u_{1t}$

供给函数：$Q_t = b_0 + b_1 P_t + b_2 R_t + u_{2t}$

其简化式模型为

$$P_t = \pi_{10} + \pi_{11} Y_t + \pi_{12} R_t + \pi_{13} P_{0t} + v_{1t}$$

$$Q_t = \pi_{20} + \pi_{21} Y_t + \pi_{22} R_t + \pi_{23} P_{0t} + v_{2t}$$

参数关系体系为

$$\pi_{10} = \frac{a_0 - b_0}{b_1 - a_1}; \quad \pi_{11} = \frac{a_2}{b_1 - a_1}; \quad \pi_{13} = \frac{a_3}{b_1 - a_1}; \quad \pi_{12} = -\frac{b_2}{b_1 - a_1}$$

$$\pi_{20} = \frac{a_0 b_1 - a_1 b_0}{b_1 - a_1}; \quad \pi_{21} = \frac{a_2 b_1}{b_1 - a_1}; \quad \pi_{23} = \frac{a_3 b_1}{b_1 - a_1}; \quad \pi_{22} = -\frac{a_1 b_2}{b_1 - a_1}$$

模型中有8个简化式参数,而待确定的结构式参数有7个,所以结构式参数可以由简化式参数解出,但解不唯一。实际上,需求函数的4个结构式参数可由下列关系唯一确定,即

$$a_0 = \pi_{20} - a_1 \pi_{10}, \quad a_1 = \pi_{22} / \pi_{12}, \quad a_2 = \pi_{21} - a_1 \pi_{11}, \quad a_3 = \pi_{23} - a_1 \pi_{13}$$

需求函数是恰好识别的。但供给函数却从简化式参数中可解出两组不同的结构式参数,如$b_1 = \pi_{21} / \pi_{11}$,同时又有$b_1 = \pi_{23} / \pi_{13}$,这两个比值是不相等的,即$b_1$的值不是唯一的。所以,供给函数是过度识别的。

通过本例的讨论过程可以看出,结构式方程的识别状态与模型中其他方程所含变量的个数密切相关。变量太少可能会使该方程不可识别,变量太多又会造成该方程过度识别。

上述识别的定义是针对结构式联立方程模型而言的。在结构式联立方程模型中,每个需要估计参数的随机方程都存在识别问题。

如果模型中每个结构式方程(随机方程)都是可识别的,则称结构式联立方程模型是可识别的;反之,如果模型中只要存在一个不可识别的结构式方程,则称该结构式联立方程模型是不可识别的。因此,结构式联立方程模型的识别,必须是对每个结构式方程逐个地进行,直到每个结构式方程都是可识别之后,结构式联立方程模型才是可识别的。

应该注意的是,对于结构式联立方程模型中的恒等式(定义方程式或平衡条件),由于不存在参数估计问题,故不需要识别。但是,当我们判断结构式方程的识别性问题时,还是应该将恒等式考虑在内。

10.2.3 识别条件

从理论上讲,借助于简化式模型可以确定联立方程模型中某一结构式方程的识别状态,但这样做是非常费时费力的。下面我们介绍一种判断识别状态的规范程序,这种程序被称为识别的阶条件和秩条件。

从以上分析可以知道,判断一个联立方程模型是否可识别,要看该模型中的每一个随机方程是否都是可识别的,而判断模型中的某个随机方程是否可识别,有以下一些准则和方法。

准则一　能否从简化式参数计算出结构式参数

如果能从简化式参数计算出某随机方程的结构式参数,则该随机方程是可识别的。并且,如果从简化式参数计算得到的结构式参数是唯一确定的,则该随机方程是恰好识别的;如果从简化式参数计算得到的结构式参数有多个,则该随机方程是过度识别的。

这一判别的准则是从识别的定义出发的,如前面所举的例10.2.1、例10.2.2、例10.2.3、例10.2.4均是根据这一准则来判断的。

准则二　是否具有统计形式的唯一性

所谓统计形式,即方程中的变量和变量之间的函数关系式。“确定的(或唯一的)统计形式(或统计形式的唯一性)”是指:如果结构式模型中的某一个方程,与此模型中其他任何一个方程以及所有结构式方程的任意线性组合而成的方程相比较,具有不完全相同的内生变量和前定变量,则称这一结构式方程具有确定的(或唯一)统计形式。

或者说:如果模型的第 i 个结构式方程与模型中其他任何一个方程以及任意的线性组合方程包含的内生变量和前定变量不完全相同,那么称第 i 个结构式方程具有唯一的统计形式;相反,如果模型中的第 i 个结构式方程与模型中其他任何一个方程以及任意的线性组合方程具有相同的内生变量和前定变量,那么就称第 i 个结构式方程的统计形式不是唯一的。

如果模型中某个随机方程具有唯一的统计形式,则这个方程是可识别的;如果模型中某个随机方程没有唯一的统计形式,则这个方程是不可识别的。

例 10.2.5　在例 10.2.1 农产品供需模型中

需求函数:$Q_t=a_0+a_1P_t+u_{1t}$

供给函数:$Q_t=b_0+b_1P_t+u_{2t}$

由于需求函数与供给函数具有相同的内生变量 P、Q,前定变量为 0,因而不具有确定的统计形式。因而该模型中两个随机方程均是不可识别的。

将需求函数和供给函数分别乘以常数 λ 和 $1-\lambda$ 后相加,两个方程的线性组合为

混合方程:$Q_t=c_0+c_1P_t+v_t$

其中 $c_0=\lambda a_0+(1-\lambda)b_0$,$c_1=\lambda a_1+(1-\lambda)b_1$,$v_t=\lambda u_{1t}+(1-\lambda)u_{2t}$。经线性组合后的混合方程与需求函数、供给函数具有相同的统计形式(变量相同,且均为线性),所以需求供给模型是不可识别的。

例 10.2.6　在例 10.2.2 农产品供需模型中

需求函数:$Q_t=a_0+a_1P_t+a_2Y_t+u_{1t}$

供给函数:$Q_t=b_0+b_1P_t+u_{2t}$

在模型中,需求方程与供给方程显然具有不同的统计形式。将需求函数和供给函数分别乘以常数 λ 和 $1-\lambda$ 后相加,可得一线性组合方程:

混合方程:$Q_t=c_0+c_1P_t+c_2Y_t+v_t$

其中 $c_0=\lambda a_0+(1-\lambda)b_0$,$c_1=\lambda a_1+(1-\lambda)b_1$,$c_2=\lambda a_2$,$v=\lambda u_1+(1-\lambda)u_2$。经线性组合后的混合方程与需求函数具有相同的统计形式,这就是说,需求方程的统计形式不是唯一的。所以需求函数是不可识别的。

而供给方程既与需求方程具有不同的统计形式,也与上述混合方程具有不同的统计形式(包含的解释变量不同)。因此,供给方程具有唯一的统计形式,供给方程是可识别的。

上述判断的结果与按照准则一判断的结果完全一致。

例 10.2.7　在例 10.2.3 农产品供需模型中

需求函数:$Q_t=a_0+a_1P_t+a_2Y_t+u_{1t}$

供给函数:$Q_t=b_0+b_1P_t+b_2R_t+u_{2t}$

两个方程的线性组合方程为混合方程 $Q_t=c_0+c_1P_t+c_2Y_t+c_3R_t+v_t$,它在统计形式上既不同于需求函数,又不同于供给函数,从而说明需求函数和供给函数都是可识别的,

这也与准则一判别的结果完全一致。

准则三　阶条件和秩条件

上述从“是否能从简化式参数计算出结构式参数”和“是否具有统计形式的唯一性”这两方面来判别结构式方程的识别性,非常直观,也容易理解。但是,当方程的个数很多时,使用上述方法来判别就十分费力。为此,我们从“统计形式的唯一性”出发进一步给出判别识别性的必要条件和充分必要条件,即识别的阶条件和秩条件。

1. 识别的阶条件

例10.2.5中的需求方程和供给方程、例10.2.6中的需求方程均是不可识别的方程,它们共同的特点是方程中包含了各自模型中的全部变量(包括全部内生变量和全部前定变量)。例10.2.6中的供给方程、例10.2.7中的需求方程和供给方程均是可识别的,它们的共同特点是方程包含的变量个数均少于各自模型所包含的变量总数。

由此我们可以总结出:当一个方程可识别时,它一定不包含整个模型所包含的全部变量,当一个方程包含了模型所包含的全部变量时,该方程必定是不可识别的。这实质上在于:当一个方程包含了模型所包含的全部变量时,它会与模型中的其他方程或至少会与模型中其他方程的线性组合方程(即混合方程)具有相同的统计形式,从而导致该方程参数无法估计,即该方程不可识别。

由此,我们可以导出识别的阶条件:

如果一个方程能被识别,那么这个方程不包含的变量总数应大于或等于模型系统中方程个数减1。

或者说:**在包含 m 个方程的结构式模型中,如果某个结构式方程能被识别,则至少应有 $m-1$ 个变量不在该方程中,或不在该方程中的变量个数大于等于内生变量个数或方程个数减1。**

例如,在包含2个方程的结构式模型中,方程1可识别,则方程2中至少应有1个变量不在方程1中($m-1=2-1=1$)。

在包含3个方程的结构式模型中,方程1可识别,则方程2、方程3中至少各有1个变量不在方程1中($m-1=3-1=2$)。

……

在包含 m 个方程的结构式模型中,方程1可识别,则方程2、方程3、……、方程 m 中至少各有1个变量不在方程1中。即至少有 $m-1$ 个变量不在方程1中。

引入以下记号:m=联立方程模型中内生变量的个数;m_i=联立方程模型中第 i 个方程中内生变量的个数;k=联立方程模型中前定变量的个数;k_i=联立方程模型中第 i 个方程中前定变量的个数。

因为模型中的变量(内生变量和前定变量)个数为 $m+k$,第 i 个特定方程中的变量个数为 m_i+k_i,所以不在该方程中的变量(又称为被斥变量)个数为 $(m+k)-(m_i+k_i)$。阶条件要求

$$(m+k)-(m_i+k_i) \geqslant m-1 \tag{10.2.1}$$

不在该方程中的变量个数≥内生变量个数或方程个数−1,或者

$$m_i+k_i \leqslant k+1 \tag{10.2.2}$$

这样可以将识别的阶条件完整地表述成:

在有 m 个方程的联立方程模型中，若其中一个方程可以识别，则该方程包含的变量个数不得大于联立方程模型中前定变量的个数加 1，即 $m_i+k_i\leqslant k+1$。

若 $m_i+k_i>k+1$，该方程不可识别；

若 $m_i+k_i=k+1$，该方程恰好识别；

若 $m_i+k_i<k+1$，该方程过度识别。

需要指出的是，识别的阶条件只是一个必要条件，而非充分条件。如果某个方程不满足阶条件(方程中的变量个数$>k+1$)，则不可识别。但是满足阶条件的方程未必就是可识别的。也就是说，阶条件只能帮助我们判断方程的不可识别性。只有根据别的方法判断某个结构式方程是可识别之后，才能根据阶条件的后两条进一步确认该方程是恰好识别还是过度识别。

例 10.2.8　考察例 10.2.1 农产品供需模型的阶条件。

需求函数：$Q_t=a_0+a_1P_t+u_{1t}$

供给函数：$Q_t=b_0+b_1P_t+u_{2t}$

在需求函数中，变量个数 $m_1+k_1=2$，而联立方程组中前定变量个数 $k=0$，$m_1+k_1=2>k+1=1$，所以，需求函数是不可识别的。

供给函数中，$m_2+k_2=2$，$k=0$，$m_2+k_2=2>k+1=1$，所以，供给函数也是不可识别的。

例 10.2.9　考察例 10.2.2 农产品供需模型的阶条件。

需求函数：$Q_t=a_0+a_1P_t+a_2Y_t+u_{1t}$

供给函数：$Q_t=b_0+b_1P_t+u_{2t}$

在需求函数中，变量个数 $m_1+k_1=3$，而联立方程组中前定变量个数 $k=1$，$m_1+k_1=3>k+1=2$，所以，需求函数是不可识别的。

供给函数中，$m_2+k_2=2$，$k=1$，$m_2+k_2=2=k+1$，所以，供给函数满足“恰好识别”的必要条件。

例 10.2.10　考察例 10.2.3 农产品供需模型的阶条件。

需求函数：$Q_t=a_0+a_1P_t+a_2Y_t+u_{1t}$

供给函数：$Q_t=b_0+b_1P_t+b_2R_t+u_{2t}$

在需求函数中，$m_1+k_1=3$，$k=2$，$m_1+k_1=3=k+1$，所以，需求函数满足“恰好识别”的必要条件。

供给函数中，$m_2+k_2=3$，$k=2$，$m_2+k_2=3=k+1$，所以，供给函数满足“恰好识别”的必要条件。

例 10.2.11　考察例 10.2.4 农产品供需模型的阶条件。

需求函数：$Q_t=a_0+a_1P_t+a_2Y_t+a_3P_{0t}+u_{1t}$

供给函数：$Q_t=b_0+b_1P_t+b_2R_t+u_{2t}$

在需求函数中，$m_1+k_1=4$，$k=3$，$m_1+k_1=4=k+1$，所以，需求函数满足“恰好识别”的必要条件。

供给函数中，$m_2+k_2=3$，$k=3$，$m_2+k_2=3<k+1=4$，所以，供给函数满足“过度识别”的必要条件。

例 10.2.12 宏观经济模型

消费函数：$C_t = a_0 + a_1 Y_t + a_2 C_{t-1} + u_{1t}$

投资函数：$I_t = b_0 + b_1 Y_t + u_{2t}$

恒等式：$Y_t = C_t + I_t$

在消费函数中，$m_1 + k_1 = 3, k = 1, m_1 + k_1 = 3 > k + 1 = 2$，所以，消费函数是不可识别的。

投资函数中，$m_2 + k_2 = 2, k = 1, m_2 + k_2 = 2 = k + 1$，投资函数满足"恰好识别"的必要条件。

但是，阶条件仅仅是识别的必要条件。如果阶条件不成立，则方程必定不可识别；如果阶条件成立，方程并不一定可识别，只有当秩条件成立时，方程才可识别。

2. 识别的秩条件

为什么当阶条件成立时，方程仍有可能不可识别呢？那是由于虽然模型中第 i 个方程排除了若干个变量满足了阶条件，但很可能模型中还有另一个 j 方程也排除了与第 i 个方程所排除的变量完全相同的这若干个变量。如果这种情况发生了，则我们要识别的这第 i 个方程虽然满足阶条件，但与第 j 个方程包含有相同的变量，即实际上并不具有唯一的统计形式，因而仍然是不可识别的。

而秩条件则是一个充分必要条件：

在一个具有 m 个方程的模型系统中，任何一个方程可识别的充分必要条件是：所有不包含在这个方程中的其他变量的参数矩阵的秩为 $m-1$。

识别的秩条件实际上是要求某个特定方程所排斥的变量，必须以不同的统计形式出现在其他 $m-1$ 个方程中，这样才能保证模型中的其他方程或这些方程的线性组合与特定方程具有不同的统计形式。

上述定义不仅给出秩条件的内容，而且给出了具体的判别步骤，即当我们要判别第 i 个方程的识别性时，先划去结构式参数矩阵表内的第 i 行，再划去第 i 行上非零参数所在列，剩下的参数按原顺序组成的一个矩阵，记作 $\boldsymbol{A}_i$，则第 i 个方程可识别的充分必要条件是：$\operatorname{rank}(\boldsymbol{A}_i) = m-1$。

我们通过下面的例子来说明秩条件的应用过程。

例 10.2.13 考察例 10.2.12 宏观经济模型的秩条件。

消费函数：$C_t = a_0 + a_1 Y_t + a_2 C_{t-1} + u_{1t}$

投资函数：$I_t = b_0 + b_1 Y_t + u_{2t}$

恒等式：$Y_t = C_t + I_t$

现在利用秩条件判断每个方程的识别性。先判断消费函数的识别性。具体步骤为

第一，列出模型的结构式参数矩阵：

$$\begin{pmatrix} C_t & I_t & Y_t & C_{t-1} & 1 \\ 1 & 0 & -a_1 & -a_2 & -a_0 \\ 0 & 1 & -b_1 & 0 & -b_0 \\ -1 & -1 & 1 & 0 & 0 \end{pmatrix} \begin{matrix} \\ \cdots \text{消费函数} \\ \cdots \text{投资函数} \\ \cdots \text{恒等式} \end{matrix}$$

如果联立方程模型中每个随机方程都有截距项，则在参数矩阵中可以不列入。

第二，在结构式参数矩阵中先划去方程 1 所在行（第 1 行），再划去该方程中非零系数所在的列（第 1、3、4、5 列），得到该方程的被斥变量结构式参数矩阵 $\boldsymbol{A}_1=\begin{bmatrix}1\\-1\end{bmatrix}$，显然，$\operatorname{rank}(\boldsymbol{A}_1)=1$，而 $m-1=3-1=2$，所以根据秩条件，消费函数是不可识别的。

同理得到投资函数的被斥变量结构式参数矩阵为 $\boldsymbol{A}_2=\begin{bmatrix}1 & -a_2\\-1 & 0\end{bmatrix}$。

投资函数的被斥变量结构式参数矩阵是一个 2 阶矩阵，并且 $\operatorname{rank}(\boldsymbol{A}_2)=2=m-1$，所以投资函数是可识别的（恰好识别）。因而联立方程模型是不可识别的。

例 10.2.14　试判别以下模型识别状态。

消费函数：$C_t=a_0+a_1Y_t+a_2T_t+u_{1t}$

投资函数：$I_t=b_0+b_1Y_t+b_2Y_{t-1}+u_{2t}$

税收方程：$T_t=c_0+c_1Y_t+u_{3t}$

定义方程：$Y_t=C_t+I_t+G_t$

式中，T_t 为税收，G_t 为政府支出，其余变量与例 10.2.13 中的定义相同。模型包含 4 个内生变量：C_t、I_t、T_t、Y_t；2 个前定变量：Y_{t-1}、G_t。由于 $k+1=2+1=3$，而消费函数、投资函数中都只有 3 个变量（$m_i+k_i=3$），税收函数中有 2 个变量，所以都满足阶条件：$m_i+k_i\leqslant k+1$。如果是可识别的，则分别是恰好识别和过度识别的方程。

现在利用秩条件判断每个方程的识别性。先判断消费函数的识别性。具体步骤为

第一，列出模型的结构式参数矩阵：

$$\begin{pmatrix} C_t & I_t & T_t & Y_t & Y_{t-1} & G_t \\ 1 & 0 & -a_2 & -a_1 & 0 & 0 \\ 0 & 1 & 0 & -b_1 & -b_2 & 0 \\ 0 & 0 & 1 & -c_1 & 0 & 0 \\ -1 & -1 & 0 & 1 & 0 & -1 \end{pmatrix}\begin{matrix} \\ \cdots\text{消费函数} \\ \cdots\text{投资函数} \\ \cdots\text{税收方程} \\ \cdots\text{定义方程}\end{matrix}$$

注：在本例中，常数项可以不列，因为每个方程都含有常数项。

第二，在结构式参数矩阵中先划去方程 1（第 1 行），再划去该方程中非零系数所在的列（第 1、3、4 列），得到该方程的被斥变量结构式参数矩阵

$$\boldsymbol{A}_1=\begin{pmatrix}1 & -b_2 & 0\\0 & 0 & 0\\-1 & 0 & -1\end{pmatrix}$$

求得 $\operatorname{rank}(\boldsymbol{A}_1)=2$，而 $m-1=4-1=3$，所以根据秩条件，消费函数是不可识别的。

同理得到投资函数、税收函数的被斥变量结构式参数矩阵分别为

$$\boldsymbol{A}_2=\begin{pmatrix}1 & -a_2 & 0\\0 & -1 & 0\\1 & 0 & -1\end{pmatrix},\quad \boldsymbol{A}_3=\begin{pmatrix}1 & 0 & 0 & 0\\0 & 1 & -b_2 & 0\\-1 & -1 & 0 & -1\end{pmatrix}$$

投资函数的被斥变量结构式参数矩阵是一个 3 阶矩阵，并且 $\operatorname{rank}(\boldsymbol{A}_2)=3=m-1$，所以投资函数是可识别的。而税收函数的被斥变量结构式参数矩阵中也有 $\operatorname{rank}(\boldsymbol{A}_3)=3=$

$m-1$,所以税收函数也是可识别的。

对可识别的投资函数和税收函数,再利用阶条件判别其识别状态。由于投资函数中,变量个数 $m_2+k_2=3=2+1=k+1$,所以投资函数是恰好识别的。而在税收函数中,变量个数 $m_3+k_3=2<3=k+1$,所以税收函数是过度识别的。

模型中第4个方程为定义方程,不存在识别问题。由于模型中含有一个不可识别的方程,所以整个模型是不可识别的。

本例的讨论过程表明,综合运用识别的阶条件和秩条件,可以很方便地判断每个结构式方程的识别性。可以将以上判断过程归纳如下。

3. 模型识别的一般做法

在理论上,模型识别的一般做法是将秩条件和阶条件综合使用。步骤如下:

第一,应用识别的阶条件。当 $m_i+k_i>k+1$ 时,第 i 个方程是不可识别的,不需要进行下一步;当 $m_i+k_i\leqslant k+1$ 时,则进行下一步。

第二,应用识别的秩条件。若第 i 个方程满足秩条件,即第 i 个方程中没有包含的其他变量(内生变量和前定变量)系数所构成的矩阵 $\boldsymbol{A}_i$ 的秩 $\text{rank}(\boldsymbol{A}_i)=m-1$,则第 i 个方程是可以识别的,进行下一步;若 $\text{rank}(\boldsymbol{A}_i)<m-1$,则第 i 个方程是不可识别的,不需要进行下一步。

第三,若满足识别的秩条件 $\text{rank}(\boldsymbol{A}_i)=m-1$,再结合识别的阶条件进一步识别;若 $m_i+k_i=k+1$,则第 i 个方程为恰好识别;若 $m_i+k_i<k+1$,则第 i 个方程为过度识别。

以上步骤可用流程图10.2.1表示。

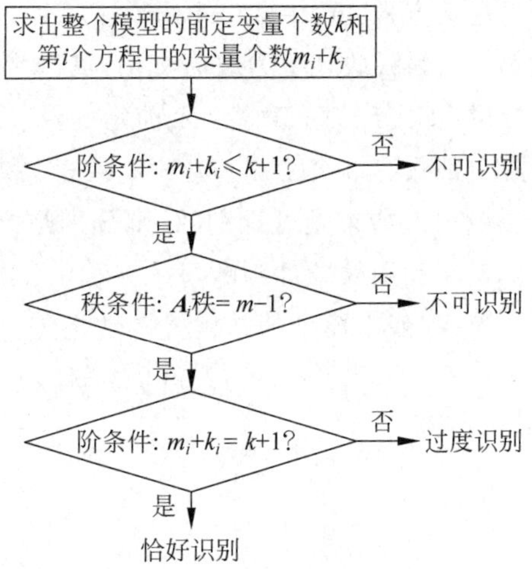

图 10.2.1 模型识别的主要步骤

阶条件和秩条件准则是判别联立方程模型识别情况的最常用、最一般的方法。需要注意以下几点:

① 虽然联立方程模型的识别问题是针对其中的随机方程而言的,恒等式不存在识别问题。但是,我们在应用阶条件和秩条件判别时,必须包含恒等式在内。

② 用秩条件判别方程的识别性,其依据的基本理论是线性代数中关于向量组线性相关性的判别理论。因此,我们在建立联立方程的系数矩阵表时,一定要首先将联立方程重新写成一般格式,即要将所有变量移到等号左边,并按变量系数构建联立方程的系数矩阵。

③ 当方程中包含有截距项时,应将截距项看作变量"1"的系数,列入模型的系数矩阵表中(当然,如果模型中的每一结构式方程都包含有截距项,则这一截距项是否被列入系数矩阵表,判别的结果是一样的。但当某些方程有截距项,某些方程又没有截距项时,这一截距项必须列入系数矩阵表内)。

④ 矩阵的秩的计算方法有两种:一种是通过对矩阵施加初等变换;一种是计算其不等于零的子式的最大阶数。

10.2.4 其他判别准则

前面介绍的准则一、准则二、准则三，都是系统的、程式化的识别方法。在实际识别的问题中，有些方程我们只需简单观察就能直接判断方程的识别性。常见的有以下几种情况。

(1) 如果一个方程中包含了模型中的所有变量(所有内生变量和前定变量)，则该方程一定是不可识别的。因为该方程不满足阶条件，或者因为这个方程必定与模型中各方程的混合方程具有相同的统计形式，从而不具有统计形式的唯一性。

(2) 如果一个方程包含一个内生变量和全部前定变量，则该方程是恰好识别的。因为该结构式方程实际上就是简化式方程，被解释变量是内生变量，解释变量为所有的前定变量，结构式参数即简化式参数，所以是可识别的，又因为变量个数 $m_i+k_i=k+1$，由阶条件可知是恰好识别的。

(3) 如果第 i 个方程排斥的变量中没有一个在第 j 个方程中出现，则第 i 个方程是不可识别的。因为此时第 j 个方程中的变量一定也包含在第 i 个方程之中，所以第 i 个方程与第 j 个方程的线性组合与第 i 个方程有相同的统计形式。

(4) 如果模型中的两个方程具有相同的变量，或者说两个方程具有相同的统计形式，则这两个方程都是不可识别的。因为这两个方程不具有统计形式的唯一性。

实际应用中，并不是在建立联立方程模型的理论模型之后，再利用上述方法进行识别，而是在构造理论模型的过程中就设法保证模型的可识别性。具体来讲，就是在构造模型的每一个结构式方程时，应该同时满足两项要求：第一，在构建的方程中，至少含有一个前面各方程都不包含的变量；第二，使前面每一个方程都至少包含一个该方程所排斥的变量，并且互不相同。其中第一项要求是为了保证该方程的引入不会破坏前面已有方程的可识别性。因为只要新引入的方程中至少有一个前面各方程都不包含的变量，则其与前面各方程的任意线性组合都不可能与前面某个方程具有相同的统计形式，原来可以识别的方程仍然是可识别的。第二项要求是为了保证新引入方程自身的可识别性。如果不满足此项要求，则新引入的方程是不可识别的，但是如果前面每个方程都至少含有一个该方程所不包含的变量，并且互不相同，则所有方程的任意线性组合都不可能构成与该方程相同的统计形式。

模型的可识别性决定了模型中每一个结构式方程是否有唯一确定的统计形式，所以在构造联立方程模型的理论模型和估计模型之前，应该判断该模型(中的每一个结构式方程)是否为可识别的。否则，进一步的计量经济研究将失去意义。而恰好识别和过度识别，只与模型估计方法的选择有关，并不十分重要。

经过上述判断后，我们已经知道了联立方程模型中各方程的识别性。如果判别结果为不可识别，则该方程是不可能被估计的。如果可识别，则我们就可以根据其识别的类型(恰好识别还是过度识别)，选择恰当的方法来估计参数。

10.3 联立方程模型的估计

判断了联立方程模型的识别性之后，对于可识别模型，需要进行参数的估计。联立方程模型的参数包括结构式参数和简化式参数，具体需要估计哪些参数，要根据研究的目的确定。若研究目的是经济预测,预测外生变量的一定取值水平下内生变量的取值水平,只需估计简化式参数,因为简化式模型本身反映的就是前定变量对内生变量的影响;若研究目的是政策评价,论证经济政策的效果,也只需估计简化式参数,因为简化式参数正好能反映"政策乘数""效果乘数";若研究目的是结构分析,验证某种经济理论,则必须估计结构式参数,因为简化式模型不是直接描述经济问题或经济系统中的各种内在联系的模型,经济意义不明确,结构式模型才是直接反映经济规律或行为规律的模型。

简化式参数的估计比较容易,因为简化式模型不直接反映经济变量之间的相互影响与决定关系,方程之间没有相关性,并且,方程中只有前定变量作解释变量,没有内生变量作解释变量,不存在随机解释变量问题,可以直接用单方程计量经济模型的参数估计方法分别对模型中的每一个方程估计参数,得到模型中所有参数的估计结果。

与简化式模型相反,结构式模型直接反映经济变量之间的相互影响与决定关系,方程之间具有相关性,并且,方程中有内生变量作解释变量,存在随机解释变量问题,所以,结构式参数的估计相对困难,需要应用专门的方法。

结构式模型的参数估计方法分为两大类:单方程估计方法与系统估计方法。

单方程估计法即对模型中的结构式方程逐个进行估计,从而获得整个联立方程模型的估计。单方程估计法主要解决的是联立方程模型系统中每一个方程中的随机解释变量问题,同时尽可能地利用单个方程没有包含的而在模型系统中包含的变量样本观测值的信息。但这类方法没有考虑模型系统方程之间的相关性对单个方程参数估计量的影响。因此,也将单方程估计法称为有限信息估计法。单方程估计方法主要包括工具变量法(instrumental variable,IV)、间接最小二乘法(indirect least square,ILS)、两阶段最小二乘法(two stage least square,TSLS)、有限信息极大似然法(limited information maximum likelihood,LIML)等。其中,工具变量法、间接最小二乘法适用于恰好可识别结构式模型的参数估计;两阶段最小二乘法、有限信息最大似然法既适用于恰好可识别结构式模型的参数估计,也适用于过度可识别结构式模型的参数估计。

系统估计法是对整个模型中的所有结构式方程同时进行估计,同时得到模型中所有结构式参数的估计量。系统估计法利用了模型系统提供的所有信息,包括方程之间的相关性信息。因此,也将系统估计法称为完全信息估计法。常用的系统估计方法有三阶段最小二乘法(three stage least square,3SLS)、完全信息极大似然法(full information maximum likelihood,FIML),等等。

显然,从模型估计的性质来讲,系统估计法优于单方程估计法,但从方法的复杂性来讲,单方程估计法又优于系统估计法。

10.3.1 联立方程偏误

单方程估计方法就是对联立方程模型中的每一个方程逐个进行估计,在第2章、第3章中我们已经详细讨论了单方程模型的估计问题,如果对联立方程模型中的结构式方程只是逐个进行估计,似乎就不需要再讨论如何估计的问题了。但是,联立方程模型与单方程模型的一个最大区别,就是解释变量中间可能包含随机变量,并且与随机误差项相关。此时如果用OLS法估计参数,将会得到有偏估计。

无论是由两个方程组成的简单联立方程模型还是由多个方程组成的复杂联立方程模型，由于联立的结果，都会产生以下几个方面的问题。

第一，模型中的每一个方程，都含有若干个解释变量和被解释变量。对每一个特定方程，被解释变量与解释变量的界限十分清楚。但对于整个模型而言，某个特定方程的解释变量是另一特定方程的被解释变量，或者相反，被解释变量与解释变量的界限不清。

第二，模型中每一个特定方程的解释变量既有内生变量，又有外生变量，由于内生变量之间的双向依存关系，它们是互不独立的。而内生变量又受外生变量的影响和制约，因而作解释变量的内生变量与同一方程中的外生解释变量也是不独立的，带来方程中解释变量之间的高度线性相关，即多重共线性。

第三，模型中的特定方程包含内生变量作解释变量，而这些内生变量，一般与随机误差项不独立，造成解释变量与随机误差项是相关的。同时，由于模型中两个或多个方程同时依赖某些变量，出现联合决定的情况，使某一特定方程的参数估计必须充分考虑模型中其他方程所提供的信息。

鉴于上述原因，如果应用普通最小二乘法对联立模型中每一个方程的参数分别进行估计，将会出现：(1)内生解释变量与随机误差项是相关的；(2)用 OLS 法得到的参数估计量是有偏且不一致的。这一偏误因为是方程联立造成的，故称为联立方程偏误。对于联立方程偏误的产生，可以用下面的例子加以说明。

例 10.3.1　设有凯恩斯的收入决定模型

消费函数：$C_t=a_0+a_1Y_t+u_t \quad (0<a_1<1)$

恒等式：$Y_t=C_t+I_t$

其中，C 为消费，Y 为收入，I 为投资(假设是外生变量)，u 为随机误差项，参数 a_1 为边际消费倾向。

单一方程中，Y 作为解释变量是非随机的，与随机误差项 u 是不相关的，但在联立方程组中，Y 作为内生变量是随机变量，且与随机误差项 u 是相关的。设随机误差项 u 满足

$$E(u_t)=0,\quad E(u_tu_s)=0(t\neq s),\quad E(u_t^2)=\sigma^2$$

以下将证明内生解释变量 Y 与随机误差项 u 是相关的，参数 a_1(边际消费倾向)的最小二乘估计量 $\hat{a}_1$ 是有偏的、非一致估计。

(1) 相关性。内生解释变量 Y 与随机误差项 u 是相关的，即 $\operatorname{cov}(Y_t,u_t)\neq 0$。首先将消费函数代入收入恒等式，有

$$Y_t=\frac{a_0}{1-a_1}+\frac{1}{1-a_1}I_t+\frac{u_t}{1-a_1} \tag{10.3.1}$$

两边取均值

$$E(Y_t)=\frac{a_0}{1-a_1}+\frac{1}{1-a_1}I_t \tag{10.3.2}$$

其中，我们运用了 $E(u_t)=0$ 和 I_t 是前定变量两项条件。将式(10.3.1)与式(10.3.2)相减得

$$Y_t-E(Y_t)=\frac{u_t}{1-a_1}$$

于是有

$$\operatorname{cov}(Y_t, u_t) = E(Y_t - E(Y_t))(u_t - E(u_t)) = E\left[\left(\frac{u_t}{1-a_1}\right)u_t\right]$$

$$= \frac{\sigma^2}{1-a_1} \neq 0 \tag{10.3.3}$$

式(10.3.3)表明 Y 与 u 是相关的,违背了古典线性回归模型中解释变量与随机误差项独立或至少不相关之假设。

(2) 有偏性。a_1 的最小二乘估计量 $\hat{a}_1$ 是有偏的。a_1 的 OLS 估计量可以表述为

$$\hat{a}_1 = a_1 + \sum k_t u_t = a_1 + \sum \frac{(Y_t - \bar{Y})}{\sum (Y_t - \bar{Y})^2} \cdot u_t$$

$$= a_1 + \frac{\sum (Y_t - \bar{Y}) u_t}{\sum (Y_t - \bar{Y})^2} \tag{10.3.4}$$

对此式两边取期望:

$$E(\hat{a}_1) = a_1 + E\left[\frac{\sum (Y_t - \bar{Y}) u_t}{\sum (Y_t - \bar{Y})^2}\right] \tag{10.3.5}$$

因为 Y_t 与 u_t 相关,所以 $E\left[\frac{\sum (Y_t - \bar{Y}) u_t}{\sum (Y_t - \bar{Y})^2}\right] \neq 0 \Rightarrow E(\hat{a}_1) \neq a_1$,因而 $\hat{a}_1$ 是 a_1 的有偏估计量。

(3) 非一致性。$\hat{a}_1$ 是 a_1 的非一致估计。所谓一致性是指参数估计量的概率极限值等于其真值(总体参数)。对式(10.3.4)应用概率极限规则有

$$p\lim(\hat{a}_1) = p\lim(a_1) + p\lim \frac{\sum (Y_t - \bar{Y}) u_t}{\sum (Y_t - \bar{Y})^2}$$

$$= a_1 + p\lim \frac{\sum (Y_t - \bar{Y}) u_t / n}{\sum (Y_t - \bar{Y})^2 / n}$$

$$= a_1 + \frac{p\lim\left[\sum (Y_t - \bar{Y}) u_t / n\right]}{p\lim\left[\sum (Y_t - \bar{Y})^2 / n\right]} \tag{10.3.6}$$

注意到 $\frac{1}{n}\sum (Y_t - \bar{Y}) u_t$,$\frac{1}{n}\sum (Y_t - \bar{Y})^2$ 分别是 Y 与 u 的样本协方差和 Y 的样本方差,其概率分别收敛于各自的总体协方差和方差。根据式(10.3.3)有

$$p\lim \frac{1}{n}\sum (Y_t - \bar{Y}) u_t = \operatorname{cov}(Y_t, u_t) = \frac{\sigma^2}{1-a_1}, \quad 且\ p\lim \frac{1}{n}\sum (Y_t - \bar{Y})^2 = \sigma_Y^2$$

因此式(10.3.6)可以表示为

$$p\lim(\hat{a}_1) = a_1 + \frac{1}{1-a_1} \cdot \frac{\sigma^2}{\sigma_Y^2} \tag{10.3.7}$$

式(10.3.7)表明,$p\lim(\hat{a}_1) \neq a_1$,且 $p\lim(\hat{a}_1) > a_1$,这就证明了 OLS 对 a_1 的估计不是一致的。

计量经济学把在联立方程模型中这种估计量的相关性、有偏性和不一致性称为联立方

程偏误(或偏倚),因为这种偏误产生的原因是联立方程组中解释变量 Y 与 u 之间存在着依存性。

因此,只要结构式方程的解释变量中含有内生变量,通常不能直接使用 OLS 法估计结构式参数,需要建立新的单方程模型估计方法。只有一类特殊结构的联立方程模型——递归模型,可用 OLS 法估计其中的每一个结构式方程。

10.3.2 递归模型的估计

递归模型

$$\begin{cases} y_{1t}=\gamma_{11}x_{1t}+\gamma_{12}x_{2t}+\cdots+\gamma_{1k}x_{kt}+u_{1t} \\ y_{2t}=\beta_{21}y_{1t}+\gamma_{21}x_{1t}+\gamma_{22}x_{2t}+\cdots+\gamma_{2k}x_{kt}+u_{2t} \\ y_{3t}=\beta_{31}y_{1t}+\beta_{32}y_{2t}+\gamma_{31}x_{1t}+\gamma_{32}x_{2t}+\cdots+\gamma_{3k}x_{kt}+u_{3t} \\ \qquad\cdots \\ y_{mt}=\beta_{m1}y_{1t}+\beta_{m2}y_{2t}+\cdots+\beta_{m,m-1}y_{m-1,t}+\gamma_{m1}x_{1t}+\gamma_{m2}x_{2t}+\cdots+\gamma_{mk}x_{kt}+u_{mt} \end{cases} \tag{10.3.8}$$

其显著特点是:模型的内生变量之间只存在单向因果关系,即当 $i<j$ 时,只有 y_i 影响 y_j,但 y_j 并不影响 y_i。递归模型的这种单向因果关系,使得模型的内生变量之间呈现出递推关系:利用前定变量的值从第一个方程确定 y_1 之后,将其代入第二个方程则得到 y_2;再将 y_1、y_2 代入第 3 个方程则得到 y_3;依次下去,直到最后确定 y_m。因此,递归模型中的每一个内生变量都可以看成是后继方程的前定变量,或者视为后继方程中内生变量变化的原因。所以,递归模型又称为"原因模型"。内生变量之间的这种单向因果关系,也可以作为递归模型的一个判别准则。

下面讨论递归模型的估计。

在递归模型(10.3.8)中,第 1 个方程的解释变量全部是前定变量,不存在与随机误差项 u_1 相关的问题,所以可以用 OLS 法估计。第 2 个方程中只有一个内生解释变量 y_1,其余全部是前定变量;由于 u_1、u_2 是两个不同方程中的随机误差项,因此 u_1 与 u_2 互不相关,这样 y_1 与 u_2 不相关,所以可以用 OLS 法估计第二个方程而不会出现联立方程偏误问题。同理,第三个方程中,内生解释变量 y_1、y_2 分别与 u_1、u_2 相关,但 u_1、u_2 与 u_3 无关,所以 y_1、y_2 与 u_3 也不相关,仍然可以用 OLS 法估计方程。同理,最后一个方程也可以用 OLS 法进行估计。

由此可见,递归模型的结构式方程中虽然也包含随机解释变量,但它们与随机误差项不相关,不会产生联立方程偏误的问题。因此,如果一个联立方程模型经判断是递归模型,且递归模型中每一个方程所包含的前定变量与其他方程不完全相同,则可以直接用 OLS 法估计模型。

实际估计模型时,从理论上讲,解释变量中内生变量的数据可以直接使用 y_i 的实际观测值,但一般还是使用前面方程已估计出的 $\hat{y}_i$ 来代替方程中的解释变量 y_i。这样做主要有以下原因:

(1) 虽然 u_i 与 u_j($i<j$)从理论上讲是互不相关的,但处于同一模型系统中的随机误差

项很难保证是互不相关的,这样内生变量 y_i 很可能与 u_j 相关;而估计出的 $\hat{y}_i$ 实际上是前定变量的函数,所以与 u_j 不相关。

(2) 由于 $\hat{y}_i$ 是模型系统中其他变量的函数,所以 $\hat{y}_i$ 比 y_i 更能充分地反映模型中其他变量的信息。

10.3.3 恰好识别模型的估计

结构式方程的识别状态决定了该方程的参数估计方法。

1. 工具变量法

对可识别的结构方程,如果存在内生变量作为解释变量,它与随机项相关,就不能直接应用最小二乘法估计参数。工具变量法的思路是,用合适的前定变量作为工具变量"代替"结构方程中的内生变量,从而降低解释变量与随机误差项之间的相关程度,再利用最小二乘法进行参数估计。具体步骤如下:

(1) 选择适当的前定变量作为工具变量,"代替"结构方程中作为解释变量的内生变量。

工具变量应满足以下条件:

① 工具变量与所"代替"的内生变量之间高度相关;

② 工具变量与结构方程中的随机误差项不相关;

③ 工具变量与结构方程中其他解释变量之间的多重共线性程度较低;

④ 在同一个结构方程中的多个工具变量之间的多重共线性程度较低。

(2) 对进行变量"替换"后的结构方程应用最小二乘法估计结构参数,即用每个解释变量乘以结构方程两边,并对所有的样本观测值求和,其中与随机项的乘积和为零(这由工具变量与随机误差项不相关保证),从而得到与未知结构参数同样多的线性方程,解这个线性方程组,得到结构参数的估计值。

下面给出工具变量法的理论推导。对于联立方程计量经济模型

$$\boldsymbol{BY}+\Gamma\boldsymbol{X}=\boldsymbol{U} \tag{10.3.9}$$

的每一个结构方程,如第1个方程(略去下标 t),可以写成如下形式:

$$y_1=\beta_{12}y_2+\beta_{13}y_3+\cdots+\beta_{1m_1}y_{m_1}+\gamma_{11}x_1+\gamma_{12}x_2+\cdots+\gamma_{1k_1}x_{k_1}+u_1 \tag{10.3.10}$$

该方程包含 m_1-1 个内生变量和 k_1 个前定变量。写成矩阵形式为

$$\boldsymbol{y}_1=(\boldsymbol{y}_0,\boldsymbol{x}_0)\begin{pmatrix}\boldsymbol{B}_0\\ \Gamma_0\end{pmatrix}+\boldsymbol{U}_1 \tag{10.3.11}$$

其中

$$\boldsymbol{y}_0=(\boldsymbol{y}_2,\boldsymbol{y}_3,\cdots,\boldsymbol{y}_{m_1})=\begin{bmatrix}y_{21} & y_{31} & \cdots & y_{m_1}\\ y_{22} & y_{32} & \cdots & y_{m_2}\\ \vdots & \vdots & \vdots & \vdots\\ y_{2n} & y_{3n} & \cdots & y_{m_1n}\end{bmatrix},\quad \boldsymbol{x}_0=(\boldsymbol{x}_1,\boldsymbol{x}_2,\cdots,\boldsymbol{x}_{k_1})=\begin{bmatrix}x_{11} & x_{21} & \cdots & x_{k_11}\\ x_{12} & x_{22} & \cdots & x_{k_12}\\ \vdots & \vdots & \vdots & \vdots\\ x_{1n} & x_{2n} & \cdots & x_{k_1n}\end{bmatrix}$$

$$\boldsymbol{B}_0=\begin{pmatrix}\beta_{12}\\ \beta_{13}\\ \vdots\\ \beta_{1m_1}\end{pmatrix},\quad \boldsymbol{\Gamma}_0=\begin{pmatrix}\gamma_{11}\\ \gamma_{12}\\ \vdots\\ \gamma_{1k_1}\end{pmatrix},\quad \boldsymbol{y}_1=\begin{pmatrix}y_{11}\\ y_{12}\\ \vdots\\ y_{1n}\end{pmatrix},\quad \boldsymbol{U}_1=\begin{pmatrix}u_{11}\\ u_{12}\\ \vdots\\ u_{1n}\end{pmatrix}$$

n 为样本容量。欲估计结构方程式(10.3.11)，必须克服随机解释变量问题，有效的方法是工具变量法。考虑到方程中没有包含的 $k-k_1$ 个前定变量基本满足工具变量的条件，可以选择它们作为方程中包含的 m_1-1 个内生变量的工具变量。如此选择工具变量的方法称为狭义的工具变量法。

如果结构方程式(10.3.11)是恰好识别的，即满足 $m_1+k_1=k+1$，那么，工具变量的选择就比较简单。

记 $\boldsymbol{x}_0^*=(\boldsymbol{x}_{k_1+1},\boldsymbol{x}_{k_1+2},\cdots,\boldsymbol{x}_k)=\begin{pmatrix}x_{k_1+1,1} & x_{k_1+2,1} & \cdots & x_{k1}\\ x_{k_1+1,2} & x_{k_1+2,2} & \cdots & x_{k2}\\ \vdots & \vdots & \vdots & \vdots\\ x_{k_1+1,n} & x_{k_1+2,n} & \cdots & x_{kn}\end{pmatrix}$

选择 $\boldsymbol{x}_0^*$ 作为 $\boldsymbol{y}_0$ 的工具变量，得到参数估计量为

$$\begin{pmatrix}\hat{\boldsymbol{B}}_0\\ \hat{\boldsymbol{\Gamma}}_0\end{pmatrix}_{\mathrm{IV}}=[(\boldsymbol{x}_0^*,\boldsymbol{x}_0)'(\boldsymbol{y}_0,\boldsymbol{x}_0)]^{-1}(\boldsymbol{x}_0^*,\boldsymbol{x}_0)'\boldsymbol{y}_1 \tag{10.3.12}$$

式(10.3.12)估计量的估计过程已经在 7.3 节介绍了，这里不再重复。

需说明的是，工具变量对结构方程中作为解释变量的内生变量的“代替”是部分代替，即将结构方程最小二乘估计所满足的一个条件方程：残差项与作为解释变量的内生变量的乘积关于所有的样本观测值求和等于零的方程（这是一个不甚合理的方程，因为随机误差项与作为解释变量的内生变量相关，残差项作为随机误差项的一个估计，它也应当与作为解释变量的内生变量相关，而该方程则意味着两者不相关），替换为残差项与工具变量乘积关于所有的样本观测值求和等于零的方程（这是一个较合理的方程，因为随机误差项与工具变量不相关，残差项作为随机误差项的估计，它应当与工具变量不相关，该方程意味着两者不相关）。

工具变量法既适用于恰好识别的结构方程，也适用于过度识别的结构方程，该结构方程中存在内生变量作为解释变量，与随机误差项相关，因而不能直接用最小二乘法估计参数。工具变量法的关键是找到合适的工具变量替代结构方程中作为解释变量的内生变量，而工具变量需满足的条件苛刻，限制了工具变量法的广泛应用。

可以证明，结构参数的工具变量估计量具有这样的统计性质：小样本下是有偏的，但大样本下是一致的。因此工具变量法比直接对结构方程采用最小二乘法要好。

例 10.3.2　工具变量法的应用。联立方程模型

$$\begin{cases}Y_{1t}=a_1X_{1t}+a_2X_{2t}+a_3Y_{2t}+u_{1t}\\ Y_{2t}=b_1X_{3t}+b_2Y_{1t}+u_{2t}\end{cases}$$

其中，Y_{1t}、Y_{2t} 是内生变量，X_{1t}、X_{2t}、X_{3t} 是外生变量。

显然,两结构方程与它们的任意线性组合(自身除外)具有不同的统计形式,因此均是可识别的。

对第一个方程,内生变量 Y_{2t} 作为解释变量,由第二个方程可知 Y_{2t} 与外生变量 X_{3t} 相关,因此选取 X_{3t} 作为 Y_{2t} 的工具变量,再利用最小二乘法,第一个方程两边分别乘以 X_{1t}、X_{2t}、X_{3t} 再求和,得到

$$\begin{cases}\sum X_{1t}u_{1t}=0\\ \sum X_{2t}u_{1t}=0\\ \sum X_{3t}u_{1t}=0\end{cases}$$

即

$$\begin{cases}\sum X_{1t}(Y_{1t}-a_1X_{1t}-a_2X_{2t}-a_3Y_{2t})=0\\ \sum X_{2t}(Y_{1t}-a_1X_{1t}-a_2X_{2t}-a_3Y_{2t})=0\\ \sum X_{3t}(Y_{1t}-a_1X_{1t}-a_2X_{2t}-a_3Y_{2t})=0\end{cases}$$

解这个方程组,得到 a_1、a_2、a_3 的估计值。

对第二个方程,内生变量 Y_{1t} 作为解释变量,由第一个方程可知 Y_{1t} 与 X_{1t}、X_{2t} 均相关。若选取 X_{1t} 作为 Y_{1t} 的工具变量,利用最小二乘法,第二个方程两边分别乘以 X_{1t}、X_{3t} 再求和得

$$\begin{cases}\sum X_{1t}u_{2t}=0\\ \sum X_{3t}u_{2t}=0\end{cases}$$

即

$$\begin{cases}\sum X_{1t}(Y_{2t}-b_1X_{3t}-b_2Y_{1t})=0\\ \sum X_{3t}(Y_{2t}-b_1X_{3t}-b_2Y_{1t})=0\end{cases}$$

解这个方程组,得到 b_1、b_2 的估计值。

若选取 X_{2t} 为 Y_{1t} 的工具变量,再利用最小二乘法,第二个方程两边分别乘以 X_{2t}、X_{3t} 再求和得

$$\begin{cases}\sum X_{2t}u_{2t}=0\\ \sum X_{3t}u_{2t}=0\end{cases}$$

即

$$\begin{cases}\sum X_{2t}(Y_{2t}-b_1X_{3t}-b_2Y_{1t})=0\\ \sum X_{3t}(Y_{2t}-b_1X_{3t}-b_2Y_{1t})=0\end{cases}$$

解这个方程组,也可得到 b_1、b_2 的估计值。

工具变量法虽然适用于恰好识别的结构方程,但对恰好识别的结构方程,最好用间接最小二乘法。

2. 间接最小二乘法

联立方程模型的结构式方程不能直接使用最小二乘法进行估计的主要原因，就是方程的解释变量中间含有与随机误差项相关的内生变量。但是另外一类联立方程模型——简化式模型却不存在这个问题。由于简化式方程的解释变量全部是前定变量，与方程中的随机误差项不相关，所以可以使用 OLS 法估计其中参数。而简化式参数与结构式参数之间又有一定的联系，这很自然地提出一种估计方法：先利用最小二乘法估计简化式方程，再通过参数关系体系，由简化式参数的估计值求解得到结构式参数的估计值。由于这种估计方法是通过简化式模型间接求得结构式参数的估计值，所以称为间接最小二乘法(indirect least square，ILS)。

(1) 间接最小二乘法(ILS)的适用范围。如果联立方程结构式模型同时具备下列几个条件，则可以使用间接最小二乘法估计结构式方程：①被估计的结构式方程是恰好识别的。因为只有恰好识别，才能从简化式参数中得到结构式参数的唯一估计量。②每个简化式方程的随机误差项满足古典回归模型的基本假定。因为这样才能使用 OLS 法估计简化式方程，得到简化式参数的最佳估计量。③前定变量之间不存在多重共线性。在满足以上三个条件的基础上，可用间接最小二乘法。

(2) 间接最小二乘法的步骤。应用间接最小二乘法估计联立方程的结构式参数，需要经过以下几个步骤：

① 判断结构式方程的识别状态，如果方程为恰好识别的，则进行下一步；

② 将结构式模型转化成简化式模型，得到参数关系体系，解出结构式参数与简化式参数之间的关系式；

③ 利用 OLS 法估计简化式方程，求出简化式参数的无偏估计量；

④ 将简化式参数估计值代入参数关系体系，解出结构式参数。

我们知道，若一个结构式方程是恰好识别的，意味着其参数关系体系中的结构式参数与简化式参数间存在着一一对应关系，故可以通过这个参数关系体系求得恰好识别结构式参数的唯一估计量。

可以证明，对于结构式方程(10.3.11)，其参数的间接最小二乘估计量为

$$\begin{pmatrix} \hat{\boldsymbol{B}}_0 \\ \hat{\boldsymbol{\Gamma}}_0 \end{pmatrix}_{\mathrm{ILS}} = [\boldsymbol{X}'(\boldsymbol{y}_0, \boldsymbol{x}_0)]^{-1}\boldsymbol{X}'\boldsymbol{y}_1 \tag{10.3.13}$$

现以小型宏观经济模型的估计来说明间接最小二乘法的应用过程。

例 10.3.3　中国 1978—2015 年按支出法核算的国内生产总值 GDP、居民消费 CONS、资本形成总额 INV、政府消费支出 GOV、货物和服务净出口 NEX(单位：亿元)统计数据，如表 10.3.1 所示。

表 10.3.1　中国宏观经济统计数据

年份	GDP	CONS	GOV	INV	NEX
1978	3 634.1	1 759.1	473.8	1 412.7	−11.4
1979	4 078.2	2 014.0	564.3	1 519.9	−20.0
1980	4 575.3	2 336.9	630.0	1 623.1	−14.7

续表

年份	GDP	CONS	GOV	INV	NEX
1981	4 957.3	2 627.5	649.8	1 662.8	17.1
1982	5 426.3	2 867.1	708.5	1 759.6	91.1
1983	6 078.7	3 220.9	838.6	1 968.3	50.8
1984	7 345.9	3 689.6	1 094.9	2 560.2	1.3
1985	9 180.5	4 627.4	1 290.5	3 629.6	−367.1
1986	10 473.7	5 293.5	1 433.5	4 001.9	−255.2
1987	12 294.2	6 047.6	1 591.1	4 644.7	10.8
1988	15 332.2	7 532.1	1 890.9	6 060.3	−151.2
1989	17 359.6	8 778.0	2 255.4	6 511.9	−185.5
1990	19 067.0	9 435.0	2 566.4	6 555.3	510.3
1991	22 124.2	10 544.5	3 069.7	7 892.5	617.6
1992	27 334.2	12 312.2	3 912.9	10 833.6	275.6
1993	35 900.1	15 696.2	5 100.5	15 782.9	−679.5
1994	48 822.7	21 446.1	6 826.2	19 916.3	634.1
1995	61 539.1	28 072.9	8 125.1	24 342.5	998.6
1996	72 102.5	33 660.3	9 426.4	27 556.6	1 459.1
1997	80 024.8	36 626.3	10 882.3	28 966.2	3 550.0
1998	85 486.3	38 821.8	12 638.6	30 396.6	3 629.3
1999	90 823.8	41 914.9	14 706.7	31 665.6	2 536.6
2000	100 576.8	46 987.8	16 679.9	34 526.1	2 383.0
2001	111 250.2	50 708.8	17 837.9	40 378.9	2 324.7
2002	122 292.2	55 076.4	18 991.8	45 129.8	3 094.2
2003	138 314.7	59 343.8	20 169.3	55 836.7	2 964.9
2004	162 742.1	66 587.0	22 499.1	69 420.5	4 235.6
2005	189 190.4	75 232.4	26 215.4	77 533.6	10 209.1
2006	221 206.5	84 119.1	30 609.5	89 823.4	16 654.6
2007	271 699.3	99 793.3	36 436.2	112 046.8	23 423.1
2008	319 935.9	115 338.3	42 128.0	138 242.8	24 226.8
2009	349 883.3	126 660.9	46 067.4	162 117.9	15 037.1
2010	410 708.3	146 057.6	52 940.5	196 653.1	15 057.1
2011	486 037.8	176 532.0	64 490.1	233 327.2	11 688.5
2012	540 988.9	198 536.8	72 576.1	255 240.0	14 636.0
2013	596 962.9	219 762.5	80 575.3	282 073.0	14 552.1
2014	647 181.7	242 539.7	85 772.9	302 717.5	16 151.6
2015	699 109.4	265 980.1	96 286.4	312 835.7	24 007.2

试建立如下小型宏观经济模型

消费方程： $\mathrm{CONS}_t = a_0 + a_1 \mathrm{GDP}_t + u_{1t}$

投资方程： $\mathrm{INV}_t = b_0 + b_1 \mathrm{GDP}_t + u_{2t}$

定义方程： $\mathrm{GDP}_t = \mathrm{CONS}_t + \mathrm{INV}_t + \mathrm{GOV}_t$

模型中 CONS_t、INV_t、GDP_t 是内生变量，内生变量个数 $m=3$。GOV_t 是外生变量，前

定变量个数 $k=1$。这是一个结构式模型，含有两个行为方程，即消费方程和投资方程，一个定义方程。a_0、a_1、b_0、b_1 为结构参数。

该联立方程模型中，定义方程是非随机方程式，不需要进行识别和参数估计。消费方程、投资方程是随机方程式，且存在内生变量 GDP_t 作为解释变量，它与随机误差项 u_{1t}、u_{2t} 相关，需要进行识别。因此，不能直接采用 OLS 法估计参数。

第一，判断结构式方程的识别状态。模型的结构式参数矩阵为

$$\begin{bmatrix} CONS_t & INV_t & GDP_t & GOV_t & 1 \\ 1 & 0 & -a_1 & 0 & -a_0 \\ 0 & 1 & -b_1 & 0 & -b_0 \\ -1 & -1 & 1 & -1 & 0 \end{bmatrix}$$

消费函数的识别状态。因为 $m_1+k_1=2=k+1$，所以消费函数满足恰好识别必要条件，以下考察秩条件。删去矩阵中的第 1 行和第 1、3、5 各列，得到子矩阵

$$\boldsymbol{A}_1=\begin{pmatrix} 1 & 0 \\ -1 & -1 \end{pmatrix}$$

因为 $\text{rank}(\boldsymbol{A}_1)=2=m-1$，秩条件成立。结合阶条件可知，消费函数是恰好识别的，从而可以采用间接最小二乘法估计参数。

投资函数的识别状态。因为 $m_2+k_2=2=k+1$，所以投资函数满足恰好识别阶条件，下面考察秩条件。删去矩阵中的第 2 行和第 2、3、5 各列，得到子矩阵

$$\boldsymbol{A}_2=\begin{pmatrix} 1 & 0 \\ -1 & -1 \end{pmatrix}$$

因为 $\text{rank}(\boldsymbol{A}_2)=2=m-1$，秩条件成立。结合阶条件可知，投资函数是恰好识别的，从而可以采用间接最小二乘法估计参数。

第二，求解参数关系体系。根据间接最小二乘法，首先将结构式模型转化为简化式模型

$$CONS_t=\pi_{10}+\pi_{11}GOV_t+v_{1t}$$
$$INV_t=\pi_{20}+\pi_{21}GOV_t+v_{2t}$$
$$GDP_t=\pi_{30}+\pi_{31}GOV_t+v_{3t}$$

得到参数关系体系

$$\pi_{10}=\frac{a_0-a_0b_1+a_1b_0}{1-a_1-b_1},\quad \pi_{11}=\frac{a_1}{1-a_1-b_1},\quad \pi_{20}=\frac{b_0-b_0a_1+b_1a_0}{1-a_1-b_1}$$

$$\pi_{21}=\frac{b_1}{1-a_1-b_1},\quad \pi_{30}=\frac{a_0+b_0}{1-a_1-b_1},\quad \pi_{31}=\frac{1}{1-a_1-b_1}$$

可以解出以下关系式

$$a_0=\pi_{10}-(\pi_{11}/\pi_{31})\pi_{30},\quad a_1=\pi_{11}/\pi_{31},\quad b_0=\pi_{20}-(\pi_{21}/\pi_{31})\pi_{30},\quad b_1=\pi_{21}/\pi_{31}$$

第三，利用 OLS 法估计简化式模型，得到以下回归结果：

$$\widehat{CONS}_t=2\,215.585+2.733\,9GOV_t$$

$$\widehat{INV}_t=-5\,638.922+3.488\,0GOV_t$$

$$\widehat{GDP}_t=-3\,117.716+7.467\,6GOV_t$$

从而有

$$\hat{\pi}_{10}=2\,215.585,\quad \hat{\pi}_{11}=2.733\,9,\quad \hat{\pi}_{20}=-5\,638.922$$

$$\hat{\pi}_{21}=3.488\,0,\quad \hat{\pi}_{30}=-3\,117.716,\quad \hat{\pi}_{31}=7.467\,6$$

第四,求结构式参数估计值。将简化式参数估计值代入参数关系体系,可求得结构式参数的估计值为

$$\hat{a}_0=\hat{\pi}_{10}-(\hat{\pi}_{11}/\hat{\pi}_{31})\hat{\pi}_{30}=3\,356.984,\quad \hat{a}_1=\hat{\pi}_{11}/\hat{\pi}_{31}=0.366\,1$$

$$\hat{b}_0=\hat{\pi}_{20}-(\hat{\pi}_{21}/\hat{\pi}_{31})\hat{\pi}_{30}=-4\,182.697,\quad \hat{b}_1=\hat{\pi}_{21}/\hat{\pi}_{31}=0.467\,1$$

因此,消费方程和投资方程分别为

$$\widehat{\text{CONS}}_t=3\,356.984+0.366\,1\text{GDP}_t$$

$$\widehat{\text{INV}}_t=-4\,182.697+0.467\,1\text{GDP}_t$$

(3) 间接最小二乘法的估计量性质

尽管简化式参数的OLS估计量是最佳线性无偏估计量,但是通过参数关系体系计算得到的结构式参数估计量在小样本下是有偏的,因为结构式参数与简化式参数之间是非线性关系,这导致结构式参数仍然是有偏的。但是,随着样本容量的扩大,在大样本情况下间接最小二乘估计量是渐近无偏的。

间接最小二乘法具有这样的统计性质:小样本下是有偏的,但大样本下是一致的。而对结构参数直接采用最小二乘估计会得到有偏且不一致的估计量。

证明:为了简单起见,我们用例10.3.1加以验证。当农产品供给需求模型的简化式方程满足古典假定时,有 $E(\hat{\pi}_{ij})=\pi_{ij}(i=1,2;j=0,1,2)$,由参数关系体系

$$a_1=\pi_{12}/\pi_{22};\ \hat{a}_1=\hat{\pi}_{12}/\hat{\pi}_{22},\quad 则\ E(\hat{a}_1)=E(\hat{\pi}_{12}/\hat{\pi}_{22})$$

一般说来 $E(\hat{a}_1)=E(\hat{\pi}_{12}/\hat{\pi}_{22})\neq E(\hat{\pi}_{12})/E(\hat{\pi}_{22})=\pi_{12}/\pi_{22}=a_1$,即 $E(\hat{a}_1)\neq a_1$。这表明通过参数关系计算得到的结构式参数的ILS估计量是有偏估计量。

由于参数关系式反映了结构参数与简化参数的非线性关系,即使得到的简化参数的估计量具有线性、无偏性、最小方差性和一致性,也只是将一致性传递给结构参数的估计量。非线性关系一般不能传递线性、无偏性和最小方差性等统计性质。

10.3.4 过度识别模型的估计

工具变量法存在一些缺点,当可供选择的工具变量多于作为解释变量的内生变量时,工具变量的选取具有一定的随意性,而选择不同的工具变量就会得到不同的参数估计值。一般情况下,内生变量与多个前定变量相关。

此外,联立方程模型的本质特征是描述变量之间的因果关系。每个内生变量都影响模型中的其他内生变量;每个前定变量都直接或间接地影响所有的内生变量,而未被选为工具变量的某些前定变量,其对内生变量的影响被忽略了。把全部前定变量的线性组合作为工具变量,可以消除上述缺点,这正是二阶段最小二乘法的思路。

二阶段最小二乘法(two stage least squares,TSLS)是由Theil和Baseman分别于1953年和1957年各自独立提出的一种单一方程估计方法,目前得到了广泛的应用。

1. 二阶段最小二乘估计的基本思路

结构式方程的解释变量中间含有内生变量，是造成 OLS 估计产生偏误的主要原因。TSLS 法的解决方法是，设法寻找一个工具变量 $\hat{Y}$ 来替代解释变量中的内生变量 Y。工具变量 $\hat{Y}$ 应该具备两个条件：一是与 Y 高度相关，即能反映 Y 的变化；二是与方程中的随机误差项无关。实际上，用 Y 的简化式方程表示的变量恰好满足这两个条件。设利用 OLS 法估计得到 Y 的简化式方程：

$$\hat{Y}=\hat{\pi}_0+\hat{\pi}_1X_1+\cdots+\hat{\pi}_kX_k$$

根据内生变量的定义，Y 的取值是由模型中的所有前定变量来决定，Y 与 $\hat{Y}$ 一般是高度相关的；另外，$\hat{Y}$ 是前定变量的函数，与随机误差项无关。因此，可以用 $\hat{Y}$ 代替结构式方程中的随机解释变量 Y，并且可以采用 OLS 法估计变量替代后的结构式方程。由于估计过程分成两个阶段，每个阶段都使用最小二乘法估计参数，所以称为二阶段最小二乘法。二阶段最小二乘法既可用来估计恰好识别的方程，也可用来估计过度识别的方程，但特别适合过度识别的方程，这是由于二阶段最小二乘法利用了模型中全部前定变量的信息。

2. 二阶段最小二乘法的主要步骤

第一阶段，利用 OLS 法估计结构式方程中所有内生变量的简化式方程，求得内生变量的估计值。

第二阶段，用内生变量的估计值替代结构式方程中的内生变量，第二次利用 OLS 法求得结构式参数的估计值。两个阶段，并在每个阶段各用一次 OLS，故称为二阶段最小二乘法。

设有结构式模型

$$\begin{cases}Y_{1t}=\beta_{12}Y_{2t}+\gamma_{11}+\gamma_{12}X_{1t}+u_{1t}\\Y_{2t}=\beta_{21}Y_{1t}+\gamma_{21}+\gamma_{22}X_{2t}+u_{2t}\end{cases}\tag{10.3.14}$$

其中，Y_{1t}、Y_{2t} 是内生变量，X_{1t}、X_{2t} 是外生变量。

第一阶段，写出与结构式模型相对应的简化式模型

$$\begin{cases}Y_{1t}=\pi_{10}+\pi_{11}X_{1t}+\pi_{12}X_{2t}+v_{1t}\\Y_{2t}=\pi_{20}+\pi_{21}X_{1t}+\pi_{22}X_{2t}+v_{2t}\end{cases}\tag{10.3.15}$$

对每个简化式方程应用 OLS 法，得到

$$\begin{cases}\hat{Y}_{1t}=\hat{\pi}_{10}+\hat{\pi}_{11}X_{1t}+\hat{\pi}_{12}X_{2t}\\\hat{Y}_{2t}=\hat{\pi}_{20}+\hat{\pi}_{21}X_{1t}+\hat{\pi}_{22}X_{2t}\end{cases}\tag{10.3.16}$$

于是有

$$\begin{cases}Y_{1t}=\hat{Y}_{1t}+e_{1t}\\Y_{2t}=\hat{Y}_{2t}+e_{2t}\end{cases}\tag{10.3.17}$$

其中，e_{1t}、e_{2t} 分别为 v_{1t}、v_{2t} 的 OLS 估计量，即残差。

第二阶段,将式(10.3.17)代入被估计结构式方程(10.3.14)的右边的内生变量,得到

$$\begin{cases} Y_{1t} = \beta_{12}\hat{Y}_{2t} + \gamma_{11} + \gamma_{12}X_{1t} + u_{1t}^{*} \\ Y_{2t} = \beta_{21}\hat{Y}_{1t} + \gamma_{21} + \gamma_{22}X_{2t} + u_{2t}^{*} \end{cases} \tag{10.3.18}$$

其中

$$\begin{cases} u_{1t}^{*} = \beta_{12}e_{2t} + u_{1t} \\ u_{2t}^{*} = \beta_{21}e_{1t} + u_{2t} \end{cases} \tag{10.3.19}$$

对模型(10.3.18)中每一个方程分别应用OLS法,求出结构式参数的估计值,便是TSLS估计量。

在实际应用TSLS时,第一阶段对简化式方程应用OLS法只需求出我们所需要的$\hat{Y}_{1t}$、$\hat{Y}_{2t}$,并不需要求出e_{1t}、e_{2t}的值。第二阶段只需用$\hat{Y}_{1t}$、$\hat{Y}_{2t}$代替所估计方程右边的Y_{1t}、Y_{2t}即可应用OLS法,只不过这里的u_{1t}^{*}、u_{2t}^{*}已不是原来的u_{1t}、u_{2t}罢了。

综上所述,TSLS第一阶段的任务是产生一个工具变量,第二阶段的任务是通过一种特殊形式的工具变量得出结构式参数的一致估计量。

在EViews软件中,可以利用TSLS命令直接进行二阶段最小二乘估计,命令格式为

TSLS Yi C 解释变量名 @ C 前定变量名

命令中,符号@前面是第i个被估计方程中的所有解释变量名,包括内生变量和前定变量;符号@之后列出的是联立方程模型中的所有前定变量。如上述估计的结构式方程,可以用TSLS命令直接写成

```
TSLS  Y1  C  Y2  X1  @  C  X1  X2
TSLS  Y2  C  Y1  X2  @  C  X1  X2
```

也可以在方程说明窗口中,选择估计方法为TSLS,并在工具变量栏(Instrument list)中输入模型中的所有前定变量。

例10.3.4 对例10.3.3中的小型宏观经济模型,采用TSLS法重新估计消费方程和投资方程。

第一步,作为解释变量的内生变量GDP的简化式模型为

$$\mathrm{GDP}_t = \pi_{30} + \pi_{31}\mathrm{GOV}_t + v_{3t}$$

对该模型应用OLS,即在命令窗口键入命令

LS GDP C GOV　　估计GDP的简化式方程

得到简化式方程估计结果为

$$\widehat{\mathrm{GDP}}_t = -3\,117.716 + 7.467\,6\mathrm{GOV}_t$$

第二步,利用上式计算的GDP的拟合值GDPF,在消费方程和投资方程中用GDPF代替GDP,再次应用OLS法,即键入命令:

LS CONS C GDPF　　估计替代后的结构式方程即消费方程

LS INV C GDPF　　估计替代后的结构式方程即投资方程

得到消费方程估计式

$$\widehat{CONS}_t = 3\,356.984 + 0.366\,1GDP_t$$
$$t = (7.429\,4) \quad (206.258\,8)$$
$$\bar{R}^2 = 0.999\,1, \quad F = 42\,542.70, \quad DW = 0.875\,8$$

投资方程估计式

$$\widehat{INV}_t = -4\,182.697 + 0.467\,1GDP_t$$
$$t = (-2.266\,4) \quad (64.429\,0)$$
$$\bar{R}^2 = 0.991\,2, \quad F = 4\,151.097, \quad DW = 0.429\,6$$

TSLS 与 ILS 法的估计结果相比可知，估计结果是相同的。

上述估计的结构式方程，可以直接使用 TSLS 命令

TSLS　CONS　C　GDP　@　C　GOV　　估计消费函数

TSLS　INV　C　GDP　@　C　GOV　　估计投资函数

得到如表 10.3.2 与表 10.3.3 所示估计结果。

表 10.3.2　回 归 结 果

Dependent Variable: CONS
Method: Two-Stage Least Squares
Date: 09/14/21 Time: 19:23
Sample: 1978 2015
Included observations: 38
Instrument specification: C GOV

Variable	Coefficient	Std. Error	t-Statistic	Prob.
C	3356.984	799.3397	4.199696	0.0002
GDP	0.366101	0.003140	116.5945	0.0000

R-squared	0.997354	Mean dependent var	61278.43
Adjusted R-squared	0.997281	S.D. dependent var	74025.72
S.E. of regression	3860.306	Sum squared resid	5.36E+08
F-statistic	13594.28	Durbin-Watson stat	0.184503
Prob(F-statistic)	0.000000	Second-Stage SSR	1.71E+08
J-statistic	0.000000	Instrument rank	2

表 10.3.3　回 归 结 果

Dependent Variable: INV
Method: Two-Stage Least Squares
Date: 09/14/21 Time: 19:25
Sample: 1978 2015
Included observations: 38
Instrument specification: C GOV

Variable	Coefficient	Std. Error	t-Statistic	Prob.
C	-4182.697	1181.398	-3.540466	0.0011
GDP	0.467081	0.004641	100.6478	0.0000

R-squared	0.996477	Mean dependent var	69714.90
Adjusted R-squared	0.996379	S.D. dependent var	94812.35
S.E. of regression	5705.403	Sum squared resid	1.17E+09
F-statistic	10129.98	Durbin-Watson stat	0.373876
Prob(F-statistic)	0.000000	Second-Stage SSR	2.86E+09
J-statistic	0.000000	Instrument rank	2

同样得到消费方程和投资方程分别为

$$\widehat{CONS}_t = 3\,356.984 + 0.366\,1GDP_t$$

$$\widehat{INV}_t = -4\,182.697 + 0.467\,1GDP_t$$

借助 EViews 中的 System 命令,可以直接对上述消费方程、投资方程进行 TSLS 估计。其步骤如下:

(1) 创建系统。在主菜单上点击 Objects\New Object,并在弹出的对象列表框中选择 System(系统),然后在打开的系统窗口输入结构式模型的随机方程

CONS=C(1)+C(2)*GDP

INV=C(3)+C(4)*GDP

INST C GOV

(2) 估计模型。在系统窗口点击 Estimate 按钮,在弹出估计方法选择窗口,选择 TSLS 方法后,点击 OK 键,得到表 10.3.4 估计结果。

表 10.3.4 回归结果

System: CHINAMODEL1
Estimation Method: Two-Stage Least Squares
Date: 09/14/21 Time: 19:31
Sample: 1978 2015
Included observations: 38
Total system (balanced) observations 76

	Coefficient	Std. Error	t-Statistic	Prob.
C(1)	3356.984	799.3397	4.199696	0.0001
C(2)	0.366101	0.003140	116.5945	0.0000
C(3)	-4182.697	1181.398	-3.540466	0.0007
C(4)	0.467081	0.004641	100.6478	0.0000

Determinant residual covariance 2.32E+14

Equation: CONS=C(1)+C(2)*GDP
Instruments: C GOV
Observations: 38

R-squared	0.997354	Mean dependent var	61278.43
Adjusted R-squared	0.997281	S.D. dependent var	74025.72
S.E. of regression	3860.306	Sum squared resid	5.36E+08
Durbin-Watson stat	0.184503		

Equation: INV=C(3)+C(4)*GDP
Instruments: C GOV
Observations: 38

R-squared	0.996477	Mean dependent var	69714.90
Adjusted R-squared	0.996379	S.D. dependent var	94812.35
S.E. of regression	5705.403	Sum squared resid	1.17E+09
Durbin-Watson stat	0.373876		

同样得消费方程、投资方程估计式

$$\widehat{CONS}_t = 3\,356.984 + 0.366\,1GDP_t$$

$$\widehat{INV}_t = -4\,182.697 + 0.467\,1GDP_t$$

3. 二阶段最小二乘法的理论推导

对于联立方程计量经济模型 $\boldsymbol{BY}+\boldsymbol{\Gamma X}=\boldsymbol{U}$ 中的第 1 个结构方程 $\boldsymbol{y}_1=(\boldsymbol{y}_0,\boldsymbol{x}_0)\begin{pmatrix}\boldsymbol{B}_0\\ \boldsymbol{\Gamma}_0\end{pmatrix}+\boldsymbol{U}_1$,由于内生变量 $\boldsymbol{y}_0$ 是随机变量,不能直接采用最小二乘法。但是对于 $\boldsymbol{y}_0$ 的简化式方程

$$\boldsymbol{y}_0=\boldsymbol{X}\Pi_0+\boldsymbol{V}_0 \tag{10.3.20}$$

中的每一个方程，不存在随机变量问题，可以直接采用普通最小二乘法估计其参数，并得到关于 $\boldsymbol{y}_0$ 的估计值

$$\hat{\boldsymbol{y}}_0=\boldsymbol{X}\hat{\Pi}_0=\boldsymbol{X}[(\boldsymbol{X}'\boldsymbol{X})^{-1}\boldsymbol{X}'\boldsymbol{y}_0] \tag{10.3.21}$$

这就是二阶段最小二乘法的第一阶段，即对简化式方程第一次使用普通最小二乘法。

用 $\boldsymbol{y}_0$ 的估计量 $\hat{\boldsymbol{y}}_0$ 代替 $\boldsymbol{y}_1=(\boldsymbol{y}_0,\boldsymbol{x}_0)\begin{pmatrix}\boldsymbol{B}_0\\ \boldsymbol{\Gamma}_0\end{pmatrix}+\boldsymbol{U}_1$ 中的 $\boldsymbol{y}_0$，得到新的方程

$$\boldsymbol{y}_1=(\hat{\boldsymbol{y}}_0,\boldsymbol{x}_0)\begin{pmatrix}\boldsymbol{B}_0\\ \boldsymbol{\Gamma}_0\end{pmatrix}+\boldsymbol{U}_1 \tag{10.3.22}$$

显然，该方程中不存在随机解释变量问题，可以直接采用普通最小二乘法估计其参数，得到

$$\begin{pmatrix}\hat{\boldsymbol{B}}_0\\ \hat{\boldsymbol{\Gamma}}_0\end{pmatrix}_{2SLS}=[(\hat{\boldsymbol{y}}_0,\boldsymbol{x}_0)'(\hat{\boldsymbol{y}}_0,\boldsymbol{x}_0)]^{-1}(\hat{\boldsymbol{y}}_0,\boldsymbol{x}_0)'\boldsymbol{y}_1 \tag{10.3.23}$$

这就是二阶段最小二乘法的第二阶段，即对变换了的结构式方程使用普通最小二乘法，得到的参数估计量即为原结构方程(10.3.11)参数的二阶段最小二乘估计量。

在应用二阶段最小二乘法的整个过程中，并没有涉及结构方程中的内生解释变量和前定变量的数目，所以二阶段最小二乘法的应用与方程的识别状态无关，既适用于恰好识别的方程又适用于过度识别的方程。

两阶段最小二乘法实质上是间接最小二乘法和工具变量法的结合，却同时克服了间接最小二乘法不适用于过度识别的结构方程的缺点，克服了工具变量法中工具变量选取中带来的缺点。两阶段最小二乘法不需要通过参数关系式求解结构参数，而且简化方程反映了前定变量对作为解释变量的内生变量的总影响，即用所有可以选择的工具变量的线性组合来代替该内生变量，因此，两阶段最小二乘法是一种工具变量法。应用两阶段最小二乘法要求对应结构方程和简化方程中的随机误差项满足古典假设，前定变量之间多重共线性的程度较低，且样本容量较大。

在上述前提下，结构参数的两阶段最小二乘估计量具有这样的统计性质：小样本下是有偏的，但大样本下是一致的。

对过度识别的结构方程，两阶段最小二乘法是最重要的参数估计方法。对恰好识别的结构方程，最好用间接最小二乘法估计参数。需要强调的是，不论结构式方程是恰好识别还是过度识别，简化式方程都可以直接应用最小二乘法估计参数，并据此进行经济预测、经济结构分析等，它反映了前定变量对内生变量的总影响。此外，如果某个结构式方程中不存在内生变量作为解释变量，则可以直接应用最小二乘法进行参数估计。

10.3.5　三阶段最小二乘法(3SLS)

单一方程估计方法是在联立方程模型估计中得到普遍应用的方法，解决了被估结构式方程中内生解释变量与随机误差项相关的问题。同时，单一方程估计法可以直接对可识别的第 i 个结构式方程进行参数估计而不需要知道其他结构式方程的信息。单一方程估计法的一个假定条件是，各结构式方程的随机误差项之间不存在同期相关性。因此，单一方程

估计法以没有充分利用联立方程模型提供的结构信息为代价,来获得单一方程的估计,并产生一致性参数估计。但是一般而言,单一方程估计法不可能产生参数的有效估计。其主要原因有两点:一是单一方程估计法忽略了模型整体结构提供的所有信息以及整体结构所反映的变量之间的全部联系。例如,单一方程估计方法考虑了被估方程中没有包含的内生变量和前定变量对参数施加的约束条件,但在估计该方程时却没有考虑到其他方程也可能受到没有包含内生变量或前定变量的约束,而这些约束将会在模型整个结构下对被估方程产生影响。二是单一方程估计法没有考虑各结构式方程随机误差项之间的相关性信息,而是假定这些随机误差项之间不存在同期相关。在实证分析中,几乎可以肯定,任一方程的随机误差项与其他方程的随机误差项都存在一定的相关性。

为了克服单一方程估计法的参数估计不是有效估计的不足,充分利用模型结构信息,计量经济学家们提出了在估计过程中同时确定所有结构式方程参数的系统估计方法。常用的系统估计方法有三阶段最小二乘法和完全信息极大似然法。这里只介绍三阶段最小二乘法。

1. 三阶段最小二乘法的基本思想

三阶段最小二乘法(3SLS)是泽尔纳(A. Zellner)和泰尔(H. Theil)于1962年提出的一种系统估计方法(完全信息法),被认为是能克服各个结构式方程随机误差项同期相关问题的估计方法。它的基本思想是在TSLS的基础上加以推广,当完成TSLS估计之后,再在第三步进行广义最小二乘估计(GLS),故有的教科书认为3SLS=TSLS+GLS。

将TSLS法推广到3SLS法,基于以下两个想法:

(1) TSLS只运用了模型的一部分信息,忽视了模型结构对其他方程的参数值所施加的全部约束条件。

(2) 忽视了模型各个方程随机误差项的同期相关性,即$E(\boldsymbol{u}_i\boldsymbol{u}_j)\neq 0$,其中$i$指第$i$个方程,$j$指第$j$个方程。

这样,单一方程估计法就不是有效估计,因此需要改进。改进的方法是引进广义最小二乘法。因此,三阶段最小二乘法的第一、二阶段是二阶段最小二乘法,第三阶段是广义最小二乘法的应用。三阶段最小二乘法要比二阶段最小二乘法具有更好的渐近有效性。但是,三阶段最小二乘法计算很复杂,样本容量必须足够大。

2. 三阶段最小二乘法的基本步骤

三阶段最小二乘法的基本步骤如下。

第一阶段,用OLS估计结构式模型中每个内生变量的简化式方程,得到每个内生变量的估计。

第二阶段,再次用OLS估计变量替换后的结构式模型,即把第一阶段所得的各内生解释变量的估计值替换结构式模型中的内生解释变量,施以OLS法得到结构式参数的估计量,由此获得结构式模型中各方程随机误差项的方差和协方差的估计。到此为止,3SLS只是在重复TSLS的步骤。

第三阶段,采用GLS法对以单一方程形式表现的转换后的联立方程模型进行估计,即首先将原始联立方程模型结构,按照前面所介绍的方法转换为单一方程形式表示;其次为克服转换后单一方程随机误差项的异方差和自相关问题,用各方程随机误差项方差和协方差的估计值对单一方程表现形式进行变换,使其随机误差项满足OLS假定;最后用OLS

估计变换模型，得 3SLS 的参数估计量。

下面给出三阶段最小二乘法的理论推导。设模型中包括 m 个内生变量和 k 个前定变量，其第 i 个方程表示为

$$\boldsymbol{Y}_i=\widetilde{\boldsymbol{Y}}_i\boldsymbol{\beta}_i+\boldsymbol{X}_i\boldsymbol{\gamma}_i+\boldsymbol{u}_i \quad (i=1,2,\cdots,m) \tag{10.3.24}$$

其中：$\boldsymbol{Y}_i$ 是第 i 个方程被解释变量的 $(n\times 1)$ 样本观测值向量；$\widetilde{\boldsymbol{Y}}_i$ 是第 i 个方程作为解释变量的内生变量 $(n\times m_i)$ 阶样本矩阵（m_i 为解释变量的内生变量个数）；$\boldsymbol{\beta}_i$ 是 $(m_i\times 1)$ 维参数列向量；$\boldsymbol{X}_i$ 是第 i 个方程内的前定变量的 $(n\times k_i)$ 样本观测矩阵（k_i 表示第 i 个方程前定变量个数）；$\boldsymbol{\gamma}_i$ 是 $(k_i\times 1)$ 维参数列向量；$\boldsymbol{u}_i$ 是第 i 个方程中随机误差项 $(n\times 1)$ 维列向量。

方程(10.3.24)的矩阵形式

$$\boldsymbol{Y}_i=(\widetilde{\boldsymbol{Y}}_i,\boldsymbol{X}_i)\begin{pmatrix}\boldsymbol{\beta}_i\\ \boldsymbol{\gamma}_i\end{pmatrix}+\boldsymbol{u}_i \quad (i=1,2,\cdots,m) \tag{10.3.25}$$

记

$$\boldsymbol{Z}_i=(\widetilde{\boldsymbol{Y}}_i,\boldsymbol{X}_i),\quad \boldsymbol{b}_i=\begin{pmatrix}\boldsymbol{\beta}_i\\ \boldsymbol{\gamma}_i\end{pmatrix} \tag{10.3.26}$$

则式(10.3.25)可改成

$$\boldsymbol{Y}_i=\boldsymbol{Z}_i\boldsymbol{b}_i+\boldsymbol{u}_i \quad (i=1,2,\cdots,m) \tag{10.3.27}$$

第一阶段，把模型(10.3.24)写成简化式方程

$$y_{it}=\pi_{i1}x_{1i}+\pi_{i2}x_{2i}+\cdots+\pi_{ik_i}x_{k_ii}+v_i \quad (i=1,2,\cdots,m) \tag{10.3.28}$$

代入样本观测值得

$$\begin{pmatrix}y_{i1}\\ y_{i2}\\ \vdots\\ y_{in}\end{pmatrix}=\begin{pmatrix}x_{11} & x_{21} & \cdots & x_{k_i1}\\ x_{12} & x_{22} & \cdots & x_{k_i2}\\ \vdots & \vdots & \vdots & \vdots\\ x_{1n} & x_{2n} & \cdots & x_{k_in}\end{pmatrix}\begin{pmatrix}\pi_{i1}\\ \pi_{i2}\\ \vdots\\ \pi_{ik_i}\end{pmatrix}+\begin{pmatrix}v_{i1}\\ v_{i2}\\ \vdots\\ v_{in}\end{pmatrix}$$

简记为

$$\underset{(n\times 1)}{\boldsymbol{Y}_i}=\underset{(n\times k_i)}{\boldsymbol{X}}\ \underset{(k_i\times 1)}{\boldsymbol{\Pi}_i}+\underset{(n\times 1)}{\boldsymbol{V}_i} \quad (i=1,2,\cdots,m) \tag{10.3.29}$$

对式(10.3.29)的每一个方程应用 OLS 法，求得 $\boldsymbol{Y}_i(i=1,2,\cdots,m)$ 的估计量 $\hat{\boldsymbol{Y}}_1,\hat{\boldsymbol{Y}}_2,\cdots,\hat{\boldsymbol{Y}}_m$。

第二阶段，把 $\hat{\boldsymbol{Y}}_1,\hat{\boldsymbol{Y}}_2,\cdots,\hat{\boldsymbol{Y}}_m$ 代入结构方程(10.3.25)右边，对变换了的方程应用 OLS 法，求得 $\boldsymbol{\beta}_i$、$\boldsymbol{\gamma}_i(i=1,2,\cdots,m)$ 的 TSLS 估计值，并用来估计各方程中随机误差项 u_i，得到随机误差项的估计值 $\hat{\boldsymbol{u}}_1,\hat{\boldsymbol{u}}_2,\cdots,\hat{\boldsymbol{u}}_m$。注意这里 $\hat{\boldsymbol{u}}_i$ 是 $(n\times 1)$ 列向量。

第三阶段，我们已经知道 $\boldsymbol{X}$ 为所有前定变量的观测值 $(n\times k)$ 阶矩阵，用 $\boldsymbol{X}$ 的转置矩阵 $\boldsymbol{X}'$ 左乘方程(10.3.27)，得到 km 个方程的方程组：

$$\begin{cases}\boldsymbol{X}'\boldsymbol{Y}_1=\boldsymbol{X}'\boldsymbol{Z}_1\boldsymbol{b}_1+\boldsymbol{X}'\boldsymbol{u}_1\\ \boldsymbol{X}'\boldsymbol{Y}_2=\boldsymbol{X}'\boldsymbol{Z}_2\boldsymbol{b}_2+\boldsymbol{X}'\boldsymbol{u}_2\\ \quad\cdots\\ \boldsymbol{X}'\boldsymbol{Y}_m=\boldsymbol{X}'\boldsymbol{Z}_m\boldsymbol{b}_m+\boldsymbol{X}'\boldsymbol{u}_m\end{cases} \tag{10.3.30}$$

写成矩阵形式

$$\begin{pmatrix} \boldsymbol{X}'\boldsymbol{Y}_1 \\ \boldsymbol{X}'\boldsymbol{Y}_2 \\ \vdots \\ \boldsymbol{X}'\boldsymbol{Y}_m \end{pmatrix} = \begin{pmatrix} \boldsymbol{X}'\boldsymbol{Z}_1 & & & \\ & \boldsymbol{X}'\boldsymbol{Z}_2 & & \\ & & \ddots & \\ & & & \boldsymbol{X}'\boldsymbol{Z}_m \end{pmatrix} \begin{pmatrix} \boldsymbol{b}_1 \\ \boldsymbol{b}_2 \\ \vdots \\ \boldsymbol{b}_m \end{pmatrix} + \begin{pmatrix} \boldsymbol{X}'\boldsymbol{u}_1 \\ \boldsymbol{X}'\boldsymbol{u}_2 \\ \vdots \\ \boldsymbol{X}'\boldsymbol{u}_m \end{pmatrix} \tag{10.3.31}$$

简记为

$$\boldsymbol{Y} = \boldsymbol{ZB} + \boldsymbol{U} \tag{10.3.32}$$

其中

$$\boldsymbol{Y} = \begin{pmatrix} \boldsymbol{X}'\boldsymbol{Y}_1 \\ \boldsymbol{X}'\boldsymbol{Y}_2 \\ \vdots \\ \boldsymbol{X}'\boldsymbol{Y}_m \end{pmatrix}, \quad \boldsymbol{Z} = \begin{pmatrix} \boldsymbol{X}'\boldsymbol{Z}_1 & & & \\ & \boldsymbol{X}'\boldsymbol{Z}_2 & & \\ & & \ddots & \\ & & & \boldsymbol{X}'\boldsymbol{Z}_m \end{pmatrix}, \quad \boldsymbol{B} = \begin{pmatrix} \boldsymbol{b}_1 \\ \boldsymbol{b}_2 \\ \vdots \\ \boldsymbol{b}_m \end{pmatrix}, \quad \boldsymbol{U} = \begin{pmatrix} \boldsymbol{X}'\boldsymbol{u}_1 \\ \boldsymbol{X}'\boldsymbol{u}_2 \\ \vdots \\ \boldsymbol{X}'\boldsymbol{u}_m \end{pmatrix} \tag{10.3.33}$$

显然随机误差项$\boldsymbol{U}$是随着矩阵$\boldsymbol{X}'$一起变化的,因而具有异方差性,为此需要应用广义最小二乘法(GLS),但是,广义最小二乘法的计算需要知道$\boldsymbol{U}$的协方差阵。

下面我们先解决$\boldsymbol{U}$的协方差阵的计算。每一个方程都有n个观测值。记第i个方程与第j个方程同期随机误差项的协方差为σ_{ij},并假定不同期随机误差项不相关。原模型$n \cdot m$个随机误差项可用矩阵定义为

$$\boldsymbol{u} = \begin{pmatrix} \boldsymbol{u}_1 \\ \boldsymbol{u}_2 \\ \vdots \\ \boldsymbol{u}_m \end{pmatrix} \tag{10.3.34}$$

$$\mathrm{COV}(\boldsymbol{u}) = E(\boldsymbol{uu}') = E\begin{pmatrix} \boldsymbol{u}_1\boldsymbol{u}_1' & \boldsymbol{u}_1\boldsymbol{u}_2' & \cdots & \boldsymbol{u}_1\boldsymbol{u}_m' \\ \boldsymbol{u}_2\boldsymbol{u}_1' & \boldsymbol{u}_2\boldsymbol{u}_2' & \cdots & \boldsymbol{u}_2\boldsymbol{u}_m' \\ \vdots & \vdots & \vdots & \vdots \\ \boldsymbol{u}_m\boldsymbol{u}_1' & \boldsymbol{u}_m\boldsymbol{u}_2' & \cdots & \boldsymbol{u}_m\boldsymbol{u}_m' \end{pmatrix} = \begin{pmatrix} \sigma_{11}\boldsymbol{I} & \sigma_{12}\boldsymbol{I} & \cdots & \sigma_{1m}\boldsymbol{I} \\ \sigma_{21}\boldsymbol{I} & \sigma_{22}\boldsymbol{I} & \cdots & \sigma_{2m}\boldsymbol{I} \\ \vdots & \vdots & \vdots & \vdots \\ \sigma_{m1}\boldsymbol{I} & \sigma_{m2}\boldsymbol{I} & \cdots & \sigma_{mm}\boldsymbol{I} \end{pmatrix} \tag{10.3.35}$$

记

$$\boldsymbol{\Phi} = \mathrm{COV}(\boldsymbol{U}) = E(\boldsymbol{UU}') = E(\boldsymbol{X}'\boldsymbol{uu}'\boldsymbol{X}) = \boldsymbol{X}'E(\boldsymbol{uu}')X \tag{10.3.36}$$

把式(10.3.35)代入式(10.3.36)便有

$$\boldsymbol{\Phi} = \mathrm{COV}(\boldsymbol{U}) = \begin{pmatrix} \sigma_{11}\boldsymbol{X}'\boldsymbol{X} & \sigma_{12}\boldsymbol{X}'\boldsymbol{X} & \cdots & \sigma_{1m}\boldsymbol{X}'\boldsymbol{X} \\ \sigma_{21}\boldsymbol{X}'\boldsymbol{X} & \sigma_{22}\boldsymbol{X}'\boldsymbol{X} & \cdots & \sigma_{2m}\boldsymbol{X}'\boldsymbol{X} \\ \vdots & \vdots & \vdots & \vdots \\ \sigma_{m1}\boldsymbol{X}'\boldsymbol{X} & \sigma_{m2}\boldsymbol{X}'\boldsymbol{X} & \cdots & \sigma_{mm}\boldsymbol{X}'\boldsymbol{X} \end{pmatrix} \tag{10.3.37}$$

由于$\boldsymbol{u}$不可观测到,从而σ_{ij}也不能求得,故只能用估计值$\hat{\sigma}_{ij}$来代替。$\hat{\sigma}_{ij}$可以利用第二阶段的随机误差项的估计值向量$\hat{\boldsymbol{u}}_i$计算:

$$\hat{\sigma}_{ij} = \frac{\hat{\boldsymbol{u}}_i'\hat{\boldsymbol{u}}_j}{\sqrt{(n-k_i-m_i)(n-k_j-m_j)}} \tag{10.3.38}$$

将式(10.3.38)代入式(10.3.37)得到$\hat{\boldsymbol{\Phi}}$,这样就可以对式(10.3.32)应用广义最小二乘法,根据广义最小二乘法公式,得到

$$\boldsymbol{B}=(\boldsymbol{Z}'\hat{\boldsymbol{\Phi}}^{-1}\boldsymbol{Z})^{-1}\boldsymbol{Z}'\hat{\boldsymbol{\Phi}}^{-1}\boldsymbol{Y} \tag{10.3.39}$$

这就是三阶段最小二乘估计式。

3. 3SLS 估计量的特性和 3SLS 的基本假定

应用 3SLS 估计联立方程模型的结构式参数,对这一方法本身及参数估计量的特点应当认真把握。

(1) 应用 3SLS 求得的联立方程模型的结构式参数估计量是有偏的,但却是一致的估计量。

(2) 应用 3SLS 求得的联立方程模型的结构式参数估计量,比二阶段最小二乘估计量更为有效,因为 3SLS 比 TSLS 使用了联立方程模型中更多的信息。

(3) 3SLS 计算过程非常复杂,同时客观存在对联立方程模型中每一结构式方程的设定误差(变量选择和函数形式的设定误差)极为敏感,当某一结构式方程存在设定误差,这一误差会传递到模型中其他所有结构式方程中,带来不良的连锁反应。

3SLS 法作为一种系统估计法,其主要困难是参数估计值容易受到模型中个别方程设定误差的影响。也就是说,只要有一个方程因设定不当而发生偏误,这种偏误将通过整体性的估计方法传递给整个模型中的每一个参数,使全部参数估计值发生变化。因此,在实际应用这种方法估计联立方程模型的参数时,应该注意以下基本假定:

第一,联立方程模型中每个结构式方程都是可识别的。若模型中某些方程是不可识别时则应予以重新设定,使模型中全部方程都可识别,其中不包括恒等式方程。

第二,联立方程模型中所有结构式方程都必须正确设定,否则设定误差将会在结构式方程中传导,从而影响整个模型中所有参数的估计量。

第三,各个方程的随机误差项满足零均值、同方差和无自相关的假设。

第四,不同结构式方程的随机误差项是同期相关的,若各方程的误差项互不相关,则 3SLS 简化为 TSLS。

4. 三阶段最小二乘法的 EViews 实现过程

由于 3SLS 是系统估计方法,因此在 EViews 中这类估计方法需要创建一个系统文件之后方可运行。在录入数据创建 Workfile 窗口之后,点击 Objects/New Object,弹出 New Object 窗口,选择 System,点击 OK 键,屏幕出现 System 窗口。在此窗口中,需要键入前定变量表和被估计的结构式方程:

INST　　前定变量 1　前定变量 2　⋯　前定变量 k

可识别结构式方程 1

可识别结构式方程 2

⋮

可识别结构式方程 m

其中,INST 代表前定变量表,前定变量表包含模型中全部的前定变量。

将前定变量和结构式方程检查录入无误后,点击此窗口中的 Estimate,弹出 System Estimation 窗口,其中有 10 种估计方法供选择,此时选择 Three Stage Least Squares 点击 OK 键则完成了 3SLS。

例 10.3.5 对例 10.3.3 的小型宏观经济模型,采用 3SLS 法重新估计消费函数和投资函数。步骤如下:

(1) 创建系统。在主菜单上点击 Objects\New Object,并在弹出的对象列表框中选择 System(系统),然后在打开的系统窗口输入结构式模型的随机方程:

CONS=C(1)+C(2) * GDP

INV=C(3)+C(4) * GDP

INST C GOV

(2) 估计模型。在系统窗口点击 Estimate 按钮,弹出估计方法选择窗口,选择 3SLS 方法后,点击 OK 键,得到表 10.3.5 估计结果。

表 10.3.5 回 归 结 果

System: CHINAMODEL1
Estimation Method: Three-Stage Least Squares
Date: 09/14/21 Time: 19:36
Sample: 1978 2015
Included observations: 38
Total system (balanced) observations 76
Linear estimation after one-step weighting matrix

	Coefficient	Std. Error	t-Statistic	Prob.
C(1)	3356.984	778.0202	4.314778	0.0001
C(2)	0.366101	0.003056	119.7895	0.0000
C(3)	-4182.697	1149.888	-3.637483	0.0005
C(4)	0.467081	0.004517	103.4058	0.0000

Determinant residual covariance 2.32E+14

Equation: CONS=C(1)+C(2)*GDP
Instruments: C GOV
Observations: 38

R-squared	0.997354	Mean dependent var	61278.43
Adjusted R-squared	0.997281	S.D. dependent var	74025.72
S.E. of regression	3860.306	Sum squared resid	5.36E+08
Durbin-Watson stat	0.184503		

Equation: INV=C(3)+C(4)*GDP
Instruments: C GOV
Observations: 38

R-squared	0.996477	Mean dependent var	69714.90
Adjusted R-squared	0.996379	S.D. dependent var	94812.35
S.E. of regression	5705.403	Sum squared resid	1.17E+09
Durbin-Watson stat	0.373876		

由此得到消费方程、投资方程估计式

$$\widehat{CONS}_t = 3\,356.984 + 0.366\,1GDP_t$$

$$\widehat{INV}_t = -4\,182.697 + 0.467\,1GDP_t$$

从表 10.3.5 估计结果可以看出,采用 3SLS 法估计的消费函数和投资函数,与 TSLS 法估计结果相比,其结构式参数对应的标准差减少了,t 统计量绝对值增加了,p 值减少了。因此,比较 TSLS 法与 3SLS 法估计结果可知,采用后一种方法比较合适。

5. 三阶段最小二乘法与二阶段最小二乘法的比较

(1) 3SLS 是 TSLS 的推广和发展。3SLS 和 TSLS 在其各个阶段均采用 OLS,而 3SLS 前两阶段就是用 TSLS 对每个结构式方程逐个进行估计。

(2) 当联立方程模型中所有结构式方程都是可以识别的，并且各个结构式方程随机误差项的方差—协方差矩阵为非奇异矩阵，则 3SLS 估计量是一致性估计量，并且比 TSLS 估计量更有效。为了保证方差—协方差矩阵为非奇异矩阵，要求各结构式方程必须是可以识别的，模型中恒等式不参加估计过程。这是因为恒等式不是随机方程。

10.4　联立方程模型的检验

与单方程计量经济模型一样，联立方程模型在完成估计之后，也要进行检验，包括单个结构方程的检验和总体模型的检验。

10.4.1　单个结构方程的检验

所谓单个结构方程的检验，就是逐个地对每一个随机结构方程进行检验，其检验方法同单方程计量经济模型的所有检验，包括经济意义检验、统计推断检验、计量经济检验和预测检验。凡是在单方程模型中必须进行的各项检验，对于联立方程模型中的结构方程，以及应用 TSLS 或 3SLS 方法过程中的简化式方程，都是适用的。

10.4.2　总体模型的检验

当单个结构方程的检验通过后，对于总体模型，主要是检验其拟合优度与预测精度。常用的检验方法有以下几种。

1. 拟合效果检验

对于联立方程模型

$$\boldsymbol{BY} + \boldsymbol{\Gamma X} = \boldsymbol{U} \tag{10.4.1}$$

当结构参数估计量已经得到，并通过了对单个方程的检验之后，有

$$\hat{\boldsymbol{B}}\boldsymbol{Y} + \hat{\boldsymbol{\Gamma}}\boldsymbol{X} = \boldsymbol{0} \tag{10.4.2}$$

将样本期的前定变量观测值代入式(10.4.2)，求解该方程组，即可得到内生变量的估计值 $\hat{\boldsymbol{Y}}$。将估计值与实际观测值进行比较，据此判断模型系统的拟合效果。

如何求解方程组(10.4.2)？模型系统虽然是线性系统，但并不排除(10.4.2)中存在非线性方程。这些方程所表现的变量之间的直接关系是非线性关系，但经过某种变换后以线性形式出现在模型中，例如用柯布—道格拉斯(Cobb-Dauglass)生产函数表示的生产方程。所以，对给定 $\boldsymbol{X}$ 的值，求解内生变量的估计值 $\hat{\boldsymbol{Y}}$ 的常用方法是迭代法。

常用的判断模型系统拟合效果的检验统计量是“均方误差”(RMS)和“相对均方误差”(RMSP)。其计算公式为

$$\mathrm{RMS}_i = \sqrt{\frac{1}{n}\sum_{t=1}^{n}(y_{it} - \hat{y}_{it})^2} \tag{10.4.3}$$

$$\mathrm{RMSP}_i = \sqrt{\frac{1}{n}\sum_{t=1}^{n}\left(\frac{y_{it} - \hat{y}_{it}}{y_{it}}\right)^2} \tag{10.4.4}$$

其中，RMS_i、$RMSP_i$ 分别为第 i 个内生变量的“均方误差”和“相对均方误差”($i=1,2,\cdots,m$，共 m 个内生变量)，n 为样本容量。一般认为，在各种检验统计量中，$RMSP_i$ 具有更普遍的意义，对检验模型系统的总体拟合优度更为有效。

显然，当 $RMSP_i=0$ 时，表示第 i 个内生变量估计值与观测值完全拟合。一般地，在 m 个内生变量中，$RMSP_i<5\%$ 的变量数目占 70%以上，并且每个变量的 $RMSP_i$ 不大于 10%，则认为模型系统总体拟合效果较好。

2. 预测性能检验

当联立方程模型建成后，如果已知样本期之外的内生变量实际观测值，则可以对模型系统进行预测检验。将该时间截面上的前定变量实际观测值代入模型，计算所有内生变量预测值，并计算其相对误差

$$RE_i=(y_{if}-\hat{y}_{if})/y_{if}\quad(i=1,2,\cdots,m)\tag{10.4.5}$$

其中 y_{if}、$\hat{y}_{if}$ 分别为第 i 个内生变量的观测值与预测值，m 为模型中内生变量数目。

一般认为，$RE_i<5\%$的变量数目占 70%以上，并且每个变量的相对误差不大于 10%，则认为模型系统总体预测性能较好。

3. 方程间误差传递检验

由于联立方程模型系统中变量之间互为解释变量，那么就存在误差的传递，需要对此进行检验。

一个总体结构清晰的计量经济模型系统，应该存在一些明显的关键路径，描述主要经济行为主体的经济活动过程，这是由经济系统的特征所决定的。在关键路径上，方程之间存在明显的递推关系。例如，在一个宏观经济模型中，生产方程、收入方程、分配方程、投资方程、固定资产形成方程等，就构成一个关键路径。而且存在递推关系，由固定资产决定总产值，由总产值决定国民收入，由国民收入决定财政收入，由财政收入决定投资，由投资决定固定资产。在关键路径上进行误差传递分析，可以检验总体模型的拟合优度和预测精度。

如果关键路径上的方程数目为 T，e_i 为第 i 个方程的随机误差估计值，下列三个统计量均可以用来衡量关键路径上的误差水平。它们是

$$\text{误差均值}=\frac{1}{T}\sum_{i=1}^{T}e_i\tag{10.4.6}$$

$$\text{均方根误差}=\sqrt{\frac{1}{T}\sum_{i=1}^{T}e_i^2}\tag{10.4.7}$$

$$\text{冯诺曼比}=\frac{\sum_{i=2}^{T}(e_i-e_{i-1})^2/(T-1)}{\sum_{i=1}^{T}e_i^2/T}\tag{10.4.8}$$

误差均值应用较少，因为存在正负相抵的问题，均方根误差和冯诺曼比应用较多，显然是越小越好。其中又以冯诺曼比对误差传递程度的检验功能最强，如果误差在方程之间没有传递，该比值为 0。

4. 样本点间误差传递检验

上述几种检验中构造的检验统计量都是在同一时间截面上计算其数值。在联立方程

模型系统中，由于经济系统的动态性，决定了有一定数量的滞后内生变量。由于滞后内生变量的存在，使模型预测误差不仅在方程之间传递，而且在不同的时间截面之间，即样本点之间传递，所以对模型进行滚动预测检验是必要的。

如果样本期为 $t=1,2,\cdots,n$，对于模型(10.4.2)，给定 $t=1$ 时的所有前定变量的观测值，包括滞后内生变量，求解方程组，得到内生变量的预测值 $\hat{\boldsymbol{Y}}_1$；对于 $t=2$，给定外生变量的观测值，滞后内生变量用前一时期的预测值代替，求解方程组，得到内生变量的预测值 $\hat{\boldsymbol{Y}}_2$；如此逐年滚动预测，直至得到 $t=n$ 时的内生变量的预测值 $\hat{\boldsymbol{Y}}_n$。并求出该滚动预测值与实际观测值的相对误差。另外，将 $t=n$ 时的所有前定变量的观测值，包括滞后内生变量的实际观测值，代入模型，求解方程组，得到内生变量的非滚动预测值 $\hat{\boldsymbol{Y}}_n'$，并求出该非滚动预测值与实际观测值的相对误差。比较两种结果，两者的差异表明模型预测误差在不同的时间截面之间的传递。

从上述检验过程可以看出，滚动预测检验是较为严格、有效的检验。

10.5　案例分析

10.5.1　案例 1：中国简化宏观经济模型

中国 1978—2015 年按支出法核算的国内生产总值 GDP、居民消费 CONS、资本形成总额 INV、政府消费支出 GOV、货物和服务净出口 NEX(单位：亿元)统计数据，如例 10.3.3 中表 10.3.1 所示。

试建立如下中国宏观经济模型：

消费方程：$\mathrm{CONS}_t=a_0+a_1\mathrm{GDP}_t+a_2\mathrm{CONS}_{t-1}+u_{1t}$

投资方程：$\mathrm{INV}_t=b_0+b_1\mathrm{GDP}_t+b_2\mathrm{GDP}_{t-1}+u_{2t}$

定义方程：$\mathrm{GDP}_t=\mathrm{CONS}_t+\mathrm{INV}_t+\mathrm{GOV}_t+\mathrm{NEX}_t$

模型中 GDP_t、CONS_t、INV_t 是内生变量，内生变量个数 $m=3$。GOV_t、NEX_t 是外生变量。CONS_{t-1}、GDP_{t-1} 是内生滞后变量，前定变量个数 $k=4$。这是一个结构模型，含有两个行为方程，即消费方程和投资方程，一个定义方程。a_0、a_1、a_2、b_0、b_1、b_2 为结构式参数。

该联立方程模型中，定义方程是非随机方程式，不需要进行识别和参数估计。消费方程、投资方程是随机方程式，且存在内生变量 GDP_t 作为解释变量，它与随机误差项 u_{1t}、u_{2t} 相关，需要进行识别。因此，不能直接采用 OLS 法估计参数，否则会得到有偏且不一致的估计量。参数矩阵为

$$\begin{bmatrix} \mathrm{CONS}_t & \mathrm{INV}_t & \mathrm{GDP}_t & \mathrm{CONS}_{t-1} & \mathrm{GDP}_{t-1} & \mathrm{GOV}_t & \mathrm{NEX}_t \\ 1 & 0 & -a_1 & -a_2 & 0 & 0 & 0 \\ 0 & 1 & -b_1 & 0 & -b_2 & 0 & 0 \\ -1 & -1 & 1 & 0 & 0 & -1 & -1 \end{bmatrix}$$

首先,分析消费函数的识别状态。因为$m_1+k_1=3<k+1=5$,所以消费函数满足过度识别必要条件,下面考察秩条件。删去矩阵中的第1行和第1、3、4各列,得到子矩阵

$$\begin{bmatrix} \text{CONS}_t & \text{INV}_t & \text{GDP}_t & \text{CONS}_{t-1} & \text{GDP}_{t-1} & \text{GOV}_t & \text{NEX}_t \\ 1 & 0 & -a_1 & -a_2 & 0 & 0 & 0 \\ 0 & 1 & -b_1 & 0 & -b_2 & 0 & 0 \\ -1 & -1 & 1 & 0 & 0 & -1 & -1 \end{bmatrix}$$

$$\Rightarrow \quad \boldsymbol{A}_1=\begin{bmatrix} 1 & -b_2 & 0 & 0 \\ -1 & 0 & -1 & -1 \end{bmatrix}$$

因为$\text{rank}(\boldsymbol{A}_1)=2=m-1$,秩条件成立。结合阶条件可知,消费函数是过度识别的,从而可以采用TSLS法估计参数。

其次,分析投资函数的识别状态。因为$m_2+k_2=3<k+1=5$,所以投资函数满足过度识别阶条件,下面考察秩条件。删去矩阵中的第2行和第2、3、5各列,得到子矩阵

$$\begin{bmatrix} \text{CONS}_t & \text{INV}_t & \text{GDP}_t & \text{CONS}_{t-1} & \text{GDP}_{t-1} & \text{GOV}_t & \text{NEX}_t \\ 1 & 0 & -a_1 & -a_2 & 0 & 0 & 0 \\ 0 & 1 & -b_1 & 0 & -b_2 & 0 & 0 \\ -1 & -1 & 1 & 0 & 0 & -1 & -1 \end{bmatrix}$$

$$\Rightarrow \quad \boldsymbol{A}_2=\begin{bmatrix} 1 & -a_2 & 0 & 0 \\ -1 & 0 & -1 & -1 \end{bmatrix}$$

因为$\text{rank}(\boldsymbol{A}_2)=2=m-1$,秩条件成立。结合阶条件可知,投资函数是过度识别的,从而可以采用TSLS法估计参数。

首先估计消费方程,可以直接使用TSLS命令,即在命令窗口键入命令

TSLS CONS C GDP CONS(−1) @ GDP(−1) CONS(−1) GOV NEX

得到表10.5.1回归结果。

表10.5.1 消费方程回归结果

Dependent Variable: CONS
Method: Two-Stage Least Squares
Date: 09/25/21 Time: 07:12
Sample (adjusted): 1979 2015
Included observations: 37 after adjustments
Instrument specification: GDP(-1) CONS(-1) GOV NEX
Constant added to instrument list

Variable	Coefficient	Std. Error	t-Statistic	Prob.
C	1770.138	410.5768	4.311344	0.0001
GDP	0.146826	0.019143	7.669945	0.0000
CONS(-1)	0.668639	0.058445	11.44050	0.0000

R-squared	0.999453	Mean dependent var	62887.06
Adjusted R-squared	0.999420	S.D. dependent var	74370.42
S.E. of regression	1790.447	Sum squared resid	1.09E+08
F-statistic	31032.76	Durbin-Watson stat	1.246190
Prob(F-statistic)	0.000000	Second-Stage SSR	1.51E+08
J-statistic	19.77535	Instrument rank	5
Prob(J-statistic)	0.000051		

消费方程估计式为

$$\widehat{\text{CONS}}_t = 1\,770.138 + 0.146\,8\text{GDP}_t + 0.668\,6\text{CONS}_{t-1}$$
$$t = (4.311\,3)\qquad (7.669\,9)\qquad\qquad (11.440\,5)$$
$$\bar{R}^2 = 0.999\,4,\quad F = 31\,032.76,\quad \text{DW} = 1.246\,2$$

其次估计投资方程，在命令窗口键入命令

TSLS　INV　C　GDP　GDP(−1)　@　GDP(−1)　CONS(−1)　GOV　NEX
得到表 10.5.2 回归结果。

表 10.5.2　投资方程回归结果

Dependent Variable: INV
Method: Two-Stage Least Squares
Date: 09/25/21 Time: 07:16
Sample (adjusted): 1979 2015
Included observations: 37 after adjustments
Instrument specification: GDP(-1) CONS(-1) GOV NEX
Constant added to instrument list

Variable	Coefficient	Std. Error	t-Statistic	Prob.
C	-4344.089	1295.157	-3.354103	0.0020
GDP	0.430743	0.117351	3.670570	0.0008
GDP(-1)	0.041484	0.129976	0.319168	0.7516

R-squared	0.996441	Mean dependent var	71560.90
Adjusted R-squared	0.996231	S.D. dependent var	95425.34
S.E. of regression	5858.154	Sum squared resid	1.17E+09
F-statistic	4754.211	Durbin-Watson stat	0.387598
Prob(F-statistic)	0.000000	Second-Stage SSR	1.51E+09
J-statistic	30.90403	Instrument rank	5
Prob(J-statistic)	0.000000		

投资方程估计式为

$$\widehat{\text{INV}}_t = -4\,344.089 + 0.430\,7\text{GDP}_t + 0.041\,5\text{GDP}_{t-1}$$
$$t = (-3.354\,1)\qquad (3.670\,6)\qquad\qquad (0.319\,2)$$
$$\bar{R}^2 = 0.996\,2,\quad F = 4\,754.211,\quad \text{DW} = 0.387\,6$$

最后完成估计的联立方程式为

$$\begin{cases}\widehat{\text{CONS}}_t = 1\,770.138 + 0.146\,8\text{GDP}_t + 0.668\,6\text{CONS}_{t-1}\\ \widehat{\text{INV}}_t = -4\,344.089 + 0.430\,7\text{GDP}_t + 0.041\,5\text{GDP}_{t-1}\\ \text{GDP}_t = \text{CONS}_t + \text{INV}_t + \text{GOV}_t + \text{NEX}_t\end{cases}$$

借助 EViews 11.0 中的 System 命令，可以直接对上述消费方程、投资方程进行 TSLS 估计。具体步骤如下。

1. 创建系统

在主菜单上点击 Objects\New Object，并在弹出的对象列表框中选择 System；然后在打开的系统窗口输入结构式模型的随机方程

```
CONS=C(1)+C(2)*GDP+C(3)*CONS(-1)
INV=C(4)+C(5)*GDP+C(6)*GDP(-1)
INST　CONS(-1)　GDP(-1)　GOV　NEX
```

其中 INST 是 instrument 的缩写,表示工具变量。

2. 估计模型

(1) 二阶段最小二乘法。在系统窗口点击 Estimate 按钮,弹出估计方法选择窗口,选择 TSLS 方法后,点击 OK 键,得到表 10.5.3 估计结果。

表 10.5.3 TSLS 估计结果

System: CHINAMODEL2
Estimation Method: Two-Stage Least Squares
Date: 09/14/21 Time: 20:37
Sample: 1979 2015
Included observations: 37
Total system (balanced) observations 74

	Coefficient	Std. Error	t-Statistic	Prob.
C(1)	1770.138	410.5768	4.311344	0.0001
C(2)	0.146826	0.019143	7.669945	0.0000
C(3)	0.668639	0.058445	11.44050	0.0000
C(4)	-4344.089	1295.157	-3.354103	0.0013
C(5)	0.430743	0.117351	3.670570	0.0005
C(6)	0.041484	0.129976	0.319168	0.7506

Determinant residual covariance 8.66E+13

Equation: CONS=C(1)+C(2)*GDP+C(3)*CONS(-1)
Instruments: CONS(-1) GDP(-1) GOV NEX C
Observations: 37

R-squared	0.999453	Mean dependent var	62887.06
Adjusted R-squared	0.999420	S.D. dependent var	74370.42
S.E. of regression	1790.447	Sum squared resid	1.09E+08
Durbin-Watson stat	1.246190		

Equation: INV=C(4)+C(5)*GDP+C(6)*GDP(-1)
Instruments: CONS(-1) GDP(-1) GOV NEX C
Observations: 37

R-squared	0.996441	Mean dependent var	71560.91
Adjusted R-squared	0.996231	S.D. dependent var	95425.34
S.E. of regression	5858.154	Sum squared resid	1.17E+09
Durbin-Watson stat	0.387598		

得到消费方程、投资方程估计式,最后完成估计的联立方程式为

$$\begin{cases} \widehat{\text{CONS}}_t = 1\,770.138 + 0.146\,8\text{GDP}_t + 0.668\,6\text{CONS}_{t-1} \\ \qquad t = (4.311\,3) \qquad (7.669\,9) \qquad (11.440\,5) \\ \widehat{\text{INV}}_t = -4\,344.089 + 0.430\,7\text{GDP}_t + 0.041\,5\text{GDP}_{t-1} \\ \qquad t = (-3.354\,1) \qquad (3.670\,6) \qquad (0.319\,2) \\ \text{GDP}_t = \text{CONS}_t + \text{INV}_t + \text{GOV}_t + \text{NEX}_t \end{cases}$$

(2) 三阶段最小二乘法。在系统窗口点击 Estimate 按钮,弹出估计方法选择窗口,选择 3SLS 方法后,点击 OK 键,得到表 10.5.4 估计结果。

得消费方程、投资方程估计式,最后完成估计的联立方程式为

$$\begin{cases} \widehat{\text{CONS}}_t = 1\,894.521 + 0.161\,8\text{GDP}_t + 0.622\,8\text{CONS}_{t-1} \\ \qquad t = (4.825\,3) \qquad (8.962\,8) \qquad (11.301\,4) \\ \widehat{\text{INV}}_t = -4\,539.418 + 0.491\,5\text{GDP}_t - 0.025\,9\text{GDP}_{t-1} \\ \qquad t = (-3.661\,3) \qquad (4.441\,9) \qquad (-0.211\,2) \\ \text{GDP}_t = \text{CONS}_t + \text{INV}_t + \text{GOV}_t + \text{NEX}_t \end{cases}$$

表 10.5.4　3SLS 回归结果

System: CHINAMODEL2
Estimation Method: Three-Stage Least Squares
Date: 09/14/21 Time: 20:40
Sample: 1979 2015
Included observations: 37
Total system (balanced) observations 74
Linear estimation after one-step weighting matrix

	Coefficient	Std. Error	t-Statistic	Prob.
C(1)	1894.521	392.6251	4.825267	0.0000
C(2)	0.161796	0.018052	8.962846	0.0000
C(3)	0.622800	0.055108	11.30143	0.0000
C(4)	-4539.418	1239.832	-3.661317	0.0005
C(5)	0.491511	0.110654	4.441889	0.0000
C(6)	-0.025878	0.122555	-0.211153	0.8334

Determinant residual covariance　7.70E+13

Equation: CONS=C(1)+C(2)*GDP+C(3)*CONS(-1)
Instruments: CONS(-1) GDP(-1) GOV NEX C
Observations: 37

R-squared	0.999455	Mean dependent var	62887.06
Adjusted R-squared	0.999423	S.D. dependent var	74370.42
S.E. of regression	1786.469	Sum squared resid	1.09E+08
Durbin-Watson stat	1.105600		

Equation: INV=C(4)+C(5)*GDP+C(6)*GDP(-1)
Instruments: CONS(-1) GDP(-1) GOV NEX C
Observations: 37

R-squared	0.996490	Mean dependent var	71560.91
Adjusted R-squared	0.996283	S.D. dependent var	95425.34
S.E. of regression	5817.601	Sum squared resid	1.15E+09

比较二阶段最小二乘法与三阶段最小二乘法估计结果可知，用后一种方法比较适宜。

10.5.2　案例 2：克莱因战争间模型

1. 克莱因战争间模型的理论基础

克莱因(L. Klein)战争间模型于 1950 年建立，是旨在分析美国在两次世界大战之间的经济发展状况的小型宏观计量经济模型，它是以凯恩斯的有效需求理论为基础，经过简单扩充建立的宏观经济模型。模型虽小，却很好地分析了美国在两次世界大战之间的经济发展情况，并用于研究美国经济萧条时期所执行的政策效果。

根据宏观经济运行机制，我们可以知道，在一个封闭的经济社会里，总需求包括消费需求、投资需求和政府需求。由总需求决定总收入的原理，在未考虑进出口情况下，可以得到如下平衡方程：

$$Y_t = C_t + I_t + G_t \tag{10.5.1}$$

式中，Y 为国民收入，C 为消费，I 为投资，G 为政府支出。在式(10.5.1)的各项中，我们根据消费函数和投资函数模型可以得到如下方程：

$$C_t = a_0 + a_1 Y_t + a_2 C_{t-1} + u_{1t} \tag{10.5.2}$$

$$I_t = b_0 + b_1 Y_{t-1} + b_2 r_t + u_{2t} \tag{10.5.3}$$

式中，C_{t-1}、Y_{t-1} 为 $t-1$ 年的消费和国民收入，r_t 为利率。

方程式(10.5.1)右边第三项政府支出一般不用方程描述,因为政府支出的决定与经济现状关系较小。因此,一般将政府支出作为外生变量处理。这样,将上面三个方程联立,就得到结构式模型

$$\begin{cases} C_t = a_0 + a_1 Y_t + a_2 C_{t-1} + u_{1t} \\ I_t = b_0 + b_1 Y_{t-1} + b_2 r_t + u_{2t} \\ Y_t = C_t + I_t + G_t \end{cases}$$

这个简单的宏观经济模型,是大多数西方国家计量经济模型的原型。当今西方国家的宏观经济模型,即使是成百上千个方程的模型,都是以此模型为原型进行扩充。克莱因于1950年为了分析美国第一次世界大战到第二次世界大战之间(1921—1941年)的经济发展状况,对原模型作了简单扩充,即引入了工资、利润和税收,把原模型中的政府支出再划分为政府工资支出和非工资支出,按照利润定义设定了利润方程,按照私人企业的经济机能扩充设定工资方程,建立了美国两次世界大战间的经济发展模型,称为"克莱因战争间模型"。模型虽然小,但在宏观计量经济模型的发展史上占有重要的地位。以后的美国计量经济模型多数是在此模型的基础上扩充、改进和发展起来的,已成为介绍宏观经济计量模型的一个范例。以至于萨缪尔森认为,"美国的许多宏观计量经济模型,深究其中,发现都有一个小克莱因战争间模型"。所以克莱因战争间模型在宏观计量经济模型的发展中占有重要位置,分析该模型对于了解西方宏观计量经济模型会有很多帮助。为此,本节选择克莱因战争间模型作为第二个案例进行讨论。

2. 模型的构成

克莱因战争间模型包括3个随机方程、3个恒等式,共有6个方程。

(1) 消费函数:$CS_t = \alpha_0 + \alpha_1 P_t + \alpha_2 P_{t-1} + \alpha_3 (W_{1t} + W_{2t}) + u_{1t}$

(2) 投资函数:$I_t = \beta_0 + \beta_1 P_t + \beta_2 P_{t-1} + \beta_3 K_{t-1} + u_{2t}$

(3) 工资函数:$W_{1t} = \gamma_0 + \gamma_1 (Y_t + T_t - W_{2t}) + \gamma_2 (Y_{t-1} + T_{t-1} - W_{2t-1}) + \gamma_3 t + u_{3t}$

(4) 国民收入:$Y_t = CS_t + I_t + G_t - T_t$

(5) 利润: $P_t = Y_t - W_{1t} - W_{2t}$

(6) 资本存量:$K_t = I_t + K_{t-1}$

式中CS_t为私人消费,I_t为净投资,W_{1t}为私人部门工资,Y_t为国民收入(税后),P_t为利润,K_t为资本存量,T_t为税收,W_{2t}为公共部门工资,G_t为政府非工资支出,t为时间(1920年取0,1921年取1,…,1941年取21,即$t=0,1,2,\cdots,21$),代表技术进步。

模型的经济含义:消费主要决定于当期收入,同时也受当期利润和前期利润影响,消费函数是描述消费者消费行为的行为方程。投资函数是根据投资加速原理设定的,投资额与企业的经营状况和资本存量有关系,净投资由当期利润、前期利润及前期资本存量来解释。这里没有用产出增长作解释变量,是因为20世纪30年代美国的投资行为主要由资金决定,或者说在投资行为上还是供给导向。工资函数用私人工资额作为就业指标,这里假设企业的工资额主要由当期、前期的总的私人产出决定,由生产规模决定就业,并且假设企业的工资和就业人数是每年按一定比例递增的,因此与时间t有关。方程(4)为定义方程,而方程(5)和方程(6)为平衡方程,其含义是明确的。由此可见,克莱因模型是一个收入决定模型。

根据总需求决定均衡国民收入的原理，该模型是需求导向型模型。

3. 模型的识别

从单个变量来看，内生变量有 6 个，分别是 CS_t、I_t、W_{1t}、Y_t、P_t、K_t；4 个外生变量 G_t、W_{2t}、T_t、t；5 个滞后变量 Y_{t-1}、P_{t-1}、K_{t-1}、T_{t-1}、W_{2t-1}。模型中共有 9 个前定变量，$k=9$。

下面验证，上述模型中三个随机方程都是过度识别的。

(1) 分析消费函数的识别状态。因为 $m_1+k_1=5<k+1=10$，所以消费函数满足过度识别必要条件。对于消费函数，其中未包含的变量在其他方程中对应系数所组成的矩阵为

$$\begin{array}{cccccccccc} I_t & Y_t & K_t & K_{t-1} & W_{2t-1} & G_t & T_t & T_{t-1} & Y_{t-1} & t \end{array}$$

$$\boldsymbol{A}_1=\begin{pmatrix} 1 & 0 & 0 & -\beta_3 & 0 & 0 & 0 & 0 & 0 & 0 \\ 0 & -\gamma_1 & 0 & 0 & \gamma_2 & 0 & -\gamma_1 & -\gamma_2 & -\gamma_2 & -\gamma_3 \\ -1 & 1 & 0 & 0 & 0 & -1 & 1 & 0 & 0 & 0 \\ 0 & -1 & 0 & 0 & 0 & 0 & 0 & 0 & 0 & 0 \\ -1 & 0 & 1 & -1 & 0 & 0 & 0 & 0 & 0 & 0 \end{pmatrix}$$

因为 $\mathrm{rank}(\boldsymbol{A}_1)=5=m-1$，秩条件成立。结合阶条件可知，消费函数是过度识别的。

(2) 分析投资函数的识别状态。因为 $m_2+k_2=4<k+1=10$，所以投资函数满足过度识别必要条件。对于投资函数，其中未包含的变量在其他方程中对应系数所组成的矩阵为

$$\begin{array}{ccccccccccc} CS_t & W_{1t} & Y_t & K_t & W_{2t-1} & W_{2t} & G_t & T_t & T_{t-1} & Y_{t-1} & t \end{array}$$

$$\boldsymbol{A}_2=\begin{pmatrix} 1 & -\alpha_3 & 0 & 0 & 0 & -\alpha_3 & 0 & 0 & 0 & 0 & 0 \\ 0 & 1 & -\gamma_1 & 0 & \gamma_2 & \gamma_1 & 0 & -\gamma_1 & -\gamma_2 & -\gamma_2 & -\gamma_3 \\ -1 & 0 & 1 & 0 & 0 & 0 & -1 & 1 & 0 & 0 & 0 \\ 0 & 1 & -1 & 0 & 0 & 1 & 0 & 0 & 0 & 0 & 0 \\ 0 & 0 & 0 & 1 & 0 & 0 & 0 & 0 & 0 & 0 & 0 \end{pmatrix}$$

因为 $\mathrm{rank}(\boldsymbol{A}_2)=5=m-1$，秩条件成立。结合阶条件，投资函数是过度识别的。

(3) 分析工资函数的识别状态。因为 $m_3+k_3=8<k+1=10$，所以工资函数满足过度识别必要条件。对于工资函数，其中未包含的变量在其他方程中对应系数所组成的矩阵为

$$\begin{array}{ccccccc} CS_t & I_t & P_t & K_t & P_{t-1} & K_{t-1} & G_t \end{array}$$

$$\boldsymbol{A}_3=\begin{pmatrix} 1 & 0 & -\alpha_1 & 0 & -\alpha_2 & 0 & 0 \\ 0 & 1 & -\beta_1 & 0 & -\beta_2 & -\beta_3 & 0 \\ -1 & -1 & 0 & 0 & 0 & 0 & -1 \\ 0 & 0 & 1 & 0 & 0 & 0 & 0 \\ 0 & -1 & 0 & 1 & 0 & -1 & 0 \end{pmatrix}$$

因为 $\mathrm{rank}(\boldsymbol{A}_3)=5=m-1$，秩条件成立。结合阶条件可知，工资函数是过度识别的。

其他三个方程是恒等方程，不需要识别，整个联立方程模型是可以识别的，且为过度识别。

4. 模型的估计

美国1920—1941年的统计资料如表10.5.5所示。由于模型过度识别，所以可以用二阶段最小二乘法(TSLS)、三阶段最小二乘法(3SLS)等方法对模型参数进行估计。

表10.5.5　美国1920—1941年的统计数据(1934年价格)　　单位：10亿美元

年份 t	消费 CS_t	利润 P_t	私人工资 W_{1t}	投资 I_t	资本存量 K_t	收入 Y_t	政府工资 W_{2t}	政府支出 G_t	税收 T_t
1920	39.8	12.7	28.8	2.7	182.8	41.5	2.2	2.4	3.4
1921	41.9	12.4	25.5	−0.2	182.6	37.9	2.7	3.9	7.7
1922	45.0	16.9	29.3	1.9	184.5	46.2	2.9	3.2	3.9
1923	49.2	18.4	34.1	5.2	189.7	52.5	2.9	2.8	4.7
1924	50.6	19.4	33.9	3.0	192.7	53.3	3.1	3.5	3.8
1925	52.6	20.1	35.4	5.1	197.8	55.5	3.2	3.3	5.5
1926	55.1	19.6	37.4	5.6	203.4	57.0	3.3	3.3	7.0
1927	56.2	19.8	37.9	4.2	207.6	57.7	3.6	4.0	6.7
1928	57.3	21.1	39.2	3.0	210.6	60.3	3.7	4.2	4.2
1929	57.8	21.7	41.3	5.1	215.7	63.0	4.0	4.1	4.0
1930	55.0	15.6	37.9	1.0	216.7	53.5	4.2	5.2	7.7
1931	50.9	11.4	34.5	−3.4	213.3	45.9	4.8	5.9	7.5
1932	45.6	7.0	29.0	−6.2	207.1	36.0	5.3	4.9	8.3
1933	46.5	11.2	28.5	−5.1	202.0	39.7	5.6	3.7	5.4
1934	48.7	12.3	30.6	−3.0	199.0	42.9	6.0	4.0	6.8
1935	51.3	14.0	33.2	−1.3	197.7	47.2	6.1	4.4	7.2
1936	57.7	17.6	36.8	2.1	199.8	54.4	7.4	2.9	8.3
1937	58.7	17.3	41.0	2.0	201.8	58.3	6.7	4.3	6.7
1938	57.5	15.3	38.2	−1.9	199.9	53.5	7.7	5.3	7.4
1939	61.6	19.0	41.6	1.3	201.2	60.6	7.8	6.6	8.9
1940	65.0	21.1	45.0	3.3	204.5	66.1	8.0	7.4	9.6
1941	69.7	23.5	53.3	4.9	209.4	76.8	8.5	13.8	11.6

(1) 用TSLS法估计消费、投资与工资方程。借助于EViews 11.0软件对模型进行估计。进入EViews 11.0主窗口，建立工作文件，输入数据。

① 估计消费函数。在命令窗口输入命令

TSLS　CS　C　P　P(−1)　W1+W2　@　G　W2　T　@TREND(1920)　Y(−1)　P(−1)　K(−1)　T(−1)　W2(−1)

得到消费函数估计结果，如表10.5.6所示。

表 10.5.6 消费函数回归结果

Dependent Variable: CS
Method: Two-Stage Least Squares
Date: 09/14/21 Time: 20:42
Sample (adjusted): 1921 1941
Included observations: 21 after adjustments
Instrument specification: G W2 T @TREND(1920) Y(-1) P(-1) K(-1) T(-1) W2(-1)
Constant added to instrument list

Variable	Coefficient	Std. Error	t-Statistic	Prob.
C	16.47689	1.389753	11.85599	0.0000
P	0.067962	0.116003	0.585866	0.5657
P(-1)	0.180427	0.107643	1.676170	0.1120
W1+W2	0.805568	0.042473	18.96648	0.0000

R-squared	0.978823	Mean dependent var	53.99524
Adjusted R-squared	0.975086	S.D. dependent var	6.860866
S.E. of regression	1.082941	Sum squared resid	19.93695
F-statistic	251.8127	Durbin-Watson stat	1.462425
Prob(F-statistic)	0.000000	Second-Stage SSR	55.48084
J-statistic	9.707098	Instrument rank	10
Prob(J-statistic)	0.137541		

消费函数估计式为

$$\widehat{CS}_t = 16.4769 + 0.0680P_t + 0.1804P_{t-1} + 0.8056(W_{1t} + W_{2t})$$

$$t = (11.8560) \quad (0.5859) \quad (1.6762) \quad (18.9665)$$

$$\bar{R}^2 = 0.9751, \quad F = 251.8127, \quad DW = 1.4624$$

② 估计投资函数。在命令窗口输入命令

TSLS I C P P(−1) K(−1) @ G W2 T @TREND(1920) Y(−1) P(−1) K(−1) T(−1) W2(−1)

得到投资函数估计结果,如表 10.5.7 所示。

表 10.5.7 投资函数回归结果

Dependent Variable: I
Method: Two-Stage Least Squares
Date: 09/14/21 Time: 20:43
Sample (adjusted): 1921 1941
Included observations: 21 after adjustments
Instrument specification: G W2 T @TREND(1920) Y(-1) P(-1) K(-1) T(-1) W2(-1)
Constant added to instrument list

Variable	Coefficient	Std. Error	t-Statistic	Prob.
C	15.31053	6.583841	2.325471	0.0327
P	0.311407	0.140467	2.216946	0.0405
P(-1)	0.477516	0.135414	3.526338	0.0026
K(-1)	-0.135283	0.031761	-4.259348	0.0005

R-squared	0.919230	Mean dependent var	1.266667
Adjusted R-squared	0.904977	S.D. dependent var	3.551948
S.E. of regression	1.094919	Sum squared resid	20.38042
F-statistic	60.06897	Durbin-Watson stat	2.037712
Prob(F-statistic)	0.000000	Second-Stage SSR	36.28595
J-statistic	7.991890	Instrument rank	10
Prob(J-statistic)	0.238698		

投资函数估计式为

$$\hat{I}_t = 15.3105 + 0.3114P_t + 0.4775P_{t-1} - 0.1353K_{t-1}$$
$$t = (2.3255) \quad (2.2169) \quad (3.5263) \quad (-4.2593)$$
$$\bar{R}^2 = 0.9050, \quad F = 60.0690, \quad DW = 2.0377$$

③ 估计工资函数。在命令窗口输入命令

TSLS W1 C Y+T−W2 Y(−1)+T(−1)−W2(−1) @TREND(1920) @ G W2 T @TREND(1920) Y(−1) P(−1) K(−1) T(−1) W2(−1)

得到工资函数估计结果,如表10.5.8所示。

表10.5.8 工资函数回归结果

Dependent Variable: W1
Method: Two-Stage Least Squares
Date: 09/14/21 Time: 20:44
Sample (adjusted): 1921 1941
Included observations: 21 after adjustments
Instrument specification: G W2 T @TREND(1920) Y(-1) P(-1) K(-1) T(-1) W2(-1)
Constant added to instrument list

Variable	Coefficient	Std. Error	t-Statistic	Prob.
C	1.439332	1.034830	1.390888	0.1822
Y+T-W2	0.472924	0.034099	13.86916	0.0000
Y(-1)+T(-1)-W2(-1)	0.104905	0.037467	2.799936	0.0123
@TREND(1920)	0.305779	0.027705	11.03708	0.0000

R-squared	0.989063	Mean dependent var	36.36190
Adjusted R-squared	0.987133	S.D. dependent var	6.304401
S.E. of regression	0.715118	Sum squared resid	8.693702
F-statistic	497.2571	Durbin-Watson stat	1.769769
Prob(F-statistic)	0.000000	Second-Stage SSR	32.02621
J-statistic	11.69166	Instrument rank	10
Prob(J-statistic)	0.069212		

工资函数估计式为

$$\hat{W}_{1t} = 1.4393 + 0.4729(Y_t + T_t - W_{2t}) + 0.1049(Y_{t-1} + T_{t-1} - W_{2t-1}) + 0.3058t$$
$$t = \quad (1.3909)\ (13.8692) \qquad (2.7999) \qquad (11.0371)$$
$$\bar{R}^2 = 0.9871, \quad F = 497.2571, \quad DW = 1.7698$$

可以看出,所有参数的估计量均能通过经济含义的检验。

借助于EViews中的System命令,可以直接对上述消费、投资、工资函数进行TSLS估计。其步骤如下:

首先,创建系统。在主菜单上点击Objects\New Object,并在弹出的对象列表框中选择System;然后在打开的系统窗口输入结构式模型的随机方程

CS=C(1)+C(2)*P+C(3)*P(−1)+C(4)*(W1+W2)

I=C(5)+C(6)*P+C(7)*P(−1)+C(8)*K(−1)

W1=C(9)+C(10)*(Y+T−W2)+C(11)*(Y(−1)+T(−1)−W2(−1))+C(12)*@TREND(1920)

INST G W2 T @TREND(1920) Y(−1) P(−1) K(−1) T(−1) W2(−1)

其次,估计模型。在系统窗口点击Estimate按钮,弹出估计方法选择窗口,选择TSLS

方法后，点击 OK，则可以得到以上相同的回归结果（见表 10.5.9）。

表 10.5.9　TSLS 估计结果

System: KLEIN
Estimation Method: Two-Stage Least Squares
Date: 09/14/21 Time: 20:47
Sample: 1921 1941
Included observations: 21
Total system (balanced) observations 63

	Coefficient	Std. Error	t-Statistic	Prob.
C(1)	16.47689	1.389753	11.85599	0.0000
C(2)	0.067962	0.116003	0.585866	0.5605
C(3)	0.180427	0.107643	1.676170	0.0998
C(4)	0.805568	0.042473	18.96648	0.0000
C(5)	15.31053	6.583841	2.325471	0.0241
C(6)	0.311407	0.140467	2.216946	0.0311
C(7)	0.477516	0.135414	3.526338	0.0009
C(8)	-0.135283	0.031761	-4.259348	0.0001
C(9)	1.439332	1.034830	1.390888	0.1703
C(10)	0.472924	0.034099	13.86916	0.0000
C(11)	0.104905	0.037467	2.799936	0.0072
C(12)	0.305779	0.027705	11.03708	0.0000

Determinant residual covariance　0.185837

Equation: CS=C(1)+C(2)*P+C(3)*P(-1)+C(4)*(W1+W2)
Instruments: G W2 T @TREND(1920) Y(-1) P(-1) K(-1) T(-1) W2(-1) C
Observations: 21

R-squared	0.978823	Mean dependent var	53.99524
Adjusted R-squared	0.975085	S.D. dependent var	6.860866
S.E. of regression	1.082941	Sum squared resid	19.93694
Durbin-Watson stat	1.462425		

Equation: I=C(5)+C(6)*P+C(7)*P(-1)+C(8)*K(-1)
Instruments: G W2 T @TREND(1920) Y(-1) P(-1) K(-1) T(-1) W2(-1) C
Observations: 21

R-squared	0.919230	Mean dependent var	1.266667
Adjusted R-squared	0.904976	S.D. dependent var	3.551948
S.E. of regression	1.094919	Sum squared resid	20.38042
Durbin-Watson stat	2.037712		

Equation: W1=C(9)+C(10)*(Y+T-W2)+C(11)*(Y(-1)+T(-1)-W2(-1))
　+C(12)*@TREND(1920)
Instruments: G W2 T @TREND(1920) Y(-1) P(-1) K(-1) T(-1) W2(-1) C
Observations: 21

R-squared	0.989063	Mean dependent var	36.36190
Adjusted R-squared	0.987133	S.D. dependent var	6.304401
S.E. of regression	0.715118	Sum squared resid	8.693702
Durbin-Watson stat	1.769769		

（2）用 3SLS 法估计消费、投资与工资函数。在系统窗口点击 Estimate 按钮，弹出估计方法选择窗口，选择 3SLS 方法后，点击 OK，得到表 10.5.10 估计结果。

5. 模型分析

利用 TSLS 估计结果，得到消费、投资、工资函数估计结果如下：

$$\begin{cases}\widehat{CS}_t = 16.4769 + 0.0680P_t + 0.1804P_{t-1} + 0.8056(W_{1t} + W_{2t}) \\ \hat{I}_t = 15.3105 + 0.3114P_t + 0.4775P_{t-1} - 0.1353K_{t-1} \\ \hat{W}_{1t} = 1.4393 + 0.4729(Y_t + T_t - W_{2t}) + 0.1049(Y_{t-1} + T_{t-1} - W_{2t-1}) + 0.3058t\end{cases}$$

模型的边际分析（以 TSLS 估计结果为例）：从消费函数估计式可以看出，个人消费支出随着工资收入和企业利润的提高而增加，工资收入的边际消费倾向是 0.805 6，说明工资

表 10.5.10 3SLS 估计结果

System: KLEIN
Estimation Method: Three-Stage Least Squares
Date: 09/14/21 Time: 20:49
Sample: 1921 1941
Included observations: 21
Total system (balanced) observations 63
Linear estimation after one-step weighting matrix

	Coefficient	Std. Error	t-Statistic	Prob.
C(1)	16.11143	1.241626	12.97607	0.0000
C(2)	0.160432	0.093134	1.722582	0.0910
C(3)	0.115653	0.088126	1.312352	0.1953
C(4)	0.802298	0.036822	21.78850	0.0000
C(5)	18.21108	5.742873	3.171075	0.0026
C(6)	0.265352	0.124643	2.128899	0.0381
C(7)	0.519407	0.120242	4.319698	0.0001
C(8)	-0.149292	0.027683	-5.392854	0.0000
C(9)	1.398737	0.913612	1.530997	0.1320
C(10)	0.435281	0.027562	15.79305	0.0000
C(11)	0.140308	0.029830	4.703676	0.0000
C(12)	0.326355	0.023997	13.59965	0.0000

Determinant residual covariance 0.146339

Equation: CS=C(1)+C(2)*P+C(3)*P(-1)+C(4)*(W1+W2)
Instruments: G W2 T @TREND(1920) Y(-1) P(-1) K(-1) T(-1) W2(-1) C
Observations: 21

R-squared	0.980852	Mean dependent var	53.99524
Adjusted R-squared	0.977473	S.D. dependent var	6.860866
S.E. of regression	1.029736	Sum squared resid	18.02606
Durbin-Watson stat	1.413311		

Equation: I=C(5)+C(6)*P+C(7)*P(-1)+C(8)*K(-1)
Instruments: G W2 T @TREND(1920) Y(-1) P(-1) K(-1) T(-1) W2(-1) C
Observations: 21

R-squared	0.911249	Mean dependent var	1.266667
Adjusted R-squared	0.895587	S.D. dependent var	3.551948
S.E. of regression	1.147739	Sum squared resid	22.39420
Durbin-Watson stat	2.037598		

Equation: W1=C(9)+C(10)*(Y+T-W2)+C(11)*(Y(-1)+T(-1)-W2(-1))
+C(12)*@TREND(1920)
Instruments: G W2 T @TREND(1920) Y(-1) P(-1) K(-1) T(-1) W2(-1) C
Observations: 21

R-squared	0.988555	Mean dependent var	36.36190
Adjusted R-squared	0.986535	S.D. dependent var	6.304401
S.E. of regression	0.731557	Sum squared resid	9.097998
Durbin-Watson stat	2.006362		

每提高1美元,平均来说,消费支出将增加0.805 6美元,现期利润的边际消费倾向是0.068,而前期利润的边际消费倾向是0.180 4,说明前期的企业利润对现期消费支出的影响大于现期企业利润对消费支出的影响。这是因为企业的利润实现以后,将部分利润转化为工资收入和股息收入,然后才能进入消费,这个过程需要一定的时间才能实现。从消费函数可以明显看出,现期工资收入是影响消费的一个决定性因素。以同样的方式,也可以对投资函数和工资函数进行分析。

即测即练 10.1　　即测即练 10.2　　即测即练 10.3

习　　题

(1) 联立方程模型中的变量可以分为几类？其含义各是什么？

(2) 联立方程模型可以分为几类？其含义各是什么？

(3) 结构式方程可识别的等价定义是什么？

(4) 简述结构式方程识别的阶条件和秩条件的步骤。

(5) 联立方程模型单方程估计有哪些主要方法？其适用条件是什么？

(6) 联立方程模型中结构式方程的结构参数为什么不能直接应用 OLS 估计？

(7) 试说明间接最小二乘法、工具变量法与二阶段最小二乘法的原理及步骤，并比较三者之间的关系。

(8) 设有一宏观计量经济模型的结构式方程如下：

消费函数：　　$C_t = a_0 + a_1 Y_t + a_2 C_{t-1} + u_{1t}$

投资函数：　　$I_t = b_0 + b_1 Y_{t-1} + u_{2t}$

恒等式：　　$Y_t = C_t + I_t + G_t$

其中，C 为消费，I 为投资，Y 为收入，G 为政府支出，u_1，u_2 均为随机误差项。

请回答以下问题：

① 指出模型中的内生变量、外生变量和前定变量；

② 导出模型的简化式；

③ 用阶条件和秩条件判别该联立方程模型的识别性；

④ 分别提出可识别的结构式方程的恰当的估计方法。

(9) 设有联立方程模型：

消费函数：　　$C_t = a_0 + a_1 Y_t + u_{1t}$

投资函数：　　$I_t = b_0 + b_1 Y_t + b_2 Y_{t-1} + u_{2t}$

恒等式：　　$Y_t = C_t + I_t + G_t$

其中，C 为消费，I 为投资，Y 为收入，G 为政府支出，u_1，u_2 均为随机误差项。请回答以下问题：

① 指出模型中的内生变量、外生变量和前定变量；

② 用阶条件和秩条件判别该联立方程模型的识别性；

③ 分别提出可识别的结构式方程的恰当的估计方法。

(10) 考察凯恩斯宏观经济模型：

消费函数：　　$C_t = a_0 + a_1 Y_t - a_2 T_t + u_{1t}$

投资函数：　　$I_t = b_0 + b_1 Y_{t-1} + u_{2t}$

税收函数：　　$T_t = \gamma_0 + \gamma_1 Y_t + u_{3t}$

恒等式：　　$Y_t = C_t + I_t + G_t$

其中，C 为消费，I 为投资，T 为税收，Y 为国民收入，G 为政府支出。请判别方程组中每个方程的可识别性和整个模型的可识别性。

(11) 表 1 是我国 1978—2015 年按支出法核算的国内生产总值(GDP)、货币供给量(M_2)、政府消费支出(G)和资本形成总额(I)的统计资料，试用表中数据建立我国的收入—货币供给模型：

$$\mathrm{GDP}_t = a_0 + a_1 M_{2t} + a_2 I_t + a_3 G_t + u_{1t}$$

$$M_{2t} = b_0 + b_1 \mathrm{GDP}_t + b_2 M_{2t-1} + u_{2t}$$

① 判别模型的识别状态;

② 分别使用 OLS、TSLS 和 3SLS 方法估计模型,并比较三种方法的结果。

表 1　我国 1978—2015 年部分宏观经济数据　　单位:亿元

年份	GDP	CS	G	I	M_2	P
1978	3 634.1	1 759.1	473.8	1 412.7	1 159.1	101.33
1979	4 078.2	2 014.0	564.3	1 519.9	1 458.1	104.98
1980	4 575.3	2 336.9	630.0	1 623.1	1 842.9	108.95
1981	4 957.3	2 627.5	649.8	1 662.8	2 234.5	111.53
1982	5 426.3	2 867.1	708.5	1 759.6	2 589.8	111.39
1983	6 078.7	3 220.9	838.6	1 968.3	3 075.0	112.65
1984	7 345.9	3 689.6	1 094.9	2 560.2	4 146.3	118.21
1985	9 180.5	4 627.4	1 290.5	3 629.6	5 198.9	130.31
1986	10 473.7	5 293.5	1 433.5	4 001.9	6 720.9	136.46
1987	12 294.2	6 047.6	1 591.1	4 644.7	8 330.9	143.34
1988	15 332.2	7 532.1	1 890.9	6 060.3	10 099.8	160.73
1989	17 359.6	8 778.0	2 255.4	6 511.9	11 949.6	174.57
1990	19 067.0	9 435.0	2 566.4	6 555.3	15 293.40	184.57
1991	22 124.2	10 544.5	3 069.7	7 892.5	19 349.90	196.90
1992	27 334.2	12 312.2	3 912.9	10 833.6	25 402.20	213.07
1993	35 900.1	15 696.2	5 100.5	15 782.9	34 879.80	233.88
1994	48 822.7	21 446.1	6 826.2	19 916.3	46 923.50	282.19
1995	61 539.1	28 072.9	8 125.1	24 342.5	60 750.50	320.62
1996	72 102.5	33 660.3	9 426.4	27 556.6	76 094.90	341.55
1997	80 024.8	36 626.3	10 882.3	28 966.2	90 995.30	347.19
1998	85 486.3	38 821.8	12 638.6	30 396.6	104 498.50	344.21
1999	90 823.8	41 914.9	14 706.7	31 665.6	119 897.90	339.95
2000	100 576.8	46 987.8	16 679.9	34 526.1	134 610.30	346.93
2001	111 250.2	50 708.8	17 837.9	40 378.9	158 301.90	354.15
2002	122 292.2	55 076.4	18 991.8	45 129.8	185 007.00	356.39
2003	138 314.7	59 343.8	20 169.3	55 836.7	221 222.80	362.50
2004	162 742.1	66 587.0	22 499.1	69 420.5	254 107.00	387.75
2005	189 190.4	75 232.4	26 215.4	77 533.6	298 755.70	402.87
2006	221 206.5	84 119.1	30 609.5	89 823.4	345 577.90	418.77
2007	271 699.3	99 793.3	36 436.2	112 046.8	403 442.20	451.58
2008	319 935.9	115 338.3	42 128.0	138 242.8	475 166.60	486.72
2009	349 883.3	126 660.9	46 067.4	162 117.9	610 224.50	486.07
2010	410 708.3	146 057.6	52 940.5	196 653.1	725 851.80	519.99
2011	486 037.8	176 532.0	64 490.1	233 327.2	851 590.90	562.57
2012	540 988.9	198 536.8	72 576.1	255 240.0	974 148.80	575.80
2013	596 962.9	219 762.5	80 575.3	282 073.0	1 106 524.98	588.38
2014	647 181.7	242 539.7	85 772.9	302 717.5	1 228 374.81	593.24
2015	699 109.4	265 980.1	96 286.4	312 835.7	1 392 278.11	593.80

(12) 下列为一完备的联立方程模型：

$$\mathrm{GDP}_t = a_0 + a_1 M_{2t} + a_2 \mathrm{CS}_t + a_3 \mathrm{I}_t + u_{1t}$$

$$M_{2t} = b_0 + b_1 \mathrm{GDP}_t + b_2 P_t + u_{2t}$$

其中，CS 为居民消费、P 为物价总水平(GDP 平减指数，1977＝100)，其余变量符号同上题。

① 指出模型中的内生变量、外生变量和前定变量；

② 写出简化式模型，并导出结构式参数与简化式参数之间的关系；

③ 判别模型的识别状态；

④ 指出 ILS、IV、TSLS 中哪些可用于原模型第 1、2 个方程的参数估计；

⑤ 根据表 1 所示的 1978—2015 年中国宏观经济数据，估计上述联立方程模型。要求恰好识别的方程按 ILS、TSLS 和 3SLS 法估计，并就三种估计方法的结果进行比较。

第 11 章

面板数据模型

本章学习的目的

(1)掌握面板数据的含义以及面板数据模型的基本类型；(2)掌握面板数据模型形式及检验方法；(3)掌握变截距面板数据模型和变系数面板数据模型的估计方法；(4)掌握随机影响模型的检验方法；(5)能够应用 EViews 软件建立面板数据模型。

随着经济现象的复杂化和经济学理论的深化，单纯应用截面数据或时间序列数据来检验经济理论、寻找经济规律和预测经济发展趋势存在一定的偏差，为了进一步发挥计量经济学的作用，1968 年以来，经济学家开始关注面板数据。目前，面板数据模型已经成为计量经济学研究的重要内容之一，具有很好的应用价值。有关面板数据模型的内容相当丰富，本章主要介绍面板数据模型分析方法，包括固定影响面板数据模型和随机影响面板数据模型。

11.1 面板数据模型概述

在经典线性计量模型中，所利用的样本数据或者是时间序列数据，或者是截面数据。时间序列数据和截面数据都是一维数据。例如，时间序列数据是变量按时间顺序得到的数据；截面数据是变量在截面空间上按序数得到的数据。单独的截面数据回归分析和单独的时间序列数据回归分析前面各章已经介绍过了。但在经济研究中，只用时间序列数据分析，会漏掉不同截面间的联系与区别；而只用截面数据分析，又会漏掉随时间变化的特点。在经济分析中，尤其是通过建立计量经济模型所进行的经济分析中常发现，只利用截面数据或者只利用时间序列数据不能满足分析目的的需要。

例如，如果分析生产成本问题，只利用截面数据，即选择同一截面上不同规模的企业数据作为样本观测值，可以分析成本与企业规模的关系，但是不能分析技术进步对成本的影响；只利用时间序列数据，即选择同一企业在不同时间上的数据作为样本观测值，可以分析成本与技术进步的关系，但是不能分析企业规模对成本的影响。为了解决这些问题，需要采用面板数据。如果采用面板数据，即在不同的时间上选择不同规模的企业数据作为样本观测值，无疑既可以分析成本与技术进步的关系，也可以分析成本与企业规模的关系。

再如，分析我国的结构性失业问题，它既受到各地区产业结构的影响，也受到国家在各个时期的宏观政策的影响。只利用截面数据，即选择同一时间上不同省份的数据作为样本观测值，可以分析各省份不同的产业结构对结构性失业的影响，但是不能分析国家的宏观政策对各省份结构性失业的影响；只利用时间序列数据，即选择同一省份在不同时间上的数据作为样本观测值，可以分析国家宏观政策对结构性失业的影响，但是不能分析不同的产业结构对结构性失业的影响。如果采用面板数据，即在不同的时间上选择不同省份的数据作为样本观测值，无疑既可以分析不同的产业结构对结构性失业的影响，也可以分析国家的宏观政策对结构性失业的影响。

11.1.1　面板数据的含义

面板数据(panel data)也称平行数据，或时间序列截面数据(time series and cross section data)或混合数据(pool data)，是指在时间序列上取多个截面，在这些截面上同时选取多个样本观测值所构成的样本数据，即同时在时间和截面上取得的二维数据。面板数据示意图见图 11.1.1。面板数据从横截面(cross section)上看，是由若干个体在某一时刻构成的截面观测值，从纵剖面(longitudinal section)上看是一个时间序列。

面板数据用双下标变量表示。例如，

$$y_{it}, \quad i=1,2,\cdots,N;\ t=1,2,\cdots,T$$

表示在横截面 i 时间 t 上取值。N 表示面板数据中含有 N 个个体。T 表示时间序列的最大长度。若固定 t 不变，$y_{i\cdot}$ $(i=1,2,\cdots,N)$是横截面上的 N 个个体截面数据序列；若固定 i 不变，$y_{\cdot t}$ $(t=1,2,\cdots,T)$是纵剖面上的一个时间序列，如图 11.1.1 所示。

例如，1990—2006 年 31 个省份的农业总产值数据。固定在某一年份上，它是由 31 个省份农业总产值组成的截面数据；固定在某一省份上，它是由 17 年农业总产值组成的一个时间序列，共有 527 个观测值。

对于面板数据 $y_{it}(i=1,2,\cdots,N;\ t=1,2,\cdots,T)$来说，如果从横截面上看，每个变量都有观测值，从纵剖面上看，每一期都有观测值，则称此面板数据为平衡面板数据(balanced panel data)。若在面板数据中丢失若干个观测值，则称此面板数据为非平衡面板数据(unbalanced panel data)。

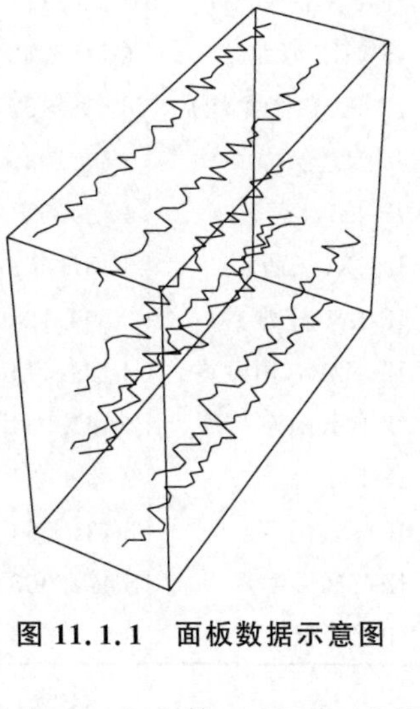

图 11.1.1　面板数据示意图

例 11.1.1　1996—2002 年中国东北、华北、华东 15 个省级地区的居民家庭人均消费和人均收入数据(按不变价格计算，单位：元)见表 11.1.1 和表 11.1.2。数据是 7 年的，每一年都有 15 个数据，共 105 个观测值。

人均消费和人均收入两个面板数据都是平衡面板数据，各有 15 个个体。用 CP 表示消费，IP 表示收入。AH、BJ、FJ、HB、HLJ、JL、JS、JX、LN、NMG、SD、SH、SX、TJ、ZJ 分别表示安徽省、北京市、福建省、河北省、黑龙江省、吉林省、江苏省、江西省、辽宁省、内蒙古自治区、山东省、上海市、山西省、天津市、浙江省。

表 11.1.1　1996—2002 年中国东北、华北、华东 15 个省份的居民家庭人均消费数据

地区人均消费	1996	1997	1998	1999	2000	2001	2002
CP-AH(安徽)	3 282.466	3 646.150	3 777.410	3 989.581	4 203.555	4 495.174	4 784.364
CP-BJ(北京)	5 133.978	6 203.048	6 807.451	7 453.757	8 206.271	8 654.433	10 473.120
CP-FJ(福建)	4 011.775	4 853.441	5 197.041	5 314.521	5 522.762	6 094.336	6 665.005
CP-HB(河北)	3 197.339	3 868.319	3 896.778	4 104.281	4 361.555	4 457.463	5 120.485
CP-HLJ(黑龙江)	2 904.687	3 077.989	3 289.990	3 596.839	3 890.580	4 159.087	4 493.535
CP-JL(吉林)	2 833.321	3 286.432	3 477.560	3 736.408	4 077.961	4 281.560	4 998.874
CP-JS(江苏)	3 712.260	4 457.788	4 918.944	5 076.910	5 317.862	5 488.829	6 091.331
CP-JX(江西)	2 714.124	3 136.873	3 234.465	3 531.775	3 612.722	3 914.080	4 544.775
CP-LN(辽宁)	3 237.275	3 608.060	3 918.167	4 046.582	4 360.420	4 654.420	5 402.063
CP-NMG(内蒙古)	2 572.342	2 901.722	3 127.633	3 475.942	3 877.345	4 170.596	4 850.180
CP-SD(山东)	3 440.684	3 930.574	4 168.974	4 546.878	5 011.976	5 159.538	5 635.770
CP-SH(上海)	6 193.333	6 634.183	6 866.410	8 125.803	8 651.893	9 336.100	10 411.940
CP-SX(山西)	2 813.336	3 131.629	3 314.097	3 507.008	3 793.908	4 131.273	4 787.561
CP-TJ(天津)	4 293.220	5 047.672	5 498.503	5 916.613	6 145.622	6 904.368	7 220.843
CP-ZJ(浙江)	5 342.234	6 002.082	6 236.640	6 600.749	6 950.713	7 968.327	8 792.210

表 11.1.2　1996—2002 年中国东北、华北、华东 15 个省份的居民家庭人均收入数据

地区人均收入	1996	1997	1998	1999	2000	2001	2002
IP-AH(安徽)	4 106.251	4 540.247	4 770.470	5 178.528	5 256.753	5 640.597	6 093.333
IP-BJ(北京)	6 569.901	7 419.905	8 273.418	9 127.992	9 999.700	11 229.660	12 692.380
IP-FJ(福建)	4 884.731	6 040.944	6 505.145	6 922.109	7 279.393	8 422.573	9 235.538
IP-HB(河北)	4 148.282	4 790.986	5 167.317	5 468.940	5 678.195	5 955.045	6 747.152
IP-HLJ(黑龙江)	3 518.497	3 918.314	4 251.494	4 747.045	4 997.843	5 382.808	6 143.565
IP-JL(吉林)	3 549.935	4 041.061	4 240.565	4 571.439	4 878.296	5 271.925	6 291.618
IP-JS(江苏)	4 744.547	5 668.830	6 054.175	6 624.316	6 793.437	7 316.567	8 243.589
IP-JX(江西)	3 487.269	3 991.490	4 209.327	4 787.606	5 088.315	5 533.688	6 329.311
IP-LN(辽宁)	3 899.194	4 382.250	4 649.789	4 968.164	5 363.153	5 797.010	6 597.088
IP-NMG(内蒙古)	3 189.414	3 774.804	4 383.706	4 780.090	5 063.228	5 502.873	6 038.922
IP-SD(山东)	4 461.934	5 049.407	5 412.555	5 849.909	6 477.016	6 975.521	7 668.036
IP-SH(上海)	7 489.451	8 209.037	8 773.100	10 770.09	11 432.200	12 883.46	13 183.880
IP-SX(山西)	3 431.594	3 869.952	4 156.927	4 360.050	4 546.785	5 401.854	6 335.732
IP-TJ(天津)	5 474.963	6 409.690	7 146.271	7 734.914	8 173.193	8 852.470	9 375.060
IP-ZJ(浙江)	6 446.515	7 158.288	7 860.341	8 530.314	9 187.287	10 485.640	11 822.000

15 个省份 7 年人均消费对收入的面板数据散点图见图 11.1.2 和图 11.1.3。图 11.1.2 中每一种符号代表一个省份的 7 个观测点组成的时间序列，相当于观察 15 个时间序列。图 11.1.3 中每一种符号代表一个年度的截面散点图，相当于观察 7 个截面散点图的叠加。

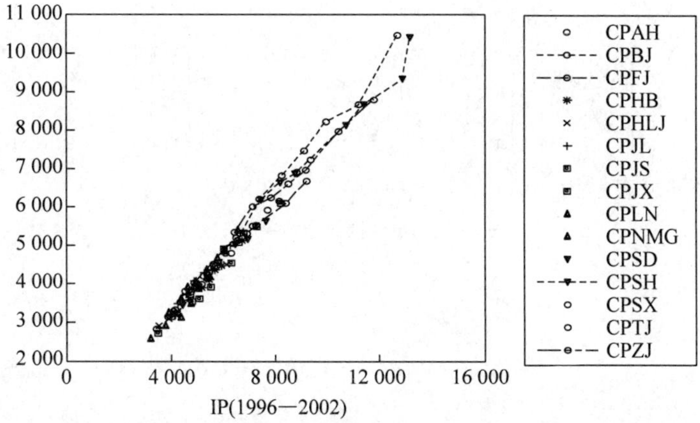

图 11.1.2　用 15 个时间序列表示的人均消费对收入的面板数据

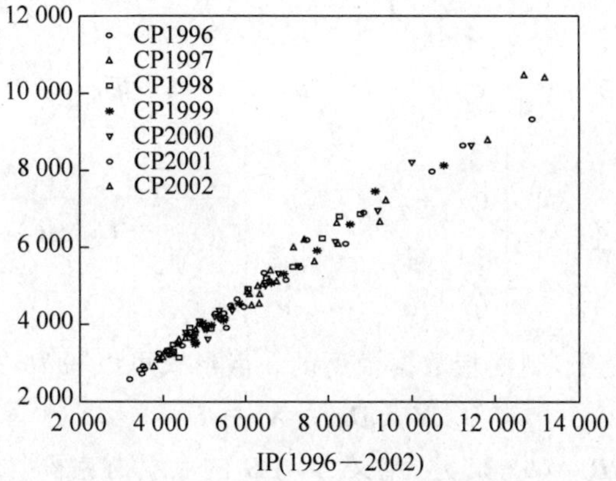

图 11.1.3　用 7 个截面表示的人均消费对收入的面板数据

11.1.2　面板数据模型的基本类型

我们把建立在面板数据基础上的计量经济模型称为面板数据模型。设 y_{it} 为被解释变量在截面 i 和时间 t 上的观测值；x_{jit} 为第 j 个解释变量在截面 i 和时间 t 上的观测值；u_{it} 为截面 i 和时间 t 上的随机误差项；b_{ji} 为第 i 截面上的第 j 个解释变量的模型参数；a_i 为常数项或截距项，代表不同个体 i 的影响；解释变量个数为 $j=1,2,\cdots,k$；截面个数为 $i=1,2,\cdots,N$；时间长度为 $t=1,2,\cdots,T$。其中，N 表示个体成员的个数，T 表示个体成员的观测时期总数，k 表示解释变量的个数。单方程面板数据模型一般形式可写成

$$y_{it}=a_i+b_{1i}x_{1it}+b_{2i}x_{2it}+\cdots+b_{ki}x_{kit}+u_{it} \tag{11.1.1}$$

其中，$i=1,2,\cdots,N$；$t=1,2,\cdots,T$。若记 $\boldsymbol{x}_{it}=(x_{1it},x_{2it},\cdots,x_{kit})$为 $1\times k$ 维解释变量，$\boldsymbol{b}_i=(b_{1i},b_{2i},\cdots,b_{ki})'$为 $k\times 1$ 系数向量，u_{it} 为随机误差项，满足相互独立、零均值、同方差为 σ_u^2 的假设。则式(11.1.1)也可写成

$$y_{it}=a_i+\boldsymbol{x}_{it}\boldsymbol{b}_i+u_{it},\quad i=1,2,\cdots,N;\ t=1,2,\cdots,T \tag{11.1.2}$$

若记

$$\boldsymbol{y}_i=\begin{pmatrix}y_{i1}\\y_{i2}\\\vdots\\y_{iT}\end{pmatrix},\quad \boldsymbol{x}_i=\begin{pmatrix}x_{1i1}&x_{2i1}&\cdots&x_{ki1}\\x_{1i2}&x_{2i2}&\cdots&x_{ki2}\\\vdots&\vdots&\vdots&\vdots\\x_{1iT}&x_{2iT}&\cdots&x_{kiT}\end{pmatrix}=\begin{pmatrix}\boldsymbol{x}_{i1}\\\boldsymbol{x}_{i2}\\\vdots\\\boldsymbol{x}_{iT}\end{pmatrix},\quad \boldsymbol{u}_i=\begin{pmatrix}u_{i1}\\u_{i2}\\\vdots\\u_{iT}\end{pmatrix}$$

式(11.1.2)可以表示为

$$\begin{cases}\boldsymbol{y}_1=\boldsymbol{e}_T\boldsymbol{a}_1+\boldsymbol{x}_1\boldsymbol{b}_1+\boldsymbol{u}_1\\\boldsymbol{y}_2=\boldsymbol{e}_T\boldsymbol{a}_2+\boldsymbol{x}_2\boldsymbol{b}_2+\boldsymbol{u}_2\\\cdots\cdots\\\boldsymbol{y}_N=\boldsymbol{e}_T\boldsymbol{a}_T+\boldsymbol{x}_N\boldsymbol{b}_N+\boldsymbol{u}_N\end{cases}$$

记

$$\boldsymbol{Y}=\begin{pmatrix}\boldsymbol{y}_1\\\boldsymbol{y}_2\\\vdots\\\boldsymbol{y}_N\end{pmatrix},\ \boldsymbol{X}=\begin{pmatrix}\boldsymbol{x}_1&0&\cdots&0\\0&\boldsymbol{x}_2&\cdots&0\\\vdots&\vdots&\cdots&\vdots\\0&0&\cdots&\boldsymbol{x}_N\end{pmatrix},\ \boldsymbol{U}=\begin{pmatrix}\boldsymbol{u}_1\\\boldsymbol{u}_2\\\vdots\\\boldsymbol{u}_N\end{pmatrix},\ \boldsymbol{b}=\begin{pmatrix}\boldsymbol{b}_1\\\boldsymbol{b}_2\\\vdots\\\boldsymbol{b}_N\end{pmatrix},\ \boldsymbol{a}=\begin{pmatrix}a_1\\a_2\\\vdots\\a_N\end{pmatrix},\ \boldsymbol{e}_T=\begin{pmatrix}1\\1\\\vdots\\1\end{pmatrix}_{T\times 1}$$

记 $\boldsymbol{D}=(\boldsymbol{d}_1,\boldsymbol{d}_2,\cdots,\boldsymbol{d}_N)=\begin{pmatrix}\boldsymbol{e}_T&0&\cdots&0\\0&\boldsymbol{e}_T&\cdots&0\\\vdots&\vdots&\cdots&\vdots\\0&0&\cdots&\boldsymbol{e}_T\end{pmatrix}_{NT\times N}=\boldsymbol{I}_N\otimes\boldsymbol{e}_T$ 是 N 阶单位矩阵 $\boldsymbol{I}_N$ 和 T 阶向量 $\boldsymbol{e}_T$ 的克罗内克积,则面板数据模型的一般形式可以写为

$$\boldsymbol{Y}=\boldsymbol{D}\boldsymbol{a}+\boldsymbol{X}\boldsymbol{b}+\boldsymbol{U} \tag{11.1.3}$$

注:$\boldsymbol{A}=(a_{ij})_{n\times m}$,$\boldsymbol{B}=(b_{ij})_{p\times q}$,定义 $\boldsymbol{A}$ 与 $\boldsymbol{B}$ 的克罗内克积(交叉积)为

$$\boldsymbol{A}\otimes\boldsymbol{B}=\begin{pmatrix}a_{11}\boldsymbol{B}&a_{12}\boldsymbol{B}&\cdots&a_{1m}\boldsymbol{B}\\a_{21}\boldsymbol{B}&a_{22}\boldsymbol{B}&\cdots&a_{2m}\boldsymbol{B}\\\vdots&\vdots&\vdots&\vdots\\a_{n1}\boldsymbol{B}&a_{n2}\boldsymbol{B}&\cdots&a_{nm}\boldsymbol{B}\end{pmatrix}$$

显然,$\boldsymbol{A}\otimes\boldsymbol{B}$ 是 $np\times mq$ 阶矩阵,是分块矩阵,其第(i,j)块是 $a_{ij}\boldsymbol{B}$。

对于平衡的面板数据,即在每一个截面单元上具有相同个数的观测值,模型样本观测数据的总数等于 NT。当 $N=1$ 且 T 很大时,就是所熟悉的时间序列数据;当 $T=1$ 而 N 很大时,就只有截面数据。这里的面板数据是指 $N>1$、$T>1$ 的情形。本章所讨论的是相对于 T,N 很大的情形,因此,所使用的渐近理论,是在假定 T 固定条件下 N 趋于无穷大的渐近分析。

根据截距项 a_i 和系数向量 $\boldsymbol{b}_i$ 中各分量的不同限制要求,又可以将式(11.1.2)所描述的面板数据模型划分为3种类型:不变截距不变系数模型、变截距模型和变系数模型。

(1)无个体影响的不变系数模型:$a_i=a_j=a$,$\boldsymbol{b}_i=\boldsymbol{b}_j=\boldsymbol{b}$(其中 $i\neq j$,i、$j=1,2,\cdots,N$)。其单方程回归形式可以写成

$$y_{it}=a+\boldsymbol{x}_{it}\boldsymbol{b}+u_{it}\quad(i=1,2,\cdots,N;\ t=1,2,\cdots,T) \tag{11.1.4}$$

这种情形意味着模型在截面上无个体影响、无结构变化,可将模型简单地视为是截面

数据堆积的模型。这种模型与一般的回归模型无本质区别，只要随机误差项服从经典假设条件，即对任一给定的单元，观测值皆为序列不相关，且对不同单元和不同时间，随机误差项都具有同方差性，且具有相同的正态分布，对此模型就可以采用 OLS 法进行估计（共有 $k+1$ 个参数需要估计），且估计量是线性、无偏、有效和一致的。因此，该模型也被称为联合回归模型（pooled regression model）。

(2) 变截距模型：$a_i \neq a_j$，$\boldsymbol{b}_i = \boldsymbol{b}_j = \boldsymbol{b}$（其中 $i \neq j$，i、$j = 1,2,\cdots,N$）。其单方程回归形式可以写成

$$y_{it} = a_i + \boldsymbol{x}_{it}\boldsymbol{b} + u_{it} \quad (i=1,2,\cdots,N;\ t=1,2,\cdots,T) \tag{11.1.5}$$

这种情形意味着模型在截面上存在个体影响，不存在结构性的变化，即解释变量的结构参数在不同截面上是相同的，不同的只是截距项，个体影响可以用截距项 $a_i(i=1,2,\cdots,N)$ 的差别来说明，故通常把它称为变截距模型。对于这种变截距模型，根据个体影响是常数还是随机变量，又可分为固定影响模型和随机影响模型。共 $N+k$ 个参数需要估计。

(3) 变系数模型：$a_i \neq a_j$，$\boldsymbol{b}_i \neq \boldsymbol{b}_j$（其中 $i \neq j$，i、$j = 1,2,\cdots,N$）。其单方程回归形式可以写成

$$y_{it} = a_i + \boldsymbol{x}_{it}\boldsymbol{b}_i + u_{it} \quad (i=1,2,\cdots,N;\ t=1,2,\cdots,T) \tag{11.1.6}$$

这种情形意味着模型在截面上既存在个体影响，又存在结构变化，即在允许个体影响由变化的截距项 $a_i(i=1,2,\cdots,N)$ 来说明的同时还允许系数向量 $\boldsymbol{b}_i(i=1,2,\cdots,N)$ 依个体成员的不同而变化，用以说明个体成员之间的结构变化。我们称该模型为变系数模型或无约束模型（unrestricted model），共 $N(k+1)$ 个参数需要估计（$N>k+1$）。

11.1.3　面板数据模型的优点

相对于只利用截面数据和只利用时间序列数据进行经济分析而言，面板数据模型具有许多优点。

1. 利用面板数据模型可以解决样本容量不足的问题，改进模型估计的有效性

面板数据通常提供大量的观测数据，这样就增加了自由度并减少了解释变量之间的共线性，从而改进了计量经济模型估计的有效性。假如我们抽取了一个容量为 N 的样本，对样本中每一个个体观测了 T 个时间单位，就形成了一个容量为 NT 的新样本，这就是面板数据。例如，1997—2014 年我国 31 个省份的国民生产总值就是 $N=31$，$T=18$ 的面板数据，共有 558 个观测值。

2. 面板数据模型有助于正确地分析经济变量之间的关系

例如，前述企业规模和技术进步都会影响企业的生产成本。在一般的计量经济模型中，这两者的作用是很难区分的。因为企业之间在规模上的差异只显现在截面数据中，而时间序列数据中企业规模变化和技术进步是混合在一起的，只有将时间序列数据和截面数据结合起来，即利用面板数据，才能正确分析企业规模变化和技术进步分别对企业产品成本的影响。

3. 可以估计某些难以度量的因素对被解释变量的影响

例如，我国不同地区的结构性失业问题是不相同的，除了受产业结构影响外，还受地区差异影响，地区差异包括地理位置、气候条件、传统文化等各方面的差异，而这些差异却是

难以度量或不可观测的,因而无论采用时间序列数据或者某一截面数据都无法估计出地区差异的影响。但是,如果利用面板数据建立模型,就可以估计地区差异的影响。因为面板数据中不但包含地区差异中个体特征的差异,也包含这些个体特征的差异随时间的变化。

11.2 面板数据模型的设定与检验

由于可以构造和检验比以往单独使用截面数据或时间序列数据更现实的面板数据模型,计量经济学的经验研究比以往更加丰富了。但面板数据包括两维的数据(截面和时间),如果模型设定不正确,将造成较大的偏差,估计结果与实际不符。所以,在建立面板数据模型时必须控制不可观察的个体和时间的特征以避免模型设定的偏差并改进参数估计的有效性。因此,建立面板数据模型的第一步便是检验模型的参数是否对所有截面和时间都是常数,即检验样本数据究竟属于上述三种情况的哪一种面板数据模型形式,从而避免模型设定的偏差,改进参数估计的有效性。经常使用的检验是协方差分析检验(analysis of covariance),主要检验以下两个假设:

$$H_1: \boldsymbol{b}_1 = \boldsymbol{b}_2 = \cdots = \boldsymbol{b}_N \tag{11.2.1}$$

$$H_2: a_1 = a_2 = \cdots = a_N;\ \boldsymbol{b}_1 = \boldsymbol{b}_2 = \cdots = \boldsymbol{b}_N \tag{11.2.2}$$

假设1为斜率在不同截面、不同时间样本点上都相同,但截距不同;假设2为截距和斜率在不同截面、不同时间样本点上都相同。可见如果接受假设 H_2,则可以认为样本数据符合模型(11.1.4),即不变截距、不变系数模型,无须进行进一步的检验。如果拒绝假设 H_2,则需要进一步检验假设 H_1。如果接受 H_1,则认为样本数据符合模型(11.1.5),即变截距、不变系数模型;反之,则认为样本数据符合模型(11.1.6),即变截距、变系数模型。

下面介绍假设检验的 F 统计量的计算方法。

首先,计算变截距、变系数模型(11.1.6)的残差平方和 S_1。

为方便起见,先考虑双变量面板数据模型

$$y_{it} = a_i + x_{it} b_i + u_{it},\quad i = 1, 2, \cdots, N, t = 1, 2, \cdots, T$$

其中 u_{it} 为随机误差项,满足相互独立、零均值、同方差为 σ_u^2 的假设。

定义 $\bar{y}_i = \frac{1}{T}\sum_{t=1}^{T} y_{it}$,$\bar{x}_i = \frac{1}{T}\sum_{t=1}^{T} x_{it}$,$\bar{y}_i$ 和 $\bar{x}_i$ 称为组内均值。组内平方和、交叉乘积和为

$$W_{xx,i} = \sum_{t=1}^{T}(x_{it} - \bar{x}_i)^2,\quad W_{xy,i} = \sum_{t=1}^{T}(x_{it} - \bar{x}_i)(y_{it} - \bar{y}_i),\quad W_{yy,i} = \sum_{t=1}^{T}(y_{it} - \bar{y}_i)^2$$

再令:$W_{xx} = \sum_{i=1}^{N} W_{xx,i}$,$W_{xy} = \sum_{i=1}^{N} W_{xy,i}$,$W_{yy} = \sum_{i=1}^{N} W_{yy,i}$

根据参数的最小二乘法,参数 a_i 和 b_i 的估计值由 $L = \sum_{i=1}^{N}\sum_{t=1}^{T}(y_{it} - \hat{a}_i - x_{it}\hat{b}_i)^2$ 关于 a_i 和 b_i 最小化得到。为此,我们有

$$\begin{cases} \dfrac{\partial L}{\partial \hat{a}_i} = -2\sum_{t=1}^{T}(y_{it} - \hat{a}_i - x_{it}\hat{b}_i) = 0 \\ \dfrac{\partial L}{\partial \hat{b}_i} = -2\sum_{t=1}^{T}(y_{it} - \hat{a}_i - x_{it}\hat{b}_i)x_{it} = 0 \end{cases}$$

$\Rightarrow \hat{a}_i = \bar{y}_i - \bar{x}_i \hat{b}_i$，将 $\hat{a}_i = \bar{y}_i - \bar{x}_i \hat{b}_i$ 代入 $\sum_{t=1}^{T}(y_{it} - \hat{a}_i - x_{it}\hat{b}_i)x_{it}$，得到

$$\sum_{t=1}^{T} \boldsymbol{x}_{it}(y_{it} - \bar{y}_i + \bar{x}_i \hat{b}_i - x_{it}\hat{b}_i) = 0 \Rightarrow \sum_{t=1}^{T}(x_{it} - \bar{x}_i + \bar{x}_i)(y_{it} - \bar{y}_i + \bar{x}_i \hat{b}_i - x_{it}\hat{b}_i) = 0$$

$$\Rightarrow \sum_{t=1}^{T}(x_{it} - \bar{x}_i)(y_{it} - \bar{y}_i) - \hat{b}_i \sum_{t=1}^{T}(x_{it} - \bar{x}_i)^2 + \sum_{t=1}^{T}\bar{x}_i(y_{it} - \bar{y}_i) - \hat{b}_i \sum_{t=1}^{T}\bar{x}_i(x_{it} - \bar{x}_i) = 0$$

而 $\sum_{t=1}^{T}\bar{x}_i(y_{it} - \bar{y}_i) = \bar{x}_i \sum_{t=1}^{T}(y_{it} - \bar{y}_i) = 0$，$\sum_{t=1}^{T}\bar{x}_i(x_{it} - \bar{x}_i) = \bar{x}_i \sum_{t=1}^{T}(x_{it} - \bar{x}_i) = 0$

因此有：$\sum_{t=1}^{T}(x_{it} - \bar{x}_i)(y_{it} - \bar{y}_i) = \hat{b}_i \sum_{t=1}^{T}(x_{it} - \bar{x}_i)^2$，即 $W_{\mathrm{xy},i} = \hat{b}_i W_{\mathrm{xx},i}$，所以有

$$\hat{b}_i = W_{\mathrm{xx},i}^{-1} W_{\mathrm{xy},i}$$

$\hat{b}_i$ 称为组内估计。故模型 $y_{it} = a_i + x_{it} b_i + u_{it}$ 参数的最小二乘估计为

$$\begin{cases} \hat{b}_i = W_{\mathrm{xx},i}^{-1} W_{\mathrm{xy},i} \\ \hat{a}_i = \bar{y}_i - \bar{x}_i \hat{b}_i \end{cases}$$

在多个变量情况下，如果记

$$\bar{y}_i = \frac{1}{T}\sum_{t=1}^{T} y_{it}, \quad \bar{\boldsymbol{x}}_i = \frac{1}{T}\sum_{t=1}^{T} \boldsymbol{x}_{it} \tag{11.2.3}$$

根据双变量面板数据模型参数估计结果，可以得到模型(11.1.6)参数的最小二乘估计为

$$\begin{cases} \hat{\boldsymbol{b}}_i = \boldsymbol{W}_{\mathrm{xx},i}^{-1} \boldsymbol{W}_{\mathrm{xy},i} \\ \hat{a}_i = \bar{y}_i - \bar{\boldsymbol{x}}_i \hat{\boldsymbol{b}}_i \end{cases} \tag{11.2.4}$$

称为群内估计。其中

$$\boldsymbol{W}_{\mathrm{xx},i} = \sum_{t=1}^{T}(\boldsymbol{x}_{it} - \bar{\boldsymbol{x}}_i)'(\boldsymbol{x}_{it} - \bar{\boldsymbol{x}}_i), \quad \boldsymbol{W}_{\mathrm{xy},i} = \sum_{t=1}^{T}(\boldsymbol{x}_{it} - \bar{\boldsymbol{x}}_i)'(y_{it} - \bar{y}_i)$$

$$W_{\mathrm{yy},i} = \sum_{t=1}^{T}(y_{it} - \bar{y}_i)^2 \tag{11.2.5}$$

第 i 群残差平方和是 $\mathrm{RSS}_i = W_{\mathrm{yy},i} - \boldsymbol{W}'_{\mathrm{xy},i} \boldsymbol{W}_{\mathrm{xx},i}^{-1} \boldsymbol{W}_{\mathrm{xy},i}$，模型(11.1.6)的残差平方和记为 S_1，则有

$$S_1 = \sum_{i=1}^{N} \mathrm{RSS}_i \tag{11.2.6}$$

其次计算变截距、不变系数模型(11.1.5)的残差平方和 S_2。

以双变量面板数据模型 $y_{it} = a_i + x_{it} b + u_{it}$ 为例，根据参数的最小二乘法，参数 a_i 和 b 的估计值由 $L = \sum_{i=1}^{N}\sum_{t=1}^{T}(y_{it} - \hat{a}_i - x_{it}\hat{b})^2$ 关于 a_i 和 $\boldsymbol{b}$ 最小化得到。为此，我们有

$$\begin{cases} \dfrac{\partial L}{\partial \hat{a}_i} = -2\sum_{t=1}^{T}(y_{it} - \hat{a}_i - x_{it}\hat{b}) = 0 \quad \Rightarrow \quad \hat{a}_i = \bar{y}_i - \bar{x}_i \hat{b} \\ \dfrac{\partial L}{\partial \hat{b}} = -2\sum_{i=1}^{N}\sum_{t=1}^{T}(y_{it} - \hat{a}_i - x_{it}\hat{b}) x_{it} = 0 \end{cases}$$

将 $\hat{a}_i=\bar{y}_i-\bar{x}_i\hat{b}$ 代入 $\sum_{i=1}^{N}\sum_{t=1}^{T}(y_{it}-\hat{a}_i-x_{it}\hat{b})x_{it}=0$，得到

$$\sum_{i=1}^{N}\sum_{t=1}^{T}(x_{it}-\bar{x}_i)(y_{it}-\bar{y}_i)=\hat{b}\sum_{i=1}^{N}\sum_{t=1}^{T}(x_{it}-\bar{x}_i)^2$$

即 $W_{xy}=\hat{b}W_{xx}$，所以有

$$\hat{b}=W_{xx}^{-1}W_{xy}$$

因此，模型 $y_{it}=a_i+x_{it}b+u_{it}$ 参数的最小二乘估计为

$$\begin{cases}\hat{b}=W_{xx}^{-1}W_{xy}\\ \hat{a}_i=\bar{y}_i-\bar{x}_i\hat{b}\end{cases}$$

在多个变量情况下，如果记

$$\boldsymbol{W}_{xx}=\sum_{i=1}^{N}\boldsymbol{W}_{xx,i},\quad \boldsymbol{W}_{xy}=\sum_{i=1}^{N}\boldsymbol{W}_{xy,i},\quad W_{yy}=\sum_{i=1}^{N}W_{yy,i}$$

类似双变量面板数据模型参数估计结果，模型(12.1.5)的最小二乘估计为

$$\hat{\boldsymbol{b}}=\boldsymbol{W}_{xx}^{-1}\boldsymbol{W}_{xy},\quad \hat{a}_i=\bar{y}_i-\bar{\boldsymbol{x}}_i\hat{\boldsymbol{b}}\tag{11.2.7}$$

模型(11.1.5)的残差平方和记为 S_2，则

$$S_2=W_{yy}-\boldsymbol{W}'_{xy}\boldsymbol{W}_{xx}^{-1}\boldsymbol{W}_{xy}\tag{11.2.8}$$

最后计算不变截距、不变系数模型(11.1.4)的残差平方和 S_3。

以双变量面板数据模型 $y_{it}=a+x_{it}b+u_{it}$ 为例，根据参数的最小二乘法，参数 a 和 b 的估计值由 $L=\sum_{i=1}^{N}\sum_{t=1}^{T}(y_{it}-\hat{a}-x_{it}\hat{b})^2$ 关于 a 和 b 最小化得到。我们有：

$$\begin{cases}\dfrac{\partial L}{\partial \hat{a}}=-2\sum_{i=1}^{N}\sum_{t=1}^{T}(y_{it}-\hat{a}-x_{it}\hat{b})=0\\ \dfrac{\partial L}{\partial \hat{b}}=-2\sum_{i=1}^{N}\sum_{t=1}^{T}(y_{it}-\hat{a}-x_{it}\hat{b})x_{it}=0\end{cases}$$

如果记 $\bar{x}=\frac{1}{NT}\sum_{i=1}^{N}\sum_{t=1}^{T}x_{it}$，$\bar{y}=\frac{1}{NT}\sum_{i=1}^{N}\sum_{t=1}^{T}y_{it}$，则有：$\hat{a}=\bar{y}-\bar{x}\hat{b}$，$\sum_{i=1}^{N}\sum_{t=1}^{T}(x_{it}-\bar{x})(y_{it}-\bar{y})=\hat{b}\sum_{i=1}^{N}\sum_{t=1}^{T}(x_{it}-\bar{x})^2$，即 $W_{xy}=\hat{b}W_{xx}$，所以有：

$$\hat{b}=W_{xx}^{-1}W_{xy}$$

因此，模型 $y_{it}=a+x_{it}b+u_{it}$ 参数的最小二乘估计为

$$\begin{cases}\hat{b}=W_{xx}^{-1}W_{xy}\\ \hat{a}=\bar{y}-\bar{x}\hat{b}\end{cases}$$

在多个变量情况下，如果记

$$\boldsymbol{T}_{xx}=\sum_{i=1}^{N}\sum_{t=1}^{T}(\boldsymbol{x}_{it}-\bar{\boldsymbol{x}})'(\boldsymbol{x}_{it}-\bar{\boldsymbol{x}}),\quad \boldsymbol{T}_{xy}=\sum_{i=1}^{N}\sum_{t=1}^{T}(\boldsymbol{x}_{it}-\bar{\boldsymbol{x}})'(y_{it}-\bar{y}),$$

$$T_{yy}=\sum_{i=1}^{N}\sum_{t=1}^{T}(y_{it}-\bar{y})^2,\quad \bar{\boldsymbol{x}}=\frac{1}{NT}\sum_{i=1}^{N}\sum_{t=1}^{T}\boldsymbol{x}_{it},\quad \bar{y}=\frac{1}{NT}\sum_{i=1}^{N}\sum_{t=1}^{T}y_{it}\tag{11.2.9}$$

类似双变量面板数据模型参数估计结果，模型(11.1.4)的最小二乘估计为

$$\hat{\boldsymbol{b}} = \boldsymbol{T}_{\mathrm{xx}}^{-1}\boldsymbol{T}_{\mathrm{xy}}, \quad \hat{a} = \bar{y} - \bar{\boldsymbol{x}}\hat{\boldsymbol{b}} \tag{11.2.10}$$

模型(11.1.4)的残差平方和记为 S_3，则

$$S_3 = T_{yy} - \boldsymbol{T}'_{\mathrm{xy}}\boldsymbol{T}_{\mathrm{xx}}^{-1}\boldsymbol{T}_{\mathrm{xy}} \tag{11.2.11}$$

由此可以得到以下结论：

(1) $S_1/\sigma_{\mathrm{u}}^2 \sim \chi^2[N(T-k-1)]$；

(2) 在 H_2 下，$S_3/\sigma_{\mathrm{u}}^2 \sim \chi^2[NT-(k+1)]$和$(S_3-S_1)/\sigma_{\mathrm{u}}^2 \sim \chi^2[(N-1)(k+1)]$；

(3) $(S_3-S_1)/\sigma_{\mathrm{u}}^2$ 与 $S_1/\sigma_{\mathrm{u}}^2$ 独立。

所以，在假设 H_2 下，检验统计量 F_2 服从相应自由度下的 F 分布，即

$$F_2 = \frac{(S_3-S_1)/[(N-1)(k+1)]}{S_1/[NT-N(k+1)]} \sim F[(N-1)(k+1), N(T-k-1)] \tag{11.2.12}$$

若计算所得到的 F_2 统计量的值小于给定显著性水平下的相应临界值，即 $F_2 < F_\alpha$，则接受假设 H_2，认为样本数据符合模型(11.1.4)，即不变截距、不变系数模型。反之，若 $F_2 > F_\alpha$，则继续检验假设 H_1。

同样得到以下结论：

(1) 在 H_1 下，$S_2/\sigma_{\mathrm{u}}^2 \sim \chi^2[NT-(N+k)]$和$(S_2-S_1)/\sigma_{\mathrm{u}}^2 \sim \chi^2[(N-1)k]$；

(2) $(S_2-S_1)/\sigma_{\mathrm{u}}^2$ 与 $S_1/\sigma_{\mathrm{u}}^2$ 独立。

在假设 H_1 下，检验统计量 F_1 也服从相应自由度下的 F 分布，即

$$F_1 = \frac{(S_2-S_1)/[(N-1)k]}{S_1/[NT-N(k+1)]} \sim F[(N-1)k, N(T-k-1)] \tag{11.2.13}$$

若计算所得到的 F_1 统计量的值小于给定显著性水平下的相应临界值，即 $F_1 < F_\alpha$，则接受假设 H_1，认为样本数据符合模型(11.1.5)，即变截距、不变系数模型。反之，若 $F_1 > F_\alpha$，则认为样本数据符合模型(11.1.6)，即变截距、变系数模型。

需要说明的是，在 EViews 软件中，该检验不能自动完成。

11.3　混合回归模型

如果从时间上看，不同个体之间不存在显著性差异，从截面上看，不同个体之间也不存在显著性差异，那么这种模型与一般的线性回归模型无本质区别，只要随机误差项服从基本假设条件，就可以直接把面板数据模型混合在一起，利用普通最小二乘法估计参数，且估计量是线性、无偏、有效和一致的。

混合回归模型

$$y_{it} = a + \boldsymbol{x}_{it}\boldsymbol{b} + u_{it}, \quad i=1,2,\cdots,N, t=1,2,\cdots,T \tag{11.3.1}$$

用矩阵形式写成

$$\boldsymbol{y}_i = \boldsymbol{x}_i\boldsymbol{\beta}_i + \boldsymbol{u}_i, \quad i=1,2,\cdots,N \tag{11.3.2}$$

其中，$\boldsymbol{y}_i=\begin{pmatrix} y_{i1} \\ y_{i2} \\ \vdots \\ y_{iT} \end{pmatrix}$，$\boldsymbol{\beta}_i=\begin{pmatrix} a \\ b_1 \\ \vdots \\ b_k \end{pmatrix}$，$\boldsymbol{x}_i=\begin{pmatrix} 1 & x_{1i1} & x_{2i1} & \cdots & x_{ki1} \\ 1 & x_{1i2} & x_{2i2} & \cdots & x_{ki2} \\ \vdots & \vdots & \vdots & \cdots & \vdots \\ 1 & x_{1iT} & x_{2iT} & \cdots & x_{kiT} \end{pmatrix}$，$\boldsymbol{u}_i=\begin{pmatrix} u_{i1} \\ u_{i2} \\ \vdots \\ u_{iT} \end{pmatrix}$

记 $\boldsymbol{Y}=\begin{pmatrix} \boldsymbol{y}_1 \\ \boldsymbol{y}_2 \\ \vdots \\ \boldsymbol{y}_N \end{pmatrix}$，$\boldsymbol{X}=\begin{pmatrix} \boldsymbol{x}_1 & \boldsymbol{0} & \cdots & \boldsymbol{0} \\ \boldsymbol{0} & \boldsymbol{x}_2 & \cdots & \boldsymbol{0} \\ \vdots & \vdots & \cdots & \vdots \\ \boldsymbol{0} & \boldsymbol{0} & \cdots & \boldsymbol{x}_N \end{pmatrix}$，$\boldsymbol{B}=\begin{pmatrix} \boldsymbol{\beta}_1 \\ \boldsymbol{\beta}_2 \\ \vdots \\ \boldsymbol{\beta}_N \end{pmatrix}$，$\boldsymbol{U}=\begin{pmatrix} \boldsymbol{u}_1 \\ \boldsymbol{u}_2 \\ \vdots \\ \boldsymbol{u}_N \end{pmatrix}$，则式(11.3.2)可以写成

$$\boldsymbol{Y}=\boldsymbol{X}\boldsymbol{B}+\boldsymbol{U} \tag{11.3.3}$$

11.3.1 模型假设

为了得到模型参数的理想估计，必须假设模型满足如下条件：

假设1 随机误差项向量 $\boldsymbol{U}$ 的期望为零向量，即 $E(\boldsymbol{U})=\boldsymbol{0}$。

假设2 不同个体随机误差项之间相互独立，即 $E(\boldsymbol{u}_i\boldsymbol{u}_j')=\boldsymbol{0}(i\neq j, i、j=1,2,\cdots,N)$。

假设3 同方差假设。随机误差项方差为常数，即 $E(\boldsymbol{u}_i\boldsymbol{u}_i')=\sigma_u^2\boldsymbol{I}_T$，$\boldsymbol{I}_T$ 为 T 阶单位阵。

假设4 随机误差项与解释变量相互独立，即 $E(\boldsymbol{X}'\boldsymbol{U})=0$。

假设5 随机误差项向量 $\boldsymbol{U}$ 服从正态分布，即 $\boldsymbol{U}\sim N(0,\sigma^2\boldsymbol{I}_{NT})$。

假设6 解释变量之间不存在多重共线性，即方阵 $\boldsymbol{X}'\boldsymbol{X}$ 满秩。

11.3.2 模型估计

如果模型(11.3.1)满足上述假设，则模型存在有效无偏估计

$$\hat{\boldsymbol{B}}=(\boldsymbol{X}'\boldsymbol{X})^{-1}\boldsymbol{X}'\boldsymbol{Y} \tag{11.3.4}$$

事实上，同方差假设是一个非常强的约束条件，若将该假设弱化为存在异方差性，即

$$E(\boldsymbol{u}_i\boldsymbol{u}_i')=\sigma_i^2\boldsymbol{I}_T,\quad 或者\ E(\boldsymbol{U}\boldsymbol{U}')=\boldsymbol{\Omega}=\begin{pmatrix} \sigma_1^2\boldsymbol{I}_T & \boldsymbol{0} & \cdots & \boldsymbol{0} \\ \boldsymbol{0} & \sigma_2^2\boldsymbol{I}_T & \cdots & \boldsymbol{0} \\ \vdots & \vdots & \vdots & \vdots \\ \boldsymbol{0} & \boldsymbol{0} & \cdots & \sigma_N^2\boldsymbol{I}_T \end{pmatrix}$$

则模型(11.3.1)的有效无偏估计为

$$\hat{\boldsymbol{B}}=(\boldsymbol{X}'\boldsymbol{\Omega}^{-1}\boldsymbol{X})^{-1}\boldsymbol{X}'\boldsymbol{\Omega}^{-1}\boldsymbol{Y} \tag{11.3.5}$$

这里的未知参数 σ_i^2 有一致估计为

$$s_i^2=\frac{1}{T-k-1}\sum_{t=1}^{T}e_{it}^2$$

其中，e_{it}^2 是第 i 个个体的回归模型的 OLS 回归残差。

11.4　变截距模型

变截距模型是面板数据模型中最常见的一种形式。该模型允许个体成员存在个体影响，并用截距项的差别来说明。变截距模型的形式如下：

$$y_{it}=a_i+\boldsymbol{x}_{it}\boldsymbol{b}+u_{it}\quad (i=1,2,\cdots,N;\ t=1,2,\cdots,T)\tag{11.4.1}$$

其中 $\boldsymbol{x}_{it}=(x_{1it},x_{2it},\cdots,x_{kit})$ 为 $1\times k$ 维解释变量，$\boldsymbol{b}=(b_1,b_2,\cdots,b_k)'$ 为 $k\times 1$ 维系数向量，k 表示解释变量的个数，a_i 为个体影响，即反映模型中忽略的反映个体差异的变量的影响；u_{it} 为随机误差项，反映模型中被忽略的随个体成员和时间变化的影响。假设其均值为零，方差为 σ_{u}^2，并假定 u_{it} 与 $\boldsymbol{x}_{it}$ 不相关。模型(11.4.1)共有 $(N+k)$ 个参数需要估计。如果个体影响 a_i 是非随机的常量，则称模型(11.4.1)为固定影响变截距模型（或固定效应变截距模型）；如果 a_i 是随机变量（与 $\boldsymbol{x}_{it}$ 不相关），则称模型(11.4.1)为随机影响变截距模型（或随机效应变截距模型）。因此，根据个体影响的不同形式，变截距模型又分为固定影响变截距模型和随机影响变截距模型两种。

11.4.1　固定影响变截距模型

式(11.4.1)对不同的个体，模型的截距是不同的，因此，不能直接应用 OLS 法估计模型参数，如同反映不同季节对经济变量影响，需要引入季节虚拟变量一样，估计固定影响变截距模型参数，也需要引入虚拟变量，然后应用 OLS 法估计模型参数。当截面的单位是总体的所有单位时，固定影响变截距模型是一个合理的模型。

1. 最小二乘虚拟变量模型及其参数估计

对于固定影响变截距模型(11.4.1)，变截距 a_i 是一个待估未知参数。令 $\boldsymbol{y}_i$ 和 $\boldsymbol{x}_i$ 是第 i 个个体的 T 个观测值向量和矩阵，并令 $\boldsymbol{u}_i$ 是随机误差项 $T\times 1$ 向量，模型(11.4.1)对应的向量形式如下：

$$\boldsymbol{y}_i=\boldsymbol{e}_T a_i+\boldsymbol{x}_i\boldsymbol{b}+\boldsymbol{u}_i\quad (i=1,2,\cdots,N)\tag{11.4.2}$$

其中

$$\boldsymbol{y}_i=\begin{pmatrix}y_{i1}\\ y_{i2}\\ \vdots\\ y_{iT}\end{pmatrix},\quad \boldsymbol{e}_T=\begin{pmatrix}1\\ 1\\ \vdots\\ 1\end{pmatrix}_{T\times 1},\quad \boldsymbol{b}=\begin{pmatrix}b_1\\ b_2\\ \vdots\\ b_k\end{pmatrix},$$

$$\boldsymbol{x}_i=\begin{pmatrix}x_{1i1} & x_{2i1} & \cdots & x_{ki1}\\ x_{1i2} & x_{2i2} & \cdots & x_{ki2}\\ \vdots & \vdots & \vdots & \vdots\\ x_{1iT} & x_{2iT} & \cdots & x_{kiT}\end{pmatrix}=\begin{pmatrix}\boldsymbol{x}_{i1}\\ \boldsymbol{x}_{i2}\\ \vdots\\ \boldsymbol{x}_{iT}\end{pmatrix},\quad \boldsymbol{u}_i=\begin{pmatrix}u_{i1}\\ u_{i2}\\ \vdots\\ u_{iT}\end{pmatrix}$$

式(11.4.2)也可以写成

$$\boldsymbol{Y}=\boldsymbol{Da}+\boldsymbol{xb}+\boldsymbol{U}\tag{11.4.3}$$

其中

$$\boldsymbol{Y}=\begin{pmatrix}\boldsymbol{y}_1\\ \boldsymbol{y}_2\\ \vdots\\ \boldsymbol{y}_N\end{pmatrix},\quad \boldsymbol{D}=(\boldsymbol{d}_1,\boldsymbol{d}_2,\cdots,\boldsymbol{d}_N)=\begin{pmatrix}\boldsymbol{e}_T & \boldsymbol{0} & \cdots & \boldsymbol{0}\\ \boldsymbol{0} & \boldsymbol{e}_T & \cdots & \boldsymbol{0}\\ \vdots & \vdots & \vdots & \vdots\\ \boldsymbol{0} & \boldsymbol{0} & \cdots & \boldsymbol{e}_T\end{pmatrix}_{NT\times N}=\boldsymbol{I}_N\otimes\boldsymbol{e}_T,$$

$$\boldsymbol{a}=\begin{pmatrix}a_1\\ a_2\\ \vdots\\ a_N\end{pmatrix},\quad \boldsymbol{x}=\begin{pmatrix}\boldsymbol{x}_1\\ \boldsymbol{x}_2\\ \vdots\\ \boldsymbol{x}_N\end{pmatrix},\quad \boldsymbol{U}=\begin{pmatrix}\boldsymbol{u}_1\\ \boldsymbol{u}_2\\ \vdots\\ \boldsymbol{u}_N\end{pmatrix}$$

式(11.4.3)可以写成

$$\boldsymbol{Y}=(\boldsymbol{I}_N\otimes\boldsymbol{e}_T)\boldsymbol{a}+\boldsymbol{x}\boldsymbol{b}+\boldsymbol{U}\tag{11.4.4}$$

其中 $\boldsymbol{d}_i$ 为第 i 个单位的虚拟变量,它是一个 NT 向量,$\boldsymbol{D}$ 为 $NT\times N$ 阶虚拟变量矩阵。所以式(11.4.3)称为最小二乘虚拟变量模型(least squares dummy variable,LSDV)。

记 $\boldsymbol{Z}=(\boldsymbol{D},\boldsymbol{x})=(\boldsymbol{I}_N\otimes\boldsymbol{e}_T,\boldsymbol{x})$,$\boldsymbol{B}=\begin{pmatrix}\boldsymbol{a}\\ \boldsymbol{b}\end{pmatrix}$,则 $\boldsymbol{Y}=\boldsymbol{Z}\boldsymbol{B}+\boldsymbol{U}$,如果随机误差项、解释变量满足基本假定,则利用普通最小二乘法可以得到模型(11.4.3)参数的有效无偏一致估计量为

$$\hat{\boldsymbol{B}}=(\boldsymbol{Z}'\boldsymbol{Z})^{-1}\boldsymbol{Z}'\boldsymbol{Y}\tag{11.4.5}$$

参数 a_i 和 $\boldsymbol{b}$ 的具体表达式为

$$\begin{cases}\hat{\boldsymbol{b}}_{\mathrm{CV}}=\left[\sum_{i=1}^{N}\sum_{t=1}^{T}(\boldsymbol{x}_{it}-\bar{\boldsymbol{x}}_i)'(\boldsymbol{x}_{it}-\bar{\boldsymbol{x}}_i)\right]^{-1}\left[\sum_{i=1}^{N}\sum_{t=1}^{T}(\boldsymbol{x}_{it}-\bar{\boldsymbol{x}}_i)'(y_{it}-\bar{y}_i)\right]\\ \hat{a}_i=\bar{y}_i-\bar{\boldsymbol{x}}_i\hat{\boldsymbol{b}}_{\mathrm{CV}}\end{cases}\tag{11.4.6}$$

其中,$\bar{y}_i=\frac{1}{T}\sum_{t=1}^{T}y_{it}$,$\bar{\boldsymbol{x}}_i=\frac{1}{T}\sum_{t=1}^{T}\boldsymbol{x}_{it}$,$\boldsymbol{x}_{it}=(x_{1it},x_{2it},\cdots,x_{kit})$。

在模型(11.4.3)中,参数 a_i 被写为可观测的虚拟变量的系数的形式。因此,式(11.4.6)所表示的 OLS 估计也称为最小二乘虚拟变量(LSDV)估计或协方差分析估计。如果 N 比较小,模型(11.4.3)可以当作具有$(N+k)$个参数的多元线性回归模型,参数可由普通最小二乘法进行估计。当 N 很大时,直接采用 OLS 法计算量会非常大,此时,可用下列分块回归的方法进行计算。令 $\boldsymbol{Q}=\boldsymbol{I}_T-\frac{1}{T}\boldsymbol{e}\boldsymbol{e}'$,因为 $\boldsymbol{I}_T\boldsymbol{e}=\frac{1}{T}\boldsymbol{e}\boldsymbol{e}'\boldsymbol{e}$,所以 $\boldsymbol{Q}\boldsymbol{e}=0$,则由式(11.4.2)有

$$\boldsymbol{Q}\boldsymbol{y}_i=\boldsymbol{Q}\boldsymbol{e}a_i+\boldsymbol{Q}\boldsymbol{x}_i\boldsymbol{b}+\boldsymbol{Q}\boldsymbol{u}_i=\boldsymbol{Q}\boldsymbol{x}_i\boldsymbol{b}+\boldsymbol{Q}\boldsymbol{u}_i\ (i=1,2,\cdots,N),\quad \boldsymbol{x}_i'\boldsymbol{Q}\boldsymbol{y}_i=\boldsymbol{x}_i'\boldsymbol{Q}\boldsymbol{x}_i\boldsymbol{b}+\boldsymbol{x}_i'\boldsymbol{Q}\boldsymbol{u}_i$$

于是

$$\sum_{i=1}^{N}\boldsymbol{x}_i'\boldsymbol{Q}\boldsymbol{y}_i=\sum_{i=1}^{N}\boldsymbol{x}_i'\boldsymbol{Q}\boldsymbol{x}_i\boldsymbol{b}+\sum_{i=1}^{N}\boldsymbol{x}_i'\boldsymbol{Q}\boldsymbol{u}_i$$

$$\hat{\boldsymbol{b}}_{\mathrm{CV}}=\left[\sum_{i=1}^{N}\boldsymbol{x}_i'\boldsymbol{Q}\boldsymbol{x}_i\right]^{-1}\left[\sum_{i=1}^{N}\boldsymbol{x}_i'\boldsymbol{Q}\boldsymbol{y}_i\right]\tag{11.4.7}$$

截距的估计式为式(11.4.7)，参数 $\boldsymbol{b}$ 的协方差估计是无偏的，且当 N 或 T 趋于无穷大时，其为一致估计。对应的协方差矩阵为

$$\mathrm{var}(\hat{\boldsymbol{b}}_{\mathrm{CV}})=\sigma_u^2\left(\sum_{i=1}^{N}\boldsymbol{x}_i'\boldsymbol{Q}\boldsymbol{x}_i\right)^{-1} \tag{11.4.8}$$

相应地，由式(11.4.6)给出的截距 a_i 的估计也是无偏估计，但当且仅当 T 趋于无穷大时为一致估计。对应的协方差矩阵为

$$\mathrm{var}(a_i)=\sigma_u^2/T+\bar{\boldsymbol{x}}_i\,\mathrm{var}(\hat{\boldsymbol{b}}_{\mathrm{CV}})\bar{\boldsymbol{x}}_i' \tag{11.4.9}$$

方差 σ_{u}^2 的估计量为

$$\hat{\sigma}_{\mathrm{u}}^2=\frac{1}{NT-N-k}\sum_{i=1}^{N}\sum_{t=1}^{T}(y_{it}-\hat{a}_i-\boldsymbol{x}_{it}\hat{\boldsymbol{b}}_{\mathrm{CV}})^2 \tag{11.4.10}$$

例 11.4.1　1996—2002 年中国东北、华北、华东 15 个省份的居民家庭人均消费和人均收入数据如表 11.1.1 和表 11.1.2 所示。(1)建立合成数据库(pool)对象或混合数据库对象；(2)定义序列名并输入数据；(3)估计无个体影响的不变系数模型；(4)估计变截距模型。

(1) 建立合成数据库(pool)对象。在打开工作文件窗口的基础上，点击主菜单中的 Objects\New Object...，从而打开 New Object(新对象)选择窗，如图 11.4.1 所示。

在 Type of object 选择区选择 Pool(混合数据库)，在 Name of object 选择区命名 CS(初始显示为 Untitled)，点击 OK 键，从而打开 Pool 对象说明窗口。在窗口中输入 15 个地区标识 AH(安徽)，BJ(北京)，…，ZJ(浙江)。如图 11.4.2 所示。

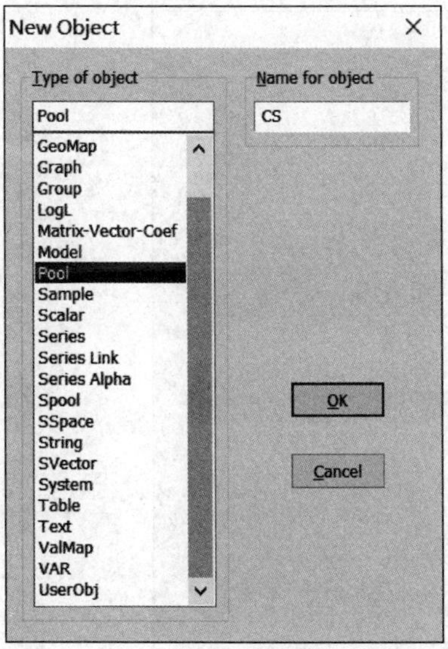

图 11.4.1　Pool 对象定义对话框

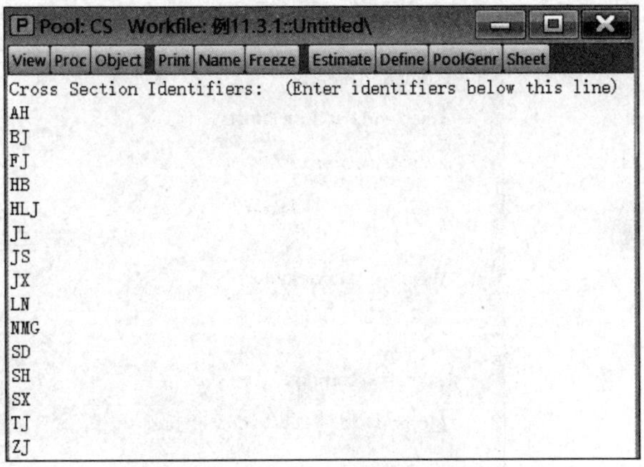

图 11.4.2　Pool 对象说明窗口

(2) 定义序列名并输入数据。在新建立的 Pool(混合数据)窗口的工具栏中点击 Sheet 键，从而打开 Series List(列出序列名)窗口，定义时间序列变量 CP? 和 IP?（? 表示与 CP、IP 相连的 15 个地区标示)，如图 11.4.3 所示。点击 OK 键，从而打开 Pool(混合数据库)窗

口,输入数据,输入完成后的情形见图11.4.4。在Pool窗口点击“Order+/−”可以改变数据的显示形式;打开数组窗口,可以观察序列趋势图。

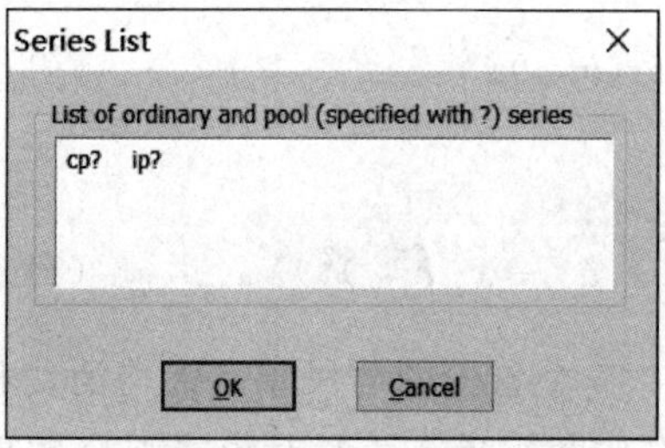

图 11.4.3 序列列表对话框

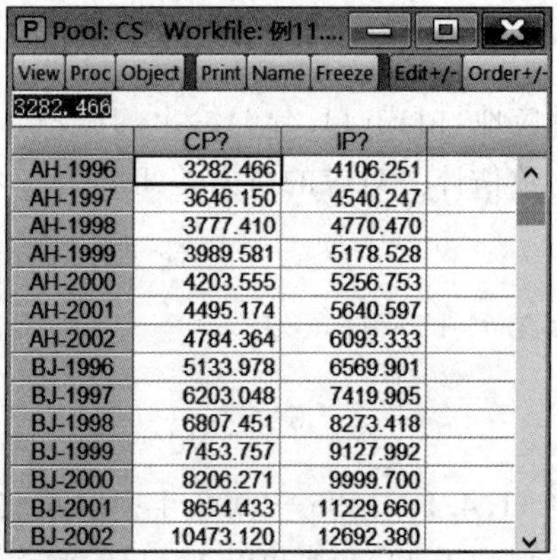

	CP?	IP?
AH-1996	3282.466	4106.251
AH-1997	3646.150	4540.247
AH-1998	3777.410	4770.470
AH-1999	3989.581	5178.528
AH-2000	4203.555	5256.753
AH-2001	4495.174	5640.597
AH-2002	4784.364	6093.333
BJ-1996	5133.978	6569.901
BJ-1997	6203.048	7419.905
BJ-1998	6807.451	8273.418
BJ-1999	7453.757	9127.992
BJ-2000	8206.271	9999.700
BJ-2001	8654.433	11229.660
BJ-2002	10473.120	12692.380

图 11.4.4 序列的堆栈形式数据表

(3) 估计无个体影响的不变系数模型(用OLS法)。如果将消费函数设为无个体影响的不变系数模型,则相应的模型形式为

$$CP_{it}=a+b\cdot IP_{it}+u_{it}\quad (i=1,\cdots,15;\ t=1996,\cdots,2002)$$

其中,a 为15个省市的平均自发消费倾向,b 为边际消费倾向。

在Pool窗口的工具栏中点击Estimate键,打开Pool Estimation窗口,如图11.4.5所示。

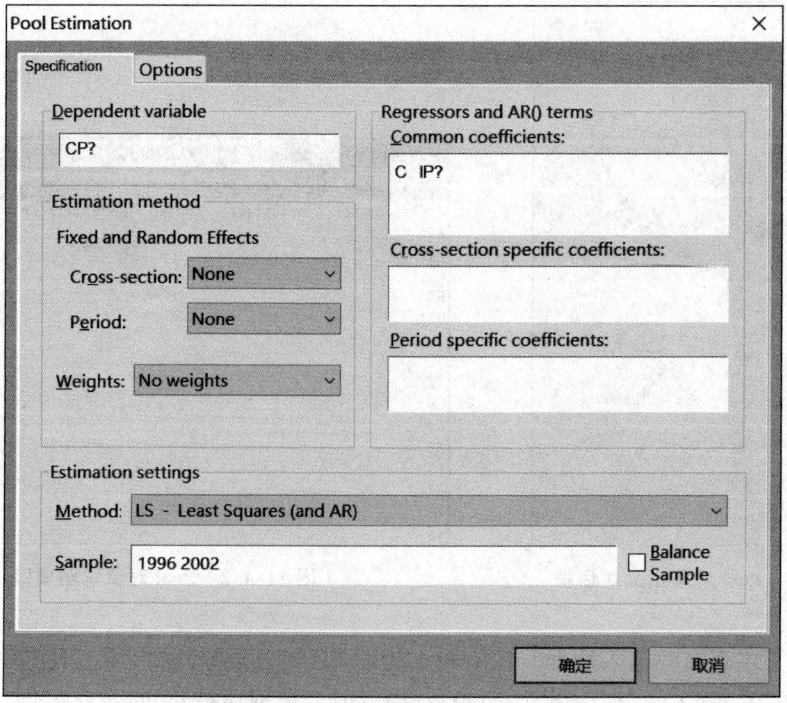

图 11.4.5 面板数据模型估计对话框

① Specification(设定)模块。主要包括三个部分：Dependent variable(因变量设定)、Regressiors and AR() terms(回归变量与 AR 项设定)、Estimation method (估计方式设定)。

在因变量(Dependent variable)对话框选择窗填入 pool 变量或 pool 表达式。

在指定解释变量(Regressors and AR() terms)时，需要在三个编辑框中分别输入相应的解释变量。在 Common coefficients 栏中输入的变量对所有截面成员而言有相同的系数，即变量的斜率相同。在 Cross-section specific coefficients(截面设定)栏中输入的变量对每个截面成员估计不同的系数，即解释变量的斜率随个体不同而不同。在 Period specific coefficients(时点设定)栏中输入的变量对各观测时期估计不同的系数，即解释变量的斜率随时期不同而不同。

在 Estimation method(估计方式设定)选项区内有三个选项框，可以对估计形式进行设定：Cross-section(截面)中包括 None(不选)、Fixed(固定)、Random(随机)，分别用来做非个体影响、个体固定影响和个体随机影响的设定(见图 11.4.5)。Period(时点)中也包括 None(不选)、Fixed(固定)、Random(随机)三项选择，分别用来进行非时点影响、时点固定影响或时点随机影响设定。

Weights(权数)可以在 5 种加权方法中做选择。No weights：所有观测值赋予相同的权数；Cross-section weights：使用 GLS 估计的截面残差的方差(消除截面异方差)；Cross-section SUR：截面似乎不相关回归——使用 GLS 估计的截面残差协方差矩阵(消除截面异方差和同期相关)；Period weights：使用 GLS 估计的时期残差的方差(消除时期异方差)；Period SUR：时期似乎不相关回归——使用 GLS 估计的时期残差协方差矩阵(消除时期异方差和同期相关)。

在 Estimation settings(估计方法设定)区包括两种估计方法：一种为 LS(最小二乘)方法；另一种为 TSLS(二阶段最小二乘)方法。如果选择后一种估计方法，会出现相应的描述工具变量的对话框。

在 Sample 中默认的样本期是包含所有截面单元数据时期的最大样本区间。选中右边的 Balance Sample 表示只要某时期任意截面单元数据存在缺失值，EViews 将不利用该观测值进行计算。一般地，这两项采用 EViews 软件的默认状态。

② Options(选项)模块。单击 Pool 估计对话框窗口中的“Options”，EViews 11.0 将打开相应的选择页。Options(选项)模块主要包括：系数的协方差形式(Coef covariance method)，包含 8 个选项。迭代控制(Iteration control)：如果估计过程中要进行加权估计和系数迭代至收敛，那么可以通过规定收敛准则和最大迭代次数来控制迭代过程，此时只要在相应编辑框中输入最大迭代次数和收敛半径即可。此外，还有权重选项和系数估计命名等。

本例中，在 Dependent variable 对话框中输入被解释变量 CP?；在 Regressors and AR() terms 的三个编辑框中，Common coefficients 栏中输入 C　IP?，在 Cross-section specific coefficients 和 Period specific coefficients 选择窗保持空白；在 Estimation method 三个选项框，Cross-section 选择 None，Period 中选择 None；在 Weight(权数)中选择 No weights；在

Estimation settings 选择 LS 方法；其他选择默认，完成合成数据模型定义对话框后，点击 OK 键，得到表 11.4.1 输出结果。

表 11.4.1　无个体影响的不变系数模型估计结果

Dependent Variable: CP?
Method: Pooled Least Squares
Date: 09/14/21 Time: 21:37
Sample: 1996 2002
Included observations: 7
Cross-sections included: 15
Total pool (balanced) observations: 105

Variable	Coefficient	Std. Error	t-Statistic	Prob.
C	129.6306	63.69265	2.035253	0.0444
IP?	0.758726	0.009522	79.68183	0.0000

Root MSE	214.3561	R-squared	0.984036
Mean dependent var	4917.608	Adjusted R-squared	0.983881
S.D. dependent var	1704.704	S.E. of regression	216.4272
Akaike info criterion	13.61125	Sum squared resid	4824597.
Schwarz criterion	13.66180	Log likelihood	-712.5906
Hannan-Quinn criter.	13.63173	F-statistic	6349.193
Durbin-Watson stat	0.784109	Prob(F-statistic)	0.000000

相应估计式为

$$\widehat{\mathrm{CP}}_{it}=129.6306+0.7587\mathrm{IP}_{it}$$

$$t=\quad(2.0353)\qquad(79.6818)$$

$$\bar{R}^2=0.9839,\quad F=6349.193,\quad S_3=4824597,\quad \mathrm{DW}=0.7841$$

表 11.4.1 结果表明，回归系数显著不为 0，调整后的样本决定系数达 0.98，说明模型的拟合优度较高。从回归结果看，边际消费倾向为 0.76，表明 15 个省级地区的人均收入每增加 100 元，人均消费支出将增加 76 元(注：在 Common coefficients 中填入 IP? AR(1)可消除自相关现象，其 R^2、F、DW 有所增加。在 Weights 中选择 Cross section weights(GLS)可消除截面异方差)。

(4) 估计变截距模型(最小二乘虚拟变量法 LSDV)。如果将消费函数设为固定影响变截距模型，则相应的模型形式为

$$\mathrm{CP}_{it}=a_i+b\cdot\mathrm{IP}_{it}+u_{it}\quad(i=1,2,\cdots,15;\ t=1996,\cdots,2002)$$

其中，a_i 为 15 个省份的自发消费倾向，用来反映省份之间的自发消费差异，b 为边际消费倾向。

EViews 估计方法：在 Cross-section 选择 Fixed，其余选项同上，得到回归结果如表 11.4.2 所示。EViews 给出的个体影响反映的是各个体成员对总体平均状态的偏离。平均自发消费水平与各地区自发消费对平均自发消费的偏离之和为各地区自发消费。

相应估计式为

$$\widehat{\mathrm{CP}}_{it}=515.6133+0.6976\mathrm{IP}_{it}+\hat{v}_i$$

$$t=(6.3190)\quad(54.6902)$$

$$\bar{R}^2=0.9912,\quad F=783.8875,\quad S_2=2270394,\quad \mathrm{DW}=1.6095$$

其中反映各地区自发消费差异的固定影响 v_i 的估计结果见表 11.4.3。

表 11.4.2　变截距模型估计结果

Dependent Variable: CP?
Method: Pooled Least Squares
Date: 09/14/21 Time: 21:39
Sample: 1996 2002
Included observations: 7
Cross-sections included: 15
Total pool (balanced) observations: 105

Variable	Coefficient	Std. Error	t-Statistic	Prob.
C	515.6133	81.59680	6.319038	0.0000
IP?	0.697561	0.012692	54.96020	0.0000
Fixed Effects (Cross)				
AH--C	-36.30568			
BJ--C	537.5663			
FJ--C	-47.64545			
HB--C	-154.2368			
HLJ--C	-169.7013			
JL--C	24.50419			
JS--C	-35.19584			
JX--C	-319.6957			
LN--C	106.4273			
NMG--C	-209.5483			
SD--C	-134.1146			
SH--C	266.9856			
SX--C	-74.88892			
TJ--C	47.22920			
ZJ--C	198.6199			

Effects Specification

Cross-section fixed (dummy variables)

Root MSE	147.0469	R-squared	0.992488
Mean dependent var	4917.608	Adjusted R-squared	0.991222
S.D. dependent var	1704.704	S.E. of regression	159.7187
Akaike info criterion	13.12414	Sum squared resid	2270394.
Schwarz criterion	13.52856	Log likelihood	-673.0175
Hannan-Quinn criter.	13.28802	F-statistic	783.8875
Durbin-Watson stat	1.609518	Prob(F-statistic)	0.000000

表 11.4.3　各地区固定影响的变截距模型估计结果

地区	固定影响估计值	地区	固定影响估计值
安徽	−36.31	辽宁	106.43
北京	537.57	内蒙古	−209.55
福建	−47.65	山东	−134.11
河北	−154.24	上海	266.99
黑龙江	−169.70	陕西	−74.89
吉林	24.50	天津	47.23
江苏	−35.20	浙江	198.62
江西	−319.70		

表 11.4.2 给出了变截距模型估计结果，表中的系数 0.697 561 为边际消费倾向，后面三项是标准误差、t 统计量值和相伴概率。表中下半部是各地区自发消费对平均自发消费的偏离。

表 11.4.2 结果表明，回归系数显著不为 0，调整后的样本决定系数达 0.99，说明模型的拟合优度较高。从表 11.4.2 可知，515.613 3 为 15 个省份的平均自发消费水平，表中的系

数 0.697 561 为边际消费倾向,后面第 3 行至第 17 行数据为各地区自发消费对平均自发消费的偏离,用来反映各省份之间的消费差异。平均自发消费水平与各地区自发消费对平均自发消费的偏离之和为各地区自发消费。从估计结果可以看出,对于本例中的15 个省份来说,虽然居民的边际消费倾向相同,但是其居民的自发消费存在显著的差异,其中北京、上海、浙江是居民自发消费最高的 3 个地区,而居民自发消费最低的是江西,其次是内蒙古。

在 Pool 窗口点击 View/Representations 可得各省份消费函数方程式(略)。

2. 非平衡数据的固定影响模型

前面的讨论都是假设在所使用的面板数据中,各个体成员的观测数据个数相同。然而在实际分析中,经常会遇到各个体成员观测数据个数不等的情况,即在所获得的面板数据中,一些个体成员的数据较多而另一些个体成员的数据较少。如果在面板数据中存在缺失数据,则称为非平衡面板数据。非平衡面板数据在实际应用中是很常见的,主要是由于不同的截面之间可获数据的多少不同,比如,由于某种原因,在某个年份,某个截面或某几个截面没有数据资料。

对于非平衡数据的固定影响模型,只需将上面所介绍的估计方法进行简单修正,便可得到参数相应的协方差估计。

如果设第 i 个个体成员的观测数据个数为 T_i,则观测数据总数为 $\sum_{i=1}^{N} T_i$,变量的总体平均为

$$\bar{\boldsymbol{x}} = \frac{\sum_{i=1}^{N}\sum_{t=1}^{T_i}\boldsymbol{x}_{it}}{\sum_{i=1}^{N} T_i} = \sum_{i=1}^{N}\omega_i \bar{\boldsymbol{x}}_i,\quad \bar{y} = \frac{\sum_{i=1}^{N}\sum_{t=1}^{T_i} y_{it}}{\sum_{i=1}^{N} T_i} = \sum_{i=1}^{N}\omega_i \bar{y}_i \tag{11.4.11}$$

其中,$\omega_i = T_i \Big/ \sum_{i=1}^{N} T_i$

模型参数 $\boldsymbol{b}$ 对应的估计量为

$$\hat{\boldsymbol{b}}_{\mathrm{CV}} = \left[\sum_{i=1}^{N}\boldsymbol{x}'_i \boldsymbol{Q}\boldsymbol{x}_i\right]^{-1}\left[\sum_{i=1}^{N}\boldsymbol{x}'_i \boldsymbol{Q}\boldsymbol{y}_i\right],\quad \hat{a}_i = \bar{y}_i - \bar{\boldsymbol{x}}_i \hat{\boldsymbol{b}}_{\mathrm{CV}} \tag{11.4.12}$$

其中 $\boldsymbol{Q} = \boldsymbol{I}_{T_i} - \frac{1}{T_i}\boldsymbol{ee}'$,估计出参数 $\boldsymbol{b}$ 后,根据式(11.4.6)可以求出最小二乘虚拟变量形式下的固定影响变截距模型的截距项。

3. 固定影响变截距模型的广义最小二乘估计

在固定影响变截距模型中,如果随机误差项不满足同方差或相互独立的假设,则需要使用广义最小二乘法(GLS)对模型进行估计。关于广义最小二乘法在前面的章节中已有详细介绍,以下只介绍各种情形下的 GLS 估计的基本思想。

固定影响变截距模型的广义最小二乘法主要考虑 4 种基本的方差结构:个体成员截面异方差、时期异方差、同期相关协方差和时期间相关协方差。对应于各种方差结构的 GLS 估计过程的主要步骤均为:先估计系数,然后计算 GLS 的转换权重,之后在加权数据的基础上重新估计,或者利用迭代的方法,重复上面的步骤直至系数和权重收敛为止。由于假定参数满足时间一致性,即参数值不随时间的不同而变化,因此下面只介绍个体成员截面异方差和同期相关协方差两种情形。

(1) 个体成员截面异方差情形的 GLS 估计

个体成员截面异方差是指各个体成员方程的随机误差项之间存在异方差，但个体成员之间和时期之间的协方差为零，对应的假设为

$$E(u_{it}u_{it})=\sigma_i^2;\quad E(u_{is}u_{jt})=0(i\neq j,s\neq t) \tag{11.4.13}$$

该情形用广义最小二乘法进行估计比较简单，即先对方程进行普通最小二乘估计，然后计算各个体成员的残差向量，并用来估计个体成员的样本方差 s_i^2：

$$s_i^2=\frac{1}{T}\sum_{t=1}^{T}(y_{it}-\hat{y}_{it})^2\quad(i=1,2,\cdots,N) \tag{11.4.14}$$

其中 $\hat{y}_{it}$ 是 OLS 的拟合值。个体成员方程截面异方差的协方差矩阵的估计为

$$E(\boldsymbol{u}_i\boldsymbol{u}_i')=\boldsymbol{\Sigma}_N=\begin{pmatrix} s_1^2 & 0 & \cdots & 0\\ 0 & s_2^2 & \cdots & 0\\ \vdots & \vdots & \vdots & \vdots\\ 0 & 0 & \cdots & s_N^2\end{pmatrix} \tag{11.4.15}$$

然后，用得到的样本方差估计作为各个体成员的权重，即加权矩阵为$\boldsymbol{\Sigma}_{\mathrm{N}}\otimes\boldsymbol{I}_T$，利用加权最小二乘方法得到相应的 GLS 估计。

$$\hat{\boldsymbol{b}}_{\mathrm{SUR}}=[\boldsymbol{X}'(\Sigma_N\otimes\boldsymbol{I}_T)^{-1}\boldsymbol{X}]^{-1}[\boldsymbol{X}'(\boldsymbol{\Sigma}_N\otimes\boldsymbol{I}_T)^{-1}\boldsymbol{Y}] \tag{11.4.16}$$

其中，$\boldsymbol{Y}=\begin{pmatrix}\boldsymbol{y}_1\\ \boldsymbol{y}_2\\ \vdots\\ \boldsymbol{y}_N\end{pmatrix}$，$\boldsymbol{X}=\begin{pmatrix}\boldsymbol{x}_1\\ \boldsymbol{x}_2\\ \vdots\\ \boldsymbol{x}_N\end{pmatrix}$，$\boldsymbol{\Sigma}_N\otimes\boldsymbol{I}_T=\begin{pmatrix} s_1^2\boldsymbol{I}_T & \boldsymbol{0} & \cdots & \boldsymbol{0}\\ \boldsymbol{0} & s_2^2\boldsymbol{I}_T & \cdots & \boldsymbol{0}\\ \vdots & \vdots & \vdots & \vdots\\ \boldsymbol{0} & \boldsymbol{0} & \cdots & s_N^2\boldsymbol{I}_T\end{pmatrix}$

类似地，可以得到含有 T 个时间截面方程情形下的时期异方差的 GLS 估计。

读者可以利用表 11.1.1 和表 11.1.2 中数据，建立个体变截距模型，采用 GLS 法消除个体成员截面异方差。在 Pool 窗口点击 Estimate，在 Weights 选择 Cross section weights（按截面取权数），可以消除个体成员截面异方差现象，采用加权法后，t 值、R^2 都有所提高，SE、RSS 有所减少。在 Common coefficients 中填入 IP? AR(1)还可消除自相关现象。

(2) 同期相关协方差情形的近似不相关估计

同期相关协方差是指不同的个体成员 i 和 j 的同时期的随机误差项是相关的，但其在不同时期之间是不相关的，相应的假设为

$$E(u_{it}u_{jt})=\sigma_{ij};\quad E(u_{is}u_{jt})=0\quad(s\neq t) \tag{11.4.17}$$

需要指出的是同期相关协方差允许同一时期即 t 不变时，不同个体成员之间存在协方差。如果把式(11.4.17)中的第一个表达式写成矩阵形式(协方差矩阵)

$$E(\boldsymbol{u}_i\boldsymbol{u}_i')=\boldsymbol{\Sigma}_N=\begin{pmatrix}\sigma_{11} & \sigma_{12} & \cdots & \sigma_{1N}\\ \sigma_{21} & \sigma_{22} & \cdots & \sigma_{2N}\\ \vdots & \vdots & \vdots & \vdots\\ \sigma_{N1} & \sigma_{N2} & \cdots & \sigma_{NN}\end{pmatrix} \tag{11.4.18}$$

此时这种个体成员之间存在协方差的方差结构有些类似于个体成员方程框架下的近似不相关回归(seemingly unrelated regression，SUR)，因此将这种结构称为个体成员截面

SUR(Cross-section SUR)。近似不相关回归是一组似乎不相关但实际上相关的回归方程。近似不相关回归允许各个回归方程的误差项之间存在跨方程相关。

近似不相关回归法(SUR)是考虑到方程间的误差项存在异方差和同期相关的条件下，估计多个方程所构成的系统的参数。这种方法经常将系统所包含的一系列内生变量作为一组处理，因为理论上，这些变量彼此之间存在密切的联系。

① $\boldsymbol{\Sigma}_N$ 已知的情况

本节的 SUR 方法适用于方程间的残差可能具有异方差和同期相关但不存在序列相关的情形。如果$\boldsymbol{\Sigma}_N$ 为已知的，则参数 $\boldsymbol{b}$ 的 SUR 估计为

$$\hat{\boldsymbol{b}}_{\mathrm{SUR}}=[\boldsymbol{X}'(\boldsymbol{\Sigma}_N\otimes\boldsymbol{I}_T)^{-1}\boldsymbol{X}]^{-1}[\boldsymbol{X}'(\boldsymbol{\Sigma}_N\otimes\boldsymbol{I}_T)^{-1}\boldsymbol{Y}] \tag{11.4.19}$$

② $\boldsymbol{\Sigma}_N$ 未知的情况

在一般的情况下，$\boldsymbol{\Sigma}_N$ 是未知的，这时就需要利用普通最小二乘法先估计未加权系统的参数，计算残差估计值，以此构造协方差矩阵估计量，得到$\boldsymbol{\Sigma}_N$ 的一致估计矩阵$\hat{\boldsymbol{\Sigma}}_N$，$\hat{\boldsymbol{\Sigma}}_N$ 中的元素的估计值为

$$s_{ij}=\frac{1}{T}(y_i-\hat{a}_i-\boldsymbol{x}_i\hat{\boldsymbol{b}}_{\mathrm{CV}})'(y_j-\hat{a}_j-\boldsymbol{x}_j\hat{\boldsymbol{b}}_{\mathrm{CV}})\ (i,j=1,2,\cdots,N)$$

其中 $\hat{\boldsymbol{b}}_{\mathrm{CV}}$ 和 $\hat{a}_i$ 可由式(11.4.4)得到。计算$\hat{\boldsymbol{\Sigma}}_N$ 之后，再进行广义最小二乘估计(GLS)，此时 $\boldsymbol{b}$ 的 SUR 估计为

$$\hat{\boldsymbol{b}}_{\mathrm{SUR}}=[\boldsymbol{X}'(\hat{\boldsymbol{\Sigma}}_N\otimes\boldsymbol{I}_T)^{-1}\boldsymbol{X}]^{-1}[\boldsymbol{X}'(\hat{\boldsymbol{\Sigma}}_N\otimes\boldsymbol{I}_T)^{-1}\boldsymbol{Y}] \tag{11.4.20}$$

个体成员截面SUR加权最小二乘法简单地说，就是对由各个体成员方程所构成的系统进行GLS估计，系统中允许存在个体成员异方差和同期相关。估计过程为：先利用第一阶段的普通最小二乘估计获得协方差矩阵估计量$\boldsymbol{\Sigma}_N$，然后在第二阶段获得相应的 GLS 估计。类似地，可以得到时期近似不相关(period SUR)(时期方程框架下的近似不相关)情形下的GLS估计。

4. 固定影响变截距模型的二阶段最小二乘估计

在固定影响变截距模型中，当各个体成员方程的误差项之间既不存在异方差，也不存在同期相关，但随机误差项与解释变量相关时，无论是 OLS 估计量还是 GLS 估计量都是有偏非一致估计，此时需要采用二阶段最小二乘方法(two stage least square，TSLS)对模型进行估计。关于二阶段最小二乘方法在前面的章节中已有介绍，在这里仅给出固定影响变截距模型中各参数的 TSLS 估计量的计算公式。

如果矩阵 $\boldsymbol{Z}_i=(z_{i1},z_{i2},\cdots,z_{iq})$中的 q 个变量同解释变量高度相关($q>k$)，但同随机误差项不相关，则可用 $\boldsymbol{Z}_i$ 作为工具变量对模型进行二阶段最小二乘估计，参数相应的估计结果为

$$\begin{cases}\hat{\boldsymbol{b}}_{\mathrm{CV}}=\left[\sum_{i=1}^{N}\boldsymbol{x}_i'\boldsymbol{Q}\boldsymbol{P}_{\tilde{Z}_i}\boldsymbol{Q}\boldsymbol{x}_i\right]^{-1}\left[\sum_{i=1}^{N}\boldsymbol{x}_i'\boldsymbol{Q}\boldsymbol{P}_{\tilde{Z}_i}\boldsymbol{Q}\boldsymbol{y}_i\right] & (11.4.21)\\ \hat{a}_i=\bar{y}_i-\bar{\boldsymbol{x}}_i\hat{\boldsymbol{b}}_{\mathrm{CV}} & (11.4.22)\end{cases}$$

其中

$$\boldsymbol{Q}=\boldsymbol{I}_T-\frac{1}{T}\boldsymbol{e}\boldsymbol{e}',\quad \tilde{\boldsymbol{Z}}_i=\boldsymbol{Q}\boldsymbol{Z}_i,\quad \boldsymbol{P}_{\tilde{\boldsymbol{Z}}_i}=\tilde{\boldsymbol{Z}}_i(\tilde{\boldsymbol{Z}}_i'\tilde{\boldsymbol{Z}}_i)^{-1}\tilde{\boldsymbol{Z}}_i'$$

11.4.2　随机影响变截距模型

固定影响模型仅适用于所抽到的截面单位，不适用于样本以外的单位，如果所抽取的样本本身是总体（比如从全国抽取所有的省份），固定影响模型是一个合理的面板数据模型。然而，如果截面数据是从一个大总体中抽取的（比如从全国抽取部分省份），固定影响模型便仅适用于所抽到的个体成员单位，而不适用于样本之外的其他单位，即把个体差异看作随机分布更合适。也就是说，如果想以样本结果对总体进行分析，则应该选用随机影响模型，即把反映个体差异的特定常数项作为跨个体成员的随机分布更合适。例如，在企业投资需求研究中，如果只关心所选取企业的投资需求状况，便可以选用固定影响模型来进行分析，而如果关心的是所有同等规模企业的投资需求状况，把选取的企业当作所有同等规模企业的随机抽样时，便应该选用随机影响模型进行分析。

1. 随机影响变截距模型的形式

与固定影响模型不同，随机影响变截距模型把变截距模型中用来反映个体差异的截距项分为常数项和随机变量项两部分，并用其中的随机变量项来表示模型中被忽略的、反映个体差异的变量的影响。模型的基本形式为

$$y_{it}=(a+v_i)+\boldsymbol{x}_{it}\boldsymbol{b}+u_{it}\quad(i=1,2,\cdots,N;\ t=1,2,\cdots,T)\tag{11.4.23}$$

其中 a 为截距中的常数项部分，v_i 为截距中的随机变量部分，代表个体的随机影响。对于式(11.4.23)所表示的模型，一般有如下的进一步假定：

(1) v_i 与 $\boldsymbol{x}_{it}$ 不相关；

(2) $E(u_{it})=E(v_i)=0$；

(3) $E(u_{it}v_j)=0(i,j=1,2,\cdots,N)$；

(4) $E(u_{it}u_{js})=0(i\neq j,t\neq s)$；

(5) $E(v_iv_j)=0(i\neq j)$；

(6) $E(u_{it}^2)=\sigma_u^2,E(v_i^2)=\sigma_v^2$。

为了分析方便，可以将模型(11.4.23)写成如下形式：

$$y_{it}=\tilde{\boldsymbol{x}}_{it}\boldsymbol{\beta}+\omega_{it},(i=1,2,\cdots,N;\ t=1,2,\cdots,T)\tag{11.4.24}$$

其中 $\tilde{\boldsymbol{x}}_{it}=(1,\boldsymbol{x}_{it})$，$\boldsymbol{\beta}=(a,\boldsymbol{b}')'$，$\omega_{it}=v_i+u_{it}$。如果令 $\boldsymbol{w}_i=(\omega_{i1},\omega_{i2},\cdots,\omega_{iT})'$，$\boldsymbol{w}=(\boldsymbol{w}_1,\boldsymbol{w}_2,\cdots,\boldsymbol{w}_N)'$，则有

(1) ω_{it} 与 $\boldsymbol{x}_{it}$ 不相关；

(2) $E(\omega_{it})=0$；

(3) $E(\omega_{it}^2)=\sigma_{\mathrm{u}}^2+\sigma_{\mathrm{v}}^2,E(\omega_{it}\omega_{is})=\sigma_{\mathrm{v}}^2(t\neq s)$；

(4) $E(\boldsymbol{w}_i\boldsymbol{w}_i')=\begin{pmatrix}\sigma_{\mathrm{u}}^2+\sigma_{\mathrm{v}}^2 & \sigma_{\mathrm{v}}^2 & \cdots & \sigma_{\mathrm{v}}^2\\ \sigma_{\mathrm{v}}^2 & \sigma_{\mathrm{u}}^2+\sigma_{\mathrm{v}}^2 & \cdots & \sigma_{\mathrm{v}}^2\\ \vdots & \vdots & \vdots & \vdots\\ \sigma_{\mathrm{v}}^2 & \sigma_{\mathrm{v}}^2 & \cdots & \sigma_{\mathrm{u}}^2+\sigma_{\mathrm{v}}^2\end{pmatrix}=\sigma_{\mathrm{u}}^2\boldsymbol{I}_T+\sigma_{\mathrm{v}}^2\boldsymbol{ee}'=\boldsymbol{\Omega}$；

(5) $E(\boldsymbol{ww}')_{NT\times NT}=\boldsymbol{I}_N\otimes\boldsymbol{\Omega}=\boldsymbol{V}$。　(11.4.25)

可见，随机影响变截距模型的误差项为两种随机误差之和，方差为各随机误差的方差

之和,因此各随机误差的方差(σ_u^2 和 σ_v^2)有时也被称为成分方差,相应地称该模型为方差成分模型(error component model)。

从式(11.4.25)给出的结果可以看出,在由式(11.4.24)所表示的随机影响变截距模型中,随机误差项与解释变量不相关,但同一个体成员、不同时期的随机误差项之间存在一定的相关性。普通 OLS 估计虽然仍是无偏和一致估计,但其不再是最有效估计,因此,一般用广义最小二乘法(GLS)对随机影响模型进行估计。

2. 随机影响变截距模型的估计(方差成分 GLS)

对于广义最小二乘法,主要是求转换矩阵。在式(11.4.25)中可以看出 NT 个观测值的随机项协方差矩阵为 $E(\boldsymbol{ww}')_{NT\times NT}=\boldsymbol{I}_N\otimes\boldsymbol{\Omega}=\mathbf{V}$,所以有 $\mathbf{V}^{-1}=\boldsymbol{I}_N\otimes\boldsymbol{\Omega}^{-1}$

由于

$$\boldsymbol{\Omega}=\sigma_{\mathrm{u}}^2\boldsymbol{I}_T+\sigma_{\mathrm{v}}^2\boldsymbol{ee}' \tag{11.4.26}$$

因此有

$$\boldsymbol{\Omega}^{-1}=\frac{1}{\sigma_{\mathrm{u}}^2}\left(\boldsymbol{I}_T-\frac{\sigma_{\mathrm{v}}^2}{\sigma_{\mathrm{u}}^2+T\sigma_{\mathrm{v}}^2}\boldsymbol{ee}'\right) \tag{11.4.27}$$

当成分方差 σ_{u}^2 和 σ_{v}^2 已知时,可以求出模型(11.4.24)中参数$\boldsymbol{\beta}$ 的 GLS 估计量

$$\hat{\boldsymbol{\beta}}_{\mathrm{GLS}}=\left[\sum_{i=1}^{N}\tilde{\boldsymbol{x}}_i'\boldsymbol{\Omega}^{-1}\tilde{\boldsymbol{x}}_i\right]^{-1}\left[\sum_{i=1}^{N}\tilde{\boldsymbol{x}}_i'\boldsymbol{\Omega}^{-1}\boldsymbol{y}_i\right] \tag{11.4.28}$$

其中 $\tilde{\boldsymbol{x}}_i=(\tilde{\boldsymbol{x}}_{i1},\tilde{\boldsymbol{x}}_{i2},\cdots,\tilde{\boldsymbol{x}}_{iT})'$,对应的协方差阵为

$$\mathrm{var}(\hat{\boldsymbol{\beta}}_{\mathrm{GLS}})=\sigma_u^2\left(\sum_{i=1}^{N}\tilde{\boldsymbol{x}}_i'\boldsymbol{\Omega}^{-1}\tilde{\boldsymbol{x}}_i\right)^{-1} \tag{11.4.29}$$

可见,当成分方差(σ_{u}^2 和 σ_{v}^2)已知时,可以很容易地计算出参数的 GLS 估计量。

在实际分析中,成分方差几乎都是未知的。因此,需要采用可行广义最小二乘估计法(feasible generalized least squares,FGLS)对模型进行估计,即先利用数据求出未知成分方差的无偏估计,然后再进行广义最小二乘估计。

在随机影响模型中,如果使用的数据是非平衡数据,则需要对 GLS 估计过程中的转换矩阵和 FGLS 估计过程中的成分方差估计做相应的修正。

由于在随机影响变截距模型中同一个体成员、不同时期的随机误差项之间存在一定的相关性,所以,当随机误差项与解释变量相关时,普通的 TSLS 估计虽然仍是无偏和一致估计,但其不再是最有效估计,此时,需要采用广义二阶段最小二乘法(generalized two stage least squares,GTSLS)对随机影响变截距模型进行估计。

例 11.4.2 利用 1996—2002 年中国东北、华北、华东 15 个省份的居民家庭人均消费和人均收入数据(见表 11.1.1 和表 11.1.2),试建立随机影响变截距模型。

如果将例 11.4.1 中的变截距模型设为随机影响形式,则相应的模型形式为

$$\mathrm{CP}_{it}=(a+v_i)+b\cdot\mathrm{IP}_{it}+u_{it}\quad(i=1,2,\cdots,15;\ t=1996,\cdots,2002)$$

其中 a 为 15 个省份的平均自发消费水平(公共截距项),b 为边际消费倾向,v_i 为随机变量,代表 i 地区的随机影响,用来反映省份之间的自发消费差异。

EViews 估计方法:在 EViews 的 Pool Estimation 对话框中 Cross-section 项下选择 Random(随机影响截距项),其余选项同上。

随机影响变截距模型输出结果如表 11.4.4 所示。

表 11.4.4　随机影响变截距模型估计结果

Dependent Variable: CP?
Method: Pooled EGLS (Cross-section random effects)
Date: 09/14/21 Time: 21:50
Sample: 1996 2002
Included observations: 7
Cross-sections included: 15
Total pool (balanced) observations: 105
Swamy and Arora estimator of component variances

Variable	Coefficient	Std. Error	t-Statistic	Prob.
C	345.1784	75.47227	4.573579	0.0000
IP?	0.724569	0.010572	68.53806	0.0000
Random Effects (Cross)				
AH--C	-2.553285			
BJ--C	367.0439			
FJ--C	-54.24029			
HB--C	-104.8367			
HLJ--C	-101.7677			
JL--C	54.90665			
JS--C	-32.27864			
JX--C	-223.9515			
LN--C	112.1151			
NMG--C	-133.1375			
SD--C	-100.8713			
SH--C	126.1816			
SX--C	-22.79176			
TJ--C	10.08775			
ZJ--C	106.0936			

Effects Specification

	S.D.	Rho
Cross-section random	122.6207	0.3708
Idiosyncratic random	159.7187	0.6292

Weighted Statistics

Root MSE	168.4454	R-squared	0.975741
Mean dependent var	2172.054	Adjusted R-squared	0.975506
S.D. dependent var	1086.684	S.E. of regression	170.0730
Sum squared resid	2979255.	F-statistic	4142.900
Durbin-Watson stat	1.230758	Prob(F-statistic)	0.000000

Unweighted Statistics

R-squared	0.982042	Mean dependent var	4917.608
Sum squared resid	5427330.	Durbin-Watson stat	0.675607

相应估计式为

$$\widehat{\mathrm{CP}}_{it}=345.1784+0.7246\mathrm{IP}_{it}+\hat{v}_i$$

$$t=(4.5736)\quad(68.5381)$$

$$\bar{R}^2=0.9755,\quad F=4142.90,\quad \mathrm{DW}=1.2308$$

其中反映各地区消费差异的随机影响 v_i 的估计结果见表 11.4.5。在 Pool 窗口点击 View/Representations 可得方程式。

从表 11.4.5 给出的估计结果可以看出，在 15 个省份中，自发消费最高的为北京，其次为上海；最低的是江西，其次是内蒙古。该结果与例 11.4.1 中所得到的结果基本一致，但两表中对应于同一地区的个体影响的具体估计值差异很大,可见模型中个体影响的形式对估计结果影响很大,因此要根据研究目的慎重选择模型形式。

表 11.4.5 各地区随机影响的变截距模型估计结果

地区	随机影响估计值	地区	随机影响估计值
安徽	−2.55	辽宁	112.12
北京	367.04	内蒙古	−133.14
福建	−54.24	山东	−100.87
河北	−104.84	上海	126.18
黑龙江	−101.77	陕西	−22.79
吉林	54.91	天津	10.09
江苏	−32.28	浙江	106.09
江西	−223.95		

11.4.3 随机影响的检验

在实际应用中,究竟是采用固定影响模型还是采用随机影响模型,这需要进行模型设定检验。当 T 很小而 N 很大时,参数估计在固定影响或是随机影响的不同假定下会产生明显的差别。当不同的截面仅有少数观测值时,有效地运用这些截面数据来估计不同截面包含的不同变量的关系是比较重要的。例如,豪斯曼(J. Hausman,1978)发现采用不同的假设(固定影响假设与随机影响假设),其结果会产生很大的差异。因此,有必要对采用固定影响模型还是采用随机影响模型进行事先检验。下面主要介绍两种检验方法。

1. LM 检验

Breush 和 Pagan 于 1980 年基于 OLS 残差,为随机影响模型构造了一种拉格朗日乘数检验方法。

随机影响模型的检验问题是:是否存在随机影响?即检验零假设和备择假设

$$H_0:\sigma_v^2=0;\quad H_1:\sigma_v^2\neq 0 \tag{11.4.30}$$

如果不否定原假设,就意味着没有随机影响,应当采用固定影响模型,否则采用随机影响模型。

在原假设成立的前提下,检验的统计量是

$$\mathrm{LM}=\frac{NT}{2(T-1)}\left[\frac{\sum_{i=1}^{N}\left(\sum_{t=1}^{T}e_{it}\right)^2}{\sum_{i=1}^{N}\sum_{t=1}^{T}e_{it}^2}-1\right]^2=\frac{NT}{2(T-1)}\cdot\left(\frac{\boldsymbol{e}'\boldsymbol{D}\boldsymbol{D}'\boldsymbol{e}}{\boldsymbol{e}'\boldsymbol{e}}-1\right)^2 \tag{11.4.31}$$

其中 e_{it} 是线性回归的残差,$\boldsymbol{e}$ 是由混合模型 OLS 估计的残差组成的向量,$\boldsymbol{D}$ 是前面的虚拟变量矩阵。在原假设成立情况下,LM 统计量服从自由度为 1 的 χ^2 分布。给定显著性水平 α,若统计量 $\mathrm{LM}>\chi_\alpha^2(1)$,则否定原假设,采用随机影响模型;否则采用固定影响模型。

利用豪斯曼统计量也可以检验是应该建立个体随机影响回归模型还是个体固定影响

回归模型。

2. 豪斯曼检验

豪斯曼检验，又称 H 检验，是豪斯曼(J. Hausman)于 1978 年提出的一种检验方法，主要用于检验一个参数的两种估计量差异的显著性。

原假设与备择假设是：

H_0：个体影响与解释变量不相关(个体随机影响回归模型)

H_1：个体影响与解释变量相关(个体固定影响回归模型)

设个体固定影响回归模型参数和个体随机影响回归模型参数估计量分别用 $\hat{\boldsymbol{b}}_{\mathrm{CV}}$ 和 $\hat{\boldsymbol{b}}_{\mathrm{GLS}}$ 表示($\hat{\boldsymbol{b}}_{\mathrm{CV}}$ 表示离差 OLS 估计量；$\hat{\boldsymbol{b}}_{\mathrm{GLS}}$ 表示可行 GLS 估计量)。如果真实模型是个体随机影响回归模型，那么 $\hat{\boldsymbol{b}}_{\mathrm{CV}}$ 和 $\hat{\boldsymbol{b}}_{\mathrm{GLS}}$ 都是一致估计量，两者差异应该较小。如果真实模型是个体固定影响回归模型，那么 $\hat{\boldsymbol{b}}_{\mathrm{CV}}$ 是一致估计量而 $\hat{\boldsymbol{b}}_{\mathrm{GLS}}$ 是非一致估计量，两者差异应该较大。所以，如果两种估计结果差异小，说明可以建立个体随机影响回归模型；如果两种估计结果差异大，应该建立个体固定影响回归模型。豪斯曼检验的统计量为

$$W=(\hat{\boldsymbol{b}}_{\mathrm{CV}}-\hat{\boldsymbol{b}}_{\mathrm{GLS}})'[\mathrm{var}(\hat{\boldsymbol{b}}_{\mathrm{CV}})-\mathrm{var}(\hat{\boldsymbol{b}}_{\mathrm{GLS}})]^{-1}(\hat{\boldsymbol{b}}_{\mathrm{CV}}-\hat{\boldsymbol{b}}_{\mathrm{GLS}}) \qquad (11.4.32)$$

其中 k 为解释变量的个数，$\hat{\boldsymbol{b}}_{\mathrm{CV}}$ 为固定影响模型的估计参数，$\hat{\boldsymbol{b}}_{\mathrm{GLS}}$ 为随机影响模型的估计参数。在原假设成立情况下，W 服从自由度为 k 的 χ^2 分布，这样可以利用 χ^2 分布的临界值与上述统计量对比来判断原假设是否成立。给定显著性水平 α，若统计量 $W>\chi^2_{\alpha}(k)$，则否定原假设，采用固定影响模型；否则采用随机影响模型。

特别地，当解释变量的个数为 1 时，豪斯曼检验的统计量为

$$W=\frac{(\hat{b}_{\mathrm{CV}}-\hat{b}_{\mathrm{GLS}})^2}{\mathrm{var}(\hat{b}_{\mathrm{CV}})-\mathrm{var}(\hat{b}_{\mathrm{GLS}})}$$

例 11.4.3　1996—2002 年中国东北、华北、华东 15 个省份的居民家庭人均消费和人均收入数据如表 11.1.1 和表 11.1.2 所示。利用豪斯曼检验选择面板模型。

由个体固定影响回归结果(表 11.4.2)可知：回归系数估计值 $\hat{b}_{\mathrm{CV}}=0.697\,561$，标准差 $s(\hat{b}_{\mathrm{CV}})=0.012\,692$。由个体随机影响回归结果(表 11.4.4)可知：回归系数估计值 $\hat{b}_{\mathrm{GLS}}=0.724\,569$，标准差 $s(\hat{b}_{\mathrm{GLS}})=0.010\,572$。

$$W=\frac{(\hat{b}_{\mathrm{CV}}-\hat{b}_{\mathrm{GLS}})^2}{\mathrm{var}(\hat{b}_{\mathrm{CV}})-\mathrm{var}(\hat{b}_{\mathrm{GLS}})}=\frac{(0.697\,561-0.724\,569)^2}{0.012\,692^2-0.010\,572^2}=14.789\,88$$

其中 W 表示豪斯曼(Hausman)统计量，因为 $W=14.789\,88>\chi^2_{0.05}(1)=3.841$，所以模型存在个体固定影响，应该建立个体固定影响回归模型。

EViews 11.0 可以直接进行豪斯曼检验。在表 11.4.4 输出结果窗口中点击 View 键，选 Fixed/Random Effects Testing/Correlated Random Effect-Hausman Test 功能，可以直接获得如表 11.4.6 所示的豪斯曼检验结果(仅列出主要结果)。

表 11.4.6 中第 1 部分给出的是豪斯曼检验结果。豪斯曼统计量的值是 14.787 5，相对应的概率是 0.000 1，说明检验结果拒绝了随机影响模型原假设，应该建立个体固定影响模型。14.787 516 与上面计算的 14.789 88 稍有差别，是由于两种计算的误差不同所致。表

中第2部分给出的是豪斯曼检验中间结果比较。0.697 561 是个体固定影响模型对参数的估计,0.724 569 是随机影响模型对参数的估计。0.000 049 是相应两个参数估计量的分布方差的差[Var(Diff)]。

表 11.4.6　豪斯曼检验结果

Correlated Random Effects - Hausman Test
Pool: CS
Test cross-section random effects

Test Summary	Chi-Sq. Statistic	Chi-Sq. d.f.	Prob.
Cross-section random	14.787516	1	0.0001

Cross-section random effects test comparisons:

Variable	Fixed	Random	Var(Diff.)	Prob.
IP?	0.697561	0.724569	0.000049	0.0001

综上分析,1996—2002年中国东北、华北、华东15个省份的居民家庭人均消费和人均收入问题应该建立个体固定影响回归模型。边际消费倾向为0.697 6;随地区不同,自发消费存在显著性差异。

随机影响模型和固定影响模型哪一个更好些?实际上各有优缺点。随机影响模型的优点是节省自由度。对于从时间和截面两方面看都存在较大变化的数据,随机影响模型能明确地描述误差来源的特征。固定影响模型的优点是比较容易分析任意截面数据所对应的因变量与全部截面数据对应的因变量均值的差异程度。此外,在实际应用时,是选择固定影响模型还是选择随机影响模型?一般经验做法是,如果研究者预期建立面板数据模型推断样本空间的经济关系,则模型设定为固定影响模型会更合理一些;如果研究样本是从总体随机抽样得到的,并且预期利用模型解释或推断总体的统计性质,则将模型设定为随机影响模型比较合理。

11.5　变系数模型

变系数模型的基本形式如下:

$$y_{it}=a_i+\boldsymbol{x}_{it}\boldsymbol{b}_i+u_{it}\quad(i=1,2,\cdots,N;\ t=1,2,\cdots,T)\tag{11.5.1}$$

其中 y_{it} 为被解释变量,$\boldsymbol{x}_{it}=(x_{1it},x_{2it},\cdots,x_{kit})$ 为 $1\times k$ 维解释变量,N 表示个体截面成员的个数,T 表示每个截面成员的观测时期总数,k 表示解释变量的个数,参数 a_i 表示模型的常数项或截距项,$\boldsymbol{b}_i=(b_{1i},b_{2i},\cdots,b_{ki})'$ 为对应于解释变量向量 $\boldsymbol{x}_{it}$ 的系数向量,u_{it} 为随机误差项,满足相互独立、零均值、同方差为 σ_u^2 的假设。

在式(11.5.1)所表示的变系数模型中,常数项 a_i 和系数向量 $\boldsymbol{b}_i$ 都是随着截面个体的改变而变化的,因此可以将变系数模型改写成如下形式:

$$y_{it}=\tilde{\boldsymbol{x}}_{it}\boldsymbol{\beta}_i+u_{it}\quad(i=1,2,\cdots,N;\ t=1,2,\cdots,T)\tag{11.5.2}$$

其中 $\tilde{\boldsymbol{x}}_{it}=(1,\boldsymbol{x}_{it})=(1,x_{1it},x_{2it},\cdots,x_{kit})$,$\boldsymbol{\beta}_i=(a_i,\boldsymbol{b}_i')'=(a_i,b_{1i},b_{2i},\cdots,b_{ki})'$。

模型相应的矩阵形式为

$$\boldsymbol{Y} = \boldsymbol{X}\boldsymbol{B} + \boldsymbol{U} \tag{11.5.3}$$

其中

$$\boldsymbol{Y} = \begin{pmatrix} \boldsymbol{y}_1 \\ \boldsymbol{y}_2 \\ \vdots \\ \boldsymbol{y}_N \end{pmatrix}, \quad \boldsymbol{y}_i = \begin{pmatrix} y_{i1} \\ y_{i2} \\ \vdots \\ y_{iT} \end{pmatrix}, \quad \boldsymbol{X} = \begin{pmatrix} \tilde{\boldsymbol{x}}_1 & 0 & \cdots & 0 \\ 0 & \tilde{\boldsymbol{x}}_2 & \cdots & 0 \\ \vdots & \vdots & \cdots & \vdots \\ 0 & 0 & \cdots & \tilde{\boldsymbol{x}}_N \end{pmatrix}$$

$$\tilde{\boldsymbol{x}}_i = \begin{pmatrix} \tilde{\boldsymbol{x}}_{i1} \\ \tilde{\boldsymbol{x}}_{i2} \\ \vdots \\ \tilde{\boldsymbol{x}}_{iT} \end{pmatrix} = \begin{pmatrix} 1 & x_{1i1} & x_{2i1} & \cdots & x_{ki1} \\ 1 & x_{1i2} & x_{2i2} & \cdots & x_{ki2} \\ \vdots & \vdots & \vdots & \cdots & \vdots \\ 1 & x_{1iT} & x_{2iT} & \cdots & x_{kiT} \end{pmatrix}, \quad \boldsymbol{B} = \begin{pmatrix} \boldsymbol{\beta}_1 \\ \boldsymbol{\beta}_2 \\ \vdots \\ \boldsymbol{\beta}_N \end{pmatrix}, \quad \boldsymbol{U} = \begin{pmatrix} \boldsymbol{u}_1 \\ \boldsymbol{u}_2 \\ \vdots \\ \boldsymbol{u}_N \end{pmatrix}, \quad \boldsymbol{u}_i = \begin{pmatrix} u_{i1} \\ u_{i2} \\ \vdots \\ u_{iT} \end{pmatrix}$$

类似于变截距模型，根据系数变化的不同形式，变系数模型也分为固定影响变系数模型和随机影响变系数模型两种类型。

11.5.1　固定影响变系数模型

1. 不同个体之间随机误差项不相关的固定影响变系数模型

在固定影响变系数模型中，系数向量$\boldsymbol{\beta}_i$为跨截面变化的常数向量。因此，当不同截面个体之间的随机误差项不相关时，即$E(\boldsymbol{u}_i\boldsymbol{u}_j')=0(i\neq j)$，且$E(\boldsymbol{u}_i\boldsymbol{u}_i')=\sigma_i^2\boldsymbol{I}$，上述固定影响变系数模型的估计是比较简单的。可以将模型分成对应于截面个体的 N 个单方程，利用各截面个体的时间序列数据采用经典的单方程模型估计方法分别估计各单方程中的参数。

例 11.5.1　利用 1996—2002 年中国东北、华北、华东 15 个省级地区的居民家庭人均消费和人均收入数据(见表 11.1.1 和表 11.1.2)，试建立固定影响变系数模型。

如果将例 11.4.1 中的变截距模型设为固定影响变系数形式，则相应的模型形式为

$$\mathrm{CP}_{it} = a_i + b_i \cdot \mathrm{IP}_{it} + u_{it} \quad (i=1,2,\cdots,15;\ t=1996,\cdots,2002)$$

其中 a_i 为 15 个省份的自发消费倾向，b_i 为边际消费倾向，两者用来反映省份之间的消费结构差异。

EViews 估计方法：在 Dependent variable 对话框中输入被解释变量 CP?；在 Regressors and AR( ) terms 的三个编辑框中，Common coefficients 栏保持空白，在 Cross-section specific coefficients 中输入 C　IP?，Period specific coefficients 选择窗保持空白；在 Estimation method 三个选项框，Cross-section 中选择 None，Period 中选择 None；在 Weights (权数)中选择 No weights；在 Estimation settings 选择 LS 方法；其他选择默认。完成合成数据模型定义对话框后，点击 OK 键，得到固定影响变系数模型输出结果如表 11.5.1 所示。

表 11.5.1 中给出了变系数模型估计结果，表 11.5.1 上半部第 2 列是各地区的边际消费倾向估计值，后面 3 列是参数的标准误差、t 统计量值和相伴概率。表 11.5.1 中部为各地区自发消费、边际消费倾向以及对应的 t 统计量等。表 11.5.1 下半部是整个回归方程的

拟合优度、F 统计量、DW 统计量等指标。在 Pool 窗口点击 View/Representations 可得到15个省份的消费函数方程式。

表 11.5.1　固定影响变系数模型估计结果

Dependent Variable: CP?
Method: Pooled Least Squares
Date: 09/14/21 Time: 21:55
Sample: 1996 2002
Included observations: 7
Cross-sections included: 15
Total pool (balanced) observations: 105

Variable	Coefficient	Std. Error	t-Statistic	Prob.
AH--C	161.6170	425.9078	0.379465	0.7054
BJ--C	36.21737	248.1013	0.145978	0.8843
FJ--C	1274.327	275.4198	4.626853	0.0000
HB--C	319.3549	366.6413	0.871028	0.3865
HLJ--C	595.8939	297.6571	2.001948	0.0489
JL--C	117.7834	295.8404	0.398131	0.6917
JS--C	708.9157	323.2499	2.193089	0.0314
JX--C	652.3219	279.4535	2.334277	0.0223
LN--C	195.5990	317.3595	0.616333	0.5395
NMG--C	-106.6407	270.9370	-0.393600	0.6950
SD--C	502.1694	302.1247	1.662126	0.1007
SH--C	1051.031	260.8782	4.028821	0.0001
SX--C	568.1460	265.9210	2.136522	0.0359
TJ--C	197.1228	315.3179	0.625156	0.5338
ZJ--C	1328.261	265.9279	4.994818	0.0000
AH--IPAH	0.760053	0.083156	9.140057	0.0000
BJ--IPBJ	0.806556	0.026004	31.01621	0.0000
FJ--IPFJ	0.583046	0.038416	15.17734	0.0000
HB--IPHB	0.705311	0.066939	10.53661	0.0000
HLJ--IPHLJ	0.644470	0.062252	10.35262	0.0000
JL--IPJL	0.787571	0.062076	12.68718	0.0000
JS--IPJS	0.662366	0.049147	13.47731	0.0000
JX--IPJX	0.601985	0.057506	10.46817	0.0000
LN--IPLN	0.781279	0.061467	12.71051	0.0000
NMG--IPNMG	0.785819	0.056871	13.81758	0.0000
SD--IPSD	0.677399	0.049733	13.62064	0.0000
SH--IPSH	0.671730	0.024605	27.30093	0.0000
SX--IPSX	0.669777	0.056873	11.77680	0.0000
TJ--IPTJ	0.745713	0.040951	18.20986	0.0000
ZJ--IPZJ	0.627661	0.029693	21.13847	0.0000

Root MSE	115.8508	R-squared	0.995337
Mean dependent var	4917.608	Adjusted R-squared	0.993534
S.D. dependent var	1704.704	S.E. of regression	137.0766
Akaike info criterion	12.91391	Sum squared resid	1409249.
Schwarz criterion	13.67219	Log likelihood	-647.9804
Hannan-Quinn criter.	13.22118	F-statistic	552.0481
Durbin-Watson stat	2.354650	Prob(F-statistic)	0.000000

$$\bar{R}^2=0.993\,5,\quad F=552.048\,1,\quad S_1=1\,409\,249,\quad \mathrm{DW}=2.354\,7$$

表 11.5.1 结果表明,回归系数显著不为 0,F 统计量较大(p 值显著),调整后的样本决定系数达 0.99,说明模型的拟合优度较高。

从估计结果可以看出,15 个省份的居民家庭消费需求结构具有明显的差异。在 15 个省份中,边际消费倾向最高是北京,其次是吉林、内蒙古两省区;而边际消费倾向最低的是福建。

2. 不同个体之间随机误差项相关的固定影响变系数模型

当不同截面个体的随机误差项之间存在相关性时,即 $E(\boldsymbol{u}_i\boldsymbol{u}_j')=\boldsymbol{\Omega}_{ij}\neq\boldsymbol{0}(i\neq j)$时,各截

面上的单方程 OLS 估计量虽然仍是一致和无偏的，但不是最有效的，因此需要使用广义最小二乘法对模型进行估计。如果协方差矩阵$\boldsymbol{\Omega}_{ij}$已知

$$\boldsymbol{V}=\begin{pmatrix}\boldsymbol{\Omega}_{11} & \boldsymbol{\Omega}_{12} & \cdots & \boldsymbol{\Omega}_{1N}\\ \boldsymbol{\Omega}_{21} & \boldsymbol{\Omega}_{22} & \cdots & \boldsymbol{\Omega}_{2N}\\ \vdots & \vdots & \vdots & \vdots\\ \boldsymbol{\Omega}_{N1} & \boldsymbol{\Omega}_{N2} & \cdots & \boldsymbol{\Omega}_{NN}\end{pmatrix}_{NT\times NT} \tag{11.5.4}$$

则可以直接得到参数的 GLS 估计

$$\hat{\boldsymbol{B}}_{\mathrm{GLS}}=(\boldsymbol{X}'\boldsymbol{V}^{-1}\boldsymbol{X})^{-1}\boldsymbol{X}'\boldsymbol{V}^{-1}\boldsymbol{Y} \tag{11.5.5}$$

一般而言，协方差矩阵$\boldsymbol{\Omega}_{ij}$是未知的，如何得到协方差矩阵$\boldsymbol{\Omega}_{ij}$的估计量？一种可行的方法是：首先采用经典单方程计量经济模型的估计方法，分别估计每个截面个体上的$\boldsymbol{b}_i$，计算残差估计值，以此构造协方差矩阵的估计量，然后再进行 GLS 估计。

例 11.5.2 利用 1996—2002 年中国东北、华北、华东 15 个省份的居民家庭人均消费和人均收入数据(见表 11.1.1 和表 11.1.2)，使用 GLS 法建立固定影响变系数模型。其回归结果比未加权模型的 t 值、$\bar{\boldsymbol{R}}^2$ 有所增加。在 Weights 中选择 Cross section weights (GLS)可消除截面异方差现象。

相对于混合估计模型来说，是否有必要建立变截距、变系数模型可以通过 F 检验来判定。即检验样本数据究竟属于哪一种面板数据模型形式，从而避免模型设定偏差，改进参数估计的有效性。

由以上计算结果可知 $S_1=1\ 409\ 249$，$S_2=2\ 270\ 394$，$S_3=4\ 824\ 597$

$$\begin{aligned}F_2&=\frac{(S_3-S_1)/[(N-1)(k+1)]}{S_1/[NT-N(k+1)]}\\&=\frac{(4\ 824\ 597-1\ 409\ 249)/(15-1)(1+1)}{1\ 409\ 249/[15\times 7-15\times(1+1)]}=6.491\ 6\\F_{0.05}&(28,75)=1.63\end{aligned}$$

因为 $F_2=6.491\ 6>F_{0.05}(28,75)=1.63$，所以拒绝假设 H_2，继续检验假设 H_1。

$$\begin{aligned}F_1&=\frac{(S_2-S_1)/[(N-1)k]}{S_1/[NT-N(k+1)]}\\&=\frac{(2\ 270\ 394-1\ 409\ 249)/(15-1)\times 1}{1\ 409\ 249/[15\times 7-15\times(1+1)]}=3.273\ 6\\F_{0.05}&(14,75)=1.83\end{aligned}$$

因为 $F_1=3.273\ 6>F_{0.05}(14,75)=1.83$，所以拒绝假设 H_1，结论是用模型(11.1.6)，即用变系数模型拟合样本。

3. 含有 AR(p)项的固定影响变系数模型

对于含有 AR(p)项的固定影响变系数模型，经过适当的变换，可以将其转换成基本的固定影响变系数模型进行估计。

例如，含有 AR(1)项的固定影响变系数模型的基本形式如下：

$$y_{it}=a_i+\boldsymbol{x}_{it}\boldsymbol{b}_i+u_{it}\quad (i=1,2,\cdots,N;\ t=1,2,\cdots,T) \tag{11.5.6}$$

$$u_{it}=\rho_i u_{it-1}+v_{it} \tag{11.5.7}$$

其中,v_{it} 为白噪声。则含有 AR(1)项的固定影响变系数模型(11.5.6)可变形为

$$y_{it}=a_i(1-\rho_i)+\rho_i y_{it-1}+(\boldsymbol{x}_{it}-\rho_i\boldsymbol{x}_{it-1})\boldsymbol{b}_i+v_{it} \tag{11.5.8}$$

利用前面所介绍的固定影响变系数模型的估计方法,能够实现对于变形后的模型(11.5.8)的估计。

类似地,对于含有 AR(p)项的固定影响变截距模型,也可以经适当变换转变为基本的固定影响变截距模型进行估计。

11.5.2 随机影响变系数模型

1. 随机影响模型的形式

考虑如下形式的变系数模型:

$$y_{it}=\tilde{\boldsymbol{x}}_{it}\boldsymbol{\beta}_i+u_{it}\quad (i=1,2,\cdots,N;\ t=1,2,\cdots,T) \tag{11.5.9}$$

其中 $\tilde{\boldsymbol{x}}_{it}=(1,\boldsymbol{x}_{it})$,$\boldsymbol{\beta}_i=(a_i,\boldsymbol{b}_i')'$。

在随机影响变系数模型中,系数向量$\boldsymbol{\beta}_i$ 为跨截面变化的随机值向量,一个基本的模型设定为

$$\boldsymbol{\beta}_i=\bar{\boldsymbol{\beta}}+\boldsymbol{v}_i\quad (i=1,2,\cdots,N) \tag{11.5.10}$$

其中,$\bar{\boldsymbol{\beta}}$ 为跨截面变化的系数的均值部分,$\boldsymbol{v}_i$ 为随机变量,表示变化系数的随机部分,其服从如下假设:

(1) $E(\boldsymbol{v}_i)=\boldsymbol{0}_{k+1}$

(2) $E(\boldsymbol{v}_i\boldsymbol{v}_j')=\begin{cases}\boldsymbol{\lambda}\boldsymbol{I}_{k+1} & i=j\\ \boldsymbol{0}_{(k+1)\times(k+1)} & i\neq j\end{cases}$

(3) $E(\tilde{\boldsymbol{x}}_{it}'\boldsymbol{v}_j')=\boldsymbol{0}_{(k+1)\times(k+1)}$,$E(\boldsymbol{v}_i\boldsymbol{u}_j')=\boldsymbol{0}_{(k+1)\times T}$

(4) $E(\boldsymbol{u}_i\boldsymbol{u}_j')=\begin{cases}\sigma_i^2\boldsymbol{I}_T & i=j\\ \boldsymbol{0}_{T\times T} & i\neq j\end{cases}$

此时模型(11.5.9)的矩阵形式可以改写为

$$\boldsymbol{Y}=\boldsymbol{X}\bar{\boldsymbol{\beta}}+\boldsymbol{D}\boldsymbol{v}+\boldsymbol{U} \tag{11.5.11}$$

其中,$\boldsymbol{v}=(\boldsymbol{v}_1,\boldsymbol{v}_2,\cdots,\boldsymbol{v}_N)'$,$\boldsymbol{X}=(\tilde{\boldsymbol{x}}_1,\tilde{\boldsymbol{x}}_2,\cdots,\tilde{\boldsymbol{x}}_N)'$,$\boldsymbol{D}=\mathrm{diag}(\tilde{\boldsymbol{x}}_1,\tilde{\boldsymbol{x}}_2,\cdots,\tilde{\boldsymbol{x}}_N)'$,$\boldsymbol{D}$ 是 $\tilde{\boldsymbol{x}}_i$ 的分块对角矩阵。复合误差项 $\boldsymbol{D}\boldsymbol{v}+\boldsymbol{U}$ 的协方差矩阵$\boldsymbol{\Phi}$ 为分块对角矩阵

$$\boldsymbol{\Phi}=\begin{pmatrix}\boldsymbol{\Phi}_1 & \boldsymbol{0} & \cdots & \boldsymbol{0}\\ \boldsymbol{0} & \boldsymbol{\Phi}_2 & \cdots & \boldsymbol{0}\\ \vdots & \vdots & \vdots & \vdots\\ \boldsymbol{0} & \boldsymbol{0} & \cdots & \boldsymbol{\Phi}_N\end{pmatrix}_{NT\times NT} \tag{11.5.12}$$

其中,$\boldsymbol{\Phi}_i=\tilde{\boldsymbol{x}}_i\boldsymbol{H}\tilde{\boldsymbol{x}}_i'+\sigma_i^2\boldsymbol{I}_T$,$\boldsymbol{H}=\lambda\boldsymbol{I}_{k+1}$。

2. 随机影响模型的估计

同随机影响变截距模型类似，在上述假设下，如果$(1/NT)\boldsymbol{XX}'$收敛于非零常数矩阵，则参数$\bar{\boldsymbol{\beta}}$的最优线性无偏估计是由下式给出的广义最小二乘(GLS)估计：

$$\hat{\boldsymbol{\beta}}_{\mathrm{GLS}}=\left[\sum_{i=1}^{N}\tilde{\boldsymbol{x}}'_i\boldsymbol{\Phi}_i^{-1}\tilde{\boldsymbol{x}}_i\right]^{-1}\left[\sum_{i=1}^{N}\tilde{\boldsymbol{x}}'_i\boldsymbol{\Phi}_i^{-1}\boldsymbol{y}_i\right]=\sum_{i=1}^{N}\boldsymbol{w}_i\hat{\boldsymbol{\beta}}_i \tag{11.5.13}$$

其中，$\boldsymbol{w}_i=[\boldsymbol{H}+\sigma_i^2(\tilde{\boldsymbol{x}}'_i\tilde{\boldsymbol{x}}_i)^{-1}]^{-1}\Big/\sum_{i=1}^{N}[\boldsymbol{H}+\sigma_i^2(\tilde{\boldsymbol{x}}'_i\tilde{\boldsymbol{x}}_i)^{-1}]^{-1}$，$\hat{\boldsymbol{\beta}}_i=(\tilde{\boldsymbol{x}}'_i\tilde{\boldsymbol{x}}_i)^{-1}\tilde{\boldsymbol{x}}'_i\boldsymbol{y}_i$。

利用式(11.5.13)可以计算出参数的 GLS 估计量。然而，在实际分析中，这两项方差几乎都是未知的，因此需要采用可行广义最小二乘估计法(FGLS)对模型进行估计，即先利用数据求出未知方差的无偏估计，然后再进行广义最小二乘估计。

11.6　面板数据的单位根检验与协整检验

由于面板数据反映了时间与截面二维信息，因此，与时间序列数据类似，面板数据也可能存在单位根。当协整关系未知时，常常需要检验所涉及的变量是否存在协整关系。很显然，协整检验与单位根检验有着密切的关系。本节将简要介绍面板数据的单位根检验与协整检验的基本知识和 EViews 操作方法。

11.6.1　面板数据的单位根检验

1. 面板数据的单位根检验方法分类

面板数据的单位根检验方法同普通的单位根检验方法类似，但也不完全相同。一般情况下可以将面板数据的单位根检验划分为两大类：一类为相同根情形下的单位根检验，即假设面板数据中的各截面序列具有相同的单位根过程，这类检验方法包括 LLC(Levin-Lin Chu)检验、Breitung 检验、Hadri 检验；另一类为不同根情形下的单位根检验，这类检验方法允许面板数据中的各截面序列具有不同的单位根过程，允许参数跨截面变化，检验方法主要包括 Im-Pesaran-Shin 检验、Fisher-ADF 检验和 Fisher-PP 检验。Im-Pesaran-Shin 检验、Fisher-ADF 检验和 Fisher-PP 检验对面板数据的不同截面分别进行单位根检验，其最终的检验在综合了各个截面的检验结果上，构造出统计量，对整个面板数据是否含有单位根作出判断。

为了避免单一方法可能存在的缺陷，允许截面数据中的各截面序列具有不同的单位根过程，在实际应用中通常会选择同时进行相同根情形下和不同根情形下的单位根检验。

2. 面板数据的单位根检验应用举例

在 EViews 的工作文件中，面板数据的几种单位根检验均可以实现。下面介绍面板数据单位根检验的 EViews 操作方法。以例 11.4.1 的面板数据为例。

例 11.6.1　1996—2002 年中国东北、华北、华东 15 个省份的居民家庭人均消费和人均收入数据如表 11.1.1 和表 11.1.2 所示，对人均消费和人均收入面板数据进行单位根检验。

EViews 操作方法：在 Pool 窗口点击 View 键，选 Unit Root Test 功能，打开面板数据单位根检验(Group Unit Root Test)对话框，如图 11.6.1，共有 6 个选项区。

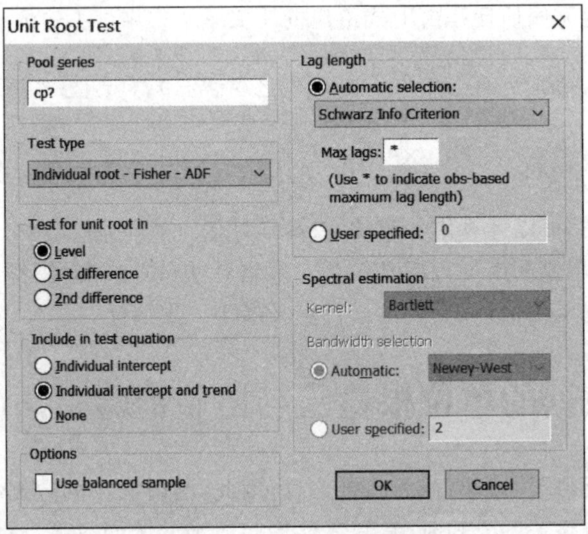

图 11.6.1　单位根检验对话框

(1) Test type(检验方法)选项区共包括 6 种检验方法，分别是 LLC、Breitung、Hadri、IPS、Fisher-ADF、Fisher-PP 检验。默认的状态是 6 种检验结果综合(Summary)。

(2) Test for unit root in(检验序列)选项区包括 3 个选项，可以对水平序列(Level)、1 阶差分序列(1st difference)、2 阶差分序列(2nd difference)进行检验，默认的选择是对水平序列检验单位根。

(3) Include in test equation(检验式中包括的确定项)选项区有 3 个选项。检验式中包括截距项(Individual intercept)、截距项与趋势项(Individual intercept and trend)，不包括确定性项(None)。

(4) Options(选择)选项区对是否使用平衡面板数据做出选择。

(5) Lag length(滞后长度)选项区指单位根检验式中差分项的滞后长度。可以给出 6 种评价准则，分别为赤池准则、施瓦茨准则、汉南准则、修正的赤池准则、修正的施瓦茨准则、修正的汉南准则。

(6) Spectral estimation(谱估计)选项区中核(Kernel)估计给出 3 种选择；带宽(Bandwidth selection)给出两种选择。

本例中，在 Pool series 填写 CP?(需要检验的变量)，在 Test type 中选择 Individual root-Fisher-ADF(检验方法)，在 Test for unit root in 中选择 Level，对原序列做单位根检验，Include in test equation 中选择 Individual Intercept and trend(截距项和趋势项)，其他选择默认值，点击 OK 键，得到 CP?序列有截距项和有趋势项的单位根检验结果，见表 11.6.1。选择 Individual Intercept(截距项)，得到 CP?序列仅有截距项的单位根检验结果；选择 None，得到 CP?序列不含有截距项、不含有趋势项的单位根检验结果(这两种检验结果略去)。检验结果均认为水平序列面板数据 CP?存在单位根。

容易验证一阶差分序列面板数据 d(CP?)不存在单位根，检验结果见表 11.6.2。

表 11.6.1　水平序列面板数据 CP? 单位根检验结果

ADF Fisher Unit Root Test on CP?

Null Hypothesis: Unit root (individual unit root process)
Series: CPAH, CPBJ, CPFJ, CPHB, CPHLJ, CPJL, CPJS, CPJX, CPLN, CPNMG, CPSD, CPSH, CPSX, CPTJ, CPZJ
Date: 09/14/21 Time: 22:04
Sample: 1996 2002
Exogenous variables: Individual effects, individual linear trends
Automatic selection of maximum lags
Automatic lag length selection based on SIC: 0
Total (balanced) observations: 90
Cross-sections included: 15

Method	Statistic	Prob.**
ADF - Fisher Chi-square	27.3695	0.6038
ADF - Choi Z-stat	0.63109	0.7360

** Probabilities for Fisher tests are computed using an asymptotic Chi -square distribution. All other tests assume asymptotic normality.

表 11.6.2　一阶差分序列面板数据 d(CP?)单位根检验结果

ADF Fisher Unit Root Test on D(CP?)

Null Hypothesis: Unit root (individual unit root process)
Series: CPAH, CPBJ, CPFJ, CPHB, CPHLJ, CPJL, CPJS, CPJX, CPLN, CPNMG, CPSD, CPSH, CPSX, CPTJ, CPZJ
Date: 09/14/21 Time: 22:09
Sample: 1996 2002
Exogenous variables: Individual effects
Automatic selection of maximum lags
Automatic lag length selection based on SIC: 0
Total (balanced) observations: 75
Cross-sections included: 15

Method	Statistic	Prob.**
ADF - Fisher Chi-square	45.5657	0.0342
ADF - Choi Z-stat	-2.08280	0.0186

** Probabilities for Fisher tests are computed using an asymptotic Chi -square distribution. All other tests assume asymptotic normality.

11.6.2　面板数据的协整检验

面板数据的协整检验方法可以分为两大类：一类是建立在 Engle 和 Granger 两步法检验基础上的面板数据协整检验，具体方法主要有 Pedroni 检验和 Kao 检验；另一类是建立在 Johansen 协整检验基础上的 Fisher 面板数据协整检验。

1. *面板数据的协整检验方法分类*

Pedroni 提出了基于 Engle 和 Granger 两步法的面板数据协整检验方法，该方法以协整方程的回归残差为基础构造 7 个统计量来检验面板变量之间的协整关系。

Kao 检验和 Pedroni 检验遵循同样的方法，即也是在 Engle 和 Granger 两步法的基础上发展起来的。但不同于 Pedroni 检验，Kao 检验在第一阶段将回归方程设定为每一个截面个体有不同的截距项和相同的系数。第二阶段基于 DF 检验和 ADF 检验的原理，对第一阶段求得的残差序列进行平稳性检验。

Maddala 和 Wu 基于 Fisher 所提出的单个因变量联合检验的结论，建立了可用于面板数据的另一种协整检验方法，该方法通过联合单个截面个体 Johansen 协整检验的结果获得对应于面板数据的检验统计量。

2. 面板数据的协整检验应用举例

在 EViews 的工作文件中,面板数据的几种协整检验均可以实现。下面介绍面板数据协整检验的 EViews 操作方法。以例 11.4.1 的面板数据为例。

例 11.6.2 1996—2002 年中国东北、华北、华东 15 个省份的居民家庭人均消费和人均收入数据如表 11.1.1 和表 11.1.2 所示,对人均消费和人均收入面板数据进行协整检验。

EViews 操作方法:在 Pool 窗口,点击 View 菜单,选择 Cointegration Test 菜单项,则显示协整检验的对话框,如图 11.6.2 所示。

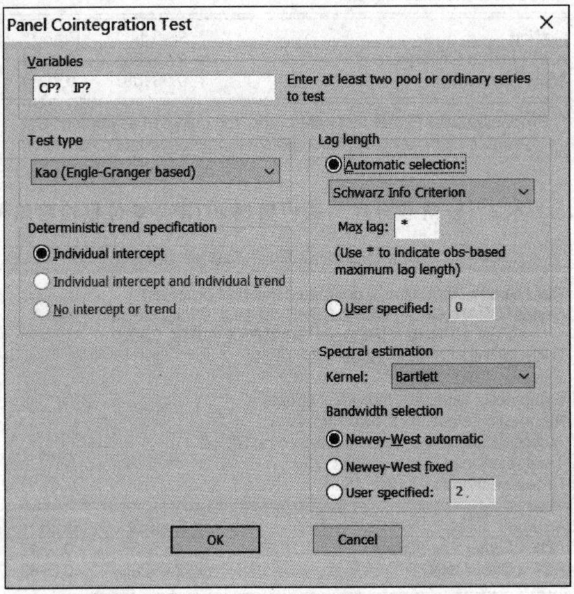

图 11.6.2 面板数据协整检验窗口

首先,在该窗口的 Variables 中输入需要检验的面板数据变量名序列 CP? IP?;其次,在 Test type 菜单中选择 Kao(Engle-Granger based)[或其他选项 Pedroni(Engle-Granger based)、Fisher(Cornbined Johansen)],当选择不同的检验方法时,对话框中其余的部分会发生相应的变化;然后,在 Deterministic trend specification 菜单中确定协整检验式中的截距项和趋势项;在 Lag length 中选择滞后期的范围,如 Automatic selection;选择完后点击 OK 键,出现面板数据协整检验结果,如表 11.6.3 所示。

表 11.6.3 面板数据协整检验结果

Kao Residual Cointegration Test
Series: CP? IP?
Date: 09/14/21 Time: 22:14
Sample: 1996 2002
Included observations: 7
Null Hypothesis: No cointegration
Trend assumption: No deterministic trend
Automatic lag length selection based on SIC with a max lag of 1
Newey-West automatic bandwidth selection and Bartlett kernel

	t-Statistic	Prob.
ADF	-7.572688	0.0000
Residual variance	35154.02	
HAC variance	24017.80	

从表 11.6.3 面板数据协整检验结果可知，出现拒绝变量 CP? 和 IP? 之间不存在协整关系的零假设，所以变量 CP? 和 IP? 之间存在协整关系。

11.7　案例分析

我国 2003—2008 年各地区总产出 Y（按支出法计算的地区生产总值，单位：亿元）、资本投入 K（资本形成总额，单位：亿元）、劳动投入 L（职工人数，单位：万人）数据如表 11.7.1～表 11.7.3 所示，利用 C-D 生产函数 $Y=AK^{\alpha}L^{\beta}e^{u}$，建立面板数据模型，对各地区的产出弹性进行对比分析。

表 11.7.1　中国 2003—2008 年各地区生产总值

地区	代号	2003	2004	2005	2006	2007	2008
北　京	BJ	3 663.10	4 283.31	6 886.31	7 870.28	9 353.32	10 488.03
天　津	TJ	2 447.66	2 931.88	3 697.62	4 359.15	5 050.40	7 380.45
河　北	HB	7 098.56	8 836.92	10 096.11	11 660.43	13 709.50	16 188.61
山　西	SX	2 516.38	3 138.85	4 103.32	4 785.93	5 730.99	6 993.09
内蒙古	NMG	2 171.47	2 712.08	3 895.55	4 791.48	6 091.12	8 500.64
辽　宁	LN	6 002.54	6 872.65	8 009.01	9 251.15	11 023.49	16 032.03
吉　林	JL	2 598.74	3 170.82	3 687.40	4 964.86	5 601.14	6 783.35
黑龙江	HLJ	4 233.15	4 904.38	5 511.50	6 188.90	7 065.00	8 303.00
上　海	SH	6 250.81	7 450.27	9 154.18	10 366.37	12 188.85	13 858.22
江　苏	JS	12 460.83	15 512.35	18 305.66	21 645.08	25 741.15	31 750.16
浙　江	ZJ	9 395.00	11 243.00	13 437.85	15 742.51	18 780.44	22 367.54
安　徽	AH	3 973.02	4 814.65	5 375.12	6 148.73	7 364.18	9 175.18
福　建	FJ	5 161.95	5 974.02	6 568.93	7 749.62	9 339.51	11 431.86
江　西	JX	2 838.40	3 504.37	4 061.76	4 674.88	5 500.25	6 498.85
山　东	SD	12 435.93	15 490.73	18 516.87	22 077.36	25 965.91	31 072.06
河　南	HEN	7 048.59	8 815.09	10 587.42	12 495.97	15 012.46	18 473.14
湖　北	HUB	5 377.30	6 335.10	6 520.14	7 581.32	9 550.04	11 728.64
湖　南	HUN	4 638.73	5 612.26	6 511.34	7 568.89	9 200.00	11 528.84
广　东	GD	13 625.87	16 039.46	22 366.54	26 204.47	31 084.40	35 696.46
广　西	GX	2 735.13	3 320.10	4 075.75	4 828.51	5 955.65	7 406.48
海　南	HN	671.43	769.36	894.57	1 052.85	1 223.28	1 550.26
重　庆	CQ	2 327.08	2 745.35	3 149.10	3 566.78	4 303.84	6 652.75
四　川	SC	5 456.32	6 556.01	7 385.11	8 637.81	10 505.30	12 815.12
贵　州	GZ	1 356.11	1 591.90	1 979.06	2 282.00	2 741.90	3 333.40
云　南	YN	2 465.29	2 959.48	3 472.89	4 006.72	4 741.31	4 741.31
西　藏	XZ	184.50	211.54	251.21	291.01	342.19	395.98
陕　西	SHX	2 398.58	2 883.51	3 675.65	4 523.74	5 465.79	7 362.71
甘　肃	GS	1 304.60	1 558.93	1 933.98	2 276.70	2 702.40	3 176.11
青　海	QH	389.76	465.73	543.32	641.58	783.61	961.52
宁　夏	NX	385.34	460.35	606.10	710.76	889.20	1 156.69
新　疆	XJ	1 877.60	2 200.15	2 604.14	3 045.26	3 523.16	4 160.02

表 11.7.2　中国 2003—2008 年各地区资本形成总额

地区	代号	2003	2004	2005	2006	2007	2008
北　京	BJ	2 293.93	2 707.87	3 580.89	3 970.92	4 558.27	4 301.55
天　津	TJ	1 320.47	1 673.73	1 968.45	2 364.41	2 922.47	4 150.23
河　北	HB	3 128.80	3 997.15	4 628.48	5 505.80	6 761.26	8 368.99
山　西	SX	1 230.34	1 601.79	2 178.45	2 594.56	3 204.43	4 002.04
内蒙古	NMG	1 299.27	1 918.06	2 845.06	3 466.11	4 494.40	5 781.16
辽　宁	LN	2 333.67	3 271.08	4 006.64	5 003.32	6 336.85	10 419.06
吉　林	JL	1 102.87	1 350.36	1 813.37	2 874.27	3 880.04	5 415.27
黑龙江	HLJ	1 307.86	1 664.85	1 958.70	2 334.84	3 036.93	3 849.13
上　海	SH	2 957.20	3 607.10	4 186.86	4 762.86	5 568.49	6 100.52
江　苏	JS	6 182.38	8 026.08	9 313.16	10 673.86	12 371.23	15 697.51
浙　江	ZJ	4 639.06	5 748.87	6 448.72	7 297.05	8 512.00	10 153.23
安　徽	AH	1 455.21	1 983.21	2 365.01	2 786.53	3 419.71	4 382.96
福　建	FJ	2 396.91	2 824.14	2 943.65	3 637.46	4 704.56	5 975.76
江　西	JX	1 354.99	1 736.79	1 981.98	2 355.02	2 766.96	3 288.30
山　东	SD	5 788.53	7 625.31	9 283.69	10 838.69	12 607.51	14 974.02
河　南	HEN	2 874.67	3 889.17	5 019.81	6 343.94	8 366.37	10 885.30
湖　北	HUB	2 141.90	2 680.96	2 943.58	3 591.39	4 450.25	5 716.36
湖　南	HUN	1 738.27	2 254.00	2 575.03	3 216.69	4 034.75	5 564.44
广　东	GD	5 259.48	6 365.35	8 383.17	9 621.48	11 148.88	12 969.83
广　西	GX	1 030.40	1 344.73	1 747.42	2 259.82	3 034.53	3 890.41
海　南	HN	315.66	366.16	424.33	497.36	558.42	757.62
重　庆	CQ	1 314.20	1 640.82	1 939.77	2 206.79	2 679.18	3 975.83
四　川	SC	2 295.26	2 728.10	3 326.22	4 150.62	5 185.46	6 811.05
贵　州	GZ	759.63	870.73	1 024.94	1 174.77	1 421.01	1 750.70
云　南	YN	1 147.12	1 450.44	1 989.93	2 386.22	2 666.73	2 666.73
西　藏	XZ	104.58	173.97	184.14	241.22	272.50	313.81
陕　西	SHX	1 447.73	1 844.24	2 112.14	2 798.67	3 329.79	4 736.22
甘　肃	GS	610.83	731.77	916.96	1 090.73	1 322.52	1 958.54
青　海	QH	294.25	322.67	369.28	427.63	496.71	643.19
宁　夏	NX	320.43	391.04	475.96	528.47	654.31	919.02
新　疆	XJ	1 119.21	1 362.40	1 606.80	1 932.64	2 089.83	2 229.74

表 11.7.3　中国 2003—2008 年各地区职工人数

地区	代号	2003	2004	2005	2006	2007	2008
北　京	BJ	436.3	446.4	448.4	453.1	478.9	508.3
天　津	TJ	174.9	172.6	169.9	172.0	176.0	178.1
河　北	HB	486.8	480.0	483.7	488.1	486.2	470.7
山　西	SX	347.9	352.0	352.1	357.2	366.7	365.7

续表

地区	代号	2003	2004	2005	2006	2007	2008
内蒙古	NMG	240.3	238.7	239.6	239.3	243.5	240.9
辽　宁	LN	483.5	481.1	476.6	476.0	473.0	485.7
吉　林	JL	286.8	279.4	257.9	259.9	256.5	255.8
黑龙江	HLJ	487.8	476.9	455.4	459.2	457.8	423.5
上　海	SH	279.2	264.4	264.8	264.5	293.1	305.4
江　苏	JS	579.1	575.1	602.9	645.7	667.3	668.3
浙　江	ZJ	373.2	434.6	511.8	580.7	632.7	689.3
安　徽	AH	337.8	324.8	317.4	320.9	323.5	322.6
福　建	FJ	334.1	365.6	387.0	412.2	429.3	441.6
江　西	JX	256.7	258.4	264.8	271.9	275.0	275.2
山　东	SD	762.3	776.1	871.1	874.3	879.7	872.7
河　南	HEN	682.5	676.9	681.9	692.1	699.0	691.9
湖　北	HUB	486.1	488.7	452.1	495.3	443.8	443.0
湖　南	HUN	379.4	367.4	381.2	390.0	410.0	421.4
广　东	GD	763.5	811.8	886.1	935.1	980.9	986.3
广　西	GX	255.7	260.8	268.6	267.8	271.8	272.2
海　南	HN	71.6	72.5	72.6	73.9	74.8	75.3
重　庆	CQ	205.6	208.0	209.7	213.0	220.8	229.6
四　川	SC	486.7	480.7	492.8	500.9	520.4	528.9
贵　州	GZ	188.7	192.7	202.0	201.9	207.5	199.8
云　南	YN	244.0	235.4	235.7	248.0	280.7	286.7
西　藏	XZ	14.5	14.5	16.3	17.0	17.8	18.1
陕　西	SHX	319.4	318.5	323.2	323.7	330.9	332.1
甘　肃	GS	189.0	187.0	188.5	190.2	190.5	188.2
青　海	QH	41.1	40.5	40.9	41.2	43.1	44.6
宁　夏	NX	59.4	58.5	57.4	56.7	56.3	54.7
新　疆	XJ	237.9	236.0	237.8	238.9	239.4	239.2

利用 EViews 软件建立面板数据模型步骤如下。

11.7.1　建立合成数据库(Pool)对象

首先建立工作文件。在打开工作文件窗口的基础上，点击主菜单中的 Objects\New Object...，从而打开 New Object(新对象)选择窗。在 Type of object 选择区选择 Pool(混合数据库)，并在 Name of object 选择区为混合数据库起名 cdmx。点击 OK 键，从而打开混合数据库(Pool)窗口。在窗口中输入 31 个地区的标识 BJ(北京)，TJ(天津)，…，XJ(新疆)。

11.7.2　定义序列名并输入数据

在新建的混合数据库(Pool)窗口的工具栏中点击 Sheet 键[第 2 种路径是，点击 View

键，选 Spreadsheet (stacked data)功能]，从而打开 Series list(列出序列名)窗口，定义时间序列变量 Y?、L?和 K?(?符号表示与 Y、L 和 K 相连的 31 个地区标识名)。点击 OK 键，从而打开混合数据库(Pool)窗口，输入数据。

生成新序列 lnY?、lnK?、lnL?：在 Pool 窗口的工具栏中点击 PoolGenr 键，弹出生成新序列对话框，如图 11.7.1，在对话框中填写 lnY? =log(Y?)，生成新序列 lnY?。按照同样方法生成 lnK?与 lnL?。

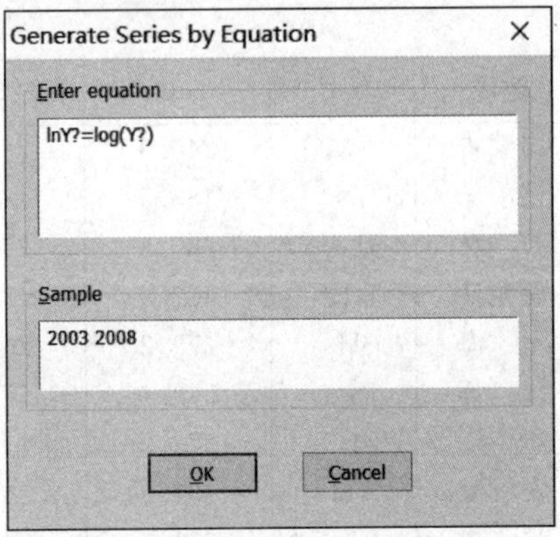

图 11.7.1　生成新序列对话框

11.7.3　个体面板数据模型的估计

下面分别建立无个体影响的不变系数模型、变截距模型和变系数模型等，然后从中选择一个比较理想的模型作为我国 C-D 生产函数，并对各省份的产出弹性进行对比分析。

1. 无个体影响的不变系数模型

如果将 C-D 生产函数模型设为无个体影响的不变系数模型，则相应的模型形式为

$$\ln Y_{it}=a+\alpha \ln K_{it}+\beta \ln L_{it}+u_{it}\quad (i=1,2,\cdots,31;\ t=2003,\cdots,2008)$$

其中，a 为截距($a=\ln A$)，在一定程度上反映技术进步水平，α、β 为斜率，代表产出资本弹性和产出劳动弹性，$\alpha+\beta$ 为规模报酬，$\alpha+\beta>1$ 表示产出为规模报酬递增，$\alpha+\beta<1$ 为规模报酬递减，$\alpha+\beta=1$ 为规模报酬不变。

EViews 估计方法：在 Pool 窗口的工具栏中点击 Estimate 键，打开 Pool Estimation(混合估计)窗口(见图 11.7.2)。

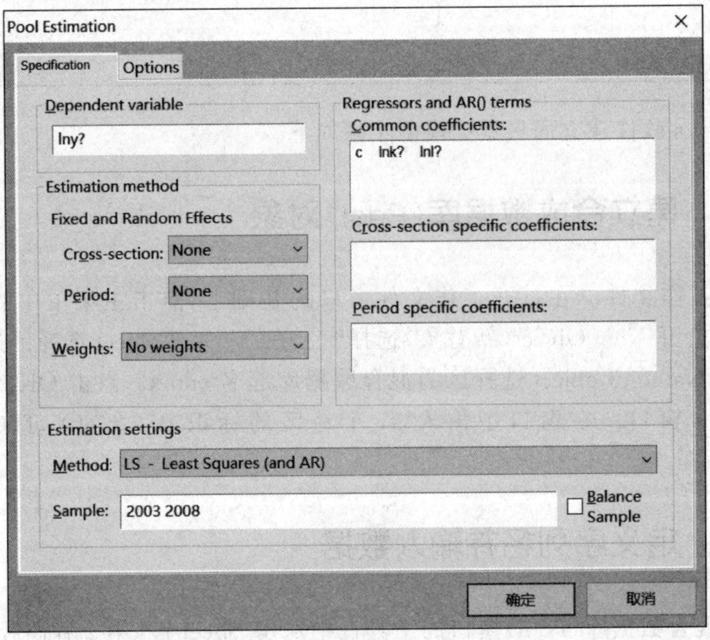

图 11.7.2　面板数据模型估计对话框

在 Dependent variable 对话框中输入被解释变量 lnY?；在 Regressors and AR() terms 的三个编辑框中，Common coefficients 栏中输入 C lnK?　lnL?，在 Cross-section specific coefficients 和 Period specific coefficients 选择窗保持空白；在 Estimation method 三个选项框中，Cross-section 中选择 None，Period 中选择 None；在 Weights(权数)中选择 No weights；在 Estimation settings 中选择 LS 方法；其他选择默认。完成合成数据模型定义对话框后，点击 OK 键，得输出结果如表 11.7.4 所示。

表 11.7.4　混合回归生产函数估计结果

Dependent Variable: LNY?
Method: Pooled Least Squares
Date: 09/15/21 Time: 07:55
Sample: 2003 2008
Included observations: 6
Cross-sections included: 31
Total pool (balanced) observations: 186

Variable	Coefficient	Std. Error	t-Statistic	Prob.
C	0.214423	0.082312	2.604992	0.0099
LNK?	0.838718	0.022496	37.28352	0.0000
LNL?	0.303154	0.025338	11.96459	0.0000

Root MSE	0.136372	R-squared	0.983576
Mean dependent var	8.440851	Adjusted R-squared	0.983397
S.D. dependent var	1.066987	S.E. of regression	0.137486
Akaike info criterion	-1.114599	Sum squared resid	3.459116
Schwarz criterion	-1.062570	Log likelihood	106.6577
Hannan-Quinn criter.	-1.093515	F-statistic	5479.667
Durbin-Watson stat	0.181545	Prob(F-statistic)	0.000000

根据输出结果，得如下混合回归生产函数方程：

$$\ln\hat{Y}_{it} = 0.2144 + 0.8387\ln K_{it} + 0.3032\ln L_{it}$$

$$t = (2.6050)\ (37.2835)\qquad(11.9646)$$

$$\bar{R}^2 = 0.9834,\quad F = 5\,479.667,\quad \mathrm{DW} = 0.1815,\quad S_3 = 3.4591$$

从表 11.7.4 结果看，回归系数显著不为 0，调整后的样本决定系数达 0.983 4，说明模型的拟合优度较高。t 统计量和 F 统计量值较大，说明回归系数显著，回归模型整体显著。从回归结果看，总产出 Y 与资本投入 K 和劳动投入 L 同向变动，回归系数 0.838 7 和 0.303 2 为产出资本弹性和产出劳动弹性，表示资本投入每增长 1%时，总产出将平均增长 0.838 7%，劳动投入每增长 1%时，总产出将平均增长 0.303 2%。两个产出弹性之和 1.141 9 大于 1，表明产出处于规模报酬递增阶段。

2. 固定影响变截距模型

如果将 C-D 生产函数模型设为固定影响变截距模型，则相应的模型形式为

$$\ln Y_{it} = a_i + \alpha\ln K_{it} + \beta\ln L_{it} + u_{it}\quad (i=1,2,\cdots,31;\ t=2003,\cdots,2008)$$

其中，a_i 用来反映省份间的技术进步水平差异，α、β 为产出资本弹性和产出劳动弹性。

EViews 估计方法：在 Cross-section 选择 Fixed，其余选项同上，得输出结果如表 11.7.5 所示。

表 11.7.5 固定影响变截距模型估计结果

Dependent Variable: LNY?
Method: Pooled Least Squares
Date: 09/15/21 Time: 07:57
Sample: 2003 2008
Included observations: 6
Cross-sections included: 31
Total pool (balanced) observations: 186

Variable	Coefficient	Std. Error	t-Statistic	Prob.
C	-1.028081	0.509330	-2.018497	0.0453
LNK?	0.818054	0.016001	51.12399	0.0000
LNL?	0.553278	0.096868	5.711694	0.0000
Fixed Effects (Cross)				
BJ--C	-0.236978			
TJ--C	0.167652			
HB--C	-0.085059			
SX--C	-0.187569			
NMG--C	-0.187804			
LN--C	-0.187313			
JL--C	-0.056116			
HLJ--C	0.016876			
SH--C	0.213428			
JS--C	-0.159888			
ZJ--C	-0.085828			
AH--C	0.092160			
FJ--C	-0.054476			
JX--C	0.035614			
SD--C	-0.304199			
HEN--C	-0.305773			
HUB--C	-0.092965			
HUN--C	0.053895			
GD--C	-0.099204			
GX--C	0.122635			
HN--C	0.517958			
CQ--C	-0.038986			
SC--C	-0.143198			
GZ--C	0.012260			
YN--C	-0.039794			
XZ--C	0.737012			
SHX--C	-0.260013			
GS--C	0.088745			
QH--C	0.439605			
NX--C	0.163378			
XJ--C	-0.136055			

Effects Specification

Cross-section fixed (dummy variables)

Root MSE	0.065689	R-squared	0.996189
Mean dependent var	8.440851	Adjusted R-squared	0.995392
S.D. dependent var	1.066987	S.E. of regression	0.072428
Akaike info criterion	-2.252918	Sum squared resid	0.802610
Schwarz criterion	-1.680608	Log likelihood	242.5213
Hannan-Quinn criter.	-2.020996	F-statistic	1249.882
Durbin-Watson stat	0.761969	Prob(F-statistic)	0.000000

根据输出结果,得如下变截距回归方程:

$$\ln\hat{Y}_{it}=(-1.0281+\hat{a}_{0i})+0.8181\ln K_{it}+0.5533\ln L_{it}$$

$$t=\quad(-2.0185)\qquad(51.1240)\qquad(5.7117)$$

$$\bar{R}^2=0.9954\quad \mathrm{DW}=0.7620\quad F=1249.882\quad S_2=0.8026$$

其中反映省份间技术水平差异的固定影响 a_i 的估计结果见表 11.7.6。

表 11.7.6　各地区总产出差异的固定影响

地区	代号	固定影响 $\hat{a}_{0i}$	截距 $\hat{a}_i$	地区	代号	固定影响 $\hat{a}_{0i}$	截距 $\hat{a}_i$
北　京	BJ	−0.236 978	−1.265 059	湖　北	HUB	−0.092 965	−1.121 046
天　津	TJ	0.167 652	−0.860 429	湖　南	HUN	0.053 895	−0.974 186
河　北	HB	−0.085 059	−1.113 140	广　东	GD	−0.099 204	−1.127 285
山　西	SX	−0.187 569	−1.215 650	广　西	GX	0.122 635	−0.905 446
内蒙古	NMG	−0.187 804	−1.215 885	海　南	HN	0.517 958	−0.510 123
辽　宁	LN	−0.187 313	−1.215 394	重　庆	CQ	−0.038 986	−1.067 067
吉　林	JL	−0.056 116	−1.084 197	四　川	SC	−0.143 198	−1.171 279
黑龙江	HLJ	0.016 876	−1.011 205	贵　州	GZ	0.012 260	−1.015 821
上　海	SH	0.213 428	−0.814 653	云　南	YN	−0.039 794	−1.067 875
江　苏	JS	−0.159 888	−1.187 969	西　藏	XZ	0.737 012	−0.291 069
浙　江	ZJ	−0.085 828	−1.113 909	陕　西	SHX	−0.260 013	−1.288 094
安　徽	AH	0.092 160	−0.935 921	甘　肃	GS	0.088 745	−0.939 336
福　建	FJ	−0.054 476	−1.082 557	青　海	QH	0.439 605	−0.588 476
江　西	JX	0.035 614	−0.992 467	宁　夏	NX	0.163 378	−0.864 703
山　东	SD	−0.304 199	−1.332 280	新　疆	XJ	−0.136 055	−1.164 136
河　南	HEN	−0.305 773	−1.333 854				

表 11.7.5 给出了变截距模型估计结果，表中上半部分第 2 列为回归系数估计值，后面三项是标准误差、t 统计量值和相伴概率。表中下半部分是截距估计值。

表 11.7.5 结果表明，回归系数显著不为 0，调整后的样本决定系数达 0.995 4，说明模型的拟合优度较高。t 统计量和 F 统计量值较大，说明回归系数显著，回归模型整体显著。从估计结果可以看出，对于 31 个省级地区来说，虽然各省份的产出资本弹性和产出劳动弹性相同，但是各省份的生产函数截距存在显著的差异。在 Pool 窗口点击 View/Representations 可得 31 个省级地区生产函数方程式。

3. 随机影响变截距模型

如果将 C-D 生产函数模型设为随机影响变截距模型，则相应的模型形式为

$$\ln Y_{it}=(a_0+v_i)+\alpha\ln K_{it}+\beta\ln L_{it}+u_{it}\quad (i=1,2,\cdots,31;\ t=2003,\cdots,2008)$$

其中，a_0 为平均截距，v_i 为随机变量，代表 i 地区的随机影响，用来反映省份间的生产函数差异，α、β 为产出资本弹性和产出劳动弹性。

EViews 估计方法：在 EViews 的 Pool Estimation 对话框中 Cross-section 选择 Random(随机影响截距项)，其余选项同上。随机影响变截距模型输出结果如表 11.7.7 所示。

根据输出结果，得到回归结果如下：

$$\ln\hat{Y}_{it}=(0.149\,2+\hat{v}_i)+0.827\,6\ln K_{it}+0.330\,2\ln L_{it}$$

$$t=\quad(1.035\,2)\qquad(54.085\,7)\qquad(10.976\,1)$$

$$\bar{R}^2=0.966\,0,\quad \mathrm{DW}=0.631\,2,\quad F=2\,631.349$$

其中反映各地区产出差异的随机影响 v_i 的估计结果见表 11.7.8。

表 11.7.7 随机影响变截距模型估计结果

Dependent Variable: LNY?
Method: Pooled EGLS (Cross-section random effects)
Date: 09/15/21 Time: 08:00
Sample: 2003 2008
Included observations: 6
Cross-sections included: 31
Total pool (balanced) observations: 186
Swamy and Arora estimator of component variances

Variable	Coefficient	Std. Error	t-Statistic	Prob.
C	0.149196	0.144118	1.035234	0.3019
LNK?	0.827612	0.015302	54.08574	0.0000
LNL?	0.330181	0.030082	10.97611	0.0000
Random Effects (Cross)				
BJ--C	-0.116743			
TJ--C	0.063709			
HB--C	0.032621			
SX--C	-0.120395			
NMG--C	-0.206075			
LN--C	-0.064445			
JL--C	-0.058580			
HLJ--C	0.126184			
SH--C	0.199699			
JS--C	0.009422			
ZJ--C	0.047094			
AH--C	0.122535			
FJ--C	0.021634			
JX--C	0.029625			
SD--C	-0.063806			
HEN--C	-0.102094			
HUB--C	0.022247			
HUN--C	0.124373			
GD--C	0.143540			
GX--C	0.111777			
HN--C	0.226969			
CQ--C	-0.086986			
SC--C	-0.011500			
GZ--C	-0.048688			
YN--C	-0.050895			
XZ--C	0.124309			
SHX--C	-0.209568			
GS--C	0.013691			
QH--C	0.035877			
NX--C	-0.161440			
XJ--C	-0.154090			

Effects Specification

	S.D.	Rho
Cross-section random	0.121252	0.7370
Idiosyncratic random	0.072428	0.2630

Weighted Statistics

Root MSE	0.072611	R-squared	0.966395
Mean dependent var	1.999783	Adjusted R-squared	0.966028
S.D. dependent var	0.397169	S.E. of regression	0.073204
Sum squared resid	0.980665	F-statistic	2631.349
Durbin-Watson stat	0.631179	Prob(F-statistic)	0.000000

Unweighted Statistics

R-squared	0.983387	Mean dependent var	8.440851
Sum squared resid	3.498918	Durbin-Watson stat	0.176905

表 11.7.8　各地区随机影响的变截距模型估计结果

地区	代号	随机影响$\hat{v}_i$	截距$\hat{a}_0+\hat{v}_i$	地区	代号	随机影响$\hat{v}_i$	截距$\hat{a}_0+\hat{v}_i$
北　京	BJ	−0.116 743	0.032 453	湖　北	HUB	0.022 247	0.171 443
天　津	TJ	0.063 709	0.212 905	湖　南	HUN	0.124 373	0.273 569
河　北	HB	0.032 621	0.181 817	广　东	GD	0.143 540	0.292 736
山　西	SX	−0.120 395	0.028 800	广　西	GX	0.111 777	0.260 973
内蒙古	NMG	−0.206 075	−0.056 879	海　南	HN	0.226 969	0.376 165
辽　宁	LN	−0.064 445	0.084 751	重　庆	CQ	−0.086 986	0.062 210
吉　林	JL	−0.058 580	0.090 616	四　川	SC	−0.011 500	0.137 696
黑龙江	HLJ	0.126 184	0.275 380	贵　州	GZ	−0.048 688	0.100 508
上　海	SH	0.199 699	0.348 895	云　南	YN	−0.050 895	0.098 301
江　苏	JS	0.009 422	0.158 618	西　藏	XZ	0.124 309	0.273 505
浙　江	ZJ	0.047 094	0.196 290	陕　西	SHX	−0.209 568	−0.060 372
安　徽	AH	0.122 535	0.271 731	甘　肃	GS	0.013 691	0.162 887
福　建	FJ	0.021 634	0.170 830	青　海	QH	0.035 877	0.185 073
江　西	JX	0.029 625	0.178 821	宁　夏	NX	−0.161 440	−0.012 244
山　东	SD	−0.063 806	0.085 390	新　疆	XJ	−0.154 090	−0.004 894
河　南	HEN	−0.102 094	0.047 102				

表 11.7.7 给出的估计结果与表 11.7.5 估计结果有一定差异，说明选择随机影响的变截距模型与选择固定影响的变截距模型对回归结果有较大影响，选择什么类型模型要慎重。

4. Hausman 检验与面板数据协整检验

(1) Hausman 检验。在表 11.7.7 输出结果窗口中点击 View 键，选 Fixed/Random Effects Testing/Correlated Random Effect-Hausman Test 功能，可以直接获得如表 11.7.9 所示的 Hausman 检验结果（仅列出主要结果）。

表 11.7.9　Hausman 检验结果

Correlated Random Effects - Hausman Test
Pool: CDMX
Test cross-section random effects

Test Summary	Chi-Sq. Statistic	Chi-Sq. d.f.	Prob.
Cross-section random	5.942418	2	0.0512

Cross-section random effects test comparisons:

Variable	Fixed	Random	Var(Diff.)	Prob.
LNK?	0.818054	0.827612	0.000022	0.0411
LNL?	0.553278	0.330181	0.008478	0.0154

表 11.7.9 中第 1 部分给出的是 Hausman 检验结果。Hausman 统计量的值是 5.942 4，相对应的概率是 0.051 2，说明在 6%显著性水平，检验结果拒绝了随机影响模型原假设，应该建立个体固定影响模型。表 11.7.9 中第 2 部分给出的是 Hausman 检验中间结果比较，即固定影响模型和随机影响模型参数估计值，以及相应的参数估计量的分布方差的差[Var(Diff)]。

综上分析，2003—2008 年中国 31 个省级地区 C-D 生产函数面板数据模型应该建立个体固定影响回归模型。

(2) 面板数据的单位根检验。下面利用 EViews 11.0 对面板数据是否存在单位根进行检验。以变量 lnY 为例,具体检验步骤如下。

在 Pool 窗口中点击 View 键,选 Unit Root Test 功能,打开面板数据单位根检验(Unit Root Test)对话框如图 11.7.3,共有 6 个选项区。

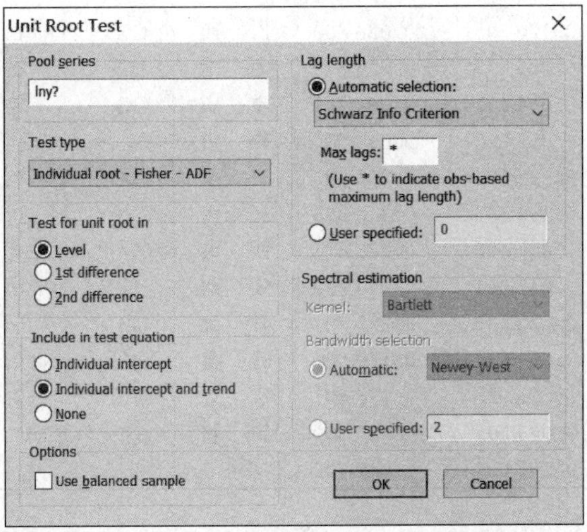

图 11.7.3 单位根检验对话框

在 Pool series 填写 lny?(需要检验的变量),在 Test type 中选择 Individual root-Fisher-ADF(检验方法),在 Test for unit root in 中选择 Level,对原序列做单位根检验,Include in test equation 中选择 Individual Intercept and trend(截距项和趋势项),其他选择默认值,点击 OK 键,得到 lny?序列有截距项和有趋势项的单位根检验结果,见表 11.7.10;选择 Individual Intercept(截距项),得到 lny?序列仅有截距项的单位根检验结果;选择 None,得到 lny?序列不含有截距项、不含有趋势项的单位根检验结果(这两种检验结果略去)。检验结果均认为水平序列面板数据 lny?存在单位根。

表 11.7.10 lnY?单位根检验结果

ADF Fisher Unit Root Test on LNY?

Null Hypothesis: Unit root (individual unit root process)
Series: LNYBJ, LNYTJ, LNYHB, LNYSX, LNYNMG, LNYLN, LNYJL, LNYHLJ, LNYSH, LNYJS, LNYZJ, LNYAH, LNYFJ, LNYJX, LNYSD, LNYHEN, LNYHUB, LNYHUN, LNYGD, LNYGX, LNYHN, LNYCQ, LNYSC, LNYGZ, LNYYN, LNYXZ, LNYSHX, LNYGS, LNYQH, LNYNX, LNYXJ
Date: 09/15/21 Time: 08:10
Sample: 2003 2008
Exogenous variables: Individual effects, individual linear trends
Automatic selection of maximum lags
Automatic lag length selection based on SIC: 0
Total (balanced) observations: 155
Cross-sections included: 31

Method	Statistic	Prob.**
ADF - Fisher Chi-square	50.2731	0.8570
ADF - Choi Z-stat	2.83570	0.9977

** Probabilities for Fisher tests are computed using an asymptotic Chi-square distribution. All other tests assume asymptotic normality.

而 lnY? 的一阶差分序列面板数据 d(lnY?)为平稳时间序列，检验结果如表 11.7.11 所示。

表 11.7.11　d(lnY?)单位根检验结果

ADF Fisher Unit Root Test on D(LNY?)

Null Hypothesis: Unit root (individual unit root process)
Series: LNYBJ, LNYTJ, LNYHB, LNYSX, LNYNMG, LNYLN, LNYJL, LNYHLJ, LNYSH, LNYJS, LNYZJ, LNYAH, LNYFJ, LNYJX, LNYSD, LNYHEN, LNYHUB, LNYHUN, LNYGD, LNYGX, LNYHN, LNYCQ, LNYSC, LNYGZ, LNYYN, LNYXZ, LNYSHX, LNYGS, LNYQH, LNYNX, LNYXJ
Date: 09/15/21　Time: 08:12
Sample: 2003 2008
Exogenous variables: Individual effects
Automatic selection of maximum lags
Automatic lag length selection based on SIC: 0
Total (balanced) observations: 124
Cross-sections included: 31

Method	Statistic	Prob.**
ADF - Fisher Chi-square	86.3334	0.0223
ADF - Choi Z-stat	-1.77083	0.0383

** Probabilities for Fisher tests are computed using an asymptotic Chi-square distribution. All other tests assume asymptotic normality.

类似地，可以检验，lnK?、lnL? 是一个非平稳时间序列，而 lnK?、lnL? 的一阶差分为平稳时间序列。

(3) 面板数据协整检验。由于 lnY?、lnK?、lnL? 为一阶单整，因此可能存在协整关系。EViews 方法：在 Pool 窗口，点击 View 菜单，选择 Cointegration Test 菜单项，即出现面板数据协整检验窗口，见图 11.7.4。

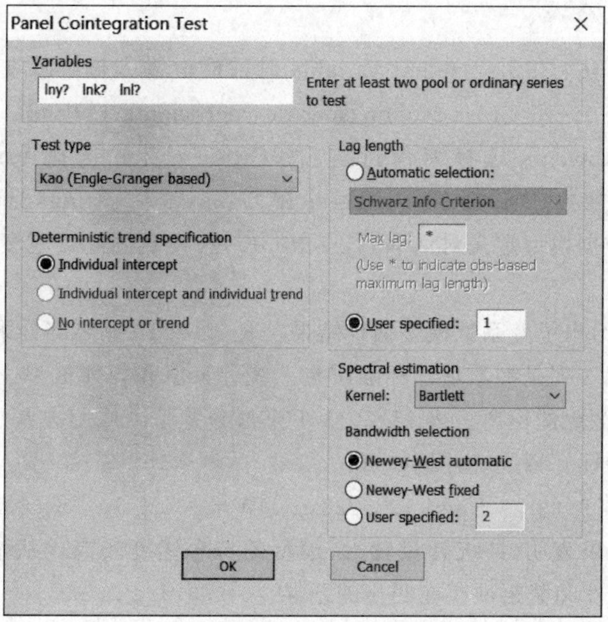

图 11.7.4　面板数据协整检验窗口

首先,在该窗口的 Variables 中输入需要检验的面板数据变量名序列 lnY? lnK? lnL?;其次,在 Test Type 菜单中选择 Kao(Engle-Granger based);再次,在 Deterministic trend specification 菜单中确定协整检验式中的漂移项和趋势项;最后,在 Lag length 中选择滞后期的范围,如 Automatic selection;点击 OK 键。出现面板数据协整检验结果如表 11.7.12 所示。

表 11.7.12 面板数据协整检验结果

Kao Residual Cointegration Test
Series: LNY? LNK? LNL?
Date: 09/15/21 Time: 08:15
Sample: 2003 2008
Included observations: 6
Null Hypothesis: No cointegration
Trend assumption: No deterministic trend
User-specified lag length: 1
Newey-West automatic bandwidth selection and Bartlett kernel

	t-Statistic	Prob.
ADF	-5.244176	0.0000
Residual variance	0.003265	
HAC variance	0.003882	

从表 11.7.12 面板数据协整检验结果可知,拒绝变量 lnY? 和 lnK?、lnL? 之间不存在协整关系的零假设,所以存在协整关系。

5. 固定影响变系数模型

如果将 C-D 生产函数模型设为固定影响变系数模型,则相应的模型形式为

$$\ln Y_{it} = a_i + \alpha_i \ln K_{it} + \beta_i \ln L_{it} + u_{it} \quad (i = 1, 2, \cdots, 31;\ t = 2003, \cdots, 2008)$$

其中,a_i 用来反映省市间的个体差异,α_i、β_i 为省市间产出资本弹性和产出劳动弹性,反映产出结构差异。

EViews 估计方法:在 Dependent variable 对话框中输入被解释变量 lnY?;Common coefficients 保持空白;在 Cross-section specific coefficients 栏中输入 C lnK? lnL?,Period specific coefficients 选择窗保持空白;Cross-section 选择 Fixed,Period 中选择 None;在 Weights(权数)中选择 No weights;在 Estimation Settings 选择 LS 方法;其他选择默认,完成合成数据模型定义对话框后,点击 OK 键,得到固定影响变系数模型输出结果如表 11.7.13 所示。

表 11.7.13 中给出了变系数模型估计结果。表 11.7.13 上半部分第 2 列是各地区的产出弹性估计值,后面 3 列是参数估计标准误差、t 统计量值和相伴概率。表 11.7.13 中部为各地区截距对平均截距的偏离。表 11.7.13 下半部分是整个回归方程的拟合优度、F 统计量、DW 统计量等指标。相关统计量如下:

$$\bar{R}^2 = 0.998\,9, \quad F = 1\,798.223, \quad \mathrm{DW} = 2.457\,3, \quad S_1 = 0.118\,3$$

表 11.7.13 结果表明,F 统计量较大,模型的拟合优度较高。从估计结果可以看出,31 个省份的产出弹性和截距项存在明显的差异。

以上建立了无个体影响的不变系数模型、变截距模型和变系数模型,样本数据究竟属于哪一种面板数据模型形式,需要通过 F 检验来完成。

表 11.7.13　固定影响变系数模型估计结果

Dependent Variable: LNY?
Method: Pooled Least Squares
Date: 09/15/21   Time: 08:17
Sample: 2003 2008
Included observations: 6
Cross-sections included: 31
Total pool (balanced) observations: 186

Variable	Coefficient	Std. Error	t-Statistic	Prob.
C	-2.050331	1.672515	-1.225897	0.2233
BJ--LNKBJ	1.290896	0.090020	14.34006	0.0000
TJ--LNKTJ	0.986119	0.047006	20.97878	0.0000
HB--LNKHB	0.846305	0.052224	16.20531	0.0000
SX--LNKSX	0.868253	0.101593	8.546362	0.0000
NMG--LNKNMG	0.896823	0.033258	26.96525	0.0000
LN--LNKLN	0.672084	0.030442	22.07721	0.0000
JL--LNKJL	0.545409	0.048619	11.21808	0.0000
HLJ--LNKHLJ	0.583970	0.098552	5.925505	0.0000
SH--LNKSH	1.083156	0.073211	14.79491	0.0000
JS--LNKJS	0.881729	0.122440	7.201304	0.0000
ZJ--LNKZJ	0.820867	0.334344	2.455154	0.0159
AH--LNKAH	0.816888	0.052071	15.68806	0.0000
FJ--LNKFJ	0.674914	0.132619	5.089139	0.0000
JX--LNKJX	0.926654	0.173042	5.355089	0.0000
SD--LNKSD	1.034247	0.095948	10.77930	0.0000
HEN--LNKHEN	0.731335	0.052383	13.96120	0.0000
HUB--LNKHUB	0.785222	0.060512	12.97622	0.0000
HUN--LNKHUN	0.771287	0.091823	8.399742	0.0000
GD--LNKGD	0.924224	0.333785	2.768919	0.0068
GX--LNKGX	0.741909	0.088640	8.369946	0.0000
HN--LNKHN	0.771552	0.205123	3.761416	0.0003
CQ--LNKCQ	0.678629	0.200441	3.385671	0.0010
SC--LNKSC	0.838453	0.137082	6.116420	0.0000
GZ--LNKGZ	1.002872	0.076472	13.11429	0.0000
YN--LNKYN	0.641252	0.064224	9.984667	0.0000
XZ--LNKXZ	0.324721	0.094142	3.449268	0.0008
SHX--LNKSHX	0.827088	0.102551	8.065159	0.0000
GS--LNKGS	0.762755	0.039165	19.47549	0.0000
QH--LNKQH	1.343534	0.136283	9.858375	0.0000
NX--LNKNX	0.606360	0.361959	1.675216	0.0973
XJ--LNKXJ	1.037098	0.087583	11.84136	0.0000
BJ--LNLBJ	1.521610	0.432693	3.516603	0.0007
TJ--LNLTJ	-0.949437	1.122115	-0.846114	0.3997
HB--LNLHB	0.485149	1.378061	0.352052	0.7256
SX--LNLSX	-0.028806	2.047470	-0.014069	0.9888
NMG--LNLNMG	2.692892	2.583106	1.042502	0.2999
LN--LNLLN	2.232808	1.563173	1.428381	0.1565
JL--LNLJL	-0.574251	0.606747	-0.946442	0.3464
HLJ--LNLHLJ	-0.316224	0.805546	-0.392558	0.6955
SH--LNLSH	0.129668	0.322263	0.402367	0.6883
JS--LNLJS	0.802392	0.582683	1.377065	0.1718
ZJ--LNLZJ	0.399421	0.401369	0.995145	0.3222
AH--LNLAH	1.597807	0.958996	1.666125	0.0991
FJ--LNLFJ	0.622721	0.433396	1.436840	0.1541
JX--LNLJX	0.112032	1.796398	0.062365	0.9504
SD--LNLSD	-0.352114	0.497603	-0.707619	0.4810
HEN--LNLHEN	-0.787699	2.142840	-0.367596	0.7140
HUB--LNLHUB	-0.199223	0.414602	-0.480517	0.6320
HUN--LNLHUN	0.171712	0.745984	0.230182	0.8185
GD--LNLGD	0.580623	1.090985	0.532201	0.5959
GX--LNLGX	-0.066676	1.782147	-0.037413	0.9702
HN--LNLHN	3.417981	3.263096	1.047466	0.2976
CQ--LNLCQ	2.607777	1.857864	1.403643	0.1638
SC--LNLSC	-0.778145	1.469077	-0.529683	0.5976
GZ--LNLGZ	0.922927	0.681959	1.353347	0.1792
YN--LNLYN	0.593372	0.255803	2.319648	0.0225
XZ--LNLXZ	1.683062	0.379842	4.430953	0.0000

续表

SHX--LNLSHX	3.504320	2.511235	1.395457	0.1662
GS--LNLGS	5.763579	2.379543	2.422137	0.0174
QH--LNLQH	-1.670166	1.048612	-1.592740	0.1146
NX--LNLNX	-6.170539	4.640496	-1.329715	0.1869
XJ--LNLXJ	3.546108	4.400189	0.805899	0.4224
Fixed Effects (Cross)				
BJ--C	-9.008390			
TJ--C	7.645448			
HB--C	1.116877			
SX--C	3.867524			
NMG--C	-11.52428			
LN--C	-8.299005			
JL--C	9.375576			
HLJ--C	8.172180			
SH--C	1.395933			
JS--C	-1.326113			
ZJ--C	1.875333			
AH--C	-4.915998			
FJ--C	1.723462			
JX--C	2.689518			
SD--C	4.827229			
HEN--C	10.22601			
HUB--C	5.822414			
HUN--C	3.728163			
GD--C	-0.223879			
GX--C	5.185484			
HN--C	-10.48205			
CQ--C	-8.974190			
SC--C	8.988946			
GZ--C	-2.219269			
YN--C	2.100424			
XZ--C	1.225846			
SHX--C	-16.37307			
GS--C	-25.81388			
QH--C	6.603630			
NX--C	29.71002			
XJ--C	-17.11991			
Effects Specification				
Cross-section fixed (dummy variables)				
Root MSE	0.025223	R-squared		0.999438
Mean dependent var	8.440851	Adjusted R-squared		0.998882
S.D. dependent var	1.066987	S.E. of regression		0.035670
Akaike info criterion	-3.522141	Sum squared resid		0.118331
Schwarz criterion	-1.909268	Log likelihood		420.5591
Hannan-Quinn criter.	-2.868543	F-statistic		1798.223
Durbin-Watson stat	2.457334	Prob(F-statistic)		0.000000

根据以上计算结果可知，$S_1=0.1183$，$S_2=0.8026$，$S_3=3.4591$，下面计算检验统计量 F_1 和 F_2。

$$F_2=\frac{(S_3-S_1)/[(N-1)(k+1)]}{S_1/[NT-N(k+1)]}=\frac{(3.4591-0.1183)/(31-1)(2+1)}{0.1183/[31\times 6-31\times(2+1)]}$$

$$=2.9693$$

对于 F_2，在5%的显著性水平下，自由度为(90,93)的 F 分布的临界值 $F_{0.05}(90,93)$ 在1.39～1.45，因为 $F_2=2.9693>F_{0.05}(90,93)$，所以拒绝假设 H_2，即拒绝"截距和斜率在不同的截面样本点和时间上都相同"的假设，继续检验假设 H_1。

$$F_1=\frac{(S_2-S_1)/[(N-1)k]}{S_1/[NT-N(k+1)]}=\frac{(0.8026-0.1183)/(31-1)\times 2}{0.1183/[31\times 6-31\times(2+1)]}=8.9659$$

对于 F_1，在 5%的显著性水平下，相应的临界值 $F_{0.05}(60,93)$ 在 1.42～1.51，因为 $F_1=3.8504>F_{0.05}(60,93)$，所以拒绝假设 H_1，即拒绝“斜率在不同的截面样本点和时间上都相同，但截距不相同”假设，表明应该选取固定影响变系数模型拟合样本。

6. 固定影响变系数模型 GLS 估计

以上建立的 C-D 生产函数模型使用的是普通最小二乘法，由于各省份的产出弹性存在一定程度上的差异，所以可以使用广义最小二乘法 GLS(Cross section weights)，即以截面模型残差的方差为权数对模型进行估计。

EViews 估计方法：如表 11.7.13 所示窗口，在 Weights(权数)选择窗选择 Cross-section weights(按截面取权数)，其余选项同上，得到固定影响变系数模型(GLS 法)输出结果(略去，读者可自行练习)。

11.7.4　时期面板数据模型的估计

对于不同的时期(或时点)有不同的截距和斜率的面板数据模型，则称为时期(或时点)面板数据模型。时期面板数据模型也有三种类型：无时期影响的不变系数模型(混合回归模型)、时期变截距模型和时期变系数模型。

1. 估计时期固定影响变截距模型

如果面板数据模型的解释变量对被解释变量的截距影响只是随着时间变化而不随个体变化(对不同时期有不同的截距)，则可以设定如下面板数据模型(时期变截距模型)。

对于本例的 C-D 生产函数来说，其时期变截距模型形式为

$$\ln Y_{it}=\gamma_t+\alpha\ln K_{it}+\beta\ln L_{it}+u_{it}\quad (i=1,2,\cdots,31;\ t=2003,\cdots,2008)$$

其中，γ_t 用来反映不同年份间的产出差异，反映技术进步水平变化，α、β 为产出资本弹性和产出劳动弹性。

EViews 11.0 估计方法：在 EViews 的 Pooled Estimation 对话框中 Dependent variable 选项中填写 lnY?，在 Fixed and Random 下，Cross-section 中选择 None，Period 中选择 Fixed，在 Common coefficients 填写 C　lnK?　lnL?，在 Cross-section specific coefficients 与 Period specific coefficients 中保持空白。点击 OK 键，得到输出结果如表 11.7.14。

根据输出结果，得到如下时期变截距回归方程：

$$\ln\hat{Y}_{it}=(0.2815+\hat{\gamma}_{0t})+0.8097\ln K_{it}+0.3314\ln L_{it}$$

$$t=\quad(2.8596)\qquad(25.0788)\qquad(9.7497)$$

$$\bar{R}^2=0.9831,\quad \mathrm{DW}=0.1625,\quad F=1542.192,\quad S_2=3.4164$$

其中反映各年份间产出差异的固定影响 $\hat{\gamma}_{0t}$ 的估计结果见表 11.7.15。

表 11.7.14 时点变截距模型估计结果

Dependent Variable: LNY?
Method: Pooled Least Squares
Date: 09/15/21 Time: 08:29
Sample: 2003 2008
Included observations: 6
Cross-sections included: 31
Total pool (balanced) observations: 186

Variable	Coefficient	Std. Error	t-Statistic	Prob.
C	0.281461	0.098428	2.859571	0.0047
LNK?	0.809726	0.032287	25.07882	0.0000
LNL?	0.331412	0.033992	9.749748	0.0000
Fixed Effects (Period)				
2003--C	-0.018142			
2004--C	-0.030118			
2005--C	0.001290			
2006--C	0.001583			
2007--C	0.014881			
2008--C	0.030506			

Effects Specification

Period fixed (dummy variables)

Root MSE	0.135528	R-squared	0.983779
Mean dependent var	8.440851	Adjusted R-squared	0.983141
S.D. dependent var	1.066987	S.E. of regression	0.138540
Akaike info criterion	-1.073255	Sum squared resid	3.416419
Schwarz criterion	-0.934513	Log likelihood	107.8127
Hannan-Quinn criter.	-1.017032	F-statistic	1542.192
Durbin-Watson stat	0.162548	Prob(F-statistic)	0.000000

表 11.7.15 各年份产出差异的固定影响

年份	固定影响$\hat{\gamma}_{0t}$	截距$\hat{\gamma}_t=0.281\,5+\hat{\gamma}_{0t}$
2003	−0.018 142	0.263 319
2004	−0.030 118	0.251 343
2005	0.001 290	0.282 751
2006	0.001 583	0.283 044
2007	0.014 881	0.296 342
2008	0.030 506	0.311 967

表 11.7.14 中给出了时期变截距模型估计结果,表中上半部分第 2 列为回归系数估计值,后面三项是标准误差、t 统计量值和相伴概率。表中下半部分是各年份截距估计值。

表 11.7.14 结果表明,回归系数显著不为 0,调整后的样本决定系数达 0.98,说明模型的拟合优度较高。t 统计量和 F 统计量值较大,说明回归系数显著,回归模型整体显著。从估计结果可以看出,对于不同年份来说,虽然各年份的产出资本弹性和产出劳动弹性相同,但是各年份产出随着时间的推移存在显著的差异,结果显示,技术进步水平逐年提高。

2. 估计时期固定影响变系数模型

模型形式为

$$\ln Y_{it}=\gamma_t+\alpha_t \ln K_{it}+\beta_t \ln L_{it}+u_{it} \quad (i=1,2,\cdots,31;\ t=2003,\cdots,2008)$$

其中,γ_t 用来反映不同年份间的截距差异,α_t、β_t 反映不同年份间产出资本弹性和产出劳动弹性差异。

EViews11.0 估计方法：在 EViews 的 Pool Estimation 对话框中 Dependent variable 选项中选 lnY？在 Fixed and Random 下，Cross-section 中选择 None，Period 中选择 Fixed，在 Common coefficients、Cross-section specific coefficients 保持空白，在 Period specific coefficients 填入 c　lnK?　lnL?，点击 OK 键，得到输出结果如表 11.7.16。

$$\bar{R}^2 = 0.9822,\quad F = 602.4231,\quad DW = 0.1583,\quad S_1 = 3.3992$$

表 11.7.16 上半部分第 2 列是各年份的产出弹性估计值，后面 3 列是参数估计标准误差、t 统计量值和相伴概率。表 11.7.16 中部为各年份截距对平均截距的偏离。表 11.7.16 下半部分是整个回归方程的拟合优度、F 统计量、DW 统计量等指标。

表 11.7.16　时期变斜率面板数据模型估计结果

Dependent Variable: LNY?
Method: Pooled Least Squares
Date: 09/15/21 Time: 08:32
Sample: 2003 2008
Included observations: 6
Cross-sections included: 31
Total pool (balanced) observations: 186

Variable	Coefficient	Std. Error	t-Statistic	Prob.
C	0.287410	0.102838	2.794779	0.0058
LNK?--2003	0.827880	0.073618	11.24555	0.0000
LNK?--2004	0.817806	0.073803	11.08099	0.0000
LNK?--2005	0.817051	0.082819	9.865458	0.0000
LNK?--2006	0.823819	0.086757	9.495701	0.0000
LNK?--2007	0.793192	0.090591	8.755734	0.0000
LNK?--2008	0.774268	0.084570	9.155337	0.0000
LNL?--2003	0.313539	0.077751	4.032623	0.0001
LNL?--2004	0.340886	0.077022	4.425806	0.0000
LNL?--2005	0.324237	0.087659	3.698861	0.0003
LNL?--2006	0.318564	0.090562	3.517628	0.0006
LNL?--2007	0.337554	0.096011	3.515776	0.0006
LNL?--2008	0.359186	0.089208	4.026389	0.0001
Fixed Effects (Period)				
2003--C	-0.056248			
2004--C	-0.149500			
2005--C	-0.020799			
2006--C	-0.043128			
2007--C	0.107629			
2008--C	0.162047			

Effects Specification

Period fixed (dummy variables)

Root MSE	0.135187	R-squared	0.983860
Mean dependent var	8.440851	Adjusted R-squared	0.982227
S.D. dependent var	1.066987	S.E. of regression	0.142245
Akaike info criterion	-0.970768	Sum squared resid	3.399244
Schwarz criterion	-0.658599	Log likelihood	108.2814
Hannan-Quinn criter.	-0.844265	F-statistic	602.4231
Durbin-Watson stat	0.158292	Prob(F-statistic)	0.000000

从上面的时期固定影响变斜率模型估计结果可知，我国资本产出弹性较高，有下降趋势，劳动产出弹性较小，有上升趋势。

3. 估计时期近似不相关回归模型(SUR)

在 EViews 的 Pool Estimation 对话框 Dependent variable 选项中填写 lnY?，在 Fixed and Random 下，Cross-section 中选择 None，Period 中选择 Fixed，在 Common coefficients、

Cross-section specific coefficients 保持空白,在 Period specific coefficients 中填写 C lnK? lnL?,在 Weights(权数)中选择 Period SUR,点击 OK 键,可以消除自相关和异方差现象,回归结果见表 11.7.17。

$$\bar{R}^2 = 0.952\,9,\quad F = 221.015\,7,\quad \mathrm{DW} = 1.871\,5$$

在输出结果的最上方 EViews 给出了因变量、估计方法和样本的信息。接着在下面给出了解释变量对应于各年份的截距和系数的估计结果。在输出结果的最下方给出了评价总体估计效果的统计量,由于估计方法选择的是 Period 的 Period SUR 估计,所以结果中给出了加权和未加权两种情况下的评价统计量。从这部分结果可以看出,与表 11.7.16 回归结果相比较,利用 Period SUR 法建立的生产函数模型,其回归参数标准误 S.E 下降,而 t 有较大幅度提高,DW 统计量由 0.158 3 增加到 1.871 5,消除了自相关,因此建立近似不相关回归模型(SUR)是比较合适的。

表 11.7.17 时期变斜率面板数据模型估计结果 SUR

Dependent Variable: LNY?
Method: Pooled EGLS (Period SUR)
Date: 09/15/21 Time: 08:36
Sample: 2003 2008
Included observations: 6
Cross-sections included: 31
Total pool (balanced) observations: 186
Linear estimation after one-step weighting matrix

Variable	Coefficient	Std. Error	t-Statistic	Prob.
C	0.746979	0.165227	4.520927	0.0000
LNK?--2003	0.646626	0.056390	11.46694	0.0000
LNK?--2004	0.626291	0.047075	13.30398	0.0000
LNK?--2005	0.631257	0.040646	15.53075	0.0000
LNK?--2006	0.642429	0.039631	16.21015	0.0000
LNK?--2007	0.627016	0.043000	14.58185	0.0000
LNK?--2008	0.682283	0.047111	14.48261	0.0000
LNL?--2003	0.472863	0.061816	7.649475	0.0000
LNL?--2004	0.508088	0.051956	9.779230	0.0000
LNL?--2005	0.491487	0.046220	10.63353	0.0000
LNL?--2006	0.480768	0.044494	10.80511	0.0000
LNL?--2007	0.488339	0.048532	10.06216	0.0000
LNL?--2008	0.436146	0.052607	8.290720	0.0000
Fixed Effects (Period)				
2003--C	-0.088173			
2004--C	-0.106114			
2005--C	0.011404			
2006--C	0.013928			
2007--C	0.137514			
2008--C	0.031441			

Effects Specification

Period fixed (dummy variables)

Weighted Statistics

Root MSE	0.933362	R-squared	0.957200
Mean dependent var	29.28164	Adjusted R-squared	0.952869
S.D. dependent var	11.47457	S.E. of regression	0.982092
Sum squared resid	162.0367	F-statistic	221.0157
Durbin-Watson stat	1.871498	Prob(F-statistic)	0.000000

Unweighted Statistics

R-squared	0.981105	Mean dependent var	8.440851
Sum squared resid	3.979671	Durbin-Watson stat	0.107143

4. 模型形式设定检验

由以上计算结果可知 $S_1=3.3992$，$S_2=3.4164$，$S_3=3.4591$，下面计算检验统计量 F_1 和 F_2。

$$F_2=\frac{(S_3-S_1)/[(T-1)(k+1)]}{S_1/[NT-T(k+1)]}=\frac{(3.4591-3.3992)/(6-1)\times 3}{3.3992/(31\times 6-6\times 3)}=0.1974$$

对于 F_2，在 5%的显著性水平下，自由度为(15,168)的 F 分布的临界值 $F_{0.05}(15,168)$ 在 1.69～1.76，因为 $F_2=0.1974<F_{0.05}(15,168)$，所以接受假设 H_2，即接受"截距和斜率在不同的截面样本点和时间上都相同"的假设，即混合数据模型。

即测即练 11.1　　**即测即练 11.2**

习　题

(1) 什么是面板数据？面板数据模型有哪些类型？面板数据模型有哪些优点？

(2) 如何检验面板数据模型属于哪一种模型形式？

(3) 固定影响变截距模型和固定影响变系数模型如何估计？

(4) 在学习面板数据模型之前，我们也经常将多个时间的截面数据综合为一组样本估计模型，现在看来，它是否肯定是错误的？为什么？

(5) 对于变系数面板数据模型 $Y_{it}=a_i+\boldsymbol{X}_{it}\boldsymbol{b}_i+u_{it}$，如果 $E(\boldsymbol{UU}')\neq 0$，说明为什么利用所有样本的 GLS 估计比每个截面个体方程的独立估计更有效。

(6) 表 1 列出了美国、加拿大、英国在 1980—1999 年的失业率 Y(%)及对制造业的补助 X(美元/小时)的相关资料。考虑如下模型：

$$Y_{it}=b_0+b_1X_{it}+u_{it}$$

① 根据上述回归模型分别估计这三个国家 Y 关于 X 的回归方程；

② 将这三个国家的数据合并成一个大样本，按上述模型估计一个总的回归方程；

③ 估计变截距固定影响模型；

④ 分析上述三类回归方程的估计结果，判断哪类模型更好一些。

表 1　美国、加拿大、英国失业率及对制造业补助资料

年份	美国		加拿大		英国	
	补助 X	失业率 Y	补助 X	失业率 Y	补助 X	失业率 Y
1980	55.6	7.1	49.0	7.2	43.7	7.0
1981	61.1	7.6	54.1	7.3	44.1	10.5
1982	67.0	9.7	59.6	10.6	42.2	11.3
1983	68.8	9.6	63.9	11.5	39.0	11.8
1984	71.2	7.5	64.3	10.9	37.2	11.7
1985	75.1	7.2	63.5	10.2	39.0	11.2

续表

年份	美国		加拿大		英国	
	补助 X	失业率 Y	补助 X	失业率 Y	补助 X	失业率 Y
1986	78.5	7.0	63.3	9.2	47.8	11.2
1987	80.7	6.2	68.0	8.4	60.2	10.3
1988	64.0	5.5	76.0	7.3	68.3	8.6
1989	86.6	5.3	84.1	7.0	67.7	7.2
1990	90.8	5.6	91.5	7.7	81.7	6.9
1991	95.6	6.8	100.1	9.8	90.5	8.8
1992	100.0	7.5	100.0	10.6	100.0	10.1
1993	102.7	6.9	95.5	10.7	88.7	10.5
1994	105.6	6.1	91.7	9.4	92.3	9.7
1995	107.9	5.6	93.3	8.5	95.9	8.7
1996	109.3	5.4	93.1	8.7	95.6	8.2
1997	111.4	4.9	94.4	8.2	103.3	7.0
1998	117.3	4.5	90.6	7.5	109.8	6.3
1999	123.2	4.9	91.9	5.7	112.2	6.1

(7) 继续题(6),请用普通最小二乘法(OLS)与广义最小二乘法(GLS)估计固定影响变系数模型,并对两种估计方法所得估计结果进行比较。

(8) 表2列出1935—1954年美国通用电器(GE)、通用汽车(GM)、美国钢铁(US)、西屋(WEST)四家大型公司每年的总投资 Y,股价总市值 X_1 及固定资产净值 X_2 的相关数据资料。显然,投资依赖于股价市值及固定资产净值:

$$Y_{it}=b_0+b_1X_{1it}+b_2X_{2it}+u_{it}$$

① 根据上述回归模型分别估计这四个公司 Y 关于 X_1 与 X_2 的回归方程;

② 将这四个公司的数据合并成一个大样本,按上述模型估计一个总的回归方程;

③ 估计变截距固定影响模型;

④ 分析上述三类回归方程的估计结果,判断哪类模型更好一些。

表2 美国GE、GM、US、WEST四家公司统计数据 单位:万美元

年份	GE			GM			US			WEST		
	Y	X_1	X_2	Y	X_1	X_2	Y	X_1	X_2	Y	X_1	X_2
1935	33.1	1 170.6	97.8	317.6	3 078.5	2.8	209.9	1 362.4	53.8	12.93	191.5	1.8
1936	45.0	2 015.8	104.4	391.8	4 661.7	52.6	355.3	1 807.1	50.5	25.90	516.0	0.8
1937	77.2	2 803.3	118.0	410.6	5 387.1	156.9	469.9	2 673.3	118.1	35.05	729.0	7.4
1938	44.6	2 039.7	156.2	257.7	2 792.2	209.2	262.3	1 801.9	260.2	22.89	560.4	18.1
1939	48.1	2 256.2	172.6	330.8	4 313.2	203.4	230.4	1 957.3	312.7	18.84	519.9	23.5
1940	74.4	2 132.2	186.6	461.2	4 643.9	207.2	361.6	2 202.9	254.2	28.57	628.5	26.5
1941	113.0	1 834.1	220.9	512.0	4 551.2	255.2	472.8	2 380.5	261.4	48.51	537.1	36.2
1942	91.9	1 588.0	287.8	448.0	3 244.1	303.7	445.6	2 168.6	298.7	43.34	561.2	60.8
1943	61.3	1 749.4	319.9	499.6	4 053.7	264.1	361.6	1 985.1	301.8	37.02	617.2	84.4
1944	56.8	1 687.2	321.3	547.5	4 379.3	201.6	288.2	1 813.9	279.1	37.81	626.7	91.2

续表

年份	GE			GM			US			WEST		
	Y	X_1	X_2	Y	X_1	X_2	Y	X_1	X_2	Y	X_1	X_2
1945	93.6	2 007.7	319.6	561.2	4 840.9	265.0	258.7	1 850.2	213.8	39.27	737.2	92.4
1946	159.9	2 208.3	346.0	688.1	4 900.0	402.2	420.3	2 067.7	232.6	53.46	760.5	86.0
1947	147.2	1 656.7	456.4	568.9	3 526.5	761.5	420.5	1 796.7	264.8	55.56	581.4	111.1
1948	146.3	1 604.4	543.4	529.2	3 245.7	922.4	494.5	1 625.8	306.9	49.56	662.3	130.6
1949	98.3	1 431.8	618.3	555.1	3 700.2	1 020.1	405.1	1 667.0	351.1	32.04	583.8	141.8
1950	93.5	1 610.5	647.4	642.9	3 755.6	1 099.0	418.8	1 677.4	357.8	32.24	635.2	136.7
1951	135.2	1 819.4	671.3	755.9	4 833.0	1 207.7	588.2	2 289.5	341.1	54.38	732.8	129.7
1952	157.3	2 079.7	726.1	891.2	4 924.9	1 430.5	645.2	2 159.4	444.2	71.78	864.1	145.5
1953	179.5	2 371.6	800.3	1 304.4	6 241.7	1 777.3	641.0	2 031.3	623.6	90.08	1 193.5	174.8
1954	189.6	2 759.9	888.9	1 486.7	5 593.6	2 226.3	459.3	2 115.5	669.7	68.60	1 188.9	213.5

(9) 继续题(8),请用普通最小二乘法(OLS)与广义最小二乘法(GLS)估计固定影响变系数模型,并对两种估计方法所得估计结果进行比较。

附录　统计分布表

附表 1　相关系数临界值表($P(|r|>r_\alpha(f))=\alpha$)

f	α				
	0.10	0.05	0.02	0.01	0.001
1	0.993 4	0.996 9	0.999 5	0.999 9	1.000 0
2	0.900 0	0.950 0	0.980 0	0.990 0	0.999 0
3	0.805 4	0.878 3	0.934 3	0.958 7	0.991 2
4	0.729 3	0.811 4	0.882 2	0.917 2	0.974 1
5	0.669 4	0.754 5	0.832 9	0.874 5	0.950 7
6	0.621 5	0.706 7	0.788 7	0.834 3	0.924 9
7	0.582 2	0.666 4	0.749 8	0.797 7	0.898 2
8	0.549 4	0.631 9	0.715 5	0.764 6	0.872 1
9	0.521 4	0.602 1	0.685 1	0.734 8	0.847 1
10	0.493 3	0.576 0	0.658 1	0.707 9	0.823 3
11	0.476 2	0.552 9	0.633 9	0.683 5	0.801 0
12	0.457 5	0.532 4	0.612 0	0.661 4	0.780 0
13	0.440 9	0.513 9	0.592 3	0.641 1	0.760 3
14	0.425 9	0.497 3	0.574 2	0.622 6	0.742 0
15	0.412 4	0.482 1	0.557 7	0.605 5	0.724 6
16	0.400 0	0.468 3	0.542 5	0.589 7	0.708 4
17	0.388 7	0.455 5	0.528 5	0.575 1	0.693 2
18	0.378 3	0.443 8	0.515 5	0.561 4	0.678 7
19	0.368 7	0.432 9	0.503 4	0.548 7	0.665 2
20	0.359 8	0.422 7	0.492 1	0.536 8	0.652 4
25	0.323 3	0.380 9	0.445 1	0.486 9	0.597 4
30	0.296 0	0.349 4	0.409 3	0.448 7	0.554 1
35	0.274 6	0.324 6	0.381 0	0.418 2	0.518 9
40	0.257 3	0.304 4	0.357 8	0.393 2	0.489 6
45	0.242 8	0.287 5	0.338 4	0.372 1	0.464 8
50	0.230 6	0.273 2	0.321 8	0.354 1	0.443 3
60	0.210 8	0.250 0	0.294 8	0.324 8	0.407 8
70	0.195 4	0.231 9	0.273 7	0.301 7	0.379 9
80	0.182 9	0.217 2	0.256 5	0.283 0	0.356 8
90	0.172 6	0.205 0	0.242 2	0.267 3	0.337 5
100	0.163 8	0.194 6	0.230 1	0.254 0	0.321 1

注：α 表示显著性水平，f 表示自由度，$r_\alpha(f)$为临界值。

附表 2 标准正态分布表 $\left(\phi(z)=\int_{-\infty}^{z}\frac{1}{\sqrt{2\pi}}\mathrm{e}^{-\frac{u^2}{2}}\mathrm{d}u=P(Z\leqslant z),z\geqslant 0\right)$

z	0.00	0.01	0.02	0.03	0.04	0.05	0.06	0.07	0.08	0.09
0.0	0.500 0	0.504 0	0.508 0	0.512 0	0.516 0	0.519 9	0.523 9	0.527 9	0.531 9	0.535 9
0.1	0.539 8	0.543 8	0.547 8	0.551 7	0.555 7	0.559 6	0.563 6	0.567 5	0.571 4	0.575 3
0.2	0.579 3	0.583 2	0.587 1	0.591 0	0.594 8	0.598 7	0.602 6	0.606 4	0.610 3	0.614 1
0.3	0.617 9	0.621 7	0.625 5	0.629 3	0.633 1	0.636 8	0.640 6	0.644 3	0.648 0	0.651 7
0.4	0.655 4	0.659 1	0.662 8	0.666 4	0.670 0	0.673 6	0.677 2	0.680 8	0.684 4	0.687 9
0.5	0.691 5	0.695 0	0.698 5	0.701 9	0.705 4	0.708 8	0.712 3	0.715 7	0.719 0	0.722 4
0.6	0.725 7	0.729 1	0.732 4	0.735 7	0.738 9	0.742 2	0.745 4	0.748 6	0.751 7	0.754 9
0.7	0.758 0	0.761 1	0.764 2	0.767 3	0.770 3	0.773 4	0.776 4	0.779 4	0.782 3	0.785 2
0.8	0.788 1	0.791 0	0.793 9	0.796 7	0.799 5	0.802 3	0.805 1	0.807 8	0.810 6	0.813 3
0.9	0.815 9	0.818 6	0.821 2	0.823 8	0.826 4	0.828 9	0.831 5	0.834 0	0.836 5	0.838 9
1.0	0.841 3	0.843 8	0.846 1	0.848 5	0.850 8	0.853 1	0.855 4	0.857 7	0.859 9	0.862 1
1.1	0.864 3	0.866 5	0.868 6	0.870 8	0.872 9	0.874 9	0.877 0	0.879 0	0.881 0	0.883 0
1.2	0.884 9	0.886 9	0.888 8	0.890 7	0.892 5	0.894 4	0.896 2	0.898 0	0.899 7	0.901 5
1.3	0.903 2	0.904 9	0.906 6	0.908 2	0.909 9	0.911 5	0.913 1	0.914 7	0.916 2	0.917 7
1.4	0.919 2	0.920 7	0.922 2	0.923 6	0.925 1	0.926 5	0.927 8	0.929 2	0.930 6	0.931 9
1.5	0.933 2	0.934 5	0.935 7	0.937 0	0.938 2	0.939 4	0.940 6	0.941 8	0.943 0	0.944 1
1.6	0.945 2	0.946 3	0.947 4	0.948 4	0.949 5	0.950 5	0.951 5	0.952 5	0.953 5	0.954 5
1.7	0.955 4	0.956 4	0.957 3	0.958 2	0.959 1	0.959 9	0.960 8	0.961 6	0.962 5	0.963 3
1.8	0.961 1	0.964 8	0.965 6	0.966 4	0.967 1	0.967 8	0.968 6	0.969 3	0.970 0	0.970 6
1.9	0.971 3	0.971 9	0.972 6	0.973 2	0.973 8	0.974 4	0.975 0	0.975 6	0.976 2	0.976 7
2.0	0.977 2	0.977 8	0.978 3	0.978 8	0.979 3	0.979 8	0.980 3	0.980 8	0.981 2	0.981 7
2.1	0.982 1	0.982 6	0.983 0	0.983 4	0.983 8	0.984 2	0.984 6	0.985 0	0.985 4	0.985 7
2.2	0.986 1	0.986 4	0.986 8	0.987 1	0.987 4	0.987 8	0.988 1	0.988 4	0.988 7	0.989 0
2.3	0.989 3	0.989 6	0.989 8	0.990 1	0.990 4	0.990 6	0.990 9	0.991 1	0.991 3	0.991 6
2.4	0.991 8	0.992 0	0.992 2	0.992 5	0.992 7	0.992 9	0.993 1	0.993 2	0.993 4	0.993 6
2.5	0.993 8	0.994 0	0.994 1	0.994 3	0.994 5	0.994 6	0.994 8	0.994 9	0.995 1	0.995 2
2.6	0.995 3	0.995 5	0.995 6	0.995 7	0.995 9	0.996 0	0.996 1	0.996 2	0.996 3	0.996 4
2.7	0.996 5	0.996 6	0.996 7	0.996 8	0.996 9	0.997 0	0.997 1	0.997 2	0.997 3	0.997 4
2.8	0.997 4	0.997 5	0.997 6	0.997 7	0.997 7	0.997 8	0.997 9	0.997 9	0.998 0	0.998 1
2.9	0.998 1	0.998 2	0.998 2	0.998 3	0.998 4	0.998 4	0.998 5	0.998 5	0.998 6	0.998 6
3.0	0.998 7	0.999 0	0.999 3	0.999 5	0.999 7	0.999 8	0.999 8	0.999 9	0.999 9	1.000 0

附表3　t 分布表($P\{t>t_\alpha(n)\}=\alpha$，$\alpha$ 表示概率，n 表示自由度)

n \ α	0.25	0.10	0.05	0.025	0.01	0.005
1	1.000 0	3.077 7	6.313 8	12.706 2	31.820 7	63.657 4
2	0.816 5	1.885 6	2.920 0	4.302 7	6.964 6	9.924 8
3	0.764 9	1.637 7	2.353 4	3.182 4	4.540 7	5.840 9
4	0.740 7	1.533 2	2.131 8	2.776 4	3.746 9	4.604 1
5	0.726 7	1.475 9	2.015 0	2.570 6	3.364 9	4.032 2
6	0.717 6	1.439 8	1.943 2	2.446 9	3.142 7	3.707 4
7	0.711 1	1.414 9	1.894 6	2.364 6	2.998 0	3.499 5
8	0.706 4	1.396 8	1.859 5	2.306 0	2.896 5	3.355 4
9	0.702 7	1.383 0	1.833 1	2.262 2	2.821 4	3.249 8
10	0.699 8	1.372 2	1.812 5	2.228 1	2.763 8	3.169 3
11	0.697 4	1.363 4	1.795 9	2.201 0	2.718 1	3.105 8
12	0.695 5	1.356 2	1.782 3	2.178 8	2.681 0	3.054 5
13	0.693 8	1.350 2	1.770 9	2.160 4	2.650 3	3.012 3
14	0.692 4	1.345 0	1.761 3	2.144 8	2.624 5	2.976 8
15	0.691 2	1.340 6	1.753 1	2.131 5	2.602 5	2.946 7
16	0.690 1	1.336 8	1.745 9	2.119 9	2.583 5	2.920 8
17	0.689 2	1.333 4	1.739 6	2.109 8	2.566 9	2.898 2
18	0.688 4	1.330 4	1.734 1	2.100 9	2.552 4	2.878 4
19	0.687 6	1.327 7	1.729 1	2.093 0	2.539 5	2.860 9
20	0.687 0	1.325 3	1.724 7	2.086 0	2.528 0	2.845 3
21	0.686 4	1.323 2	1.720 7	2.079 6	2.517 7	2.831 4
22	0.685 8	1.321 2	1.717 1	2.073 9	2.508 3	2.818 8
23	0.685 3	1.319 5	1.713 9	2.068 7	2.499 9	2.807 3
24	0.684 8	1.317 8	1.710 9	2.063 9	2.492 2	2.796 9
25	0.684 4	1.316 3	1.708 1	2.059 5	2.485 1	2.787 4
26	0.684 0	1.315 0	1.705 8	2.055 5	2.478 6	2.778 7
27	0.683 7	1.313 7	1.703 3	2.051 8	2.472 7	2.770 7
28	0.683 4	1.312 5	1.701 1	2.048 4	2.467 1	2.763 3
29	0.683 0	1.311 4	1.699 1	2.045 2	2.462 0	2.756 4
30	0.682 8	1.310 4	1.697 3	2.042 3	2.457 3	2.750 0
60	0.679 0	1.296 0	1.670 0	2.000 0	2.390 0	2.660 0
120	0.677 0	1.289 0	1.658 0	1.980 0	2.358 0	2.167 0
∞	0.674 0	1.282 0	1.645 0	1.960 0	2.326 0	2.576 0

附表 4　χ^2 分布表（$P\{\chi^2>\chi_\alpha^2(n)\}=\alpha$，$\alpha$ 表示概率，n 表示自由度）

n \ α	0.99	0.95	0.90	0.75	0.25	0.10	0.05	0.025	0.01	0.005
1	—	0.004	0.016	0.102	1.323	2.706	3.841	5.024	6.063 5	7.879
2	0.020	0.103	0.211	0.575	2.773	4.605	5.991	7.378	9.210	10.597
3	0.115	0.352	0.584	1.213	4.108	6.251	7.815	9.348	11.345	12.838
4	0.297	0.711	1.064	1.923	5.385	7.779	9.488	11.143	13.277	14.860
5	0.554	1.145	1.610	2.675	6.626	9.236	11.071	12.833	15.086	16.750
6	0.872	1.635	2.204	3.455	7.841	10.645	12.592	14.449	16.812	18.548
7	1.239	2.167	2.833	4.255	9.037	12.017	14.067	16.013	18.475	20.278
8	1.646	2.733	3.490	5.071	10.219	13.362	15.507	17.535	20.090	21.955
9	2.088	3.325	4.168	5.899	11.389	14.684	16.919	19.023	21.666	23.589
10	2.228	3.940	4.865	6.737	12.549	15.987	18.307	20.483	23.209	25.188
11	3.053	4.575	5.578	7.584	13.701	17.275	19.675	21.920	24.725	26.757
12	3.571	5.226	6.304	8.438	14.845	18.549	21.026	23.337	26.217	28.299
13	4.107	5.892	7.042	9.299	15.984	19.812	22.362	24.736	27.688	29.819
14	4.660	6.571	7.790	10.165	17.117	21.064	23.685	26.119	29.141	31.319
15	5.229	7.261	8.547	11.037	18.245	22.307	24.996	27.488	30.578	32.801
16	5.812	7.962	9.312	11.912	19.369	23.542	26.296	28.845	32.000	34.267
17	6.408	8.672	10.085	12.792	20.489	24.769	27.587	30.191	33.409	35.718
18	7.015	9.390	10.865	13.675	21.605	25.989	28.869	31.526	34.805	37.156
19	7.633	10.117	11.651	14.562	22.718	27.204	30.144	32.852	36.191	38.582
20	8.260	10.851	12.443	15.452	23.828	28.412	31.410	34.170	37.566	39.997
21	8.897	11.591	13.240	16.344	24.935	29.615	32.671	35.479	38.932	41.401
22	9.542	12.338	14.042	17.240	26.039	30.813	33.924	36.781	40.289	42.796
23	10.196	13.091	14.848	18.137	27.141	32.007	35.172	38.076	41.638	44.181
24	10.856	13.848	15.659	19.037	28.241	33.196	36.415	39.364	42.980	45.559
25	11.524	14.611	16.473	19.939	29.339	34.382	37.652	40.646	44.314	46.928
26	12.198	15.379	17.292	20.843	30.435	35.563	38.885	41.923	45.642	48.290
27	12.879	16.151	18.114	21.749	31.528	36.741	40.113	43.194	46.963	49.645
28	13.565	16.928	18.939	22.657	32.620	37.916	41.337	44.461	48.278	50.993
29	14.257	17.708	19.768	23.567	33.711	39.087	42.557	45.722	49.588	52.336
30	14.954	18.493	20.599	24.478	34.800	40.256	43.773	46.979	50.892	53.672
40	22.164	26.509	29.051	33.660	45.616	51.805	55.758	59.342	63.691	66.766
45	25.901	30.612	33.350	38.291	50.985	57.505	61.656	65.410	69.957	73.166

附表5 F分布表($P(F>F_{\alpha}(n_1,n_2))=0.05$)

(n_1表示分子自由度,n_2表示分母子自由度)

n_2 \ n_1	1	2	3	4	5	6	7	8	9	10
1	161.40	199.50	215.70	224.60	230.20	234.00	236.80	238.90	240.50	241.90
2	18.51	19.00	19.16	19.25	19.30	19.33	19.35	19.37	19.38	19.40
3	10.13	9.55	9.28	9.12	9.01	8.94	8.89	8.85	8.81	8.79
4	7.71	6.94	6.59	6.39	6.26	6.16	6.09	6.04	6.00	5.96
5	6.61	5.79	5.41	5.19	5.05	4.95	4.88	4.82	4.77	4.74
6	5.99	5.14	4.76	4.53	4.39	4.28	4.21	4.15	4.10	4.06
7	5.59	4.74	4.35	4.12	3.97	3.87	3.79	3.73	3.68	3.64
8	5.32	4.46	4.07	3.84	3.69	3.58	3.50	3.44	3.39	3.35
9	5.12	4.26	3.86	3.63	3.48	3.37	3.29	3.23	3.18	3.14
10	4.96	4.10	3.71	3.48	3.33	3.22	3.14	3.07	3.02	2.98
11	4.84	3.98	3.59	3.36	3.20	3.09	3.01	2.95	2.90	2.85
12	4.75	3.89	3.49	3.26	3.11	3.00	2.91	2.85	2.80	2.75
13	4.67	3.81	3.41	3.18	3.03	2.92	2.83	2.77	2.71	2.67
14	4.60	3.74	3.34	3.11	2.96	2.85	2.76	2.70	2.65	2.60
15	4.54	3.68	3.29	3.06	2.90	2.79	2.71	2.64	2.59	2.54
16	4.49	3.63	3.24	3.01	2.85	2.74	2.66	2.59	2.54	2.49
17	4.45	3.59	3.20	2.96	2.81	2.70	2.61	2.55	2.49	2.45
18	4.41	3.55	3.16	2.93	2.77	2.66	2.58	2.51	2.46	2.41
19	4.38	3.52	3.13	2.90	2.74	2.63	2.54	2.48	2.42	2.38
20	4.35	3.49	3.10	2.87	2.71	2.60	2.51	2.45	2.39	2.35
21	4.32	3.47	3.07	2.84	2.68	2.57	2.49	2.42	2.37	2.32
22	4.30	3.44	3.05	2.82	2.66	2.55	2.46	2.40	2.34	2.30
23	4.28	3.42	3.03	2.80	2.64	2.53	2.44	2.37	2.32	2.27
24	4.26	3.40	3.01	2.78	2.62	2.51	2.42	2.36	2.30	2.25
25	4.24	3.39	2.99	2.76	2.60	2.49	2.40	2.34	2.28	2.24
26	4.23	3.37	2.98	2.74	2.59	2.47	2.39	2.32	2.27	2.22
27	4.21	3.35	2.96	2.73	2.57	2.46	2.37	2.31	2.25	2.20
28	4.20	3.34	2.95	2.71	2.56	2.45	2.36	2.29	2.24	2.19
29	4.18	3.33	2.93	2.70	2.55	2.43	2.35	2.28	2.22	2.18
30	4.17	3.32	2.92	2.69	2.53	2.42	2.33	2.27	2.21	2.16
40	4.08	3.23	2.84	2.61	2.45	2.34	2.25	2.18	2.12	2.08
60	4.00	3.15	2.76	2.53	2.37	2.25	2.17	2.10	2.04	1.99
120	3.92	3.07	2.68	2.45	2.29	2.17	2.09	2.02	1.96	1.91
∞	3.84	3.00	2.60	2.37	2.21	2.10	2.01	1.94	1.88	1.83

附表 6　Durbin-Watson 检验表($\alpha=0.05$)

n	$k=1$		$k=2$		$k=3$		$k=4$		$k=5$	
	d_L	d_U	d_L	d_U	d_L	d_U	d_L	d_U	d_L	d_U
15	1.08	1.36	0.95	1.54	0.82	1.75	0.69	1.97	0.56	2.21
16	1.10	1.37	0.98	1.54	0.86	1.73	0.74	1.93	0.62	2.15
17	1.13	1.38	1.02	1.54	0.9	1.71	0.78	1.90	0.67	2.10
18	1.16	1.39	1.05	1.53	0.93	1.69	0.82	1.87	0.71	2.06
19	1.18	1.40	1.08	1.53	0.97	1.68	0.86	1.85	0.75	2.02
20	1.20	1.41	1.10	1.54	1.00	1.68	0.90	1.83	0.79	1.99
21	1.22	1.42	1.13	1.54	1.03	1.67	0.93	1.81	0.83	1.96
22	1.24	1.43	1.15	1.54	1.05	1.66	0.96	1.80	0.86	1.94
23	1.26	1.44	1.17	1.54	1.08	1.66	0.99	1.79	0.90	1.92
24	1.27	1.45	1.19	1.55	1.10	1.66	1.01	1.78	0.93	1.90
25	1.29	1.45	1.21	1.55	1.12	1.66	1.04	1.77	0.95	1.89
26	1.30	1.46	1.22	1.55	1.14	1.65	1.06	1.76	0.98	1.88
27	1.32	1.47	1.24	1.56	1.16	1.65	1.08	1.76	1.01	1.86
28	1.33	1.48	1.26	1.56	1.18	1.65	1.10	1.75	1.03	1.85
29	1.34	1.48	1.27	1.56	1.20	1.65	1.12	1.74	1.05	1.81
30	1.35	1.49	1.28	1.57	1.21	1.65	1.14	1.74	1.07	1.83
31	1.36	1.50	1.30	1.57	1.23	1.65	1.16	1.74	1.09	1.83
32	1.37	1.50	1.31	1.57	1.24	1.65	1.18	1.73	1.11	1.82
33	1.38	1.51	1.32	1.58	1.26	1.65	1.19	1.73	1.13	1.81
34	1.39	1.51	1.33	1.58	1.27	1.65	1.21	1.73	1.15	1.81
35	1.40	1.52	1.34	1.58	1.28	1.65	1.22	1.73	1.16	1.80
36	1.41	1.52	1.35	1.59	1.29	1.65	1.24	1.73	1.18	1.80
37	1.42	1.53	1.36	1.59	1.31	1.66	1.25	1.72	1.19	1.80
38	1.43	1.54	1.37	1.59	1.32	1.66	1.26	1.72	1.21	1.79
39	1.43	1.54	1.38	1.60	1.33	1.66	1.27	1.72	1.22	1.79
40	1.44	1.54	1.39	1.60	1.34	1.66	1.29	1.72	1.23	1.79
45	1.48	1.57	1.43	1.62	1.38	1.67	1.34	1.72	1.29	1.78
50	1.50	1.59	1.46	1.63	1.42	1.67	1.38	1.72	1.34	1.77
55	1.53	1.60	1.49	1.64	1.45	1.68	1.41	1.72	1.38	1.77
60	1.55	1.62	1.51	1.65	1.48	1.69	1.44	1.73	1.41	1.77
65	1.57	1.63	1.54	1.66	1.50	1.70	1.47	1.73	1.44	1.77
70	1.58	1.64	1.55	1.67	1.52	1.70	1.49	1.74	1.46	1.77
75	1.60	1.65	1.57	1.68	1.54	1.71	1.51	1.74	1.49	1.77
80	1.61	1.66	1.59	1.69	1.56	1.72	1.53	1.74	1.51	1.77
85	1.62	1.67	1.60	1.70	1.57	1.72	1.55	1.75	1.52	1.77
90	1.63	1.68	1.61	1.70	1.59	1.73	1.57	1.75	1.54	1.78
95	1.64	1.69	1.62	1.71	1.60	1.73	1.58	1.75	1.56	1.78
100	1.65	1.69	1.63	1.72	1.61	1.74	1.59	1.76	1.57	1.78

注：n 是观测值的数目，k 是解释变量个数，d_L 和 d_U 分别表示 DW 检验下限临界值和上限临界值。

附表7　ADF分布临界值表

模　型	n	α							
		0.01	0.025	0.05	0.10	0.90	0.95	0.975	0.99
无常数项无趋势项	25	−2.66	−2.26	−1.95	−1.60	0.92	1.33	1.70	2.16
	50	−2.62	−2.25	−1.95	−1.61	0.91	1.31	1.66	2.08
	100	−2.60	−2.24	−1.95	−1.61	0.90	1.29	1.64	2.03
	250	−2.58	−2.23	−1.95	−1.62	0.89	1.29	1.63	2.01
	500	−2.58	−2.23	−1.95	−1.62	0.89	1.28	1.62	2.00
	∞	−2.58	−2.23	−1.95	−1.62	0.89	1.28	1.62	2.00
有常数项无趋势项	25	−3.75	−3.33	−3.00	−2.63	−0.37	0.00	0.34	0.72
	50	−3.58	−3.22	−2.93	−2.60	−0.40	−0.03	0.29	0.66
	100	−3.51	−3.17	−2.89	−2.58	−0.42	−0.05	0.26	0.63
	250	−3.46	−3.14	−2.88	−2.57	−0.42	−0.06	0.24	0.62
	500	−3.44	−3.13	−2.87	−2.57	−0.43	−0.07	0.24	0.61
	∞	−3.43	−3.12	−2.86	−2.57	−0.44	−0.07	0.23	0.60
有常数项有趋势项	25	−4.38	−3.95	−3.60	−3.24	−1.14	−0.80	−0.50	−0.15
	50	−4.15	−3.80	−3.50	−3.18	−1.19	−0.87	−0.58	−0.24
	100	−4.04	−3.73	−3.45	−3.15	−1.22	−0.90	−0.62	−0.28
	250	−3.99	−3.69	−3.43	−3.13	−1.23	−0.92	−0.64	−0.31
	500	−3.98	−3.68	−3.42	−3.13	−1.24	−0.93	−0.65	−0.32
	∞	−3.96	−3.66	−3.41	−3.12	−1.25	−0.94	−0.66	−0.33
$t(\infty)$	$N(0,1)$	−2.33	−1.96	−1.65	−1.28	1.28	1.65	1.96	2.33

注：表中数据为统计量τ值，n为样本容量，α为显著性水平。

附表8　协整检验临界值表

N	模型形式	α	ϕ_∞	ϕ_1	ϕ_2
1	无常数项　无趋势项	0.01	−2.565 8	−1.960	−10.04
		0.05	−1.939 3	−0.398	0.00
		0.10	−1.615 6	−0.181	0.00
1	有常数项　无趋势项	0.01	−3.433 6	−5.999	−29.25
		0.05	−2.862 1	−2.738	−8.36
		0.10	−2.567 1	−1.438	−4.48
1	有常数项　有趋势项	0.01	−3.963 8	−8.353	−47.44
		0.05	−3.412 6	−4.039	−17.83
		0.10	−3.127 9	−2.418	−7.58
2	有常数项　无趋势项	0.01	−3.900 1	−10.534	−30.03
		0.05	−3.337 7	−5.967	−8.98
		0.10	−3.046 2	−4.069	−5.73
2	有常数项　有趋势项	0.01	−4.326 6	−15.531	−34.03
		0.05	−3.780 9	−9.421	−15.06
		0.10	−3.495 9	−7.203	−4.01
3	有常数项　无趋势项	0.01	−4.298 1	−13.790	−46.37
		0.05	−3.742 9	−8.352	−13.41
		0.10	−3.451 8	−6.241	−2.79

续表

N	模型形式	α	ϕ_∞	ϕ_1	ϕ_2
3	有常数项　有趋势项	0.01	−4.6676	−18.492	−49.35
		0.05	−4.1193	−12.024	−13.13
		0.10	−3.8344	−9.188	−4.85
4	有常数项　无趋势项	0.01	−4.6493	−17.188	−59.20
		0.05	−4.1000	−10.745	−21.57
		0.10	−3.8110	−8.317	−5.19
4	有常数项　有趋势项	0.01	−4.9695	−22.504	−50.22
		0.05	−4.4294	−14.501	−19.54
		0.10	−4.1474	−11.165	−9.88
5	有常数项　无趋势项	0.01	−4.9587	−22.140	−37.29
		0.05	−4.4185	−13.641	−21.16
		0.10	−4.1327	−10.638	−5.48
5	有常数项　有趋势项	0.01	−5.2497	−26.606	−49.56
		0.05	−4.7154	−17.432	−16.50
		0.10	−4.4345	−13.654	−5.77
6	有常数项　无趋势项	0.01	−5.2400	−26.278	−41.65
		0.05	−4.7048	−17.120	−11.17
		0.10	−4.4242	−13.347	0.00
6	有常数项　有趋势项	0.01	−5.5127	−30.735	−52.50
		0.05	−4.9767	−20.883	−9.05
		0.10	−4.6999	−16.445	0.00

注：①临界值计算公式为 $C(\alpha)=\phi_\infty+\phi_1 T^{-1}+\phi_2 T^{-2}$，其中 T 为样本容量。②N 表示协整回归式所含变量个数，α 表示显著性水平。③$N=1$ 时，协整检验即转化为单变量平稳性的 ADF 检验。

参 考 文 献

[1] 白仲林.面板数据的计量经济分析[M].天津：南开大学出版社，2008.

[2] 高铁梅.计量经济分析方法与建模：EViews应用与实例·初级[M].4版.北京：清华大学出版社，2020.

[3] 高铁梅.计量经济分析方法与建模：EViews应用与实例·中高级[M].4版.北京：清华大学出版社，2020.

[4] 靳云汇，金赛男.高级计量经济学[M].上册.北京：北京大学出版社，2007.

[5] 靳云汇，金赛男.高级计量经济学[M].下册.北京：北京大学出版社，2011.

[6] 李子奈，潘文卿.计量经济学[M].5版.北京：高等教育出版社，2020.

[7] 李子奈，叶阿忠. 高级应用计量经济学[M].北京：清华大学出版社，2012.

[8] 庞 皓.计量经济学[M].4版.北京：科学出版社，2019.

[9] 潘省初.计量经济学中级教程[M].2版. 北京：清华大学出版社，2013.

[10] 孙敬水，马淑琴.计量经济学[M].4版.北京：清华大学出版社，2018.

[11] 孙敬水.计量经济学学习指导与EViews应用指南[M].2版.北京：清华大学出版社，2018.

[12] 孙敬水.中级计量经济学[M]. 北京：清华大学出版社，2019.

[13] 陶长琪.计量经济学[M].2版 . 南京：南京大学出版社，2021.

[14] 易丹辉.数据分析与EViews应用[M].3版. 北京：中国人民大学出版社，2020.

[15] 张晓峒.计量经济学[M].北京：清华大学出版社，2017.

[16] 张晓峒.计量经济学基础[M].5版.天津：南开大学出版社，2021.

[17] 赵国庆.高级计量经济学——理论与方法[M]. 北京：中国人民大学出版社，2014.

[18] 赵国庆.计量经济学[M].6版. 北京：中国人民大学出版社，2021.

[19] Asteriou D, Hall S G. Applied Econometrics [M]. 3nd edition. New York: Palgrave Macmilan, 2015.

[20] Baltagi B. Econometrics[M]. 5th edition. Heidelberg: Springer, 2011.

[21] Dougherty C. Introductoin to Economertrics [M]. 4th edition. Oxford: Oxford University Press, 2011.

[22] Greenc W H. Econometric Analysis[M]. 7th edition. Upper Saddle River, New Jersey: Prentice Hall, 2012.

[23] Gujarrati D N. Basic Economertrics[M]. 5th edition. New York: McGraw-Hill, 2011.

[24] Stock J H, Watson M W. Introduction to Econometrics[M]. 4th edition. London: Pearson, 2019.

[25] Verbeek M. A Guide to Modern Economertrics[M]. 5th edition. England: John Wiley and Sons Ltd, 2017.

[26] Wooldridge J M. Introductory Econometrics: A Modern Approach[M]. 7th edition. Texas: Cengage Learning, 2019.

[27] Wooldridge J M. Econometric Analysis of Cross Section and Panel Data [M]. 2nd edition. Cambridge, MA: MIT Press, 2010.